本书出版得到

国家重点文物保护专项补助经费资助

南涅水石刻

（上）

山西省考古研究院
沁　县　文　物　馆　编著

刘永生　郭海林　刘同廉　主编

文物出版社

北京·2022

图书在版编目（CIP）数据

南涅水石刻/山西省考古研究院，沁县文物馆编著；刘永生，郭海林，刘同廉主编. -- 北京：文物出版社，2022.3

ISBN 978-7-5010-7204-0

Ⅰ. ①南… Ⅱ. ①山… ②沁… ③刘… ④郭… ⑤刘… Ⅲ. ①石刻－沁县－北魏－北宋－图集 Ⅳ. ①K877.402

中国版本图书馆CIP数据核字（2021）第180624号

南涅水石刻（上、中、下）

编　　著　山西省考古研究院　沁县文物馆
主　　编　刘永生　郭海林　刘同廉

题　　字　赵朴初

责任编辑　蔡　敏　孙　丹
责任设计　程星涛
责任印制　张道奇

出版发行　文物出版社
社　　址　北京市东城区东直门内北小街2号楼
网　　址　https://www.wenwu.com
制版印刷　北京荣宝艺品印刷有限公司
开　　本　787mm×1092mm　1/16
印　　张　85
版　　次　2022年3月第1版
印　　次　2022年3月第1次印刷
书　　号　ISBN 978-7-5010-7204-0
定　　价　1280.00元（全三册）

Nannieshui Stone Carvings

(I)

by

Shanxi Provincial Institute of Archaeology

Qin County Museum

Chief Editors: Liu Yongsheng

Guo Hailin

Liu Tonglian

Cultural Relics Press

Beijing · 2022

上册目录

概述篇

资料篇

插图目录

概述篇

资料篇

概述篇

第一章 绪 言

1957年秋，在山西省沁县城北25千米的南涅水村，出土了一批佛教题材的窖藏石刻。此批石刻历史悠久，内容丰富，自成体系，依其地名取名为“南涅水石刻”。

南涅水石刻中的铭记：最早年号始自北魏永平二年（509年），最晚终至北宋天圣九年（1031年），延续500余年。造像有单体造像、组合造像和方体四面造像叠置组合几种形式，总计805件/组（1971年调25件到山西省博物馆藏，2004年再调39件到山西博物院藏）。造像精美，技艺高超，它的出土为研究北魏至唐宋时期的佛教传播提供了翔实资料，为研究佛教造像的断代提供了确切依据，为我国美术雕塑史增添实物例证，是中华民族优秀历史文化中的一块瑰宝。

南涅水石刻出土后，引起了各级领导和学术界的关注。南涅水村地处偏远，简陋的条件为保护和研究带来种种困难。1962年，将全部石刻运回沁县文化馆择地保存。1965年，被公布为山西省第一批重点文物保护单位。“文化大革命”后期恢复工作，南涅水石刻的整理和研究工作再度展开。1978年，省文物工作委员会拨款建简易廊房，经初步整理将石刻陈列对外展出。因石刻馆紧临西湖水库，地势低洼，直接影响石刻长期保护。1985年，在国家财政资助之下，在沁县城南的二郎山，兴建了具有民族建筑特色、规模较大的专题陈列馆。1989年，正式对外展览。

南涅水石刻出土50余年，引起了国内外文物、历史、宗教、美术等学术界专家学者重视，作了一些报道和研究。石刻的保护环境和陈列条件都得到改善，石刻研究探索和资料收集工作虽从未停止，终因所公布资料有限，始终未能深入。2004年，山西省考古所将此作为专项课题，对石刻资料进行了全面、科学、系统的整理研究。在各级领导的大力支持下，课题组同志齐心协力，沁县文物馆同志积极配合，经过两年时间，完成了第一步工作，现将所整理的初步成果予以公布。

南涅水村早在1940年前后就有古代石刻造像出土。1957年秋，山西省文管会与沁县文化馆在南涅水村东北土台内的古寺庙遗址，发掘清理了北魏至宋代的石雕共800余件（组）。1989年，除残损严重、无法辨识的小块石刻及构件外，统一编号拍照。经过修复后陈列在南涅水石刻馆内的石刻雕像有四百多件。这批石雕数量多，时间跨度大，经北魏、东魏、北齐、北周、隋、唐、宋七个朝代520余年，造像形式多样，内容丰富。现存的石雕有各种图案千余幅，大小雕像近万尊，客观地反映出这一地区佛教的兴盛发展。

第一节 南涅水的地理位置与历史影响

一 南涅水村地理位置和历史沿革

南涅水村位于山西省沁县北部牛寺乡，距县城25千米（图1-1）。地理坐标为北纬36° 55′ 34″，东经112° 41′ 45″，海拔约950米。南涅水村地处太行腹地，浊漳流域。南居太岳山麓。北临涅河，隔河与胡甲岭上武乡县故城镇相望。东倚太行的烂柯山，西望太岳的胡甲岭（又称分水岭）。峰峦叠嶂，沟壑纵横，山川秀丽，涅河河床开阔，土地肥沃，是米粮之川（彩版一，1）。涅河为浊漳河北源的上游，源出武乡县复甑山，经沁地数十里（1里为500米，后同）至南涅水村复东南流入武乡，与武乡县以河为界，西南属沁县，东北属武乡。再东南流入襄垣县界。会小漳水至襄垣县西南十里甘村合浊漳水。

西周时，晋东南地区多为赤狄、白狄控制。2000多年前的南涅水一带，是赤狄皋陶氏部落聚

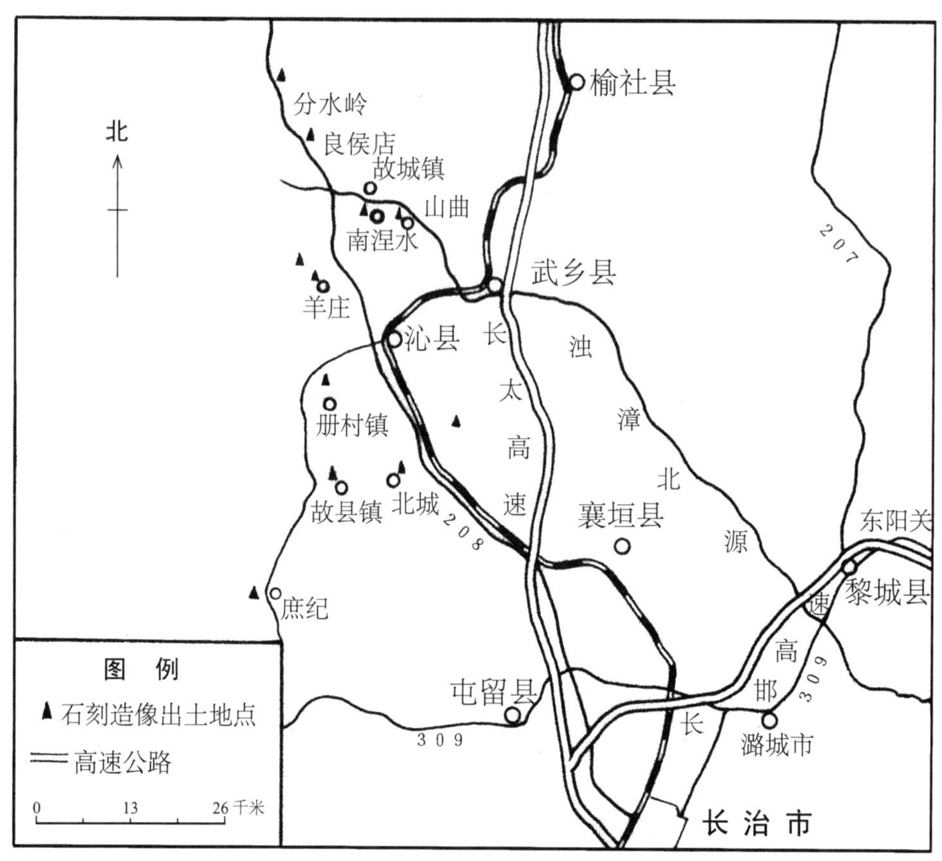

图1-1 南涅水石刻地理位置图

居的地方。皋陶氏部落活动的地域极广，据乾隆年间所编《沁州志》[①] 载，南涅水古为皋狼之地，智伯求蔡皋狼之地于赵襄子即此，与南涅水村隔河相望的今武乡县故城镇就是历史上的“皋狼城”。又名涅城，即古上党郡涅县县治。南涅水村在县城东南，如今南涅水村属沁县。沁县城历史上属“铜鞮县”所辖，春秋时为晋大夫羊舌氏之食邑，晋国在此建立政权，控制了阏与聚，建起晋的离宫——铜鞮宫。战国时属韩，后属赵。治所春秋战国时在乌苏的“阏与城”，后迁至南池古城村，秦汉皆属上党郡，为铜鞮县。魏晋因之 。隋唐之际再迁至现故县镇，距南涅水约百里之遥。按《汉书·地理志》记载，上党郡，秦置，属并州。领县十四，有涅氏县。师古曰：“涅水出焉，故以名县也。”《后汉书·郡国志》云，涅有阏与聚，据此则今沁县之西北乡本涅县地。汉代在此建涅氏县。晋称涅县。十六国时后赵石勒分上党置武乡郡，后罢。北魏延和二年（433年）设乡郡，领涅县（阳城）、襄垣、乡、铜鞮四县。据《魏书·地形志》记载，涅县北魏永安中（528～530年）改阳城，有涅城。县治后自故涅城移治武乡南亭川。北周改涅县为阳城县。隋开皇十八年（598年）改为甲水，大业初省入。唐武德三年（620年）析置甲水县，隶韩州，九年省。贞观十七年（643年）废韩州，所领县皆归潞州[②]。唐永徽六年（655年）隶沁州。唐显庆四年（659年）仍属潞州上党郡，涅县再没能恢复。政治形式变化，反而有所分化，涅水之西南改隶属沁州铜鞮县，之东北归属武乡县。隋唐之沁州在今沁源县。宋太平兴国二年（977年），始于潞州铜鞮县乱流石围中建威胜军。铜鞮、武乡自潞州来隶。六年（981年）废沁州，以沁源来隶。宋宝元二年（1039年），绵上自大通监来隶。金称绵山郡。金天会六年（1128年），升威胜军为州，复称沁州。城址确定在今县城处。金元光二年（1223年），升为节镇军，曰义胜，隶河东南路，领县四：铜鞮、武乡、沁源、绵上。镇一，南关。元仍为州，隶晋宁，即平阳路。领县三：铜鞮、沁源、武乡[③]。明洪武初，省铜鞮县入州，直隶山西布政司，领县二：沁源、武乡。明万历二十四年（1596年），改属汾州府，三十二年（1604年）仍直隶布政司。明、清归沁州管辖。民国元年（1912年）沁州改为沁县。

二　南涅水的交通地理

涅水县、武乡、铜鞮，在历史上一贯是“邻埌接比犬牙交错沿革多易”。地虽僻壤，北当通省冲衢，

---

① 清乾隆三十六年《沁洲志》，据沁县史志办公室整理：《沁州志》（康熙版、乾隆版、光绪版点校简注本，后同），山西古籍出版社，2003年。卷一，《形胜》。[武乡县]记载：北枕鞞山，南临漳水，西接铜鞮。东拱太行。峰峦环叠，为一方之壮观。俞毅夫曰州治多崇冈复岭，漳沁分流，潺湲南下，居者穴土而宁，行者沿流而策。西有伏牛，绵延冀北，至绵山入境，转沁源以限河汾。东有太行峥嵘天外，从黎城分手，环武乡以固险要。北有一夫当关之势，南有诸道并进之形。[关隘]漳源镇，在州北三十五里。镇北路入深谷中，旁皆峭壁，中通间道，时为飞湍所冲遮，上下逶迤，百步九折。由此抵牛寺铺、走马岭入武乡界，经权店驿、护甲山、南关镇，阴迪接祁县界，至子洪镇团柏谷，险道二百里有奇，镇实为绾毂口。

清康熙十三年《山西直隶沁州志》卷二《风俗》，第29页。[通志]：上党，赵之分野，其俗悲歌慷慨、而尚气节。沁居万山中，其地桥瘠，气候迟暖而早寒。[武乡]：地瘠民贫，性刚气悍，不事商贾，地宜谷麦。

② 《新唐书·地理志三》，中华书局，1975年，第1008页。唐武德元年（618年），以襄垣、黎城、涉、铜鞮、乡置韩州，贞观十七年州废，县皆来属。

③《元史·地理志一》，中华书局，1974年，第1382页。

南达潞漳河朔，乃三晋之咽喉，为防堵守御扼要之处。班固《北征赋》、刘歆《遂初赋》中有记述：“越侯甲而长驱。”侯甲即汉涅氏县的胡甲岭，如今属武乡县的分水岭，为上党北出太原之径道。“沁州”城址在宋代迁址之后，沁县“南襟潞泽，北控晋阳”，有上党“北大门”之称，为南北交通要道，兵家必争重地。

中古时代，中原北通北塞主要干道有二，西为洛阳北通太原、雁、代道，东为洛阳、汴州北通邯郸、燕、蓟道。东道坦，西道险。唐都长安，而建洛阳为东都，太原为北都，故西道交通尤显重要。东道是太行山东麓的燕蓟道，西道是经晋阳盆地南穿越上党盆地的大同道[①]。历史上的“涅县城”便是进上党盆地的第一重镇。

由晋阳南下经子洪镇，进团栢谷，过分水岭隘口达权店驿，险道二百里“深谷中，旁皆峭壁，中间通道，时为飞湍冲遮，上下逶迤，百步九折”。由权店十二里至涅县，便是由崇山峻岭转入平缓地带。从战略的角度出发，它具备了进退攻守自如的优势，为兵家必争的要冲与咽喉。从涅县南通潞泽，则有诸道并进之形。它可顺涅河向东南下到武乡，也可向南出绾穀口（漳源镇），途经古阏与城至铜鞮，通潞泽者下太行至洛阳中原地区，“马军不过两三日路”。

洛阳在魏晋至唐为中原核心，北魏孝文帝迁都洛阳，更加强了洛阳的作用。迁都后若干年大同与洛阳间官商行旅不断，这条路线成为热线，留下了时代的鲜明足迹，多有建魏孝文帝庙以资纪念[②]。

从洛阳出发，北达孟津，过河阳浮桥而北，河阳东北行六七十里至怀州治所河内县（今沁阳）。北魏末期，道中置高头驿。怀州北行十五里至雍店，又五里至万善，又十里入太行径，经蝌蚪店至天井关，趋上党。此段太行山道凡七十余里，南四十里为太行径道，北三十六余里为天井关道。被杜预称为“交通之巨险”，亦为自古南北交通要道，南北用兵，必争取此山道之控制权，其重要性为出太行八陉之首。诚以南瞰大河，凌逼洛京，古为兵家必争也。北魏孝文帝南迁，唐代东都洛阳与太原交通，这条通道必当首选。

涅县城在交通运输、政治军事上的重要性延续数百年之久，到宋代在段柳石围设威胜军，使上党“北大门”控制能力从浊漳河北源移到浊漳河西源。

三 南涅水的历史地位

在史书中对涅水县的记载多停留在名称的沿革，并无实质的记录。但涅水县境内有晋东南地区最早的石窟造像，即今武乡县境分水岭勋环沟良侯店石窟，还有山曲、磨里、阳公岭等众多的小石窟。精美石造像和南涅水这样大批量石刻造像说明它应有比较特殊的历史地位。

《沁州志》记载：“要害之区，实关保障。沁虽瘠郡，僻处一隅，而北控太原，南连上党，盖冀南之牖户，潞泽之咽喉也。北有一夫当关之势，南有诸道并进之形。”[③]

---

① 严耕望：《洛阳太原驿道》，《唐代交通图考》卷一篇四，“中研院”历史语言研究所，1985 年，第 129 页。

② 清康熙十三年《山西直隶沁州志》卷三，第 45 页，据沁县史志办公室整理：《沁州志》，山西古籍出版社，2003 年。［武乡县］孝文皇帝庙在县大梁村左、太子庙右，狐突庙在马鞍山上。

③ 清乾隆三十六年《沁州志》卷一，第 186 页。

《魏书·地形志》记载，阳城县汉、晋属上党，曰涅，永安中改涅城。十六国时石勒称帝建立后赵，石勒是上党武乡人，分上党置乡郡，治所就是现在的古城镇，并将旧城扩建改为双城，引河水护城，水环城而绕。郦道元《水经注》记载，涅水出覆甑山，水出涅县西山汤谷，又东南流，注涅水，又东经涅县故城南，县氏涅水也[①]。故城镇居涅水之北，因之在北周改称阳城县[②]。在故城镇仍保留有北城墙、西北城角、东城墙遗迹、内城遗迹。城南部河岸边多有军寨性质的土围，称为“东寨”“大寨”等。

南涅水村周边许多地名、称呼与历史遗存相关，也证明了它曾经有过的历史。在村东里许仍名“小寨”，五里处名“大寨”，村西有“校场坪”，“官家坪”则是官员们的居所。村周围“墙东”“墙南”（当地的称谓）仍可见古城墙遗迹。村西有“西坪”，发现了古墓葬，地面可见被盗墓葬中出土的战国灰陶罐、豆残片，汉代彩陶盆、壶残片，应是战国汉代墓葬区。老乡耕地时不断有青铜残矢、断戈发现。

南涅水位于古战场，在村西沿河有壁垒遗迹，可见当年地位重要，争夺激烈。晋废帝司马奕太和五年、前秦苻坚建元六年（370 年）前秦灭北燕的一场重要战争，就发生在涅水源头。清代顾祖禹著《读史方舆纪要》中记载，苻秦将王猛伐燕，与慕容评战，陈于涅源而誓之。即此，杜佑以为潞源也[③]。

在其他史书中记录这次战争是发生在潞川，潞川即是浊漳水。按《晋书》记载此次北燕慕容评率精卒 40 万抵御前秦大将王猛。建元六年“八月，王猛克日壶关（今山西长治）俘上党太守慕容越，所过郡县，皆望风降伏。九月，助杨安客晋阳，俘燕并州刺史东海王慕容庄。十月，留将军毛当戎晋阳，进军潞川，与燕太傅慕容评对峙。欲以持久知之”。慕容评性情贪婪卑鄙，两军对垒，大敌当前仍不忘“鄣固山泉，卖樵鬻水于军，入绢匹，水两石”“积钱绢如丘陵，三军莫有斗志”。王猛派遣部将郭庆率骑兵五千烧其辎重，“评惧而与猛战于潞川，评师大败，评等单骑遁还。猛遂长驱至邺”。这是以少胜多的典型战例。后有考证认为这次战争发生在今长治潞城附近。但慕容评若有 40 万兵士，从潞城延浊漳水布兵，至古涅水县分布开来应该是合理的。简单讲就是北燕陈军浊漳水源头，慕容评卖柴卖水应居于上游源头为更合理。

南涅水所在的位置，为控制太行通晋中平川的要冲。不同于分水岭勋环沟，虽利于扼守，却不利养兵，不利建立政治经济中心。而涅水河畔地势开阔，水源充沛，有利于发展农业和经济，建立政治文化中心。东可延浊漳水顺流至黎城出河北至邺城；北入武乡、榆社关隘昂车关；西可掌握分水岭孔道；南可下上党，出太行。越太行可取中原，跨太岳尽得河汾，由此涅水成为历史上不断被涉及的地方，也为北魏时期兴盛发展的佛教提供了平台。

北魏末年，皇室衰微，权臣当政。后被尊为北齐高祖、权高势重的高欢，永安元年，以定策功封铜鞮伯[④]。《资治通鉴》卷一百五十五记载：“欢军于武乡。尔朱荣大掠晋阳，北走秀容。并州平。欢以晋阳四塞，乃建大丞相府而居之。”从这件事也可看出，往来于邺城与太原的高欢曾

---

① 郦道元：《水经注·涅水》，江苏古籍出版社，1989 年，第 925 页。
② 清康熙十三年《山西直隶沁州志》卷四，第 257 页。
③ 顾祖禹：《读史方舆纪要》第 2 册卷 43《涅水》，山西人民出版社，1978 年。
④ 清康熙十三年《山西直隶沁州志》卷四 ，第 257 页。

居于武乡（涅地）静观其变，权衡利弊。在南涅水出土的碑铭中记载，在分水岭的关隘深梁关，当年曾驻有忠于高欢的胡甲军，扼守着关道咽喉。

四 南涅水地区佛教的传播发展与延续

南涅水地带佛教的兴起，始于何时，已无从考据。但从中国历史上佛教的传播和发展过程中，我们可以看到佛教在这一地区的影响，从周边的佛教遗存、出土的石刻造像和碑碣文字中可以追寻到一些雪泥鸿爪。西晋灭亡后，北方陷入了以匈奴、鲜卑、羯、氐、羌为主的各少数民族建立的十六国混战时期。后赵皇帝石勒在 329 年灭前赵，追前凉称藩，统一了北方。在他统治区域内提倡佛教，尊崇西域僧人佛图澄，《高僧传·佛图澄传》记载石虎与王度的一段君臣对答中，汉族士大夫出身的王度对石虎说："佛出西域，外国之神，功不施民，非天子诸华可以宣奉。"石虎却说："朕生自边壤，忝当期运，君临诸夏。至于飨祀，应兼从本俗，佛是戎神，正所应奉。"由于石勒父子的倡导，佛教在后赵统治地区流行广泛。涅县武乡是石勒的故乡，又是后赵王朝的统治区，自然对皇帝的旨令更加拥护，更加积极。人们对佛教的认知程度，也应甚于其他地区。佛教为统治者普遍地接受，被尊为国教，得以迅速的发展壮大，一时"中州胡晋略皆奉佛"，佛图澄的门徒近及万人①。

南涅水出土的神龟三年（520 年）墓碑中记载，段胤祖居凉州武威，七世祖封并州刺史上艾侯，六世祖为西河太守，五世祖居涅水。后分散他邑，遂居于涅乡。从这些文字中可以看到，从西域凉州迁来的官僚后裔定居在这里，也反映出魏晋南北朝时期特殊的文化交流发展和佛教文化的东渐。

北魏先定都平城（大同），后孝文帝改革迁都洛阳，形成北魏政权的南北两大都会。东西魏列土分疆。东魏至北齐都以"邺"为都城，但晋阳是东魏最重要的城市之一，还是北齐别都。到唐代，西京长安、东京洛阳、北京晋阳、三地来往频繁。南涅水地理位置的重要性一直延续至宋代之后。

据《魏书》记载，北魏孝文皇帝历史上经涅县（乡郡）、铜鞮几次往来于南北两大都会之间，太和十七年（493 年）南征（迁都）就由此经过②。后在《魏书·彭城王传》中记载，一次经过铜鞮时在松树下歇息，孝文帝要求彭城王作七步诗，彭城王作大松诗："问松林，松林经几冬。山川何如昔，风云与古同。"孝文帝感慨，诗至今流传③。后来为纪念孝文帝在其所过之处皆立庙祭祀，

---

① 佛图澄，天竺人，姓帛氏。永嘉四年来洛阳，自云有百余岁，曾避难武乡。疑其附会。

② 《魏书·高祖纪》，中华书局，1974 年，第 172 页。对魏孝文帝迁洛路程与时间记载：太和十七年八月"丁亥，帝辞永固陵。乙丑，车驾发京师，南伐：步骑百余万。……壬寅，车驾至肆州……戊申，幸并州。……九月……丁巳，诏以车驾所经，伤民秋稼者，亩给谷五斛。戊辰，济河。诏洛、怀、并、肆所过四州之民：百年以上假县令，九十以上赐爵三级，八十以上赐爵二级，七十以上赐爵一级……庚午，幸洛阳，周巡故宫基趾。……壬申，观洛桥……丙子，诏六军发轸。丁丑，戎服执鞭，御马而出，群臣稽上于马前，请停南伐，帝乃止。仍定迁都之计"。
此次南行平城至并州行二十日，并州至洛阳行二十二日，合计四十二日。太和"十八年二月乙丑，行幸河阴，规建方泽之所，壬寅，车驾北巡。癸卯，济河。甲辰，诏天下，喻以迁都之意"。

③ 《魏书·彭城王》，中华书局，1974 年。后幸代都，次于上党铜鞮山。路旁有大松树十数根。时高祖进伞，遂行而赋诗，令人示勰曰："吾始作此诗虽不七步，亦不言远。汝可作之，比及吾所令就之也。"时勰去帝七余步，遂且行且作，未至帝所而就。（七步作大松诗后）高祖大笑："汝此诗亦调责吾耳。"

称"孝文皇帝庙"，沁县南里还保留有重修孝文帝庙碑（附录壹）。这些行为无疑加速了佛教在这一地区的发展，推动了石刻雕像的产生和兴盛。

平城（大同）云冈开窟造像、洛阳龙门开凿石窟是北魏统治者的功德杰作。平城迁都洛阳的变革促进了工匠的流动，也为佛教造像的传播提供了发展空间。云冈的工匠源于两次战争的俘虏[①]。北魏以平城为国都，明元帝拓跋嗣泰常二年（417 年）灭后秦，将长安工匠二千家掠到平城。北魏太武帝太延五年（439 年）灭凉，强徙沮渠牧犍宗族及民吏工巧三万户于平城。平定山东六州及中山等地，又趋迫高丽杂夷百工伎巧十万户迁到平城。这些掳掠的工匠到平城后，除部分赏赐给有功将领外，大多归官府管辖，称"平齐户"。北魏法律禁止私人占有工匠，他们必须永远为国家役使，技艺世代相传，不得改从他业。他们的身份低贱，不得与平民通婚，是介与奴隶与平民之间的半自由民。正是这无数无名的工匠，继承了我国古代雕刻艺术中的优良传统，吸收和融合了外来艺术技巧中的某些因素，创造出风格独特的石雕艺术，留下精美的艺术瑰宝。也正是这些工匠在迁徙过程中，将他们的杰作留在了佛教传播的进程中。

武乡县勋环沟良侯店附近的石窟是晋东南太行山中最早的石窟造像，为北魏太和年间造像（附录贰）。从祁县子洪口进入团柏谷、盘陀驿到分水岭、勋环沟，是从太原（晋阳）到长治（上党）的交通要道，古来使然，沿途留有北朝时期很多石窟[②]。在武乡北良侯店有北齐造像，在阳公岭也有石雕造像。南涅水周围北魏时期佛教也发展到鼎盛期，从出土地南涅水石刻可窥其一斑。在南涅水村东南八里，烂柯山东麓山曲村有连绵数百米的石料开采场，南涅水石刻造像多采于此地，开采延续数百年（附录叁）。县域内有开村普照寺[③]，北魏千佛碑，故县镇大佛寺北齐大佛，庶纪北齐丈八佛佛头、千佛碑等。还有一些较小的造像窟龛在山曲、磨里、九连山、五龙头、北城等处分布。在交通线的左右，都有这一时期的遗迹。

在北周灭北齐时，有北周武帝灭法，唐代有武宗灭佛，会昌法难，后有周世宗灭法，但并未使潞泽之州佛寺有大破坏。圆仁在《入唐求法巡礼行记》卷四中记载："唯黄河以北镇、幽、魏、

---

① 北魏征伐统一北方，建都平城。俘虏民众强制迁徙到平城和畿内的次数，大约有二十多次，人数一百万以上。《魏书》所记载前期前夕中，人数规模都较大的几次：1. 天兴元年（398 年）春正月"徙山东六州民吏及徙河（即鲜卑慕容部）、高丽杂夷三十六属，百工伎巧十万余口，以充京师。二月……诏给内徙新民耕牛，计口受田"。2. 泰常三年（418 年）五月"遣征东将军长孙道生……袭冯跋……道生至龙城，徙其民万余家而还"。3. 始光三年（426 年）十一月"（太武）帝率轻骑二万袭赫连昌……徙万余家而还"。4. 延和三年（434 年）"六月，上伐北燕，举燕十余郡，进围和龙，徙豪杰三万余家以归"。5. 太延五年（439 年）十月"徙凉州民三万余家于京师"。6. 太平真君七年（446 年）"三月……徙长安城工巧二千家于京师"。7. 正平元年（451 年）三月"以（淮南）降民五万余家分置近畿"。8. 皇兴三年（469 年）"五月，徙青齐人于京师""显祖平青齐，徙其族望于代""徙青齐士望共（崔）道固守城（历城）者数百家于桑乾，立平齐郡于平城西北北新城"。9. 太和五年（481 年）"二月……假梁郡王（元）嘉大破（萧）道成将，俘获三万余口送京师"。

② 山西祁县有北齐天统四年造像记云："天统四年三月十五日，佛弟子太原郡功曹王鸾、槃陀驿将张贵和……"马鉴、周一良：《山西佛窟考察记》，《燕京学报》第十八期。

③ 清康熙十三年《山西直隶沁州志》卷三《寺观》，第 51 页。普照寺，在州西开村。北魏太和十二年（488 年）建，唐元和、元泰年间修，明永乐景泰成化弘治间俱增修，嘉靖十一年修，顺治间屡修。

路（潞）等四节度，原来敬重佛法，不拆舍不条流僧尼，佛法之事，一切不动之。”[①] 佛教的传播情形一直延续到宋金以后。元、明、清时佛教已没有昔时轰轰烈烈的浩大声势，已经与本土文化融为一体深入人心。它已广泛地深入到人们的生活中，在各种名目的祭祀场所，供奉着不同工力的神佛。几乎村村有寺，随处见庙，其数目巨大，无法细数。除自然损毁外，至1986年，沁县境内普查登记的金、元、明、清古建筑百余处。形制完整、保存较好的如郭村镇金代大云禅院、元代清和观，开村元代普照寺，仁胜村元代洪济寺，漳源村元代通玄庙、漳河庙，南涅水村元代洪教院等。这些寺院大多是在金代大定年间修建整葺，其时佛寺兴盛，出现了一个小高潮。

南涅水石刻中残存的造像碑，每佛龛旁有造像主铭记。数量众多，许愿文中心愿多多，意愿多多。造像主有虔诚笃信的佛弟子、像铭主、开光明主，广施博爱的清信徒、维那主，有地方的官吏，也有普通的百姓。共同希望遍地众生一切如意，五谷熟成，万民安乐。反映出这一方土地上的人民在连年动乱、刀兵不止的乱世，祈求安宁，寄希望于佛祖，求安康于释教，令国祚永隆，四方宁谐，干戈不用；百姓皆富贵日甚，子侄皆茂，遍地众生，永离三界，共登十地。虔诚的信仰安抚了无望的众生。不懈的追求代代相传，源远流长，崇信达到普遍狂热的程度。

第二节 南涅水石刻的发现与调查

南涅水窖藏石刻位于村北紧临涅河的二级台地上，一个叫寡塔的地方（彩版一，2）。此处树木稀疏，瓦砾成堆。东部是称为“寺故垒”（寺院所属的范围）的大片平地，北部有五六米深的断崖，远处是涅河河床，西面与村子向北的通行大道“楼道沟”紧挨。在“寺故垒”地表下是一个古老的寺院遗址。南北长约200米，东西宽60米，由南向北一条中轴线贯穿，中部被今洪教院占用[②]（图1-2）。

南涅水村北洪教院是山西省重点文物保护单位（彩版二，1）。坐北向南，一进三院，占地面积2200多平方米，前有山门、献殿，后有戏台、大雄宝殿，左右两侧配以迦蓝殿、祖师殿、观音殿、药师殿等建筑。前殿面阔三间，进深两间，四架椽屋，悬山顶。戏台广深各三间，悬山式屋顶。现存的大雄宝殿有元代建筑风格，高台筑殿，面阔三间，进深三间，六椽袱前后贯通，悬山顶，柱头斗拱五铺作单抄单下昂，殿内四根金柱粗壮挺拔，柱头卷刹明显，抬架式构架举折平缓，屋面举折飘逸。举架、用材尺度颇合金代、元代建筑特征。殿前正中悬木雕匾额“敕赐洪教之院”，旁有小字“大定九年六月初一日立 施牌”（1169年）。殿外有元、民国重修寺院碑碣，大殿右次间下肩墙处镶嵌有元至元八年（1272年）重修洪教院记石碣一件（附录肆）。民国时期的重修碑倒置于戏台前（附录伍）。

---

① 日本僧人圆仁（794～864年），日本平安时代著名的入唐八家之一，于838年与其弟子一行四人，跟随第十八次遣唐使节藤嗣入唐。归国后著《入唐求法巡礼行记》。

② 清康熙十三年《山西直隶沁州志》卷三《寺观》，第51页。洪教院，在州北甲水村。元至元八年建，明天顺年间重修，康熙三年重修。

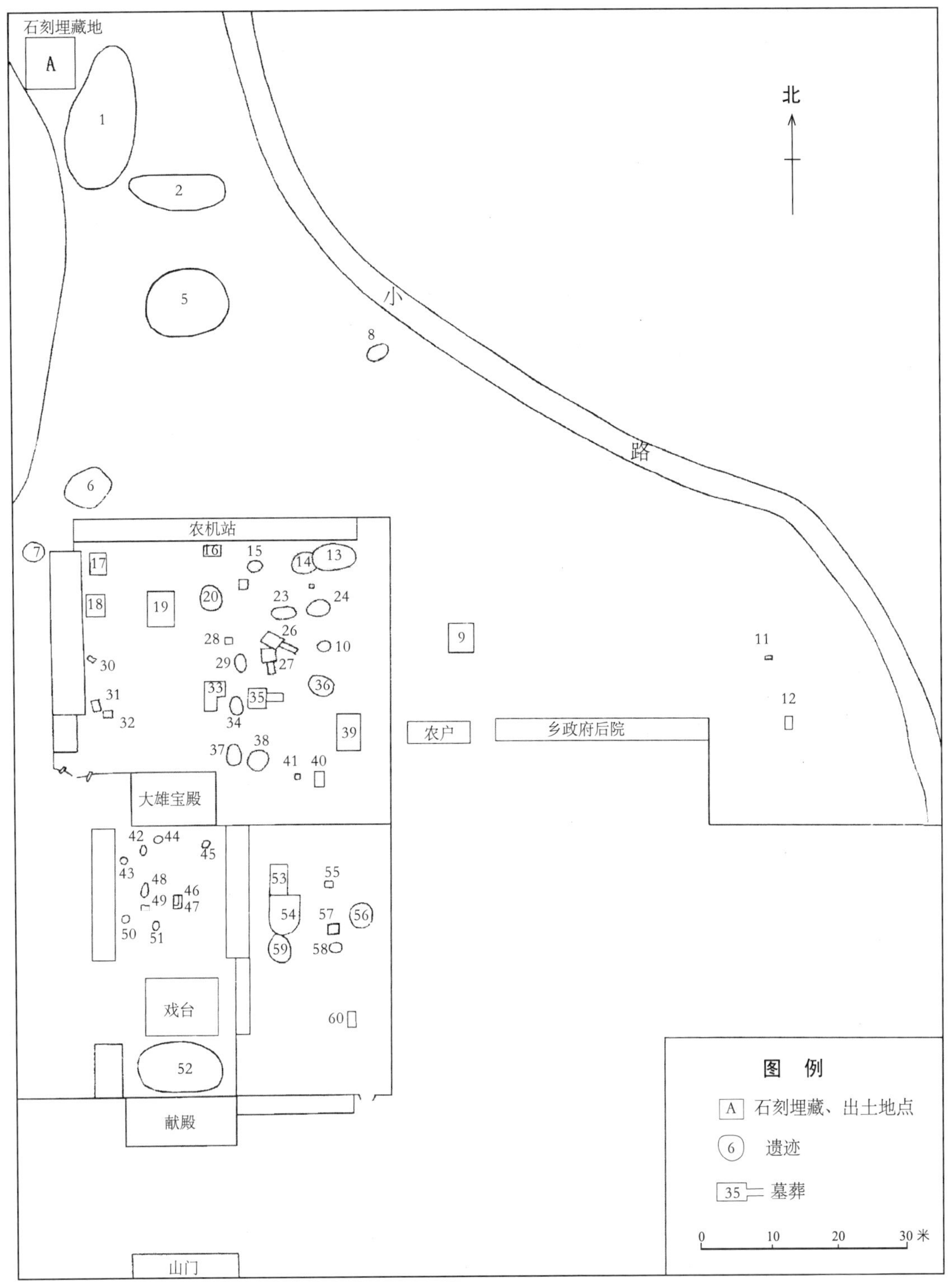

图 1-2　南涅水石刻出土地钻探图

1956年，南涅水村村民张玉科向沁县文化馆反映，本村寡塔出现了石刻。县文化馆立即向省文管会报告。1957年秋，省文管会派出勘察组，组长郭勇带队组成联合发掘队在南涅水村进行发掘。楼道沟一侧因村民长期取土，20世纪40年代西边就已塌出石条，虽有石条石块暴露，但因该地蛇很多，人们多不敢乱取石块。掩藏石刻的窖穴是一个东西长7米、南北长7米、深8米的土坑(图1-3)。坑口外敞，深坑上大下小，坑壁有铲削痕迹，完全是由人工挖成。1957年发掘时先从西边豁口取石，从上边大开口清理发掘。[①]因数量多，个体长，随后决定采用剖开西边边壁的办法依次清理。埋藏堆积最上层是顶部的掩盖层，基本上是碎石、石磨盘、残体石刻，泥土中混杂有彩色的碎泥片；中层是密集地排列摆放的石条和大大小小的方形石块，边上有单体像一类的站立石像、石条；最下面是一层一层成排成行的大石造像；靠南有石佛头堆置。在石雕夹缝中蛇很多。出土的石刻剔除已无法辨形修复者，确定南涅水石刻的出土总数是800余件。造像或碑碣残件占很大的比例，完美无损者是凤毛麟角、少之又少。泥塑2尊，因风化损坏没能留下资料。即便如此，这批珍贵的石雕造像为我们研究佛教历史、美术雕塑、建筑等多个学科提供了难得的实物资料，引起有关专家学者的关注。

石刻取出后在当地盖简易棚就地保护。后因当地无力长期保护，经山西省文物工作委员会批准，1962年运回沁县文化馆择地保存。

1957年，发掘石刻像群之后，在寺院周围陆续地出土过零星的石刻和小批量的造像。为摸清石像的埋藏情况，1991年，山西省考古所与沁县文物馆组队在南涅水村对南涅水石刻出土地周边进行了钻探，钻探面积达9000平方米。断壁上多有带状灰坑，地面时有磨光石斧等发现。这片土地地表下2米还有灰土，文化层堆积很厚。（见图1-3）

2007年8月10日、2010年5月对南涅水洪教院古寺庙遗址作进一步的解剖。

1. 于5号遗迹处开南北向探沟，尺寸为10米×0.8米×1.7米。

5号遗迹西北方向40米为寡塔埋藏石刻坑。地表无堆积，地表下耕土层厚0.3米。耕土层下为褐色花土，中部凹槽呈锅底状，宽7米，深1.3米。有夹砂层厚0.4米，为洪水过水痕迹。堆积中偶有碎石砖块。1.3米下仍为褐色土。1.6米下土中无杂物，为生土，土层较坚实。（图1-4）

2. 于52号遗迹处开南北向探沟，尺寸为7米×0.8米×1.5米。

52号遗迹在现在洪教院戏台与献殿之间。地表耕土层下为扰乱层，厚0.4米，以下为文化堆积层，偶有砖瓦、灰坑。发现素面砖，长23.5、宽11、厚5厘米。1.4米以下的土中无杂物，为生土，土层较坚实。（图1-5）

3. 5号遗迹与52号遗迹的生土层北低南高。相距110米，落差1.2米。寡塔石刻埋藏地为高台地。

4. 10号遗迹曾发现石雕。1989年，村民阎俊平帮别人盖房打土坯时，在今洪教院大殿东北30米“寺故垒”范围内，农机站墙外地表下1.3米处发现13件石雕。1991年，沁县文物馆派人做工作后，阎俊平将挖出的石雕送到文物馆。经鉴定，这些石雕是宋金时期的作品。地层与古寺院基本相似，1.3米以下为纯净土，以上为文化堆积层，说明此地堆积较厚。

① 2007年8月10日，在南涅水村访问了当年参加发掘，如今已71岁的弓三儿。

5. 在洪教院南部，村民在2008年修建门楼时，距地表0.5米以下发现一些瓦当（图1-6、7），判断应属隋唐时期建筑遗物。

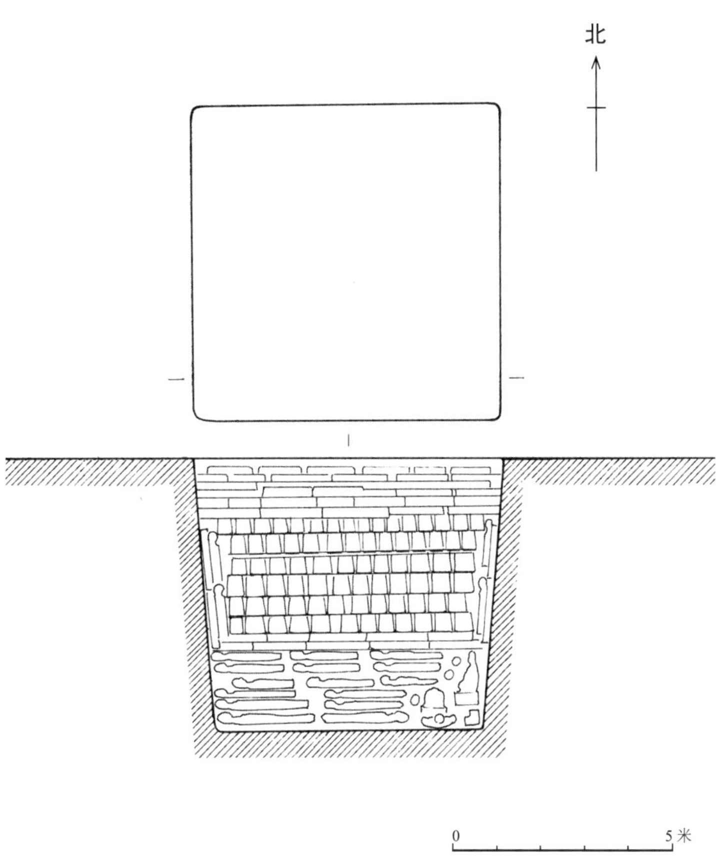

图1-3　南涅水石刻造像出土示意图

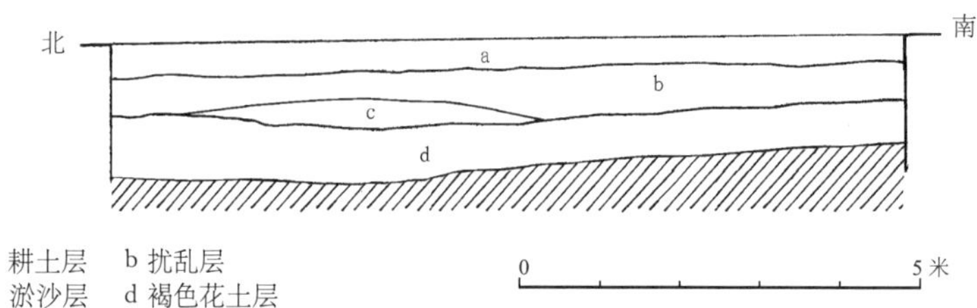

图 1-4 5 号遗迹探沟东壁地层

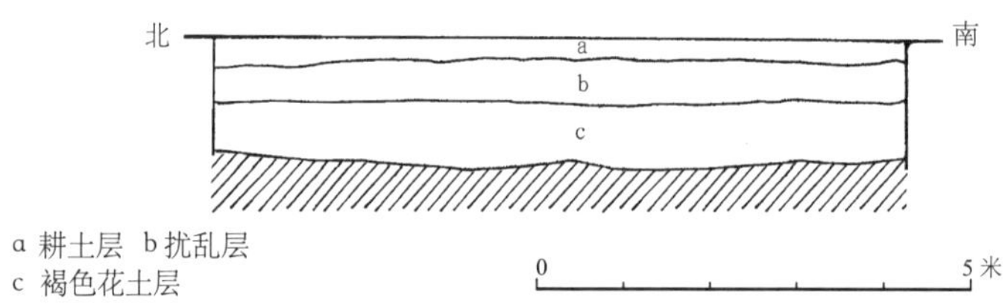

图 1-5 52 号遗迹探沟东壁地层

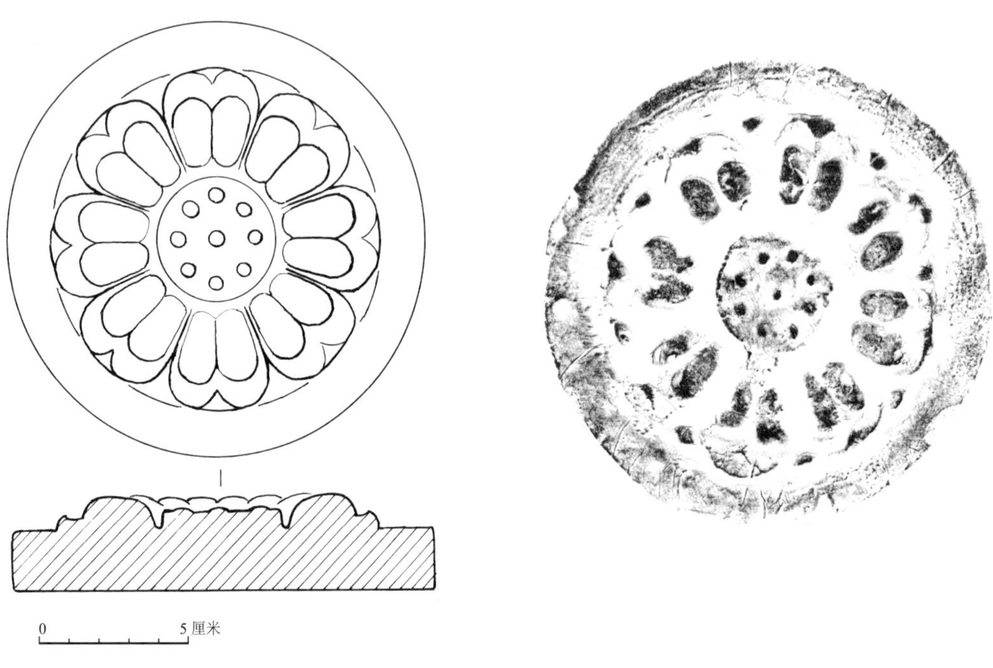

图 1-6 瓦当

图 1-7 瓦当拓片

第三节　报告的整理与编写

1957年南涅水石刻出土，至1980年，参加发掘的山西省文物工作委员会考古队郭勇与沁县文物馆馆长翟殿元负责了石刻的搬迁保护和整理工作。

1985年，为改善石刻的保存条件，开始在沁县二郎山修建新石刻馆（彩版二、三）。1987年，基建工作基本完成后，南涅水石刻报告的整理正式开始上轨道。郭勇同志已退休，由山西省考古所刘永生牵头，梁子明同志带领沁县文物馆郭海林、苑德应同志拍摄石刻资料，郭兴德拓印碑铭题记。1988年至1998年，沁县文物馆刘同廉同志负责收集资料，受省考古所委托对南涅水石刻出土地进行了勘察钻探，完成了第一张南涅水石刻出土地点周边钻探图，调查了沁县范围内及南涅水村周边石刻情况。刘同廉同志与考古所王传勋同志对所拍摄的石刻资料进行了认真细致地整理，完成了石刻照相资料的小样整理，扩印照片共计7500余张，建立了完整的档案资料。后由于人员发生变化，经费发生困难，整理工作时断时续。

2005年10月，山西省考古所正式立项组成报告编写组。编写组由刘永生负责，成员有沁县文物馆馆长郭海林、刘同廉。省考古所商彤流参加了短期的整理工作。分工如下：刘永生负责第一章、第三章的编写，刘同廉负责第二章的编写，郭海林负责照片资料的整理，李怀平负责石刻造像的线图绘制。

2006年5月，从报告整理开始起，主要工作在沁县完成。沁县县委、县政府有关领导给予了积极支持，提供了各种方便。在照片资料的整理过程中发现一部分资料不理想，不便出版使用。为确保资料的一致性、完整性，决定重新拍摄石刻资料。部分石刻已被调出，为重新补拍造成困难。另外，由于石刻的陈列展出，部分角度不便拍摄，如一些造像石的固定展出位置距离墙太近，相机拍摄距离不足，无法拍摄背部，以致目前未能完成资料的补充。拍摄工作主要由郭海林、刘永生负责完成（彩版五）。

2007年9月，按事前的分工基本完成资料的收集整理。参加工作的有刘永生、郭海林、刘同廉、李怀平、杨素英、李春兰、曹雪霞、刘亚娜、曹佳红、柴菊红、郝建伟、杜秀俊、宋四高、宋少宏、张科。

2008年1月，完成报告初稿。3月，在北大求教，请刘绪先生帮助送请宿白先生、马世长先生指教。宿先生很快就将意见转回，对初稿进行了认真的审阅，并就编写体例提出指导意见。马先生更是对初稿给予了积极的评价和鼓励，对报告的编写提出具体意见。两位先生的意见一致，对报告整理工作指明了改进意见。并送请柴泽俊先生、张庆捷先生指教，两位先生也给予了热情的帮助与指导。按照先生们的教诲意见，整理小组进行认真学习。首先组织补充完善石刻资料，将调离沁县的石刻补充拍摄。系统分析有关资料，重新核实整理，做到资料翔实准确。对于库存石刻资料再次清理，做到尽量完整记录。对于实测线图，对照实物完成，尽量准确，不妄加。山西博物院、山西民俗博物馆的各级领导同志们给予了热忱的支持和帮助。山西博物院石金鸣院长，李勇、张春生副院长专门召集有关部门开会布置，要求予以积极配合拍摄。造像石动辄数百斤，在展室中都已叠置成塔状，搬动拍摄异常困难。保卫处派出多名保安同志参加石刻的搬移工作，保证了拍摄工作的圆满完成。博物院厉春、侯八五、王爱国、郭淑英等同志参与了拍摄工作。

2010年7月，与文物出版社联系报告的编辑出版事宜，第一图书编辑室（现考古图书第一编辑中心）蔡敏主任热忱接待，放弃休息时间审阅报告初稿，对报告整理提出指导意见，为后期的修改奠定了极好基础。

2011年4月至8月，对编审提出的拓片资料进行了补充拓印。参与拓印工作的有郭兴德、李春兰、郭海林、畅红霞（彩版六，2）。实测绘图工作由刘永生补充完成。经过补充完善，调整报告编写体例，是年基本完成报告的整理。

第二章　南涅水石刻分类、题材与时代

第一节　南涅水石刻的分类

南涅水石刻最显著的特点是以石为材，将其雕刻加工成具有实用功能的造型，如碑碣、佛像、造像石塔，相互排列组合赋予其宗教职能，也诞生出不朽的艺术生命。南涅水石刻按型式分为五大类：1. 造像石；2. 单体造像；3. 组合造像；4. 碑碣；5. 零星石刻造像残块。在型式基础上按其内容分类排队。

一　造像石

南涅水石刻多表现为塔，以我国早期砖木结构的塔式为形，与云冈、龙门石窟的塔柱相近，由塔座、塔体、塔檐、塔刹等组成。南涅水石刻以四面造像、塔式叠置的表现形式为主。这种形式在陕西、甘肃等地虽说也有发现，但只是很少的个体形式。而在南涅水出土了数百块，表现的内容丰富多彩。

造像石，大者 81 厘米 ×64 厘米 ×70 厘米，小者 22 厘米 ×25 厘米 ×28 厘米，长者 120 厘米 ×35 厘米 ×16 厘米。石块下大上小，尺寸各不相同，可单块，也可数块组合。三五节相叠，下大上小，两节间可置塔檐，最上层安塔刹，下有基座，组成高 3 米左右的石塔。

出土的石刻中，数量最多的是石塔的塔体，现存近四百件。它以石为料凿成四方柱，上下凿成平面，四面开凿出佛龛造像，外饰装饰图案或故事画面，构图严谨，寓意浓郁。石塔的塔体有四种形状：

一是四方柱形。单独成一塔，犹如方碑，下大上小，尺寸高 1 米以上，四面凿龛造像，龛上下有铭记，如 QN 二二八（图 4-142），QN 二五三（彩版四一）。

二是高屋形四面体造像石，顶部刻饰屋檐，如 QN 一三（图 4-8）。

三是四方台形。上下尺寸相同，没有收分，或下大上小有较大的收分，四面形状相同。每块都像是一节平切的锥台，可单独成立，也可三五级叠置形成石塔，还可加塔檐塔刹（彩版四）。

四是八角形塔体。仿木构建筑间隔，各面开龛造像，各面之间有建筑之柱、斗拱相连，浑然一体。南涅水出土石刻中这一类型的石塔塔体仅存五节。如 QN 三八一（彩版四二，2），下大上小，两节之间以塔檐相衬，上安装塔刹，就叠置成一座八角形的石塔。

二 单体造像

发掘出土的石刻中有240件单体造像，大部分残损极为严重，有的仅存头部，或仅有半截身躯，有的头部缺失，或手、足、腿部残缺。单体造像有佛像、菩萨像、弟子像或金刚力士像等，姿势有立式、坐式、交脚式多种。单体造像高大者2.6米，小巧的不足0.3米。这些造像造型各异，质感强烈，形态有丰满圆润者，有清俊秀丽者，有的清俊中透出丰腴，反映出不同造像的外部特征和内心精神世界。

三 组合造像

以一石为材作整体构思，上部雕刻人物形象，如佛、菩萨作主尊造像，左右两侧配胁侍菩萨或弟子像，头部周围雕刻背光和装饰性图案，如背光、头光、火焰纹；下部刻须弥座，像座上雕刻博山炉、莲花、化生佛、地神力士、护法金刚、护法神兽、供养人等形象；铭文阴刻于座下或背面，记述供养人造像的缘由、时间、心愿等。这种形式和石刻造像融佛界于一石，有依山开凿之意，似为摩崖开窟造像之缩影。

归入组合造像类石刻的方造像石中有特殊者如QN三五六，从顶部开凿，中间镂空，正面开有长方形门，两侧浅刻金刚守门图样。左右两面凿龛造像，中间可置佛像供奉，燃灯以照明洞窟，俨然为小石窟。

四 碑碣

南涅水石刻中的碑碣有三种形式。第一种为文字碑碣，又分为墓碑和记事碑。这些碑文涉及与石刻有关联的环境、事件等内容，如寺院庙宇维修经过、原因、时间，造像发愿者姓名、心愿等。第二种是造像碑，上刻佛或菩萨像，千佛龛或礼佛图案作为供养，无文字记载。第三种是造像纪铭碑，既有图案雕像又有文字题榜说明，图文并茂。碑碣类石刻极为珍贵，特别是造像纪铭碑，铭文记叙历史，图案反映时代特征，为科学地研究石刻提供丰富的标准型造像。碑碣类石刻有50余件（块），其中千佛碑、纯像碑8块，文字碑10块，像文组合碑30余块。有纪年的碑碣类石刻有10余件，历史纪年从北魏神龟、正光，东魏兴和，北齐天保、武平，隋代，唐咸通九年至北宋天圣九年。虽然这些碑刻有残断破损，但为深入研究南涅水石刻的成因和发展提供了极为珍贵的资料。

五 零星石刻造像残块

出土石刻中还有数量不多的塔檐，造型较为简单，上下均是平面，便于同上下两节石塔叠垒

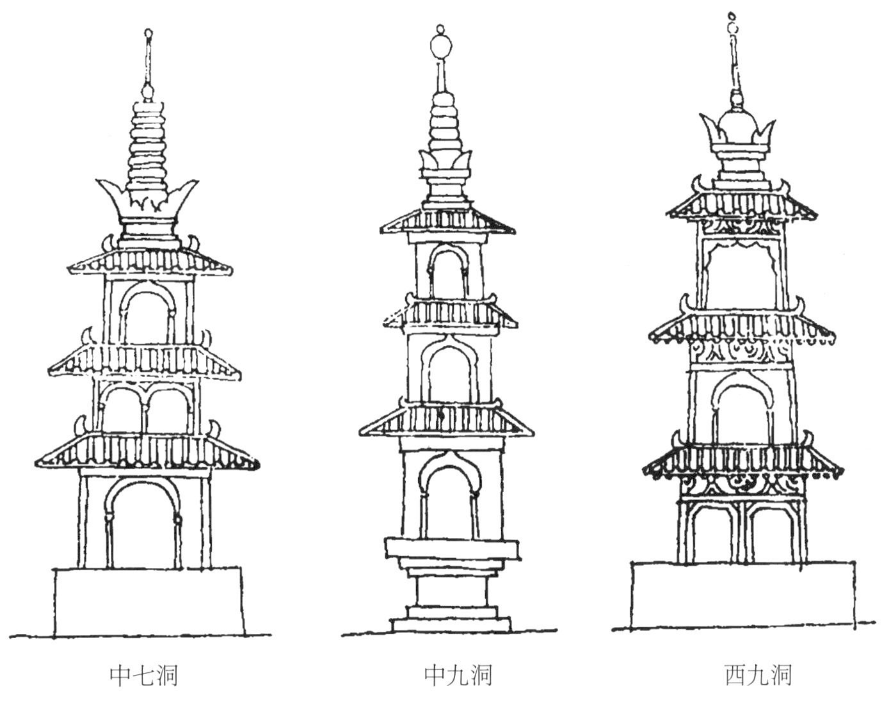

图 2-1　云冈石窟浮雕三层塔（引自《云冈石窟中所表现的北魏建筑》）

安装，上面外边部分仿屋檐雕凿出倾斜的瓦垄，飞檐挑角，下面做成屋檐椽头形式，既具美观效果又有防淋排水的实际功能。塔檐形式多属于较早期形式，与云冈二期塔庙窟的中心柱塔檐形式相同，多已残损①（图 2-1）。有如汉画像石之汉代屋檐形式，也有无瓦垄的挑角飞檐形式。

出土的塔刹仅数件，多残损，造型亦简单，有仿建筑屋顶之上雕造僧帽覆钵，有宝瓶圆柱体，还有四周阴刻弦纹的塔刹。

还有一些兽头、像座等零星石雕。

第二节　南涅水石刻的题材内容

一　造像组合

在南涅水石刻造像中，造像塔一石四面，凿龛造像的内容多有相同，其中，释迦牟尼比例最高，主要表现成佛的四个场景：①成道像。结跏趺坐，施禅定印，法相殊胜，清净庄严，为主尊像。两侧有菩萨，左为阿难，右为迦叶。②说法像。结跏趺坐，手施说法印。石刻中因石材所限，

---

① 梁思成、林徽因、刘敦桢:《云冈石窟中所表现的北魏建筑》，载云冈石窟文物研究所编:《云冈百年论文选集（一）》，文物出版社，2005 年。

说法手印手指易损。③旃檀佛像。呈站立姿势，左手下垂。有时施与愿印，表示满足众生一切愿望，摆脱烦恼等一切障碍。有时施无畏印，表示以佛陀的慈悲功德，解除众生的种种苦难。这种姿势的佛像是最早的佛像，东晋时传入中国。南涅水石刻造像组合中佛站立像与交脚菩萨造像，阿育王施土、献莲花给锭光佛，锭光佛站立像并存。④太子像。南涅水造像中太子像为太子树下思维或屋帷龛内太子思维像，佛着菩萨装。造像表现了太子在菩提树下静坐思维到觉悟的场景，画面形式变化多样，形象生动。白马临别跪身一吻，太子随行车匿告别，依依不舍。虽为离别之景，却无离别之悲情。太子右手支脸腮，表情若有所思，似有觉悟。在另一画面中太子头已抬起，面部表情作顿悟状，右手作说法状，天空中飞天飘舞，一片欢乐景象，将觉悟的情景作了生动刻画。不同的场景表现了思维的痛苦、觉悟的愉快，画面充满生机。

其次为十六王子佛造像，释迦、多宝二佛并坐，阿育王施土，交脚菩萨弥勒佛造像，维摩诘说法与文殊维摩论法造像等。还有少量的观音菩萨、普贤菩萨、日光菩萨、月光菩萨造像。观音菩萨单体造像中戴化佛冠。另外，也见造势补空与渲染气氛的飞天、乐神、力士、傩戏等，以及供养人和各具特色的礼佛造像。

造像组合多采用云冈模式中的典型组合。如第6窟是云冈石窟中设计最精细，雕刻最华丽，内容最丰富，造像最多的精华洞窟“塔庙窟”。高达15米的中心塔柱分上下两层，上层“四方佛”褒衣博带，气宇轩昂；下层四面开出大型双重佛像龛，豪华别致，龛龛不同：南面结跏趺坐释迦牟尼，西面善跏趺坐（倚坐）阿弥陀佛，北面释迦、多宝二佛并坐，东面莲花跏趺坐（交脚）弥勒菩萨。南涅水石刻中的造像虽有变化，但主要佛像组合确是类此造就。

南涅水石刻造像石部分组合内容排列如下表所示。

序号	造像组合	件数	备注
1	四面主尊佛坐像	55	
2	四面主尊坐佛二菩萨	97	
3	十六王子佛	26	
4	二佛并坐	21	
5	一尊立佛阿育王、一尊思维菩萨、二佛并坐、一佛二菩萨	20	
6	一尊立佛阿育王、三尊一佛二菩萨	11	
7	一尊立佛阿育王、一尊思维菩萨、一尊交脚菩萨、一坐佛二菩萨	1	QN 八八
8	一尊立佛阿育王、一尊维摩诘论道、二尊一佛二菩萨	2	QN 一〇七、QN 九七立佛、送子象
9	一尊立佛阿育王、一尊一佛二菩萨二弟子、二尊一佛二弟子	1	
10	一尊立佛阿育王、一坐佛二菩萨二弟子、一坐佛二菩萨、一尊交脚菩萨	1	QN 一〇三
11	一尊立佛阿育王、二尊立佛、一尊菩提树下思维菩萨	1	
12	一尊立佛阿育王、二尊坐佛、一尊一佛二菩萨	1	

续表

序号	造像组合	件数	备注
13	一尊立佛阿育王、二尊坐佛龛外饰六个小佛龛、一尊思维菩萨	1	QN 二〇二
14	一尊立佛阿育王、二佛并坐、一尊维摩诘论法、一尊坐佛	1	QN 八四
15	一尊立佛阿育王、二佛并坐、二尊一佛二菩萨	2	
16	一尊交脚菩萨、三尊一坐佛二菩萨	12	QN 二一五典型
17	一尊交脚菩萨、二尊坐佛、一尊立佛	8	
18	一尊交脚菩萨、两佛并座、一尊思维菩萨、一尊立佛阿育王	3	QN 三四日乌月蟾
19	一尊交脚菩萨足下象座、二佛并坐、二尊一坐佛二菩萨	1	QN 二三一
20	一尊交脚菩萨、二佛并坐、一坐佛二菩萨、一尊立佛二弟子	2	QN 二〇七
21	一尊交脚菩萨、二佛并坐、一尊菩萨骑象、一尊立佛阿育王	1	QN 二〇
22	一尊交脚菩萨、三尊坐佛	1	QN 二五三
23	一尊交脚菩萨、一尊坐佛二菩萨、一尊思维菩萨、一尊立佛	1	
24	一尊交脚菩萨、一尊思维菩萨、二尊一坐佛二菩萨二供养人	1	QN 一六三
25	一尊交脚菩萨二弟子、二佛并坐、二尊一佛二弟子	1	
26	一尊交脚菩萨二弟子、二佛并坐、一佛二力士、一佛二菩萨	2	QN 一六四转法轮
27	一尊交脚菩萨二菩萨、二佛并坐、一佛二菩萨、一主尊菩萨二胁侍菩萨	1	QN 一七五装饰性强
28	二尊交脚菩萨、二尊一佛二菩萨，千佛龛饰龛楣	1	QN 二一三
29	二尊交脚菩萨四供养菩萨、一尊结跏趺坐一尊善跏趺坐佛二弟子二菩萨	2	QN 一八三
30	一尊思维菩萨、一尊立佛、一尊坐佛、一尊坐菩萨	2	QN 一三六
31	一尊思维菩萨、一尊立佛、二尊一坐佛二力士	1	
32	一尊思维菩萨、一尊立佛二菩萨、二佛并立、一佛二弟子	1	QN 二六〇
33	一尊思维菩萨、二尊坐佛、一尊菩萨骑象	1	QN 一四一
34	一尊思维菩萨、二佛并坐、一尊立佛二菩萨、一坐佛二弟子	1	QN 十九
35	一尊思维菩萨、二佛并坐、二尊一坐佛二菩萨	3	QN 二二〇特殊 QN 二二八武定年号
36	一尊思维菩萨、二佛并坐、一尊菩萨骑象、一尊坐佛	2	QN 一五、QN 五七
37	一尊思维菩萨觉悟说法、三尊一坐佛二菩萨	1	QN 一三九
38	一尊思维菩萨二供养菩萨、二尊二佛并坐、一佛二菩萨	1	
39	二佛并坐、一尊立菩萨、四联佛龛、一尊坐佛	3	
40	二佛并坐、一尊立佛、二尊坐佛	6	
41	二佛并坐、二尊坐佛、一佛二菩萨	1	

续表

序号	造像组合	件数	备注
42	二佛并坐、三尊佛坐像	1	
43	二佛并坐、二尊坐佛、一尊一佛二弟子	1	QN 二六六
44	二佛并坐、立佛二菩萨、二尊一坐佛二菩萨	2	
45	二佛并坐、一尊立佛、一立佛二菩萨、一坐佛二菩萨	1	
46	二佛并坐、一佛二弟子、一尊立菩萨二弟子、一尊坐佛	1	QN 九九
47	二佛并坐、二佛并立、二尊双坐佛龛并立	2	QN 一五四
48	二尊二佛并坐、二尊坐佛	1	QN 一三五
49	二尊二佛并坐、二尊一佛二菩萨	1	
50	一尊立佛、一尊立菩萨、一尊坐佛、一佛二弟子	1	QN 二七〇
51	一尊立佛、一尊菩萨坐像、一尊坐佛、一坐佛二菩萨	1	QN 一六八
52	一尊立佛、二尊坐佛、一尊立菩萨	2	
53	一尊立佛、二尊一坐佛二菩萨、一涅槃	1	
54	一尊立佛二菩萨、一尊交脚菩萨二菩萨、二尊一坐佛二菩萨	1	
55	一尊立佛二菩萨、一尊交脚菩萨、二尊一佛二菩萨	1	QN 一三
56	一尊立佛二菩萨、三尊一坐佛二菩萨	1	QN 一七一
57	一尊一立佛二菩萨、三尊一坐佛二菩萨	2	QN 二四
58	四尊一立佛二菩萨	1	
59	一尊坐佛、三尊一佛二菩萨	1	
60	二尊坐佛、二尊一佛二菩萨	3	
61	二尊坐佛、一佛二弟子、一尊菩萨立于象身，二立待	1	QN 六七
62	二尊坐佛、一坐佛二菩萨、一尊立菩萨	2	QN 一五三
63	三尊坐佛、一尊立佛	4	
64	三尊坐佛、一尊一佛二菩萨	3	
65	三尊坐佛、一尊菩萨骑象	1	QN 三一
66	三尊坐佛、一涅槃浮雕（？）	1	QN 一七〇
67	三尊坐佛、一尊思维菩萨	2	QN 二三〇
68	三尊坐佛、一尊二佛并坐	1	
69	三尊坐佛、一浮雕山林虎啸	1	QN 五六
70	三尊立佛、一尊立菩萨	1	QN 二五五
71	一佛二菩萨、一立佛二弟子、一佛二菩萨二弟子	1	QN 一二三

续表

序号	造像组合	件数	备注
72	一佛二弟子、二佛并坐、涅槃、装棺变	1	QN 一〇八
73	二尊一佛二菩萨、一尊一佛二菩萨二弟子	1	
74	二尊一佛二菩萨、一尊一立佛二力士、一尊一立佛	1	QN 一五一
75	二尊一佛二菩萨、一尊善跏趺坐佛、一尊菩萨	2	QN 二四五
76	二尊一佛二菩萨、一尊善跏趺坐佛、一尊立佛	1	
77	二尊一佛二菩萨，一尊立佛于象二菩萨、一菩萨二供养菩萨	1	QN 三六
78	二尊一佛二菩萨、一尊维摩诘论道、一尊坐佛	1	QN 一八七
79	二尊一佛二菩萨（弟子）、一尊维摩诘论道、二佛并坐	1	
80	二尊一佛二菩萨二弟子、二尊一佛二弟子	1	
81	二尊一佛二弟子、骑象回宫浮雕、一尊坐佛	1	QN 一二
82	三尊一佛二菩萨	1	
83	三尊一坐佛二菩萨、一思维菩萨	1	
84	三尊一佛二菩萨、一尊善跏趺坐佛像	9	
85	三尊一佛二菩萨、一尊思维菩萨二供养菩萨	1	QN 一九一
86	三尊一佛二菩萨、一尊立佛二菩萨	2	QN 二八五
87	一尊一佛二弟子二护法、二尊一佛二菩萨二护法、一尊二佛并座说法两侧弟子待立	2	QN 一二四
88	三尊一佛二菩萨、一尊一佛二菩萨二弟子二供养人	1	QN 二七六
89	三尊一佛二菩萨、一尊菩萨二供养菩萨二力士二供养人	1	QN 六一
90	三尊一佛二菩萨力士、一尊立菩萨	1	QN 一九三
91	四尊立佛	3	
92	四尊立菩萨	1	QN 八五
93	四尊坐佛各二弟子	1	
94	二尊一坐佛六龛菩萨、一尊阿育王施土二菩萨二弟子、一尊树下思维太子像	2	QN 二〇二
95	千佛龛，一尊立菩萨像、一尊象座菩萨，龛外饰六小佛龛	1	QN 二〇八
96	上、下佛龛立佛，坐佛	1	QN 二五二
97	千佛龛	1	QN 三五九
98	中空置佛像立体龛	1	QN 三五六
99	八角柱体 八面八组或八面六组造像	4	
100	顶塔刹覆钵下凿龛造像	1	QN 三六三

二 表现的佛传、本生、因缘故事

古代印度寓言故事丰富，佛教利用这些材料阐述教义，影响深远。很多故事在传承中已为中国文化所吸收借鉴，为我们所熟知。石刻中雕造的故事性题材，主要有三种类型[①]。一是佛本生故事，描写佛的前生曾经为鹿王、雉王、猴王，为国王修行善业功德的寓言故事，通过情节描述宣传佛教的基本教义。二是佛本行故事，颂扬佛陀从诞生为太子时到成道前的种种行为，通过神话的方式叙述释迦牟尼的事迹。三是因缘故事，介绍释迦牟尼"悟得无上心觉"创立教团组织宣传佛教教义、普救众生脱离苦海的活动经历。

在石窟寺雕塑和壁画中用连环画的方式表现佛教故事的情节，有一定的连贯性。南涅水石刻受画幅限制，只能以某个情节中的特定姿势来代表。又由于南涅水石刻造像图案设计上的自由与灵活性，加之严重的残损漫漶，对题材内容的确定带来极大的困难。石刻像中能识别出以下图案。

1. 救生鹿本生、雉本生故事[②]

讲述如来修菩萨行时为鹿救生故事。很早的时候，有一片树林着火了，鸟兽都走投无路，前有急流，后有烈火，无不沉溺丧生。这只鹿心怀恻隐，身居急流，以至皮穿骨断，强忍着痛楚以救溺者。跛兔最后来到，鹿忍着疲乏和痛苦将它渡过河去，结果筋疲力尽，溺水而死。在QN二一八—4佛龛龛楣上部画面中鹿面临大河，兔、鸟等作奔逃状。（图4-131）

如来修菩萨行时，为雉王。一次林中失火，大火冲天，这时一雉鸟心怀悲悯，飞往河里把羽毛沾湿，又飞回树林上空费力把水洒下来灭火。这时天帝释俯身告雉说："你为什么这么愚蠢，枉费羽翼之劳？大火熊熊，焚烧林野，岂是你小小的身躯所能扑灭的？"雉问："这是谁在说话？"天帝答道："我是天帝释。"雉道："天帝释有很大的福力，想做什么都可以做到，救灾拯难，易如反掌。现在不但不来拯救，反而讥问我徒劳无功，你的责任哪里去了？现在烈火方炽，不要再多说了。"于是雉又急忙飞向河水。天帝便用双手掬水，遍洒树林，顿时火灭烟消，生物的性命赖以保全。

2. 乘象投胎（佛传故事《因果经》《普光天经》）

故事讲述古印度迦毗罗国净饭王的夫人摩耶，于昼寝之时梦乘六牙白象，欣然悦之。召相师问此梦应指如何。相师至占曰，此在妙相，夫人必怀太子，隆胎之时大放光明。曰无上心觉之瑞，在家当为转轮王，出家必将成佛道。

QN一六三—2的造像画面为一六牙大象用长鼻托莲花化生童子（彩版一七，1）。

3. 象舆三尊　骑象回宫

有两幅图案表现了此故事。QN三——1：象背上安放象舆（象背上的一种轿，古印度一种高级交通工具），内坐三人，中间似为一佛，前后各有一侍者。为太子试艺获胜后回城的情形。（图4-16）

---

① 有些图案未能确定属哪一种故事或情节，就以图案的式样，拟定名称，供研究参考。

② 季羡林、张广达等：《〈大唐西域记〉今译》，陕西人民出版社，1985年，第203、204、207、208页。

QN 一二—1：造像中象鼻托举一位化生童子，象背上安放象舆，内坐一人。舆后有旗幡，象后有高鼻侍从相随。（图 4-7；彩版九，1）

4. 犍陟舐足（佛传故事、毗奈耶破僧事）

太子出游四方，见生老病死种种痛苦，思虑再三决心出家谋求解脱之道。决心已定，于半夜时分命车匿备马，不得出城。四位天王各托犍陟一足，逾城而过，至深山中开始了他的苦修生涯。太子赐车匿宝物相互告别，犍陟马不忍同太子分别，半跪舐太子足，作依恋情别之状。QN 二四九—4 画面表现得感人至深。（图 4-156；彩版四〇，1）

5. 山中苦修　树下成道（佛传故事）

太子于山中苦修六年，不得解脱，坐于菩提树下，决心悟出无上心觉。而山中外道、魔怪妖女轮番向菩萨进攻皆不得入，菩萨威严神圣的力量使魔王女儿的艳容变得衰老，她们拖着瘦弱的身体，拄着拐杖相互搀扶走开，菩萨终于得道成佛。或者表现太子在觉悟前所见到的生老病死的形象。

这一题材在南涅水石刻中雕刻得极为生动。QN 一五—4，QN 五七—3 树叶倾倒喻形势紧急，有外道魔怪进攻、太子苦修、茅草庐修行者图案。QN 一三九—1 表现了太子在树下顿悟的情形。太子着菩萨装，眉头舒展，手作说法状，气氛活泼，空中飞天飘舞庆贺。与之对应的是茅庐苦修的场景，此画面更突出了觉悟后的欢快心情。（图 4-71）

6. 小儿施土　三子献食（佛传故事《贤愚因缘经》）

释迦牟尼三十五岁时成道，从此开始了他艰难的传教生涯。某时，他与阿难入城乞食，一群童子恰于路上玩集土游戏，以土作房舍，作城池仓库，作粮米。一童子遥见佛来，生布施之心，聚仓中粮米之土献佛，却身不及高，故两三小儿叠起向上，佛亦低头受之，并说于阿难，以小儿所施之土金我房地，该童数载之后作阿育王字阿输迦，其他小儿作大臣，一切国土兴隆，三定广设供养，当为我建八千塔。

造像群中这一题材甚为多见，形象生动，图案各异。如 QN 八四—4、QN 七四—1 等。QN 一二五—1 画面中有一侧是三子献食，中为释迦牟尼佛，佛的另一侧上有伞盖，下立一人。伞盖是权力和地位的象征，站立之人大概是已成国王的小儿。

还有三童子献莲花给锭光佛的故事。据《瑞应本起经》载，释迦牟尼儿时曾敬献莲花供佛，故受记收为弟子，并预言释迦牟尼在九十一劫（一劫为 128 亿年）之后成为佛。

7. 初转法轮（佛传故事《因果经》）

“轮”是古印度的一种非常锐利、威力无比的兵器，“法”是指佛法，“法轮”佛法无边，无坚不摧。

佛往婆罗奈国传教时，侨陈如、摩诃那等五人不约而同地来到佛所，世尊观五人根基，堪任受道，为之开演正觉，讲述佛法，唱声至三十三天，五人受戒出家，僧团组织初创，从此佛教三宝俱备。即佛宝为释迦牟尼，法宝为佛教的教义和经典著作，僧宝指僧团组织。

初转法轮的画面，在克孜尔石窟中，佛的两侧有比丘僧数人合掌听法，上有诸天侍卫，佛座前有二鹿跪伏，旁边有二只法轮喻鹿野园初转法轮。

南涅水石刻中仅见 QN 一六四—4 的一处图案，佛作跏趺坐，说法印，左右二力士护法，座前二轮下有狮子跪卧作回首状。

8. 释迦、多宝二佛并坐说法

据《法华经·见宝塔品》的故事而雕造。该经说，尔时佛前有七宝塔，高五百由旬……从地涌出，住在空中，种种宝物而妆校之……此宝塔中，有如来金身，乃往过去东方无量千万亿阿僧祇世界国外宝净，彼中有佛，号曰多宝。其佛行菩萨道时，作大誓愿，若我成佛，灭度之后，于十方国土，有说《法华经》处，我之塔庙，为听是经，涌现其前，为作证明……于是释迦牟尼，以右指开七宝塔户……皆见多宝如来坐狮子座……尔时多宝佛于宝塔中，分半坐与释迦牟尼佛……即时释迦牟尼佛入起塔中，坐其半座，结跏趺坐。尔时大众见二如来，在七宝塔中狮子座上结跏趺坐。

一个佛是宣扬《法华经》，一个佛是护持《法华经》，因而反映到石窟艺术中，就以两尊佛为主佛，创造出许多这样的形象，为人们所供养起来。

《法华经》内释迦是现在佛，多宝佛是过去佛。当佛讲经说法时，多宝佛亦在天上，唱声至三十三天，释迦牟尼讲经完毕，多宝佛佛堂（一说是多宝塔）的门开了，多宝邀释迦同坐，说释迦讲的道理经典是绝圣的正理，是正确的，他可作证。

南涅水石刻中，并坐说法的题材有多处，如 QN 一八六—2、QN 七三—1 两佛并坐，一起举手搭臂作亲切交谈状，神态自然，两位世尊之间气氛极为祥和。并坐说法的二佛与其他题材的二佛有明显的区别。（彩版一〇；彩版一八，2）

9. 调伏醉象（因缘故事《法句经》）

故事描述调达与阿阇王共议毁佛，以王命敕令国人不得供奉佛陀，并设计使五百大象饭酒使之醉。佛与弟子五百罗汉入城，象群蜂拥而至，搪颓墙壁皆叼衔而前，房屋悉数破坏，全城战栗。五百罗汉见状飞起空中，独阿难在佛侧，佛以五指化作五百狮子，同声俱吼，象群伏地不敢举头，挥泪悔过，阿阇王与一城民众莫不敬肃皈依佛。

南涅水石刻中 QN 六七—1 属于该题材，画面是佛站立象背，象头站立一人，象鼻裹卷一人头。（图 4-32）

10. 敲骨辨因（因缘故事《增—阿含经》）

外道仙人梵志善医术，声称叩打骷髅之声可知男女及病亡原因。佛以罗汉头骨与之，梵志不能辨，拜伏，皈依佛教。如 QN 一〇三—4，画面是一赤身裸体者，一手执一人头骨，一手作敲击状。（图 4-54）

11. 外道尼乾子（离系子）执雀问佛故事（因缘故事《俱舍论记》）

《俱舍论记》记载："外道离系子以手执雀问佛死生，佛知彼心不为定，若答言死，彼便放活；若答言生，彼便舍杀，故佛不答。"常与敲骨辨因在同一画面，说明佛的大智慧。

婆擞仙好杀生，罪孽深重，经佛教诲，幡然悔悟，改过自新，以赎前愆。画面作婆擞仙手执一鸟，以示忏悔自己有杀生之罪。常与敲尸辨因在同一画面，如一〇三—4。

以上两故事的图案多出现在佛龛两侧，单线刻饰古印度人的形象——高鼻、卷发、袒上身。

12. 维摩诘说法

维摩是位对佛教经典教义有研究，深通大乘教佛法佛理的贵绅隐士，居家修行。他以病为由同释迦牟尼佛委托前来探病的文殊菩萨讲经论道，讨论深奥的佛理。题材见《维摩诘经》，在造像中多次出现，维摩诘说法画面有维摩一人说法状和维摩、文殊论法等形式。维摩造像如QN一八七—2，形象生动，头戴儒冠，手执尘尾，单盘腿而坐，表情丰富，口微露齿，侃侃而谈（彩版二〇）。另外，QN八四—2作双维摩，二长者凭几而坐，各执一尘尾，头戴帽帻。两人颚下均有长须一缕，作说法状。QN一〇七—2表现了当时时尚，维摩背有围屏。QN二五七—4文殊问疾维摩诘，左为维摩诘，中为释迦牟尼，右为文殊师利菩萨。据《维摩诘经·问疾品》绘刻而成形[①]。

13. 涅槃变

释迦牟尼八十岁时逝世。涅槃入灭在造像中规定的格式是“北首左胁侍，枕手累双足”，众弟子跪伏佛侧，作哀号悲痛状，情节生动哀感至深。QN一〇八—2造像中刻画了这种情形。（图4-55）

14. 涅槃变金棺中为迦叶现双足（佛传故事）

佛祖释迦牟尼涅槃后装殓入棺，准备火化，双树间香木已经堆起，点火金棺不燃，等待大弟子迦叶的到来。QN一〇八—3表现出当极度悲痛的弟子迦叶来吊唁时，弟子扶棺痛苦万分状，有依依不舍之情；一弟子拍打棺木，号啕不止。佛祖从棺内千层㲲（㲲：die，细棉布）布重裹中，伸出双足。待迦叶行礼后，绕金棺赞颂，于是，香木自燃，大火炽盛[②]。（图4-56）

三　龛式

南涅水石刻绝大多数是造像石，且为塔式造像石，四面开龛造像。其中佛龛是供奉佛像的小阁子，型式较多。它的演化与石窟寺的开凿有内在的联系，与我国的古代建筑式样有密切的关系，是表现造像风格特点的一个方面，具有一定的神秘色彩和装饰性功能。

造像石早期形式活泼多样，有单体方碑如QN二五二、QN二五三（彩版四一），造像龛为方龛圆弧拱，简洁疏朗；造像有主龛辅龛如QN二二八（图4-142），犹如石壁的石窟造像形式；有带屋檐造像如QN一三（图4-8）、QN一一六，方龛为主；有塔柱形式如QN一八四（图4-105），如石窟塔庙式中心柱，尖拱龛，主佛四面竖立；有圆拱穹庐龛如QN三三〇（图4-180）；有建筑形式斗拱明柱龛如QN一三二（图4-66、67），透雕开间宽敞；也有独特的长方龛中空形式如QN三五六。另外，还有圆拱、平拱、屋帷、尖楣、树形、半龛等形式。

北魏后期造像龛形成定式。在造像石的组合上三五成级，造像也形成各式龛型，众彩纷呈，造像进入成熟期。经过东魏北齐，进入后期，造像龛已无大变化，画面僵直，造像程式化，世俗圆滑，如QN六三、QN六四（图4-31）。

在造像石上开龛造像，有两种形制，一种是石料方正后直接构图，如QN二九九、QN三三〇

① 《中国大百科全书·佛教卷》，中国大百科全书出版社，1998年，第144页。（后秦）鸠摩罗什译：《维摩诘经》3卷14品。叙述毗耶离（吠舍离）城居士维摩诘，十分富有，深通大乘佛法。通过他与文殊师利等共论佛法，阐扬大乘般若性空的思想。其义旨为“弹偏斥小”“叹小褒圆”。

② 季羡林、张广达等：《〈大唐西域记〉今译》，陕西人民出版社，1985年，第203、204、207、208页。

（图 4-180）；另一种是方正后勾勒边框，而后在其中构图。从南涅水石刻判断，前者早期较普遍，后者略晚。

龛式的多种样式与变化，在南涅水石刻中都有所体现，许多龛式经过当地匠师们的雕造与构图，表现灵活自由多变，繁衍出更多更新的龛形。经调查分类，可以有基本龛式和组合式之分。其中六种基本龛式以英文字母 A 至 F 来代表，类同式不同在字母后加数字来代表，如 A1、A2、B1、B2 等。龛形以几种龛式组合而成，按先上后下、先外后内的顺序表示，本篇尽可能汇集南涅水石刻中出现的各种龛式，以供参考。

有些龛式，如屋帷龛，常以某一部分代表。盝形龛以单独的式样在南涅水石刻中出现的并不多，也不甚规则，多以组合式出现。有些龛式是屋帷龛的几个部分，都予以编号。有些龛式不普遍，所以没有专门的代号。有关龛式的演化和时代特点将有专文讨论，本文简述如下。龛式的分类定名，参考云冈分类。

1. A 型　方形龛　　QN 四二—4

A1　长方形龛　　QN 四二—3、QN 三六、QN 四六（龛外有一道阴刻或凸起楣条）

A2　方形镂空龛　（中心塔柱形）　QN 一二二（图 4-61；彩版一二，2）

A3　平拱龛　　QN 三、QN 四

2. B 型　圆拱龛　　QN 二三五—1、QN 三五二（穹隆顶）（图 4-147、196）

B1　圆拱圆楣龛　　QN 二四四—2、4（龛外增加凸起或阴刻的楣条）

B2　圆拱双连龛　　QN 一〇—2

B3　圆拱三连龛、凸字形龛　　QN 二二一—4、QN 一八〇—3（图 4-99）

3. C 型　尖拱龛　　QN 六—2（图 4-6）

C1　尖拱楣龛　　QN 二〇九—2（龛外增刻凸起或阴刻的楣条）（图 4-119）

C2　尖楣三连龛　　QN 二五—3（舟样背光伸出龛外形成）

C3　尖拱镂空龛　　QN 一八四—2（中心柱式）（图 4-105）

4. D 型　楣饰龛　　QN 二〇二—3、QN 九四—2（彩版二四；图 4-47）
（龛楣部位雕刻装饰性图案，有长楣、圆楣饰，统称为楣饰龛）

5. E 型　屋帷龛　　QN 一五八—4、QN 一八六—4、QN 二〇七—4、QN 二二六—1
（彩版一九，2）
（完整的屋形龛应由屋顶斗拱、明柱、帷幕、帐饰组成）

E1　屋顶龛　　QN 一九五—2、QN 二三四—3、QN 一六三—1（图 4-88）
（包括屋面、脊刹、鸱尾等构件）

E2　柱斗龛　　QN 一二三、QN 一三二（图 4-66）、QN 一三四、QN 八四
（包括明柱、柱础、各式斗拱等部件）

E3　帷幕龛　　QN 一九—1、QN 一〇三—2、QN 一八七—3（图 4-110）
（包括帷幕、帐饰等部分）

6. F 型　盝形龛　　QN 一六六—2、QN 二三〇—1、QN 二五〇—3（图 4-157）

基本龛式主要是6种，由6种基本龛式分解、派生出11种常见龛式，这些基本式和常见式又以两种或多种相互组合，繁衍出的龛式就更多。另外，还有特殊型式的半龛、树形龛等。部分龛楣上素面，一些龛楣上雕刻有装饰性图案，如桃尖宝盖或植物、动物图案。

1. AB型组合龛　　QN二〇四（外面方形龛，里面圆拱龛）
2. E2B型组合龛　　QN一二六、QN一二七、QN一二八、QN一二四
（外面斗拱、明柱，里边圆拱龛）
3. E1E3型组合龛　　QN一八七—2、QN二四八—1（上面屋顶部分，下面帷幕、帐饰）
4. E2A型组合龛　　QN八四（外面斗拱、明柱，里面方形龛）
QN一二八—3（平拱龛）
QN二七—2、QN一六八—3（变形人字拱加柱饰龛楣）
5. E3A型组合龛　　QN一八七—3（上面屋顶、帷幕、帐饰，下为方形龛）
6. E1FE3型组合龛　QN一五二—3（上面屋顶，中间盝形，下部帷幕）
7. FE3型组合龛　　QN一五五—1（上部盝形，下部帷幕、帐饰）
8. ED型组合龛　　QN一二三—2（外面是屋形龛，里面是楣饰龛）
9. 半龛　　QN二二〇—1（有尖拱式半龛和圆拱式半龛）
10. 树形龛　　QN一〇八—2、QN三〇六—2（以树枝围成的龛型）
11. 内空方形龛　　QN三五六—3（内空室可随意置相应的佛或灯）

屋顶形下开龛造像如QN一三、QN一一六，塔柱型、透空型中心柱式龛型如QN一八四。还有一些种类式样，应用较少，不能尽述其详。如圆拱龛，盝顶帷帐，雕饰兽面，龛柱柱头有卷云纹和元宝形两种。或束莲柱，博山炉，龛楣口雕交龙纹、龙首、朱雀，装饰莲瓣、单列忍冬、环状忍冬、缠枝状忍冬等。

四　装饰图案

在石刻造像中主尊造像、龛边侧佛传故事、龛型龛式图都具有一定的装饰性，但是专作装饰功能的图案，则更为繁多复杂，而且构图灵活，无拘无束，并无一定之规。如果前几种类型的图案还有粉本摹本可以依信的话，作为装饰图案，则完全是根据画面的要求而进行雕刻的。装饰类的图案包罗万象，有植物纹样、动物纹样及其他纹样。通过装饰性纹样的刻划，动与静的变化，烘托造像人物的形象与思维，使之更富有生命力。装饰图案运用对比的手法，渲染气氛，增强动感，感化人们的灵魂，让人们确确实实感觉佛的存在，佛的活动，增强了造像的艺术感染力，也突出表现了南涅水石刻的生活气息与生命力。

1. 植物纹样

包括各种花草纹、缠枝植物纹、树木枝叶纹等。在塔体的任何部位，都可根据需要刻划补白，与造像形象融合在同一画面中，作为主尊造像某一特定场面的配景，衬托人物的心理活动，提升画面的宣教效果。

画面QN一六三—2、QN八一—3、QN一五—4、QN五七—3等，取材同为思维菩萨，龛外侧有饰菩提树，枝叶茂密。前两幅画面，枝叶弯曲，自然下垂，从树形上观察，让人感到太子刚坐于树下思维，虽内心有所触动，但思想较为平衡。第三幅画面枝叶产生了动的感觉，枝叶向前拉伸，树干因劲风吹动产生了几道弯，树上嬉戏的小猴子抱紧树干，躲在一个树疤之下，修行人蜷曲在草庐中。通过动静的对比，使人们感到太子的思想斗争已相当激烈，这时的风势虽然强劲，但太子仍迎风而坐说明经受着考验。第四幅图案所表现的情况则不同，树干不是弯曲而是向前倾斜，风的强劲足以将树吹倒，枝叶拉得很直，画面中的太子背风而坐，说明斗争达到白炽化程度。魔的形象刻画得也很形象，魔施展全部能量考验太子。魔的动与太子的静形成鲜明对比，表现了觉悟的佛祖已产生出不容动摇的无比威力，使造像产生了极大的感染力。

四幅画面以树干、枝叶的变化表现出太子树下思维的紧张程度，产生了动的效果，这是造像题材所需要的。而在另外两幅画面（QN一〇八，2、3）佛入涅槃和入棺的题材中，双树间枝叶的形状给人的感觉是沉重压抑的。在另外一幅树下思维菩萨画面中，QN一九四—4菩萨装的释迦牟尼面露微笑，它在树下的苦修已经得到一定的解脱。树的枝叶的形状则是轻松明快的，一只小鸟落在树枝上，更增添欢乐的气氛。

忍冬瑞草是最常见的装饰图案。有的直接装饰于佛龛两侧，有些衔于飞龙朱雀口中。

在植物纹样中还有莲花纹。莲是多年生草本植物，又称荷或水芙蓉，叶子为圆形，根茎有节。在佛教造像题材中，是纯洁、高雅、吉祥、幸福的象征。作为装饰图案，它的茎、叶、花、果实都有不同的变化。图中有QN一八九—2三叶莲，QN一五六—4四叶莲，QN一〇三—4、QN一三七—3多叶莲，QN一一二—1待放的荷叶，QN七二—2盛开如伞的荷叶，QN一八七—1、QN二〇九—2怒放的莲花，QN二三八—3结实的莲蓬，QN八八—1莲花化生佛。

其他纹样也是如此，根据需要进行变化渲染。它们不仅仅是补白，更主要的是突出主尊像，表达佛教的教义，达到宣传教化的目的。

2. 动物纹样

在南涅水石刻中出现的各种动物纹样有10多种，有现在生活中常见的马、鸡、鸭、鹅、兔，神话传说中的龙、护法的异兽，隐现在山林中的鹿、獐、猴和作为护法的雄狮和大象，天空中飞翔的金翅雀等。

鹿（QN二一八—4） 鹤（QN二四八—1） 鹅（QN二四九—4） 鸡（QN二二一—1）

羊（QN四三—4） 鱼（QN一五〇—4） 雁（QN八七—1） 雉（QN一五〇—3）

鸟雀（QN二一八—2，QN二三〇—4，QN一四四—4） 猴（QN七四—2，QN二〇—4）

动物纹样与造像内容相协调组合，各自取势不同，则表达的含意有所变化，仅以龙的构图为例，有40多件碑、造像石中出现，总数近百。其造型也因所处的位置不同而有所变化。如龛楣拱上守卫龛门的龙，有低首下垂作吮吸状者，有口衔流苏者，有回首口吐莲花者，有昂首欲腾飞者，有双龙缠绕相互对峙者。千变万化，姿势各异，给造像龛增添了庄重威严感。龙的造型有QN一八七—3作蓄势飞腾的龙，QN二四七—4腾云吐雾的龙；QN一八九—1回首向上的龙，QN二一四—2、QN二五二—4交首缠绕的双龙。

还有雕刻在碑首上的龙，更是尖爪利齿，鳞羽片片。龙在民间传说和佛教中都是威严、权力、神通广大的象征，而在南涅水石刻中都表现得活泼多姿，刻画得气势磅礴，充满了力量和动感，显现出无限震慑力，扣人心弦。龙的前爪前后段有所变化，北齐前段四爪舞于胸前，后段则落地，进入唐代后四爪完全垂于地。

而小鸟、鱼、雁、猴子的造型表现却与龙截然不同，细腻的线条勾勒出那些娇小的身躯，让人产生出爱怜不已的感觉。同一鸟雀也展现有不同形象，在四幅树下思维成道的画面中，QN 一九六—4，QN 八二—2，QN 九〇—4，QN 一九二—4，同是一长梗莲花上的朱雀、金翅鸟，有展翅欲飞、回首顾盼、自己梳理、引颈高歌的不同形态。

细致入微的刻划，入情入理。只有热爱生活，对万物观察细致才会将之变为生动的形象，提炼成艺术。它增强了画面的动感，使造像图案情趣万千，生机盎然。

3. 其他图案

石刻中装饰性纹饰多种多样，千变万化。除上述的种种，还有许多除植物、动物以外的图样，诸如对山石的刻划，对日月的描绘，对法器、法物，衣饰、佩饰等物件的精巧雕造，都是为提高视觉效果所精心设计，旨在强化佛国世界神秘、神圣的气氛。这类图案在南涅水石刻中得到灵活、广泛的应用，取得最佳的艺术效果。

装饰图案吸收了各种文化因素，对日月的描绘刻画就是借鉴了传统汉画像石的表现题材，QN 三四—1 饰以三足乌和蟾蜍。汉代王充《论衡・说日》：“日中有三乌，月中有兔、蟾蜍。”“夫乌、兔、蟾蜍，日月气也。”刘安《淮南子・卷七・精神训》：“日中有踆乌，而月中有蟾蜍。”高诱注：“踆犹蹲也，谓三足乌。”① 这些中国传统的文化因素被刻划到佛教的图像中。

五　佛教人物造像

南涅水石刻中各种装饰性纹样包罗万象，归根结底是为辅助衬托佛教人物活动，其中，人物类图样占的比例最多。在佛教造像中佛像有严格的标准和条件，要符合“三十二相”和“八十种好”，故有“千佛一面”的感觉。各种名号的佛、菩萨等佛教人物和造像组合都有一定的寓意，需要从不同的手相、姿势、坐式、法物来区分他们。在无史料记载又无明确题榜的情况下，为搞清楚他们的名号寓意，尽量复原原始的排列顺序，我们以肤浅的认识作初步地探索。

佛国世界拥有庞大的世系家族和组织机构，各种名号的佛是不同世界的主宰，居住在不同的方位。佛的名号按时间划分为过去世燃灯佛、现在世如来佛和未来世弥勒佛，按地域划分为五方佛，即东方净琉璃世界药师佛、南方欢喜世界宝生佛、西方极乐世界阿弥陀佛、北方莲花庄严世界不空成就佛和中央大日如来佛。南涅水石刻中可见的佛教人物像有佛、菩萨、佛陀的弟子、罗汉天王护法众神、佛教信徒。南涅水石刻中的佛有现世佛释迦牟尼、过去佛多宝佛、未来佛交脚弥勒菩萨、阿弥陀佛、药师佛，还有未能辨识名号的佛，应该是属于三世佛、五方佛的范畴。

---

① 均引自《诸子集成》第 7 册，上海书店，1986 年，第 100、111 页。

1. 佛

（1）过去佛　即燃灯佛，又叫“锭光佛”。锭，灯之足。佛经《大智度论》谓其出生时身边一片光明如灯。据《瑞应本起经》卷上载，释迦牟尼儿时曾敬献莲花供佛，故受记收为弟子，并预言释迦牟尼在九十一劫（一劫为128亿年）之后成为佛。对于目前所表示的阿育王施土故事，一种观念认为图像表现为释迦儿时献莲花给锭光佛的故事，南涅水石刻中表现较多。按《华严经》多宝佛是过去佛。南涅水石刻中较多表现了多宝佛。

（2）现世佛　即释迦牟尼佛，又称如来佛。“如来”指佛说是绝对真理，“乘如实道来成正觉”的意思。释迦牟尼历史上确有其人，原名乔达摩·悉达多，是古印度净饭王国的太子，与中国的孔子是同时代的人。他29岁时出家苦修解脱苦难的方法，6年后，在他35岁时悟道成佛，创立佛教理说、规章制度、僧团组织，开始了他的传教生涯，80岁时涅槃。他创立的佛教向古印度境外不断传播，成为世界性三大宗教之一，释迦牟尼也由一位教派创始人神化为法力无边尊贵无比的第一大神。

释迦牟尼按时间说是现在世界，按地域是中央娑婆世界的教主。娑婆是“能忍堪忍”的意思，娑婆世界即为能忍堪忍世界，其实就是人间现实世界，充满了不堪忍受的痛苦，堪忍世界的芸芸众生，因前生的“因果报应”罪孽深重，只有“堪忍”才能往生天国，享受种种欢乐。他的造像具有“三十二相、八十种好”，因为要随时对堪忍世界的臣民进行教化，手相多作“说法印”“无畏印”“与愿印”等。从单体、组合造像到造像石现世佛都是主要表现对象，如前文所述，有四种主要表现形象。对同一形象的表现各阶段都有不同的造像风格特点，塑造出各具特色的佛像。

（3）未来佛　即弥勒佛，是继释迦牟尼之后“宣说法教，住持教化”，是于未来成就佛果的，又称弥勒菩萨，造像多以菩萨装束交脚坐的姿态出现。南涅水石刻中多有表现。

（4）东方净琉璃世界佛主　即药师佛，是佛教中的净土乐园。净琉璃世界的居民无病无灾，衣食丰足，身心安乐，解脱苦厄，还可转女成男。典型的形象是左手持钵或药盒，右手拈药丸。单体造像QN四二三塑造有药师佛形象。（彩版五七，2）

（5）西方极乐世界佛主　即阿弥陀佛，是极乐世界的教主，极乐世界以黄金铺地，道路城池、房舍镶银砌玉。欲往生西方世界者，只要每天诵佛的名号，即有佛来接引到极乐世界，享尽荣华富贵。阿弥陀佛典型的形象是作跏趺坐，双手置足上，掌中有一莲台。唐代阿弥陀佛的地位更是显著提高。在唐龙朔三年陈师德造像许愿铭中明确造阿弥陀像。多数施上品上生印手印表现。如QN七五—3，QN二〇〇—3（彩版一一；彩版二四）。

“西方净土变”是根据《佛说阿弥陀经》的内容而创造出来的画变。“西方”是指经中所说“从是西方，过十万亿佛土，有世界名曰极乐。其土有佛，号阿弥陀”。“净土”，据唐道世的解释：“世界皎洁，目之为净，即净所居，名之为土。故《摄论》云：所居之土，无于五浊，如颇梨柯等，名净土。”《法华论》云：“无烦恼众生处，名为净土。”

《佛说阿弥陀经》中又说：“彼佛国土，常作天乐，黄金为地，昼夜六时，天雨曼陀罗华……彼国常有种种奇妙杂色之鸟。白鹤、孔雀、鹦鹉、舍利、迦陵频伽、共命之鸟。是诸众鸟，昼夜六时，出和雅音……彼佛国土，微风吹动，诸宝行树及宝罗网，出微妙音，譬如百千种乐，同时俱作。”

这片国土，不仅有以上物质与精神上的享受，而且是“彼佛寿命，及其人民，无量无边阿祇劫，故名阿弥陀（无量寿）”，同时还宣扬“其国众生，无有众苦，但受诸乐，故名极乐”。

QN 一〇九—2 画面刻画的应该是北齐时期的净土变画面。虽不如唐代净土变华丽，但体现的确是飞天飘舞，天雨曼陀罗华，鸟出雅音的极乐净土。（图 4-57）

（6）二佛并坐说法　二佛的题材在南涅水石刻造像中多有出现，是主要题材。并坐说法的二佛是释迦牟尼佛和多宝佛。多宝佛在《法华经》内是过去佛，释迦牟尼为现世佛。把释迦、多宝二佛作为主尊来供养，说明当时《法华经》在这一带十分流行[①]。在刻画二佛形象中多有杰作，表现出工匠对二佛极为虔诚的心态。

2. 菩萨

菩萨又称菩提萨埵，意译为“觉有情、道从众生”。造像所表现多为等觉位的菩萨，辅助释迦弘扬教化，在佛教中行的果位略低于佛，可于未来成就佛果。像群中常见有文殊、普贤、观音，他们作为佛的胁侍或单独出现，有的则无法确定其名号。菩萨造像较佛有明显的区别，头戴宝冠，身披瓔珞，有臂钏、腕钏等饰物。

（1）文殊菩萨　释迦牟尼佛的左胁侍，专司智慧。顶结五髻，手执宝剑，表示智慧锐利，造像骑狮子，表示智慧威猛。显灵说法的道场在山西五台山。文殊菩萨的造型没定式，在胁侍菩萨中不可明确辨别。只是在 QN 二五七—4 文殊问疾维摩诘画面中有简洁的刻画，左为维摩诘，中为释迦牟尼，右为文殊师利菩萨。

（2）普贤菩萨　释迦牟尼佛的右胁侍，专司理德。骑白象，现身说法的道场在四川峨眉山。南涅水石刻中没有专门刻画普贤菩萨，但多处出现了立于象身的菩萨造像，如 QN 三六—3，QN 一四一—2，QN 二〇八—2（彩版二六）。还有坐于象首莲座上者，如 QN 二四〇（图 4-151）。

（3）观音菩萨　是佛国第一菩萨，是阿弥陀佛的左胁侍，又称观自在、观音大士，有 33 种法身和名号。造像执净瓶、杨柳枝条、莲花、渔篮且多手多臂等，天冠中有一化佛（阿弥陀佛）。芸芸众生在受苦受难时，念诵其名号，菩萨就会观到这个声音，前去解救。《法华经》里有“苦恼众生，一心称名，菩萨即时观其音声，皆得解脱”。因而被称为“观世音”，并成为中国人心目中最慈悲的理想人物，现身说法的道场在浙江的普陀山。北朝以后，在佛教中国化的过程中，观音菩萨渐成为民间信仰的主要对象。唐代以后，观音菩萨被塑造成端庄美丽的贵族妇女的形象。南涅水石刻的单体造像中对观音菩萨有较多的刻画，可以看出形象由高大端庄强健渐向秀丽女性化转变。

（4）维摩　是位对佛教经典教义有研究，深通大乘教佛法佛理的贵绅隐士，居家修行。他以病为由同受释迦牟尼佛委托前来探病的文殊菩萨讲经论道，讨论深奥的佛理，题材见《维摩诘经》。在南涅水石刻中有数处表现这一内容的画面。如 QN 一八七—2，QN 二五七—4 等。

北魏帝室崇信大乘，以释迦、多宝、维摩、文殊等为主题，是信仰《法华经》的反映，这是受鸠摩罗什传译大乘影响的结果。宣武帝本人也常亲临乾殿，“为诸僧、朝臣讲维摩诸经”。出

① （西晋）竺法护译：《正法华经》卷一《善权品》。《法华经》宣扬一切众生皆能成佛，“兴立佛庙……造作塔寺……若以墼泥，立作形象……材木刻镂，彩画众饰……斯等皆当，成得佛道”。

现呵斥小乘，宣扬大乘的维摩诘文殊问答像，可以说是崇信大乘的反映。

3. 佛陀的弟子

（1）迦叶 佛陀的十大弟子之一，全称“摩诃迦叶”，意译为“饮光”，佛教历史人物。他少欲知足，修头陀行被称为“头陀第一”。传说释迦牟尼涅槃后，是佛教第一次集结的召集人。塑像以年老苦行僧的面貌出现。单体造像QN三九〇的迦叶造型最高大，生动形象。（图4-202）

（2）阿难 佛陀的十大弟子之一，全称“阿难陀”，意译为“欢喜”，佛教历史人物。他长于记忆，被誉为“多闻第一”。佛教第一次集结时，由他颂出经藏。塑像年青英俊，生机勃勃。多个单体造像刻划了阿难的造型，沉稳俊俏。

4. 罗汉、天王护法众神

（1）罗汉 在数以百万的护法大军之中，修行者达到一定程度的果位，具有相应的功力，取得某种成就者，就可以得到罗汉果，有十六罗汉、十八罗汉、五百罗汉之说。罗汉在雕塑或绘画时有其独到的特点。南涅水石刻中有他们丰富的形象。QN二一八—2罗汉造型潇洒飘逸(图4-130)。单体造像中则有多种样式的表现。

（2）天王 又叫金刚。据说在如来佛主宰的娑婆世界，东西南北各有一位护法神[①]，统称为四大金刚或四大天王，传入我国后被汉化为古代武将的形象。南涅水石刻不像后期绘画、壁画那样细微刻划，还没有形成四大天王形象，仅表现为怒目金刚的造像，执杵守卫在佛龛外左右两侧。

（3）力士、夜叉、地神 为保障佛尊至高无上的权力和威严，有庞大的护法大军，天王是各方面军的统帅，力士是天王属下具有一定功力的武士，夜叉、地神（地鬼）是有点功能的小神，它们各司其职，各有其能，名具其形。单体造像中将力士刻划成威风凛凛的武士造像。

QN六一一的力士头戴高宝冠，这种造型是有时代标志的，在洛阳龙门石窟宾阳中洞的力士像，戴上了菩萨式宝冠。之后出现得更多一些。在造像石中对这些形象的刻划，多为组合形象，烘托了主尊造像。受石材大小所限，不能详尽刻划，多有简略。有肌肉发达、孔武有力的力士，有面目狰狞、龇牙咧嘴的夜叉，有赤身裸体、恪尽职守的地神。

地神，力士托举。北凉昙无谶译《金光明经·坚牢地神品》云：“随是经典所流布处，是地分中敷狮子座。令说法者宣说，我当在中常作宿卫，隐蔽其身，于法座下。顶戴其足，而其大地，众味增长，药草华果，皆悉具足，众生食己，增长寿命。”

（4）飞天 乾闼婆，乐神；紧那罗，或云真陀罗，此云歌神。这两种神是经常在一起的，他们都属于天使，轮流为诸天作乐，为数众多。在佛院讲经说法时他们满壁风动，“三千世界皆为震动”。在众多的飞天之中有专业分工，专司奏乐器者称为“乐神”，专司歌舞者称为“歌神”。他们形态优美千姿百态。南涅水石刻中的飞天有120余身，飞天造型有少数露出双脚者；有身躯健壮，扭转侧身，衣裾遮腿脚者；有身形飘逸，双腿弯曲，衣带飞扬者；有高发髻随风飞动，天衣飘动呈鱼尾，飘带迎风轻盈飘逸者。歌神雀跃飞舞，彩带飞扬，从歌神扭动的体形与彩带衣饰的图样，

① 四大天王：东方持国天王身白色，穿甲胄，手执弓矢，到元代改为手持琵琶；西方广目天王身红色，着甲胄，一手持剑，清代改为手臂上缠绕一条龙；南方增长天王身为青色，穿甲胄，手执宝剑；北方多闻天王身绿色，穿甲胄，明代改为右手执伞，左手握神鼠。

可以看出他们妙曼的舞姿和旋动的缓急。乐神执持的乐器中，能辨识的有羯鼓、细腰长鼓，笛，箫、排箫，箜篌，琵琶多种。乐神如醉如痴地演奏，歌神婆娑妙曼的身形，使画面产生出极强的韵律感和动感。独具匠心的点缀，既衬托了佛的尊贵、神圣，又给人以神往的感觉。

这两种形象与虚空夜叉，都雕造（或绘画）在石窟的窟顶或龛楣上，作飞行状。一般人都把他们俗称作“飞天”或“飞仙”，其实他们并不是天。天都是佛真正的护法。乾闼婆与紧那罗虽然也列入护法之中，实际是供养佛护卫佛而已。

5. 百戏杂要

在我国汉代画像砖上已有详尽的描述，在云冈石窟和其他一些石窟寺壁画中都有所表现。南涅水石刻中有3件造像石表现了北魏时的百戏杂要，技法包括爬杆、顶杆、倒挂、倒幢、软功、硬功、空翻等。还有抛流星、踩高跷多种高难动作，表演时还有简单的吹打乐器伴奏，有横笛、小锣、细腰鼓等。将杂技表演的场景刻划得绘声绘色，引人入胜，为石刻画面平添了几分生气，证明百戏杂技在南北朝时已经成为群众普遍地喜闻乐见的娱乐活动。QN二一八—1、QN二四七—3较生动形象地表现了这些场景。（图4-129、155；彩版三八）

《妙法莲华经文句》卷二下有解释：“乾闼婆，次云嗅香……此是天帝俗乐之神也。乐者，幢倒伎也。乐音者，鼓节弦管也。”《维摩经略疏》卷五中也记“乾闼婆，此云香阴，此亦陵空之神”，又云是天主幢倒乐神，居十宝山，身黑相现，即上天奏乐。

乾闼婆这一名称，不仅是称呼鼓节弦管的乐神，而且这一名词也被用在倒立伎的身上。

在QN一四三、QN二四七—4造像石画面中出现傩的形象。主尊佛像两侧供养菩萨着菩萨装，戴胡头、恐怖金刚面具。（图4-77；彩版三八，4）南梁人宗懔在《荆楚岁时记》记载了傩佛结合的傩队，十二月初八相传为释迦牟尼的成道日，“村人并击细腰鼓，戴胡头及作金刚力士，以逐疫”。记载虽为南朝，但北朝的傩礼恢复汉制，也相对兴盛，并有所发展。北齐恢复了东汉傩制，北周兼采梁和北齐礼制①。

6. 供养人

供养人就是指佛教出家的比丘、比丘尼以及各阶层信仰佛教的男人（优婆塞）和女人（优婆夷）等。在南涅水石刻中的比例很小，多为浮雕式线刻，而且所处的位置亦是在佛龛的侧面或下部，有立式和跪姿，双手合十或双手捧物作供养状，毕恭毕敬非常虔诚。供养人的形象在QN七四二魏永熙三年太原沾县人武二龙舍田地入寺碑中表现十分突出，男侍贵族绅士装束，头戴纱冠，着宽博大袖装，女侍贵妇打扮，执莲花博山炉，侍女头上双髻，体态窈窕，紧随其后。另处在北齐天统四年造像碑QN六九八也有供养人行列和俗装供养人物图案。这些人物的雕造，既烘托出画面整体的气氛，又完整地展示了佛教的教化作用。

佛教者认为：“金檀铜素，漆纻丹青，图像圣容，名为佛宝；纸绢竹帛，书写玄言，名为法宝；剃发染衣，执持应器，名为僧宝。”石窟造像就是敬事“佛宝”的表现。佛教，尤其是大乘佛教，他们认为人可以“顿悟成佛”，“一阐提人皆得成佛”。只要皈依了佛教，就可以有佛性而成佛。

---

① 潘月：《神秘舞蹈说傩俗》，河南大学出版社，2005年，第35页。

皈依三宝，首先是敬佛，供养佛。

供养佛有什么好处？唐代道世说：“自作供养者，得大果报，他作供养者，得大大果报，自作他作供养者，得最大大果。”

这些供养人像的雕造日趋丰富。迁洛以后，在石窟中又雕刻出统治集团中人物出行时的卤簿（仪仗）与侍从的人群像。在造像石 QN 二〇〇—2 中塑造了礼佛图。（图 4-115；彩版二二）

六 佛像的手印

一切佛像从其形体容貌的相好来说，都是相同的。区别不同的佛主要是从其手势，所谓“手印”来分辨。南涅水石刻的特殊性为其造成特殊的形式特点。造像石的材质条件和画面局限使得手部造型不能尽情展示。单体造像手臂多为接插，失损为多。

印相，是一种无声的形体语言，尊像的坐姿、手势、持执物件，是某一佛（或菩萨）在某一场合，作某一活动时一个特殊瞬间的定格，这一定格的形状则是识别尊像的依据。它告诉人们，他是谁，在做什么，在石窟寺雕塑、壁画中是这样，在南涅水石刻中也是这样。

印相，作为一种人体语言，是非常复杂的。仅手印就有数百种，有些印相还可以两种结合，通过某个手指关节弯曲程度来代表两种以上的意思。这就需要细致地观察才能确定。在南涅水石刻中，还出现了部分工师们随意雕造的姿势与印相，也汇集于后，有待识别。

（1）释迦如来佛的印相 释迦如来是佛教的创始人，除立正像和菩萨装的行经像外，坐像有三种印相。

一是成道相。结跏趺坐。左手横放在左脚上，作“禅定印”；右手直伸下垂为“触地印”。表示释迦牟尼在成道前为了普救众生，牺牲了自己的一切，因为他是在地上做的事情，唯有大地能够作证。

二是说法相。结跏趺坐。左手横放左脚上作“禅定印”；右手曲臂上举，曲二指与大指作弧形或手指略弯成“说法印”。如 QN 三四九—1 由于造像材质局限，说法手印不便雕制，右手多成为“无畏印”（图 4-195）。

三是优填王像。优填王是古印度的国王，请释迦牟尼为其母说法，感念不尽，召国内名匠按他见到释迦牟尼时的样子雕造塑像一尊。传入我国后这种类型的造像称为“优填王像”。该像善跏趺坐，左手下垂指地作“与愿印”，右手曲臂上伸掌心向外施“无畏印”，表示能解脱众生苦难。

南涅水造像石中释迦佛左手多为“与愿印”，右手多为“无畏印”。亦有降魔印，如 QN 一〇三—4（图 4-54）。

（2）弥勒佛的印相 弥勒佛是未来世界的教主，在现实世界中多以菩萨的面貌出现，交脚坐是他的固定姿势。

（3）阿弥陀佛的印相 阿弥陀佛是接引念佛的人往生西方极乐世界的，又称接引佛。印相主要有两种：一是“来迎印”。右手下垂作“与愿印”，左手当胸托莲台，也有双手托莲台的。二是“上品上生印”或阿弥陀佛九品印。①

接引往生西方净土的人们，许愿礼佛者都愿在极乐世界中得到最高的品位，在造像中阿弥陀佛的手印永远是两手指交叉，大指对顶，二指曲如环形的“上品上生印”。如 QN 三三—1、QN 八八—1、QN 九四—2、QN 一四五—3、QN 二〇〇—3 造像中多有此种手印。

有的手印有别于标准。唐龙朔三年阿弥陀佛造像（QN 五九六），左手施与愿印，右手持举胸侧，有残损。QN 七四七为残天冠，饰化佛，应为阿弥陀佛，亦施禅定印。

（4）药师佛的印相　药师佛是东方净琉璃世界的教主，形象是一手持钵或碗，内盛甘露，另一手执药盒或捻药丸，典型的造像如 QN 四二三、QN 五二二。（彩版五七，2）

（5）通用手印　在雕塑中还有些印相是通用的。双手合十代表一定的意义，如“莲华合掌印”“金刚合掌印”“普供养印”等，这些印相是菩萨和弟子供养人常见常用的。南涅水石刻中最多见的是“与愿无畏印”“禅定印”。还有些特殊的形式，未能确定印相名称。

（6）变形手印　QN 二〇九—2“袖手”，两手于脐部相袖（图 4-119）；QN 二〇八—2 菩萨装，半跏趺坐于象座，双手覆于膝上（图 4-118）；QN 二八三—2 结跏趺坐，两手掌心向内交叉重叠按于足上；QN 二七—1、QN 一六八—2 菩萨装，善跏趺坐，双手胸前交叉掌心向内抚胸。

七　文字资料

南涅水石刻出土的 800 余件各种类型的石雕造像中，有文字题记的 60 多件，有雕造纪年的 37 件。由于出土石刻数量多，历史跨度大，埋藏时间长，残损严重，又具备单体雕造、叠置成组极为灵活机动的特性，原始造像的主从关系和组合配置关系已无法考证。这批石雕的情况史书无记载，又因为这些石刻属民间作品，在产生之初就有很大的自由度和创作的空间与浓厚的地方特色，更难于借鉴和比对其他地区的同类造像。因此，这些文字资料的发现，特别是既有造像形象又有文字纪年铭文的石刻，就更珍贵，它们在石刻中具有标准性造像的作用，是石刻分期断代的重要依据。但仅凭这些文字资料要全面系统地了解南涅水的真实状况，显然存在一定的片面性，需要进一步的调查和考证。

王昶《金石萃编》卷三十九《北朝造像诸碑总论》记载：“按造像立碑，始于北魏，迄于唐代中叶。大抵所造者，释迦、弥陀、弥勒及观音、势至为多。或刻山崖，或刻碑石，或造石窟，或造佛龛，或造浮图。其初不过刻石，其后或施以金土彩绘。其形模之大小广狭，制作之精粗不等。造像或称一区，或称一堪，其后乃称一铺。造像必有记，记后或有颂铭，记后题名。”

“综观造像诸记，其祈祷之词，上及国家，下及父子，以至来生，愿望甚赊……然其幸生畏死，

① 接引往生西方净土的人们，应按人的品位分为三品九级，但是许愿礼佛者都愿在极乐世界中得到最高的品位，在造像中阿弥陀佛的手印永远是“上品上生印”，他的另外八品则形同虚设了。

伤离乱而想太平，迫于不得已……其称谓之无关典实……”①

专题整理的《南涅水石刻碑铭录》详细地收录了南涅水石刻中的文字资料。这里按时代纪年做浅显的叙述。

1. 北魏造像铭记

北魏王朝从立国定都平城（大同）统一北方各民族至迁都洛阳，共历14代帝王148年。期间北魏统治者逐渐将佛教尊为国教，大肆崇佛，两次掀起开窟造像的高潮。一是自文成帝前后（452年）云冈昙曜五窟的开凿期，二是孝文帝迁洛后（494年）龙门石窟的开凿时期。南涅水石刻中的造像铭记，始于北魏宣武帝永平二年（509年），止于孝武帝永熙三年（534年），共延续26年计15个年号。南涅水石刻有其中9个年号的16件作品。每件石雕造像的铭记前多冠以“大魏”或“大代”某年字样。

（1）永平二年造像许愿文　永平二年（509年）　QN二五三

（2）应沽洗段胤为祖父敬造墓碑　神龟三年（520年）　QN六九六

铭文节录：

惟大魏神龟三年岁次庚子朔，应沽洗段胤为祖父敬造铭文：其先凉州武威人也，七世祖□并州刺史上艾侯，遂世居乐平上艾县。六世祖为西河太守。五世祖居涅水，进正住今。曾祖匀居少苑，孤祖弘胤驾于□。入父□赐先祖西河太守，兄永乡驾雁门太守。公□□□自高年之傲骨，在王业之后胤唐虞历□世□□成汤受命，王有北服，上世西征，号六百时，以禅世□瑞，威□而生，人元□遂成故焉。帝皋末季，威权绝矣……乐不是过，世居武威铁□酋……州刺史上艾侯□□公崩……狼塞路，遂不返郡……分散他邑，遂居涅乡，是故□焉，谨造铭记，第□奴婢竖之墓所，愿同守永秋……有立显承洪绪世，赐武威铁义，为主乡和连亚，惟曾及祖□□随官显赫，□□□□遂居涅土，上艾宰相拜之前，伍□□斯郡生世显后……

（3）佛弟子卅二人造像碑　正光二年（521年）　QN六九三

（4）正光二年造像铭　正光二年（521年）　QN四四八

（5）李保成造像塔许愿文　建义元年（528年）　QN二五二

（6）建义元年清河太守造像许愿文　建义元年（528年）　QN二二八

---

①（北魏）杨衒之撰，范祥雍校注：《洛阳伽蓝记校注》卷二《城东》引注9，第84~85页，上海古籍出版社，1978年。王昶《金石萃编》三十九《北朝造像诸碑总论》云：“综观造像诸记，其祈祷之词，上及国家下及父子，以至来生，愿望其赊。其余鄙俚不经，为吾儒所必斥，然其幸生畏死，伤乱离而想太平，迫于不得已，而不暇计其妄诞者；仁人君子阅此，所当恻然念之，不应遽为斥詈也，考造像之人官职姓氏地名有足资考证者，悉已分疏本条。其称谓之无关典实，而散见各碑者，今更汇录于此。凡造像之人，自称曰佛弟子、清信士、清信女、优婆塞、优婆夷。凡出资造像者，曰像主、副像主、东西南北四面像主、发心主、都开光明主、光明主、天宫主、南面北面上堪、中堪像主、檀越主、大像主、释迦像主、无量寿佛主、都大檀越、都像主、像斋主、左右像斋主。造塔者曰塔主。造钟者曰钟主。造浮图者曰东西南面浮图主。造灯者曰登主、登明主、世石主。劝化者曰化主、教化主、东西南北面化主、左右相化主、都化主、大都化主、大化主、都录主、坐主、高坐主。邑中助缘者曰邑主、大都邑主、都邑主、东西面邑主、邑子、邑师、邑正、左右相邑正、邑老、邑胥、邑正邑义、邑日、都邑忠正、邑中正、邑长、乡正、邑平正、乡党治律（原注并未详）其寺职之称曰和上、比丘、比丘尼、都维那、维那、典录、典坐香火、沙弥、门师、都邑维那、邑维那、行维那、左右相维那、左右相香火。其名曰之繁如此。黜其大凡，以广异闻。而造像题记梗概备于此矣。入唐以后不复赘论云。”

（7）武二龙舍田地入寺碑　　永熙三年（534 年）　QN 七四二

（8）胡甲军造像铭残碑　　北魏末年　　　　　QN 七〇一

这块碑铭文中没有明确年号，但从其内容可以判断这是北魏末年至东魏的碑。从祈愿文中可以看到祝渤海王、大将军的祈愿，这个正是北魏末年高欢的封号[①]。特别是这块碑中反映了胡甲军、深梁关军事组织。在这个关口有都督、军主、监军、队主、门将、骑兵、东门将、都将等等。征西将军、胡甲军都督、安南将军、胡甲军主表现出守军的规格较高，也说明了关隘的重要。

这一期造像的题材以佛、菩萨、一佛二菩萨、一佛二胁侍弟子为主，此期各类型的石刻都有，但是小块造像石偏多，尤其是单体独立塔形方碑式造像，其铭记也较多。这也客观地反映出当时的现实状况，证明南涅水的石刻造像，受孝文帝迁洛的影响，由北向南逐渐发展，云冈造像风格对这里的影响更大些。

这些碑铭记录了极为重要的信息：从凉州迁徙来的中下层官僚后裔，如 QN 六九六；佞佛的中下层官吏；乐善好施的虔诚的佛弟子；信奉佛法的邑义组织造像群体；皈依佛法的战略要地军事组织人员，如 QN 七〇一。纪铭中尤其值得注意的是，一些名字多处出现，如胡归郎在 QN 二五三、QN 四九中出现；李保成在 QN 二五二、QN 七四三中出现。表现出这里有一些虔诚的佛弟子，较长一段时间生活在这块土地上。透过这些文字可以看到群众和百姓祈求国祚永隆，兵甲停息，五谷熟成，万民安乐的愿望。

碑铭文字明显为北魏文字影响，多为魏碑体，但也有不严谨，夹杂隶书字形意境。北魏晚期尤甚。

2. 东魏造像铭记

北魏政权分裂成东西魏之后，从 534 年至 550 年，东魏有天平、元象、兴和、武定 4 个年号，存在仅十余年。南涅水出土的石刻中，这一时期的石刻造像有碑刻、石塔和单体造像 3 种类型。有明确纪年者：天平二年 1 件、兴和年间 2 件、武定年间 3 件。

（1）郑姬造像许愿文　　天平二年（535 年）　QN 五八〇

（2）胡颖花等造像铭碑　　兴和三年（541 年）　QN 六九七

（3）刘正道造像　　　　武定元年（543 年）　QN 六〇九

（4）法显造像铭　　　　武定三年（545 年）　QN 五九五

（5）武定八年残碑　　　武定八年（550 年）　QN 六九〇

从现存出土的石刻雕像的情况分析，东魏统治者虽未像北魏王朝那样狂热地诏令和推崇佛教，但统治者崇佛的步伐并未停止，民间崇佛也继续深入，如天龙山石窟开始开凿。它的持续使石刻

① 《魏书·帝纪》第十一《出帝纪》，中华书局，1974 年。"……中兴二年改太昌元年……秋七月……齐献武王次于武乡。尔朱荣大掠晋阳，北走秀容。并州平。"《资治通鉴》卷一百五十五记载："欢军于武乡。尔朱荣大掠晋阳，北走秀容。并州平。欢以晋阳四塞，乃建大丞相府而居之。"

《北齐书·帝纪》第一《神武上》记载，高欢"神武既累世北边，故习其俗，遂同鲜卑。长而深沉有大度，轻财重士，为豪侠所宗。目有精光，长头高颧，齿白如玉，少有人杰表。家贫，及聘武明皇后，始有马，得给镇为队主"；"魏普泰元年二月……遂据冀州……三月，乃白节闵帝，封神武为渤海王，征使入觐，神武辞。永熙元年正月壬午，拔邺城，据之，废帝进神武大丞相、柱国大将军、太师。……既而神武至洛阳，废节闵及中兴主而立孝武。孝武既即位，授神武大丞相，天柱大将军、太师，世袭定州刺史，增封并前十五万户。神武辞天柱，减户五万"。

造像惯性地向本土化方向发展。文字内容表现出祈求生子和平安的愿望。在文字字体上，表现出东魏统治在文字的控制上开放、自由。字形出现多极发展倾向，隶书、楷书、魏书多种形式并存融合。

3. 北齐造像铭记

南涅水隶属北齐疆域，从天保年至隋一统有三十余年，在北周灭北齐后属北周所辖。北齐统治者以晋阳为别都，尊崇佛教，又一次掀起开窟造像的高潮，太原天龙山北齐石窟、西山大佛以及河北的响堂山石窟都是这一时期开凿的。南涅水石刻受到直接影响，造像石塔和单体石刻造像的数量有所增加，体态也较前高大。

北齐存在时期内有 6 代帝王 9 个年号。出土石刻中收集到明确有北齐年号的：天保年间 3 件，皇建二年 2 件，河清二年 1 件，天统年间 2 件，武平年间 6 件，总计 5 个年号的 14 件作品。

（1）王永造像许愿文	天保四年（553 年）	QN 九八
（2）陈奴郎造像碑	天保六年（555 年）	QN 七五一
（3）陈思贵卅七人造像碑	皇建二年（561 年）	QN 六九九
（4）李迁造像碑	河清二年（563 年）	QN 六九一
（5）天统元年造像铭	天统元年（565 年）	QN 四五〇
（6）景敬贵兄弟造像纪铭碑	武平元年（570 年）	QN 六九四
（7）姜纯陁等造像碑	武平六年（575 年）	QN 六八五
（8）武平六年七月造像铭	武平六年（575 年）	QN 七六九
（9）武平七年七月造像许愿文	武平七年（576 年）	QN 五九一

这一时期铭记多为“XX 一区举高五级”，如 QN 六九四、QN 六九九、QN 七五一。发愿心前期多为“皇帝陛下国祚永隆…内外百官长寿等乾…七世往生安养之国……”之类的祈祷，还出现了更接近生活、切合生活实际的“愿家口平安，无口舌，得福心”的发愿心，如 QN 五九一。造像题材除前期已有的以外，明确指明造释迦、观音像，武平年间造观音像的内容及数量明显增多，如 QN 六八五、QN 七六九。在书法字体方面，表现更为自由，楷书更为柔和。

4. 隋代造像铭记

隋朝一代结束了二百多年来南北对峙分裂的局面，实现一统。隋从开皇至义宁历 3 代帝王三十余年，4 个年号，为开皇、仁孝、大业、义宁。有铭记的石刻共 2 件。

一是残存半截的隋代寺院修缮碑（QN 六八四）。碑载，“更兴佛法，乃诏州县各立一寺……”，所指应该为北魏下诏建佛寺。《魏书·释老志》记载：“高宗践极，下诏曰……今制诸州郡县，于众居之所，各听建佛图一区，任其财用，不制会限。其好乐道法，欲为沙门，不问长幼，出于良家，性行素笃，无诸嫌秽，乡里所明者，听其出家。”涅县南涅水古寺院“北渐漳河，南被丘陵……圣泽风光，飏飏状凤翥竹林，而又邑号阳城……本为福田伽蓝之宅……”想见其时修庙宇造佛像，理所当然之举措。涅县北魏改为阳城，隋开皇十八年改为甲水，大业初省。我大隋使“僧道重光，沙门再起”[①]，“神光佛起，君兴是力”，这是唯一直接涉及南涅水古老寺院的碑铭文字，是为百年敬佛的综述，可惜残半。碑体的文字虽为楷书，但有隶书的风格，带着篆书的意境，秀气潇洒。

另有一件是铭记“隋开皇十二年”的单体造像（QN 四二六）。造像红砂石质。坐佛无头，胸部、右手残损。残高 67、宽 34 厘米。下为长方形座，座高 14、宽 44 厘米。佛座中浅雕莲花与博山炉，左右各有长方形浅龛，龛内跪姿供养人各一身。佛座两侧亦有供养人雕像。龛侧阴刻造像铭记：“隋开皇十二年／岁次壬子五月一日造／贾君弘侍佛时／妻苏侍佛时。”（图 4-203、204、205）。隋代的造像铭记虽不多，但相同风格的造像还有，只是未见造像石塔类的石刻构件。这一阶段主要是以单体造像为主，风格上受龙门石窟的影响多些。再者涅水在隋大业撤县并入铜鞮，造像的规模、数量都有所减弱。

5. 唐代造像铭记

南涅水出土的石刻中有唐代铭记的仅存有 2 件。

一是 QN 五九六，唐龙朔三年（664 年）的小型阿弥陀佛造像。佛像无头，结跏趺坐于长方形座上，仅存部分。残高 24、宽 18 厘米。造像的身体形态、衣饰服饰尚可辨识。长方形佛座下面阴刻铭文“龙朔三年八月”。这是南涅水石刻中唐代此段历史时期标准型造像，对判定对比其他石刻有一定的佐证作用。

另一件 QN 六八四。铭记是附刻在“我大隋”碑的碑阴，铭文为“唐咸通九年五月十日沙门法海”。两处铭记相间二百余年，说明这里的佛教造像活动一直是在持续不断地延续着。

佛教在北魏云冈昙曜五窟开凿时多受外来影响和北方民族风格的影响，经过东魏、北齐、北周及隋几代的演进和变化，完全摆脱了外界的束缚，形成了自己的民族风格和理念。唐朝是我国历史上的辉煌时期，国力强盛。这段时期的作品集中表现在单体造像，造像的形象无论是佛还是菩萨，无论形制大小，都雕造得风姿绰约，圆润生动，有鼓凸健壮的胸肌，衣着轻薄如出水贴体的纹饰，又有衣裙飘扬风动，自然流畅，反映出现实中人体优美的曲线。如 QN 四三三、QNS·21、QNS·24。虽然有些石刻作品表现得不是十分完美，但是唐代造像特别是盛唐时期所塑造出来的蓬勃向上的气质，是掩盖不了的，是其他时期都不曾有过的。

6. 宋代造像铭记

宋代石刻造像的铭记，仅见有一处——QN 六九二“（天）圣九年四月十七日”。铭记刊刻在一块残碑的碑侧，并不是显眼重要的地方，这也证明至宋天圣九年（1031 年）的时候，这里仍有礼佛活动，但是兴盛了五百年的佛事活动已到尾声。在收拾残局后，好事的有心人将这时刻镌石铭记，寥寥几字给后世留下了无限的遐想。说明在唐代晚期和宋代，在南涅水利用刻石造像来礼佛、尊崇佛教的形势已成弱势。但南涅水出土的石刻造像和周围地区发现的石雕像，符合宋代特征的雕像还是有的，只是形象上失去盛唐时期的精神与力量，呈现出更多的世俗、臃肿多肉的感觉。

---

① 《隋书·经籍志四》，中华书局，1973 年，第 1099 页。“开皇元年，高祖普诏天下，任听出家，仍令计口出钱，营造经像。而京师及并州、相州、洛州等诸大都邑之处，并官写一切经，置于寺内；而又别写，藏于秘阁。天下之人，从风而靡，竞相景慕，民间佛经，多于六经数十百倍。”

造像碑、许愿文碑的文字，为我们提供了极为珍贵的分期断代依据，为研究南涅水石刻的历史提供了宝贵的资料，为研究南北朝时期到唐代延及宋代，佛教在晋东南地区的传播发展提供了珍贵的文字资料。

第三节 南涅水石刻的地域特色

一 本土化的佛教造像艺术

南涅水石刻因时因地制宜，得天独厚，兼容并蓄，充分地展示了本土化的佛教造像艺术。

佛教的中国化是随着大型石窟造像的完成而发展的，佛法与皇权的结合加速了佛教的传播，连年的战乱，百姓祈求平安，佛教与中国优秀传统文化的融合使之更易为国人接受。初期大型石窟由佞佛的皇家资助得以完成。云冈三期后，石窟多由中下级官僚开凿，龙门石窟也多由官僚分别许愿还愿开凿造像。南涅水石刻也是中下层官吏和信奉佛法的善男信女们捐资造就。

单体石雕造像与造像石组合、叠垒的办法，克服了开窟造像所引发的种种困难和问题。南涅水石刻像群的石料大都是在附近山曲村石料场采集的黄白砂岩，单体造像高大者达 255 厘米（见图 4-202；彩版四三），小的不足 30 厘米，更小者不足 10 厘米。造像石塔塔体的四方柱形石料，最大的为边长 80 厘米左右的立方体。石料的利用率大大提高，造价的成本降低，适应了各阶层、各种不同经济能力者的需求。这种灵活多样的造像形式，对该地区长期持续不断的礼佛活动，产生了一定的推动作用。在甘肃、宁夏、陕西等地这种形式的造像塔也有所发现，造像精致，不过数量有限。可以看出这种形式存在的普及性和广泛性。然而在充分地利用这种造像形式，达到如此大的规模，延续如此长的时间，在全国范围内绝无仅有。

特殊的地域环境造就了成熟成功的石雕艺术作品。集云冈、龙门、巩县（今巩义市，后同）、天龙山、北响堂山石窟艺术于一体，延伸出杰出的艺术作品。云冈石窟随着北魏政权都城迁洛而失去了前期的辉煌，在迁徙的沿途留下了崇信佛教开窟造像之种并开花结果。北魏统治者佞佛的举动为佛教的更广泛传播创造了条件。在定都洛阳后，每年仍有许多官僚返回平城避暑，如此延续多年。朝中旧贵，直迄宣武时期还往来于洛阳、平城间，平城还保持了一定的繁盛。而其时迁来洛阳的民户困难亦多，孝明初就不能不明令停止强迁。《魏书·肃宗纪》熙平二年（517 年）冬十月乙卯，诏曰："北京根旧，帝业所基，南迁二纪，犹有留住。怀本乐故，未能自遣，若未迁者，悉可听其仍停，安堵永业。""周之子孙，汉之刘族，遍于海内，咸致蕃衍，岂拘南北千里而已哉。"对门才术艺者另定："门才术艺、应于时求者，自别征引，不在斯例。"在平城、洛阳通道的重要的中转站涅县，不断有达官贵人来往，同时也带来了文化、艺术、工匠，留下南来的足迹，也带来北往的影响。表现在这坚硬的石材上，形成了形象的语言，造就了南涅水第一次造像高潮。历史变迁，政权更替，北魏退出舞台。东魏登上历史舞台，随之北齐又迅速取代东魏。邺城、晋阳成为政治中心和别都。出太行，入晋阳，两地的交往又重复交叉在这重要的古道上。涅县避开了交替的锋芒，敬佛的共性维护了石雕造像的继承。匆匆的过客带回东出太行北响堂山石窟的形象，西入晋阳又将天龙山等石窟的变化带回南涅水。进入隋唐时期，晋阳、洛阳重新赋予新的政治地位，但这条交通通道仍然起着重要作用。涅县改为阳城、甲水，时间虽不久，但据碑文记载，佛寺再度兴盛。这一切使得这里佛教造像发展偏安一隅，得天独厚。佛教的传播和石雕造像发育充分，兼容并蓄，是南涅水石刻的一个特点。

二 南涅水石刻成功的因素

中下层官僚和广泛的佛教组织成为扎实的基础。佛教文化与中华优秀文化的融合，民间艺术的生命力，为佛教艺术的提高创造了条件，是南涅水石刻成功的因素。

灵活的组织形式为造就生动的艺术形象提供了保障。南涅水的石雕造像起点较高，在魏孝文帝平城迁洛过程中留给这里石雕造像艺术的种子，这里还有从丝绸之路重镇武威内迁的官宦，往来于两京（平城、洛阳）之间的神工巧匠，这为佛教石刻提供了发展平台。统治者的信奉鼓励又为佛教传播创造出博大空间。连年的征战，使苦不堪言的百姓和中下层官吏祈求安定的生活，寄希望于佛，求理想于像。共同的愿望期盼和信仰将不同的人聚集在一起，相互安慰，一同努力，使造像成为一时时尚，南涅水石刻造像铭中多处出现的邑仪组织成为造像的主体，较大规模的系列造像多由邑仪组织完成。造像石由一人一家发愿还愿的一石一像，发展为几十人出资出力，请到更高水平的雕工石匠艺术家，造像石组合成三五级的石塔。风格一致，表现力更强，也产生了代表时代风格特色的石雕艺术品。

史书记载“经像俱东”，是说佛教的图像与经典同时传入我国。它逐渐地被人们接受，渗透到封建传统的文化中，经历了扎根、生长、繁荣漫长艰苦的过程。它在向中土传播的过程中，必然地要入乡随俗、不断改变自己的造型以适应当地审美情趣。南涅水石刻像群的图像，就是佛像本土化的生动体现。造像有不同的时代风格，QN 五六八太和风格（图 4-211；彩版六八），QN 六熙平风格（图 4-6），QN 一八一神龟风格（图 4-103），QN 四四八正光风格（图 4-206；彩版六四），QN 二五六孝昌风格（图 4-165），QN 二五二建义风格，QN 一三永熙风格，QN 九八天保风格（图 4-49），还有 QN 三九九、QN 四〇一的菩萨（彩版四六、四七、四九），QN 四〇三的坐佛等不同的形象（彩版五〇、五一）。南涅水石刻造像生动地展示出佛造像本土化的演化历程。经西域、云冈、龙门等地的匠师们的艺术加工流传至此之后，又增加了本地像主和匠师的思想和喜闻乐见的成分，更富于现实生活的气息。在这种情况下，按照像主、发愿者的思想愿望，造像形式既忠于佛像样本，又活泼多样，不同于皇室经营的大型石窟那样庄严肃穆，严肃正统。

从像塔的铭文中可以明确地看出，有的像塔是一人所为，如 QN 六〇九“大魏武定元年清信佛北子刘正道为身患眼疾敬造石像一区愿百恶消灭”，又如 QN 五九一“大齐武平七年十月十日佛弟子刘智雅愿谤言平无口舌……”。而有的像塔则是一家敬造，如 QN 六九四“大齐武平元年岁次……景敬贵兄弟等敬造石像一区举高五级”。造像的意愿则“仰为皇帝陛下国祚永隆，威震四海，干戈宁息，内外百官，州郡诸公长寿……又愿七世往生安养之国，现存眷属延命多福，一切有刑回迷入正”。有的造像的像主、佛弟子则是数人或数十人，如QN六九九大齐皇建二年岁次，香火主陈思贵、姜明堂“三十七人等敬造五级石像一区”。

其次构图的画面灵活多样。有不少是造像中的特殊作品，如属北魏的思维菩萨小龛，龛内只有单一的造像，龛外有一棵菩提树作龛楣，与菩提树相对的一侧还有人物故事。更为特殊的是龛内思维菩萨，头微倾斜，右腿翘起，衣袂随腿势下垂，神态自然，与龛外的菩提树构成一幅优美的人物和配景的浮雕。另一件同时代的像龛，龛楣用一朵大莲花和蔓草作配，仅用流利的线条表达，生动别致。从上述石刻图案可以看出，南涅水石刻的构图思想并未照标准的模式图样，而是像主根据自己的意念或是对某经的理解设计出的图案，或者是工匠们依据自己的实践经验或思想观念进行创作，因此出现了生涩难解的画面。自由生活的题材及内容经过构思以画独门儿形式雕刻在具有佛教意义的像龛上，营造出一种特殊的氛围和亲和力，充满浓郁、纯朴的生活气息，赋予石刻像群顽强的生命力。如QN二〇九—2，QN二八五—1，QN一四九—2，QN二〇八—2，QN七五—3等。（彩版二七、四〇、一五、二六、一一）

南涅水石刻中的一部分碑碣作为书法作品，涉及北魏、东魏、北齐、隋、唐各朝代各阶段，为我们提供了书法发展变化的实物例证。

三 如何造就富有生命力的石刻作品

心灵的凝结，虔诚的信仰，精湛的技艺造就了鲜活的艺术，有生命力的作品。

南涅水石刻总体风格朴素无华，石雕基本不设色，靠艺术家赋予石像永久的生命。造像时代不同，风格各异，有QN五六八刻划太和时期造像的鲜明特征，亦有QN六四表现北周至隋时期造像衣着的明显变化，QN四〇三则表现了唐代佛造像典型特征。单体像QN三九〇佛弟子迦叶造像，高255厘米，形象生动，表情丰富，刻划细腻，技艺手法堪为楷模。造像石QN一〇九、QN一〇三佛龛内小佛像、菩萨弟子像，高仅盈寸，头部2~3厘米，做工精细，眉眼一丝不苟，雕刻工匠技艺纯熟，凿刻斩削一挥而就，形象即成。在雕刻造型中，有所为有所不为，QN三五四造像石突出人物头部面部，表现了内在精神，给人以鲜活的感觉，淡化忽略了其余的不足。QN四三八、QN四四八、QNS·20、QNS·22造像精雕细作，人物形象丰满，一举一动犹呼之欲出，一颦一笑似言犹未尽。（彩版六一、六四、六五、七三、七五）

造像构图有的如QN一七八、QN二二二疏可走马，有的如QN二一二、QN二一五密不透风；有的如QN一七五、QN三三〇夸张，有的如QN一七四、QN二三九严谨；有如QN二三七、QNS·22流畅，也有如QN八五、QN二〇九晦涩；有的如QN三五、QN二三八粗犷，有的如QN一六、QN二一五细腻。有时代特色鲜明的如QN一三永熙二年造像、QN九八天保四年造像，也有工匠技艺娴熟的造像如QN七九—2思维菩萨、QN一八六—1；有南朝的儒雅文士如QN二〇〇，也有彪悍的北方武夫如QN二二〇；有清秀造像如QN一三二，也有滞重如QN二四；有线条简约高度概括者，如QN四六八、QN四七〇，也有刻划精细繁复者，如QN一七四、QN

一三九。南涅水石刻植根于民间，缤彩纷呈，造就出一批艺术家。适应人们普遍广泛的礼佛的需要，表现了雕造工艺灵活机动性。

南涅水出土的石刻中，不管是哪个朝代的石刻造像，也无论是碑碣、造像石或单体造像，都存在着两种截然不同的石雕作品。其中一部分作品选材精良，构图严格，雕刻细致，技术水平精湛，造型表面光洁。衣褶纹缕清晰，每一道衣纹起止都交代得清清楚楚，而且间隔均匀层次分明。花纹式样与装饰图案均匀对称，其人物造型都比较生动，雕刻线条流畅，写实方面更显出技术高超。这一高层次、高水准的作品，是这一地区地方官府或豪绅秉承明令诏书督造的，各方面的要求都十分严格，是官式做法的作品，其中有为数众多的石刻精品。还有占很大比例的作品则有一种大体大面的感觉，图案设计自由灵活，不依据一定的规则，雕刻明显粗糙，各部分结构并不严谨。身体比例也不太协调，表面的光洁细致更是相差甚多。细部的线条零乱，衣纹衣褶也不像官式作品那样有条理、有层次和有起止。它们出自民间艺人匠作或是初学者之手，是南涅水石刻中的民间做法或称为世俗做法。

艺术家用锋利的刻刀将冰冷的石材造就成有艺术生命的艺术品。在完成了它的历史使命后，它脱离了原本赋予的佛教教义，成为历史的见证者。传神是中国艺术的最高审美要求。面部表情最能表现人的思想感情，佛的庄严、观音的慈祥、天王的愤怒、力士的剽悍都要通过人的身姿、手势、眼神、嘴唇的微妙变化传达出来。除个体形象本身的传神之外，传神还表现在人物关系之间及造像的整体意境中。那些潇洒飘逸的飞天、端庄的菩萨、虔诚的供养人往往衣着华美而富有表现力。中国雕塑很注意在服装刻画上下功夫，表现了非凡的艺术创造力。不仅雕像衣服质地的轻薄、厚重之感能真切地刻画出来，更常常通过衣纹的走向、折变，表现人体动态、身段，巧妙地利用衣纹的特征烘托人物的精神气质和内在性格。

南涅水石刻在佛像汉化过程中具有代表性。它的成就代表了中国佛像艺术的成就，也是石刻雕塑艺术的成就。佛教的传播促进了石雕造像艺术的发展，反之，石雕艺术的成熟也使佛教造像的表现力增强，使造像更人性化，更亲切，传播更广泛，影响力更强。

雕刻技法方面，北魏晚期造像一方面继承了北魏前期的风格，一方面又创造了新花样。北魏前期造像多用直平刀法，衣纹表现为阶梯式，给人一种纯朴、粗犷而又生硬的感觉。南涅水石雕的匠人在吸收这种技法的同时，又使用了圆刀技法进行混合处理，尤其在衣纹转折处更为明显，如 QN 四三八、QN 四四八北魏正光二年组合造像。为使造像的服饰趋于圆润、真实，在表现造像的肌肤上则更多地使用了圆刀法，如 QN 四五九菩萨，赤足，璎珞满身，手提香囊（彩版六六）。QN 四四四的弟子造像，简洁生动（彩版六三，2）。坚细易雕的石质加上匠人们娴熟精湛的雕刻技法，为造像平添了无限的生命力，并表现出鲜明的个性，可以说匠人在表现人物个性方面是成功的。到北齐时期，如 QN 四一四、QN 六七七、QN 六八一等，刀法已从圆刀发展变化成用剖面半圆的阳线来表现纹饰，表现更趋细腻。除此之外，还出现了如 QN 六〇三佛龛外减地浮雕的形式，这种方法是继承了汉代画像石画像砖的传统。

发展到隋唐，造像更趋成熟完善，表现力更强。单体造像 QN 四三六和 QN 四〇三成为这段时期石雕造像的代表，有“曹衣出水”式的表现力，身材修长，优美婀娜，线条简洁流畅，形象极生动；QN 四三六衣饰表现丰富（彩版六〇，2）；QN 四〇三造像将盛唐风格表现得充分，身形直挺，衣饰简洁（彩版五〇）；QNS·20 造像面颐丰满，神态庄严，温厚慈祥，亲切丰腴大气（彩版七三，2）。

当然，南涅水石刻的雕刻也没脱离程式化的俗套，单体造像在唐代表现出顽强的生命力，到后期失去了生存的价值，被更简便易行经济实用的泥塑替代，丢弃了前期的生动，完全落入俗套，石雕也毫无生气。

四 沁县各处的佛像艺术品

沁县清代以前以耕读传家不事工商为传统。虽然适当的条件和特殊的环境造就高水平的艺术作品，但终究不是当地的传统，使得石雕艺术品在短暂的辉煌后偃旗息鼓。

南涅水石刻发育比较健康，很快达到较高水平。按照北朝时期的工匠伎巧制度，北良侯店石窟的开凿，南涅水出土的早期造像，都是迁徙过程中官家的工匠所作为。随着大规模流动工匠的到来，佛教造像艺术水平大大提高。周边地区在佛教传播过程中也产生出一批高水平的石雕作品。山曲采石场为造像提供了创作的基础（彩版七八），在低成本的状态下，造像体积变大。山曲发现的几尊大像高度均在 230 厘米左右（彩版七、七九）。在村中原有大佛寺，造像排列在其中，后寺院坍毁，造像散落田野。在古县镇北齐时期造的大佛像高 413 厘米，至唐代会昌年间，唐武宗灭佛后，造像上留下了铭记，记载了“会昌五年此佛倒”。造像高大宏伟，是单体造像中的佼佼者，代表着同时期的造像艺术水平。庶纪村的北齐造像丈八佛佛头，高 106、残肩宽 93 厘米，这是沁县目前发现的最大佛头，制作精美，石质材料雕刻得非常有柔感，是高超工匠艺术家所为。头顶有榫，肩部有制作痕迹，脸部鼻子残损，仍不失优美风采，生动形象（彩版八〇，1）。另有造像碑规范精致。沁县北城有北齐时期小型石窟，浮雕礼佛图，人物造型生动，刻画精细（彩版八〇，2）。在九连山、五龙头等处虽也留下一些北齐石窟造像，造像水平一般。在北神山清凉寺、羊庄石佛寺残留的金代以后石雕造像水准已大不如前。

第四节 南涅水石刻的时代特征

南涅水石刻以四面造像、塔式叠置表现形式为主。这种形式在陕西、甘肃等地偶有发现，但只是个体形式，且数量较少。而在南涅水出土了数百块，表现的内容丰富多彩，数量占总数近半。单体造像、组合造像等各有特色，特别是有明确纪年者可做标准造像，与时代特征鲜明的造像一起建立起了标尺。本文拟将石刻分为四期，详见下表。

南涅水石刻分期统计	
一期　北魏（386~534 年）	300 件，约占 37%，其中北魏至东魏 22 件
二期　东魏（534~550 年）	222 件，约占 28%
三期　北齐（550~576 年）	172 件，约占 21%
四期　北周[①]—隋唐（577~907 年）	91 件[②]，约占 11%
残损不辨	25 件，约占 3%
合计	810 件

石刻分为四面造像石、单体造像两部分，分别叙述如下。

（一）一期为北魏时期造像　300 件

可分为两段：北魏孝文帝太和年间至宣武帝永平年间（477~512 年）为初期，即 I 段；512 年之后至北魏末是一发展高潮，即Ⅱ段。

1. 四面造像石　198 件

北魏 I 段　4 件

QN 三三〇、QN 三三五、QN 三五九

永平风格：QN 二五三（永平二年纪年铭 509 年）

北魏Ⅱ段　194 件

（1）延昌风格

QN 一六一（延昌二年纪年铭 513 年）、QN 四三、QN 七八、QN 一一六、QN 二〇九、QN 二二九、QN 一、QN 一七五、QN 二六三、QN 三五八、QN 三六七、QN 三八六

（2）熙平风格

QN 六（熙平二年纪年铭 517 年）、QN 二〇三、QN 二八七、QN 三五四（造像衣着有云冈早期风格，直平阶梯宽带）、QN 一七八、QN 一八〇、QN 二九九、QN 三〇八、QN 三三、QN 三六二、QN 三六五、QN 七七〇（方领通肩大衣，“U”形纹）

①平拱龛；佛顶低圆肉髻，方圆形脸，身形健壮；衣裾遮覆莲台，外扬八字形，下摆尖角。

QN 二七一（正光风格的因素已开始显现，参考 QN 五八一）、QN 三二四、QN 二七五

②长方形龛，部分龛外侧浅浮雕供养菩萨；佛方圆形脸，大耳，身材高大；衣裾外扬。

QN 四（国字脸）、QN 一一（参考巩县石窟 3 窟南壁壁脚造像）、QN 二〇六、QN 二六二、QN 二九〇（下摆外扬）、QN 三一三、QN 三二六、QN 三五七

① 指北周政权在当地活动的时间，576 年（北周建德五年）北周将北齐政权赶出山西。《周书·武帝下》记载：北周建德五年，北周灭北齐并州，改邺。

② 过渡期的造像，如北齐—北周、北周—隋、北齐—隋，均纳入四期进行统计。

③长方形平拱龛，龛楣饰桃尖高宝盖，楣尾上卷；佛方圆脸。

QN 五九、QN 二八九、QN 三〇〇

（3）神龟风格

QN 一八一（神龟元年纪年铭 518 年）、QN 二二、QN 三五、QN 六一、QN 一四六、QN 一五五、QN 二三四、QN 二五〇、QN 二五九、QN 二八〇、QN 二八六、QN 三〇七、QN 三二三（肥莲花饰）、QN 三三八、QN 三七一（肥莲花饰）

（4）正光风格（参考单体造像和其他石窟同期造像风格确定）

①圆拱龛，龛楣饰桃尖宝盖，部分还有莲瓣或火焰纹饰；佛高肉髻，长圆脸。

QN 四一、QN 一三七、QN 一三九（典型）、QN 二五八

②屋檐斗拱形状；佛像身形粗犷高大，塑维摩说法，凭几而坐；象舆，象座；龛楣饰线刻飞天。

QN 八四（维摩文殊论道）、QN 九七（论道，送子）、QN 一〇八（涅槃变）、QN 一九八（四坐佛）、QN 二六〇（飞天团花）、QN 三〇六（双树下飞天团花）、QN 二七七（长方形龛，十六王子佛造像，健壮型）

③宽边框，长方形龛，高桃尖宝盖，小楣尾上卷；主尊立佛像，两侧菩萨弟子。

QN 三一一

（5）孝昌风格

QN 二五六（孝昌三年纪年铭 527 年）、QN 二七、QN 一六八、QN 二六五、QN 三〇三

（6）建义风格

QN 二二八（建义元年清河太守造像 528 年）、QN 二五二（建义元年李保成造像）、QN 一三〇、QN 一三一（头顶上开始出现旋纹发髻）、QN 一三二、QN 一三三、QN 二二二（穹隆顶）、QN 三五一、QN 三五二、QN 暂一

（7）永熙风格

QN 一三（永熙二年纪年铭 533 年）、QN 四五、QN 一四五、QN 一七一、QN 二二〇、QN 三五六、QN 二九一（十六王子佛）、QN 三六一

佛像小圆脸，高髻，细眉秀口；通肩或双领下垂大衣，厚重衣饰，衣裾若金鱼眼（参考 QN 七四二）

QN 三一、QN 三二、QN 一四七（十六王子佛）、QN 三六四、QN 二一一、QN 一六五

（8）世俗化

QN 五（扁平）、QN 一〇、QN 二五、QN 三七、QN 三九、QN 五二（十六王子佛造像）、QN 五三（十六王子佛造像）、QN 八五、QN 一八四（三角透空窟）、QN 二〇四（中心突出龛）、QN 二三二、QN 二四三、QN 二六七、QN 二七二、QN 二八二、QN 二五五（单柱型）、QN 三一五、QN 三三三、QN 三四三（以上三座为十六王子佛造像）、QN 三八四（单体两面）

（9）秀骨清相

①宽边框，平拱龛；佛高肉髻，清秀瘦姿型；龛楣雕饰细致。

QN 一六三、QN 一七三、QN 一七九、QN 一八八、QN 一九五、QN 二〇〇、QN 一六、

QN 一六九、QN 二〇一、QN 三五〇、QN 七九（精致）、QN 一七四、QN 二三五、QN 七六三

②宽边框，圆拱龛；清秀型。

QN 七七、QN 一五二、QN 一七二、QN 一八六、QN 二〇八、QN 二二四、QN 二二六、QN 二二七、QN 二三六、QN 二三七、QN 二三九、QN 二四五、QN 三四六、QN 一九六、QN 九〇、QN 九一、QN 一四四、QN 一五六、QN 一七七、QN 一九二、QN 暂二、QNS·872

③造像石无外围边框，长方形龛；佛高肉髻，长方脸形，喜眉眼；主像饰背光。

QN 二八、QN 一九一、QN 一九三、QN 一九四、QN 二〇七、QN 二三三、QN 三四八

（10）英武型长方大脸

QN 六二、QN 二二一、QN 一七（飞天参考龙门石窟古阳洞北壁第二层东起第一龛背光火焰纹右上角，孝明帝时期〔517~528〕造）、QN 二四〇（象座）、QN 三七三、QN 三八三

①满壁千佛龛；菩萨高荷冠，宝缯束带，垂于脑后。

QN 一七六、QN 二一二、QN 二一三、QN 二一四、QN 二一五、QN 二一六（象座）

②主佛龛外饰六佛（龛）；佛衣裾尖角。

QN 五八、QN 二六四、QN 二七九、QN 三一六

③龛边饰佛本生故事，或倒幢伎、傩具、供养人等；主尊佛衣裾外扬尖角。

QN 一二二（中心柱）、QN 一四三、QN 二一八、QN 二四七、QN 二四八

④宽大龛，龛楣饰束莲节，楣尾朱雀回首；佛长方大脸；高台坐；供养菩萨着花冠饰。

QN 二一（裾微外张）、QN 二四四

⑤高浮雕龛；佛方脸小巧，菩萨高荷冠，宝缯飘带向上折飘。

QN 一八、QN 一四八、QN 一八三、QN 补 1

⑥仿木构建筑开间，人字拱托升补间；佛高肉髻，圆方脸，大耳垂轮，眉目小巧。

QN 一三六

⑦平拱龛，无装饰；佛高圆肉髻，圆方形脸，身材修长；衣裾遮覆莲台，呈八字形，下摆尖角。

QN 一一五、QN 三〇五、QN 三一九、QN 三二八（衣裾下摆平）、QN 三四二、QN 三四七

⑧圆弧拱龛，桃尖宝盖、火焰纹；佛高髻，方圆脸；衣裾自然下垂，衣角尖圆；菩萨侧身婀娜状。

QN 一九九、QN 二一〇、QN 三三二

2. 单体造像　80 件

Ⅰ段　1 件

QN 五六八（唯一早期太和风格）

Ⅱ段　79 件

（1）延昌—熙平风格

QN 六一一（力士、戴菩萨式宝冠）

（2）神龟风格

QN 六九六（神龟三年 519 年）、QN 四四七

（3）正光风格

QN 四四八（正光二年 521 年）、QN 四三七、QN 四三八、QN 五八一、QN 六九三（正光二年）

（4）孝昌风格

QN 七六四

（5）建义风格

QN 七四三（造像主李保成，与 QN 二五二造像主为同一人）

（6）永熙风格

QN 七四二（永熙三年 534 年）

风格特征不明显，难以归类者如下。

QN 三九〇、QN 四〇四、QN 四〇五、QN 四〇六、QN 四二一、QN 四二二、QN 四三二、QN 四三四、QN 四四一、QN 四四二、QN 四四五、QN 四四六、QN 四五二、QN 四五三、QN 四六二、QN 四七一、QN 四七五、QN 四九〇、QN 四九二、QN 四九三、QN 四九四、QN 四九六、QN 五二一、QN 五二三、QN 五二四、QN 五三〇、QN 五三五、QN 五五二、QN 五五七、QN 五六一、QN 五六三、QN 五六四、QN 五六五、QN 五七〇、QN 五七五、QN 五八四、QN 五九〇、QN 六〇八、QN 六一五、QN 六一七、QN 六二〇、QN 六二一、QN 六三四、QN 六三六、QN 六四三、QN 六四七、QN 六五四、QN 六六一、QN 六六六、QN 六七二、QN 六七六、QN 六七八、QN 六九二（侧铭天圣九年）、QN 七〇一、QN 七〇二、QN 七〇三、QN 七〇七、QN 七一九、QN 七三二、QN 七三八、QN 七四六、QN 七四七、QN 七四八、QN 七四九、QN 七五五、QN 七六八、QN 五〇〇、QN 六〇〇（与 QN 五〇五合并）

Ⅰ段单体造像中 QN 五六八的造像虽已残损，但造像确是早期造像，与已流传国外的延和、太安、太和等年间背屏式造像做法相同[①]，与云冈一期 17 窟、20 窟造像风格相同[②]。两肩宽厚齐亭，衣饰

① 金申：《中国历代纪年佛像图典》，文物出版社，1994 年。第 437~438 页：13. 张永造石佛坐像，太安元年（455 年），高 35.5 厘米，日本京都藤井有邻馆藏。衣纹扁平状突起，上刻阴线与敦煌石窟中十六国佛像和中亚地区此时佛像手法相同。14. 宋德兴造石佛坐像，太安三年（457 年），高 41.5 厘米，日本个人收藏。与太安元年造像构图处理手法相同，疑同一产地。方座前面中央力士承托博山炉，外侧依次为供养人与护法狮。人物造型与衣纹处理类云冈 20 窟主尊。第 441~442 页：22. 张伯造释迦坐像，延兴二年（472 年），高 33.5 厘米，日本书道博物馆藏。佛施禅定印，结跏趺坐，贴身衣袒右肩，衣纹扁平状突起。方座前面中央开佛龛造二佛并坐，龛外供养人与护法狮。造像手法与 QN 五六八相同。第 454 页：58. 尹受国造石佛坐像，太和十八年（494 年），高 54 厘米，美国纳尔逊博物馆藏。此像袒右肩，大衣边缘处有折带纹，大舟形光背，典型的太和期佛像，其风格可上溯到和平年间（460~465 年）的云冈二十窟大佛之前。

② 云冈石窟文物保管所：《中国石窟·云冈石窟》二，文物出版社，1994 年。早期石窟位于石窟群西部，由五个主要洞窟组成，即现编号的 16、17、18、19、20 窟。它们气势恢弘，壮观古朴，是云冈石窟中最引人注目的部分之一。由当时著名的高僧昙曜和尚主持开凿，故俗称“昙曜五窟”。其开凿年代当在五世纪中叶（约 460~465 年）。
昙曜五窟的开凿揭开了大规模营造云冈石窟的序幕，同时也标志着当时中国的佛教中心已由凉州（现中国甘肃武威一带）转到平城（现中国山西大同市）。在石窟的格局上选择了气势磅礴的大窟高像，平面皆作马蹄形，穹隆顶，大体上模仿古印度草庐形式，一门一窗，外壁满雕千佛。主像形体高大，占据窟内主要位置，这是中国石窟雕刻史

贴体，内着掩左肩的僧祇支（汉语是掩腋），外着右肩半披偏衫。竖条状衣纹，偏衫左边刻出折带纹。这是南涅水造像中最早的造像，为延和至太和时期作品。（图4-211；彩版六八）

四面体造像石中Ⅰ段QN三三〇（图4-181）、QN三三五、Ⅱ段QN三六七等造像为圆形穹隆顶佛龛，造像高肉髻，大耳垂轮，两肩宽平，身形直挺，衣饰简洁，结跏趺坐。受云冈二期风格影响，时代特征明显，但造型显然简约草率。QN二〇三、QN二八七、QN三五四造像衣着保留有云冈早期风格作法的影响，呈直平阶梯宽带状（图4-173、197；彩版四二，1）。这些都说明南涅水石刻与云冈有着密切的渊源关系。

QN二五三永平二年十一月胡保兴造像：长方形石块尺寸为120厘米×35厘米×16厘米，方形柱。上部收分，造像为千佛龛形式，四面均中上部凿龛，下部刻许愿文（彩版四一）。造像为一佛、一佛二菩萨、二佛、一菩萨（交脚弥勒菩萨）。高肉髻，着通肩衣，佛施禅定印，结跏趺坐。佛龛小，像亦小，不精细，佛龛为平圆拱形。

这一阶段的造像数量较少，却反映出早期的特点，像俱东来，西凉模式、云冈模式对南涅水石刻有直接影响。造像石的变化，从简单的承载佛像功用变化为刻石记铭祈愿的单体方柱塔体（浮图），再发展变化为经济实用的组合造像塔。

Ⅱ段自神龟三年以至北魏末，为一期的大规模造像时期，从长形单体小块发展变化为方形大块、数块组合。以建义元年（528年）李保一造像为例，QN二五二号石造像，尺寸为117厘米×27厘米×30厘米，四面均为双层佛龛，其中两面为双层圆拱龛、尖拱形龛楣。佛均作结跏趺坐，衣裙垂覆于台座，衣纹叠涩。佛面相丰满，高肉髻，着通肩服。三龛内佛施禅定印。QN二五二—3下龛为一佛二菩萨像，佛施说法印，佛座两旁为两兽头。龛下部铭刻许愿文："合门大小上为皇帝陛下、太皇太后因缘眷属，一切遍地众生，一时成佛。"余则两面下层为圆拱形龛，上层龛稍平拱，龛楣一为尖拱形，一为双龙缠绕形。尖形龛楣者造像均为立像，上层为佛，下层为菩萨。双龙龛楣者造像均为佛，上层坐像为释迦佛，下层立佛。

上述造像石较有代表性地说明了造像石风格的变化。由简单的千佛龛式向主题明确、造型复杂多样、重点突出的画面发展。

总体来看一期有以下特点：造像以一佛一菩萨居多，三世佛为主，亦有一佛二菩萨、一佛二力士、释迦多宝说法、维摩说法、文殊问疾等。

上十分罕见的现象。题材以三世佛和千佛为主。佛像高肉髻，面相丰颐，高鼻深目且眉眼细长，蓄八字须，双肩齐亭，身躯健壮，着袒右肩式袈裟或通肩衣。菩萨像圆脸，短身，头戴宝冠，宝缯翻飞，身着璎珞，臂上带钏，衣纹雕刻疏密适当。这些挺秀劲健、浑厚质朴的造像风格，反映了凉州石窟以及犍陀罗、笈多造像的一些特点，具有浓郁的西方风味。其最具典型性的是，佛像沿袭了西方旧有佛像服饰的外观，容颜却模拟当时天子的风貌，既而形成新的佛像模式。第17窟平面马蹄形，穹隆顶。一门一窗。以三世佛为主要题材，北壁雕交脚菩萨一尊，高15.5米，胸前饰有蛇饰，臂带钏，束腰收腹，下着长裙，系古印度贵族装束。具有浓郁异域情调。东西壁各开一大龛，东壁龛内雕坐佛，高5.3米，西壁龛内雕立佛，高6.7米。龛侧的供养天雕刻细腻传神。明窗东壁下部圆拱龛下雕有"太和十三年"造像铭记一方。第20窟是云冈石窟最具有代表性的洞窟之一。前立壁、顶部及西壁局部在石窟开凿后不久即已崩毁，使主像显露在外，成为著名的露天大佛。它高13.8米，高鼻深目，眉眼细长，嘴角微微上翘，面部露出慈祥和蔼的神情；着半袒右肩式袈裟，质地厚重，挺拔硕健的身躯，显示出北疆游牧民族的剽悍与强大。粗犷豪放的表现手法，使造像充满活力。该像作为云冈石窟的代表作品，以其博大、恢弘的气势和撼动人心的艺术感染力，使无数游人为之倾倒。

佛龛结构有圆形拱龛、平形拱龛、菩提树遮覆龛、帷幛形龛、盝顶屋帷形龛、仿木构建筑形。佛龛楣饰有二龙缠绕、两兽头饰、卷草纹、荷叶纹等，尤其是神兽格里芬形象是外来文化影响的产物，如 QN 二〇〇（彩版二二）。龛外多有菩萨立像的长方形龛。龛下出现双狮、力士。

佛座有长方形座、象座、莲台（菩萨立像下）。龛外饰花草束、火焰纹、龙、朱雀、百戏、飞天等。

神龟年前后至北魏末年，相当于南北朝的中期，造像石和单体造像的形象是当时社会流行的南朝贵族士大夫的瘦削形象，以秀骨清相为主。佛和菩萨面相清俊，身材修长，两肩较窄。发际与眉骨间的宽平面已经明显，在第二阶段的晚些时候，变小变窄并渐消失，变成圆额，面形的长宽比例有变化，逐渐短了些。

佛头顶上为磨光高圆肉髻，额际宽平，眉宇开朗，神态沉静。脸部长圆，面相清雅秀丽，细眉小唇小鼻，嘴角内收。内着僧祇支，外披方领褒衣博带式或通肩大衣。大衣里面引出双带，在胸前做结下垂。大衣右面衣领似帔巾的形式，横搭在左肘上。下部着裙，裙的下部有较密的衣褶（似云冈第六窟、三十六窟内佛像）。QN 四三八造像衣褶多密褶多层，外摆呈八字形下垂于台座下沿。遮覆基座，外摆尖角，较有厚重感，体态较为厚实。如 QN 二一八—2、QN 四三八、QN 四四八。（图 4-130、206；彩版六一、六四）

在北魏孝文帝提倡汉化改革以后，作为佛教艺术的石窟，汉化造型特点更为鲜明突出。造像也吸收汉族士大夫风格，褒衣博带，清风秀骨，发展了东晋以来顾恺之、陆探微的人物画的画风。《历代名画记》卷五："面如恨刻，削为仪容。""秀骨清像……令人懔懔若对神明。"如戴颙造像："像成而恨面瘦……既减臂胛，像乃相称。"南涅水石刻中类似的如 QN 二〇〇—2 造像。（图 4-115；彩版二二）

如 QN 二〇九（图 4-119）、QN 三五四（图 4-197）等虽说简陋但时代主要特征确是明确的，是延昌风格造像，延昌—熙平风格的力士戴菩萨式宝冠，如 QN 六一一。

正光年间佛像，衣饰大致与前段相同或间而有敷搭双肩的大衣，只是面相清瘦而颈长，臂胛下削，下部密褶更为密集，外摆不再凸尖，形成一种新型的创作[①]，如 QN 四四八（图 4-206；彩版六四）。南涅水石刻此段时期风格变化较多，精细与粗犷并存，彪悍与清秀共生，形式多样。

熙平年间菩萨头戴高冠，双耳外侈，上身袒露或着衫襦，下身着裙，帔帛在肩上竖起，前绕双臂，呈"S"状外扬。这类造像石没有开凿纪年铭记，但造像样式明显具有北魏迁都洛阳前云冈石窟造像的特征。如 QN 二〇三、QN 三五四。

在正光年前后，有 QN 四四八造像严整规范，同时有 QN 四三八雍容华丽、QN 一三九端庄严谨（图 4-73），也有粗犷简约的作法，神龟元年 QN 一八一—2、孝昌三年 QN 二五六—4 等特色鲜明。建义元年 QN 二五二李保成造像石清秀严谨，QN 二二八清河太守勇洛僧造像石作法简约。到北魏末年，永熙二年的造像风格、衣饰特色、佛龛形式表现出浓郁的粗犷彪悍特点。QN 一三是对清风秀骨的"反动"，这种特征一直延续到北齐天保年间，如 QN 一四五—3、QN 一七一—3、QN 九八—1。（图 4-80、94、49）

---

① 阎文儒：《中国石窟艺术总论》，广西师范大学出版社，2003 年。

南涅水石刻中尤为突出的是一种威武英俊的长方脸形造像，在其他石刻造像中不多见。在北齐壁画中的人物多有这种造型，以北齐娄睿墓为例可以看出北齐时期对这种形象的尊崇。此造型存在于北魏晚期，数量较多，延续时间较长，显示出北方民族的强悍英武形象。这部分造像龛式变化较多，以长方形龛为主，龛上楣饰繁复，气氛热烈，表现出一种严谨、喜庆、欢娱的景象。佛像汉化，“敬天子即是礼佛”“当今天子即如来”，此论迎合了帝王所好，为他们找到维护自己权威的借口。造像从早期树立的北魏帝王北方人威武强健的形象，向中原的清秀到南朝儒士的清风秀骨变化。到北齐，高祖高欢为鲜卑化汉人，“既累世北边，故习其俗，遂同鲜卑。长而深沉有大度，轻财重士，为豪侠所宗。目有精光，长头高颧，齿白如玉，少有人杰表”。在北魏末期，权臣高欢的势力范围内，都尊崇高欢的形象。在佛像汉化从面相向秀骨清相变化的过程中，塑造出长方大脸形象，如QN一二二、QN二一八、QN一七六、QN二一三、QN二四七—3等（图4-62、63；彩版一二，2；图4-130、97、125、155），显示了高氏权力的影响，但真正进入北齐后，此种形象却未能长久，又向丰圆变化。

佛、菩萨造像面相由丰满向秀骨清相发展过渡。素面高肉髻，面相稍长，神色端庄，气韵安详，眼帘低垂，目光直视鼻尖，静态沉思，莲花瓣似的微微翘起的嘴角浮现着一丝微笑。通肩服，由紧衣窄袖向褒衣博带过渡，衣裾遮覆台座，下摆下垂呈八字，裾尖向两侧伸出。

南涅水石刻造像的细部造型随时代的推移而变化。北魏晚期石雕面相主要是长圆形，清秀发际与眉宇间有一清晰的平面额头。宽宽的平面至神龟时仍多见于造像，只是长宽的比例缩小，脸形稍短些，下额部稍微尖些。孝昌年造像额头的平面渐渐变得窄小，至建义年已经基本没有额头的宽平，而变成圆圆清瘦的额头。北魏晚期主像的头型还有一种倾向性的改变，如从头顶向下俯视，就会发现头后部宽大，脸的前部窄小，成三角状。QN六一五、QN六四三、QN六六六、QN六四七、QN六七二端庄秀丽，虽说仅存头部，却反映了工匠艺术家的高超技艺（彩版六九，1；彩版七〇，1；彩版七一，2）。工匠们充分运用雕塑技法的表现力，用自然光线的明暗表现出造像的神态。

佛头顶的肉髻也有很大的变化，在北魏晚期佛头顶高肉髻，肉髻的直径小而高，与长圆清秀的脸形相互适应，头顶上开始出现了旋纹发髻，如QN一三一。

菩萨的冠式为花蔓冠或高宝化佛冠，冠侧有如翅宝缯，宝缯束发，宝缯向外飘扬，下垂至肩。在北魏晚期时为高宝冠，之后才越变越低了。发髻有的作扇面形髻，有的作螺旋形高髻。菩萨颈戴项环，挂璎珞，下身着长裙，裙裾下垂露足。上身内着衫襦，外披帔帛。帔帛在肩上竖起，前绕双臂，呈“S”状外扬，到两肩下垂交叉于胸腹之间，然后作硬角或圆形上卷。有的帔帛在肘内下垂；有的由肩垂下一飘带，在肘外下垂，有的腰际系一璧与带饰；有的在裙带旁另系丝带，中系璧作结下垂；还有的在帔帛外加上粗而长的璎珞，在身的侧面裙带下系璧作结下垂。本为男像的菩萨随机教化，照当时妇女服饰，上身着帔帛，形成妇女形象。

胸腹部的形态也是变化的主要部分。在北魏永平年前后，佛和菩萨造像胸腹部分的高度接近正常比例且略显单薄，头向前倾略不视，身体亦向前倾，有些像的胸腹部虽然直立，全没有高大挺拔的感觉。后期的造像，胸腹和肩部的造型渐变得直立和厚实起来。

飞天身姿优美，身体弯曲呈“V”形，披飘带绕肩向后飘扬，以飘带的飘动样式刻划飞动速度的疾与缓，轻倩妙曼，造型细腻。

造像以思维菩萨相、释迦多宝说法、阿育王施土等为主，这些都明显地区别于河西走廊的造像形式，反映出佛教经典传播的不同影响。龛边多刻佛本行故事片断，有结庐苦修、乘象回宫等，个别的有百戏图饰。

北魏时的雕造多采用直平刀法。雕造形式有两种：其一，呈深直平阶梯式的衣纹，表现出造像衣纹的线条；其二，衣纹匀称细密凸起，如印度抹菟罗式衣纹。

另外，北魏至东魏时期造像有22件。

（1）平弧拱龛，龛楣饰窄平桃尖宝盖、火焰纹、伏莲，双线刻饰；佛高肉髻，窄肩，密褶衣裾，阴线刻饰粗糙

QN一九、QN一二五（头微偏右）、QN一八二、QN一九〇、QN二五七（羊肠大衣）、QN三一八（涅槃，头微偏右）、QN三〇九（长方脸，衣裾纹饰双曲线）、QN三三九、QN三一二（桃尖形龛）、QN三二一

（2）仿木构建筑龛式，补间一斗三升人字拱，直脚人字拱顶升，饰背光，刻划细致；佛高髻，鸭蛋形脸

QN二八三（思维菩萨高荷冠）、QN三一〇

（3）长方龛，宝盖饰细密同圆；佛像方圆脸形；思维菩萨宝缯飘折，供养菩萨高螺髻

QN一六四、QN二〇二（龛楣束莲饰，楣尾朱雀、卷草）、QN七四四（残损严重）

（4）圆拱龛，龛楣饰束草；佛小长圆脸，高肉髻；菩萨戴高荷冠，坐高莲台

QN六〇、QN三二七（残损严重）、QN三七〇、QN三七六、QN三七九

（5）凸字形龛，龛楣饰平宝盖，双轮廓线，楣尾上雕饰卷草，舟样背光尖突出龛楣

QN九、QN三一四

北魏时期造像占总数的三分之一。这一阶段是南涅水石刻最重要的时期，随着北魏迁都洛阳，大批官吏人员往来于两都之间，使得这穷乡僻壤接受了时尚的变化。云冈石窟、龙门石窟以及巩县石窟等地的开凿和延续的需求，大批工匠随迁，为南涅水石刻的发展变化提供了技术基础，工匠们驻足于此，留下了代表当时佛教石雕艺术水平的杰作，带来了博采纷呈的佛教各种造像风格特色，反映出佛教在中国化进程中的发展变化。它们同时也造就了一批优秀的石雕艺术家，虽然没留下名姓，却会随着留有他们心血的作品永存。这阶段出现了水平较高的石刻造像，逐渐形成了自己的风格。虽仍严格遵守着佛像形制，却也塑造了有地方特色的形象。佛龛变化形式增多。由于《法华经》《维摩诘经》等广泛传播，造像亦多取其形象。以三世佛为主，释迦多宝说法、文殊问疾、维摩诘论道等造型也多有出现。褒衣博带、秀骨清风出现，但已比云冈、龙门晚了许多。菩萨帔帛在肩上竖起，前绕双臂，呈“S”状外扬，之后由双肩下垂帔帛交叉。佛像下垂的衣愈来愈复杂，除少量为帔帛交叉不穿璧，大量是云冈三期较晚才出现的穿璧作法，单体造像中到后段多为穿花饼形式。北魏时期逐渐摒弃了单体方柱石塔和各式仿建筑顶的造像石作法，出现了造像石分别加檐刹多层组合成塔（浮图）、千佛碑、礼佛图。有明确纪年的造像为石雕的断代提供了较确切的标准，是各阶段各种风格的代表，其中正光二年的

组合造像是最有代表性的造像。

（二）二期为东魏时期　222 件

1. 四面造像石　106 件

（1）部分保留有建义风格（参考 QN 五八三兴和造像），补间雕空斗拱，直脚人字拱，高台座；佛小圆脸形

QN 一一七、QN 一一八、QN 一一九、QN 一二〇、QN 一二一、QN 一三四、QN 一三五、QN 一四一（圆拱龛）、QN 三六六、QN 三三四

（2）部分保留有永熙风格（腹部鼓起）

QN 二四、QN 三六、QN 四六、QN 九三、QN 二二三、QN 二九四、QN 三三一、QN 三七四

（3）一面浮雕，龛楣浮雕；主像宽脸高髻，衣裾厚重下垂

QN 一二、QN 五六、QN 一八五

（4）长方形龛，龛楣饰龙虎；佛高肉髻，长圆脸，秀颈；厚毡纹饰

QN 七、QN 四二（参考巩县石窟第 2 窟东壁东魏小龛）、QN 八〇

（5）佛高髻，扁平长脸，秀颈；飞天；主像衣裾微张

QN 二、QN 一五〇、QN 二一七、QN 二二五、QN 二四一（日光月光菩萨）、QN 二四二、QN 八一、QN 一五一、QN 二三一、QN 送吉

（6）长方形平拱龛，龛楣饰莲花团，化佛宝盖，山字形饰；佛长圆脸，风格粗犷

QN 二〇、QN 一六六、QN 二六八、QN 四四、QN 一七〇、QN 二三〇、QN 二五一、QN 二七四、QN 二七八、QN 二八一、QN 二九六、QN 二九七、QN 三〇四、QN 三一七、QN 三、QN 三六九、QN 三八七

（7）佛长脸，面容微笑，身材修长，衣裾横纹折叠外敞；部分饰人字拱补间

QN 八、QN 一四〇、QN 三四四

（8）佛低眉颔首，脸扁平，尖下颌，秀颈

QN 一五（疾风树下思维菩萨）、QN 三四（树下思维菩萨日乌月蟾）、QN 五七（疾风树下思维菩萨）、QN 一八七（维摩诘说法像）、QN 二四九（二佛并座说法）、QN 二九、QN 三〇、QN 一三八、QN 一四九、QN 二三八、QN 一六二、QN 二一九、QN 二八五

（9）佛高肉髻，方圆脸形，圆鼻；背光、头光刻饰细密

QN 一四、QN 三八、QN 九四、QN 一五七、QN 二九五、QN 三〇一、QN 三七八

（10）宽边框；佛高肉髻，圆脸，身材健壮；衣裾遮覆莲台，自然下垂短平

QN 七二、QN 七三、QN 七五、QN 七六、QN 八二、QN 八八、QN 八九、QN 一八九、QN 三八〇

（11）圆拱龛，龛楣饰窄桃尖宝盖；佛高肉髻，窄肩，圆方形脸；部分纹饰刻造粗犷

QN 二四六、QN 二六六、QN 二七〇

（12）圆拱龛，龛楣饰高桃尖宝盖，楣尾上卷，饰边柱；佛高肉髻，圆方形脸，衣裾自然下

垂短平褶

QN 二六、QN 七一、QN 二〇五、QN 二八八（衣裾微张）

（13）兴和风格

QN 七六五

（14）武定风格

十六王子佛

QN 四八、QN 二九三、QN 三四一

①衣裾遮覆莲台

QN 三三七、QN 三六〇、QN 三六三（塔刹座）、QN 三六八

②衣裾不遮莲台

QN 四九、QN 五〇、QN 五四、QN 五五、QN 一六七、QN 一九七、QN 二六一、QN 二八四

2. 单体造像　116 件

（1）兴和风格

QN 六九七（兴和三年 541 年）、QN 五八二、QN 五八三

（2）武定风格

QN 六〇九（武定元年 543 年）、QN 五九五（武定三年 545 年）、QN 六九〇（武定八年 550 年）、QN 七八〇（武定年间）

风格特征不明显，难以归类者如下。

QN 三九五、QN 三九六、QN 四〇二、QN 四一五、QN 四一九、QN 四二〇、QN 四二三、QN 四二五、QN 四二七、QN 四二八、QN 四三五、QN 四三九、QN 四四〇、QN 四四三、QN 四五四、QN 四五八、QN 四六一、QN 四七二、QN 四八〇、QN 四八一、QN 四八三、QN 四八五、QN 四八八、QN 四九一、QN 五〇一、QN 五〇三、QN 五〇六、QN 五〇七、QN 五〇九、QN 五一〇、QN 五一一、QN 五一二、QN 五一四、QN 五一七、QN 五一八、QN 五一九、QN 五二五、QN 五二六、QN 五二八、QN 五二九、QN 五三一、QN 五三三、QN 五三六、QN 五三七、QN 五三九、QN 五四六、QN 五四七、QN 五五五、QN 五五六、QN 五五八、QN 五五九、QN 五六〇、QN 五六二、QN 五六六、QN 五六七、QN 五六九、QN 五七二、QN 五七七、QN 五七八、QN 五八〇、QN 五八六、QN 五八七、QN 六〇七、QN 六三〇、QN 六三五、QN 六三七、QN 六四二、QN 六五〇、QN 六五六、QN 六五七、QN 六五八、QN 六五九、QN 六六〇、QN 六六四、QN 六七〇、QN 六七三、QN 六七五、QN 六七九、QN 六八〇、QN 六八六、QN 六八七、QN 六八八、QN 六九五、QN 七〇四、QN 七〇五、QN 七〇六、QN 七〇九、QN 七一〇、QN 七一五、QN 七一六、QN 七一七、QN 七二一、QN 七二四、QN 七二五、QN 七二九、QN 七三三、QN 七三四、QN 七三五、QN 七三六、QN 七四一、QN 七四五、QN 七五二、QN 七五三、QN 七七一、QN 七七二、QN 七七七、QN 七七九、QN 补二、QN 补三

二期造像以有纪年的造像石为标准造像。形成的风格似对一期Ⅱ段发展起来的秀骨清像的否定，恢复面相丰满、质朴，出现扁平式脸，如 QN 一四〇—1（图 4-75）。二期造像衣纹厚重沉着，雕刻粗犷，有的甚至草率，追求了一种浑雄形式。东魏时的造像体形变得较为健壮，脸部也变得高宽比例相近，面相半圆形，身形变化，出现衣帛堆砌的鼓腹，帛巾在腹部横交叉重叠。如 QN 二二三—1（图 4-132；彩版三二，2）、QN 二四二—2（图 4-152）。武定年间的造像衣纹表现潇洒、简练，如 QN 五八〇。十六王子佛造像增多，如 QN 四九—4、QN 五〇—2（图 4-24、26）。

东魏至北齐，时间仅 18 年，相当于南北朝的晚期。有造像塔和单体造像。造像的面相已脱离瘦削的长圆形，向丰润的长圆形、半圆形转化。胸腹部有意识拉长，并略为鼓实，使造像形体显出一种高大挺拔感。衣服装饰作出水式，显示人体的曲线。佛头上肉髻低而宽，菩萨戴宝冠项圈，披璎络飘带，与前基本相同，只是雕造得更为细腻和精湛。臂胛较前期为肥。亦有外着袒右肩或圆领通肩大衣，胸前作小结引出双带。善跏趺坐，双腿较短，但胸部较挺。佛座又出现了肥硕的莲花。如 QN 一八九—4，QN 八八—1、2，QN 一八六—1、2（图 4-41、42、107；彩版一八）菩萨戴高宝冠，宝缯飘动，宝带飘拂，帔帛穿璧交叉，有方台、须弥台、莲台，须弥台座渐高。飞天形象由初期的粗糙形象发展为优美的女像，从跪式的双腿发展成微曲的双腿飘动状。佛龛饰仿木结构形式，透雕式仿木构建筑前檐形式，接近圆雕的工艺水平，形象精细生动。龛式中仿木构建筑的明柱、斗拱、人字拱也有变化。明柱下粗上收，底部有侏儒力士承托，仿木构建筑中阑额补间用一斗三升人字拱。人字拱在北魏晚期是直脚的，北齐时是弯曲弧线曲脚，而东魏作为过渡时期，则可能是两种式样均有。这一期造像石上，佛结跏趺坐的座式较高，衣裾下垂覆盖座基，纹饰有的比较简洁，也有繁缛复杂的。如 QN 一一九—2、4（图 4-59、60）。处于交替换代时期，各种特征都有所表现，但最为显著的特点是，胸部丰满的感觉和有意识地拉长拔高所造成的那种伟岸和挺拔。

造型技法娴熟，造像中维摩诘与文殊论道形象增多，QN 一八七—2 维摩诘造像刻画细腻，表现生动（彩版二〇）。造像做法承继了大同云冈石窟十八窟东壁弟子像造型技法。脸形刻画棱角分明，板块清晰，表现出维摩诘说法论道的雄辩形象。单体造像 QN 四三五中菩萨造型，飘带当风若凌空而至（彩版六〇，1）；QN 四二七金刚造型，怒目强健，孔武有力（彩版五八）。

思维菩萨的造型多种多样，画面表现生动形象，尤其是 QN 一五、QN 五七等造像对树下思维的刻画用心良苦。树下思维觉悟的艰辛用外部形象予以烘托，用动静的对比和处变不惊的大度表现了佛的超脱，反映出石刻艺术家的高超表现手法和娴熟工艺技能。

思维菩萨形象在西部不见，东部较多。敦煌学者讨论其是否为弥勒菩萨。日本、韩国学者研究认为，佛像中思维菩萨为弥勒菩萨像。但在南涅水石刻的造像中出现较多，环境气氛营造在菩提树下。有草庐、苦修者；还塑造有白马吻足，车匿告别；有疾风劲吹，有魔怪考验；还有思维觉悟。QN 一三九—1 造像画面将思维觉悟的情形刻画得独具匠心（图 4-71），画面截取了觉悟的瞬间，用飞天庆贺等情节表现。显然是取自释迦佛为太子时于树下思维，沉思顿悟形象。河北曲阳白石小型造像中此类像不仅数量多，而且发展出了双思维像，甚至有镂空的双树双思维像。山东青州龙兴寺出土了贴金彩绘思维菩萨像。响堂山也有同一题材出现。

（三）三期为北齐时期 172 件

1. 四面造像石 59 件

（1）天保风格

QN 九八（天保四年 553 年）、QN 四七、QN 三二五（比永熙风格身材略修长）、QN 三三六、QN 二七三（长方形龛，十六王子佛）

（2）天统风格

QN 六〇三（龛边造像主人戴高冠，丫鬟双抓髻，减低平铲技法，参考沁县天统四年北城造像礼佛图中人物）

（3）宽边框饰铁线，平拱龛，龛楣饰简洁圆弧线或宝盖，楣尾上卷，上角饰莲花

QN 四〇、QN 六六、QN 九六、QN 一一四、QN 三二二、QN 三二九

①莲台有独立台座。

QN 六七、QN 七〇、QN 七四、QN 一〇〇

②莲台有独立台座，两侧胁仕菩萨立于主台座伸出的枝梗莲台。

QN 二三、QN 九二、QN 二五四、QN 三八五

（4）宽边框饰铁线，上角饰莲花，圆拱龛，龛楣饰桃尖宝盖，加莲瓣纹饰等，楣尾卷曲；佛高宽圆肉髻，方脸，五官小；高台座

QN 一〇二、QN 一〇三、QN 一〇四、QN 一〇五、QN 一〇六、QN 一〇九（菩萨戴花冠，宝缯，饰有飞天）、QN 一五八（菩萨戴花冠，宝缯飘拂，有皇建风格）、QN 暂四、QN 暂五、QN 六五、QN 六八、QN 八六（双龛并列）、QN 一五四（三面双龛并列，一面二佛并坐）、QN 二七六、QN 二九二、QN 二九八、QN 三四〇

（5）仿木构建筑开间，补间加曲脚人字拱；圆拱龛，龛楣饰桃尖宝盖

QN 九五（补间一斗三升，两侧人字拱）、QN 一二三、QN 一二四、QN 一二六、QN 一二七、QN 一二八、QN 一二九、QN 三七五

（6）石面粗糙，平弧拱，龛楣饰桃尖宝盖、火焰纹；佛高平肉髻，圆方脸形，小眉眼，小口

QN 一一一、QN 一一三、QN 二六九

（7）宽边框，平弧拱，龛楣饰窄宝盖；佛圆方脸形，身材修长，多通肩大衣；雕饰莲瓣台，衣裾不遮莲台或微遮台座

QN 六九、QN 九九、QN 一〇一、QN 一一二、QN 一四二、QN 八三、QN 一一〇、QN 一五三、QN 暂三、QN 暂六、QN 暂七

2. 单体造像 113 件

（1）天保风格

QN 五八八（天保七年 556 年）、QN 七一一、QN 七五一（天保六年 555 年）

（2）皇建风格

QN 六九九（皇建二年 561 年）、QN 七二二（皇建二年）

（3）河清风格

QN 六九一（大齐河清）

（4）天统风格

QN 四五〇（天统元年 565 年）、QN 六九八（天统四年 568 年）

（5）武平风格

QN 五八九（武平元年 570 年）、QN 六九四（武平元年）、QN 六八五（武平六年 575 年）、QN 七六九（武平六年，造观音像）、QN 五九一（武平七年 576 年）

风格特征不明显，难以归类者如下。

QN 一五九、QN 三九一、QN 三九二、QN 三九三、QN 三九四、QN 四〇〇、QN 四〇九、QN 四一四、QN 四二四、QN 四三〇、QN 四四四、QN 四四九、QN 四五一、QN 四五七、QN 四五九、QN 四六〇、QN 四六六、QN 四六七、QN 四六八、QN 四六九、QN 四七〇、QN 四七六、QN 四八四、QN 四八六、QN 四八七、QN 四九五、QN 四九八、QN 四九九、QN 五〇八、QN 五二七、QN 五三八、QN 五四一、QN 五四二、QN 五四三、QN 五四四、QN 五四五、QN 五四九、QN 五五〇、QN 五七三、QN 五七四、QN 五八五、QN 五九二、QN 五九三、QN 五九四、QN 五九九（唯大齐）、QN 六〇二、QN 六〇四、QN 六一〇、QN 六一二、QN 六一三、QN 六一四、QN 六一八、QN 六一九、QN 六二二、QN 六二三、QN 六二五、QN 六二六、QN 六二九、QN 六三八、QN 六三九、QN 六四一、QN 六四四、QN 六四五、QN 六四六、QN 六五一、QN 六五二、QN 六五三、QN 六六二、QN 六六三、QN 六六七、QN 六七一、QN 六七七、QN 六八一、QN 七〇〇、QN 七〇八、QN 七一二、QN 七一三、QN 七一四、QN 七一八、QN 七二〇、QN 七二三、QN 七二六、QN 七二七、QN 七二八、QN 七三〇、QN 七三一、QN 七三七、QN 七三九、QN 七四〇、QN 七五〇、QN 七五六、QN 七五八、QN 七六六、QN 补四、QNS·12、QNS·13、QNS·14、QNS·15、QNS·16、QNS·19

北齐时期是南涅水造像的第二个高潮。这段时期，晋东南地区佛教石刻造像得到充分的发展，虽在北周有武帝灭法，旨在筹集资金，进行灭北齐的战争。在被灭的北齐范围亦实行了灭法政令，这抑制了佛寺发展的趋势。北齐被北周所灭，仅四年后，北周就为隋取代。南涅水和周边的造像和龛饰变化鲜明。该期佛造像头上肉髻由圆变向低平肉髻，方圆面形，上身内着僧祇支，外披双领下垂大衣，臂胛较前期瘦削。

还有些保留有东魏时期的一些风格。如外着袒右肩或圆领通肩大衣，胸前作小结引出双带，善跏趺坐，胸部较挺，双腿较短，如 QN 二三—1、QN 一二七—4、QN 四一一、QN 四一四（图 4-15、65；彩版五五、五六）。菩萨戴高宝冠，宝缯飘动，宝带飘拂，帔帛穿璧交叉，须弥台座渐高，有方台、须弥台、莲台，如 QN 一〇九—1、QN 九二—3（图 4-45）。飞天形象由初期的粗糙形象发展为形象优美的女像，从跪式的双腿发展成微曲的双腿飘动状，形象生动，如QN一〇九—2（图4-57）。

北齐造像的基本风格特点：体形比例适中，身形修长。衣纹较薄，雕刻也较浅，衣纹的变化较清楚，坐佛腿部衣纹垂在座上且变短，如QN九九—4（图4-52）。整个造像出现一种新的样式和风格。

至北齐时主尊佛的面相变得丰满圆润，两腮也饱满了，显现出一种充盈的气度。后期至北周、隋，肉髻也渐渐地变低、直径变大，有的几乎分辨不出肉髻的形状。随着时间的推移，北齐到隋代的造像形体有意地将胸腹高度比例加大、接长，从视觉上感觉到佛和菩萨伟岸高大，有让人心生敬畏凌驾于上的心理作用。北齐以后，造像的衣饰突出了“曹衣出水”式，这是受北齐大画家画风的影响，出水式的衣纹不同于以往，以前的衣服纹饰是为遮掩身体裸露的部位，而出水式却是有意地刻画身体曲线和谐的美。造像着装的目的不同，所产生的艺术效果更不相同。

这一阶段菩萨造像面相丰圆适中，头戴高宝冠、化佛冠、花蔓冠，额宽中部似乎有一平面略微向内凹回。胸腹平面，宽肩粗颈，戴项圈，上身披帔巾。在帔巾上加一层瓔珞，腹际交叉穿环璧下垂后又上卷揽搭肘向后，项圈上挂铃形饰物，瓔珞为蛇形穗节状。有的菩萨作低平发髻，帔巾下垂，横于胸腹之间两道，下裙作出水式；有的戴高宝冠，瓔珞式的项圈，帔巾下垂横于腹间下一道，加长瓔珞下垂至胫，还有绳形瓔珞下垂至腹部。

QN四〇〇、QN四〇一、QN三九九这三尊立姿观音菩萨大像，高度均在2.4米以上。应是三个不同时期的造像——北齐、北周、隋。造像衣饰基本相同，但在身形面相上却有着明显的变化特征。

北齐晚期，高鼻梁，隼头端正，体态端庄。如QN四〇〇（彩版四八）。

北周时期，突出方形国字脸，耸肩，尖鼻。QN四〇一（彩版四九），黄白砂石。质地细腻，雕造光洁精湛。通高245、宽64厘米。菩萨造像身材高大雄伟，头戴花蔓冠，冠正面造佛龛，龛内造坐佛一尊。宝缯束发搭带下垂，有残损。双肩雕造圆形宝镜结环。菩萨长方脸形，面相丰满，额头宽平，细长眉，长眼角微上翘，眼帘下垂，目光下视。大耳垂轮，高鼻梁，尖隼头，阔口薄唇，嘴角微翘内收。广颐短项，下颌方圆，表情安详沉静，和颜悦色。齐肩短项，颔首耸肩，体态端庄。内着圆领衫襦，戴瓔珞式项圈，外披帔帛。在帔帛上缀瓔珞至腹际交叉于花饼，下垂过膝并卷折向上，揽于两臂飘拂。瓔珞成穗节状，中间铃形饰物。造像衣饰作贴体式，装饰华丽，质地轻薄。左手臂留接插孔，右手臂残损。下着低腰长裙，裙腰花边反折，裙带宽大如绅，中作一蝶结。两侧裙带丝绦穿璧下垂至裙边。内着长裙拂脚面，裙下露赤足。菩萨胸腹平坦，胯部与上下身同宽。刻造纹理清晰，造像背后披巾搭背。造像风格近北周时期，此地北周统治时间较短，不仅有北齐影响，还开创新风。

隋代造像QN三九九立姿菩萨，高棱鼻梁，尖隼头，阔口薄唇，嘴角微翘内收。齐肩短项，下颌丰圆，面相方圆，表情安详沉静，和颜悦色，脸相稍显俏丽。身形高大，体态端庄。双层裙下露赤足。菩萨胸腹凸起，胯部与上下身同宽，刻造纹理清晰，造像背后披巾搭背。但随着受大一统的隋代造像风格影响，腹部逐渐凸挺，面相趋于秀丽，向唐代的丰满俏丽演变。

三期衣服为轻薄的织物贴体雕造，佛和菩萨的身体上下比例不甚协调，极有可能是视觉艺术的运用，以造成尊像高大伟岸的感觉，表现出雄健的力量和精神气质。

雕刻技法娴熟，造型的刻划在单体造像的塑造上尤为显著，面部表情的刻划得心应手。如QN三九○的高大迦叶，面部刻划出沧桑感，生动形象（彩版四三）；还有小巧的弟子造像，QN六八一、QN六七一表现了童子的天真稚气（彩版七二，2；彩版七一，1）。

南涅水石刻在这一阶段，造像石的规模、数量都不如之前，但明显强调数量为三级、五级。造像形象发生变化，由风格多样渐归于一体。造像画面强化边框。滞重变成精巧华丽、简洁。氈毡如甲的服饰变为飘逸的褒衣博带，衣裾变得短平，形成程式化形象。单体造像增多，雕造风格明显，技法娴熟。造像进入特色鲜明的成熟期。造像石画面组合出现五铺作（QN一二四—2，图4-64）、七铺作（QN二七六—2，图4-168）。单体造像中出现北齐一度崇尚的简约式作法，舍弃繁缛的细部刻划，简饰衣纹，浑然成像，如QN四四四、QN四四九（彩版六三，2；彩版六六，1）。释迦佛、弥勒佛、药师佛、观音菩萨的单一形象增多，表现更为突出。造像石与单体造像的变化反映出佛教教义的变化。《法华经》《维摩诘经》弥勒净土等思想的广泛传播，使崇佛造像更趋于实用。

（四）四期为北周—隋唐时期　91件

1. 四面造像石　15件

（1）宽边框，四角饰连珠花团；圆拱龛，龛楣饰桃尖宝盖；佛高宽肉髻，身材健壮；衣下摆圆弧

QN一○七（维摩文殊论道，维摩身后饰围屏）、QN三四五、QN三五三、QN三七二

（2）八柱体，补间曲脚人字拱；或变形花样曲脚人字拱，阑额下加雀替；宽平肉髻

QN三八二、QN三八八、QN三八九、QN三八一、QN五一（十六王子佛）、QN六三、QN八七（龛楣上饰飞天、大雁、荷）

（3）北周风格

QN六四、QN一六○（肥颐短项）、QN三四九、QN三五五

2. 单体造像部分　76件

（1）开皇风格

QN四二六（隋开皇十二年592年）

（2）龙朔风格

QN五九六（唐龙朔三年663年）

（3）咸通题记

QN六八四（隋风格，唐咸通九年题记868年）

风格特征不明显，难以归类者如下。

QN三九七、QN三九八、QN三九九、QN四○一、QN四○三、QN四○七、QN四○八、QN四一○、QN四一一、QN四一二、QN四一三、QN四一六、QN四一七、QN四一八、QN四二九、QN四三一、QN四三三、QN四三六、QN四五五、QN四五六、QN四六三、

QN 四六四、QN 四六五、QN 四七三、QN 四七七、QN 四七九、QN 四八二、QN 四八九、QN 四九七、QN 五〇二、QN 五〇四、QN 五一五、QN 五一六、QN 五二〇、QN 五二二、QN 五三二、QN 五三四、QN 五四〇、QN 五四八、QN 五五一、QN 五五三、QN 五五四、QN 五七一、QN 五七六、QN 五七九、QN 五九七、QN 五九八、QN 六〇一、QN 五〇五（与 QN 六〇〇合并）、QN 六〇五、QN 六〇六、QN 六一六、QN 六二四、QN 六二八、QN 六三三、QN 六四〇、QN 六四八、QN 六四九、QN 六五五、QN 六六五、QN 六六八、QN 六六九、QN 六七四、QN 六八九、QN 补五、QNS·9、QNS·10、QNS·11、QNS·20、QNS·21、QNS·22、QNS·23、QNS·24

四期是南涅水造像的尾声。造像石石质细腻，造像丰满，呈圆团形，福相滞重，衣服贴体，衣裾垂覆台座，稍短。佛座稍高，须弥座、方台座为主。此种造像石形式已成衰势，变化出八面体造像石，造像程式化，仿木构构件也变成装饰。

北齐晚期开始，衣裾遮覆莲台变短，这是受西部造像影响，并出现圆弧，北周更为鲜明，圆弧腿部出现两条横纹。如 QN 六〇六、QN 六四—4 (图 4-31) 。这两条横纹有着承前启后的重要意义，因为唐代以后的衣纹已不是竖纹，而是横纹，所以这个变化很关键，形成一种新的式样和风格。

三期、四期单体造像和组合造像增多，雕造水平较高。尤其是盛唐时的石造像，表现出高超的技艺水平。整体看，这批石刻及工艺水平，雕刻技法高超，决非出自普通工匠之手，当是经过严格训练、长期实践的高超技工的杰作。

隋唐时期的面相又变得稍长，不同于北魏晚期那种清秀的长圆形，较北齐时也更圆润，并且造像的神态似比以前更和善可亲了。隋唐之时的造像出现了小螺髻和螺旋发髻，这种头饰早在北齐时已见于其他地区的造像，南涅水地区的佛像，在隋唐之时才渐渐流行。

隋唐之际衣纹衣饰愈来愈简洁，全身只有寥寥几根线条勾勒出来，将体态刻划得淋漓尽致。衣纹线条的样式也有新的变化，采用凸起的圆弧条与阴线刻结合，与北魏时的直平刀法有很大的不同。这也可以说是为衬托不同时期的主题在雕刻技法上的变化。

QN 四〇三是典型的唐代造像（彩版五〇、五一）。砂石质。通高 188、宽 80 厘米。除插腕部分残损外，基本完整。坐佛头部有圆形项光。佛头上螺髻，面相丰圆，细弯眉，眼帘下垂，长眼微睁，目光下视，宁静含蓄。鼻头端正，小阔口，嘴角微抿，下颌圆润，大耳垂轮，秀颈。身材修长，两肩齐亭，胸部挺拔，身形端庄，丰腴适中。内着袒右僧祇支，外披双领下垂大衣，质地轻薄。左手施与愿印，右手臂残损，结跏趺坐于须弥座。衣裾覆搭于莲台上，简洁清晰。束腰莲花须弥座，座中刻造出护法狮子、莲花、博山炉。整体刻造纹饰简洁而突出造像质感，刻造技法娴熟精湛。佛头顶螺髻，面目丰腴，身材修长，肩胛圆肥，造像虽小，但有洛阳龙门石窟奉先寺卢舍那大佛风格，即大度的盛唐风格。

唐代胸腹的高度、尺寸比例比较写实，然而胸部的肌肉夸张地隆起，特别丰满，突出地表达了肌体的力量，使造像表现出逼人的气势与形体健美，生机勃勃，精力充沛。如 QN 四二九、QN 四三六、QNS·21、QNS·22、QNS·24 等残造像。（彩版五九，1；彩版六〇，2；彩版七五；彩版

七四，2）

隋唐时期主要是单体像，而且数量有限，与前期的风格相异。主要表现在人体质感的刻画上，特别是唐代造像，佛无内衣，胸部肌肉隆起，以健美的体形，着意刻画出内在的精神与力量。头饰有螺髻，面相丰满圆润，两腮鼓突。衣纹极为简洁，寥寥无几的阴刻线条或间凸起的圆弧条，勾勒出身体各部曲线。遮覆座基的衣裾，呈现出飘然当风之势。这一阶段还有些菩萨、弟子、金刚、力士的造像，极为生动活泼。

石雕作品中还有已编号但未能分期者，有如下25件。

QN三〇二、QN三二〇、QN三七七、QN四七四、QN四七八、QN五一三、QN六二七、QN六三一、QN六三二、QN六八二（兽头）、QN六八三（兽头）、QN七五四（盝顶高塔檐，瓦垄纹饰浅）、QN七五七（歇山顶形塔顶）、QN七五九（平顶屋脊飞檐，无瓦垄）、QN七六〇（屋脊形塔顶）、QN七六一（盝顶高塔檐，瓦垄纹饰）、QN七六二（盝顶高塔檐，瓦垄纹饰浅宽）、QN七六七（双足）、QN七七三（塔刹，莲花顶盖）、QN七七四（塔刹，覆钵浅相轮残损）、QN七七五（塔刹，三道相轮）、QN七七六（塔刹，三道圆箍相轮）、QN七七八（简约塔刹）、QNS·17、QNS·18（残足）

唐代晚期至宋代，南涅水地区的石雕造像已成衰落之势，其时还有少量单体造像，形态较少，基本特征趋于世俗化，不再单列一式叙述。

1989年在南涅水村洪教院东发现出土，1991年征集的10件宋金时期石雕基本可以代表此期造像风格。同类型的石雕造像在周边地区的寺院遗址也有发现，如距南涅水村西南15千米的羊庄金代石佛。但总体感觉是，这一时期的造像已失去唐代鼎盛时的精神与气质。宋代以后，作为传承多年的石雕造像这种艺术表现方式已处于劣势，石造像的数量锐减，有铭记者更是凤毛麟角。有些作品虽然优美细腻，但缺乏盛唐特具的精神和气质，有些臃肿多肉的感觉，它和日渐衰微的石窟造像有很大的关系。

佛像的雕造，凝聚着造像许愿人的期盼，工艺匠人的心血。在这些坚硬的石头上，赋予了人的思想，寄予了人的精神和意识。造像慈祥柔和，有的似开口说话，有的在静默沉思，使这些坚硬的石造像呼之欲出，触之欲动，衣纹拂之可起。高超的雕刻技艺和细腻的感情色彩，在历史的长河中，经历了时间的磨炼，虽有残缺，但仍不能掩盖精湛的技艺，因为那是心灵的结晶，非比寻常普通匠人的作品。只有用心雕造这些佛像，不厌其繁，不厌其精，才会赋予心的感应。我们看到的不仅仅是石头的佛像，更能体会到佛仁厚广博的精神。

这些造像既营造了一种敬佛的环境氛围，又寄托一种敬佛的思想境界，融合了云冈的风格，洛阳的特色，天龙山的形式。到晚期完成了从西域传入的佛像到汉化佛像的转变。作为非官方大规模营造的石造像，史籍无记载，延续时间长，造像数量多，为我们研究佛教的传播和发展提供了珍贵的实物资料。

第三章　附　论

第一节　南涅水石刻埋藏的成因

从造像铭记可以看到，制作造像的大多是中下级官吏，他们有留居当地州、府的剌史、太守以及官吏的子嗣，如QN二二八造像主为清河太守，QN二五二造像主李保成的宗祖李德为武乡令，父李道加为雁门太守；其次，还有当地的都督、军主、队主等，如QN七〇一造像主有胡甲军主、深梁关都督苗维、威州将军、员外、殿中将军、深梁关监军慕容所、深梁关主赵祯等；另外，还有信奉佛教的邑仪组织的僧人和善男信女，如QN四四八造像主有比丘僧惠、段黑合邑五十人等，QN六九三造像主为佛弟子三十二人等。刻造这些佛像的工匠应是往来于两京的外来人员。涅县是南北交通的主干线，在大规模往来的商旅人众之中，有在两大都会参与石窟开凿的工匠艺人，他们技艺娴熟，是南涅水地区石刻雕像的主要技术力量，其中有些人因此而长期居住下来。同时也不排除，从开始之时就有当地人参与了刻石的制作，他们在实践中得到锻炼和提高，当地工匠的技艺逐渐成熟并且世代相传，为南涅水地区长期的刻石造像奠定了基础。

一　石像严重残损的原因

南涅水发掘出土的800余件石雕，经修复整理后仍有相当部分残缺不全。这批石刻千疮百孔惨不忍睹，一是历史的原因。当佛教的存在与发展危及统治者的政治、经济利益时，当权者将毫不心慈手软地捣毁佛像、寺院，遣散僧尼沙门，没收寺院财产，坚决予以取缔打击。历史上有记载的4次大规模的毁佛灭法事件，即北魏太武帝灭法（446年）至周世宗灭法（995~960年）。南涅水石刻有铭记的造像，恰自北周武帝之后三次毁佛灭法的时段和区域内。虽日本圆仁和尚曾有记录，太行山一线潞泽之州几次大的灭法，并未受大波及。但大规模的灭法下，虽地处偏远也难逃劫难。其中北周武帝的灭法长达六年之久，它于北周建德三年（574年）正式颁布灭法令，“境内三百多万僧尼还俗，四万所寺院充公”，无数的经卷、浮图毁于一旦，是历史上延续时间最长、破坏最严重的一次。北周灭北齐，仍在原北“齐境内推行废佛令”，北齐境内的寺院经像“几百不存一”。北周武帝的毁佛距北魏太武帝灭法仅百余年的时间。从僧尼还俗的人数和寺院充公的数量上可以看出，在短短的百十年内佛教的发展是何等的迅猛。南涅水石刻的造像在北齐—北周时期有一段明显停顿，这应是原因之一。随后，北周宣帝、静帝又恢复佛道二教[①]。隋文帝开皇元年（581 年）开禁，普诏天下，任听出家，仍令计口出钱，营造经像。南涅水石刻 QN 六八四碑铭反映了这一变化。唐代佛教又得到重视，建寺庙、造佛像也空前地兴盛了一段时间，开元末年全国佛寺增至5358所[②]。南涅水的寺院亦得到发展，此时期造像尤为精美。唐武宗会昌五年（845年）“天下僧尼不可胜数，皆待农而食，待蚕而衣”“天下之财佛有七八”，僧尼人数之众成患，与国家经济成水火之势，“寺院四千六百余所招提兰若四万多处被毁，征籍僧尼四十一万五千人还俗”。后周世宗毁佛灭法是在显德二年（955 年），被毁寺院 3336 所，保留寺院 2694 所，用毁坏铜佛之铜铸造钱币，使国库充盈，缓解了国家经济紧张的状况。上述几次大的全国性的毁佛灭法行动，南涅水地区也受到影响，这是佛像残损的原因之一。

二是寺院造像完成后，随着政治变化，寺院衰落，年长日久，疏于维护自然损毁。如此众多的石刻造像，它们当初一部分是存放在寺院殿堂之中，可以避免风雨的侵蚀。但有很大一部分是在野外露天存放，风吹日晒雨淋，经天长日久，加之当地的黄白砂岩石质疏松，受损的现象颇为严重。从一些石刻可以看出迎风面风化严重，背风面保存较好。造像多有鼻子损坏，一说为毁佛先毁鼻，对造像产生一定的破坏。还有一说是当初在深埋之时，为使石刻造像严密多放，故意打碎的。这一理由不太切合常理。在石刻雕像深埋之时是以这批佛像有“佛法灵性”，人们不忍暴露才将他们深藏的，这其中有佛教信徒、俗家弟子对佛的迷信、对神物的敬畏，哪里还敢有意地去敲砸毁坏?

二 石刻窖藏时间与形成

首先排除在灭法运动的情况下掩埋石像。因为在灭佛的大趋势下，不可能有条不紊地埋藏石像，况且还需要一定数量的人员和时间才能完成。

宋代初年，宋主赵光义在灭北汉的战争中，为加强军事控制，在晋阳周边加强军事部署。作为重要用兵通道的沁州，太平兴国二年（1977 年）组建威胜军辖两县，四年（1979 年）平灭北汉，六年（1981 年）将沁源亦归隶威胜军，加强对该地区的军事化管理[③]。“太宗平太原，虑其恃险，

① 《周书·武帝纪上》，中华书局，1971 年。北周建德三年，北齐武平五年（574 年）（第 84 页）：周武帝禁佛、道二教，毁经、像，命沙门、道士还俗。北周宣帝大成元年，静帝大象元年（579 年）（第 119 页）：是年初，周将邺城《石经》迁回洛阳。周恢复佛像和天尊像。北周大象二年（580 年）六月（第 132 页）：周恢复佛、道二教。

② 张弓：《唐代佛寺群系的形成及其布局特点》，《文物》1993 年第 10 期。

③ 《宋史·太祖本纪》，中华书局，1985 年。北宋开宝元年（968 年）北汉睿宗刘钧病故，养子刘继元即位。宋主赵匡胤派兵伐北汉。刘继元令侍卫都虞侯刘继业（即杨业）冯进珂带兵扼守团柏口，一面遣使向辽国求援。两军正相峙间，随同刘、冯一同驻军的北汉将领陈廷山率部投降宋军，退回晋阳，宋军很快夺取汾河桥，直抵晋阳城下，焚烧延夏门，双方对峙至十月，辽兵救援晋阳，宋将退兵，北汉军乘机进掠晋、绛二州。

《宋史·太祖本纪》记载：开宝二年（969 年），五月，攻晋阳不克……议班师。己未，命兵士迁河东民万户于山东。庚申，分命使臣率兵赴镇、潞。九年，八月，丙辰，迁使率兵分五道（汾州、沁州、辽州、石州、代州）入太原。九月，宋军直抵晋阳，大败北汉军，北汉再请辽兵救援。两军相持间，宋主赵匡胤突然病死在开封（十月二十日晚）。次日，赵光义即皇帝位，改元“太平兴国”，下诏围攻北汉晋阳的诸将撤军，宋军退兵时又俘略四五万居民至河南。

《宋史·太宗本纪》记载：太平兴国二年，置威胜军。四年，春正月丁亥，告以北伐。遣官分督诸州军储输太原行营。

徙州治焉。然犹为重镇，屯精兵以控边部云。”北宋强化军事管理，迁徙居民，调整结构，始终未敢松懈对太原周边的控制。史料记载和历史遗迹在这一阶段看不出有大的建树（直至金代经济才重新活跃起来，许多庙宇是金大定年间修建）。此时的涅县早已被撤县，风光不再。宋王朝对建庙管理从紧，严格审批[①]。宋仁宗天圣年间北方灾荒不断，威胜军行政力量已无力顾及地处偏远的古老寺院。颓废的寺院，再无往日的辉煌，经济力量已不能维持正常的支出。推测信奉佛法的邑仪组织发挥了积极的作用，不忍再让佛像遭受风化、破坏、遂采取集中掩埋。

不过，也不排除“末法”思想的影响。北魏灭法运动之后，产生了一种“末法”思想，认为已进入了末法时代。为使佛法能够永远存续下去，他们开始把佛经刻于石板以流传后人。北齐尚书令唐邕在写经碑中记：“缣缃有坏，简策非久，金牒难求，皮纸易灭……”刻石方能历久长存。受末法思想影响，对不宜保存的造像采取有意识的埋藏，以保存造像式样和作品，以待灾难过后重新展现。

从刻石铭记的时间来看，这次埋藏是有意识有组织的一次行动。从石刻埋藏排置情况看，组织者尽量收集了能够说明石雕情况的资料，如将碑铭残像等集中安置，在埋藏过程中除已损坏的之外极少磕碰，也足以说明参加埋藏的人员有一定的素质，这些都保证了埋藏的成功。

第二节　南涅水石刻的延续与研究

南涅水石刻从北魏永平二年（509 年）延续至宋天圣九年（1031 年），在这片古老的土地上被掩藏后，渐渐被淡忘了，但佛教的因缘却始终未与此地分离。在这里发现的宋金时期石雕佛像，虽说数量、质量都无法与前期石刻比拟，但表明了这块土地上佛事活动还存在。与南涅水石刻关联密切，衍生出来的南涅水洪教院就是一处重要的文物遗存，它虽与古老的石雕毫无关联，但却坐落在古寺院的遗址上。是守护，还是巧合？

洪教院位于南涅水村北，殿前正中悬木雕匾额“敕赐洪教之院”“金大定九年制”（1169 年），殿外有元、清重修碑碣。大殿右次间下肩墙处镶嵌有元至元八年（1271 年）重修洪教院记石碣一件，碑文记叙修寺时的工程与人们合力输财的情况。（见附录肆）

这是一次规模较大的重建新修活动，昔日的洪教院已成一片荆棘瓦砾场。铜鞮西汤镇人大桑门

以宣徽南院使潘美为北路都招讨制置使……四面进讨。太平兴国四年二月甲子，帝发京师。……五月甲申，继元降，北汉平。乙酉，以榆次县为新并州。优赏归顺将校，尽括僧道隶西京寺观，官吏及高赀户受田河南。

《宋史·地理志二》记载：威胜军，同下州。太平兴国二年，于潞州铜鞮县乱柳石围中建为军。崇宁户一万九千九百六十二，口三万七千七百二十六。河东路，当太行之险地，有盐铁之饶，其俗刚悍而朴直，勤农织之事业，寡桑柘而富麻苎。太宗平太原，虑其恃险，徙州治焉。然犹为重镇，屯精兵以控边部云。

① 《宋史·仁宗本纪》，中华书局，1985 年。天圣七年（1027 年），闰月癸巳，募民入粟以赈河北，戊申，禁京城创造寺观。七年，秋七月癸亥，以玉清昭应宫灾，遣官告诸陵，诏天下不复缮修。乙亥，诏殿直以上毋得文资。乙酉，罢诸宫观使。八月，丁亥朔，日有食之。诏罢天下职田，官收其入，以所值均给之。十一月癸亥，冬至，率百官上皇太后寿于会庆殿，遂御天安殿受朝。庚午，诏天下孤独疾病者，致医药存视。诏周世宗后，凡经郊祀，录其子孙一人。是岁，河北水。遣使决囚，振贫，瘗溺死者，给其家缗钱，察官吏贪暴不恤民者。

福广主持了重建活动，始经营于残垣断壁，经过二十余年的努力，“整修了法堂，补完佛殿，院基侧陋（窄小），咸增广之，田园甚少复建置之”，并且“固非已之长物，常往之货财，造书契计价值”，得到“本村维那郭琇等同发胜心”的大力支持，与众檀越经济上的支持，输财谋力，施地捐献庄园，终于大功告成，并且有现职僧正大师普津及初祖僧、正开村普照院僧福庆等人的参与①。碑文言简意赅，叙及长达二十余年的洪教院修复工程，先是经营于一片“荆棘瓦砾之场”，完成了整葺法堂，补修佛殿的工程，而后增扩窄小的地方墙护，田地少的购置，接受了一座四至开明的“柳谷庄”与地亩出行道路的施舍。

这次重建使这个古老的寺院再次响起了诵经的声音，重开佛法事宜。明天顺、清康熙及民国后陆续有所修葺（见附录伍），终因财力不济，补修不能再现往昔景象。

南涅水石刻 1957 年出土，1965 年被公布为第一批省级文物保护单位。1979 年省文物主管部门对洪教院大殿进行保护性维修，洪教院被公布为省级文物保护单位。

1978 年在沁县县城公开陈列展出。1989 年，占地 11300 多平方米，陈列面积达 2800 平方米的南涅水石刻馆建成，石刻在新馆正式对外展览（彩版二、三、四）。党和政府对文物的保护极为重视，对破坏文物者予以坚决制裁，为石刻文物的保护提供了有力的保障。

国内已有很多专家学者关注到南涅水石刻，陆续有文章发表。然终因地属偏远，资料不全，而影响研究的深入。郭勇先生最早于 1959 年发表在《文物》第 3 期的《山西沁县发现了一批石刻造像》，对南涅水石刻铭记的年代做了报道。龚森浩先生在 1973 年《美术耕耘》第 2 期发表了专题文章，对南涅水石刻做初步的介绍分析，这是较早对南涅水石刻进行的较系统的研究。张明远在 1987 年发表了《山西沁县南涅水石刻艺术》。1994 年 7 月由山西人民出版社出版的《山西考古四十年》“南涅水石刻”一节中，笔者对南涅水石刻与各地石刻的关系进行分析，对石刻进行了初步的分类分期。20 世纪 90 年代后期专家学者多次到沁县考察，对南涅水石刻的研究产生积极的意义，将南涅水石刻置于大的石刻造像环境中进行分析对比。虽有介绍和分析，还多为局部特征的考察和研究，如 1995 年 1 月中国世界语出版社出版了李静杰先生编著的《石佛选粹》。2005 年，著名雕塑家钱绍武先生与著名美术家袁运生先生带队到沁县，对南涅水石刻进行系统考察，对石雕艺术品予以高度评价。2007 年，中央美术学院袁运生教授带队再次进行考察，将南涅水石刻作为中国美术雕塑艺术教育基地（彩版六，1）。随着对南涅水石刻的深入研究，这一文化遗产必然会得到更好的保护和传播。

浩瀚无垠的中华五千年历史，孕育了博大精深的民族文化，南涅水石刻是大海中闪亮的明珠，闪烁出耀眼的光彩。这些石像在土中掩埋了九百余年，“隐地千年群佛出姿容祥瑞，垒石百节众尊还风采慈安”，南涅水石刻终于再次向世人展示了它特具的风采。从出土至今的五十多年中，一直受到各界专家学者的关注，并有很多人为之付出艰辛的劳动和心血。在上级的大力支持和精心指导下，在众多专家的热情帮助下，经过多年努力，资料整理工作初见端倪。尽量反映出所有信息，客观如实地将南涅水石刻展示于世人。对于石刻造像特点从造像石、单体造像、组合造像、

① 普照寺为《沁州志》中记载最早的寺院，据传建于太和十二年。存世的有北朝方形千佛碑一块。南涅水村洪教院元代重修碑文中记载，初祖僧正开村普照院僧福庆、明行等。

造像碑等不同形式、内容、表现方式分别进行分析对比、分期排队；注重分析造像塔四面内容组合所表达的思想目的，造像手段所达到的艺术效果，工匠艺术家在理解造像和解释佛像中艺术手段的运用。南涅水石刻的整理和研究必将补充我国石刻造像、佛教考古中的重要遗缺。南涅水石刻为北朝至唐宋时期石造像提供标尺性的依据，为研究同时期的政治、文化、经济和思想史提供可借鉴的资料。这是一笔珍贵的文化遗产，对研究佛教思想的传播和影响是不可多得的实物。其造像的形式技艺及雕造手法、铭文的书法艺术都是值得称道的。因学识浅薄，孤陋寡闻，不能如意，终觉浅显。今得展示，请专家学者、有识之士、高僧大德予以指正，不吝赐教。以求这批资料发挥应有作用，使优秀文化遗产得以保存发扬光大。

附　录

壹　重修魏孝文皇帝庙记

金台参学讲经律论沙门邑僧智聚祭　嵓宝峰寺晚学沙门福鉴书

襄垣治西八十里许，聚落曰顿村，古有圣迹曰魏孝文皇帝庙，其年代无文可考，殿像毁坏。／国朝成化，岁在己丑，本村耆士武海等重修，□□焕然一新。能事将毕，营玉求记。予探《通鉴纲目》有曰，后／魏之先世居朔野，有国久矣。子孙称帝者百有余年。左衽之盛未之有也。孝文乃先帝显祖之子也。显／祖聪睿夙成，刚毅有断，每引朝士及沙门共谈玄理，雅薄富贵，常有遗世之心。乃奉／皇帝玺绶，传位于太子宏，生五年矣，即皇帝位，谥曰孝文，改元延兴。至年十有二岁，显祖病痈，孝文亲吮。／及受禅，悲泣不自胜。显祖问其故，对曰，代亲之感，内切于心。大孝若此。好读书，手不释卷。在舆据鞍，不／忘讲道。善属文，多于马上口占既成，不更一字。自太和十年以后，诏策皆自为之。好贤乐善，情如饥渴。／所与游接，常寄以布素之意，皆以文雅见亲，贵显用事，制礼作乐，确然可观。老年专尚释氏，远近承风，／无不事佛。追梁天监十四年正月，上崩。传嗣于孝明、孝武，藩衍为东魏、西魏。大矣哉，孝文之风，光辉余／烈，至矣，甚矣。厥后凡马首所向，控御驻跸，林总之间，皆立庙貌焉。洪惟我／圣朝，代天理物。混一之初，凡天下古今圣帝明王，载在祀典，旌封庭祭，隆于往古，逾甚焉。可谓圣人善与人／同，恤而不塞矣。今武海等输财勠力，革故鼎新，深脂乎，上行下效，好善有诚之道焉，然则斯庙既成，神安而／人乐，将见默赞化基阴，翊皇度灵明，丕享为生民，降福于无穷焉。

旹大明成化，岁次戊戌。重阳节后七日重修。都功德主武海、同室郭氏、／男武义、武英、武耀，孙男武通。

本县，在城西。石匠常文选、常文口刊。

此碑圆首龟座青石质，通高182、宽72、厚22厘米，碑文楷书阴刻竖排16行计600余字，为沁县南里栋村孝文皇帝庙遗物，庙毁碑存，可为孝文帝曾经数度路过此地作参考。（图F1-1、2）

图F1-1 重修魏孝文皇帝庙记碑

图 F1-2　重修魏孝文皇帝庙记碑拓片

贰 武乡勋环沟良侯店石窟调查简报

1988 年，在沁县做南涅水石刻保护工程工作期间，工作组往来于沁县、太原之间。在由南向北行进中，在 208 国道 896~897 千米间，经过武乡县分水岭勋环沟，它属武乡县分水岭镇良侯店村地界。在路东山坡距公路高约 15 米处可见到零散石窟，大多漫漶风化。1993 年在《山西考古四十年》中，笔者曾谈到调查发现勋环沟中的石窟造像，现明确应称为良侯店石窟。笔者认为这是晋东南石窟造像中最早的作品，但一直没有将这些资料系统公布。直至今天才将当年调查资料发表，时间已过去 18 年，时过境迁，已不可能回到当年。

石窟位于公路近旁，顺羊肠小路爬上去，就到了石窟前。在约 65 米长的石壁上零散分布着十几个石窟龛洞。以主窟（编为 1 号窟）为中心向南北两侧不规则排列，大多风化漫漶得无法辨认，仅残留有洞窟形状，可看出曾经有雕像存在。在主窟南边 2 米处有两个小壁龛，再往南 16 米处有一窟龛，高 1.2、宽 0.9、深 0.9 米。窟上下已开裂，窟内已全风化。在主窟北边紧挨有 3 个壁龛，再北约 40 米处有一窟龛（编为 2 号窟），高 1.8、宽 1.33、进深 1.5 米，窟内残存五尊造像。再北约 8 米有一小壁龛，上下可见到残存造像和窟龛。

从主窟和北部残留的石窟可看出建造时代和延续时间。主窟保存较好，一直有香火供奉。最惨痛和遗憾的是，保存了 1500 多年的窟内雕像，近年被不法之徒将窟内石佛头大部盗走。

1 号窟，主窟，洞口朝西，呈“n”形，宽 2.57、高 3.60 米，后世将洞口堵起半截，留门道。洞内宽 3.70、深 3.60、顶高 4 米，覆斗顶，顶部石缝开裂。南、东、北三壁造像，各为两佛并坐，台基座高 0.7 米，在主座像东壁两边各为一尊胁侍菩萨立像补角。（彩版七七，1）

六尊佛像头身比例适度，磨光高肉髻，脸形长圆，面相丰满，大耳垂轮，鼻梁高直，神情宁静安详，薄薄的嘴唇流露出一丝笑意，一派凡人情态。虽略有残损，而神采如生。长颈、双肩宽厚，身体丰壮，双手作禅定印，结跏趺坐于方台之上。

正座为东壁两尊主佛。主尊造像东壁基座进深 1.20 米，主座像为两尊造像并坐，高 2.1、宽 1.77 米。左尊佛像为袒右臂服饰。佛像背光雕刻精细，有宝装莲瓣、飞天、化佛、火焰纹。右尊佛像为圆领通肩服。佛像背光雕刻也颇为精细。头光部位分两层雕饰飞天 16 尊，外围 9 尊内圈 7 尊，分别在弹奏琵琶、细腰长鼓、横笛、热瓦普等器乐。在背光部位左右两肩后有神怪兽瞪目鼓腮，朝外喷出火焰。

南北佛像对立，南、北壁基座进深 0.8 米。两侧分别是两尊造像并列。南壁左尊像身高 1.80、宽 1.40 米，右尊像身高 1.80、宽 1.45 米。左尊佛像为圆领通肩服，僧服的下摆遮搭在盘起的脚上。佛像背光雕刻精细，有火焰纹、化佛。头光为莲瓣、飞天、坐佛。右尊佛像为袒右臂服饰，佛的右臂半袒，右手自然握于衣饰边，似刚将袈裟一角披在左肩，手还没放下的情景。左手残缺，盘起的腿部粗糙简单。背光雕刻精细，为化佛和火焰纹，敷以色彩。头光为宝装莲花、坐佛，主要色彩有绿、赭、浅红，还可看到残留的金色。在头部位置两旁还凿出约 15 厘米高的小佛龛，各有

立像在内。（彩版七七，2）

北壁造像左尊身高 1.2、宽 1.25 米，右尊身高 1.70、宽 1.43 米。左尊造像未完工，大形准确，只是没精雕细作。自领口以上头部全缺，后壁雕有长方形榫口，应该是当时制作就出了问题，头部无法完成。可能是后来用泥塑佛头替代，现在还可看到残留在脖颈部位的泥土。右尊造像身体部位制作精细，头部残缺，从头部残留的石孔可以看出，头缺损多年，曾加固。身着袒右臂服饰，衣纹呈水波状，在肩头出现如羽毛状的纹饰。下半身结跏趺坐，手脚部位制作清楚。背光的残留部分可见当年的盛装。

两座佛像身着贴体通肩服，三座佛像身着贴体袒右臂服饰。袒右肩大衣的衣纹成水波状，装饰性强，随身贴体。圆领通肩式大衣呈“U”形。袒右肩和通肩式大衣的衣纹，有明显的犍陀罗风格。头光、背光由莲花瓣、化佛和火焰纹组成，那种细密的浮雕和疏空的容相互相对比衬托，应是受秣菟罗艺术的影响，有云冈石窟昙曜五窟中 20 窟的作法特点。

三边的台座低平，背光华丽，为舟形火焰背光；头光三层造就，近头部为莲瓣，其次为七佛，再次坐佛环绕，着色涂染。在莲瓣之外，还有飞天环绕，再为坐佛环卫，外部为火焰背光。正座两旁为菩萨，立像，袒上身着裙裾。面目风化漫漶，大耳垂轮，外侈，头戴宝冠。北尊菩萨左手持一尊小佛像捧在胸前，右手提香袋。南尊菩萨右手持一尊小佛像捧于胸前，左手提净水瓶，身材修长，帔帛飘舞，披巾在肩上飘起，前绕双臂，呈“S”状外扬。北尊菩萨背光为火焰纹，头光为宝装莲瓣、坐佛。南尊菩萨背光为宝装莲瓣、坐佛、火焰纹。雕刻刀法纯熟，背光飞天细部都一丝不苟，人物形象准确，比例合体，斩凿如意，手臂繁简得当，在肘处则只凿出大形，未着意雕琢。

该龛造像内容样式均与云冈九、十双窟（太和八年建、十三年毕）中的小龛弥勒近似，相去不远。飞天身躯健壮，有如爬动状。类似洛阳龙门石窟莲花洞伎乐飞天（魏孝明帝时期 516~528 年）、古阳洞北壁列龛第二层东起第一龛造像背光火焰纹的右上角。背光类似古阳洞慧成造像龛（488~528 年）、尉迟造像龛（太和十九年 495 年）、王元祥造像龛（太和二十二年 498 年）、杨大眼造像龛（506 年）①。

2 号窟，宽 1.33、高 1.8、进深 1.5 米。窟前有石阶而上，五尊造像分三壁塑立。下部台座高 0.52 米，三边台座进深 0.2 米，主尊佛像结跏趺坐于束腰须弥座，带座总高 0.9、宽 0.4 米。两侧菩萨立像高 0.8 米。

根据南边遗存造像特征判断，一些窟应当在隋唐之际开凿，并无很晚的造像，推测其年代下限在唐代中期。

在东边石窟的对面，西边石崖存在与之对应的千佛造像，在修路过程中被震落到地面，造像为北魏晚期特征。

魏晋时期佛教在我国广为流传，南北朝成为我国佛教石窟开凿最兴盛的时期。云冈昙曜五窟的开凿拉开了兴建石窟的帷幕，到孝文帝迁洛前，云冈石窟已完成一、二期的建造，形成了汉化

---

① 可参考：中国美术全集委员会编《中国美术全集·魏晋南北朝雕塑》，人民美术出版社，1988 年。图版六九，皇舆五年（471 年）造像；图版七十，景明二年（501 年）造像塔，背光火焰纹饰。均为陕西省博物馆藏。图版九三，太和八年（484 年）铜造像，内蒙古博物馆藏。

的佛教造像，并由之影响到全国，在晋东南尤为明显[①]。武乡县良侯店村（北魏时应属涅县辖）石窟内的石刻造像具有典型的太和年间云冈二期、龙门古阳洞造像风格。

良侯店石窟具有重要的价值：

（1）它是佛教造像从北魏大同平城向洛阳传承过程中重要的节点。南涅水石刻出土地点距此窟仅10多千米。北魏永安中（528年）涅县改阳城县，此地隶属当时涅县管辖，又处于交通要道旁，它的开凿必然会影响当地的造像风格。地处穷乡僻壤的涅县要直接受平城、洛阳京都影响当之不易，有这处直接受太和年间云冈、龙门造像影响的水平较高的石窟造像，对推动影响石造像就顺理成章了。

（2）它是北魏太和年间的石窟造像，是目前晋东南一线发现的最早的石窟造像。延续时间长，从北魏太和年间到唐开元年间，对周围的佛教造像艺术产生过积极的影响。

（3）高超的技艺反映出这批造像不是普通的民间匠人所制作，而应该是官家工匠所为。

（4）它的造像形式反映出什么样的崇佛思想？六尊佛像为何在一个窟内？造像中两佛并坐，应该理解为现实中的北魏朝廷内起决定作用的冯太后和当朝皇帝，二圣当朝。

（5）背光火焰纹饰旁出现的怪兽喷火，反映出佛经受磨难还是法力增生？从“放焰口”[②]想到，皇室迁洛过程中，引此石窟是否具有引导亡灵，追荐亡者之作用？

① 山西省考古研究所：《山西考古四十年》第九章第三节，山西人民出版社，1994年。

② 任继愈主编：《宗教词典》，上海辞书出版社，1981年，第1040页。焰口：佛经中饿鬼名。密宗有专对这种饿鬼实施的经咒和念诵仪轨，照此举行的仪式称“放焰口”。亦为对死者追荐的佛事之一。

叁　山曲采石厂的发现和考察

南涅水石刻的石料来源于何处？这一直是关注和研究南涅水石刻专家们的不解之题。今天，终于有了明确的答案。

1991 年刘同廉带着几位同志在南涅水调查期间，发现了山曲的摩崖石窟，对河清二年（563 年）和唐调露元年（679 年）的铭记做了记录。2007 年 3 月 21 日，刘永生、郭海林、王中庆在刘同廉的带领下对山曲石窟进行了再考察（彩版七、七八）。南涅水村向东绕烂柯山麓约五千米，到山曲村。在山曲村向西的窑洼沟半山坡上可见到从山上滚下的碎石料，大的如风车停于半坡，小的碎石顺沟泻下。开凿的石料面清晰明确，呈现较新的层面。在石料开采厂，可见到一个石窟洞和两个造像佛龛。石窟洞外有窟檐痕迹，洞窟内为方形，穹隆顶，宽约 1 米，进深约 1 米，高约 0.9 米。洞内正壁有铭记。在洞的左侧有上下两个佛龛，左边都有铭记。上边的佛龛宽约 50 厘米，高约 55 厘米。龛内为一佛二菩萨。佛结跏趺坐，禅定印，着通肩大衣。佛座为方形。二菩萨站立莲台，头部多剥蚀，菩萨圆脸形，身材粗壮，披帔帛，双手合掌。旁边的铭记分上下两组排列为："随皇帝陛下／路州刺史应寓、阳城令梁开、比丘僧法心、比丘尼元妃。大象主魏胡、菩萨主孙明善、息令白、妻陈罗妃、妇先贤。"（图 F3-1）下边的佛龛宽约 40、高约 50 厘米。龛楣为莲花卷草式。龛内为一佛二弟子，佛像面目剥蚀漫漶，佛袒胸披袈裟，结跏趺坐。佛座为莲台束腰须弥座。旁边的铭记为："大唐调露元年（679 年），龙泉村李子经敬造龛像一区并阿难及迦叶。上为天皇天后门僧父母法界众先共登正觉。"（图 F3-2；彩版七八，2）

在佛龛左边有两个佛龛，风化剥蚀较严重，再向左转到侧边有较大平面，上部风化剥蚀，下部保存较好，为刻划图像和铭文题记。主像为释迦佛，结跏趺坐，有背光头光，面部有刻意破坏痕迹，左侧为阿难，右侧像漫漶。

左边有题记："向比一容聂君……大和七年（833 年）四月十八日记。"（图 F3-3）右边有题记："河清三年（564 年）八月十九日……李法珍年十八。"（图 F3-4）上部有残存题记为："月廿八

图 F3-1　隋代铭记

图 F3-2 唐代调露年铭记

图 F3-3 唐代大和铭记

日弟子……廷……李秀到此。”

判断此处为石料采石厂。石材为黄绿砂岩，与南涅水石刻大部石材相同。南涅水的石刻大部材料应源于此地。

采石厂的造像粗糙，不细腻。风化严重。但上部佛龛的造像，广颐短项，呈现北周造像风格。在摩崖佛龛上部铭记有“阳城令渠”。涅县在北魏、北周统治时期曾改称阳城县，判断此佛龛铭记为北周时期所造。北周武帝灭法，至宣帝大成元年（579 年）将邺城《石经》迁回洛阳，恢复佛像和天尊像，北周静帝大象二年（580 年）六月，恢复佛道二教。造佛龛应在此时期。

从北齐河清三年（564 年）到北周统一北方，北齐（577 年）被北周灭，涅县改名，应有十几年时间。到北周被隋灭，时间不久。也可理解为“随”即“隋”。《隋书・地理志》记载，“上党郡，统县十……铜鞮，有旧涅县，后魏改为阳城，开皇十八年改为甲水，大业初省入。”隋开皇元年（581 年），听任百姓出家，令计口出钱，营造经像。

再至唐调露元年，此采石场已延续 100 余年。在河清纪年左侧还残存元代至正六年（1346 年）铭（图 F3-5）。

在山曲村内曾有大明寺，寺内有较大石佛像多尊，尺寸都在 3 米以上。已运回县城南涅水石刻馆两尊。雕造的时代为北齐时期，与采料厂铭记河清年间相符。（彩版七九）

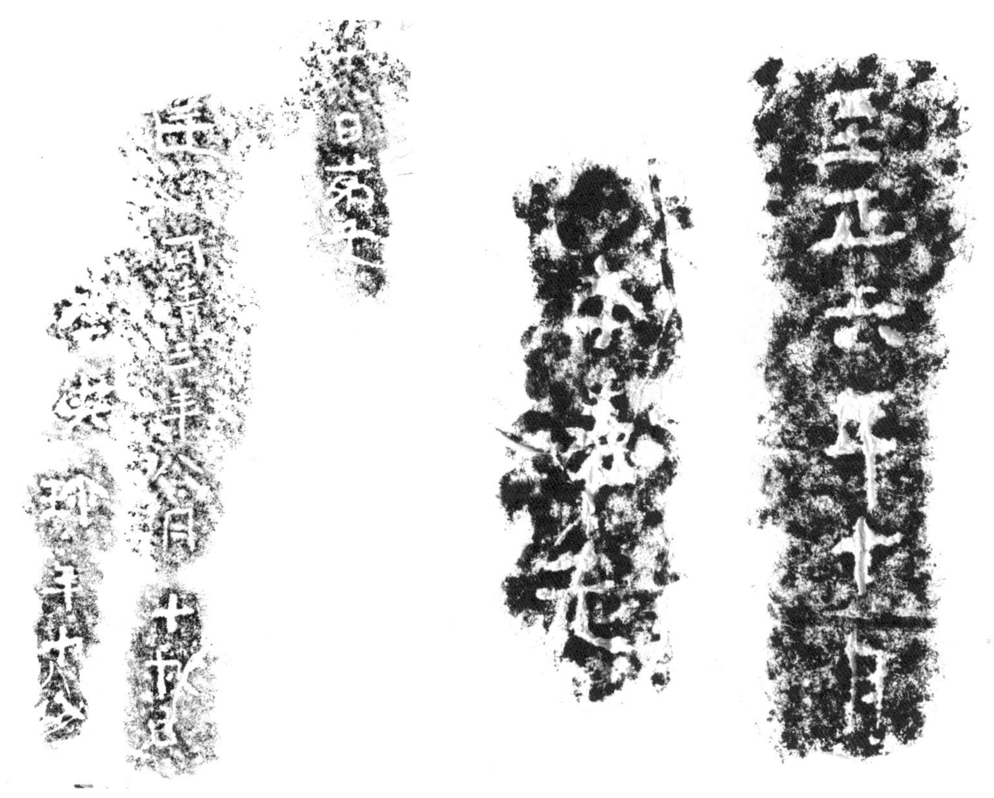

图 F3-4　北齐铭记

图 F3-5　元代铭记

石窟内还有铭记："广平府辛义村石匠郑伯道、马子和、□□□、张世荣到此采石。"（图 F3-6）广平府为明代设置，直隶京师，民国时期废。今属河北省永年县。

图 F3-6　明代铭记

肆 元至元八年重修洪教院记

洪教院记

卧禅嗣祖沙门道传撰 王才书丹

噫，缘离变灭，否极泰来，具明典常，有自来矣。昔洪教乃沁州／天宁万寿之法属，今废而复兴者无他，盖亦时至德成。比丘／介立，缘会祥应，善人茁出如鹤鸣子和，雍雍睦睦，相须而后／能成，惟其敷唱经论，戒律严明。大桑门福广者，本铜鞮西汤／镇人也。始经营于荆棘瓦砾场内，凡二十有余祀。整葺法堂，／补完佛殿，院基侧陋，咸增广之，田园尠少，复建置之。固非己／之长物，常住之货财，造书契，计价直而后获，悉皆善人从而／信施之。乃本村维那郭琇等同发胜心，寻以福彼存殁，成功／德，聚经历岁华于百千万亿世，资永常住，为吾／佛塔庙，金址之大攸所，宁处觉天之乌兔，派分性海之波澜，／以灌沐群生，膏腴／圣世，孰可忍而不为纪耶。

本村施柳谷庄众檀越：郭百户、罗祚、何元、殷选、冯顺、郭恕、任全、冯山、郭义。

东至分水岭，南至大沟，西至河，北至大沟。

施寺东南角地人：郭都监。东至界墙，南至道，西至寺内巷，北至寺地。

助缘人：赵提领。

施寺内出行道：温门冯氏、冯忠。

本院 尊宿僧普香，宗安、善莲、善庭、明侃。

初祖 僧正开村普照院僧福庆、明行、师侄明祐。

现职 僧正大师 普津。 镌石人：连清。

至元八年三月□日门人僧明仲立石

原碑嵌墙安置，方形，高75、宽68厘米。红砂岩质，碑文楷书阴刻竖排23行，总共390余字。（图F4-1）

图 F4-1　元至元八年重修洪教院记拓片

伍 民国十年重修洪教院碑记

重修洪教院碑记（图 F5-1）

沁县城北五十里许，有南涅水村。□□东北有洪教院一所，其间诸神祠、寺宇，叠叠重重，内塑诸佛菩萨、伽蓝、关圣，以及韦驮、鬼王、四大天王之像。金光闪烁，殿宇辉煌，瞻拜之下，令人敬仰殊深。

夫佛教自汉明帝时，始入中国。晋、魏、梁、隋之际，尤为隆盛。迄今二千／余年，信仰仍不少衰。此院之创于何时何代，前无片石可稽。惟佛殿墙碑内载：唐代至元八年重修。其后屡次修葺，碑碣俱在。前人／已备言之。至今日久年远，庙宇倾颓，禅室破坏，村人目击心伤，怒焉忧之。因于民国九年二月纠首共议，会集村人，量家产之厚薄，／定施财之多少，聚金六百七十余千之谱，择于三月下浣吉日鸠工庀材，大兴盛事。凡关帝庙、伽蓝，诸佛菩萨、韦驮、鬼王、天王，各殿／以及禅房、社室、山门、戏台，一切墙壁，朽者新之，坏者补之。又改二院廊房下厨，皆为社舍，外院新建廊房五间，马棚下厨共五间。由／春及秋，阅数月间，工程造竣。此虽人力之经营，实冥冥中有神以助之也。

工竣之后，首事者以记属余，余本不学无文，奈身列纠内，难以固辞，因略志巅末以为之记。

本郡师范毕业生　冯骐子昂氏撰　沐手敬书

（以下列经理人、纠首、石工、木工、泥工、画工等姓名。字迹漫漶，略。）

本院主持僧宣宝

刻碑　刘汉邦

中华民国十年（1921 年）夏历三月上旬吉日全社立

图 F5-1　民国十年重修洪教院碑记拓片

陆 石刻碑铭目录

序号	石刻号	名目	铭刻时间	朝代
1	QN 二五三—2	永平二年造像许愿文	永平二年（509 年）	北魏
2	QN 一六一—4	延昌二年李高造像	延昌二年（513 年）	北魏
3	QN 六—2	熙平二年五月铭	熙平二年（517 年）	北魏
4	QN 一八一—2	神龟元年李守贞造像铭	神龟元年（518 年）	北魏
5	QN 六九六	应沽洗段胤为祖造墓碑	神龟三年（520 年）	北魏
6	QN 六九三	佛弟子卅二人造像碑	正光二年（521 年）	北魏
7	QN 四四八	正光二年造像铭	正光二年（521 年）	北魏
8	QN 五八一	刘欢等造像铭	正光六年（525 年）	北魏
9	QN 二五六—2	孝昌三年造像铭	孝昌三年（527 年）	北魏
10	QN 二五二—3	李保成造像许愿文	建义元年（528 年）	北魏
11	QN 二二八—1	建义元年清河太守造像许愿文	建义元年（528 年）	北魏
12	QN 一三—2	永熙二年十月造像铭	永熙二年（533 年）	北魏
13	QN 七四二	武二龙舍田地入寺碑	永熙三年（534 年）	北魏
14	QN 五八〇	郑姬造像许愿文	天平二年（535 年）	东魏
15	QN 五八三	兴和二年三月造像铭	兴和二年（540 年）	东魏
16	QN 六九七	胡颖花等造像碑	兴和三年（541 年）	东魏
17	QN 六〇九	刘正道造像	武定元年（543 年）	东魏
18	QN 五九五	法显造像铭	武定三年（545 年）	东魏
19	QN 六九〇	武定八年残碑	武定八年（550 年）	东魏
20	QN 九八—4	王永造像许愿文	天保四年（553 年）	北齐
21	QN 七五一	陈奴郎造像碑	天保六年（555 年）	北齐
22	QN 五八八	天保七年十二月造像铭	天保七年（556 年）	北齐
23	QN 六九九	李生乾卅七人造像碑	皇建二年（561 年）	北齐

续表

序号	石刻号	名目	铭刻时间	朝代
24	QN 七二二	泰和、昙幻等造像铭	皇建二年（561 年）	北齐
25	QN 六九一	李迁造像碑	河清二年（563 年）	北齐
26	QN 四五〇	天统元年造像铭	天统元年（565 年）	北齐
27	QN 六九八	天统四年残碑	天统四年（568 年）	北齐
28	QN 五八九	武平元年五月造像铭	武平元年（570 年）	北齐
29	QN 六九四	景敬贵兄弟造像碑	武平元年（570 年）	北齐
30	QN 七一四	元渊、张子和等造像铭	武平二年（571 年）	北齐
31	QN 六八五	姜纯陁等造像碑	武平六年（575 年）	北齐
32	QN 七六九	武平六年七月造像铭	武平六年（575 年）	北齐
33	QN 五九一	武平七年七月造像许愿文	武平七年（576 年）	北齐
34	QN 四二六	贾君弘造像铭	开皇十二年（592 年）	隋
35	QN 五九六	陈师德造像许愿文	龙朔三年（663 年）	唐
36	QN 六八四	自玄劫除分隋代残碑	咸通九年（868 年）	唐
37	QN 六九二	（天）圣九年铭记	天圣九年（1031 年）	北宋
38	QN 六九二	文惠兄弟残碑		
39	QN 四九一4	十六王子佛铭		
40	QN 五八二	王猛虎等造像铭		
41	QN 五八四	赵潞容造像铭		
42	QN 五八五	比丘尼园惠造像铭		
43	QN 五八六	吴光妻造像铭		
44	QN 五八七	造浮图三级铭		
45	QN 五九〇	道玉铭		
46	QN 五九二	平七年十月造像铭		
47	QN 五九四	六年造像铭		
48	QN 五九九	大齐造像铭		
49	QN 六〇〇	大夫造像铭		

续表

序号	石刻号	名目	铭刻时间	朝代
50	QN 六〇五	道岳造太子像铭		
51	QN 六〇六	李元祖造像铭		
52	QN 六八六	公孙都督残碑		
53	QN 六八八	万寿无疆铭		
54	QN 七〇一	胡甲军造像铭碑		
55	QN 七一〇	董素造像铭		
56	QN 七一一	比丘尼法海造像铭		
57	QN 七一五	高定妃等造观音像铭		
58	QN 七二一	景洛周、张子高等造像		
59	QN 七四三	李保成造像铭		
60	QN 七七七	慕容景明造像铭		
61	QN 七七九	教化主造像铭		
62	QN 七八〇	武定造像铭		

注：对于一些仅有造像主人名、布施主人名的碑碣未予收编，如 QN 六八七、QN 六八八等。

资料篇

南涅水石刻内容总录

资料篇包括南涅水石刻内容总录和统计表。依照四类分述：（1）四面造像石；（2）单体造像、组合造像；（3）碑碣；（4）石刻造像残块。并附上1971年8月调回山西省博物馆、1991年在南涅水征集的石刻信息。

石刻造像内容包括：编号、尺寸、时代、造像简介、铭文拓片、部分实测图。编号中QN为沁县南涅水汉语拼音，编号顺序采用中文与阿拉伯数字结合表示，并调整原石刻排列编号，如石刻编号QN三一四1253、1254、1255、1256，简略表示为QN三一四—1、2、3、4。

1971年8月10日调25件南涅水石刻至山西省博物馆。其中，19件现存山西博物院，5件现存山西省民俗馆，1件现调吉林省博物馆。编号在“QN”后加“S”指代山西省博物馆，未编号者采用“暂”字。

1991年，征集南涅水洪教院古寺院遗址出土石雕10件，编号为QN91一至QN91一〇。

统计表包括石刻造像的长、宽、高等基本尺寸，主尊造像高度，时代判断。为便于检索，将本书记叙号与石刻原顺序号做了对应记录。并将目前所在地点，展室的排列位置、陈列位置和层位均纳入统计表中。

一 四面造像石

编号：QN 一

尺寸：上宽 48~51、下宽 51~54、通高 64 厘米

时代：北魏（延昌风格）

造像简介：造像石，粗黄白砂石质。长方石体四面开龛造像，共开凿四龛，刻造佛像 4 尊，菩萨像 10 身，浮雕刻供养人 1 身。圆拱龛，龛楣饰桃尖宝盖，楣尾饰有回首龙纹、飞鸟纹及蔓草纹等图案。佛、菩萨造像清俊瘦削，身形修长，着装质地轻薄，外摆较大。造像构图舒朗，造型夸张。现状为风化漫漶，极为严重。

1：圆拱龛，龛内一佛二菩萨。主尊佛饰舟样背光，尖部伸出龛楣，佛头顶高肉髻，长头形，面相残损，大耳垂轮。细长颈，肩瘦若削，体态端庄，内着圆领僧衣，外披双领下垂大衣，施禅定印，结跏趺坐于莲台。下部漫漶。两侧各一胁侍菩萨，头戴高冠，长脸尖下颌，大耳垂轮，身形修长，上身披帔巾，下身着长裙侍立莲台。左侧菩萨双手合十；右边菩萨左手执物，右手握宝物贴胸前。龛右侧雕一供养人执带梗莲花。下部风化剥蚀，细部不辨。

2：圆拱龛，龛楣饰飞天图案，风化残损，已无法辨识。龛内主尊佛饰舟样背光，尖部伸出龛楣。佛头顶磨光高圆肉髻，鸭蛋脸，面相端庄，大耳垂轮，细眉眼低垂，嘴合拢。细长颈，溜肩，身形清瘦修长，着僧衣，披帔巾，右衣角搅于左臂，左手施与愿印，右手施无畏印，结跏趺坐于低台座之上，衣裾下垂遮覆于莲台外侧，衣褶叠涩下摆外扬。两侧二胁侍菩萨头戴冠，面形长圆，眉目清晰，身材修长，披帔帛，帛带飘折搅于两臂，双手合十，下着长裙赤足立于莲台。龛外两侧饰二供养菩萨，平顶冠长脸，小眼大鼻，肩披帔巾，下着长裙，手执带梗莲花，侍立于莲台。

3、4：造像为一佛二菩萨组合，圆拱龛，龛内主尊佛饰舟样背光，头部残损，身形修长，作禅定印，结跏趺坐于低莲台坛基，两侧胁侍菩萨侍立莲台。风化漫漶，细部不辨。

编号：QN 二

尺寸：上宽 42~44、下宽 46~47、通高 54 厘米

时代：东魏

造像简介：造像石，砂石质。石体多已残缺，长方石体四面开龛造像。开凿四龛，造佛像 3 尊，主尊菩萨像 2 尊，胁侍菩萨像 2 身。现状为石面局部残缺，中部断裂。

1：圆拱龛内二佛并坐说法，佛头上磨光高肉髻，长方脸形，尖圆下颌，面相清秀。内着僧祇支，外披双领下垂大衣，衣裾遮覆莲台成多层曲波纹，龛侧阴刻楷书铭记“光明主□□□光明主□妻”。

（图 4-1）

2：圆拱龛内造像题材为阿育王施土缘故事，主尊佛像头上磨光肉髻，长方脸形，尖圆下颌，面相清秀。身形宽厚，体态端庄。龛外饰蔓草纹，阴刻楷书铭记“光明主□法□”。（图 4-2）

3：屋帷龛，龛楣饰盝形建筑屋顶，鸱吻，帷幔钩束。龛内交脚菩萨坐于高台座上。菩萨头戴宝冠，宝缯束发，宽额，长方脸形，面相清秀瘦削，戴项圈，上身内着僧祇支，胸部结带，肩披帔帛，帛巾下垂腹际交叉穿璧，座下为长鼻大象，两侧胁侍菩萨造像较低矮，衬托主尊佛造像威武高大，龛外无饰，刻造方形边框，上刻铭记“……主张德□”。（图 4-3；彩版八）

4：圆拱龛，龛楣右侧雕刻山峦，菩提树枝叶茂密遮蔽主龛楣，龛内造太子着菩萨装半跏趺坐，作树下思维状，龛外阴刻行书铭记“光明主……李□□侍佛时”。（图 4-4）

编号：QN 三

尺寸：上宽 38~40、下宽 42~44、通高 49 厘米

时代：东魏

图 4-1　QN 二—1 铭文

图 4-2　QN 二—2 铭文

图 4-3　QN 二—3 铭文

图 4-4　QN 二—4 铭文

造像简介：造像石，砂石质。上下面不规则，四面开龛造像，共造主龛4个，长方形辅龛2个，千佛龛小龛20余个，造主尊佛、主尊菩萨5尊，千佛龛小佛20尊，胁侍菩萨2身。现状为外形完整，但画面风化严重。

1：圆弧拱龛，龛楣饰宝盖，残存火焰纹。龛内主尊佛头上戴高冠，细眉小眼，小高鼻小嘴，长圆脸形，佛着装不甚清晰，右手贴腹，左手揽右衣摆，善跏趺坐于高台座，可辨赤足露趾，整体观察佛像身体比例不协调，上身稍长而下略显短且粗壮。

2：圆弧拱龛，两侧辅以长方形小龛各一，主龛内主尊佛头上磨光高肉髻，面形近于长尖，瘦削清秀，肩溜且窄，挺胸鼓腹，着袒右大衣，施禅定印，结跏趺坐于低台座上，衣裾遮覆莲台，下摆尖折角微外扬。主龛外侧两小龛内二胁侍菩萨赤足露趾立于圆形莲台上，画面因年久风化，多不辨识。

3：圆弧拱龛，龛内主尊佛头上磨光高肉髻，面相较长尖，清俊削庾，溜肩挺胸，施禅定印，结跏趺坐于低莲台上。龛外两侧对称各雕两层小龛，上层龛内为一尊结跏趺坐佛，下层龛内菩萨赤足侍立圆形莲台之上。画面因年久风化多已模糊不清。

4：圆弧拱龛，龛内造像二佛并坐说法。佛头上磨光高圆肉髻，面相呈椭圆形，秀颈溜肩。施与愿无畏印或禅定印，结跏趺坐于低台座上，衣裾遮覆莲台下垂搭于龛外。龛外满饰千佛龛式小佛龛，分层排列共20个，每龛内坐佛一尊，雕造技法粗糙。

编号：QN四

尺寸：上宽36~38、下宽36~39、通高50厘米

时代：北魏（熙平风格）

造像简介：造像石，砂石质。上下面平，石体完整，四面开龛造像，方形龛4个，造佛像4尊，供养人像8身。四面造像题材相同，为一佛二供养人。石面正中开佛龛，龛内主尊佛头顶上高圆肉髻，长方大脸，细眉小眼，小鼻阔口，大耳垂轮，秀颈溜肩，体态端庄，胸腹部挺拔，内着僧祇支，“U”形衣纹，胸际束带作结下垂，外披双领下垂大衣，施禅定印或施与愿无畏印，结跏趺坐于莲台，衣裾遮覆莲台敷搭于台座中部，下摆外扬较大，衣纹做成流线形与曲线纹。龛左右两侧刻饰供养人，供养人头戴纱帽，身着窄衣长裙，通体大衣腰间系带，下露腿，脚上穿靴，面佛而立，石面无饰，可见雕刻的斜线斧凿痕迹。现状为石体完整，局部残损风化严重。

编号：QN五

尺寸：上宽31~34、下宽35~36、通高40厘米

时代：北魏晚期

造像简介：造像石，黄砂石质。质地疏松，风化严重。上下面平整，四面开龛造像，共开龛4个，造佛像4尊。现状为残损风化漫漶，细部不辨。

四面均为圆拱龛，龛楣饰菩提树或卷草纹图案，形象简洁。龛内主尊佛背后饰舟形背光和圆形头光。佛上磨光高肉髻，细眉小眼，小鼻小嘴唇，嘴角内收，宽额，下颌稍尖，面相清瘦，长

颈大耳。胸部直挺，腹部略鼓，束溜肩，体态端庄，上身着圆领通肩大衣，“U”形弧线衣纹。施禅定印，结跏趺坐于莲台。衣裾自然下垂遮覆于莲台基部。造像技法简约，多风化模糊不清。

编号：QN 六

尺寸：上宽 20~29、下宽 23~33、通高 47 厘米

时代：北魏熙平二年（517 年）

造像简介：造像石，砂石质。石面不甚规则，四面开龛造像，共开 4 龛，造佛像 4 尊，菩萨像 2 身。造像上部斜切呈覆斗形。佛龛外处理粗糙简约，留斧凿痕。造像时代风格鲜明，主尊佛长方脸形，高圆肉髻，大耳垂肩，丰颐方口，喜眉笑眼。衣饰简洁粗犷。现状为完整，石体不甚规则。

1：石面长方形，中间凿长方形佛龛，龛外粗糙，残留斧刻斜线纹。龛内佛头顶上高圆肉髻，长方脸形，面相丰满，大耳垂肩，额头宽圆，长眼微阖，鼻直口方，小嘴唇，下颌方圆，秀颈束肩，身形端庄，着圆领通肩大衣，紧身贴体，阿弥陀佛双手放于腹前，右手置于左手上，两拇指指端相接，施上品上生印。结跏趺坐于莲台之上，衣纹刻造成圆弧细条纹。

2：上部两角斜切，龛内交脚菩萨坐像一尊，长方脸形，面相丰满，头戴高冠，宝缯束发，大耳垂肩，宽额，长眼微阖，鼻直口方，嘴角微翘，下颌丰圆，秀颈束肩，身形端庄。肩披帔帛，帛带腹际交叉下垂上卷揽于两臂，左手抚膝，五指向下施降魔印。右手施无畏印，两脚交叉坐低莲台上，龛右侧阴刻铭记“熙平二年五月廿八日”。（图 4-5、6）

3：石面呈不规则的长方形，中间开凿长方形佛龛，龛内立佛一尊，头顶上高圆肉髻，面相形态与造像 1 相同。身披细条纹的通肩大衣，右衣角揽于左臂，右手抚胸，左手向下舒五指，施与愿印。身姿短宽，体态端庄，赤足站立。

4：左右两角斜切，造长方形主龛，龛外无饰。主尊佛高圆肉髻，长方脸形，面相丰满，面相形态与 1 造像相同。肥颐短项，溜肩，体态端庄，披圆领通肩大衣，右衣角揽于左臂，左手施与愿印，右手施无畏印，结跏趺坐于高方莲台。衣裾下垂遮覆莲台底部，衣裾衣褶简约，衣纹成细密阴线刻。主龛边侧刻饰两胁侍菩萨，头戴高荷冠，宝缯束发，面相清秀，肩披帔帛，双手合十，下着长裙，向佛赤足侍立莲台上。佛座两侧雕造护法狮子图案，护法狮子昂头张口，蹲守佛座前。较为粗糙，雕造技法一般。

编号：QN 七

尺寸：上宽 38~39、下宽 39~41、通高 50 厘米

时代：东魏

造像简介：造像石，砂石质，质地粗糙。长方石体四面开龛造像。长方形主龛 4 个，长方形辅龛 12 个，千佛龛式小佛龛 8 个。雕造主尊佛、主尊菩萨 4 尊，胁侍菩萨、弟子像各 2 身。主尊佛造像头顶圆肉髻，长方形扁平脸，秀颈，着圆领通肩大衣或内着袒右僧衣，外披双领下垂大衣，施禅定印或与愿无畏印，结跏趺坐于低台座上，下部风化漫漶。龛楣饰不同图案，形象简约。现状为残损风化严重。

图 4-5　QN 六—2 拓片

图 4-6　QN 六—2

1：长方龛，龛楣饰虎图案。龛两侧各凿两个小佛龛，龛内一佛。

2：长方龛，龛楣饰朱雀仙草纹。龛两侧各凿两个小佛龛，龛内一佛。

3：长方龛，龛楣饰龙纹、花草纹。龛内主尊佛一尊；两侧小龛，各一菩萨侍立。

4：长方龛，龛楣饰菩提树，龛内一佛着菩萨装，半跏趺坐于高台座，两侧小龛各一弟子侍立。

编号：QN 八

尺寸：上宽 36~39、下宽 38~41、通高 46 厘米

时代：东魏

造像简介：造像石，砂石质。上下两面平，石体完整，四面开龛造像，各式龛 8 个。共造主尊佛像 5 尊，胁侍菩萨像 4 身。现状为石体完整，风化严重。

1：圆弧拱龛，龛楣饰桃尖宝盖，楣尾上卷，左右两侧圆拱龛辅龛。主龛内主尊佛头上磨光高肉髻，长圆脸形，面相扁平，高眉骨细长眉，长眼微阖，高鼻阔口，嘴角内收，表情和悦，略带微笑，圆肩，胸腹部挺拔，左手风化不辨，右手施无畏印，结跏趺坐于低台座上。衣裙下垂遮覆莲台，

下摆外扬。两侧圆拱龛各雕一胁侍菩萨，戴宝冠，双手作莲花合掌侍立于圆莲台之上，龛外无饰，因风化多凹凸不平，衣着模糊不清。

2：双连双圆弧拱龛，龛外无饰。龛内造像题材是二佛并坐说法，二佛头上磨光肉髻，面相与造像1相同，略。左侧佛作禅定印，右侧佛伸右手臂搭于左侧佛臂，结跏趺坐于低坛基上。衣着装饰多因风化已无可辨识。

3：圆弧拱龛，龛楣饰桃尖宝盖，楣尾上卷。造像题材为一立佛二菩萨，佛龛内主尊佛立于内，身披双领下垂大衣，左手揽右衣角，右手施无畏印。两侧圆拱辅龛内二胁侍菩萨双手合十侍立于莲台。佛和菩萨面相着装与造像1相同，细部装饰已严重风化，多不辨识。

4：屋形龛，龛楣饰木构建筑样式，支腿人字形拱，明柱，吊挂饰。屋形龛内开圆拱龛，龛楣饰卷草。龛内主尊佛造像头上磨光肉髻，长圆脸形，面相扁平，眼微合下视，高鼻阔口。左手施与愿印，右手施无畏印，结跏趺坐于低坛基上，衣裾遮覆莲台，衣饰多风化不清。

编号：QN九

形制：上宽31~34、下宽33~35、通高40厘米

时代：北魏—东魏

造像简介：造像石，砂石质。石体已残，四面开龛造像。开凿圆弧拱龛4个，造主尊佛像5尊，胁侍菩萨像6身。

圆弧拱龛，龛楣加楣拱，饰桃尖宝盖，蔓草莲花纹，楣尾上卷饰忍冬卷草。主龛两侧刻小长方形辅龛与主龛相通，形成凸字形龛。1、3、4为一佛二菩萨造像；2为二佛并坐说法造像。主尊佛造像饰舟样背光，头上磨光高肉髻，双手施禅定印或左手施与愿印，右手施无畏印，结跏趺坐于莲台，衣裾遮覆莲台，下摆微外扬。两侧龛内雕造胁侍菩萨戴荷冠，披帔帛，着长裙，赤足侍立莲台上。画面多已模糊风化不清。现状为残损风化，局部断裂。

编号：QN一〇

尺寸：上宽30~33、下宽33、通高36厘米

时代：北魏晚期

造像简介：造像石，砂石质。石面多已风化残损，四面凿龛造像，各面均不甚规则。共计开造大小各种拱龛10个，雕造佛像5尊，菩萨像6身。造像画面有二种：1、3、4为圆拱龛，龛内坐佛作与愿无畏印，结跏趺坐于莲台，两侧二圆拱形小龛，龛内胁侍菩萨头戴高荷冠，莲花合掌印或手贴腹抚胸执持法物侍立于莲台。2为二佛并坐说法的场面。两相连的圆拱龛内二坐佛，左侧佛施禅定印；右侧佛左手施与愿印，右手指示于左侧佛。二佛均作结跏趺坐于莲台低坛基之上。佛造像头上高肉髻，宽额大耳，高鼻小眼阔口，短颈窄束肩，体态瘦削，着双领下垂大衣，衣裾覆左臂垂于莲台基部，外飘折角尖。或内着僧祇支，外披大衣，腰腹之际揽绕搭于肘。该石面造相体态修长，刻造技法生硬，雕工简单粗糙。龛外素面无饰。现状为局部残损风化。

编号：QN 一一

尺寸：上宽 30~31、下宽 31、通高 33 厘米

时代：北魏（熙平风格）

造像简介：造像石，砂石质。上下面极不规则，四面开龛造像，开凿圆拱平弧主龛 4 个。共刻造佛像 5 尊，胁侍菩萨像 6 身。现状为局部残损风化。

造像画面有二种：1 为二佛并坐说法；2、3、4 为一佛二菩萨。圆拱平弧龛。龛内主尊佛造像头戴花蔓冠，或有高圆肉髻，宽额，面相方圆，表情安详或和颜悦色，细眉长眼，眼帘微阖，小高鼻，小嘴唇，嘴角内收，大耳垂轮，两肩宽厚，内着僧祇支，腰间束带，外披双领下垂或圆领通肩大衣。衣裾遮覆莲台底部，衣褶成曲线纹饰，主龛两侧二胁侍菩萨头戴高荷冠，戴项圈，披帔帛，帛带绕肘下垂，下着长裙，赤足侍立于莲台。造像刻造技法粗糙生硬。

编号：QN 一二

尺寸：上宽 28~30、下宽 29~30、通高 24 厘米

时代：东魏

造像简介：造像石，砂石质，质地松散粗疏。石体四面开龛造像，开凿主龛 3 个，平弧拱龛、凸字形龛，龛楣饰连枝荷花。造主尊佛像 3 尊，弟子像、胁侍菩萨像 4 身，其他画面有山、树、人物造像，造像技法简略。现状为局部残损，画面稍有风化。（图 4-7）

0 5 厘米

图 4-7 QN 一二—1

1：画面高浮雕构图，一人头戴冠，乘坐象舆，舆后饰旗幡。大象卷鼻向上托举莲花化生童子，象后一身着束腰长袍，高尖鼻子的侍从人物造型。表现骑象回宫，送子故事。（彩版九，1）

2：圆拱龛。龛内主尊佛造像头上高肉髻，面相丰满，面带微笑，着圆领通肩大衣，施禅定印，结跏趺坐于低台座上。龛外侧饰有菩提树，树下结庐苦修，为太子入山求道后得道的场面。

3：尖拱凸字形龛，龛内一佛二弟子，佛坐高方莲台座上。迦叶、阿难二弟子披通体袈裟，面佛侍立。虽简洁，但刻划出面部表情。

4：平弧拱，凸字形龛，龛楣采用镂空雕手法，楣尾卷曲刻造拱门，两上角雕造团花图案。龛内佛头上磨光高肉髻，方圆脸形，大耳垂轮，面带微笑，身披双领下垂大衣，左手施与愿印，右手施无畏印，结跏趺坐于高方莲台上，衣裾自然下垂遮覆莲台。两侧二胁侍菩萨手内执持净瓶、香囊等法物，侍立佛两旁。

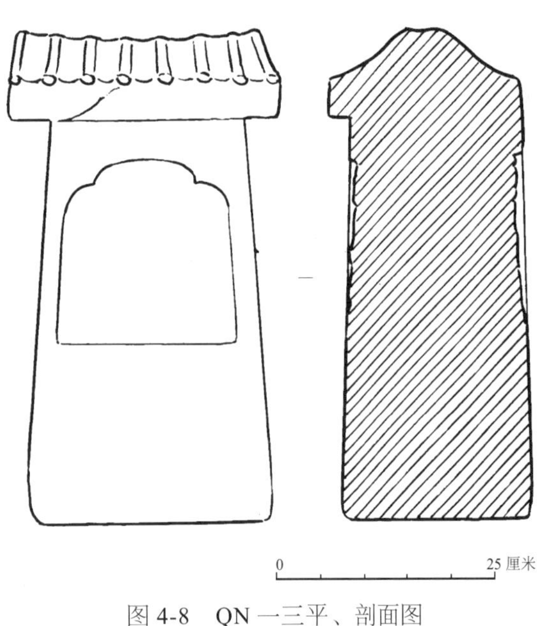

图 4-8 QN 一三平、剖面图

编号：QN 一三

尺寸：上宽 20~33、下宽 22~27、通高 54 厘米

时代：北魏永熙二年（533 年）

造像简介：造像石由屋檐与造像组成，砂石质。造像石上部雕造成屋脊形，刻造出檐、屋脊、瓦垄形图样。四面开大小龛 4 个。造主尊佛像 3 尊，主尊菩萨像 1 尊，胁侍菩萨像 6 身。佛龛下部有阴刻行书铭记 12 行，每行 6~8 字，约 100 字（图 4-8）。

1、2、3：石面雕造凸字形龛，主尊佛造像头上磨光高肉髻，长方脸形，面相丰满，体态宽厚健壮，着圆领通肩大衣，厚重若薄毡呢，“U”形衣纹。左手施与愿印，右手施无畏印，结跏趺坐于莲台低坛基之上。两侧胁侍菩萨双手胸前合十侍立莲台。

4：长方形佛龛，交脚菩萨造像，面相体态同佛，头戴高宝冠，缯带飘折，肩披帔帛，下垂腹际交叉穿璧向下后折卷绕肘，裙摆尖衣角外扬。现状为局部残损风化。

铭文：

QN 一三—1：

佛弟子景□ / 佛弟子景丞 / 佛弟子景□ / 佛弟子景太 / 佛子景人 / 佛弟子景和（图 4-9）

QN 一三—2：

永熙二年十月 / 朔八日癸亥上为 / 皇帝陛下为七 / 世父母所生父母 / 因缘眷（眷）属愿二（愿）/ 从心所求如意（图 4-10）

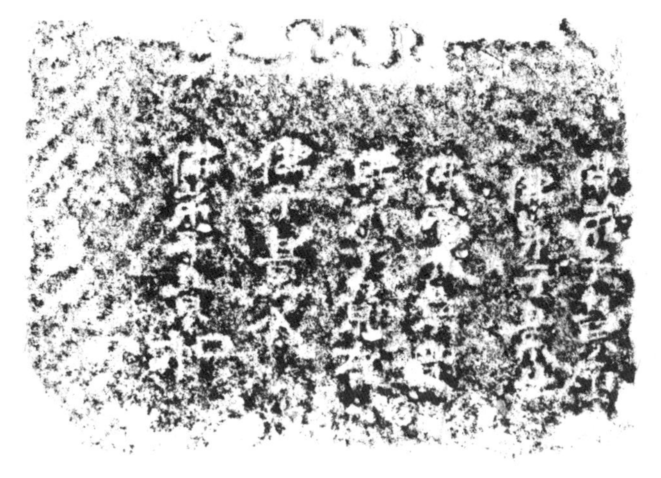

图 4-9　QN 一三—1 拓片

图 4-10　QN 一三—2 拓片

编号：QN 一四

尺寸：上宽 52~55、下宽 53~58、通高 64 厘米

时代：东魏

造像简介：砂石质。石面已风化残损，四周开龛造像，造像主龛 4 个，有圆弧拱龛、屋帷龛。长方形辅龛 2 个，叶形辅龛 6 个。千佛龛式小龛若干。主龛龛楣装饰有龙形、花草纹、屋帷等。龛内主尊佛造像饰舟样背光。残存佛像、菩萨像及胁侍菩萨像总计 20 尊。现状为石面残损风化严重。

1、2：圆弧拱，凸字形龛，龛楣饰桃尖宝盖，化佛、飞天，楣尾上卷，两侧边排列饰千佛龛。主尊佛造像及两侧胁侍菩萨风化严重，细部不辨。

3：圆弧拱龛，龛楣饰双龙缠绕。主尊造像漫漶。两侧长方形辅龛内造胁侍菩萨，头戴高冠，宝缯束发，缯带飘折，双手执持宝物，侍立莲台。细部不辨。

4：屋帷形龛，龛楣饰屋脊、脊刹、鸱吻、挑檐、明柱等，屋内帷幕幔帐，屋外饰莲瓣卷草。龛内交脚菩萨，头戴高宝冠，缯带飘折两侧。方圆脸形，眼帘微阖，面带喜悦，略有残损，身形清秀，肩披帔帛，下垂腹际交叉穿璧，向下折卷后揽于两臂肘。右手施无畏印，左手风化不辨。两侧胁侍菩萨头戴花蔓冠，双手合十侍立莲台。

编号：QN 一五

尺寸：上宽 45~54、下宽 49~50、通高 58 厘米

时代：东魏

造像简介：砂石质。因风化残损仅存部分，四面开龛造像。开凿主龛 4 个，长方形辅龛 2 个，千佛龛式小龛 12 个。刻造主尊佛像、菩萨像 5 尊，力士像 2 身及魔道等各种装饰图案。现状为断裂残损，风化漫漶严重。

1：圆拱龛，龛楣饰桃尖宝盖。外饰千佛龛形式小龛。主佛龛内二佛并坐说法，二佛造像生动，右侧多宝佛伸出右手至左侧佛释迦前，肯定释迦佛的成就。释迦佛心领神会，低眉颔首。二佛神

态毕现。主龛两侧二力士束发，披衣衫，着短裤，以手臂遮覆额头，面露诧异神情，一腿盘曲坐于束莲高台座。

2：屋帷龛，龛楣饰屋顶、脊刹、鸱吻、帷幕，幔帐钩束，两侧飞檐饰双龙衔穗节状流苏吊挂。龛内主尊造像菩萨一尊，高蔓冠，宝缯束发，缯带飘折，低眉颔首，内着僧祇支，胸部结腰带，外披双领下垂大衣，坐于象身上。身下象座，石面已风化模糊不清。

3：屋帷龛，龛楣饰盝形建筑屋顶、塔式脊刹、鸱吻、飞檐、钩束帷幔等图案。龛外两角饰团花，龛内主尊坐佛一尊，低眉颔首，披帔帛，帛带垂于腹部交叉揽于臂肘，施与愿无畏印，交脚坐于莲台，衣裾遮覆莲台，下摆尖折角外扬呈八字形。

4：树形龛，龛右侧饰疾风吹拂菩提树，枝叶茂密遮覆龛楣，树下有猴子紧抱树干。树下饰山峦重叠，山中有结庐苦修，左侧饰魔道执杖，龛内右侧有拄杖盘右腿老人等图案。龛内主尊菩萨戴高宝冠，宝缯束发，缯带飘折肩头，低眉颔首，头微侧偏，左手支颐作思维状，面露喜悦，左腿盘曲，衣裾遮覆台座。

图 4-11　QN 一六—2 拓片

编号：QN 一六

尺寸：上宽 38~42、下宽 42~47、通高 53 厘米

时代：北魏

造像简介：造像石，砂石质。四面开龛造像，四周刻饰边框线，开凿平弧拱龛主龛 4 个，长方形辅龛 2 个，千佛龛式小佛龛 12 个。刻造主尊佛像 4 尊，千佛龛小佛 12 尊，胁侍菩萨像 2 身。现状为石面刻造精细光洁，画面较为清晰。局部残损风化。

1、3、4：平弧拱龛，龛楣饰桃尖宝盖，楣尾上卷。龛楣外饰莲花，主龛两侧刻造双层小佛龛。主龛内主尊佛头顶磨光肉髻，面相略清瘦，细眉，长眼微合，高鼻阔口，嘴角内收，微颔首。双肩宽厚，内着僧祇支，束带作结，外披双领下垂或圆领通体大衣。施禅定印或施无畏与愿印，结跏趺坐于低台座或束腰须弥座上。衣裾遮覆覆莲台底部，下摆尖折角微外扬，衣褶呈多层折叠。

2：平弧拱龛，宝盖形龛楣，楣尾上卷，龛楣外饰朱雀展翅回首。主尊佛像头顶磨光肉髻，面相微圆，低眉颔首。内着僧祇支，束带作结，外披双领下垂大衣。施与愿无畏印，结跏趺坐于低台座上，衣裾遮覆莲台底部，衣褶呈多层折叠。主龛两侧造长方形辅龛，龛楣饰帷幔，龛内雕胁侍菩萨，头戴荷冠，圆脸形，披帔帛，帛带垂绕腹部交叉揽于臂肘，双手执持宝物，下着长裙，侍立两旁。主龛下侧饰护法狮子侧身回首守护于主尊佛座前。右侧题铭记“李法和”。（图 4-11）

编号：QN 一七

尺寸：上宽 37、下宽 34~37、通高 41 厘米

时代：北魏（熙平风格）

造像简介：造像石，砂石质。石体已局部残损，四面开佛龛 4 个，造佛像 4 尊，胁侍菩萨像 8 身。现状为局部残损风化。

1、2、3、4：造像题材相同，均为一佛二菩萨二飞天。圆弧拱龛，龛楣上角雕造出二身屈肢飞天，飞天帛带飘动，舒臂屈腿，徐徐飘荡，身形矫健，肢体弯曲较小，执蔓草纹，花卉间隔其中。龛内主尊佛饰舟形背光，头顶磨光高圆肉髻，宽额，方圆脸形，面相丰满，下颌圆润，大耳垂轮，细眉，长眼微阖，小高鼻，小嘴唇，嘴角内收，短颈，两肩宽厚，体态端庄。内着袒右僧祇支，外披双领下垂大衣，施与愿无畏印，结跏趺坐于高方台座上，衣裾遮覆莲台，下摆尖折角外扬较大，衣褶层叠曲折。主龛侧边辅龛两胁侍菩萨头戴高冠，肩披帔帛，手持净瓶或作莲花合掌，赤足侍立于莲台。下部刻饰护法兽蹲守台座两侧。

编号：QN 一八

尺寸：上宽 29~32、下宽 30~35、通高 41 厘米

时代：北魏（延昌风格）

造像简介：造像石，砂石质。上下面平，四面开龛造像，共开龛 4 个，造主尊佛像 2 尊，主尊交脚菩萨 2 尊，胁侍菩萨像 8 身，供养菩萨像 4 身，弟子像 2 身，供养人造像 2 身，力士 4 身。平弧拱龛，龛外饰华丽，在刻造技法上采用高浮雕和圆雕技法，人物形象生动。现状为局部残缺，风化较严重。

四面造像题材组合外部大致相同。长方形平弧拱龛，龛楣饰桃尖宝盖，龛楣外饰化佛一尊，飞龙屈肢伸爪，张口吐瑞草，山峦云海重叠起伏。主龛两侧二胁侍菩萨像头戴宝冠，饰头光，方圆脸形，目光下视，鼻直口小，面相俊秀，头顶华盖。秀颈束肩，体态修长，上身披帔帛，下着长裙，左提香囊，右手上举执持法物贴胸。头上刻造出高浮雕的圆柱状华盖。

1、3：龛内主尊造像为交脚菩萨，造像背后饰通身舟形背光，面相方圆，小颐丰润，清俊秀丽。头戴莲花瓣形冠，宝缯束发，缯带向上翘起下折搭肩。平额，细眉，眼睛微睁，直鼻梁高鼻头，嘴角内收，小颐秀颈，削肩，体形修长，戴宽项圈。披帔帛，帛巾下垂腹际交叉穿壁，向下飘拂卷折，揽于两臂肘向后垂拂，内着袒右僧衣，下着长裙交脚坐于长方台座，左手施与愿印，右手施无畏印，衣裾遮拂交叉于脚踝部位。龛内两侧刻造二供养菩萨造像，身材修长，胸部平，腹略鼓。高螺髻，方圆脸，眉目清秀，双手合十侍立于莲台上，莲台下各有力士头顶莲台蹲立于前，刻饰简洁，细部不辨。局部残损风化。造像 3 风化漫漶严重。

2：主龛内主尊佛饰通身舟样背光，头顶高圆肉髻，宽额。内着袒右式僧祇支，胸际系带，外披双领下垂的大衣，左手施与愿印，右手施无畏印，善跏趺坐于高方莲台上，衣裾下垂遮覆莲台座下，衣裾叠涩造成多层衣褶曲线。两侧弟子袒上身，一臂上举，手抚额作觉悟状，单腿盘曲坐于高束腰莲台。台下饰护法狮子蹲守座两侧。（图 4-12）

4：龛楣刻饰化佛较完整，造像局部残缺。龛内主尊佛饰舟形背光。佛头顶高圆肉髻，额部宽平，面相清秀，面部漫漶，大耳垂轮，秀颈溜肩，结跏趺坐于高方莲台上，衣裾下垂遮覆莲台座下，衣裾褶叠。主尊佛两侧二弟子，双手合十侍立。两旁二护法狮子张口瞪目侧卧于佛座前。

图 4-12　QN 一八—2

编号：QN 一九

尺寸：上宽 28~29、下宽 30、通高 38 厘米

时代：北魏—东魏

造像简介：造像石，白砂石质，质地粗疏。经风化已残损。四面开龛造像，开凿主龛 4 个。造主尊佛像、主尊菩萨像 5 尊，胁侍菩萨像 2 身，供养菩萨、供养人各 1 身。现状为造像局部残损风化。

1：屋帷龛，龛楣饰屋檐，明柱，斗拱，柱础，帷幔钩束。龛内造思维菩萨像。菩萨戴宝冠，宝缯束发，缯带飘折，长方脸形，面相丰满，体态端庄，内着僧衣，戴项圈，胸腹之际束带作结，外披宽博式大衣。左手抚右脚踝，右手举于胸前残损，半跏趺坐于高台座上，衣裾遮覆莲台基部。（图 4-13）

2：圆拱龛，龛楣饰桃尖宝盖、火焰纹，楣尾上卷，龛内造二佛并坐说法。

3：主龛圆拱龛，长方形辅龛组合形成凸字形龛，龛楣饰桃尖宝盖、火焰纹，楣尾上卷饰荷叶纹。龛内造一立佛二菩萨，两侧胁侍菩萨头戴荷冠，披帔帛，一手捧宝物，一手提香囊，下着长裙，侍立莲台，下部刻饰护法狮子蹲守佛座前。

图 4-13 QN 一九一1

4：凸字形龛，龛楣饰忍冬卷草纹，楣尾上卷。龛内造一佛一供养菩萨一供养人。主尊佛头部缺失，身形端庄，内着袒右僧衣，外披双领下垂大衣，施禅定印，结跏趺坐于高台座上，衣裾遮覆莲台，下摆微外扬。左侧刻饰供养菩萨双手合十侍立莲台，右侧刻饰供养人侍立于连台。残损漫漶细部不辨。

编号：QN 二〇

尺寸：上宽 38~41、下宽 37~42、通高 49 厘米

时代：东魏

造像简介：造像石，砂石质。粗疏残损，四面凿龛四个，造佛像 5 尊。现状为局部残损有风化。

1：圆拱龛，龛楣施桃尖宝盖，内饰火焰纹图案。楣尾上卷饰忍冬卷草。龛内二佛并坐说法，佛头顶磨光小圆髻，圆脸形，瘦颈溜肩，衣摆束起搭肘下垂。

2：圆拱龛，龛楣饰菩提树，树下有猴子等画面。龛内思维菩萨坐于象身。

3：屋帷龛，龛楣饰盝形屋脊，鸱吻，帷幔钩束。龛内交脚菩萨坐像，菩萨高冠髻，方圆脸形，脸面扁平，宽额，眼帘微阖，目光下视，鼻宽口阔，秀颈溜肩，体态轻盈，披帔帛，交脚坐于高

图 4-14 QN 二〇—4 铭文

台座上。

4：圆楣龛，龛内造立佛，内着僧衣，外披袒右式宽博大衣，造像题材为阿育王施土缘故事的画面。龛内有小猴倒挂，似为佛传故事中“猴王体生”的场面。龛内刻饰纪铭“光明主张□吴□女”。（图 4-14）

编号：QN 二一

尺寸：上宽 36~37、下宽 37~39、通高 46 厘米

时代：北魏

造像简介：造像石，砂石质。上下面不规则，造像石四面开龛，计各式龛 4 个，佛像 4 尊，菩萨造像 8 身。现状为基本完整，部分风化模糊不清。

该石四面造像题材相同，佛、菩萨面相、着装造型一致，仅龛饰略有变化。主龛为圆拱龛、帷幔龛。龛两侧饰以束莲状明柱。龛内主尊佛头顶磨光肉髻，大耳垂轮，长脸形，宽圆下颌，面相端庄，宽额，细弧眉，长眼微阖，高鼻阔口，面带笑容。削肩挺胸，身形健壮。上身内着僧祇支，外着双领下垂大衣，施与愿无畏印，结跏趺坐于高方莲台上。衣裾下垂遮覆于高台基部，整体衣褶为双层曲折波纹，雕造清晰。两侧胁侍菩萨戴宝冠，宝缯束发，肩披帔帛下垂交叉绕肘，菩萨双手合十或手执法物，赤足露趾侍立于莲台上。石体大体完整，画面构图严谨，雕造显粗糙，多见不规则刻线，风化剥蚀多有模糊不辨之处。

编号：QN 二二

尺寸：上宽 31~35、下宽 35~38、通高 49 厘米

时代：北魏（孝昌风格）

造像简介：造像石，粗砂石质。四面开龛 6 个，造佛像 4 尊，胁侍菩萨、弟子像等 6 身。主尊佛头顶低圆肉髻，长圆脸形，面相丰满，慈眉善目，鼻直口方，嘴角内收。身形健壮，体态端庄。内着僧祇支，胸系带结，披双领下垂宽博大衣，衣角搭肘下垂敷搭于莲台。施与愿无畏印或禅定印，结跏趺坐于低台座上。衣裾自然下垂遮覆莲台，衣褶繁复。两侧胁侍菩萨戴冠，披帔帛，帛带下垂腹际交叉穿璧，手执法物侍立莲台；弟子光头，着褒衣博带式服装；金刚力士身形威武，高绾发髻，手握拳执杵；男女供养人形态各异，男供养人穿短衣裤，女供养人头上梳双髻，着短衣宽裤，袖手站立。龛外装饰多样，线条粗犷，多以阴刻为主，雕刻各种图案。现状为石面风化严重。

1：屋帷龛，龛楣饰高屋顶，鸱吻，鱼鳞纹饰帐幔。龛内造像一佛二菩萨。

2：凸字形龛，龛楣饰双龙缠绕图案。龛内造一佛二弟子像，龛外饰二金刚护法，下饰护法狮子侧身回首守卧于佛座前。

3：圆拱龛，龛楣饰莲枝蔓草。龛内坐佛施禅定印，结跏趺坐于台基之上。龛外刻饰供养菩萨、力士，下部饰肥束莲。

4：圆弧拱龛，龛楣饰飞天、化佛，龛内造主尊佛结跏趺坐。两侧龛内为穿短衣裤的男女供养人。下部左侧饰莲花化佛童子，右侧饰地神力士托举莲台。

编号：QN 二三

尺寸：上宽 30~32、下宽 31~32、通高 34 厘米

时代：北齐晚期

造像简介：造像石，细砂石质。四面开凿 4 龛，雕造佛像 4 尊，胁侍菩萨像 8 身，造像组合为一佛二菩萨。四面佛龛均为平弧拱龛，龛外饰方框线纹。现状为风化模糊不清。

1、2、4：造像龛内佛饰舟样背光，头顶磨光高肉髻，面相丰满，造像体魄雄壮，内着右袒僧祇支，外披双领下垂或圆领通肩大衣，施与愿无畏印或禅定印，结跏趺坐于高台座上，衣裾遮覆莲台基部。衣饰表现厚重如毡，衣角稍外扬。两侧胁侍菩萨戴荷冠，手执法物，侍立于莲台或两侧弟子侍立莲台。（图 4-15）

3：龛内主尊造交脚菩萨像，方圆脸形，面相丰满，头上高冠髻，秀颈束肩，身形直挺。披帔

图 4-15 QN 二三—1

帛，帛带腹际交叉下垂上卷搅于两臂。左手抚膝，右手施说法印，衣裾遮覆莲台，衣裾下露出交叉的两脚。两侧供养菩萨侍立于枝梗莲台。

编号：QN 二四

尺寸：上宽 28~29、下宽 29~34、通高 37 厘米

时代：东魏

造像简介：造像石，砂石质。四面开长方形主龛 4 个，辅龛 4 个。造主尊佛像、主尊菩萨像 4 尊，胁侍菩萨像 8 身。造像组合一佛二菩萨。龛外装饰图案简洁，形象生动。现状为部分略有残损。

1：长方形龛，龛楣饰两尊飞天。主龛内造立佛。两侧长方形辅龛内各造胁侍菩萨。

2：三连龛，龛内主尊佛着菩萨装，头戴荷冠，戴宽项圈，披帔帛，腹际交叉垂绕揽于臂肘，施与愿说法印，下着长裙，鼓腹，善跏趺坐于高台座上。两侧胁侍菩萨双手合十侍立。

3：三连龛，龛楣饰忍冬蔓草。龛内主尊佛施与愿无畏印，结跏趺坐于低台座上。胁侍菩萨侍立两侧。

4：长方形龛，龛楣饰圆莲花图案。主尊佛施禅定印，结跏趺坐于低台座上。两侧龛内各造胁侍菩萨。龛下部饰鹳鸟。

主尊造像基本相同，头顶磨光高肉髻，方圆脸形，面相丰满，宽额，细眉长眼，眼帘微阖，目光下视，小高鼻，薄嘴唇，嘴角内收，表情和悦。身形健壮，体态端庄。内着圆领僧祇支，胸际束带作结，外披双领下垂大衣，衣裾遮覆莲台敷搭台基部，下摆尖折角外扬。胁侍菩萨头戴荷冠，戴项圈，肩披帔帛，帛带垂绕腹部揽于臂肘向下，挺胸鼓腹，赤足侍立。

编号：QN 二五

尺寸：上宽 29、下宽 27~29、通高 37 厘米

时代：北魏

造像时代：造像石，砂石质。上下两面平，石体四面开龛造像，图像相同，共雕造主龛 4 个，辅龛 8 个。刻造佛像 4 尊，胁侍菩萨像 8 身。造像粗糙，组合为一佛二菩萨。现状为下部残损风化严重。

四面均匀圆拱龛，主龛主尊佛饰通身舟样背光，光尖伸出龛外。佛顶磨光高肉髻，长脸宽额，面相清瘦，低眉下视，鼻直口阔，嘴角微翘，长耳短颈。窄肩，外披双领下垂大衣，施与愿无畏印，结跏趺坐于低台座上。两侧长方形辅龛内胁侍菩萨饰头光，光尖伸出龛外，头戴荷冠，面相清瘦，双手合十侍立于莲台。

编号：QN 二六

尺寸：上宽 27~28、下宽 29~30、通高 34 厘米

时代：东魏晚期

造像简介：造像石，砂石质。上下两面平，四方体四面开龛造像，共开凿主龛 4 个，圆拱龛，龛楣饰桃尖宝盖，楣尾上卷，饰龛柱。辅龛 2 个，长方形圆拱龛。造主尊佛像 5 尊，胁侍菩萨像 2

身。造像大体完整，细部因风化多模糊不清。

1、3：龛内主尊佛头顶磨光圆肉髻，圆脸形，面相丰满，弧眉长眼，目光下视，高鼻小口，嘴角微翘，大耳垂轮，秀颈圆肩，身形健壮，内着僧袛支，外披双领下垂大衣，施与愿无畏印，结跏趺坐于低台座上，衣裾自然下垂遮覆莲台敷搭于龛外，多漫漶。

2：龛内造像二佛并坐说法。佛造像形式特点与以上造像相似。

4：龛内造像一佛二菩萨，主龛内主尊佛造像与1、3同。辅龛内胁侍菩萨头戴宝冠，圆脸形，面相丰满，细眉长眼，小嘴，肩披帔帛，下着长裙，体形俊秀，双手合十捧于胸前，或右掌向上，左手执持法物贴腹部，侍立于佛侧。

编号：QN 二七

尺寸：上宽52~54、下宽53~55、通高70厘米

时代：北魏（孝昌风格）

造像简介：造像石，砂石质。长方石体四面开龛造像，开凿圆拱龛4个。雕造主尊佛像3尊，主尊菩萨像1尊，胁侍菩萨像6身。现状为整体竖向断裂，局部风化残损严重。

1：圆拱龛，龛楣饰花草形纹。龛内交脚菩萨坐于高台座上，面相不清；两侧胁侍菩萨饰叶形头光，侍立莲台，下部饰护法神兽。

2、3：两面造像题材图案相同，龛楣饰一柱，两侧二龙交尾肢体瘦长，屈肢伸爪向外飞腾，张口瞠目口吐瑞草。龛内佛头顶高圆肉髻，长圆脸，面相端庄，眼目下视。内着僧袛支，外披双领下垂的宽博大衣，施与愿无畏印，结跏趺坐于高台座上。龛内侧左右胁侍菩萨背饰叶形头光，身材修长，双手执物侍立莲台。下部饰力士托举莲台，残损风化，细部不辨。

4：龛内立佛造像一尊，已风化漫漶。

编号：QN 二八

尺寸：上宽47~50、下宽50~52、通高59厘米

时代：北魏

造像简介：造像石，砂石质。长方石体四周开龛造像，共开凿圆拱龛4个，长方形辅龛8个，雕造主尊佛像4尊，胁侍菩萨像8身，飞天2身。圆弧拱龛，龛楣饰桃尖宝盖、火焰纹、忍冬蔓草、缠枝花纹。楣尾上卷饰龙回首、忍冬卷草图案。龛楣外饰飞天。主龛内主尊佛背后饰舟样通身背光，头顶磨光肉髻，长方脸形，面相端庄。内着僧袛支，胸际系带作法，外披双领下垂大衣，施与愿无畏印，结跏趺坐于低台座之上，衣裾绕肘搭下，敷盖莲台基部。主龛外侧长方形小龛内，胁侍菩萨头戴宝冠，肩披帔帛，部分腹际交叉穿璧，手内持净瓶、香囊或双手合十，侍立莲台。造像下部两侧饰护法狮子。现状为风化残缺严重。

编号：QN 二九

尺寸：上宽37~41、下宽40~44、通高43厘米

时代：东魏

造像简介：造像石，砂石质。上下两面平，四面开龛造像，共开凿圆拱主龛 4 个，辅龛 2 个。造主尊佛像 4 尊，胁侍菩萨像 8 身。现状为石面残缺，局部风化严重。

四面造像组合基本相同，一佛二菩萨。主龛圆拱龛，龛楣饰桃尖宝盖。龛内主尊佛，头顶磨光肉髻，宽平额头，细长眉眼角上翘，宽鼻翼阔口，厚唇，嘴角内收，下颌或尖或平，面相丰满，表情或喜颜悦色，或肃穆凝神。秀长颈，窄溜肩，体态端庄，身材短粗。内着偏衫，外披双领下垂的宽博大衣，衣裾束起搭肘下垂，施与愿无畏印，赤足露趾站立于莲台，下摆尖折角外扬。龛外侧圆拱辅龛内胁侍菩萨头戴高冠，面相丰满，内着僧衣，下身着长裙，肩披帔帛，双手合十侍立莲台。或龛外侧浅浮雕胁侍菩萨造像，饰叶形背光，双手合十侍立，姿态恭敬虔诚。技法简单。

编号：QN 三〇

尺寸：上宽 34~36、下宽 38~39、通高 41 厘米

时代：东魏

造像简介：造像石，细砂石质。四方石四面开龛造像，刻饰边框线，计开凿 4 龛，造佛像 4 尊。圆拱龛，宝盖龛楣，楣尾上卷。现状为画面清晰，局部残缺。

四面造像题材与画面相同。龛内佛头顶磨光高肉髻。方圆脸形，下颌圆平，细长眉，眼角上翘，目光下视，宽鼻翼，厚唇阔口，嘴角微凹，表情和悦，大耳垂轮，秀颈圆肩，着圆领通体大衣，“U”形衣纹，身形健壮，施禅定印，结跏趺坐于榻座上。衣裾遮覆莲台敷搭于榻座下。下摆尖折角外扬较大。衣纹刻造成叶脉形，规则对称。上身衣纹刻造成圆弧的阴刻线，清晰可辨。

编号：QN 三一

尺寸：上宽 30~32、下宽 34、通高 34 厘米

时代：北魏

造像简介：造像石，砂石质。四方石体四面开龛造像。开凿主龛 4 个，造像 6 尊。雕刻技法粗糙。现状为局部残损风化。

1：圆拱龛，龛楣简单刻饰树形。龛内造“骑象回宫”故事画面：大象背上饰伞盖，下有三人端坐伞盖之下，象长鼻高卷，形体稳健有力。通体阴线刻纹饰。（图 4-16）

2、3、4：三面题材及构图相同，圆拱龛，龛楣饰桃尖宝盖，楣尾上卷饰忍冬纹，楣尾下挂帷幔。龛内主尊佛头顶磨光肉髻，面相清俊，宽额，尖下颌，秀颈圆肩，体态端正。着圆领通肩大衣，施禅定印，结跏趺坐于低台座上，衣裾遮覆莲台。衣饰呈金鱼眼状。

编号：QN 三二

尺寸：上宽 24~26、下宽 27~29、通高 31 厘米

时代：北魏

造像简介：造像石，砂石质。四方石体四面开凿圆拱龛 4 个，造佛像 4 尊。造像粗糙。现状

图4-16　QN三一—1

为局部残缺，风化漫漶严重。

1：圆拱龛，龛楣饰桃尖宝盖，楣尾上卷。龛内主尊佛一尊。龛下部饰忍冬卷草。

2：圆拱龛，龛楣饰桃尖宝盖。楣尾上卷挂饰幔帐，龛内造坐佛一尊。

3、4：圆拱龛，龛楣尾上卷，简饰帷幔。

龛内主尊佛头顶磨光肉髻，圆脸，着圆领通肩袈裟，施禅定印，结跏趺坐于低台座上，衣裾遮覆莲台。衣饰呈金鱼眼状。

编号：QN三三

尺寸：上宽20、下宽22~23、通高25厘米

时代：北魏

造像简介：造像石，砂石质。四方石体采用镂空雕造技法，圆弧拱龛，龛中心造塔柱形式，主尊佛像背倚中心柱雕造，四面四龛内部相通。现状为石面残缺严重。

四面造像基本相同。主尊佛头顶磨光肉髻，方圆脸形，面相丰满，宽额，肥颐短项，鼻直口阔，大耳垂轮。形体健壮，体态端庄，着圆领通肩大衣，上身“U”形圆弧衣纹。施禅定印或上品上生印，结跏趺坐于低台座上，衣裾遮覆台座基部，下摆尖折角外扬。（图4-17、18）

图 4-17 QN 三三—1

图 4-18 QN 三三—2

编号：QN 三四

尺寸：上宽 42~44、下宽 47~50、通高 50 厘米

时代：东魏

造像简介：造像石，砂石质。石体断裂，四周开龛造像，开凿各式主龛 4 个，长方形辅龛 2 个，千佛龛式小龛 6 个。造主尊佛像 3 尊，主尊菩萨像 2 尊，护法金刚造像 2 身，千佛龛小佛像 6 尊。局部残缺风化，画面不辨。

1：屋帷龛，龛楣饰盝形屋顶，塔刹，鸱吻，飞檐挑脚，帷幔钩束。龛楣外上角刻饰日月，左为月，内刻蟾蜍造像，右为日，内刻三足乌造像，如汉代画像石表现手法。龛内主尊佛着菩萨装，大部已残损不辨，交脚坐长方莲台上。两侧弟子造像较小，披僧衣袖手侍立，与主尊佛形成强烈对比。风化残损，模糊不清。

2：屋帷龛，龛楣上层刻饰屋脊，鸱吻，鱼鳞式屋檐和繁缛绚丽的三角纹百褶纹帷幔，石边刻方框线，下部为圆拱龛。龛内释迦、多宝二佛并坐于长方形高榻式莲台座上。佛头顶上磨光肉髻，发际有中分缺口，宽平额头，细弧眉，长眼微睁，高鼻阔口，两腮丰润，圆颐，嘴角内收，表情和悦，面带笑容。二佛造像内着袒右僧祇支，胸际系带作结，外披袒右式宽博大衣，释迦佛左手施触地印，右手残损；多宝佛左手残损，右手伸于释迦佛前作指示状。衣裾右角束起搭肘下垂至台座底部。二佛结跏趺坐于高台座上。下部残缺风化。

3：圆拱龛，龛楣右侧一株枝叶茂密的菩提树，树干旁边有一小猴，作卷屈攀爬状。龛左侧两长方格中刻修行草庐，龛楣左上侧雕一屈肢弯腰老人手执拐杖向前的图案。树下龛内造像题材为太子山中修行，树下思维觉悟故事。主尊佛着菩萨装，头戴花冠，宽平额，细弧眉，眼睛微合，高鼻小颐，面相清俊，秀丽中有丰腴姿态。秀颈圆润，双肩宽厚齐亭，挺胸束腰，上身着圆领僧衣，

图 4-19 QN 三四—3

戴项圈，腰间结带下垂，肩披帔帛，帛带下垂交叉揽绕肘臂向外飘。下着长裙，右腿盘曲，右脚置于左膝之上，左手残损，右手抚于右腿上，半跏趺坐于高台座上。倾身侧头作思维状，造像身形端庄。石面残缺断裂。（图 4-19）

4：圆拱龛，龛楣饰桃尖宝盖。龛楣上方饰千佛龛式小佛龛 6 个。主龛内造阿育王施土缘故事，主尊立佛，头顶上磨光高肉髻，方圆脸形，面相丰满，额头宽平，细眉长眼，眼帘微阖，宽鼻翼，阔口厚唇，嘴角内收。两肩宽圆厚实，胸平腹鼓，体形健壮。内着袒右僧衣，胸部间系带作结，外披袒右式宽博大衣，衣裾束起揽搭左臂向下。右手伸出做接物状，左下角三孩童叠罗作递送状，已风化漫漶。主龛外侧长方形辅龛内二护法金刚，头发卷束，怒目圆睁，耸肩屈肢，握拳指示，肌肉隆起，下着短裙，赤足蹬踏，守护于主尊佛两侧。

编号：QN 三五

尺寸：上宽 35~38，下宽 37~40， 通高 49 厘米

时代：北魏（孝昌风格）

造像简介：造像石，砂石质。长方石，上下面平整，四面开龛造像，开凿主龛4个，长方形辅龛2个。造佛像5尊，胁侍菩萨像4身，供养菩萨像2身，护法金刚像2身，浅浮雕护法狮子、飞天、地神力士，礼佛之牛车、马匹等。圆弧拱龛，龛楣饰忍冬蔓草纹。现状为画面略有风化。

1：龛楣饰双菩提树遮覆，束莲。龛内二佛并坐，左侧佛像头部残缺，右侧佛头顶上磨光肉髻，长方脸，圆下颔，大耳垂轮，面相端庄，秀颈溜肩。内着袒右僧祇支，胸际束带作结，外披双领下垂宽博大衣，施与愿无畏印，结跏趺坐于莲台。衣裾揽起搭肘向下遮腿敷搭莲台，衣裾自然下垂遮覆莲台，衣褶繁复，下摆微外张。龛下饰地神力士，裸身下蹲，两手托举莲台。两侧饰忍冬卷草。

2：龛楣饰宝盖、忍冬卷草。龛内主尊佛头顶上磨光肉髻，长方脸形，下颔尖圆，面相端庄，眼帘微阖，嘴角上翘，秀颈溜肩，体态端庄。内着袒右僧祇支，胸际束带，外披双领下垂大衣，施禅定印，结跏趺坐于低台座上，衣裾自然下垂遮覆莲台。主龛两侧线刻二胁侍菩萨，饰叶形头光，头戴宝冠，肩披帔巾，着长裙，双手合十赤足侍立莲台。龛下刻饰狮奴头束高髻，上身披短衫，用力拉狮尾。狮子回首，抬爪翘尾，作驯服状。

3：龛楣饰盝顶建筑，屋檐，鱼鳞瓦饰，帷幔，龛楣外饰二飞天，身体弯曲，飘带飞扬，造型优美。主龛外侧凿长方形辅龛。主龛内造像一佛二菩萨，采用高浮雕技法，主尊佛造型同1主尊造像。两侧二胁侍菩萨，面佛赤足露趾侍立莲台上。主龛两侧辅龛内雕造二护法金刚，二护法金刚方圆脸形，束发，披帔帛，着短裾，握拳执杵，怒目圆睁，侍立莲台。龛下浅浮雕侍从举执伞盖，供养人骑马，驾驭牛车礼佛的场面。

4：圆弧拱龛，龛楣饰宝盖、莲花、火焰纹，两上角雕造圆形莲花。龛内主尊佛面相衣着与2主尊造像相同。主龛外侧刻造胁侍菩萨像，头部饰叶形项光，戴高冠，披帔帛，帛巾下垂交叉穿璧，向下至小腿部卷曲向上，揽于两臂肘垂两侧。下着长裙，跣足立于莲台。下部左右刻饰护法狮子，瞠目怒吼，尾巴上翘，挺身回首，蹲守于主尊佛座前。

编号：QN三六

尺寸：上宽33~34、下宽34~36、通高42厘米

时代：东魏（北魏永熙—北齐天保）

造像简介：造像石，砂石质。四方石体四面开龛造像。开凿长方形圆弧拱主龛4个，长方形辅龛8个。造主尊佛像，主尊菩萨像4尊，胁侍菩萨像8身，飞天2身。现状为石体风化严重。

1：圆弧拱龛，龛楣外饰圆莲花。龛内主尊造像菩萨装，头戴高荷冠，宝缯束发，缯带飘折，长方脸形，面露微笑，秀颈，两肩齐亭，内着圆领僧衣，披帔帛，帛带腹部交叉穿璧垂绕揽于臂肘。施与愿无畏印，交脚坐于台座上。主龛两侧长方形辅龛内胁侍菩萨头戴荷冠，方圆脸形，披帔帛，帛带下绕腹部揽于臂肘，一手捧宝物，一手提香囊，鼓腹，下着长裙，侍立于圆形莲花台上。

2：圆弧拱龛，楣尾上卷饰龙回首。龛内主尊佛头顶上高圆肉髻，方圆脸形，眼帘微阖，目光下视，大耳垂轮，鼻直口方，面露微笑，短项，两肩齐亭，内着僧衣，腰间系带作结，形体健壮，

外披双领下垂大衣，施与愿无畏印，结跏趺坐于高台座上。衣裾自然下垂遮覆莲台。主龛两侧长方形辅龛内胁侍菩萨侍立于圆形莲花台上。

3：圆弧拱龛，龛楣外两侧刻饰飞天，手执瑞草，身态丰腴，彩带飞扬。龛内主尊佛造像形态与2造像相同，施与愿无畏印站立于大象背上。主龛两侧长方形辅龛内胁侍菩萨侍立于圆形莲花台上。

4：圆弧拱龛，龛楣外左侧饰金翅展翅起舞，右侧饰飞天，细部漫漶不辨。龛内主尊佛造像形态与2造像相同。施禅定印，结跏趺坐于高台座上。主龛两侧长方形辅龛内胁侍菩萨侍立于圆形莲花台上。

编号：QN三七

尺寸：上宽30~32、下宽32、通高37厘米

时代：北魏晚

造像简介：造像石，砂石质。石面规则，上下面平整，四面开龛造像，开凿圆弧拱龛主龛4个，长方形圆拱辅龛6个。造主尊佛像5尊，胁侍菩萨像6身。现状为造像粗糙，风化严重，局部残缺。

1、2、4：该三面造像题材组合相同，均为一佛二菩萨造像。圆弧拱龛，龛内主尊佛背后饰通身舟形背光，头顶磨光圆肉髻，宽额，长圆脸，面相上宽下窄，长眼微阖，目光下视，秀颈窄溜肩，内着袒右僧祇支，外披双领下垂的宽博大衣，施与愿无畏印，结跏趺坐于低台座上，衣裾遮覆莲台基部，下摆尖折角外扬较大。主龛两侧圆拱辅龛，龛内胁侍菩萨，饰叶形头光，头戴荷冠，宝缯束发，长圆脸，弯眉小眼，目光下视，鼻直口阔，身材修长，肩披帔帛，帛带自肩垂于腹际交叉揽于臂肘，下着长裙，一手握宝物贴于胸前，一手执持香囊之类宝物，或双手合十，赤足露趾侍立莲台。

3：圆弧拱双连龛，龛内造释迦、多宝二佛说法相。造像佛头顶磨光高肉髻，长方脸，窄肩。释迦佛着圆领通肩大衣，施禅定印；多宝佛外披袒右大衣，左手施与愿印，右手伸于释迦佛前示意，二佛均结跏趺坐于低台座上，衣裾遮覆莲台。下摆尖折角外扬。

编号：QN三八

尺寸：上宽30~31、下宽31~33、通高36厘米

时代：东魏

造像简介：造像石，砂石质。四方石比较完整，上下两面平，四面开龛造像，题材龛式各不相同，开凿主龛4个，辅龛2个。共造主尊佛像、主尊菩萨像5尊，胁侍菩萨像4身。现状为部分风化不清。

1：圆弧拱龛，龛楣饰桃尖宝盖，楣尾内卷饰神兽格里芬回首。龛内主尊佛身后饰通体舟形背光，头顶磨光圆肉髻，面相丰满，低眉下视，高鼻小口，嘴角上翘，大耳垂轮，溜肩。内着袒右式僧衣，外披双领下垂大衣，施禅定印，结跏趺坐于高台座上，衣裾遮覆莲台，下摆稍外张，衣褶作波浪形双层重叠。两胁侍菩萨饰头光，戴宝冠，披帔帛，帛巾绕肘向下，下身着裙，侍立台上。下部饰护法狮子蹲于主尊佛座两侧。

2：树形龛，龛侧饰以双菩提树，枝叶茂密遮蔽龛楣。龛内造像为佛传故事中的太子树下思维的场面。主尊造像为太子着菩萨装，头戴花冠，右手支颐，头部略侧斜作沉思状，面相丰圆，眉目作喜悦状。内着圆领僧衣，胸部束带，外披双领下垂的大衣，盘曲右腿，半跏趺坐于高台座，衣裾遮覆于高台座下。

3：圆弧拱龛，龛楣饰桃尖宝盖，楣尾上卷。龛楣外饰果实流苏。龛内造释迦、多宝二佛并坐说法形象。二佛着装面相均与1相同。

4：圆弧拱龛，龛楣内饰桃尖宝盖、流苏、蔓草纹，龛楣外刻饰鹳鸟。两侧浅刻二圆弧拱辅龛。主龛内主尊佛头顶磨光圆肉髻，背后饰通身舟形背光，面相丰圆，眉眼下视，高鼻小口，嘴角内收，大耳垂轮，身形健壮，溜肩。内着袒右僧祇支，外披双领下垂大衣，施与愿无畏印，结跏趺坐于高台座上，衣裾遮覆莲台敷搭高座底部。辅龛内胁侍菩萨头戴高宝莲花冠，上身着圆领僧祇支，肩披帔帛，绕肘下垂交叉，下身着裙，双手持法物侍立于莲台。下饰力士赤膊露乳作托举莲台状。部分画面风化不清。

编号：QN 三九

尺寸：上宽27~29、下宽29~31、通高38厘米

时代：北魏—东魏

造像简介：造像石，砂石质。石质粗疏，四面开龛造像。开凿圆拱龛4个。造主尊佛像4尊，残存供养人造像5身。现状为残损，风化模糊无法辨识。

1、2：造主尊佛像，饰通身舟样背光，头顶磨光肉髻，方圆脸，着圆领通肩或双领下垂大衣。施禅定印，结跏趺坐于莲台。衣裾遮覆莲台基部，下摆尖折角外扬较大。

3、4：主龛主尊佛像造型同上。两侧阴线刻供养人，甬式装饰，图案已模糊不清。

编号：QN 四〇

尺寸：上宽29、下宽29~30、通高33厘米

时代：北齐

造像简介：造像石，砂石质。四方石上下面平整，石体完整，四面开龛造像，阴线刻方形边框线。开凿平弧拱龛4个，造佛像4尊。现状为造像风化，多已漫漶。

1、2、3：龛内主尊造像佛头上磨光高肉髻，方圆脸形，面相清秀，目光下视，鼻直口方，秀颈圆肩，身胸挺拔，体态端庄，内着僧祇支，外披双领下垂或圆领通肩大衣，施与愿无畏印或禅定印，结跏趺坐于低台座上，衣裾遮覆莲台下，衣褶雕饰成多层曲线纹。

4：龛内主尊佛造像头上磨光高肉髻，方圆脸形，面相清秀，目光下视，鼻直口方，秀颈溜肩，体态端庄，内着僧祇支，外披双领下垂大衣，施与愿无畏印站立莲台。

编号：QN 四一

尺寸：上宽48~50、下宽52~56、通高59厘米

时代：东魏

造像简介：造像石，砂石质。上下面平整，四面开龛造像，开凿圆拱龛主龛4个，长方形辅龛4个。造佛像5尊，胁侍菩萨像4尊。石面多残损漫漶，无法识别细微部分。现状为严重风化。

1：主龛龛楣饰宝盖，龛内造像二佛并坐说法。

2：主龛内造像一尊立佛。

3：主龛龛楣饰宝盖，楣尾上卷饰朱雀，两侧饰圆团莲。主龛内造像一尊，佛施说法印，善跏趺坐；两侧长方形辅龛内各造一胁侍菩萨侍立。

4：主龛龛楣饰宝盖，楣尾上卷饰忍冬卷草，两侧饰圆团莲。主龛内，主尊佛头顶高圆肉髻，长圆脸，眼目下视，低头颔首，嘴角微翘。身形健壮，内着僧衣，外披双领下垂大衣，施与愿无畏印，结跏趺坐于低台座上。两侧长方形龛内各造一尊菩萨侍立莲台。

编号：QN 四二

尺寸：上宽 42~44、下宽 44~46、通高 54 厘米

时代：东魏

造像简介：造像石，砂石质。上下两面平，四面开龛造像。开凿主龛 4 个，长方形辅龛 4 个。共造主尊佛像、菩萨像 5 尊，胁侍菩萨像 6 身，该石造像图案规则、布局严谨。石体残破为两块。现状：残损风化剥蚀严重，局部漫漶不辨。

1：帷幔龛，龛楣饰帷幔钩束。龛内主尊造像着菩萨装，头戴高冠，长圆脸形，秀颈削肩，内着僧祇支，肩披帔帛，帛带向下交叉后卷折上绕揽于臂肘甩向身后，下着长裙，施与愿无畏印，交脚坐于低台座上，衣裾自然下垂遮覆莲台敷搭于台基下，衣饰多已漫漶。主尊佛两侧二胁侍菩萨头戴高荷冠，披帔帛，着长裙，双手合捧于胸前，面佛侍立。雕造粗糙，可见刻凿痕。

2：圆拱龛，龛楣饰虎，楣尾上卷饰朱雀回首衔瑞草，龛内主尊佛头部残损，秀颈溜肩，内着僧祇支，胸前束带作结。外披双领下垂大衣，施与愿无畏印，结跏趺坐于低台座上，衣裾遮覆莲台，下摆衣褶饰横向圆弧纹，敷搭于台座底部。龛外侧刻长方形辅龛，龛内二胁侍菩萨头戴高荷冠，披帔帛，着长裙，双手合十或上举贴胸或手执持法物，赤足侍立莲台。

3：长方形龛，龛楣饰桃尖宝盖，楣尾上卷饰忍冬卷草，龛楣外饰莲花。主龛内造像题材应为阿育王施土缘的故事。主尊立佛头上磨光肉髻，宽额，长眼微阖，目光下视，鼻直口方，嘴角内收，溜肩，胸腹部鼓起，身形健壮，体态端庄，内着僧祇支，披袒右大衣，衣摆束起搭左臂，赤足露趾站立，伸右手向前，掌心向上接受。下饰三童子，叠罗向佛敬献递送。主龛外侧二长方形辅龛内，二胁侍菩萨头戴高荷冠，披帔帛，着长裙，双手合十赤足侍立莲台。

4：方形龛，龛楣饰忍冬卷草，龛下部饰龙腾飞状。龛内造像题材为二佛并坐说法。佛头上磨光高肉髻，方圆脸形，面相扁平，细眉小眼，小鼻小嘴，嘴角内收，小耳，秀颈削肩，左侧多宝佛外着圆领通肩大衣，左手外伸示意于右侧释迦佛。右侧释迦佛上身裹圆领通肩大衣，结跏趺坐于低台座上，衣裾遮覆莲台敷搭台座底部。衣饰造型如质地厚重的棉衣。石面斜线为刻雕刀痕。

编号：QN 四三

尺寸：上宽 35~36、下宽 40~41、高 46 厘米

时代：北魏（延昌风格）

造像简介：造像石，黄砂石质。石面规则，上下面平整，四面开龛造像，共开凿尖拱龛 4 个，造主尊佛像共 4 尊，胁侍菩萨像 4 身。龛外浅浮雕刻造供养菩萨 4 身，金刚力士 2 身以及供养人，力士等。现状为石体完整，局部风化。

1：尖拱龛，龛楣饰双龙缠绕，楣尾上卷饰龙回首口吐瑞草。龛楣外饰圆莲花。主尊佛头上磨光圆肉髻，长圆脸，尖圆下颌，大耳垂轮，细眉长眼，眼帘微阖，目光下视，鼻直口阔，厚嘴唇，秀颈窄溜肩，内着僧衣，外披袒右大衣，宽折带，施与愿无畏印，结跏趺坐于低台座上，衣裾遮覆莲台敷搭台座底部，下摆尖折角外扬。龛内两侧二胁侍菩萨头戴高冠，披帔帛，侍立莲台。刻制粗糙，局部残损。

2：尖拱龛，造像题材组合与造像 1 风格相同。一佛二菩萨。胁侍菩萨侍立于圆形莲台上，台下力士裸身作下蹲托举状。

3：尖拱龛，龛楣外饰圆莲花、鹿。造像题材组合与造像 1 风格相同。一佛二菩萨。龛外侧刻饰二胁侍菩萨。

4：尖拱龛，龛楣外饰牛、羊。龛内造像题材组合与造像 1 风格相同。一佛二菩萨二金刚。两侧二胁侍菩萨双手合十面佛侍立，龛外两侧浮雕刻造二金刚力士造像，束发，披帔帛，帛带于腹际交叉穿璧绕肘，下着短裙，手内执杖侍立。龛下两护法狮子张口瞠目吐舌，尾巴曳地回首侧卧于佛座前。

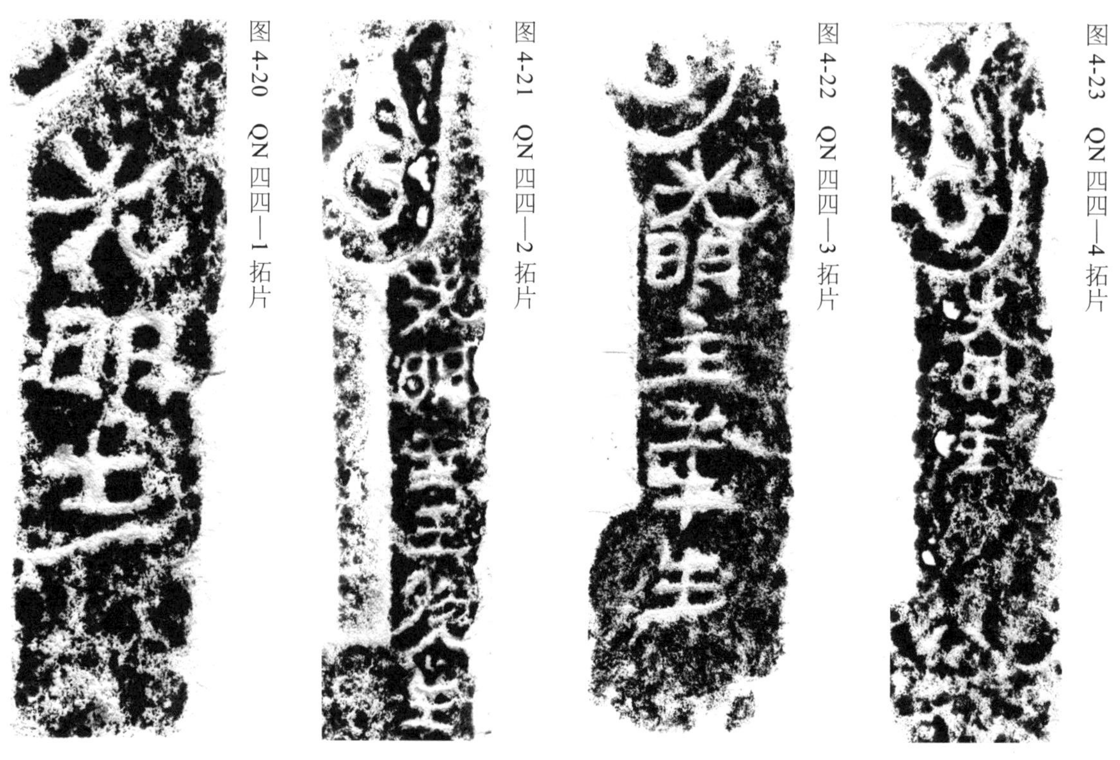

图 4-20 QN 四四—1 拓片

图 4-21 QN 四四—2 拓片

图 4-22 QN 四四—3 拓片

图 4-23 QN 四四—4 拓片

编号：QN 四四

尺寸：上宽 30~32、下宽 33~35、通高 25 厘米

时代：东魏

造像简介：造像石，砂石质。石面四周开凿圆拱龛 4 个，造佛像 4 尊。1、2、3、4 造像组合相同，为四方佛。圆拱龛，龛楣饰桃尖宝盖，楣尾上卷饰忍冬卷草。龛内主尊佛头顶上高圆肉髻，长方脸形，下颌尖圆，面相清秀，细眉，长眼微阖，目光下视，鼻直口阔，嘴角上翘，面露微笑。秀颈溜肩，两肩宽厚，大耳垂轮，体态端庄，着圆领通肩大衣，衣纹雕造成细密的圆弧纹或“U”形，施禅定印或上品上生印，结跏趺坐于低台座上，衣裾遮覆莲台，下摆微外扬。龛侧边阴线刻楷书体“光明主”（图 4-20、23）、“光明主王晓生”（图 4-21）、“光明主王牛生”（图 4-22）等铭记字样。现状为基本完整。

铭文：1. 光明主； 2. 光明主王晓生； 3. 光明主王牛生； 4. 光明主

编号：QN 四五

尺寸：上宽 26~27、下宽 27~29、通高 38 厘米

时代：北魏（永熙风格）

造像简介：造像石，砂石质。四面开凿长方形圆弧拱龛主龛 4 个，长方形辅龛 8 个。造主尊佛像、主尊菩萨像 4 尊，胁侍菩萨像 8 身。1、2、4 造像组合一佛二菩萨，3 是一交脚菩萨二胁侍菩萨。主尊佛和菩萨长方脸形，面部扁平，两肩宽厚齐亭，形体健壮。佛头顶上高肉髻，着方领通肩大衣，细密弧线纹；菩萨头戴荷冠，宝缯束发，缯带飘折，肩披帔帛，帛带腹际交叉穿璧，垂绕揽于两臂肘。施与愿无畏印或禅定印，站立莲台，交脚或结跏趺坐于高莲台上。衣裾下摆尖折角微外扬。纹线规则。主龛两侧长方形辅龛内造胁侍菩萨像，头戴高冠，方圆脸形，短项，两肩齐亭，披帔帛，帛带于腹际交叉揽于两臂肘，下着长裙，双手合十侍立莲台。造型粗犷。现状为风化漫漶严重。

编号：QN 四六

尺寸：上宽 23~26、下宽 24~28、通高 30 厘米

时代：东魏

造像简介：造像石，粗砂石质。四面开龛造像，开凿长方形主龛 4 个，长方形辅龛 6 个。造主尊佛像 4 尊，胁侍菩萨像 8 身。1、2、3、4 造像组合相同。长方形主龛，龛楣饰宝盖、火焰纹，楣尾上卷，龛楣外饰圆莲花、飞天。龛内主尊佛饰圆形头光，头顶上圆肉髻，长方脸形，面部扁平，两肩宽厚，形体健壮。着方领通肩大衣，细密弧线纹；或内着袒右僧衣，胸腹部系带作结，外披双领下垂大衣，施与愿无畏印或禅定印，结跏趺坐于低台座上，下摆尖折角微外扬。主龛侧长方形辅龛内雕二胁侍菩萨，肥颐短项，颔首耸肩，肩披帔帛，帛带腹际交揽于两臂肘，腹部鼓凸，双手合十侍立莲台。4 主龛两侧刻饰胁侍菩萨像，饰叶形项光、火焰纹，披帔帛，下着长裙，双手合十侍立莲台。现状为风化模糊。

编号：QN 四七

尺寸：上宽 20、下宽 21~22、通高 27 厘米

时代：北齐

造像简介：造像石，砂石质，质地细密。上下面基本平整，四面开龛造像，龛周边较窄，突出主尊像高大，采用高浮雕技法，共刻佛 4 尊，胁侍菩萨 8 身，龛 4 个。

四面造像题材组合相同，一佛二菩萨。圆弧拱龛，龛内主尊佛头上磨光高圆肉髻，长圆脸形，尖圆下颌，面相清秀，细眉长眼，眼帘微阖，目光下视，高鼻小口，嘴角内收，短项圆溜肩，两臂修长，胸部挺直，体形健壮。着圆领通肩大衣，“U”形衣纹。施禅定印，结跏趺坐于低台座上，衣裾自然下垂遮覆莲台，衣褶为单层曲线纹。两侧二胁侍菩萨头戴宝冠，披帔帛，向下交叉卷折上绕揽于臂肘，着长裙，双手胸前合十赤足侍立于圆形莲台上。整体布局规整。现状为残损风化，剥蚀严重。

编号：QN 四八

尺寸：上宽 30~38、下宽 37~40、通高 43 厘米

时代：东魏

造像简介：十六王子佛造像石，砂石质。四方石面四周开 16 龛，造像 16 尊。四面造像相同，每面十字分为四龛，组合成十六王子佛造像。圆拱龛，龛内主尊佛头上磨光肉髻，面相方圆，着

图 4-24　QN 四九—4

图 4-25　QN 四九—4 拓片

圆领通肩大衣，体态端庄，施禅定印，结跏趺坐于低台座。现状为局部残损风化。

编号：QN 四九

尺寸：上宽 30~32、下宽 33~34、通高 36 厘米

时代：东魏

造像简介：十六王子佛造像石，砂石质。四方石四周开 16 龛，造像 16 尊。四面造像相同，每面十字分为四龛，组合成十六王子佛造像。圆拱龛，龛内主尊佛头上磨光肉髻，面相方圆，着圆领通肩大衣，体态端庄，施禅定印，结跏趺坐于低台座。4 的造像面右侧边阴刻楷书“十六王子佛／明光明主胡归郎”铭记字样。现状为局部残损。（图 4-24、25）

编号：QN 五〇

尺寸：上宽 29~30、下宽 32~33、高 35 厘米

时代：东魏

造像简介：十六王子佛造像石，砂石质。四方石四周开龛造像，每面佛龛如四方连，共 16 龛，造像 16 尊，组合成十六王子佛造像。四面造像相同，圆拱龛，两龛楣相连部位装饰如花芽，周围饰直线。龛内主尊佛头顶上磨光肉髻，面相方圆，静目沉思，着圆领通肩袈裟，体态端庄，施禅定印，结跏趺坐于低台座。纹饰夸张，大曲线勾饰。现状为石面局部残损风化。（图 4-26）

编号：QN 五一

形制：上宽 28~31，下宽 26~30，通高 29 厘米

时代：北齐晚期—隋

造像简单：十六王子佛造像石，砂石质。四方石四周开 16 龛，造像 16 尊。四面造像相同，每面十字分为四龛，组合成十六王子佛造像。圆拱龛，龛内主尊佛头上磨光低肉髻，方圆脸形，面相丰满，着双领下垂袈裟，体态端庄，施禅定印，结跏趺坐于低台座。现状为局部残损风化。（图 4-27）

编号：QN 五二

尺寸：上宽 27~29、下宽 28~29、通高 31 厘米。

时代：北魏

造像简单：十六王子佛造像石，砂石质。四周开 16 龛，造像 16 尊。四面造像相同，每面十字分为四龛，组合成十六王子佛造像。圆拱龛，龛内主尊佛头上磨光肉髻，长圆脸形，大耳垂轮，低眉颔首，着圆领通肩袈裟，体态端庄，施禅定印，结跏趺坐于低台座。现状为局部残损风化。

编号：QN 五三

尺寸：上宽 27~28、下宽 26~29、通高 30 厘米

时代：北魏

造像简介：十六王子佛造像石，砂石质。四周开 16 龛，造像 16 尊。四面造像相同，每面十字分为四龛，组合成十六王子佛造像。圆拱龛，龛内主尊佛头上磨光肉髻，长圆脸形，鼻直口阔，大耳垂轮，着圆领通肩袈裟，体态端庄，施禅定印，结跏趺坐于低台座。现状为局部残损风化。

编号：QN 五四

尺寸：上宽 24~26、下宽 26~27、通高 27 厘米

时代：东魏

造像简介：十六王子佛造像石，砂石质。四方石四面开 16 龛，造像 16 尊。四面造像相同，每面如四方联分为四龛，组合成十六王子佛造像。圆拱龛，龛内主尊佛头顶上磨光肉髻，面相清秀，着圆领通肩袈裟，“U”形衣纹，体态端庄，施禅定印，结跏趺坐于低台座。衣裾自然下垂遮覆莲台基部，衣纹简洁清晰。现状为局部残损风化。

编号：QN 五五

尺寸：上宽 23~24、下宽 24~25、通高 27 厘米

时代：东魏

造像简介：十六王子佛造像塔，浅红砂石质。质地细密。四方石体四面开 16 龛，造像 16 尊。四面造像相同。每面为一四方联，周边减地饰边线。圆拱龛，龛楣饰双线，两龛并列饰花蕾相连。

图 4-26　QN 五〇—2

图 4-27　QN 五一—2

佛造像头顶上高圆肉髻，面相丰满，喜眉笑眼，肥颐短项，身形健壮，着圆领通肩袈裟，“U”形衣纹，施禅定印，结跏趺坐于低台座，衣裾自然下垂遮覆莲台基部，衣纹简洁清晰。石面局部残缺。

编号：QN 五六

尺寸：上宽 22~23、下宽 22~24、通高 20 厘米

时代：东魏

造像简介：造像石，砂石质。石面风化残缺严重，四面开 3 龛，像 3 尊及花草树木图案。现状为风化模糊不清。

1、3、4：三画面基本相同，圆拱龛，龛内坐佛一尊，高肉髻，长方脸，大耳垂轮，眉目风化漫漶。溜肩，身着圆领通肩大衣，“U”形衣纹，施禅定印，结跏趺坐于低台座上，衣裾自然下垂遮覆莲台。衣纹简约厚重。3 的龛楣饰宝盖，两侧饰卷草图案。4 的主尊佛像头部残损。

2：线刻画面，虎啸山林。山间树木高大，树种不同，右下刻划一虎咆哮状。左下部剥蚀残损。

编号：QN 五七

尺寸：上宽 48~50、下宽 54~55、通高 60 厘米

时代　东魏

造像简介：造像石，砂石质。四方石共开凿各式龛 4 个，造主尊佛、菩萨像 5 尊。小佛龛造像 10 余个。现状为石体已残裂，风化严重，画面已模糊不清。

1：屋帷龛，龛楣饰屋脊，帷幔钩束，楣尾上卷饰龙首，吊挂风铃、吊坠、流苏，龛饰多已风化漫漶。龛内交脚菩萨戴宝冠，宝缯束发，缯带飘折，内着袒右僧衣，外披帔帛，施与愿无畏印，交脚坐于象身莲台上。残留象后半部。

2：屋帷龛，龛楣饰盝顶建筑，脊刹，鸱吻，挑檐，帷幔钩束。龛内交脚菩萨戴宝冠，宝缯束发，缯带飘折与肩相接。

3：树形龛，造像题材是释迦牟尼为太子时入山修行，树下思维觉悟故事，龛楣右侧饰菩提树。龛内太子着菩萨装，戴宝冠，宝缯束发，缯带飘折，右手支颐半跏趺坐于高台座。龛内左侧有断肢拄杖的残疾者。龛外左侧为魔道施法，菩提树被疾风吹拂，右侧有山中结庐修行者，太子岿然不为所动，终得觉悟场面，

4：圆拱龛，龛楣饰桃尖宝盖，龛外雕造千佛龛式小龛，主龛内造二佛并坐说法像。佛内着袒右式僧衣，外披双领下垂大衣，衣裾遮覆莲台，衣褶重叠厚重。龛左侧下部造供养人发髻高绾，上身赤膊，左腿盘曲倚坐高台，双手捧物作敬献状。

编号：QN 五八

尺寸：上宽 42~48、下宽 44~50、通高 49 厘米

时代：北魏

造像简介：造像石，砂石质。方石面不甚规格，四面开龛造像，开凿主龛 4 个，千佛龛式小

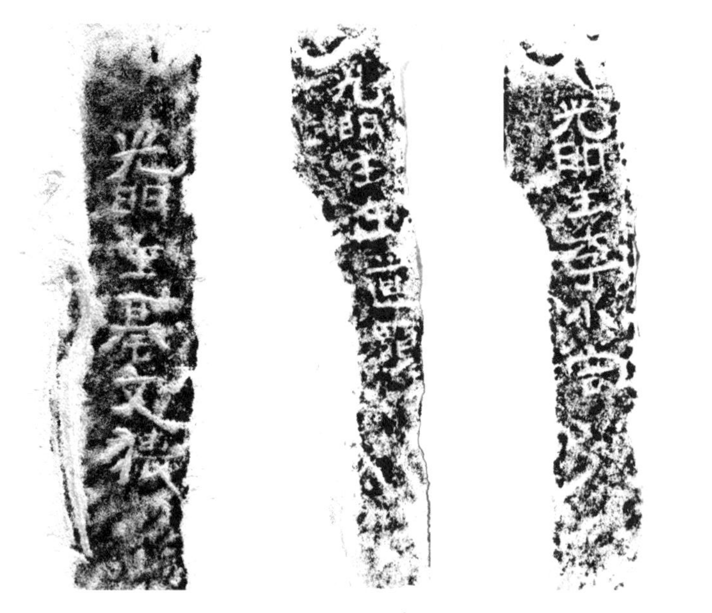

图 4-28 QN 五九—1　图 4-29 QN 五九—2　图 4-30 QN 五九—4

龛 24 个。造主尊佛像 4 尊，小佛像 24 尊。四面造像组合相同。圆弧拱龛，龛楣饰宝盖，两侧各雕造三层小佛龛，主龛内佛造像头顶上高肉髻，长方脸，面相端庄。内着袒右僧衣，外披双领下垂大衣，施与愿无畏印，结跏趺坐于低台座之上。衣裾遮覆莲台，衣摆尖折外扬。衣饰线条简洁，雕造技法简练。小佛龛内造佛施禅定印，结跏趺坐。现状为残损风化严重。

编号：QN 五九

尺寸：上宽 39~41、下宽 40~43、通高 58 厘米

时代：东魏

造像简介：造像石，粗砂石质。四方石四面开圆楣龛 4 个。造佛像 4 尊，菩萨弟子、供养人等 8 身。龛楣饰宝盖，楣尾上卷饰龙、朱雀回首形。龛右侧分别阴线刻铭。现状为部分残损风化严重。

1、3、4：造像组合为一佛二菩萨，主尊佛造像饰舟样背光，头顶高肉髻，长圆脸形，面相端庄。内着袒右僧衣，胸际系带作结，外披双领下垂或圆领通肩大衣，饰“U”形衣纹，施与愿无畏印或禅定印，结跏趺坐于高台坐之上。两侧各一菩萨执宝物侍立莲台。铭文为“光明主高文口”（图 4-28）、“光明主李小容”（图 4-30）。

2：造像为一佛二弟子。主尊佛。着圆领通肩大衣，左手下垂指地施与愿印，右手施无畏印，善跏趺坐于高台座上，衣裾遮覆莲台，下摆尖折角微外扬。两侧弟子双手合十侍立佛前。铭文为“光明主王道顕”。（图 4-29）

编号：QN 六〇

尺寸：上宽 36~37、下宽 38~40、通高 47 厘米

时代：北魏—东魏

造像简介：造像石，黄砂石质。造像石基本完整，四方石四面开龛造像，共开凿 4 龛，造佛像 4 尊，胁侍菩萨像 8 身。圆拱龛，龛楣饰结束忍冬蔓草。龛内造像组合为一佛二菩萨。主尊佛像饰通身舟样背光，头顶上磨光圆肉髻，长圆脸，宽平额头，大耳垂轮，面相清秀，弧眉小眼，高鼻小嘴，

嘴角内收，表情和悦。秀颈，两肩齐亭，内着袒右式僧衣，外披双领下垂袈裟或圆领通肩大衣，衣裾遮覆台座基部，下摆微外张，衣褶厚重。龛边侧造胁侍菩萨像，头戴荷冠，方圆脸形，披帔帛，帛带飘折揽于臂肘，下着长裙，双手合十侍立莲台。现状为风化剥蚀，部分模糊不辨。

1：龛内主尊佛着圆领通肩大衣，施禅定印，结跏趺坐于高莲台上。二胁侍菩萨手持宝物、香囊侍立于佛两侧。

2：龛内主尊佛披袒右大衣，左手作与愿印，右手揽衣角，赤足露趾站立于圆形莲台上。两侧二胁侍菩萨面佛侍立。

3：龛内交脚菩萨与二菩萨组合。菩萨戴宝荷冠，宝缯束发，缯带飘折，戴项圈，内着袒右僧祇支，外披帔帛，帛巾于腹际交叉穿璧，垂绕揽于臂肘两侧，施与愿无畏印，交脚坐于高台座上。二胁侍菩萨手执宝物，面佛侍立。二护法狮子瞠目昂首蹲守于佛座两侧。

4：龛内一佛二菩萨组合。主尊佛披双领下垂大衣，施与愿无畏印，结跏趺坐于高方莲台，衣裾遮覆莲台。两侧胁侍菩萨侍立。佛座两侧为昂首的护法狮子。

编号：QN 六一

尺寸：上宽 32~34、下宽 33~36、通高 44 厘米

时代：北魏（神龟风格）

造像简介：造像石，粗质的石岩。四方石体规则，上下面平整，四面开圆弧拱龛，盝帐形龛 4 个，造佛像 4 尊，刻胁侍菩萨 6 身，金刚力士 2 身，地神力士 6 身以及飞天数身等。造像组合一佛二菩萨，一佛二菩萨二力士二护法金刚等。现状为风化漫漶，细部多不辨。主尊造像佛头顶上磨光高圆肉髻，长方脸形，下颌丰圆，大耳垂轮，长眼微阖，目光下视，鼻直口阔，嘴角上翘，面相端庄，秀颈宽肩。内着袒右僧衣，外披双领下垂大衣，施与愿无畏印或禅定印，结跏趺坐或善跏趺坐于低台座上，衣裾自然下垂遮覆莲台。

1、4：圆弧拱龛，龛楣饰桃尖宝盖、火焰纹、莲花化佛。龛楣外刻飞天、团花、忍冬卷草。龛内造主尊佛。龛两侧刻饰胁侍菩萨，力士托举莲台。

2：龛楣饰忍冬束莲。龛内造主尊佛。龛两侧刻饰胁侍菩萨侍立莲台。下部刻护法狮子昂首侧身守卧于佛座前。

3：屋帷龛，龛楣饰盝顶建筑，屋檐，化佛脊刹，束莲鸱吻，帷幔钩束。龛楣外侧饰飞天。主龛外侧刻金刚力士，束发，怒目圆睁，披帔帛，握拳执杵，侍立于束腰莲台。龛内造像一佛二菩萨二力士。主尊佛施与愿无畏印，善跏趺坐于高台座上，双足踏莲花。两侧胁侍菩萨双手合十侍立莲台。下部地神力士托举莲台。

编号：QN 六二

尺寸：上宽 26~29、下宽 28~30、通高 40 厘米

时代：北魏

造像简介：造像石，砂石质。上下两面平，四面开龛造像，开凿圆拱龛 4 个。造像佛 4 尊，

胁侍菩萨像8身，石体基本完整。部分残损风化，无法辨识。四面造像题材与组合相同，一佛二菩萨。凸字形圆拱龛，龛楣饰桃尖宝盖、火焰纹、朱雀展翅、莲花化佛。楣尾上卷饰朱雀回首。龛内主尊佛头上磨光低圆肉髻，方圆脸形，面相丰满，细眉长眼，眼帘微阖，小高鼻小嘴，嘴角内收，下颌丰满，短颈溜肩，挺胸鼓腹，体态端庄。内着僧祇支，胸部束带下垂，外披双领下垂大衣，施与愿无畏印，结跏趺坐于低台座上，衣裾自然下垂遮覆莲台敷搭于台座底部。两侧二胁侍菩萨，方圆脸，头戴花蔓冠，细眉长眼，高鼻阔口，身形端庄，戴项圈，肩披帔巾，帛带腹际交叉上绕揽于臂肘，手执持宝物或上举或贴腹，下着长裙，赤足露趾侍立于圆形莲台上。现状为局部残损，风化漫漶严重。

编号：QN 六三

尺寸：上宽 37~39、下宽 38~40、通高 38 厘米。

时代：北齐晚期—隋

造像简介：造像石，砂石质。残缺破损严重，经修复，可辨识，四面开龛造像。开凿主龛 4 个，残存长方形辅龛 2 个。造主尊佛像 3 尊，主尊菩萨像 2 尊，胁侍菩萨像 1 身，弟子像 3 身，供养人 2 身及童子像等。现状为残缺风化严重。

1：主龛圆弧拱龛，龛楣饰桃尖宝盖，楣尾上卷饰忍冬卷草。主龛内造像题材为阿育王施土缘故事。主尊佛头上磨光高肉髻，面相丰满，高眉骨，细眉长眼，眼角向上，长眼微启，高鼻小口，嘴角内收，秀颈溜肩，内着袒右僧祇支，腰间束带，外披双领下垂大衣，衣角束起搭肘，赤足站立，伸右手作接受状，三小童或伏或立，作叠罗状，向佛敬献递送物品。主龛外侧长方形辅龛内胁侍菩萨头带低冠，细眉长眼，秀颈圆肩，肩披帔帛，腰束带，下着长裙，双手合十赤足侍立于圆形莲台之上。面相丰满，表情和悦，衣纹刻造成阴线鱼鳞纹，龛左侧缺损。

2：圆弧拱龛，龛楣饰桃尖宝盖，楣尾上卷是忍冬卷草，龛楣外饰莲花，龛下刻饰结束莲花、博山炉，二供养人跪拜于佛座前。龛内造像二佛并坐说法，二佛头上磨光低圆肉髻，方圆脸形，面相丰满，高眉骨长眼，眼帘微开，高鼻小口，嘴角内收，人中明显，秀颈，宽胸腹圆，身形健壮，内着袒右僧祇支，胸际系带，外披双领下垂大衣。右侧释迦佛施禅定印；左侧多宝佛左手伸出示意，右手施无畏印，二佛均结跏趺坐于低台座上，衣裾遮覆莲台敷搭低台座上部。主龛外侧长方形辅龛内弟子方圆脸，面相丰满，小高鼻，细眉长眼，披紧身袈裟，侍立于圆形莲台之上。龛右侧残缺。

3：圆拱龛，龛楣两侧饰双菩提树，枝叶茂密遮覆龛楣，龛下部刻饰山峰重叠。龛内造像太子入山修行，树下思维觉悟故事。佛为太子时着菩萨装，头戴高荷冠，宝缯束发，缯带飘折，方圆脸形，面相不清，秀颈，窄溜肩，戴项圈，肩披帔帛，帛带于胸腹际交叉穿璧下绕，揽于臂肘，束腰，右手支于右下颌作思维状，左手抚膝，下着长裙，半跏趺坐于高台座之上。画面残损风化。

4：屋帷龛，龛楣饰建筑脊刹、鸱尾、屋檐、帷幔钩束，楣尾饰两龙头，口衔穗节状风铃流苏，龛内造像一交脚菩萨二弟子，主尊造像着菩萨装，造型风格与 3 造像相同。交脚坐于高台座上，两侧二弟子光头袖手披袈裟侍立。画面部分残缺且风化严重。

图 4-31 QN 六四—4

编号：QN 六四

尺寸：上宽 28.2~35、下宽 36.5~38、通高 36 厘米

时代：北周—隋唐

造像简介：造像石，黄白砂石质。上下面平整，石体完好，四面造像开龛，题材组合为一佛二菩萨或一佛二弟子，共开凿佛龛 4 个，造主尊佛像 4 尊，弟子 4 身，胁侍菩萨像 4 身。圆弧拱龛，龛楣饰宝盖，楣尾上卷。龛楣外饰莲花。龛内主尊佛头上宽平低肉髻，方圆脸形，发际边有山形缺口，高眉骨，细弧眉，长眼微开，目光下视，高鼻小口，嘴角内收呈八字形，秀颈小颐，两肩宽厚齐亭，挺胸鼓腹，体态端庄。外披袒右大衣，施与愿无畏印或禅定印，结跏趺坐于高方台或束腰莲台之上，衣裾遮覆莲台座中部。两侧弟子光头，大耳垂轮，披通身袈裟侍立莲台。两侧胁侍菩萨头饰螺髻，方圆脸形，长眼微睁，眉清目秀，大耳垂轮，小高鼻小口，体态修长，披帔帛，帛带绕肘，着长裙，赤足侍立于圆形莲台上。整体造像构图完整，图面清晰，局部轻微风化。（图 4-31）

编号：QN 六五

尺寸：上宽 29~31、下宽 34、通高 32 厘米

时代：北齐晚期

造像简介：造像石，砂石质。上下两面平，石体四周刻宽边框线，中间开龛造像，共开龛4个，雕刻佛像4尊，菩萨像1身，胁侍弟子像4身。主尊佛造像长圆脸，面相清俊，高眉骨，长眼微睁，鼻直口小，嘴角内收呈八字形，下颌圆润，秀颈圆肩，胸腹部拉长，形体健壮，内着僧祇支，肩披圆领通肩或方领下垂大衣，施禅定印或施与愿无畏印，结跏趺坐于高台座上，衣裾自然下垂遮覆莲台敷搭座底部。现状为基本完好。

1：圆拱龛，龛楣饰桃尖宝盖，楣尾上卷。龛楣外饰莲花。龛内造像二佛并坐说法。佛头上磨光高肉髻，面相清秀。释迦佛着圆领通肩大衣，施禅定印；多宝佛着双领下垂大衣，左手执衣摆，右手伸出示意。二佛均结跏趺于低台座上，衣裾遮覆莲台。

2：圆拱龛，龛楣饰束莲，龛柱下部上卷饰忍冬，两上角饰团莲图案。龛内菩萨头戴高荷冠，长圆脸形，高眉骨，长眼微睁，小高鼻小口，溜肩，胸腹略鼓，体态端庄，内着圆领僧衣，肩披帔帛，帛带胸际交叉穿璧贴身下垂，施无畏与愿印，半跏趺坐于束腰台座上，裙裾覆于高台座下。

3、4：两面画面组合相同。圆拱龛，龛楣饰桃尖宝盖，楣尾上卷。龛楣外饰圆莲花。龛内造像一佛二弟子。主尊佛施禅定印或施与愿无畏印，结跏趺坐于高台座上。主尊两侧造二弟子像，头光，肩披通体大衣，衣饰圆弧纹，侍立枝梗莲台。

编号：QN 六六

尺寸：上宽30~31、下宽30~31、通高31厘米

时代：北齐

造像简介：造像石，砂石质。石体四面开龛造像。四周刻饰边框，开凿平拱龛4个，造佛像、菩萨像4尊，圆拱龛，龛楣饰宝盖，楣尾上卷。龛楣外饰莲花。

1、2、3：龛内主尊造像头上高肉髻，方圆脸，面相清秀，大耳垂轮，两肩齐亭，着圆领通肩大衣，"U"形衣纹，施禅定印，结跏趺坐于低台座之上，衣裾自然下垂遮覆莲台底部。

4：主尊菩萨头上戴高冠，宝缯束发，缯带飘折，内着袒右僧衣，束腰带，披帔帛，帛带垂于腿部揽于臂肘外扬，左手贴于胸前，右手提香囊，下着长裙，赤足站立龛内。衣饰简洁。现状为石面光洁清晰。

编号：QN 六七

尺寸：上宽28~29、下宽28~29、通高27厘米

时代：北齐

造像简介：造像石，砂石质，石体四面开龛造像。四周刻饰边线，开凿圆拱龛4个，造主尊佛像4尊，弟子像2身，侍从等造像2身。造像组合为佛传故事角术成婚中驯服醉象的场面，为一佛或一佛二弟子。现状为局部残损风化。

1：圆拱龛，龛楣外饰双菩提树，遮覆莲花。龛内表现调伏醉象的故事。主尊造像头上低肉髻，内着僧衣，外披双领下垂大衣，下着长裙，双手合十赤足站立于象背莲台上。大象长鼻卷一人，

二侍者饰高髻，手捧物件，向太子敬献。（图4-32）

2、3、4：圆楣龛，龛楣饰宝盖，楣尾上卷。龛楣外饰莲花。佛头顶上磨光圆肉髻，面相清秀，着圆领通肩或方领下垂大衣，施禅定印或与愿无畏印，结跏趺坐于高台座上，衣裾自然下垂遮覆莲台敷搭座底。主尊佛两侧刻饰二弟子光头，面相俊秀，披通体大衣，赤足侍立。

编号：QN六八

尺寸：上宽26、下宽28~29、通高29厘米

时代：北齐

造像简介：造像石，砂石质。四方石体四面开龛造像，四周刻饰边框线，开凿圆拱龛7个，造主尊佛像6尊，主尊菩萨像1尊。现状为石体完好，图案清晰。

1：圆拱龛，龛内菩萨头戴高荷冠，长圆脸形，面相丰满，眼帘微阖，大耳垂轮，内着僧衹支，腰间系带作结，披双领下垂大衣，下着长裙，双手合十赤足站立。

图4-32 QN六七—1

2：双层双排圆拱龛，龛内各雕造坐佛一尊，头顶上高肉髻，面相清秀，着圆领通肩大衣，身形端庄，施禅定印，结跏趺坐于低台座上，衣裾遮覆莲台。

3：圆拱龛，龛楣饰束莲莲花，楣尾上卷饰莲花。龛内造像坐佛一尊，造像形态与 2 佛造像相同。

4：圆拱龛，龛楣饰桃尖宝盖，楣尾上卷，龛楣外饰忍冬卷草。龛内造像二佛并坐。造像形态与 2 佛造像相同。

编号：QN 六九

尺寸：上宽 26~27、下宽 26~27、通高 26 厘米

时代：北齐

造像简介：造像石，粗砂石质。上下风化剥蚀极不规则。四周开龛造像，刻饰边框线。平弧拱龛，龛楣饰宝盖，楣尾上卷。主尊佛造像头顶上磨光低圆肉髻，方圆脸形，宽额，面相丰满，表情安详。造像细弧眉，长眼微睁，高鼻小嘴，大耳垂轮，肥颐短项，圆肩，胸腹部圆挺，腰身稍长，着圆领通肩大衣，施禅定印，结跏趺坐于长方形高莲台上，衣裾遮覆至座中部，作简洁的曲线波浪形，上身衣纹作圆弧形阴线刻，条理清晰。现状为局部残损风化不可辨识。

1：龛内造像一佛二弟子。主尊坐佛一尊，两侧弟子紧裹袈裟侍立。左侧弟子残损。

2、4：该两面造像题材相同。为坐佛一尊。

3：双层并列四个小佛龛，造像风格与上相同。

编号：QN 七〇

尺寸：上宽 25~27、下宽 26~28、通高 26 厘米

时代：北齐

造像简介：造像石，黄砂石质。四方石四面开龛造像。开凿圆拱龛 4 个，造佛像 4 尊。四面造像基本相同。四方佛。圆拱龛，龛楣饰桃尖宝盖、火焰纹，楣尾上卷饰忍冬卷草。龛两侧饰蔓草图案。龛内主尊佛头顶上磨光肉髻，圆脸形，大耳垂轮，眼帘微阖，目光下视，直鼻小口，下颌尖圆，身形健壮，体态端庄，着圆领通肩大衣，施禅定印，结跏趺坐于低台座上，衣裾自然下垂遮覆莲台。纹线简洁清晰。现状为石体风化，局部残损。

编号：QN 七一

尺寸：上宽 20~22、下宽 23~24、通高 28 厘米

时代：东魏

造像简介：造像石，砂石质。四方石体四面雕造圆拱龛 4 个，造佛像 4 尊。四面造像基本相同。圆拱龛，龛楣饰桃尖宝盖，楣尾上卷，楣柱立于柱础。龛内主尊佛头顶上圆肉髻，方圆脸，面相端庄，身形健壮，内着袒右僧衣，外披双领下垂袈裟，施禅定印或与愿无畏印，结跏趺坐于龛内台座之上，衣裾自然下垂遮覆台座。现状为风化残损，细部已无法辨识。

编号：QN 七二

尺寸：上宽 50~54、下宽 56~58、通高 58 厘米

时代：东魏

造像简介：造像石，细砂石质。上下面平，石体完整，四周开龛造像，四周雕造出方形边框线。开凿圆拱主龛 4 个、长方形辅龛 8 个。共刻主尊佛像 4 尊，胁侍菩萨像 4 身，弟子像 2 身，护法金刚像 2 身，力士像 2 身，飞天 2 身，饰供养人、结庐修行者以及护法狮子、金翅鸟、龙首等各式图案。

主龛为圆拱龛，龛楣饰桃尖宝盖。楣尾上卷饰朱雀、龙回首、忍冬卷草、枝梗荷叶。龛外装饰图案，龛楣外饰结庐修行、飞雁、果实流苏、飞天。

狮子作昂头或回首，尾巴上翘，表现生动有力。飞天造型曲体飞扬，帛带飘飞后甩几乎成直线状态。

佛龛内低坛座。主尊佛头上磨光高肉髻，方圆脸形，细弧眉，宽额，高鼻阔口，嘴角内收成八字形。肥颐短项，圆肩，胸腹挺直，身形健壮。内着僧祇支，胸部束带，外着圆领或双领下垂袈裟，体态端庄，施与愿无畏印或施禅定印，善跏趺坐或结跏趺坐于高台座上，衣裾束起搭肘下垂，衣裾遮覆莲台敷搭至台座中部。两侧长方形辅龛内胁侍菩萨像头戴高荷冠，面容清秀，肩披帔帛，着长裙，双手合十侍立莲台。二护法金刚面目狰狞，张口瞠目，两臂肌肉隆起，双手握拳执杵，前腿弓、后退蹬之状。现状为造像完整，局部风化残损，为石刻珍品。

1：楣尾饰回首神鸟。龛楣外饰飞雁、结庐修行等图案，龛内造像一佛二弟子，主尊佛善跏趺坐于高方台上。两侧长方形龛内二弟子头光，面相丰满，双手交于腹际，肩披双领下垂大衣侍立。龛下局部风化。（图 4-33）

2：龛楣饰忍冬瑞草，飞花朵朵，龛内造像一佛二菩萨。辅龛胁侍菩萨莲台下饰二地神力士，赤臂裸体，作托举状。二护法狮子尾巴上翘，前爪伸出后腿着地。

3：龛楣饰飞天，楣尾饰龙回首。龛内造像一佛二护法，主尊佛结跏趺坐，二金刚作搏击状于两侧辅龛内，龛下雕造两对护法狮子，中间刻博山炉，两供养人拜跪于前。（图 4-34）

4：龛楣外刻带梗莲叶，楣尾上卷。龛内造像一佛二菩萨。辅龛内二胁侍菩萨双手合十侍立于莲台。主尊佛下部饰一供养人牵骆驼。（图 4-35）

编号：QN 七三

尺寸：上宽 44~46、下宽 47~49、通高 48 厘米

时代：东魏

造像简介：造像石，细砂石质。四方石，上下面平整，四面开龛造像。龛外雕饰宽边框线，开凿主龛 4 个，长方形辅龛 4 个，千佛龛式小佛龛 16 个。造主尊佛像、主尊菩萨像 5 尊，胁侍菩萨像 4 身，弟子像 2 身，千佛龛小佛像 10 余尊，驭象奴 1 个。图案完整，雕造精细，为南涅水石刻珍品。现状为造像基本完好。

1：圆拱龛，龛楣饰桃尖宝盖，楣尾上卷。龛楣外刻饰千佛龛式小佛龛，龛内各造结跏趺坐佛

图 4-33　QN 七二—1

图 4-34　QN 七二—3

图 4-35　QN 七二—4

一尊。龛下部刻造一大象，四肢粗壮，背部圆，长鼻前伸，驭象奴立于象前，作牵引之状。主龛内造像二佛并坐说法。佛头顶上磨光肉髻，细长眉，宽平额头，小高鼻小嘴，嘴角内收，面相丰满，表情和悦，大耳垂轮，短项圆肩，体态端庄。内着僧祇支，外披双领下垂大衣。释迦佛施禅定印；多宝佛左手施与愿印，右手伸出向释迦佛示意，二佛均结跏趺坐于低台座上，衣裾遮覆莲台敷搭台座基部。主龛外侧长方形辅龛，龛内胁侍菩萨头戴宝冠，肩披帔帛，帛带腹际交叉下垂上卷绕肘，着长裙，双手合十赤足露趾侍立于莲台上，莲台雕造出圆形莲蓬莲叶图案，图案清晰。（图 4-36，彩版一〇）

2：圆拱龛，龛外侧雕刻双菩提树，枝叶茂密遮覆龛楣，龛下部有连绵起伏的山峰图案，右下角浅浮雕一马，背上有鞍辔，前肢弯曲半跪，头向前伸，用舌舐足，表现依依惜别的场面。龛内主尊造像为太子山中修行白马吻别场面。太子着菩萨装，头顶高荷冠，作思维状，披帔帛，着长裙，赤足露趾，半跏趺坐于台上。

3：屋帷龛，龛楣上部雕造屋脊，脊刹，鸱吻，屋檐，帷幔钩束，雕饰鱼鳞纹、三角形等。主龛内弥勒佛着菩萨装。头顶上高冠，面相丰满圆润，宽额头，小鼻小口，嘴角内收，两肩宽厚齐亭，身形健壮。内着僧祇支，外披帔帛，右肩头结花，帛带于腹际交叉穿璧下垂绕肘。施与愿无畏印，交脚坐于圆形莲台上。两侧二弟子，长圆脸，披宽博通身大衣侍立。左右刻造二狮子回首侧卧于佛座前。

4：圆拱龛，龛楣饰桃尖宝盖，楣尾上卷。龛楣外雕造千佛龛式圆拱小龛，龛内各造坐佛一尊。主龛内造像为阿育王施土缘故事的场景。主尊佛头顶上磨光高肉髻，额宽平，面相丰满圆润，细弧眉，长眼睛，目光下视，眼角上翘。高鼻头小嘴，人中凹深，嘴角内收，表情和悦，肥颐短项，两肩宽厚。上身袒露胸部，外披双领下垂大衣，衣裾束起搭肘，衣裙下露赤足。侧身伸右手接物，三个童子叠罗作送递状。龛外侧长方形辅龛内胁侍菩萨头戴高荷冠，肩披帔帛，帛带下垂腿部交叉上绕揽于臂肘，双手合十侍立于龛内。表面光洁，雕造精细。（图 4-37）

编号：QN 七四

尺寸：上宽 41~42、下宽 41~43、通高 42 厘米

时代：北齐

造像简介：造像石，细砂石质。上下两面平，四周开龛造像。开凿圆弧拱龛 4 个，造佛像 5 尊，胁侍菩萨像 2 身，弟子像 2 身以及童子像等。圆弧拱龛，龛楣外饰莲花、忍冬、蔓草植物纹等图案。龛内主尊佛像，头上磨光圆肉髻，宽平额头中间著白毫圆点，方圆脸形，面相丰满，高眉骨，细弧眉，长眼微睁，高鼻小口，嘴角微翘，内收呈八字形。短项，圆肩，身形健壮，体态端庄。内着僧祇支，外披圆领通肩或双领下垂大衣，施禅定印或施与愿无畏印，结跏趺坐于长方台座上。衣裾束于左肘绕肘向下或衣裾自然下垂敷搭台座底部，外摆较小，衣褶雕造成规则重叠曲线纹，衣饰成贴体式。现状为石体完整，局部风化不清。

1：圆弧拱龛，刻阿育王施土故事，主尊佛站立像，三童子叠罗向上作递送状。

2：圆弧拱龛，楣尾上卷，两侧饰猴状兽。龛内造释迦多宝二佛并坐说法。

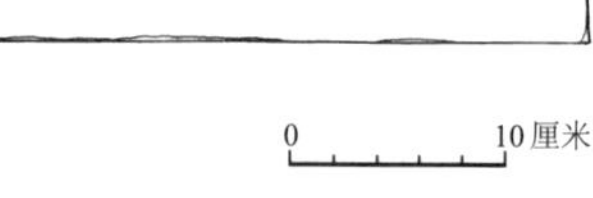

图 4-36　QN 七三—1

图 4-37　QN 七三—4

3：圆拱龛，楣尾饰朱雀回首，站立于龛柱莲台。龛内造像一佛二菩萨。主尊佛结跏趺坐于高台座。两胁侍菩萨头戴高荷冠，面相丰满，戴项圈，肩披帔帛，裸手臂，着长裙，双手合十侍立，下身衣饰呈鱼鳞形纹饰。

4：圆弧拱龛，龛楣饰宝盖，龛右侧饰蔓草。龛内造像一佛二弟子。弟子造像头光，面相丰满，高眉骨，眼睛细长，眼角上翘，阔口大嘴。外披双领下垂的大衣，双手合十侍立。衣纹简洁。

编号：QN 七五

尺寸：上宽 37~38、下宽 37~40、通高 37 厘米

时代：东魏

造像简介：造像石，细砂石质。方石体上下面平整，四面开龛造像。雕饰方框形边线，开凿圆拱龛 4 个，长方形辅龛 8 个，千佛龛式小龛 40 个。造主佛像 4 尊，胁侍菩萨 8 身，千佛龛式小佛龛内小坐佛 30 余尊。四面题材组合构图相同，圆拱龛，龛楣饰桃尖宝盖，楣尾上卷。均为一佛二菩萨。主龛内佛面相丰满，头上磨光低肉髻，束发，细长弧眉，大眼睛，眼微睁，高鼻小嘴，嘴角内收呈八字形，大耳垂肩，短项，溜肩，身形健壮。上身袒露胸部或着僧祇支，胸腹际束带，外披双领下垂大衣。施禅定印或与愿无畏印，结跏趺坐于低台座上，衣裾自然下垂遮覆莲台。衣纹成多层重叠的弧线纹。主龛外侧刻造二长方形辅龛，龛内胁侍菩萨头戴高荷冠，方圆脸形，肩披帔帛，帛带于腹际交叉，下着大裙，双手合十侍立于圆形莲台上。主龛周围满饰千佛龛式小佛龛，龛内结跏趺坐佛各一尊。造像清晰，表面光洁，刻造技法精湛。现状为基本完好（彩版一一，1）。

编号：QN 七六

尺寸：上宽 33~35、下宽 36~37、通高 35 厘米

时代：东魏

造像简介：造像石，细砂石质。方石体上下面平整，四面开龛造像，四周雕饰方形边框线，开凿圆拱主龛 4 个，长方形辅龛 8 个，千佛龛式小龛 40 余个。造主尊佛像 4 尊，胁侍菩萨像 6 身，弟子 2 身，千佛龛式小佛龛坐佛 37 尊。造像题材组合构图基本相同，1、2、4 为一佛二菩萨，3 为一佛二弟子。圆拱龛，龛楣饰桃尖宝盖，楣尾上卷。主龛内佛头上磨光低肉髻，面相丰满，细弧眉，长眼，眼缝微开，高鼻小嘴，嘴角内收，呈八字形，大耳垂轮，短项溜肩，身形健壮，袒露胸部或内着僧祇支，胸腹际束带，外披圆领通肩或双领下垂大衣，施禅定印或施与愿施无畏印，结跏趺坐于低台座上，衣裾遮覆莲台，衣纹成多层重叠的圆弧纹。主龛外侧刻造二长方形辅龛，龛内胁侍菩萨头戴高荷冠，方圆脸形，面相丰满，肩披帔帛，帛带于腹际交叉，下着大裙，双手合十侍立于圆形莲台上。龛内弟子披袈裟侍立莲台。主龛周围千佛龛式小圆拱龛内，各有施禅定印、结跏趺坐佛一尊。造像表面光洁，刻造技法精湛。现状为局部轻微残损。

编号：QN 七七

尺寸：上宽 29~30、下宽 31~32、通高 32 厘米

时代：北魏

造像简介：造像石，黄白砂石质。四方石上下面平整，四面开龛造像。四周刻饰方边框线，开凿圆拱主龛 4 个，长方形辅龛 8 个，千佛龛式小龛 30 个。造主尊佛像 4 尊，胁侍菩萨像 8 身，千佛龛式小佛龛佛像 20 余个。四面造像组合及画面相同。圆拱龛，龛楣饰桃尖宝盖，楣尾上卷。一佛二菩萨组合。主龛内主尊佛头顶上高肉髻，方圆脸，低眉颔首，着圆领通肩袈裟，施禅定印，结跏趺坐于低台座上，衣裾遮覆莲台座底部，下摆尖折角稍外扬，衣褶刻饰双层曲线纹。主龛外侧两长方形辅龛，胁侍菩萨戴荷冠，披帔帛，帛带腹际交叉揽于肘臂，双手作莲花掌印，面佛而立。龛外饰莲花、小佛龛等图案。现状为石体完整，局部略有残缺。

编号：QN 七八

尺寸：上宽 23~24、下宽 25~26、通高 36 厘米

时代：北魏

造像简介：造像石，砂石质。方石体基本完整，上下面不甚平，四面开龛造像。开凿圆拱龛 4 个，造佛像 4 尊。造像题材基本相同，四方佛，主龛内造主佛一尊。龛外饰边框，可见雕造时残留的凿痕，刻造技法简单粗糙。现状为局部残缺风化。

1：尖圆拱龛，龛内主尊佛头上磨光高肉髻，长方脸形，尖下颌，面颊丰满，高额，高眉骨，细弧眉，长眼开睁，眼角上翘，小鼻头，阔口微张，嘴角上翘，表情安详，束溜肩，身形健壮。内着僧祇支，腰间束带下垂，外披双领下垂大衣，施与愿无畏印，结跏趺坐于低台座之上。衣裾遮覆台基，下摆尖折角稍外扬。衣纹刻造成深浅粗细不均的阴刻线纹。

2、3、4：主尊佛，身形同1造型。体态瘦削，喜形于色，神态各异。2施禅定印，结跏趺坐于低台座。衣裾简略不下台基。3、4手印为阿弥陀佛上品上生印，手指交叉，大指对顶。结跏趺坐于低台座。衣裾简略不下台基。

编号：QN七九

尺寸：上宽38~40、下宽38~40、通高52厘米

时代：北齐

造像简介：造像石，细石质。长方石体四面开龛造像，开凿平弧拱主龛4个，长方形辅龛3个，千佛龛式小龛7个。造主尊佛像4尊，主尊菩萨1尊，胁侍菩萨像2身，供养菩萨1身，供养人像2身。现状为石面局部残损。

1：平弧拱龛，龛楣饰桃尖宝盖，忍冬蔓草纹，楣尾上卷饰回首神兽格里芬。龛楣外饰莲花。龛内造像题材为二佛并坐说法。佛头上磨光高肉髻，长方脸形，面相丰满，额头宽平，细弧眉，高眉骨，长眼睛目光下视，鼻直口方，秀颈，宽肩，体态端庄。内着袒右僧祇支，胸部束带，搭带于之外。外披双领下垂式大衣，释迦佛施与愿无畏印；多宝佛左手施与愿印，右手伸向释迦佛示意，二佛均结跏趺坐于长方台座。衣裾遮覆莲台，衣褶层叠，下摆微张。

2：平弧拱龛，龛楣饰桃尖宝盖，忍冬卷草，楣尾上卷。龛右侧饰菩提树，枝叶茂密遮覆龛楣。龛楣外饰莲花。龛内造太子着菩萨装，山中修行树下思维觉悟故事。太子戴高荷冠，面相清秀，低眉沉思，右手指支颐，微露喜悦，披帔帛，帛带胸腹部交叉穿璧垂绕揽于臂肘，半跏趺坐于高台座上。右侧辅龛内供养菩萨跪侍于莲台。

3：龛楣饰桃尖宝盖、火焰纹。龛楣外饰莲花，千佛龛式小佛龛。龛内主尊佛头部缺失，着圆领通肩大衣，施上品上生印，结跏趺坐于低台座上。龛外长方形辅龛内刻饰胁侍菩萨侍立，龛下部雕护法狮子侧卧于佛座前。

4：龛楣饰桃尖宝盖、火焰纹，楣尾上卷。龛外并列小佛龛。主龛内造阿育王施土缘故事画面。主龛两侧刻饰弟子执持带梗莲花，莲花台上饰朱雀起舞。

编号：QN八〇

尺寸：上宽32~35、下宽34~37、通高44厘米

时代：东魏

造像简介：造像石，砂石质。石体已残缺风化，四面开龛造像。开凿主佛龛四个。造主尊佛像5尊，金刚力士2身，供养菩萨1身以及残存童子、供养人等造像。装饰线条粗犷简单。现状为残缺损坏，风化漫漶较严重。

1：帷幕龛，主尊佛头顶高圆肉髻，方圆脸形，身形健壮，披双领下垂袈裟，施与愿无畏印，善跏趺坐于高方台座，衣裾遮覆莲台。两侧造像残损。

2：屋帷龛，龛楣饰屋檐，帷幔钩束。龛内主尊佛，施与愿无畏印，结跏趺坐于低台基上，衣裾遮覆台基。龛两侧为金刚力士，下为护法兽。

3：长方佛龛，龛楣饰二龙缠绕。主龛内造像为阿育王施土故事。右侧小龛内造供养菩萨侍立形象。

4：长方龛，龛内二佛并坐造像，佛身披圆领通肩大衣，施禅定印，结跏趺坐于台基座，衣裾自然下垂遮覆台座，下摆尖折微张。

编号：QN 八一

尺寸：上宽 29~31、下宽 32~34、通高 40 厘米

时代：东魏

造像简介：造像石，砂石质。石面开造圆拱龛 4 个，造主尊佛像 3 尊，菩萨像 1 身，以及护法金刚、弟子、力士、童子等造像 7 身。造像内容有佛传故事阿育王施土、菩萨树下思维等。圆拱龛，龛楣饰桃尖宝盖，楣尾饰荷叶。龛外饰束叶莲台，千佛龛图案。现状为局部残损风化。

1：龛内造佛传故事阿育王施土缘故事的情景。

2：龛内主尊佛着圆领通肩大衣，施禅定印，结跏趺坐于榻座上。龛外左侧下部饰童子披飘带降临情景。

3：龛外右侧刻饰菩提树，枝叶茂密遮覆龛楣。太子着菩萨装，表现树下思维觉悟的情景。菩萨戴宝冠，宝缯束发，缯带飘折，披帔帛，半跏趺坐于高台座。左侧弟子侍立供养。

4：龛楣饰火焰纹，楣尾上卷。龛楣外饰并排小佛龛。主龛内主尊佛头顶高圆肉髻，方圆脸形，低眉颔首，着圆领通肩大衣，施禅定印，结跏趺坐于长方榻座上。龛两侧胁侍菩萨，头戴荷冠，宝缯束发，缯带飘折，披帔帛，双手合掌面佛而立。（图 4-38）

图 4-38　QN 八一—4

编号：QN 八二

尺寸：上宽 26~28、下宽 27~29、通高 33 厘米

时代：东魏

造像简介：造像石，砂石质。石体上下面不甚规则，局部残损，

四面开龛造像。四周雕饰方形边框线，开龛4个，刻佛像5尊，供养人像2身。现状为风化严重。

1：屋帷龛，两上角雕造出飞花两朵，盝形屋顶上刻出屋脊、鸱吻、脊刹等图案，龛内帷幔束结。龛内主尊佛着菩萨装，面相长方，大耳垂轮，眼目下视，嘴角内收，削肩，挺胸，姿态端庄，体魄健壮。内着袒右式僧祇支，胸前作结，肩披帔帛巾搭带下垂。施与愿无畏印于高长方坐上，两侧二胁侍，护法兽造像残损已无法辨识。外框阴刻行书，可识光明主数字，残损风化严重。

2：龛右侧饰菩提树，龛内造树下思维的场面。佛着菩萨装，头戴高冠，头略倾斜，右手支颐，作思维状，长圆脸形，面露喜悦，肩披帔帛，搭带下垂，手臂赤裸。溜肩，含胸细腰，下着长裙，半结跏趺坐于台座。龛外刻造供养人执带梗莲花，上饰金翅鸟等图案。

3：龛内造释迦多宝二佛并坐说法画面。

4：龛外两侧刻造二供养人，头上双抓髻，面目虔诚，着宽博长衫，袖手面佛而立。龛楣两上角，雕造出飞花流云图案。龛内造像题材为阿育王施土缘，主尊佛侧身伸出右手臂作接收状，三童子相叠向上捧物敬献于佛。局部风化残损。

编号：QN 八三

尺寸：上宽25~26、下宽26~27、通高27厘米

时代：北齐

造像简介：造像石，细砂石。石体完整，四周开龛造像，共开凿4龛，刻佛像5尊，胁侍菩萨或弟子像6身。现状为残损风化漫漶，局部细部已无法辨识。

1、2、3：该三面造像题材和造像组合相同。一佛二弟子。平弧拱龛，龛楣饰桃尖宝盖，楣尾上卷。龛楣外饰莲花。龛内主尊佛头上低圆肉髻，方圆脸形，大耳垂轮，短颈，束溜肩，挺胸鼓腹，着圆领通肩大衣，施禅定印，结跏趺坐于长方形座上，衣裾遮覆莲台上部，纹饰简洁。佛座下部有阴刻等书体字迹数行，字迹模糊无法成文，龛内主尊佛两侧二胁侍弟子身材修长，披通体大衣侍立龛侧。（图4-39、40）

4：平弧拱龛，龛楣饰宝盖，楣尾上卷。龛内造像二佛并坐说法。佛造像圆脸形，着圆领通肩大衣，施禅定印，结跏趺坐于低台座上，表面风化模糊，

编号：QN 八四

尺寸：上宽25~26、下宽25~26、通高27厘米

时代：北魏

造像简介：造像石，砂石质。石体残损，上下两面平，四面开龛造像，开凿4龛，造主尊佛像4身，主尊菩萨像2尊，童子像3个。仿木构建筑屋形龛，龛楣饰明柱，柱头斗拱，阑额，转角斗拱一斗三升，普拍方，补间斗拱一斗三升。木构件仿明柱，下大上小，斗拱宽厚。主佛造像头小身长，造型夸张。现状为造像局部残损。

1：仿木构建筑屋形龛，龛内佛头顶低圆肉髻，着圆领通肩大衣，施禅定印，结跏趺坐于长方形高台座，衣裾遮覆莲台。

图 4-39　QN 八三—1 拓片

图 4-40　QN 八三—2 拓片

2：屋形龛，龛内造像题材为维摩诘与文殊菩萨并坐论法。主像二身，右侧造像头戴高冠，颌下胡须一缕，一手凭几一手执扇，几案雕造成弧形两头上翘。结跏趺坐于榻上。造像残损风化。

3：屋形龛，龛内造像二佛并坐说法。二佛造像头圆，形体宽厚，两臂粗壮，结跏趺坐于高台座上。残损风化，细部模糊不辨。

4：屋形龛，龛内造像题材为阿育王施土缘故事。主尊佛头部圆且小，身材高大，披袒右通体大衣，衣裾束起搭于左臂肘，右手贴胸，左手外伸作接物状。左手下有三童子叠罗向上敬献物品。

编号：QN 八五

尺寸：上宽 25、下宽 25、通高 34 厘米

时代：北魏

造像简介：造像石，砂石质。石体局部残损风化，四面开龛，造像题材相同，共计开龛 4 个。圆拱龛，龛楣浅饰桃尖宝盖，楣尾上卷。造菩萨像 4 身。龛内菩萨饰舟样背光，头戴荷冠，宝缯束发，缯带飘折垂至肩头，长脸，上宽下窄，细弧眉，长眼微睁，眼角上翘，小高鼻，阔口厚唇，嘴角内收，秀颈束肩，肩披帔帛，帛带腹际交叉下绕揽于臂肘，下着长裙，赤足站立。整体刻造技法粗糙，呆板生硬，画面简陋。

编号：QN 八六

尺寸：上宽 23~24、下宽 23~24、通高 24 厘米

时代：北齐

造像简介：造像石，粗砂石质，已残损风化，四面开龛造像。每面四周饰方框线，开凿并排双圆拱龛，龛楣饰桃尖宝盖，龛内造坐佛一尊。共造佛像 8 尊。佛造像头顶低肉髻，圆脸形，施禅定印，结跏趺坐于低台座。刻造技法呆板、生硬。现状为风化漫漶，多模糊无法辨识。

编号：QN 八七

尺寸：上宽 46~47、下宽 47、通高 47 厘米

时代：北齐—隋

造像简介：造像石，细砂石质，整体残断成两截，残损严重。四面开龛造像。开凿圆拱主龛4个，长方形辅龛8个。造佛像4尊，菩萨像6身，弟子像2身。龛外刻造护法狮子、供养人以及飞天供养人。造像基本题材组合为一佛二菩萨或一佛二弟子。

1：圆拱龛，龛楣饰桃尖宝盖，龛柱饰覆莲柱础，楣尾上卷饰枝梗荷叶，龛楣外刻饰鸿雁。龛内主尊佛头上磨光低圆肉髻，面相丰满，细眉，长眼微睁，眼角上翘，小高鼻小口，嘴角内收，短颈，大耳垂轮，溜肩宽厚，身形健壮，内着袒右僧祇支，胸际束带作结，外披双领下垂大衣，施禅定印，结跏趺坐于低台座上，衣裾遮覆莲台，衣纹刻饰成圆弧线。主龛两侧雕造长方形辅龛，龛内造像胁侍菩萨头戴荷冠，方圆脸形，细眉长眼，高鼻阔口，披帔帛，着长裙，赤足露趾，双手合十侍立于莲台上。龛下雕造两护法狮子，张口瞠目，尾巴上翘蹲守于佛座前。

2：圆拱龛，龛楣饰桃尖宝盖，楣尾上卷，龛楣外刻饰飞天二身，屈肢伸臂，帛带舞动。龛内主尊佛造像形态与1主尊造像相同。头上磨光肉髻，面相丰满，身形健壮，施与愿无畏印，善结跏趺坐于长方形高台座上，衣裾遮覆莲台，赤足露趾于台座底部，两侧长方形辅龛内二胁侍菩萨戴宝冠，着长裙，侍立于圆形莲台上。

3：圆拱龛，龛楣饰桃尖宝盖，楣尾上卷饰神兽格里芬衔宝珠回首。龛内主尊佛造像形态与1主尊佛造像相同。主尊佛座下部饰大象。两侧长方辅龛内胁侍菩萨头戴高冠，方圆脸形，双肩齐亭，戴项圈，披帔帛，帛带腹际交叉穿璧垂绕揽于臂肘，下着长裙，赤足侍立圆形莲台上。画面残损严重。

4：圆拱龛，龛楣饰桃尖宝盖，楣尾上卷饰龙回首，龛楣外饰果实流苏。龛内主尊佛造像形态与1主尊佛造像相同。施与愿无畏印，结跏趺坐于高台座上。主龛两侧长方辅龛内二弟子造像光头，大耳垂轮，披宽博大衣，侍立莲花形台上。龛下刻饰两供养人，曲身供奉于佛座前，中间刻莲花博山炉。局部残损。

编号：QN 八八

尺寸：上宽 43~44、下宽 45~47、通高 45 厘米

时代：东魏

造像简介：造像石，细砂石质，石体完整，四面开龛造像。四边刻饰方形边框线，计开凿主龛4个，长方形辅龛3个。造主尊佛像、菩萨像4尊，胁侍菩萨像2身，弟子像1人以及童子造像若干等。龛外雕造有花草树木，造型精巧，构图严谨。

1：主龛圆拱龛，龛楣饰桃尖宝盖，楣尾上卷饰兽铺首。龛楣外饰莲花。主尊佛头上磨光高肉髻，面相丰满，细眉，长眼微睁，眼角上翘，小高鼻阔口，嘴角内收，下颌略尖，大耳垂轮，两肩宽厚，身形健壮，内着袒右僧祇支，外披双领下垂大衣，施禅定印，结跏趺坐于低台座上，衣裾自然下垂遮覆莲台敷搭底部，下摆衣褶刻饰双层曲线纹。主龛外侧二长方形辅龛，龛内造胁侍菩萨，头

戴高荷冠，方圆脸形，面相端庄，肩披帔帛，帛带下垂至膝绕折揽于臂肘，下着长裙，双手合十，赤足侍立于莲台。（图 4-41）

2：圆拱龛，龛楣饰桃尖宝盖，龛两侧饰双菩提树，枝叶茂密遮覆龛楣，龛下雕山峦。龛内为太子入山修行白马吻别故事。龛内主尊造像佛为太子时着菩萨装，头上戴高荷冠，方圆脸形，面相丰满，长眼微阖，鼻直口阔，嘴角内收呈八字形。头略向右倾，右手支颐作思维状，内着僧祇支，肩披帔帛，帛带于腹际交叉穿璧垂绕揽于臂肘，右腿盘曲半跏趺坐于高台座上，左手抚右脚踝，左脚赤裸。膝下刻造太子坐骑白马前腿跪曲向前，伸舌舔吻佛足，依依不舍告别情景。造像清晰，构图细致，雕造技法精湛。（图 4-42）

3：屋帷龛，龛楣饰屋顶，脊刹，鸱吻，屋檐，帷幔钩束。三角鱼鳞纹，楣尾饰两龙首张口瞠目，口衔吊饰风铃流苏。龛内主尊弥勒佛着菩萨装，头戴高荷冠，面相丰满，表情宁静，细弧眉，长眼微阖，额宽平，鼻直口阔，嘴角内收呈八字形。内着袒右僧祇支，腰间系带作结。外披帔帛，帛带于腹际交叉穿璧垂绕揽于臂肘，交脚坐于高台座上。主尊造像饰地神力士裸身托举主尊佛双足。两侧饰两弟子侍立，两侧饰护法狮子蹲于佛座前。

4：圆拱龛，龛楣饰桃尖宝盖，楣尾上卷饰忍冬卷草。龛外上角饰果实流苏，龛右侧饰山峦，菩提树枝叶遮覆龛楣。龛内造像为阿育王施土缘故事。主尊佛头上磨光高肉髻，面相丰满，大耳垂轮，内着僧祇支，肩披双领下垂大衣，衣裾束起左手揽搭臂肘，侧首倾身，伸出右手作接受状，三童子叠罗向佛敬献。龛外左侧长方形辅龛内造像弟子一身，弟子光头，方圆脸形，内着僧祇支，外披敷搭双肩大衣，衣裾束起揽于臂肘，赤足露趾侍立。构图精巧，造像清晰，局部残损。

编号：QN 八九

尺寸：上宽 39~40、下宽 40~42、通高 43 厘米

时代：东魏

造像简介：造像石，砂石质。方石体已残为 2 块，粘接修复。上下面平。四面开龛造像。四周饰边框线，计开凿主龛 4 个，长方形辅龛 3 个。造主尊佛像 3 尊，主尊菩萨像 2 尊，胁侍菩萨像 2 身，弟子像 3 身以及童子造像若干等。现状为局部残损。

1：屋帷龛，龛楣饰屋顶，脊刹，鸱吻，屋檐，帷幔钩束，内雕帐形帷幕，百褶鱼鳞形三角形帐饰，束帐搭于龛柱两侧。楣尾饰龙首口衔吊挂串饰风铃，下饰莲台。龛楣外饰莲花。龛内主尊造像为弥勒佛着菩萨装，施与愿无畏印，交脚坐于高台座。主尊佛两侧造二弟子光头，面相清秀，身材修长，窄肩，披通体袈裟袖手侍立。佛座两侧刻造二护法狮子。构图严谨，雕饰细致。（图 4-43；彩版九，2）

2：圆拱龛，龛楣饰桃尖宝盖，楣尾上卷。龛楣外饰果实流苏。主龛内造像题材为阿育王施土缘故事。主尊佛头上磨光高肉髻，方圆脸形，大耳垂轮，细弧眉，长眼微睁，宽鼻翼阔口，嘴角内收，表情和悦，两肩宽厚，身形健壮，袒胸，着双领下垂大衣，衣裾束起揽搭左臂肘，右手伸出作接受状，赤足站立龛内。右侧三童子叠罗敬献状。龛外侧长方形辅龛，龛内造像胁侍菩萨头戴高冠，身材修长，肩披帔帛，下着长裙，侍立于圆形莲台上。衣纹阴线刻成圆弧形纹。

图 4-41　QN 八八—1

图 4-42　QN 八八—2

3：圆拱龛，龛楣外两上角刻饰莲花。龛内造像二佛并坐说法。佛头部残损，着双领下垂大衣，释迦佛施禅定印，多宝佛左手揽衣摆，右手伸向释迦佛示意，二佛均结跏趺坐于低台座上，衣裾自然下垂遮覆莲台敷搭低台基部。

图 4-43　QN 八九—1

4：圆拱龛，龛楣饰桃尖宝盖，楣尾上卷。龛右侧刻饰菩提树，枝叶茂密遮盖龛楣，龛内造释迦牟尼成道前为太子时，树下思维觉悟故事场面。主尊造像菩萨头戴高冠，方圆脸形，长眼微阖，嘴角上翘，面露喜悦，戴项圈，肩披帔帛，帛带向下交叉穿璧垂绕揽于两臂肘，左手抚右脚踝，右手支颐作思维状，局部残损。右腿盘曲，半跏趺坐于高台座上，下着长裙赤足露趾。龛左侧刻长方形辅龛，龛内弟子光头，面相丰满，披宽博大衣袖手侍立莲台。

编号：QN 九〇

尺寸：上宽 35~36、下宽 38、高 38 厘米

时代：北魏

造像简介：造像石，砂石质。石体四面开龛造像。开凿主龛 4 个，千佛龛式小龛 4 个。造主尊佛像、菩萨像 5 尊，弟子像 2 身，供养菩萨 1 身，供养人 2 人以及童子若干等。千佛龛式小佛 4 尊。主尊佛造像，头上磨光高肉髻，面相丰满，细眉，长眼微睁，眼角上翘，小高鼻阔口，嘴角内收，下颌略尖，大耳垂轮，两肩宽厚，身形健壮，内着袒右僧祇支，外披双领下垂大衣，施禅定印，结跏趺坐于低台座上，衣裾遮覆莲台敷搭台座底部，下摆尖折角外扬。

1：圆拱龛，龛楣饰桃尖宝盖，楣尾上卷。龛楣外饰果实流苏。龛内造像二佛并坐说法。

2：圆拱龛，龛楣饰桃尖宝盖，楣尾上卷。龛楣外饰供养人跪侍于莲台。主龛两侧饰千佛龛式小佛龛。主龛内造像阿育王施土缘故事。

3：屋帷龛，龛楣饰盝顶建筑，屋顶，脊刹，鸱吻，挑檐，帷幔钩束。龛内造像交脚菩萨说法像，菩萨戴高冠，宝缯束发，缯带飘折，披帔帛，施与愿说法印，交脚坐于高台座上。两侧弟子侍立，护法狮子蹲守佛座前。

4：圆拱龛，龛右侧为饰菩提树，枝叶茂密遮覆龛楣，左侧饰供养菩萨，执枝梗莲台侍立莲台，金翅鸟展翅于莲台。龛内为太子树下思维觉悟故事。主尊造像菩萨头戴高冠，方圆脸形，长眼微阖，嘴角上翘，面露喜悦，戴项圈，肩披帔帛，帛带向下交叉穿璧垂绕揽于两臂肘，左手抚右脚踝，右手支颐作思维状，局部残损。右腿盘曲，半跏趺坐于高台座上，下着长裙赤足露趾。

编号：QN 九一

尺寸：上宽 31~33、下宽 34~35、通高 41 厘米

时代：北魏

造像简介：造像石，砂石质。石体四面开龛造像。四边饰边框线。开凿圆拱主龛 4 个，长方形辅龛 8 个。雕造佛像 4 尊，胁侍菩萨像、弟子、金刚、供养人像各 2 身，以及浮雕飞天、供养人等图案。现状为局部略有残损。

1：圆拱龛，龛楣饰桃尖宝盖，楣尾上卷。龛外四角饰供养人跪拜于莲台。龛内主尊佛头上磨光肉髻，长圆脸形，下颌尖圆，细弧眉，长眼微睁，高鼻小嘴，嘴角内收，内着袒右僧祇支，胸前系带作结，外披双领下垂大衣，施禅定印，结跏趺坐于低台座上，衣裾遮覆莲台敷搭于台座底部，下摆尖折角微外扬。主龛外侧两长方形辅龛内供养菩萨头饰高螺髻，身披大衣，下着长裙，双手合十赤足侍立。

2：圆拱龛，龛楣饰桃尖宝盖，楣尾上卷饰兽铺首。龛外上角饰果实流苏。龛内主尊佛头上磨光肉髻，长圆脸形，下颌尖圆，细弧眉，长眼微睁，高鼻小嘴，嘴角内收，内着袒右僧祇支，胸前系带作结，外披双领下垂大衣，施与愿无畏印，善跏趺坐于低台座上。主龛外侧长方形辅龛内弟子光头，内身僧衣，外披双领下垂大衣，袖手赤足侍立莲台。

3：圆拱龛，龛楣饰桃尖宝盖，楣尾上卷饰忍冬卷草。龛外上角饰莲花。龛内主尊佛头上磨光肉髻，长圆脸形，下颌尖圆，细弧眉，长眼微睁。高鼻小嘴，嘴角内收，披圆领通肩大衣，施禅定印，结跏趺坐于低台座上，衣裾遮覆莲台敷搭于台座底部，下摆尖折角微外扬。主龛外侧长方形辅龛内胁侍菩萨头戴荷冠，身披帔帛，下着长裙，双手合十赤足侍立莲台。

4：圆拱龛，龛楣饰桃尖宝盖，楣尾上卷饰龙回首。龛外上角饰飞天飘舞。龛内主尊佛头上磨光肉髻，长圆脸形，下颌尖圆，细弧眉，长眼微睁。高鼻小嘴，嘴角内收，内着袒右僧祇支，胸前系带作结，外披双领下垂大衣，施与愿无畏印，结跏趺坐于低台座上，衣裾遮覆莲台敷搭于台座底部，下摆尖折角微外扬。主龛外侧长方形辅龛内饰金刚力士，束发，面目狰狞，身帔帛带，下着短裙，双手握拳赤足侍立莲台。龛下饰护法狮子守卧于佛座前。

编号：QN 九二

尺寸：上宽 31、下宽 31~34、通高 33 厘米

时代：北齐

造像简介：造像石，细砂石质。方石体上下两面平，四面开龛造像。计开圆弧拱龛 4 个，刻造主尊佛像 2 尊，主尊菩萨像 2 尊，胁侍菩萨 6 身。现状为局部残缺。

1：圆弧拱龛，龛楣饰桃尖宝盖，楣尾上卷。龛楣外饰莲花。龛内造像菩萨头戴低花蔓冠，宝缯束发，中有小缺，宽额，窄颐，腮部缩回，细弧眉，长眼微睁，大耳垂轮，秀颈溜肩，胸部圆挺，身材短粗。内着袒右僧祇支，戴项圈，披帔帛，帛带腹际穿壁垂绕揽于臂肘，施与愿无畏印，下着长裙，赤足露趾侍立于圆形莲台上。衣饰简洁。（图 4-44）

2、4：主龛形式与 1 相同。两面题材与组合相同，一佛二菩萨。龛内佛头上磨光高肉髻，宽额，细弧眉，长眼微睁，高鼻小嘴，嘴角内收，下颌丰满，着圆领通肩大衣或内着袒右僧祇支，外披双领下垂大衣，溜肩，体态端庄，施禅定印或与愿无畏印，结跏趺坐于长方形高台座上，衣裾自然下垂遮覆莲台下部。两侧二胁侍菩萨，头上戴冠，面相丰圆，弧眉长眼，小鼻小口，肩披帔帛，帛带自肩部搭下绕肘下垂，下着长裙，腰际系带，双手合十侍立束腰莲座或带枝梗莲花座上。

3：圆弧拱龛，楣尾饰朱雀回首站立莲台。龛内弥勒佛着菩萨装，头戴花蔓冠，宝缯束发，缯带飘折。面相丰满，长眼微睁，眼角上翘，高鼻小口，下颌丰润有肉纹线，秀颈削肩，大耳垂轮，戴项圈，内着袒右僧祇支，披帔帛，帛带腹际交叉穿壁垂绕揽于臂肘。施与愿无畏印，交脚坐于长方形高台上，衣裾遮覆莲台敷搭座底部。主尊造像外侧胁侍菩萨与 2 同类形象相同。赤足侍立于束腰莲台之上。（图 4-45）

图 4-44　QN 九二—1

图 4-45　QN 九二—3

图 4-46 QN 九三—2 铭文

编号：QN 九三

尺寸：上宽 27~28、下宽 29~30、通高 37 厘米

时代：东魏

造像简介：造像石，砂石质。四面开龛造像。开凿长方形主龛 4 个，长方形辅龛 7 个。造主尊佛 4 尊，胁侍菩萨像 6 身，飞天 2 身，力士 1 身。长方形平弧拱龛内主尊佛头上高肉髻，方圆脸形，面相丰满，大耳垂轮，细弧眉，长眼微阖，目光下视，鼻直口小，短项溜肩，体态端庄，内着僧祇支，外披双领下垂大衣或圆领通肩大衣。施禅定印或与愿无畏印，结跏趺坐或善跏趺坐于高台座上，衣裾遮覆莲台，下摆尖折角微外扬。胁侍菩萨造像体态面相同佛，肩披帔帛，着长裙，腹部微突起，帔帛绕肘向下，手执法物，赤足侍立圆形莲台上。造像风格粗犷。现状为画面完整。

1：龛楣上部雕刻圆形莲花，右角雕饰太阳，内饰三足乌。楣尾饰龙回首，主龛造佛像一尊，着圆领通肩大衣，双手覆搭于腿部，结跏趺坐于高台座上。辅龛内各造胁侍菩萨一身。

2：龛楣右侧饰山间菩提树，枝叶遮覆龛楣。龛楣左上角饰朱雀。主龛造主尊佛像一尊，施与愿无畏印，结跏趺坐于高台座上。左侧辅龛内造护法力士造像，面相丰满，形象威武，身形健壮，手握拳执杵，侍立龛内。龛右侧阴线刻楷书“妻□易容……”等字样。（图 4-46）

3：圆拱龛，龛楣饰双龙缠绕，束莲。楣尾饰龙回首。造像一佛二菩萨，主尊佛施禅定印，结跏趺坐于长榻座上。辅龛内造胁侍菩萨赤足侍立莲花台上。

4：龛楣刻造飞天两身，体态丰满肥腴，屈肢伸臂，着褒衣博带式服装，帛带飘飞。造像题材为一佛二菩萨佛，主龛内主尊立佛一尊，辅龛内胁侍菩萨各一身。

编号：QN 九四

尺寸：上宽 39、下宽 41~42、通高 42.5 厘米

时代：东魏

造像简介：造像石，砂石质。上下面平整，四周开龛造像，共开凿主龛 4 个，辅龛 2 个。造主尊佛像 4 尊，胁侍菩萨像 6 身，弟子像 2 身。造像题材为一佛二菩萨或一佛二弟子。主尊佛造像背后刻饰舟样通身背光，饰火焰纹。头部饰圆形莲花头光图案。头顶上磨光圆肉髻，方圆脸形，下颌窄小，高眉骨，长眼微阖，高鼻阔口，大耳垂轮，表情宁静，内着袒右僧祇支，外披双领下垂大衣，或圆领通肩大衣。施禅定印或与愿无畏印，结跏趺坐于长方形高台座上，衣裾遮覆莲台敷搭于长方台座底部。衣褶呈双层曲线纹饰。主尊佛两侧胁侍菩萨饰叶形头光，圆脸形，戴高荷冠，宝缯束发，缯带飘折，披帔帛，帛带于腹际交叉下垂揽于臂肘，一手持执法物或一手之宝物贴胸，下着长裙，赤足侍立圆形莲台上。高浮雕镂空技法，增强造型立体感。现状为基本完整，局部风化。

1：圆拱龛，龛楣饰桃尖宝盖，楣尾上卷饰龙回首，龛楣外饰莲花、果实流苏、团花。龛内造

像题材一佛二菩萨。龛外饰护法狮子头像。

2：圆拱龛，龛楣饰宝盖，楣尾内卷镂空刻造，饰神兽格里芬回首，莲台龛柱。龛楣外饰果实流苏，龛内造像一佛二弟子。弟子方圆脸形，光头，长眼微阖，小鼻阔口，披袒右大衣，衣裾束起揽搭臂肘，下着长裙，赤足侍立枝梗莲台上。（图 4-47）

3：圆拱龛，龛楣饰桃尖宝盖、楣尾上卷。龛楣外饰飞天手执瑞草，果实流苏、束莲、团花。造像题材一佛二菩萨。

4：圆拱龛，龛楣饰宝盖、忍冬卷草，楣尾上卷饰龙回首，龛内造像题材一佛二菩萨。胁侍菩萨下部饰护法狮子。

编号：QN 九五

尺寸：上宽 36~38、下宽 37.4~38、通高 40 厘米

时代：北齐晚

造像简介：造像石，砂石质。方石体四面开龛造像，开凿圆拱龛 4 个，造主尊佛像 4 尊，弟子像 8 身。四面造像题材均为一佛二弟子，现状为风化严重，造像面目多模糊不辨。

1、2、4：圆拱龛，龛前饰仿木构建筑，明柱、斗拱，曲脚人字拱补间。龛楣饰宝盖，楣尾上卷饰忍冬卷草，龛柱饰莲瓣、覆莲柱础等。龛内主尊佛饰通身舟样背光，头上磨光低肉髻，长圆脸形，面相清秀，秀颈，溜肩，身形健壮，体态端庄，着圆领通肩大衣，施禅定印，结跏趺坐于高方台上，两侧二弟子饰圆形头光，着通体袈裟，双手合十侍立于圆形莲台上。（图 4-48）

图 4-47　QN 九四—2

图 4-48　QN 九五—1

3：圆拱龛，龛前饰仿木构建筑，明柱下部饰力士。龛楣饰宝盖，楣尾上卷饰朱雀回首，龛柱饰莲台，龛下部两侧饰大象立于佛座前。龛内造像一佛二弟子。造像形态与1相同。

编号：QN 九六

尺寸：上宽 36~38、下宽 36~38、通高 36 厘米

时代：北齐

造像简介：造像石，砂石质。石体完整，上下面平整，四面开龛造像，外侧刻饰阴线方框线。共开凿平拱龛4个，造像佛4尊。现状为风化漫漶严重，局部残缺。

四面造像组合和题材相同，为四方佛。圆拱龛，龛内主尊造像佛头上磨光高肉髻，宽额，方圆脸形，面相丰满，表情和悦，细眉长眼，小鼻阔口，大耳垂轮，短颈溜肩，挺胸。着圆领通肩大衣，施禅定印，结跏趺坐于低台座上，衣裾遮覆莲台敷搭台座底部，下摆尖折角微外扬，衣褶成双层重叠。

编号：QN 九七

尺寸：上宽 33~34、下宽 34、通高 33 厘米

时代：北魏

造像简介：造像石，砂石质。上下两面平，四面开龛造像。共开各式龛7个，造主尊佛像、主尊菩萨像8尊，菩萨弟子等4身以及童子造像若干等。现状为风化严重，造像细微部多已漫漶。

1：圆拱龛，龛楣外饰双菩提树，枝叶遮覆，两侧饰飞龙形图案。龛内造维摩诘与文殊菩萨论法故事。二人头上高冠饰，前置翘状三支脚台几，二人凭几而坐，说法论道。

2：圆拱龛，龛楣饰桃尖宝盖，刻飞天，楣尾上卷饰朱雀，龛外团花，多漫漶。龛内造一立佛二弟子像。

3：长方形主龛，龛楣上层并列三个小圆拱龛，内各一坐佛。主龛内雕造二组图案，一组为阿育王施土缘；一组为白象送子故事，象背上造立像三尊，象鼻上举一莲花童子，已风化不清。

4：圆拱龛，龛楣饰桃尖宝盖，相向飞天，楣尾上卷，龛两侧飞龙护卫，外侧刻饰双菩提树枝叶茂密遮覆龛楣。龛内主尊佛头顶上磨光高肉髻，面相丰满，细眉长眼，双手捧宝物立于龛内，两侧二弟子双手合十侍立。

编号：QN 九八

尺寸：下宽 30~32、上宽 28~30、通高 36 厘米

时代：北齐天保四年

造像简介：造像石，黄白砂石质。石质粗松。四面开龛造像。开凿凸字形龛4个，造主尊佛像4尊，胁侍菩萨像8身。四面基本相同，龛内造像组合一佛二菩萨。佛头上磨光肉髻，面相长方，高鼻头，小嘴唇，嘴角内收，秀颈，溜肩，身形健壮，体态端庄挺拔。着圆领通肩大衣，作禅定印，结跏趺坐于高方莲台上。衣裾覆盖莲台基部，呈单层波浪形纹饰，上身衣纹雕造成浅线圆弧“U”形纹。两侧胁侍菩萨戴宝冠，帔帛巾，下着长裙，双手胸前作莲花合掌印，立于莲台。造像简洁粗犷。

4的两侧阴线刻楷书“唯大齐天保四年四月廿三日故人王永妻/□□为亡夫/敬造三/石像/……为/□父母/存因缘/眷属国祚永隆俱时成佛”造像铭。现状为局部残损。（图4-49、50）

编号：QN九九

尺寸：上宽29~31、下宽30~31、通高30厘米

时代：北齐

造像简介：造像石，细砂石质。方石体上下两面平，局部残缺风化，四周开龛造像，共开凿平弧拱龛4个，刻造主尊佛像4尊，主尊菩萨像1尊，弟子像4身。圆拱龛，龛楣饰桃尖宝盖、火焰纹，楣尾上卷。两上角浅浮雕圆莲瓣图案，龛周边刻方形边框线。现状为局部残损。

1：龛内佛头上磨光低圆肉髻，方圆脸形，面相丰满，细眉长眼，眼缝微开，鼻直口小，嘴角内收呈八字形，下颌宽圆，两腮部圆鼓，表情和悦。着圆领通肩大衣，施禅定印，结跏趺坐于莲台上，衣裾遮覆台座下部。两侧二弟子光头，眉目俊秀，身材修长，穿通身大衣。衣纹作“U”形纹饰。龛柱两侧阴线铭刻行书两行“象主李阿念/妻马向珠”。（图4-51）

2：龛内菩萨戴宝冠，宝缯束发，缯带飘折，方圆脸形，弧眉长眼，目光下视，鼻直口小，嘴角内收，圆下颌，秀颈圆肩，胸腹部圆挺，肩披帔帛，帛带绕肘下垂，下着长裙，腰间束带，两手胸前合十赤足站立。两侧弟子光头，面相丰满，披通体袈裟，袖手侍立。

3：佛龛内坐佛头上磨光肉髻，方圆脸形，弧眉，鼻直口小，圆下颌，短项圆肩，胸腹挺直，身着圆领通肩大衣，施禅定印，结跏趺坐于莲座上。衣裾遮膝至莲座上部，莲座造成简洁的莲瓣纹饰。

4：龛两侧刻造忍冬纹饰，龛内造二佛并坐。图面光洁清晰，局部残损。（图4-52）

编号：QN一〇〇

尺寸：上宽27~29、下宽30、通高32厘米

时代： 北齐

造像简介：造像石，砂石质。上下面不平整，石面不甚规矩，石面刻出边框线，四面凿龛造像，开龛4个。共刻造佛像3尊，菩萨像1身。圆拱龛，龛楣饰桃尖宝盖，楣尾上卷。现状为局部残缺风化，细部不辨。

1：龛内菩萨造像头戴花蔓冠，面相丰满，戴项圈，细弧眉，长眼微睁，高鼻小嘴，表情安详。削肩挺胸，身形修长。内着僧祇支，腰际系带，肩披帔帛，帛带自肩部搭下，绕肘下垂，裸小臂。下身着长裙，赤足立于莲台。

2、4：龛内佛造像高圆肉髻，方圆脸，大耳垂轮，弧眉长眼，眼帘微睁，鼻直口小，嘴角内收，体态端庄，内着袒右僧祇支，外披双领下垂大衣，左手施与愿印，右手施无畏印，结跏趺坐于高台座上。衣裾遮覆莲台敷搭高台基部。衣纹饰成圆弧形和曲线波纹。龛楣两上角刻饰圆莲图案。

3：龛内佛头上磨光高圆肉髻，宽额，弧眉长眼，眼帘微睁，目光下视，鼻直口小，嘴角内收，短项溜肩，胸腹部圆挺，身形粗壮，体态端庄，上身内着僧祇支，腰间束带，外披双领下垂大衣，施与愿无畏印，下着长裙，赤足露趾立于莲台。衣纹成曲线纹，简洁清晰。

0 5厘米

图 4-49 QN 九八—1

图 4-50 QN 九八—4 拓片

图 4-51 QN 九九—1 拓片

0 5厘米

图 4-52 QN 九九—4

编号：QN 一〇一

尺寸：上宽 23~24、下宽 23~24、通高 24 厘米

时代：北魏

造像简介：造像石，细砂石质。四方石体完整，上下面平整，四面开龛造像，共开平弧拱龛 4 个，雕佛像 4 尊。方石四面造像，刻方框界线。题材均为一佛。圆拱龛，龛楣饰桃尖宝盖，楣尾上卷。龛内佛像方圆脸，头上磨光低肉髻，面相丰满，表情恬静，宽额，长眉细目，微睁眼睑，高鼻小嘴，大耳与肩齐平，短颈，两肩齐亭较窄，身形健壮，体态端庄，着圆领通肩大衣，施禅定印，结跏趺坐于长方莲台上，衣裾覆膝自然下垂搭长方台座，下摆衣褶呈圆弧形。长方莲座无饰或雕刻圆形莲花图案。造像较细致。现状为基本完好，局部残损。

编号：QN 一〇二

尺寸：上宽 49~51、下宽 49~53、通高 51 厘米

时代：北齐

造像简介：造像石，砂石质。质地细密，表面雕造光洁。四周开圆拱龛四个，长方形小龛两个，雕造佛像 5 尊，胁侍菩萨、弟子、供养人像共 6 身。造像题材组合：1 为一佛二弟子，2 为一佛二菩萨，3 为二佛并坐，4 为一佛二菩萨二供养人。

圆拱龛，龛楣饰桃尖宝盖、火焰纹。龛内主尊佛饰舟样背光，头上磨光高圆肉髻，长圆脸形，面相俊秀，秀颈，削肩，体态端庄，施禅定印，结跏趺坐于高莲台上。佛着圆领通肩或双领下垂大衣，衣裾遮覆莲台下部。二佛并坐说法，坐长榻型莲台。菩萨戴高冠，饰头光，宝缯束发。面部丰满，双手合十或执持宝物，帔帛揽起搭肘下垂，贴体雕造。弟子双手合十披袈裟两侧侍立。龛外饰忍冬卷草、朱雀、宝莲、团莲等图案。现状为造像面有风化残损。

编号：QN 一〇三

尺寸：上宽 46~47、下宽 46~47、通高 47 厘米

时代：北齐

造像简介：造像石，砂石质。石体方形，表面光洁，刻划精细。塔面四面开四龛，造佛像 3 尊，菩萨像、胁侍菩萨像 4 身，弟子、供养人像 4 身，周边饰减地边线，上角饰团花。圆拱龛，龛楣饰桃尖宝盖，莲花瓣纹装饰。龛内佛像头上磨光高肉髻，长圆脸形，面相丰满，尖下颌，弧眉长眼，小鼻小嘴，短颈削肩，身形修长，体态端庄。内着僧祇支，外披双领下垂或圆领通肩大衣，佛左手施与愿印，右手施无畏印，结跏趺坐于高方台座上，衣裾覆敷莲台基部，纹饰精细条理。胁侍菩萨戴宝冠，披帔帛，腰际系带，帛带搭莲台基部，纹理流畅，着长裙，双手胸前合十赤足侍立圆形莲台上，衣饰轻薄，雕造细腻。现状为画面清晰完好，略有残损。为出土石刻中的精品。

1：龛内造像组合为一佛四胁侍菩萨。胁侍菩萨双手胸前合十，赤足站立圆形枝梗莲花台上。外侧下层台座两菩萨侍立莲台，左侧菩萨左手持宝物贴于胸前，右手下垂提香囊；右侧菩萨则右手持宝物贴于胸前，左手下垂提香囊。衣着姿势相同，赤足站立枝梗莲花台上。内侧卧护法狮子。

佛座为双层高台座，台座下层单线刻饰莲台花束。风化剥蚀，细部不辨。

2：帷幔龛，帷幔龛上饰鳞纹三角纹，帷幔系带束起，表现逼真，龛下部两侧各饰一护法狮子。龛内交脚菩萨头戴宝冠，宝缯束发，飘带下垂。面相长圆，大耳垂轮，细眉小眼，鼻直口方，披帔巾，帛巾下垂腹际，交叉穿璧向下绕膝，弯曲向上揽于两小臂后垂拂外侧。左手施与愿印，右手施无畏印，裙裾垂拂交叉两脚踝部位。两侧二弟子身材修长，长圆脸，眉目清秀，内着僧衣，外披袈裟，右衣角揽于左臂，双手合十，赤足侍立。（图 4-53）

3：上角饰蔓草、团花。圆拱龛，龛楣饰桃尖宝盖，莲花瓣纹装饰。楣尾饰朱雀回首，生动形象，朱雀站立莲台，上下莲台间梭柱支撑（或为幡帘）。龛内造像为阿育王施土缘，立佛像头上磨光低圆肉髻，面相长圆，尖颌，面目残损。身材高大，内着僧衣，外披袈裟，右衣角揽于左臂，右手伸出作接受状，微俯身赤足站立，残损细部不辨。三童子垒叠风化细部不辨。外侧二弟子合掌站立，风化剥蚀残损，身形不全。

4：画面周边饰减地边线，上角饰团花、流云。圆拱龛，龛楣饰桃尖宝盖，莲花瓣纹装饰。楣尾饰莲花束。龛内主尊佛头上磨光低圆肉髻，面相长圆，尖颌，丰满秀丽， 细长眉小眼，鼻直口方，嘴角内收，下颌明显，短颈削肩，身形修长，体态端庄。内着僧衹支，外披双领下垂大衣，以衣右角，宽搭左肩，垂之后背。佛左手施与愿印，右手施无畏印，善跏趺坐端坐高方莲台座上，座下莲花，莲花童子举手向上承托佛足，两供养人身材修长，头饰螺旋尖髻，圆脸形，眉清目秀，披帔巾，帛巾绕臂，着长裙，合掌侍立。龛外侧线刻两位道人，披发，高鼻深目，赤裸上身，一腿盘曲。左侧一位手执人头骨一具，作敲击状，画面为佛传故事中鹿头梵志“敲尸辨因”的场面；右侧一位手执一鸟雀，作询问状，为尼乾子“执雀问佛”故事。（图 4-54）

编号：QN 一〇四

尺寸：上宽 43~44、下宽 43~44、通高 44 厘米

时代：北齐

造像简介：造像石，砂石质，质地细腻。四方形石四周开龛造像，开凿圆拱龛 4 个，刻造主尊佛像、主尊菩萨像 5 尊，胁侍菩萨像 6 身，弟子像 4 身，石面造像风格特色同一〇二、一〇三。龛外装饰图案精美细致，衣纹刻造规则，繁缛复杂，雕刻精细，雕刻技法极其精湛。现状为略有残损。

1：龛楣饰桃尖宝盖，忍冬卷草，楣尾上卷饰莲花。龛外饰细密精美的束莲莲花图案。主尊佛施与愿无畏印，结跏趺坐于高方座上；两菩萨戴宝冠双掌合十侍立。

2：龛楣饰桃尖宝盖，忍冬卷草，楣尾上卷饰忍冬卷草。龛外装饰嘉禾、莲花、火焰图案。二佛并坐一长方形的高方座上，作说法状，二弟子侍立于圆龛内侧。

3：圆拱龛，龛楣饰菩提树遮天蔽日，盖搭龛顶，大树枝叶茂密，山峰重叠。护法狮子或昂头或伸爪，形象各异。龛内主尊佛着菩萨装，戴宝冠，半跏趺坐于圆莲台座上，两侧二弟子侍立，双手合十作虔诚状。

4：龛楣饰桃尖宝盖，忍冬卷草。楣尾上卷。龛外边及座前线刻出莲花、火焰纹饰。龛内造像表现出的场面规模宏大，主尊佛结跏趺坐于高方台上，两侧四胁侍菩萨分层立于莲花台上。

图4-53 QN一〇三—2

图4-54 QN一〇三—4

编号：QN 一〇五

尺寸：上宽 39、下宽 39~40、通高 39 厘米

时代：北齐

造像简介：造像石，砂石质。四方石体四面开龛造像，共开圆拱龛 4 个。龛楣饰桃尖宝盖，忍冬卷草，楣尾上卷饰莲花，龛外侧饰圆莲花，龛两侧饰嘉禾、束莲。造佛像 3 尊，菩萨像，胁侍菩萨像 5 身，弟子像 4 身。造像组合：1 为一佛二弟子，2 为一站立菩萨二弟子，3、4 为一佛二菩萨。石面装饰及造像风格与 QN 一〇三同。现状为风化漫漶，局部模糊不清。

编号：QN 一〇六

尺寸：上宽 35~36、下宽 35~36、通高 35 厘米

时代：北齐

造像简介：造像石，砂石质。正方体，石面四周开龛造像，共雕造圆拱龛 4 个。龛楣饰桃尖宝盖，忍冬卷草，楣尾上卷饰莲花，龛外侧饰圆莲花，龛两侧饰嘉禾、束莲。刻造佛像 5 尊。菩萨、弟子、供养人像等 6 身。造像组合 1 为一佛二弟子；2 为一佛二菩萨，菩萨戴高冠侍立于枝梗莲台；3 为一佛二菩萨，菩萨头顶螺髻侍立枝梗莲台；4 为二佛并坐说法。画面构图、装饰图案与造像风格与 QN 一〇三相同。现状为画面完好，略有风化残损。

编号：QN 一〇七

尺寸：上宽 28~33、下宽 31~33、通高 33 厘米

时代：北齐—北周

造像简介：造像石，砂石质。四方石体画面饰方形框线，四面开龛 4 个，造佛、菩萨像 5 尊，弟子像 4 身及童子、力士等像数人。圆拱龛，龛楣饰桃尖宝盖，楣尾上卷，龛外角饰莲瓣图案。佛造像方圆脸，面相丰满，身体健壮，体态端庄，外披圆领通肩大衣，结跏趺坐于高方莲台，施禅定印。衣裾自然下垂，遮莲台半部，衣褶成圆折。现状为局部有残缺。

1：造像题材为阿育王施土故事。

2：龛内造像题材为文殊、维摩诘论道故事。画面左侧文殊造像，头顶上肉髻，着双领下垂袈裟，结跏趺坐，衣裾重复，敷搭莲台。右侧维摩诘着褒衣博带式服装，右手执扇，左手抚几，盘腿而坐，背后屏风遮护，表现摩诘居士的身份与环境。

3：龛内主尊佛，龛侧二弟子侍立于莲台上，在莲台下力士作托举状。

4：龛内主尊佛结跏趺坐于束腰须弥座莲台上，施与愿无畏印。两弟子披通体袈裟，合掌面佛侍立枝梗莲台，龛外浅刻蔓草纹、葫芦状图案。

编号：QN 一〇八

尺寸：上宽 28~29、下宽 28~30、通高 29 厘米

时代：北魏

造像简介：造像石，砂石质。四面开佛龛4个，造像12身。现状为风化，画面模糊。

1：长方形龛，龛楣饰菩提树。龛内二佛并坐，佛头上磨光肉髻，面相丰满，着圆领通肩袈裟，施禅定印，结跏趺坐于长方莲台，衣裾若三片甲遮覆莲台。龛外饰菩提树交相映印，枝叶茂密参天。

2：菩提双树形龛，造像为佛涅槃变故事，刻造一尊释迦大佛，侧卧，周边弟子或双手捧面，或低头曲体，作悲痛哭泣状。（图4-55）

3：菩提双树形龛，龛内刻造一棺二人抚棺低头悲泣，为佛涅槃变故事的场面。释迦佛涅槃后金棺点燃不着，当佛的大弟子迦叶赶回时，佛在金棺内伸出双足，显示一种感知。待迦叶祭祀后，金棺自燃。（图4-56）

4：菩提双树形龛，龛内主尊佛作跏趺坐姿，施禅定印，两侧二弟于合掌着通体大衣，赤足侍立。

编号：QN一〇九

尺寸：上宽40、下宽43~44、通高45厘米

时代：北齐

造像简介：造像石，砂石质。四方石面开四龛，外侧刻方框线。雕造佛像3尊，菩萨像3身，弟子像4身。现状为局部风化残缺。

1：圆拱龛，龛楣饰忍冬蔓草。楣尾饰忍冬上卷挂穗节状流苏图案。龛外饰莲瓣团花。交脚菩萨造像头戴高宝花蔓冠，宝缯束发，搭带至肩头，面相清俊秀丽，细弧眉小眼睛，高鼻头，小嘴，下颌尖削，溜肩，体态轻盈。内着僧祇支，肩披帔帛，帛带腹际交叉穿环形璧后上绕搭于手臂。施与愿无畏印坐高莲台上，两侧二弟子着通体紧身袈裟，侍立于圆形莲花台上，二护法兽侧卧或护法大象站立高方座两侧（彩版一一，2）。

图4-55 QN一〇八—2

图4-56 QN一〇八—3

图 4-57 QN 一〇九—2

2：圆拱龛，佛像磨光高肉髻，束发中有山形缺口，面相清秀，低眉颔首，秀颈溜肩，身形端庄，着圆领通肩大衣，施禅定印，结跏趺坐于高方莲台上，衣裾自然下垂遮覆莲台。龛外饰飞天团花图案，飞天漫空飞舞，帛带飘飞，婆娑缥缈。两侧饰朱雀回首侍立莲台，下边饰鹳鸟引颈听论道等。造像故事应为释迦成道造型。（图 4-57）

3：圆拱龛，龛柱上下饰兽面。龛内造一佛二弟子。主尊佛两侧，左阿难、右迦叶二弟子披通体袈裟侍立莲台。下部各一大象护卫。

4：圆拱龛。龛两侧饰荷叶莲台。造像组合为一佛二菩萨。佛头上高肉髻，面相清秀，秀颈溜肩。着双领下垂宽博大衣。施与愿无畏印，结跏趺坐于高莲台座上，衣裾自然下垂遮覆莲台底部。两侧胁侍菩萨头戴高冠，宝缯束发，缯带飘折，披帔帛，帛巾下垂绕肘，下着长裙，赤足侍立于莲台上。造像背后有舟样背光，菩萨饰叶形项光。

编号：QN 一一〇

尺寸：上宽 36~38、下宽 37~38、通高 47 厘米

时代：北齐

造像简介：造像石，砂石质。造像石体完整，不甚规整，四面外侧刻边框线，开龛造像，共开四龛，刻佛像 4 尊，胁侍菩萨或弟子像 6 身。平弧拱龛，龛楣饰桃尖宝盖，楣尾上卷。现状为局部残缺，风化漫漶严重，多不辨识。

1、3：两面造像组合均是一佛二弟子。佛造像头上磨光肉髻，方圆脸形，面相丰满，表情喜悦或宁静安详，神态自若，宽额，长眉小眼，小高鼻小嘴，嘴角内收呈八字形，大耳垂轮，与肩齐平。短颈，身形健壮。内着僧祇支，外披圆领通肩或双领下垂袈裟，施禅定印或施与愿无畏印，结跏趺坐于高方台座上，衣裾自然下垂遮覆莲台上部，衣纹简洁，刻造成规则条理的阴线曲波纹。

两弟子光头，身材修长，披通体袈裟，双手合十于胸前侍立两侧。细部已无法辨识。

2：一佛二菩萨，主尊佛两侧菩萨戴冠，身材修长，披帔帛着裙侍立。

4：龛内菩萨头上戴高冠，面相方圆，表情和悦，细长眉小眼，小鼻小嘴，内着僧祇支，外披帔帛，下着长裙，腰间系带，施莲花合掌印，赤足站立。

编号：QN 一一一

尺寸：上宽 30~32、下宽 34、通高 37 厘米

时代：北齐

造像简介：造像石，砂石质。四方石上下面平整，四面开龛造像，共刻佛龛 4 个，佛像 5 尊，菩萨 2 身，弟子像 4 人。平弧拱龛，龛楣饰桃尖宝盖、火焰纹。现状为石面略有残损，局部风化不清。

1：龛内造一佛二弟子。主尊佛头上磨光肉髻，方圆脸，细长弧眉小眼睛，小高鼻小嘴，秀颈溜肩，身形粗壮，外披袈裟，整体衣纹简洁，施与愿无畏印站立。二弟子身披袈裟，双手于胸前作莲花合掌印侍立两侧。

2：龛内造像为释迦多宝二佛并坐说法。

3：龛内造一佛二弟子，主尊佛施禅定印，结跏趺坐于长方莲台，二弟子侍立两侧。

4：龛内造一佛二菩萨，佛头上磨光低肉髻，面相丰满，眉目清秀，溜肩，身形健壮，外披宽博袈裟，施与愿无畏印，结跏趺坐于长方莲台上，衣裾遮覆莲台。两侧胁侍菩萨头戴荷冠，双手合十面佛侍立。石面多风化。细部不辨。

编号：QN 一一二

尺寸：上宽 30~31、下宽 30~32、通高 31 厘米

时代：北齐

造像简介：造像石，细砂石质。上下两面平，四周开龛造像，刻饰方形边框线，共开龛 4 个。平弧拱龛，龛楣饰桃尖宝盖、火焰纹，左右两上角刻造圆莲瓣图案。刻佛像 4 尊，菩萨像 2 身，弟子像 8 身，供养人 2 身。主尊佛头上磨光肉髻，方圆脸形，面相丰满，高眉骨，细眉长眼睛，目光下视，小高鼻小嘴，嘴角内收呈八字形，大耳垂轮，两肩宽厚，胸腹部挺直，内着僧祇支，外披紧身袈裟，左手施与愿印，右手施无畏印，结跏趺坐于高方莲台上，衣裾遮覆莲台上半部位，衣褶作简洁规则的曲线。现状为造像图案清晰，雕造光洁。

1：造像题材组合一佛二菩萨二弟子。圆拱龛，楣尾上卷饰荷叶。龛内主佛一尊，两侧胁侍菩萨头戴宝冠，细眉长眼，戴项圈，披帔帛，着长裙，赤足侍立。龛外二弟子光头，面相丰满，低眉颔首，披宽博通体袈裟，侍立两侧。

2：造像题材组合一佛二弟子二供养人。圆拱龛，龛内主尊佛肥颐短项，胸腹部直挺，身形端庄，着圆领通肩大衣，“U”形衣纹，施禅定印，结跏趺坐于高方莲台上，衣裾自然下垂遮覆莲台，衣褶作简洁的曲线纹。两侧弟子光头，方圆脸，面相丰满，细长眉长眼，目光下视，小鼻头小嘴，体态瘦削清秀，肩披宽博袈裟，衣裾束起搭肘，衣纹雕刻纹理清晰。龛外两侧刻二供养人饰高螺髻，

身穿通体长裙，体态轻盈，身形修长。

3、4：圆拱龛，龛楣装饰同上，龛外侧刻花草纹图案。造像题材组合为一佛二弟子。主佛一尊。两侧弟子光头，面相丰满，目光下视，披宽博袈裟，侍立两旁。

编号：QN 一一三

尺寸：上宽 28、下宽 30、通高 32 厘米

时代：北齐

造像简介：造像石，砂石质。方石完整，上下两面平，四面开龛造像，开凿圆拱龛 4 个，龛楣饰桃尖宝盖、火焰纹，楣尾上卷。底部刻边框线。共造主尊佛 5 尊，胁侍菩萨像 4 身，弟子像 2 身。现状为石体完整，表面光洁，局部轻微风化。

1：龛内造像题材组合为二佛并坐。佛头顶上磨光低圆肉髻，正方脸形，面相丰满，高凸眉骨，长眼微阖，小高鼻小嘴，嘴角内收八字，肥颐短颈，大耳垂轮，两肩宽厚，胸腹直挺，体态端庄，着圆领通肩大衣，“U”形衣纹。手心向内左右两掌相贴作金刚三昧印，结跏趺坐于低台座上。衣裾自然下垂遮覆莲台，衣纹呈圆弧线。

2、3、4：该三面造像题材组合一佛二菩萨、一佛二弟子。圆拱龛，龛内主尊佛头上磨光低肉髻，方圆脸形，面相丰满，高眉骨，凸线弧眉，长眼微阖，目光下视，小高鼻小嘴，嘴角内收呈八字形，肥颐短颈，大耳垂轮。造像溜肩，胸腹直挺，体态端庄，内着僧祇支，胸部束带作结，外着双领下垂大衣，施与愿无畏印，结跏趺坐于高台座上，衣裾遮覆莲台敷于高方座下，衣纹成重叠的曲线纹。两侧胁侍菩萨，头上戴高荷冠，长圆脸形，面相丰满，低眉颔首，身材修长，披帔帛，着长裙，双手合十侍立莲台。两侧弟子造像则光头，方圆脸形，面相端庄，披紧身袈裟，双手合十侍立莲台。造像表面光洁，技法精细。

编号：QN 一一四

尺寸：上宽 25~26、下宽 25~26、通高 26 厘米

时代：北齐

造像简介：造像石，砂石质。方石上下两面平，石体完整，画面清晰，四周开龛造像题材相同，四方佛。画面刻饰边框线，开凿平拱龛 4 个，刻主佛像 4 尊。龛内佛头顶上磨光高肉髻，宽额头，高眉骨，细长弧眉，长眼微阖，目光下视，小高鼻小嘴，嘴角内收，下颌圆润，面相丰满，秀短颈，溜肩，胸腹部直挺，着圆领通肩大衣，“U”形圆弧衣纹，施禅定印或上品上生印，结跏趺坐于低台座上，衣裾自然下垂遮覆莲台敷搭于台座底部，衣褶雕饰为双层曲线形衣纹。造像雕造精细。现状为造像清晰完好。

编号：QN 一一五

尺寸：上宽 23~26、下宽 23~26、通高 29 厘米

时代：北魏

造像简介：造像石，砂石质。石体四面开龛造像，题材为四方佛，开凿圆拱龛4个，佛像4尊。主尊佛头顶上磨光高肉髻，宽平额头，面相清秀，细眉长眼，眼帘微阖，眼角上翘，小高鼻，阔口微张，短颈，大耳垂轮，窄肩圆溜，内着僧祇支，外披方领下垂大衣，施禅定印，结跏趺坐于方台之上，衣裾遮覆莲台。衣纹简洁明快，雕造成竖向重叠的曲线衣褶。现状为基本完整，局部风化。

编号：QN 一一六
尺寸：上宽 26~29、下宽 24~25、通高 32 厘米
时代：北魏

造像简介：屋形造像石，砂石质。石为锥台形，上部盝顶形屋檐，四面开龛造像，共开凿尖拱龛4个，造佛像4尊，胁侍菩萨8身。四面造像题材组合相同，为一佛二菩萨。

尖拱龛，龛内主尊佛头上磨光高肉髻，长圆脸形，尖下颌，鼻直口阔，面相清俊，内着僧衣，外披袒右大衣，施禅定印，结跏趺坐于低台座上，衣裾遮覆莲台敷搭台座基部，下摆外扬。龛外两侧刻饰供养菩萨，头戴冠，披帔帛，下着长裙，双手合十面佛侍立莲台。造像石上部多已残损，主尊佛造像雕造技法简略，龛外侧胁侍菩萨造型简单粗糙。现状为局部残缺风化。

QN 一一七至 QN 一二一，砂岩质。质地细密，造像雕造技法精湛，刻划细致。造像形式风格一致，拟视为一组，组合为五层，按石刻造像铭记“造像一区，举高五级”。上下宽度自 54 厘米渐缩小至 26 厘米，每级高度由 56 厘米逐级递减至 40 厘米，每级造像石均四面开造立体式屋形龛。配置屋檐刻石、塔刹，就可组成完整造像塔。

编号：QN 一一七
尺寸：上宽 46~49、下宽 53~54、通高 56 厘米
时代：东魏

造像简介：四方石体，四面开造立体式屋形龛，总计雕刻4龛，佛像5尊，胁侍菩萨像6身。屋形龛，仿木构建筑结构组合，上为屋檐，斗拱，一斗三升，曲脚人字拱，龛侧雕造角柱、柱础。镂空雕造的建筑柱斗拱等多已缺失，仅存有曲脚人字拱残迹和补间斗拱，一斗三升，上承撩檐枋。造像组合：1为二佛并坐说法；2、3、4为一佛二菩萨。造像采用高浮雕技法，造像生动形象。现状为残损严重。

主尊佛头顶上较高的磨光圆肉髻，面相清秀，额平，细眉小眼，小高鼻小嘴，秀颈，削肩，体态清秀，内着僧祇支，胸部束带作结，外披双领下垂大衣，施说法印或与愿无畏印，结跏趺坐于高方台座上，衣裾遮覆敷搭莲台底部，衣褶繁复，雕造成多层曲线纹饰。两侧胁侍菩萨，头戴高冠，戴项圈，肩披帔帛，下身着密褶大裙，裙裾外扬，帛带绕肘下垂，双手捧执宝物，赤足侍立圆形莲台，体态轻盈秀美。

图 4-58 QN 一一八—1

编号：QN 一一八

尺寸：上宽 40~43、下宽 49~51、通高 55 厘米

时代：东魏

造像简介：四方石体，四面开造立体式屋形龛，总计雕刻 4 龛，佛像 4 尊，胁侍菩萨像 8 身。屋形龛，仿木构建筑结构组合，上为屋檐、斗拱，一斗三升，曲脚人字拱，龛侧雕造角柱，柱础。镂空雕造的明柱斗拱等多已缺失，仅存有曲脚人字拱残迹和补间斗拱，一斗三升，上承撩檐枋。造像组合：1、4 为一佛二菩萨，2 为一交脚弥勒菩萨二胁侍菩萨，3 为一立佛二菩萨。造像采用高浮雕技法，造像生动形象。现状为残损严重。

主尊佛身后饰佛龛，头顶上较高的磨光圆肉髻，面相清秀，额平，细眉小眼，小高鼻小嘴，秀颈，削肩，体态清秀。内着僧祇支，胸部束带作结，外披双领下垂式袈裟，施说法印或与愿无畏印，结跏趺坐于高方莲台上，衣裾密褶状自然下垂，遮覆敷搭莲台底部，衣纹流畅，衣着呈褒衣博带形式。衣饰表现厚重如毡，衣角稍外扬。两侧胁侍菩萨饰叶形项光，高花蔓冠，面相稍圆，眉目清秀，微露笑容，低眉颔首，戴项圈，肩披帔帛，下身着密褶大裙，裙裾外扬，帛带绕肘下垂，双手捧执宝物，赤足侍立圆形莲台或束腰莲台，体态轻盈。佛座两侧各一护法狮子卧于前，狮像草率，仅雕饰眼鼻部位。造像风化漫漶，衣纹下摆均施双线饰。雕刻手法娴熟简洁。（图 4-58；彩版一二，1）

编号：QN 一一九

尺寸：上宽 40~46、下宽 47~50、通高 51 厘米

时代：东魏

造像简介：四方石体，四面开造立体式屋形龛，总计雕刻 4 龛，佛像 5 尊，胁侍菩萨像 6 身。屋形龛，仿木构建筑结构组合，缺损严重，镂空雕造的建筑柱斗拱等多已缺失。造像组合：1、2 为一坐佛二菩萨；3 为二佛并坐说法；4 为一立佛二菩萨。造像采用高浮雕技法，生动形象。纹饰

稍显凌乱、粗糙。现状为残损严重。（图 4-59、60）

主尊佛造像形式风格与 QN 一一七、QN 一一八造像相同。不同的是：造像 1 胁侍菩萨侍立于束腰莲台。造像 2 佛坐于高束腰须弥台座，胁侍菩萨立于带梗叶式莲台。造像 3 二佛坐于高束腰莲台座。造像 4 佛、菩萨立于圆形覆莲莲台。

编号：QN 一二〇

尺寸：上宽 35~39、下宽 40~46、通高 44 厘米

时代：东魏

造像简介：四方石体，四面开造立体式屋形龛，总计雕刻 4 龛，佛像 4 尊，胁侍菩萨像 8 身。屋形龛，仿木构建筑结构组合，上为屋檐、斗拱，一斗三升，曲脚人字拱，龛侧雕造角柱，柱础。造像组合：均为一佛二菩萨。造像采用高浮雕技法，造像生动形象。造像形式风格同 QN 一一七。现状为残损严重。

1、2、3：一佛二菩萨，主尊佛结跏趺坐于高莲台，菩萨侍立莲台。2 的两侧莲台前饰护法狮子，前肢伸直，后肢弯曲，尾巴上翘作蹲守状。

4：主尊佛为弥勒佛交脚菩萨装造型。二侧胁侍菩萨侍立莲台。

编号：QN 一二一

尺寸：上宽 26~33、下宽 35~41、通高 41 厘米

时代：东魏

造像简介：四方石体，四面开造立体式屋形龛，总计雕刻 4 龛，佛像 4 尊，胁侍菩萨像 6 身，弟子 2 身。屋形龛，仿木构建筑结构组合，上为屋檐，斗拱，一斗三升，曲脚人字拱，龛侧雕造角柱，柱础。造像组合：1 为一佛二弟子；2、3、4 为一佛二菩萨。造像采用高浮雕技法。现状为残损严重。

编号：QN 一二二

尺寸：上宽 15~32、下宽 33~36、通高 33 厘米

时代：北魏

造像简介：造像石，砂石质。因石体残损严重，尺寸变化较大，上下宽度在 15~36 厘米之间，高度为 33 厘米。石体上下面平整，四周开龛造像，采用镂空雕造技法，内部相通，仿石窟寺造像的中心塔柱。共开长方形龛 4 个，刻造佛像 4 尊，胁侍菩萨像数身，均已残毁。四周构图相同，造型稍有变化。龛楣饰宝盖、火焰纹。四角有团花四朵。表面比较光洁。现状为局部残缺，但画面清晰，刻造较为细致。

龛内造像为一佛二菩萨，主尊佛头上磨光高圆肉髻，宽平额头，长方脸形，面相丰满，细眉，长眼，小嘴，嘴角内收，圆下颌，秀颈大耳，表情慈祥和悦。体态端庄，外披质地厚重的方领通肩大衣，衣纹成圆弧形，施禅定印或施与愿无畏印、上品上生印，结跏趺坐于低台座上，衣裾遮覆莲台敷搭台座外侧。下摆尖折角外扬较大，纹饰简洁。两侧胁侍菩萨肩披帔帛，帛带腹际交叉绕肘下垂，

图4-59 QN一一九—2

图4-60 QN一一九—4

下着长裙，双手合十侍立。该石唯一特殊之处是石体内部相通，采用镂空雕技法，犹如建造石窟。（图 4-61、62、63；彩版一二，2）

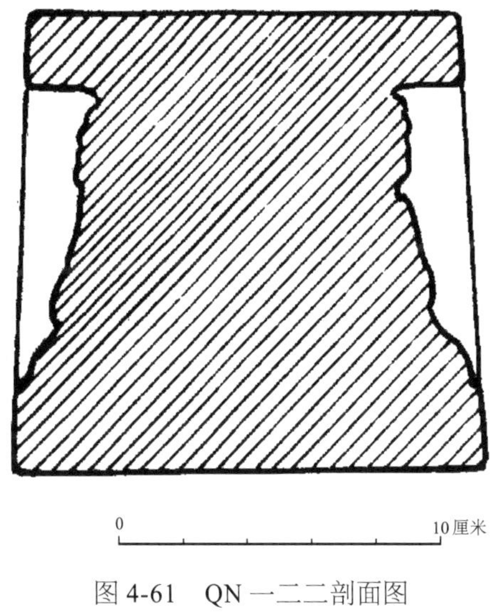

图 4-61　QN 一二二剖面图

编号：QN 一二三

尺寸：上宽 44~46、下宽 41~46、通高 45 厘米

时代：北齐

造像简介：造像石，砂石质。质地细密。四面开四个组合龛，外侧仿木构建筑开间形，内部造帷幔龛和圆拱龛。计雕造 4 龛，造佛像 3 尊，菩萨像 7 身，弟子像 4 身。仿木构建筑一开间，造明柱、斗拱，人字拱补间，圆拱龛。形象地反映北齐时建筑特色，八角柱下大上小，人字拱曲脚部分较为弯曲。现状为局部风化残损。

造像题材与组合以一佛为主的多胁侍组合造像。1 为一佛二菩萨，佛施禅定印，结跏趺坐。两侧菩萨头上高螺髻。2 为屋帷龛，一菩萨装立佛二弟子。3 为一佛四胁侍菩萨，主尊佛身后饰背光，莲台前两侧饰护法狮子。4 为一佛二弟子，主尊佛身后饰背光，施与愿无畏印，结跏趺坐于高莲台。

龛内主尊造像头上磨光肉髻，面相清秀，内着僧衣，外披圆领通肩或双领下垂大衣。施禅定印或与愿印，跏趺坐于长方形高莲台，衣裾自然下垂敷搭莲台基部，密褶衣纹呈规则的曲线回形纹。龛内两胁侍菩萨戴宝冠，身材修长，肩披帔巾，着长裙，双手执宝物向佛侍立莲台。

编号：QN 一二四

尺寸：上宽 41~43、下宽 40~44.7、通高 40 厘米

时代：北齐

造像简介：造像石，砂石质，质地细密。四面开四个组合龛，外侧仿木构建筑开间形，内部造帷幔龛和圆拱龛。计雕 4 龛，造佛像 3 尊，菩萨像 2 身，护法像 6 身，弟子像 3 身。仿木构建筑一开间，造明柱、斗拱，人字拱补间，圆拱龛。形象地反映北齐时建筑特色，八角柱下大上小，人字拱曲脚部分较为弯曲。现状为局部风化残损。

石面造像题材与造像组合为一佛为主的多胁侍组合造像。1 为一佛二弟子二护法，佛施与愿无畏印，结跏趺坐。龛内两侧二弟子侍立，莲台前两侧饰护法狮子，明柱内侧菩萨头戴高冠侍立莲台。2 为一佛二菩萨二护法，龛内侧为供养菩萨，外侧为护法力士（图 4-64）。3 为一佛二弟子二护法，右侧残缺。4 为释迦多宝二佛并坐说法，龛两侧饰弟子侍立。

龛内主尊造像头上磨光肉髻，面相清秀，内着僧衣，外披圆领通肩或双领下垂大衣。施禅定印或与愿印，跏趺坐于长方形高莲台，衣裾自然下垂覆肘覆膝，敷搭莲台基部，密褶衣纹呈规则的曲线回形纹。龛内两胁侍菩萨戴荷冠，身材修长，肩披帔巾，着长裙，双手执宝物向佛侍立莲台。

图 4-62 QN 一二二—1

图 4-63 QN 一二二—2

图 4-64 QN 一二四—2

编号：QN 一二五

尺寸：上宽 40~41、下宽 42~44、通高 45 厘米

时代：北魏—东魏

造像简介：造像石，砂石质，质地细密。石体四面开四龛，雕造 4 佛，胁侍菩萨、供养人、弟子、金刚等人物造像 12 身。龛外雕刻团花蔓草等装饰图案，刻划粗糙。现状为局部残损风化。

1：方形龛，龛内主尊佛头顶上柱形磨光圆肉髻，面相长方，披搭覆右臂双领下垂袈裟，左手揽衣裾，赤足站于莲台上，台下部有榻。衣纹成平行阶梯式，纹理清晰。方形龛内左半部造像题材是阿育王施土，右侧一立姿人物造像为阿育王当国王的形象，头顶绫锣伞盖，身着褒衣博带式服装。故事为阿育王儿时与小童戏耍，恰遇释迦佛行道，见许多人向佛敬献，即以土献佛，后赖佛佑成孔雀王国的国王称为阿育王。图案所表现的是这两个场面。龛外饰团花图案。

2：圆拱龛，龛楣饰火焰纹，上部装饰莲花纹，外侧刻造成明柱形，有覆莲柱础。造像为一佛二菩萨。佛施与愿无畏印，结跏趺坐于高榻莲台。两胁侍菩萨背后饰叶形头光，披宽帔帛，侍立莲台。佛和菩萨面相长方，着装衣褶繁复重叠。

3：屋帷龛，龛楣雕饰屋脊、脊刹、飞檐、鸱吻；两侧雕饰明柱、柱础；中间为帷幔分两侧结束撩起。龛内佛头顶上肉髻成细高圆柱形，内着僧祇支，外披宽博式袈裟，施与愿无畏印，结跏趺坐于高榻莲台。衣裾敷搭高方榻基部，衣褶繁复，刻造成多层重叠曲线波浪纹。两侧弟子披袈裟侍立莲台，衣纹刻饰成网格纹。

4：圆拱龛，龛楣刻火焰纹、团花图案。龛内佛头顶上高细圆柱式肉髻，长方脸，面相清秀，内着僧祇支，腰间束带作结，外披双联下垂袈裟，结跏趺坐于高榻莲台，衣裾揽起搭肘下垂遮覆至台座底部。衣纹雕造成非常规则的弧纹。龛侧刻造二护法金刚造像，饰叶型项光，金刚力士手执持降魔杵，赤膊裸腿，肌肉隆起，帛带飘飞，威武逼人，供养人跪拜台前。

编号：QN 一二六

尺寸：上宽 40~42、下宽 41~42、通高 40 厘米

时代：北齐

造像简介：造像石，砂石质，质地细密。四面开四个组合龛，外侧仿木构建筑开间形，内部造帷幔龛和圆拱龛。计雕造 4 龛，造佛像 3 尊，菩萨像 2 身，护法像 6 身，弟子像 3 身。仿木构建筑一开间，造明柱、斗拱，人字拱补间，圆拱龛。形象地反映北齐时建筑特色，八角柱下大上小，人字拱曲脚部分较短直。现状为风化残损。

造像组合为一佛为主的多胁侍组合造像。1、3 为一佛二弟子，佛施禅定印，结跏趺坐。龛内两侧二弟子双手合十侍立莲台。2 为一佛二菩萨二护法，龛内主佛有一尊，龛内侧为胁侍菩萨，外侧为护法金刚力士，上部残缺。4 为一佛二胁侍菩萨，龛内主尊佛，两侧饰菩萨侍立。

龛内主尊造像头上磨光肉髻，面相清秀，内着僧衣，外披圆领通肩或双领下垂大衣。施禅定印或与愿印，结跏趺坐于高莲台，衣裾自然下垂敷搭莲台下半部，密褶衣纹呈规则的曲线回形纹。龛内两胁侍菩萨戴宝冠，身材修长，肩披帔巾，着长裙，双手执宝物面佛侍立莲台。

造像风格同 QN 一二九。

编号：QN 一二七

尺寸：上宽 33~40、下宽 32~39、通高 39 厘米

时代：北齐

造像简介：造像石，砂石质，质地细密。四面开四个组合龛，外侧仿木构建筑开间形，内部造帷幔龛和圆拱龛。计雕造 4 龛，造佛像 3 尊，菩萨像 2 身，护法像 6 身，弟子像 3 身。仿木构建筑一开间，造明柱、斗拱，人字拱补间，圆拱龛。形象地反映北齐时建筑特色，八角柱下大上小，人字拱曲脚部分较为弯曲。现状为局部风化残损。

造像题材与组合是以一佛为主的胁侍组合造像。1 为释迦多宝二佛并坐说法。2 为龛楣饰帷幔，龛内造一交脚菩萨二弟子，菩萨施与愿无畏印，交脚坐于高台座，莲花童子托举双脚。龛内两侧二弟子侍立莲台。3 为一佛二弟子，主佛一尊，两侧饰弟子侍立莲台。4 为一佛二菩萨，龛内侧为胁侍菩萨侍立枝梗莲台。

龛内主尊造像头上磨光肉髻，面相清秀，内着僧衣，外披圆领通肩大衣，“U”形衣纹，施禅定印，结跏趺坐于长方形高莲台，衣裾自然下垂敷搭莲台基部，密褶衣纹呈规则的曲线回形纹。

龛内两胁侍菩萨戴宝冠，身材修长，肩披帔巾，着长裙，双手合十向佛侍立莲台。（图 4-65）

图 4-65　QN 一二七—4

编号：QN 一二八

尺　寸：上宽 37~39、下宽 32~40、通高 40 厘米

时代：北齐

造像简介：造像石，砂石质，质地细密。四面开四个组合龛，外侧仿木构建筑开间形，内部造帷幔龛和圆拱龛。计雕造 4 龛，造佛像 3 尊，菩萨像 2 身，护法像 6 身，弟子像 3 身。仿木构建筑一开间，造明柱、斗拱，人字拱补间，圆拱龛。形象地反映北齐时的建筑特色，八角柱下大上小，人字拱曲脚人字部分较为弯曲。现状为局部风化残损。

石面造像题材与造像组合是以一佛为主的多胁侍组合造像。1 为一佛二弟子二胁侍菩萨，佛施与愿无畏印，结跏趺坐。龛内两侧二弟子侍立，莲台前两侧饰护法狮子，明柱两侧饰胁侍菩萨头戴高冠侍立莲台。2、4 为一佛二弟子造像。一佛二菩萨二护法，龛内主尊佛施禅定印或与愿无畏印，结跏趺坐于高台坐上，两侧饰弟子侍立。3 龛内饰阿育王施土缘故事。

龛内主尊造像头上磨光肉髻，面相清秀，内着僧衣，外披圆领通肩或双领下垂大衣。施禅定印或与愿印，结跏趺坐于长方形高莲台，衣裾自然下垂覆肘覆膝，敷搭莲台基部，密褶衣纹呈规则的曲线回形纹。龛内两胁侍菩萨戴宝冠，身材修长，肩披帔巾，着长裙，双手执宝物向佛侍立莲台。

编号：QN 一二九

尺寸：上宽 34~35、下宽 34~36、通高 36 厘米

时代：北齐

造像简介：造像石，砂石质，质地细密。四面开四个组合龛，外侧仿木构建筑开间形，内部造帷幔龛和圆拱龛。计雕造 4 龛，造佛像 3 尊，菩萨像 1 身，护法像 6 身，弟子像 8 身。仿木构建筑一开间，造明柱、斗拱，人字拱补间，圆拱龛。形象地反映北齐时的建筑特色，八角柱下大上小，人字拱曲脚人字部分较短直。现状为局部风化残损。

造像题材与造像组合：1 为屋帷龛，龛内交脚弥勒菩萨装，施与愿无畏印，二弟子两侧侍立；

2、3、4 为一佛二弟子。

龛内主尊造像头上磨光肉髻，面相丰满，内着僧衣，外披圆领通肩大衣。施禅定印，结跏趺坐于长方形高莲台，衣裾自然下垂覆肘覆膝，敷搭莲台下部，密褶衣纹呈规则的曲线回形纹。龛内两弟子光头，披通身袈裟侍立莲台。

此种风格造像石，采用近似圆雕的高浮雕技法，四面开龛造像。造像上小下大，尺寸宽度由 60 厘米渐次减至 28 厘米，高度由 60 厘米渐次减低到 32 厘米。可分置亦可随意愿叠置成塔。造像外层造型为屋帷形龛，内层线刻饰圆拱龛。造像题材组合有佛成道像、释迦多宝二佛并坐说法，一佛二菩萨，一佛二弟子，交脚弥勒菩萨装二胁侍等。

编号：QN 一三〇

尺寸：上宽 40~46、下宽 57~60、通高 60 厘米

时代：北魏

造像简介：造像石，砂石质，质地细密。四面开四个组合龛，外侧仿木构建筑开间形，内部造帷幔龛和圆拱龛。计雕造 4 龛，造佛像 5 尊，菩萨像 6 身。仿木构建筑一开间，造明柱、斗拱，人字拱补间，八角柱，力士型柱础。背饰圆拱龛，龛楣饰桃尖宝盖、火焰纹或忍冬卷草纹，楣尾上卷，饰龛柱。现状为明柱、斗拱高浮雕突出部多残损。造像风格同 QN 一一七。

造像题材与造像组合：1 为释迦多宝二佛并坐说法。2 为一佛二菩萨，主尊佛施禅定印，结跏趺坐于高莲台。两侧菩萨侍立莲台。3 为屋帷龛，龛内交脚弥勒菩萨装，头戴高冠，宝缯束发，缯带飘折，面相清秀，施与愿无畏印，莲台两侧饰护法狮子，二菩萨侧边侍立。残缺。4 为一佛二菩萨，主尊施与愿说法印，结跏趺坐于高莲台。明柱内侧菩萨头戴高荷冠侍立莲台。

龛内主尊造像头上磨光肉髻，面相清秀，内着僧衣，外披双领下垂大衣。施禅定印或说法印，跏趺坐于长方形高莲台，衣裾自然下垂遮覆莲台敷搭莲台基部，密褶衣纹呈规则的曲线纹。胁侍菩萨戴荷冠，身材修长，肩披帔帛，帛带于腹部交叉穿璧绕揽于臂肘，着长裙，双手执宝物向佛侍立莲台。

编号：QN 一三一

尺寸：上宽 43~50、下宽 44~50、通高 45 厘米

时代：北魏

造像简介：仿木构屋形龛造像石，细红砂石质。四方石四面开龛造像，四面龛式相同，造像组合为一佛二菩萨。雕造主尊佛 4 尊，菩萨像 8 身以及护法狮子等造型。参考建义元年造像，造像多采用近似圆雕的高浮雕技法，使造像更生动形象。造像为仿木构屋形建筑一开间，两侧明柱间有阑额相连。补间铺作三朵，中间为一斗三升，两侧为直脚人字拱，上承撩檐枋。八角形明柱，由下至上收风，方基座，扁鼓形柱础。造像石组合若屋檐造型数块组合加塔刹就形成完整的造像塔。（参考梁思成等《云冈石窟中所表现的北魏建筑》图 16 云冈西九洞浮雕三层塔造型。）

1、2、3、4 造像组合为一佛二菩萨。不同之处为姿势、手印、莲台。主尊佛造像，饰圆形项光，

面相清秀，高圆肉髻，饰水波纹，额中有白毫，鼻直口小，嘴露微笑，慈眉善目，大耳垂轮，秀颈直挺。内着圆领僧衹支，溜肩，外披袈裟，衣角搭于左小臂。佛左手掌朝外倚左膝放置，施与愿印。右手掌朝外持于胸前，施无畏印或禅定印，结跏趺坐于方莲台之上。衣裾作密褶状自然下垂遮覆莲台。衣纹流畅，衣着呈褒衣博带形式，衣饰表现厚重如毡，衣角稍外扬。两旁各一护法狮子站立。两侧胁侍菩萨身后饰叶形项光。左侧菩萨面相稍圆，头戴高荷冠，眉目清秀，微露笑容，上身内着圆领僧衹支，戴项圈，溜肩，双手合十胸前，帔帛揽于左臂肘，下身着大裙，裙裾稍微外扬，赤足立于圆莲台。右侧菩萨面相微长，低眉颔首，头戴高荷冠，头微侧，上身内着圆领僧服，溜肩，双手合十胸前，衣帛揽于左臂肘，下身着大裙，裙裾下垂，赤足立于圆莲台。造像表面有风化。（彩版一三，2）

编号：QN 一三二

尺寸：上宽 42~44.4、下宽 45.2~47、通高 38 厘米

时代：北魏

造像简介：仿木构屋形龛造像石，细红砂石质。四方石四面开龛造像，四面龛式相同，造像组合 1、3、4 为一佛二菩萨，2 为二佛并坐。雕造主尊佛 5 尊，胁侍菩萨像 6 身。该造像类似建义元年造像，采用高浮雕技法，生动形象。该造像仿木构屋形建筑，形式内容与 QN 一三一相同。《云冈石窟中所表现的北魏建筑》图 16 云冈西九洞浮雕三层塔造型、洛阳龙门石窟古阳洞安定王元燮造释迦像龛相似。现状为局部残损，风化漫漶。（图 4-66、67、68）

1、3：造像组合为一佛二菩萨。不同之处为姿势、手印、莲台。主尊佛造像，饰圆形项光，面相清秀，高圆肉髻，饰水波纹，额中饰白毫，鼻直口小，嘴露微笑，慈眉善目，大耳垂轮，秀颈直挺。内着圆领僧衹支，溜肩，外披袈裟，衣角搭于左小臂。施禅定印或与愿无畏印，结跏趺坐于方莲台之上。衣裾作密褶状自然下垂遮覆莲台，衣纹流畅，衣着呈褒衣博带形式，衣饰表现厚重如毡，衣角稍外扬。两侧胁侍菩萨，头戴高荷冠，身后饰叶形头光。左侧菩萨面相稍圆，眉目清秀，微露笑容。右侧菩萨面相微长，低眉颔首，头微侧，上身内着圆领僧衣，溜肩，双手合十胸前，微扭胯身，呈杨柳腰婀娜状，肩披帔帛揽于左臂肘，下身着大裙，裙裾下垂，赤足立于圆莲台。造像表面有风化。（彩版一三，1）

2：造像为释迦多宝二佛说法像。二佛造像清秀，内着圆领僧衣，外披袈裟，左侧多宝佛左手举起，右手置身前，作说法弘辩状；右侧释迦佛微微颔首，左手覆置于身前，右手抚持于胸前，均结跏趺坐于莲台之上。补间加装饰柱，下部饰以裸露上身力士头顶束腰瓜柱，咬牙瞪目下跪负重，上部饰蹲立人形。

4：主尊造像头部缺损，佛身形健壮，右腿盘曲，右手抚膝，半跏趺坐于束腰莲台上。两侧菩萨双手合十，侍立莲台。

造像表情生动，体态优美，衣纹下摆均施双线饰，雕刻手法简洁。

编号：QN 一三三

尺寸：上宽 39~46、下宽 44~48、通高 39 厘米

图 4-66 QN 一三二—1

图 4-67 QN 一三二—2

时代：北魏

造像简介：仿木构屋形龛造像石，细红砂石质。四方石四面开龛造像，四面龛式相同，造像组合为一佛二菩萨。雕造主尊佛 3 尊，菩萨像 9 身。参考建义元年造像，造像多采用高浮雕技法，使造像更生动形象。造像为仿木构屋形建筑，形式内容与一三一相同。现状为残损严重，局部风化漫漶。

1、2、3：造像组合为一佛二菩萨。不同之处为姿势、手印、莲台。主尊佛造像面相清秀，高圆肉髻，饰水波纹，额中饰白毫，鼻直口小，嘴露微笑，慈眉善目，大耳垂轮，秀颈直挺。内着圆领僧衹支，溜肩，外披袈裟，衣角搭于左小臂。施禅定印或与愿无畏印，结跏趺坐于方台座之上。衣裾作密褶状自然下垂遮覆莲台，衣纹流畅，衣着呈褒衣博带形式，衣饰表现厚重如毡，衣角稍外扬。两侧菩萨侍立，头戴高荷冠，身后饰叶形头光。面相微长，眉目清秀，低眉颔首，头微侧。上身内着圆领僧衣，溜肩，肩披帔帛揽于左臂肘，下身着大裙，裙裾下垂，双手合十赤足侍立于圆莲台。造像表面有残损风化。

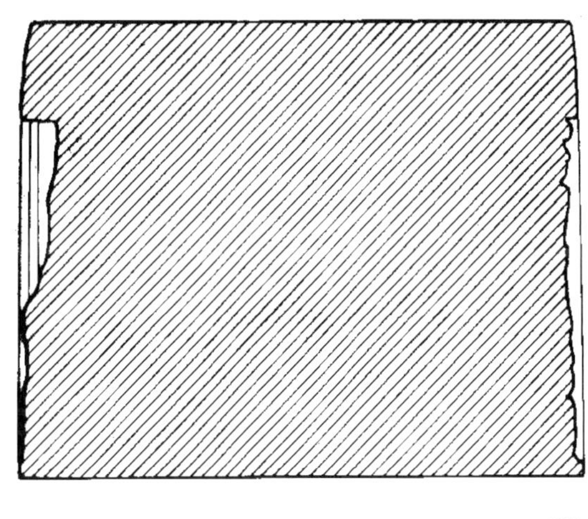

图 4-68　QN 一三二剖面图

4：主尊造像头部缺损，普贤菩萨着菩萨装，身形健壮，肩披帔帛，帛巾于胸腹部穿璧下垂。菩萨坐于大象背上莲台。两侧二菩萨双手合十，侍立莲台。

造像表情生动，体态优美，衣纹下摆均施双线饰。雕刻手法柔和简洁。

编号：QN 一三四

尺寸：上宽 37~39、下宽 41~46、通高 45 厘米

时代：东魏

造像简介：仿木构屋形龛造像石，细红砂石质。四方石四面开龛造像，四面龛式相同，造像组合为一佛二菩萨。雕造主尊佛 4 尊，菩萨像 6 身，力士 2 身。造像采用高浮雕技法，使形象更生动。造像为仿木构屋形建筑，形式内容与一三一相同。现状为局部残损，风化漫漶严重。

1、2、3：造像组合为一佛二菩萨。不同之处为姿势、手印、莲台。主尊佛造像佛像清秀，高圆肉髻，鼻直口小，嘴露微笑，慈眉善目，大耳垂轮，秀颈直挺。内着圆领僧衹支，溜肩，外披袈裟，衣角搭于左小臂。1 的主尊阿弥陀佛双手于腹部作上品上生印。2、3 的左手覆于腿部，施与愿印，右手施无畏印。结跏趺坐于方莲台之上。衣裾作密褶状自然下垂遮覆莲台，衣着呈褒衣博带形式，衣饰表现厚重如毡，衣角稍外扬。两侧菩萨侍立，头戴高荷冠，身后饰叶形头光。面相稍圆，眉目清秀，低眉颔首，微露笑容。上身内着圆领僧衣，溜肩，肩披帔帛揽于左臂肘，下身着大裙，裙裾下垂，双手合十赤足侍立莲台。造像表面多处残损漫漶。

4：主尊造像头部缺损，佛身形健壮，着圆领通肩大衣，施禅定印，结跏趺坐于高莲台。两侧力士裸露上身，单腿盘曲，单手上持，右手抚左足，坐束腰莲台。

编号：QN 一三五

尺寸：上宽 28~32、下宽 31~36、通高 36 厘米

时代：东魏

造像简介：仿木构屋形龛造像石，细红砂石质。四方石四面开龛造像，四面龛式相同，造像组合为一佛二菩萨。雕造主尊佛 6 尊。造像采用高浮雕技法，造像为仿木构屋形建筑，两侧明柱间有阑额相连，阑额补间铺作加直脚人字拱，上承撩檐枋。八角形明柱，由下至上收风，扁鼓形柱础。现状为风化残损严重。

1、2：造像为二佛说法像。二佛造像清秀，内着圆领僧衣，外披袈裟，左侧佛右手举起，左手置身前，作说法弘辩状；右侧佛微微颔首，施与愿无畏印或上品上生印，结跏趺坐于莲台之上。

3、4：造像为一佛。主尊佛造像佛像清秀，高肉髻，鼻直口小，嘴露微笑，慈眉善目，大耳垂轮，秀颈直挺。内着圆领僧祇支，溜肩，外披袈裟，衣角搭于左小臂。施禅定印，结跏趺坐于方莲台之上。衣裾自然下垂遮覆莲台。衣纹简洁，衣饰表现厚重如毡，衣角微外扬。造像有残损，表面有风化。

编号：QN 一三六

尺寸：上宽 25~26、下宽 23~26、通高 31 厘米

时代：北魏—东魏

造像简介：造像石，砂石质。石周四面开屋形龛各一，雕刻佛像 2 尊，菩萨像 2 身。造像龛外形仿木构建筑一开间，两侧刻造八角柱，阑额加补间直脚人字拱，内侧饰帷幔。1 龛内主尊像为思维菩萨，左侧为太子侍从，右侧饰菩提树，树下饰白马吻足情形。2 为立佛一尊，施与愿无畏印。3 主尊造像施禅定印，结跏趺印于高莲台。莲台外侧下部饰跪伏供养人。龛内造像方面大耳，丰满圆润，体态端庄，着圆领或方领下垂袈裟，胸部作结带，下着长裙，衣裾遮覆莲台搭于坛基，刻造成曲线纹。4 为屋帷龛，内造维摩诘菩萨像。现状为局部残损风化。（图 4-69）

编号：QN 一三七

尺寸：上宽 57~59、下宽 59~70、通高 68 厘米

时代：北魏

造像简介：造像石，砂石质。造像石尺寸变动较大，上下面平整，四面开龛造像，共开凿主龛 4 个，长方形辅龛 8 个。圆拱龛，龛楣饰火焰纹，楣尾饰忍冬、荷叶。造主尊佛像 4 尊，弟子 2 身，金刚力士 2 身，供养人 4 身。主尊佛头顶上磨光圆肉髻，长圆脸形，面相丰满，宽额，长眼微阖，目光下视，小高鼻，阔口，嘴角内收，佛身形健壮，体态端庄，肩部宽厚。内着僧祇支，外披双领下垂袈裟，施禅定印或与愿无畏印，结跏趺坐于莲台座上，衣裾遮覆莲台，下摆尖折稍外扬。现状为局部残损，下部风化漫漶。

1：龛内一佛二供养人。主尊佛施禅定印，结跏趺坐于台座上。两侧长方形小龛内的供养人双手合十侍立台基之上。

2：两上角饰圆莲图案。龛内一佛二供养人。主尊佛结跏趺坐于台座上。两侧长方形小龛内供养人着褒衣博带式服装，头梳双髻，面目清秀，双手合掌侍立莲台，形态恭敬虔诚。

3：造像组合为一佛二金刚力士二飞天。龛楣上角刻饰飞天图案。龛内主尊佛施与愿无畏印，

图 4-69　QN 一三六—3

结跏趺坐于莲台上。外侧小龛内金刚力士两目圆睁，手执金刚降魔杵，作威武之姿侍立。

4：龛楣饰忍冬蔓草纹，上角饰圆莲花图案。龛内造一佛二弟子。主尊佛施与愿无畏印，结跏趺坐于莲台之上。龛外侧二弟子侍立长方形小龛内，弟子阿难面目清俊秀丽，双手合十；迦叶面容苍老，饱经风霜的样子，手内持物，于胸前捧如意宝珠。

编号：QN 一三八

尺寸：上宽 49~50、下宽 53~55.8、通高 55 厘米

时代：东魏

造像简介：造像石，粗砂石质。上下两面平，四面开龛造像，开凿圆弧拱主龛 4 个，长方形辅龛 8 个。造佛像 4 尊，胁侍菩萨像 8 身。局部残损风化。四周造像题材和组合相同，一佛二菩萨。主龛圆弧拱，龛楣饰桃尖宝盖，楣尾上卷饰朱雀回首。龛内主尊佛像头上磨光肉髻，宽额，细长眉，长眼微阖，低眉颔首，高鼻宽鼻翼，阔口厚唇，嘴角内收，呈八字形。大耳垂轮，下颌尖圆，面目稍扁平，面露喜悦，秀颈，两肩宽厚，挺胸鼓腹，身形健壮，体态端庄。内着僧祇支，胸际

作结，搭带下垂，外披双领下垂的宽博大衣，施与愿无畏印，结跏趺坐于低榻座上，衣摆束起搭左肘覆腿盖膝，衣裾遮覆莲台敷搭榻座基部，衣褶成曲线纹饰，下摆微外扬。主龛外侧长方形小龛内，胁侍菩萨身后饰叶形头光，头戴高宝花蔓冠，宝缯束发。面相丰满，戴项圈，身材短粗健壮，肩披帔帛，帛带穿肘下垂，下着长裙，下露足趾，侍立莲台。造像局部残损风化。（图 4-70）

1：龛楣饰卷草，龛上部饰飞天，残损风化严重。

2：龛楣外饰卷草、飞天等，残损漫漶严重。两侧辅龛内胁侍菩萨头饰圆帽形。

3：龛楣外雕造山峦重叠。飞天屈肢飘动，帛带飞扬。（彩版一四）

编号：QN 一三九

尺寸：上宽 45~46、下宽 49~50.6、通高 56.2 厘米

时代：东魏

造像简介：造像石，砂石质。上下面平整，四面开龛造像，开凿圆拱龛 4 个，千佛龛小龛 5 个，长方形辅龛 5 个。雕刻主尊佛、菩萨像 4 尊，胁侍菩萨像 5 身，飞天 2 身，千佛龛坐佛 5 尊。现状为局部残缺。

1：造像是树下思维的画面，圆拱龛，龛楣右侧饰菩提树，枝叶茂密覆盖于龛楣。左侧造千佛龛式小佛龛，左角饰飞天、花果流苏、山中结庐修行场面。龛内造太子着菩萨装，头戴荷冠，

图 4-70　QN 一三八—4

宝缯束发，长圆脸形，尖下颌，面相清秀，额部宽平，细长弧眉上翘，长眼睛微阖，嘴角上翘，高鼻头，大耳垂轮，削肩，体态端庄，戴宽项圈。内着僧袛支，肩披帔帛，帛带腹际交叉上卷揽于臂肘，左手抚右脚踝，右手于胸前，半跏趺坐于高台座上，衣裾遮覆台座露左足趾。(图 4-71)

2、3、4：该三项造像组合均是一佛二菩萨。圆拱龛，龛楣饰桃尖宝盖、忍冬卷草或火焰纹，楣尾上卷，或饰龙回首，忍冬卷草。龛楣外饰千佛龛小龛，花果流苏。龛内主尊佛头顶上高圆磨光肉髻，面相清秀，表情安详宁静，额头宽平，细眉长眼，目光下视，小鼻头，小嘴，下颌略尖，宽肩秀颈，体态端庄。内着袒右式僧袛支，胸际束带作结，带头略短，外披双领下垂或圆领通肩大衣，施与愿无畏印或禅定印，结跏趺坐于低台座上，衣裾遮覆于莲台下部，下摆微扬。龛两侧长方形辅龛内胁侍菩萨饰项光，头戴低式花瓣冠，长圆脸形，面相清秀，低眉颔首，鼻直口秀，内着圆领僧衣，肩披帔帛，帛带下垂交叉上揽于臂肘，下着长裙，双手胸前合十，赤足露趾侍立于莲花台上，龛底刻造莲花纹，束莲或护法狮子侧卧于佛座前。（图 4-72、73）

编号：QN 一四〇

尺寸：上宽 38~39、下宽 41~43、通高 58.6 厘米

时代：东魏

造像简介：造像石，砂石质。上下两面平，上体完整，四面开龛造像，计开龛 6 个，佛像 5 尊，菩萨像 6 身。现状为石体完整，画面较为清晰。

1：屋帷龛，龛楣饰屋顶、脊刹、鸱吻、帷幔。龛内刻一佛二菩萨，主尊佛头上戴高荷冠，长方脸形，宽下颌，脸部扁平，细长弧眉长眼，眼帘微阖，高鼻阔口，嘴角内收，宽额，大耳垂轮，溜肩，胸腹直挺，体魄健壮。披帔帛，帛带揽于臂肘，赤足站立莲台。两侧胁侍菩萨头戴高荷冠，戴项圈，披帔帛，帛带揽于臂肘，下身着长裙，双手合十，赤足侍立。龛两侧边较窄。上部刻饰记铭“□明主 李庆光”。（图 4-74、75）

2：圆拱龛，龛楣饰桃尖宝盖，楣尾上卷饰卷草。龛内二佛并坐说法。佛头上磨光高肉髻，细长弧眉，高眉骨，长眼睛，眼帘微阖，目光下视，高鼻阔口，长方脸形，面相扁平，尖下颌，秀颈圆肩，胸腹部直挺，体态端庄。内着僧袛支，胸际束带作结，外着双领下大衣，释迦佛施禅定印，多宝佛抬右手向释迦佛示意，左手揽衣摆，结跏趺坐于低台座上，衣裾遮覆莲台敷搭台座底部，外摆尖折角外扬。衣纹作弧状横向曲线纹，纹理清晰。

3、4：该两面均为一佛二菩萨造像，圆拱龛，龛楣饰桃尖宝盖，楣尾上卷饰卷草。龛内主尊佛形态同以上主尊造像。佛头上高肉髻，面相扁平，细眉长眼，眼帘微阖，高鼻阔口，胸腹部直挺，身形端庄，内着僧袛支，胸际束带作结，外披双领下垂大衣，施与愿无畏印或禅定印，衣裾遮覆莲台，下摆尖折角外扬。龛外二胁侍菩萨刻为浅浮雕或立于圆拱形辅龛内，头戴荷冠，肩披帔帛，着长裙，双手于胸前合十，侍立莲台。

编号：QN 一四一

尺寸：上宽 34~35、下宽 38~40、通高 39 厘米

图 4-71 QN 一三九—1

图 4-72 QN 一三九—3

图 4-73 QN 一三九—4

时代：东魏

造像简介：造像石，砂石质。石面风化残损，四面开龛4个，圆拱龛，龛楣饰桃尖宝盖、火焰纹或层叠弧线纹，楣尾上卷，龛柱下粗上细。共造佛像2尊，菩萨像2尊。

1、4：龛内主尊佛于高方莲台上，头上磨光高圆肉髻，长方脸形，尖下颌，面相，宽平额头，小鼻阔口，弧眉小眼，长颈束肩，体态俊秀。着圆领通肩大衣，施禅定印，结跏趺坐于高方台座上，衣裾自然下垂遮覆莲台座下，纹饰简洁。

2、3：龛内菩萨造像面相瘦削，秀长颈，溜肩，披帔帛，腹际交叉穿璧揽于臂肘。2的主尊菩萨施与愿无畏印，结跏趺坐于大象之背座上。菩萨应是普贤菩萨造像，简洁明快。3的主尊菩萨头部侧偏，左手抚右脚踝，右手支右额部位已残损，作思维状。半跏趺坐于高台座上。现状为局部残损。

编号：QN一四二

尺寸：上宽30、下宽30、通高23厘米

时代：北齐晚期

造像简介：造像石，粗质黄白砂石，上部断缺。顶面不平整，四面开龛造像，四边刻减地边线。开凿平弧拱龛4个，龛楣饰宝盖，楣尾上卷。造佛像4尊，弟子4个。造像题材有一佛、一佛二弟子。个别造像边沿有造像主记铭。现状为残损严重。

1、2：主尊佛低肉髻，圆脸，面相丰满，大耳垂轮，眉目清晰，着圆领通肩大衣，"U"形衣纹。施禅定印，结跏

图4-74　QN一四〇—1铭文

图4-75　QN一四〇—1

图 4-76 QN 一四二—3 铭文

趺坐于高方台座上，衣裾下垂遮覆莲台中部。

3、4：一佛二弟子组合造像，主尊佛低肉髻，圆脸，着圆领通肩大衣，施禅定印，结跏趺坐于莲台之上。两侧二弟子圆脸大耳，眉目清晰，鼻直口方。身披袈裟，紧揽衣襟于胸前，赤足侍立。3 的造像边沿有造像主记铭“像主倪荣宗　妻李□女　妻李□”。（图 4-76）

编号：QN 一四三

尺寸：上宽 42~42.5、下宽 45~47、通高 54 厘米

时代：北魏

造像简介：造像石，砂石质。石体四周开龛造像，上下面平整，共造方形龛 4 个，刻造佛像 4 尊，胁侍菩萨像 8 身。

石体四面造像，题材画面相同，均为一佛二胁侍菩萨。龛楣雕刻有飘舞的飞天，宽袖像翅膀扇动一样，有屈肢伸爪作腾空而跃的龙和滚动的宝珠，以及朱雀起舞、化生童子、团花、化佛等造型图案。龛两侧两护法金刚，戴傩面具，面相凶恶狰狞，身形威武，赤足侍立莲台。主尊佛头上磨光高肉髻，长方脸形，下颌丰满，面相英俊，额头宽平，细长弧眉，高眉骨，长眼微阖，小高鼻，阔口厚唇，嘴角内收，面部和悦，大耳垂轮，秀颈，体态端庄，内着僧祇支，外披双领下垂大衣，施与愿无畏印，结跏趺坐于低台座。衣裾遮覆莲台搭于台基部，下摆尖折角外扬。两侧胁侍菩萨头戴低花冠，肩披帔巾，帛带垂至腹际交叉穿璧，下垂后卷折向上揽于两臂肘，双手合十，面佛侍立莲台上。现状为局部残损风化。画面局部脱落殆尽。（图 4-77、78）

编号：QN 一四四

尺寸：上宽 35~39、下宽 39~41、通高 53 厘米

时代：北魏—东魏

造像简介：造像石，砂石质。石质细密光洁，上下面平整，造像石四面刻饰边框，开龛 4 个，其中圆拱龛 3 个，龛楣饰桃尖宝盖，楣尾上卷。屋帷龛 1 个。刻佛像 5 尊，弟子像 2 身。石面局部略残。主尊佛造像头上磨光肉髻，长方脸形，下颌尖圆，面相扁平，高鼻宽翼，小嘴，嘴角内收，内着僧祇支，外披圆领通肩或双领下垂大衣，体魄健壮，表情祥和，施禅定印，结跏趺坐于莲台上，衣裾遮覆莲台，下摆尖折角外扬。现状为基本完整，画面清晰。造像题材组合分别：

1：龛楣上部饰忍冬卷草，龛内造二佛并坐说法。

2：龛楣上部饰飞天 2 身，化佛一尊；龛内造主尊立佛一尊，为阿育王施土缘故事。

3：龛楣饰盝顶建筑、脊刹、鸱吻、帷幔、莲花流苏。龛楣上部饰化佛、博山炉，供养人

图 4-77　QN 一四三—2

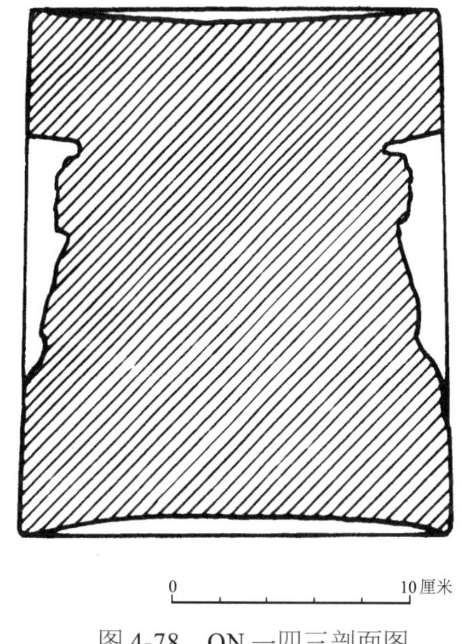

图 4-78　QN 一四三剖面图

跪拜于侧。龛内造交脚菩萨，头戴荷冠，宝缯束发，缯带飘折，长方脸形，眼帘微阖，目光下视，面相扁平，高鼻宽翼，嘴角内收，戴宽项圈，披帔帛，帛带交叉下垂揽于臂肘，施与愿无畏印，交脚坐于高台座上，下饰莲花童子托举双足。两侧二弟子侍立，护法狮子蹲卧莲座两侧。

4：龛楣右侧饰山中菩提树，左侧饰供养人举持枝梗莲台，上落金翅鸟。龛楣上部饰朱雀、莲花。龛内造山中求道太子着菩萨装树下思维的场面。

编号：QN 一四五

尺寸：上宽 35、下宽 37~39、通高 42 厘米

时代：北魏（永熙风格）

造像简介：造像石，细砂石质。四面开凿长方形圆弧拱主龛 4 个，长方形辅龛 8 个。造主尊佛像、菩萨像 4 尊，胁侍菩萨像 8 身。造像组合为一佛二胁侍菩萨。现状为局部残损，风化漫漶，画面模糊。

1：主龛内主尊佛造像，法相庄严，磨光高肉髻，长方脸形，面目漫漶，隐可看出眉目，眼帘微阖，直鼻梁小口，大耳垂肩，肥颐短项，身形宽厚健壮。着圆领通肩大衣，左手掌朝外置于腰间，施与愿印。右手掌朝内侧斜举于胸前，施说法印。结跏趺坐于长方台座，衣裾自然下垂覆膝遮覆

莲台，衣纹流畅作密褶状，褒衣博带式衣着，纹饰粗犷厚重，若毡甲，衣角稍外扬。两侧长方形辅龛内造胁侍菩萨，方圆脸形，高冠髻，低眉微笑状。内着圆领僧服，披帔帛，帛带下垂揽于两臂，双手合十侍立。

2：主龛内主尊像为弥勒佛交脚菩萨造型，戴高宝冠，宝缯束发，缯带飘折，戴项圈，披帔帛，帛带下垂于腹部交叉穿璧，揽搭臂肘两侧。施与愿无畏印，交脚坐于莲台上。两侧长方形辅龛内造胁侍菩萨双手合十侍立。（图 4-79）

3：主龛内主尊造像身着圆领通肩大衣，施上品上生印，结跏趺坐于莲台。两侧胁侍菩萨双手合十侍立。（图 4-80）

4：主龛内主尊佛站立莲台，左手施无畏印，右手施与愿印，衣裾揽于左臂。头部残缺，刻造凹槽，接佛头之用。两侧胁侍菩萨双手合十侍立。

编号：QN 一四六

尺寸：上宽 26~32、下宽 32~38、通高 49 厘米

时代：北魏（神龟、孝昌风格）

造像简介：造像石，砂石质。上下面平整，石面形状不甚规则，四面开龛造像，共开凿龛 4 个，佛像 5 尊，胁侍菩萨像 4 身。造像题材：一佛，一佛二菩萨，二佛并坐。现状为风化残损，造像模糊。

1：圆弧拱龛，龛楣饰宝盖，内饰忍冬卷草纹。下部风化多无法辨识。龛内二佛并坐，佛头上磨光低肉髻，面相方圆，下颌稍尖，长眉小眼，直鼻小口，嘴角内收。佛肩宽厚齐亭，胸部肌肉凸起。

图 4-79 QN 一四五—2

图 4-80 QN 一四五—3

内着僧衹支，外披袈裟，施禅定印，结跏趺坐于长榻莲台上，衣裾覆膝垂至莲台底部，右侧佛残损风化剥蚀细部不辨。

2：圆拱龛，龛外装饰已风化，多不辨识。一佛二菩萨组合。龛内主尊佛，佛头上磨光肉髻，面相方圆，大耳垂轮，高眉骨，直鼻小口，嘴角内收呈八字形，两肩宽厚齐亭，内着僧衹支，胸部束带作结，胸部肌肉凸起，腹部略鼓，外披双领下垂大衣，左手作与愿印，右手施无畏印，结跏趺坐于莲台上，衣裾自然下垂遮覆莲台基部，衣褶雕造成曲线波浪形。两侧刻二菩萨戴宝冠，肩披帔帛，帛带下垂交叉上绕，着长裙，赤足站立莲台。莲台下饰束莲。

3：屋帷形龛，龛楣饰脊刹，帷幔，龛外右角饰一蹲坐的猴子，装饰风化漫漶，细部不辨。一佛二菩萨组合。龛内主尊佛。佛头上磨光低肉髻，面相方圆，下颌丰满，长眉小眼，直鼻小口，佛肩宽厚齐亭，内着僧衹支，胸部束带作结，外披双领下垂大衣，施与愿无畏印，结跏趺坐于莲台上，衣裾遮覆膝垂至莲台底部。二胁侍菩萨戴宝冠，披帔帛，着长裙，双手合十赤足露趾立于莲台上。两侧护法狮子挺身回首守护于莲台前。

图 4-81　QN 一四六—4

4：圆拱龛，龛楣饰双菩提树形。龛内主佛一尊，磨光低肉髻，面相方圆，肩宽背厚，体魄雄健，内着僧衹支，外披双领下垂式袈裟，两手相握，结跏趺坐于长榻莲台。衣裾自然下垂遮覆莲台。衣褶繁复，局部残损。（图 4-81）

编号：QN 一四七

尺寸：上宽 25~30、下宽 31~32、通高 49 厘米

时代：东魏

造像简介：十六王子佛造像石，粗质黄白砂石。长方石上下面平整，四面开龛造像，雕造十六王子佛像。四方联式，一面 4 龛。佛龛为平弧拱龛，佛造像，低肉髻，长方脸形，大耳垂肩，身材健壮，内着僧衹支，外披双领下垂大衣，施禅定印，结跏趺坐，衣裾绕膝如旋纹。现状为造像边沿残损严重。

编号：QN 一四八

尺寸：上宽 25~28、下宽 26~30、通高 35 厘米

时代：北魏

造像简介：造像石，砂石质。四面开龛造像，开龛 4 个，刻造主尊佛像 3 尊，菩萨像 1 尊，胁侍菩萨像 8 身。造像组合为一佛二菩萨。圆弧拱龛，龛楣饰桃尖宝盖，龛楣上部正中饰化佛，两侧饰山峦、飞龙。主龛主尊佛饰舟样背光，两侧胁侍菩萨饰叶形头光，头顶上部雕造圆形宝盖，采用高浮雕技法。现状为局部残损，风化漫漶。其造像风格特征与 QN 一八和 QN 一八二相同。

1：龛内造弥勒佛交脚菩萨装，方圆脸形，戴高冠，宝缯束发，缯带飘折，内着袒右僧衣，戴项圈，披帔帛，帛带腹部穿璧交叉下垂，上绕揽搭两臂外，施与愿无畏印，交脚坐于高台上。龛外雕二胁侍菩萨侍立莲台。残损风化严重。

2、4：龛内主尊佛造像，头上磨光肉髻，方圆脸形，低眉颔首，目光下视，身着圆领通肩大衣。施禅定印，结跏趺坐于长方莲台上，衣裾自然下垂遮覆莲台。两侧供养菩萨，头戴高冠，身着褒衣博带服饰，袖手侍立。

3：龛内主尊佛造像，头上磨光肉髻，方圆脸形，低眉颔首，目光下视，身着双领下垂大衣，施与愿无畏印，结跏趺坐于长方莲台上，衣裾自然下垂遮覆莲台。龛外两侧二胁侍菩萨头戴高荷冠，披帔帛，手持香囊、宝物，侍立莲台。

编号：QN 一四九

尺寸：上宽 50~52、下宽 55~56、通高 64 厘米

时代：东魏

造像简介：造像石，砂石质。石体四面开龛造像，共刻造大小 10 龛，刻佛像 4 尊，菩萨像 2 身，弟子、力士造像各 2 身。石体局部残缺风化严重，画面多模糊不清。

1：圆弧拱龛，龛楣刻双龙缠绕。主龛内主尊佛作与愿无畏印，结跏趺坐于低台座上，造像多风化，已模糊不清。龛饰已残损，漫漶不可辨，龛两侧胁侍菩萨侍立莲台，下角有力士作扛托状图案。

2、3、4：三面造像组合与画面布局基本相同，圆弧拱龛，龛楣饰桃尖宝盖，龛外饰有飞天，莲花童子，楣尾上卷饰神兽格里芬回首；楣尾上卷饰忍冬蔓草纹，龛外饰莲花流苏；龛楣饰化佛一尊，楣尾上卷。两侧雕造长方形小龛。主龛内主尊像头上磨光小圆肉髻，宽额，细眉小眼，大高鼻，阔口，嘴角内收，大耳垂轮，下颌部宽扁。两肩宽厚，胸腹部直挺，体态端庄，内着僧祇支，胸腹际束带作结，搭带下垂，肩披双领下垂的宽搏大衣，施禅定印或施与愿无畏印，结跏趺坐于低台座上，衣裾遮覆莲台敷搭座基之外，衣纹刻造成对称规则的叶脉形纹，下摆尖折角外扬。两侧长方形小龛内雕造胁侍菩萨，弟子或力士造像。胁侍菩萨头戴高冠，背后饰叶形项光，束发搭带，发际中有山形缺口，细长眉小眼睛，高鼻尖颐与佛造像同，戴项圈，肩披帔帛，帛带绕体穿肘下垂，手内执持法物，下着长裙，赤足露趾侍立于圆形莲台上。二弟子为“老迦叶少阿难”的造像。光头，年青英俊，细长弧眉小眼睛微睁，高鼻头尖下颌，面相丰满，表情喜笑颜开。另一弟子造像则面目衰老，满脸皱纹，

开口缺齿，颈部青筋突出，胸部肋骨裸露，一副饱经风雨沧桑模样。力士面目狰狞，伸臂屈肢，扭腰身呈“S”形，出拳踢腿，身体肌肉暴露，生动地显示出力量。（彩版一五）

图 4-82　QN 一五〇—1 拓片

编号：QN 一五〇

尺寸：上宽 47~50、下宽 50~51、通高 62 厘米

时代：东魏

造像简介：造像石，白砂石质。石面四周开 4 龛，刻造佛像 4 尊，胁侍菩萨像 6 身。圆拱龛。1 为龛楣饰桃尖宝盖，楣尾上卷饰朱雀回首、忍冬卷草；2、3 为楣尾饰忍冬卷草，龛外饰莲花、忍冬卷草，3 为下部刻有护法兽图案；4 为龛楣饰桃尖宝盖，圆圈纹，楣尾上卷饰忍冬卷草，龛楣外饰长尾鸡、鱼。主尊佛头顶上圆肉髻，长圆脸形，面相端庄，高宽额头，细长弧眉，鼻直口阔，薄唇，内着圆领或袒右僧祇支，胸际系带作结，外披双领下垂或圆领通肩大衣，施禅定印或说法印，结跏趺坐于低台座上，衣裾遮覆莲台，敷搭坛基部，下摆尖折角外扬。衣褶刻造成多层重叠曲线纹。龛两侧二胁侍菩萨，背饰叶形项光，头戴荷冠，方圆脸，面相俊秀，披帔帛，帛带垂于胸腹间交叉，揽于臂肘，下着长裙，双手合十，侍立莲台上。现状为残损风化严重。（彩版一六）

1 有铭文“□明主王永宁”（图 4-82）。

编号：QN 一五一

尺寸：上宽 42~43、下宽 46~47、通高 57 厘米

时代：东魏

造像简介：造像石，砂石质。四周开龛造像，开凿主龛 4 个，长方形辅龛 2 个。造佛像 4 尊，胁侍菩萨像 4 身，金刚力士像 2 身。

1：造像组合一佛二菩萨，圆弧拱龛，龛楣饰桃尖宝盖，楣尾上卷饰朱雀回首。龛楣外饰莲花。龛内主尊佛高肉髻，长方脸形，弯眉长眼，眼帘微阖，大耳垂轮，下颌残损。溜肩，衣饰漫漶不辨，施与愿无畏印，结跏趺坐于高榻座上，衣裾遮覆莲台，下摆尖折角外扬。龛外侧长方形辅龛内胁侍菩萨侍立莲台。石面残缺风化严重，细部不辨。

2：帷幔龛，龛楣分层次刻出帷幔，幔帘有三角纹、鱼鳞纹等，幔帐撩起结束。龛内造像组合一佛二菩萨。佛头上磨光肉髻，面相俊秀，弯眉长眼，眼帘微阖，眼角上翘，鼻直口阔，面露喜悦。秀颈溜肩，身形端庄，内着僧衣，胸部系带作结，外披双领下垂大衣，施与愿无畏印，结跏趺坐于高榻座上，衣裾遮覆莲台，下摆尖折角外扬。两侧胁侍菩萨，肩披帔帛，帛带自腰际交叉穿壁，腹部略突起。手持宝物，着长裙，赤足露趾侍立圆形莲花台上，局部漫漶不辨。

图 4-83 QN 一五二—3 铭文

3：圆拱龛，龛楣饰桃尖宝盖，楣尾上卷饰荷叶，龛楣外饰流苏，龛内刻造立佛一尊，佛长方脸形，尖下颌，面相清秀，细眉长眼，目光下视，鼻直口方，嘴角内收，表情安详。披双领下垂大衣，赤足露趾站立龛内。漫漶细部不辨。

4：圆拱龛，龛楣外饰莲花、流苏、花鸟、楣尾上卷。主尊造像菩萨头戴花冠，长圆脸形，尖下颌，弯眉长眼，目光下视，嘴角上翘，面露喜悦，披帔帛，手部漫漶不辨，下着长裙，赤足站立莲台。龛外侧造金刚力士像，头上宝缯束发，缯带飘折，方圆脸形，尖下颌，握拳执杵，帛带飘绕，屈腿伸臂，侍立圆莲台上。

编号：QN 一五二

尺寸：上宽 33~39、下宽 39~40、通高 46 厘米

时代：北魏

造像简介：造像石，砂石质。方石体四面开龛造像，周边饰方框线，开凿主龛 4 个，千佛龛式小佛龛 20 余个。造主尊佛像 3 尊，主尊菩萨像 2 身，弟子像 2 身，千佛龛小佛像 20 余个。主龛圆拱龛，龛楣饰桃尖宝盖，楣尾上卷，龛楣外饰莲花，主佛龛背景饰千佛龛。主尊造像高圆肉髻，长方脸形，下颌尖圆，面相清秀，细眉长眼，眼角上翘，眼目低垂，大耳垂轮，鼻直口方，薄唇微上翘，内着僧衹支，外披双领下垂大衣，体态端庄，施与愿无畏印，结跏趺坐于低台座上，衣裾遮覆莲台，下摆尖折角微外扬。画面清晰，线条简洁明快。

1：主龛内二佛并坐说法。左侧释迦佛正襟危坐，左手施与愿印，右手施无畏印。右侧多宝佛伸出右手示意。

2：主龛内造阿育王施土缘故事。主尊造像佛戴高宝冠，内着袒右僧衣，外披双领下垂大衣，俯身站立，左手揽衣角，右手伸出接三童子叠身递送物。

3：屋帷龛，龛楣饰屋脊、脊刹、鸱尾，屋角起翘，帷幔饰边。龛内造主尊造像交脚菩萨，头戴高荷冠，面相俊秀，披帔帛，帛带胸前交叉垂绕揽于臂肘，左手与愿印，右手无畏印，交脚坐于高台座上。两侧弟子侍立，各一护法狮子蹲立于前。左侧边刻楷书“开光明主李□□”。（图 4-83）

4：圆拱龛外饰菩提树，龛内思维菩萨，头戴高荷冠，面相俊秀，右手一指触腮作思维状，面露喜悦，肩披帔帛，下着长裙，半跏趺坐于高台座上。

编号：QN 一五三

尺寸：上宽 23~32、下宽 32~34、通高 38 厘米

时代：北齐晚期

造像简介：造像石，砂石质。方石体多不规则，上下面平整，四面开龛造像，刻饰边框线，

计开龛 4 个，平弧拱龛，龛楣刻饰桃尖宝盖、火焰纹，楣尾上卷。造佛像 4 尊，弟子像 2 身。造像风化漫漶严重。

1：龛内主尊佛头顶上磨光肉髻，发际有山形缺口，方圆脸形，细弧眉，长眼微阖，小高鼻阔口，嘴角内收，面相丰满，表情安详，肥颐短项，内着僧祇支，肩披双领下垂大衣，体态端庄，双手合十，站立莲台。画面略残。

2：龛内造像组合为一佛二弟子。主尊佛头顶上磨光低肉髻，方圆脸形，细长弧眉，长眼微阖，目光下视，小高鼻阔口，大耳垂轮，秀颈，胸腹部直挺，着圆领通肩大衣，"U"形衣纹，施禅定印，结跏趺坐于高方座上，衣裾遮覆莲台。两侧二弟子光头，长圆脸形，身材修长，袖手裹袈裟侍立于主尊佛两旁。局部残损风化。

3、4：两面造像题材相同，主尊佛头顶上磨光肉髻，面相丰满，细弧眉，长眼微阖，大耳垂轮，高鼻阔口，嘴角内收，肥颐短项，圆肩，胸腹部直挺，身形端庄，着圆领通肩大衣，施禅定印，结跏趺坐于低台座上，造像下部风化漫漶。

编号：QN 一五四

尺寸：上宽 28~29、下宽 27~28、通高 28 厘米

时代：北齐

造像简介：造像石，砂石质。质地粗疏。方石上四面刻饰宽边线，开龛 7 个，造佛像 8 尊。圆拱龛，龛楣饰桃尖宝盖，楣尾上卷。龛内主尊佛头顶上磨光低肉髻，方圆脸形，眼帘微阖，目光下视，鼻直口阔，大耳垂轮，着圆领通肩大衣，"U"形衣纹，施禅定印，结跏趺坐于低台座上，衣裾自然下垂遮覆莲台。造像简陋粗糙。现状为局部残损，略有风化。

1、2：两龛并列，每龛坐佛一尊。

3：两龛并列，每龛立佛一尊。头顶上磨光低肉髻，方圆脸形，眼帘微阖，目光下视，鼻直口阔，大耳垂轮，内着僧衣，系腰带，着长裙，外披双领下垂大衣，身形健壮，双手合十站立龛内。

4：龛内二佛并坐。

编号：QN 一五五

尺寸：上宽 36~39、下宽 41~44、通高 56 厘米

时代：北魏

造像简介：造像石，粗砂石质。方石体完整，上下面倾斜，四面开龛造像，共雕各式龛 4 个，造佛像 4 尊，胁侍菩萨像 2 身。造像风格一致，组合各异，主尊佛头顶上磨光高肉髻，发际中有山形缺口，方圆脸形，面相丰满，宽额，表情宁静祥和，细长弧眉，长眼微阖，眼角上翘，高鼻小嘴，嘴角内收呈八字形，尖下颌，两腮圆鼓，大耳垂轮，溜肩，胸腹部直挺，体态端庄。着圆领通肩或双领下垂大衣，施禅定印或与愿无畏印，结跏趺坐于低台座上，衣裾自然下垂遮覆莲台。现状为画面残损风化严重。

1：屋帷龛，龛楣饰屋顶、脊刹、帷幔勾束，帐勾吊饰穗节流苏。龛内主尊弥勒佛交脚着菩萨

装，秀颈溜肩，戴宽项圈，肩披帔帛，帛带腹际交叉穿璧下垂，上卷揽于臂肘向后，施与愿无畏印，交脚坐于高方台座上。台座两侧金刚力士与座同高，头上宝缯束发，缯带飘折，方圆脸形，怒目而视，握拳执杵，帛带飘绕，屈腿伸臂，侍立两旁。形象多漫漶。

2：圆拱龛，龛外刻饰忍冬蔓草、束莲花纹。龛内造主佛像一尊。

3：圆拱龛，龛楣饰桃尖宝盖，忍冬卷草，楣尾上卷。龛内造主尊佛像一尊。佛着双领下垂大衣，施与愿无畏印，结跏趺坐于低台座上，衣裾遮覆莲台。龛外侧胁侍菩萨头戴花蔓冠，面相清秀，肩披帔帛，帛带交叉下垂揽于臂肘，下着长裙，双手合十赤足侍立莲台。

4：圆拱龛，龛内造像题材为阿育王施土缘故事。主尊佛头上磨光高肉髻，方圆脸形，眼帘微阖，内着僧衣，外披双领下垂大衣，左臂揽右衣摆，下着长裙，赤足站立莲台，侧身弯腰，伸出右臂接收三童子叠罗递送物品。

编号：QN 一五六

尺寸：上宽 35~36、下宽 37~38、通高 44 厘米

时代：北魏

造像简介：造像石，砂石质。方石四面开龛造像，外侧刻饰方形边框线。开凿圆拱龛主龛 4 个，长方形辅龛 8 个。造佛像 4 尊，胁侍菩萨像 8 身。圆拱龛，龛楣饰桃尖宝盖，楣尾上卷。造像组合为一佛二菩萨。龛内主尊佛头上磨光高肉髻，长方脸形，面相丰满，长眼，目光下视，鼻直口方，嘴角内收呈八字形。内着僧衣，外披双领下垂或圆领通肩大衣，施禅定印或与愿无畏印，结跏趺坐或善跏趺坐于低台座上，衣裾遮覆莲台，下摆微外扬。主龛两侧刻长方形辅龛，龛内胁侍菩萨戴宝冠，肩披帔帛，帛带下垂交叉揽于臂肘向下，下着长裙，双手合十侍立莲台。雕刻细致，构图严谨。现状为局部有残缺。

1：楣尾上卷，龛楣上部饰忍冬卷草、流苏。主尊佛施与愿无畏印，善跏趺坐于低台座上。衣裾遮覆莲台，露出足踏莲花，下摆微外扬。

2：楣尾上卷饰龙回首，龛楣上部左侧饰结庐修行者，右侧饰供养人跪拜于侧，以及圆莲花、卷草纹图案。辅龛下部饰束莲。

3：楣尾上卷饰神兽格里芬回首，龛楣上部饰飞天、团花，辅龛下部饰护法狮子，回首侧卧于主尊佛座前。

4：楣尾上卷饰忍冬卷草，龛楣上部饰莲花。辅龛下部饰供养人跪拜于博山炉前。

编号：QN 一五七

尺寸：上宽 32~34、下宽 35~36、通高 38 厘米

时代：东魏

造像简介：方锥台造像石，砂石质。石体上下面平，四面开龛造像，共开凿主龛 4 个，长方形辅龛 2 个。造主尊佛像 3 尊，主尊菩萨造像 1 尊，胁侍菩萨像 4 身，弟子像 2 身，童子像 3 个。

1：屋帷龛，龛楣饰屋顶、脊刹、鸱吻。两侧帐幔钩束搭于柱上。造像组合为一交脚菩萨二弟

子，龛内造弥勒佛着菩萨装戴高冠，宝缯束发，缯带飘折，面目已残缺，戴项圈，内着袒右僧衹支，胸际束带，肩披帔帛，施与愿无畏印，交脚坐于高座上。两侧弟子光头，着通体大衣，侍立莲花台上。整体刻造技法简单粗糙。局部残损致面目全非。

2：圆弧拱龛，龛楣饰桃尖宝盖，楣尾上卷饰忍冬卷草纹，龛楣外饰莲花图案。龛内造像题材为阿育王施土缘故事。主尊佛背后饰舟形身光。头顶上肉髻，面相已残，内着袒右僧衹支，外披敷搭双肩的宽博式大衣，衣摆绕肘下垂，右手作接受状，下着长裙，赤足立于龛内，龛内三童子已残缺，部分画面风化漫漶不辨。

3：圆弧拱龛，龛楣饰桃尖宝盖，楣尾上卷。龛楣两上角饰流苏。龛内造像题材组合为一佛二菩萨。主尊佛头上磨光肉髻，面相丰满，细弧眉，长眼微阖，高鼻阔口，嘴角略上翘，秀长颈，两肩窄溜。大耳垂轮。内着僧衹支，外披方领下垂大衣，形态端庄，施禅定印，结跏趺坐于高方台座，衣裾遮覆莲台搭于基部。两侧小叶形龛与主龛贯通，两胁侍菩萨头戴宝冠，方圆脸形，颈戴项圈，肩披帔帛，帛带下垂又上卷揽于臂肘，下着长裙，双手合十，赤足侍立于覆莲莲台。龛外刻饰简洁粗糙。

4：圆弧拱龛，龛楣饰桃尖宝盖，楣尾上卷。龛楣外刻饰莲花化佛，圆莲花、蔓草纹等图案，龛内造像题材组合为一佛二菩萨。主尊佛饰舟样通体背光，施与愿无畏印，结跏趺坐于高方台上，衣裾自然下垂遮覆莲台。主龛外侧圆拱龛内胁侍菩萨头上戴高花蔓冠，披帔帛，下着长裙，双手持宝物侍立于圆形莲花台上。局部残缺，风化漫漶严重。

编号：QN 一五八

尺寸：上宽 29~32、下宽 33~34、通高 38 厘米

时代：北齐

造像简介：造像石，砂石质。上下面平，石体四面开龛造像，刻饰边框线，开凿各式龛 4 个，共雕刻主尊佛像 3 尊，菩萨像 1 尊，胁侍菩萨像 2 身。主尊佛头上磨光肉髻，长圆脸形，面相清秀，细弧眉，高眉骨，长眼微阖，目光下视，嘴角内收，秀颈窄肩。内着僧衹支，外披双领下垂大衣，施与愿无畏印，赤足露趾站立或结跏趺坐于高台座。衣裾自然下垂遮覆莲台。造像基本完整，局部残损风化，无法辨识。

1：圆拱龛，龛楣饰宝盖。龛内造一立佛二菩萨。主尊佛站立。两侧胁侍菩萨头戴高荷冠，方圆脸形，身材修长，内着僧衣，腰间束带作结，肩披帔帛，帛带绕肘下垂，下着长裙，双手合十侍立。龛边较窄。

2：树形龛，龛楣饰双菩提树，枝叶遮覆。龛内雕造菩萨一身，菩萨头戴花蔓冠，宝缯束发，缯带飘折，面相清秀，身材修长，内着僧衣，腰间束带作结，肩披帔帛，帛带绕肘下垂，双手执持宝物，下着长裙，站立莲台。

3：圆拱龛，龛楣饰宝盖。楣尾饰忍冬卷草，两侧刻饰荷叶莲花。龛内造主尊佛，施与愿无畏印，半跏趺坐于高方台上。

4：屋帷龛，龛楣饰屋脊、鸱吻、瓦垄、明柱斗拱，帷幔束结钩揽。龛楣外饰兽首。龛内坐佛一尊，已残损风化，着圆领通肩大衣，施禅定印，结跏趺坐于高台座上。两侧饰护法狮子

侧卧于台座前。

编号：QN 一五九

尺寸：上宽 28~29、下宽 29~41、通高 50 厘米

时代：北齐

造像简介：造像石，砂石质。上下两面平，石体完整，四面开龛造像，开凿圆拱龛 4 个，龛楣饰桃尖宝盖，楣尾上卷。造佛像 4 尊，弟子像 8 身。四面造像题材相同，一佛二弟子。主尊佛头顶上磨光低圆肉髻，方圆脸形，细弧眉长眼，小高鼻小口，秀颈，着圆领通肩大衣，施禅定印或与愿无畏印，结跏趺坐于高方台座上。衣裾遮覆莲台搭台基部。两侧弟子，光头，方圆脸，披紧身袈裟，双手合十侍立莲台。造像风化局部不辨。

编号：QN 一六〇

尺寸：上宽 26~28、下宽 29~30、通高 22 厘米

时代：北周

造像简介：造像石，粗质黄白砂石。造像石上顶面平整，下部断裂缺损。四面开龛造像，雕造佛像 4 尊。佛龛为圆拱龛，龛楣饰宝盖，简洁低平。佛造像低肉髻，已近于螺髻佛头形象。方圆脸形，肥颐短项，大耳垂轮，长眼微阖，慈眉善目，鼻直口阔，溜肩，身材健壮。内着僧祇支，外披双领下垂大衣，施禅定印，结跏趺坐于低台座上，衣裾下垂遮覆莲台。莲台为束腰须弥座。与其余三龛三尊佛像的区别是，右手搭于左手置之座前。脸部均已风化漫漶，细目不辨。

图 4-84　QN 一六一—1

编号：QN 一六一

尺寸：上宽 24~26、下宽 25~28、通高 30 厘米

时代：北魏延昌二年（513 年）

造像简介：造像石，砂石质。造像塔塔体完整，上下面极不规格，四周开龛，共计 4 龛，刻佛像 3 尊。制作粗犷，画面清晰。

1：龛两侧均有题铭。（图 4-84、85）

2：龛左侧“延昌二年造”，右侧“佛弟子李高造像一区”。

4：龛右侧题铭：“清信王光晕造像一区”。

1、2、4：圆拱龛，龛内坐佛一尊，长方脸形，面相丰满，宽额，细长眼，高鼻，小嘴，大耳垂轮，着圆领通肩大衣，施禅定印，结跏趺坐于低台座上，龛外无装饰图案，可

图 4-85　QN 一六一—1 拓片

图 4-86　QN 一六一—2 拓片

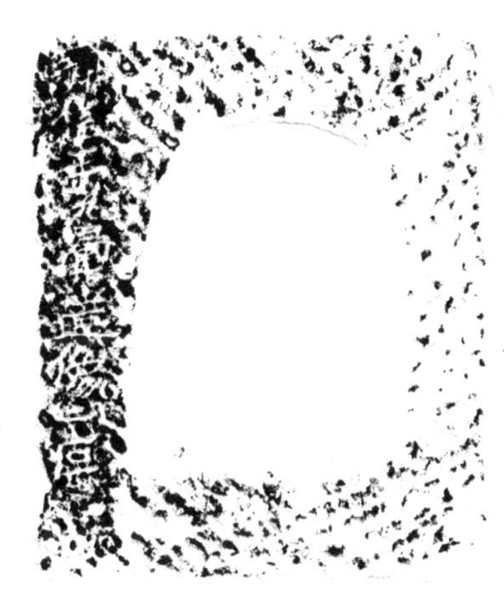
图 4-87　QN 一六一—4 拓片

见雕造时残留的斜线刻凿纹。1 有铭文“清信陈诸花 / 清信盖润美”。2 有铭文“延昌二年造 / 佛弟子李高造像一区”（图 4-86）。4 有铭文“清信王光晕造像一区”（图 4-87）。

3：该面刻造折角矩形的空龛，深约 6~7 厘米，内部空无一物。

编号：QN 一六二

尺寸：上宽 54~57、下宽 60~61、通高 64 厘米

时代：东魏

造像简介：造像石，粗质白砂石。石体四周开龛造像，开凿主龛 4 个，其中圆弧拱龛 3 个，屋帷龛 1 个，长方形辅龛 6 个。造佛像 4 尊，胁侍菩萨、金刚力士像各 4 身，现状为风化残损，多已无法辨识。

1：圆弧拱龛，龛楣饰桃尖宝盖，楣尾上卷饰忍冬卷草。主龛内造像为阿育王施土缘故事。主尊佛高圆肉髻，方圆脸形，眼帘微阖，目光下视，大耳垂轮，身形端庄，伸右手作接收状，下部漫漶。龛两侧长方形辅龛内造金刚力士侍立。

2：圆弧拱龛，龛楣饰桃尖宝盖，楣尾上卷饰忍冬卷草。龛外饰莲花流苏。造像组合为一佛二菩萨。主尊佛高圆肉髻，方圆脸形，眼帘微阖，目光下视，大耳垂轮，身形端庄，施与愿无畏印，结跏趺坐于高台座，下部漫漶。龛两侧长方形辅龛内造胁侍菩萨侍立莲台。

3：圆弧拱龛，龛楣饰桃尖宝盖，楣尾上卷。龛外饰莲花。造像组合为一佛二金刚力士。主尊佛高圆肉髻，方圆脸形，身形端庄，施禅定印，结跏趺坐于高台座。龛两侧长方形辅龛内造金刚力士侍立。

4：屋帷龛，龛楣饰屋脊、鸱吻、莲花、结束帷幔。龛内造交脚菩萨，主尊佛造像头戴高荷冠，圆脸形，身形端庄，下部漫漶。龛两侧造胁侍菩萨侍立。残损严重。

编号：QN 一六三

尺寸：上宽 46~49、下宽 50~53、通高 60 厘米

时代：北魏

造像简介：造像石，砂石质。石体上下面平，四面开龛造像，开凿主龛4个，长方形辅龛4个，千佛龛式小龛6个。造主尊佛、菩萨4尊，胁侍菩萨像4身，弟子2身，供养菩萨、莲花童子及供养人若干等。现状为局部风化残损。

1：屋帷龛，龛楣饰盝形屋顶、脊刹、鸱吻、流苏、帷幔等。龛内主尊佛着菩萨装，头戴高荷冠，额部宽平，面相瘦削，细颈宽肩，颈部戴宽项圈，肩披帔巾，帛带下垂腹际交叉穿璧揽于臂肘。内着僧祇支，胸部系带，下着长裙，施与愿无畏印，交脚坐于低台座上，衣裾下摆外扬。衣物质地轻薄贴体。座下莲花童子托举双足。两侧弟子光头，紧裹袈裟，双手合十侍立。护法狮子卧于佛座两侧。（图4-88）

2：平弧拱龛，龛楣饰桃尖宝盖。龛左侧饰供养菩萨执带枝梗莲花金翅鸟，龛外右侧饰菩提树，龛下部刻饰六牙白象伸长鼻托举莲花童子化佛图案。龛内太子着菩萨装作思维状，头部残缺严重。半跏趺坐于高台座上。（彩版一七，1）

3、4：平弧拱龛，龛楣饰桃尖宝盖，楣尾上卷。龛外饰千佛龛，莲花，流苏。两面造像题材

图4-88 QN一六三—1

组合均为一佛二菩萨，主龛内主尊佛头顶上高肉髻，低眉颔首，面相清瘦，披圆领通肩或双领下垂大衣，施禅定印或与愿无畏印，结跏趺坐于低台座上，衣裾遮覆莲台，下摆尖折角外扬。两侧长方形辅龛内胁侍菩萨头戴荷冠，披帔帛，下着长裙，双手合十或双手执持宝物侍立莲台。辅龛下部刻饰束莲，跪拜供养人。

编号：QN 一六四

尺寸：上宽 38~40、下宽 45~46、通高 56 厘米

时代：北魏—东魏

造像简介：造像石，砂石质。石质粗疏。四面开龛 4 个，造主尊佛像 4 尊，菩萨像 1 尊，胁侍菩萨、弟子像、金刚像各 2 身以及供养人若干等。现状为残损风化漫漶严重。

1：平弧拱龛，龛楣饰宝盖、火焰纹、化佛。龛内二佛并坐说法，佛头部缺失，身形健壮，披方领大衣，施与愿无畏印，半跏趺坐于长榻，足下踏束腰莲台。龛下部雕跪姿供养人 2 身，石面残损。

2：屋帷龛，龛楣饰屋顶、脊刹、鸱吻、帷幔钩束。龛内交脚菩萨头戴低冠，宝缯束发，缯带飘折于肩头，方圆脸形，面相丰满，高眉骨，长眼微阖，眼角上翘，高鼻小嘴，秀颈束肩，戴项圈，肩披帔帛，帛带腹际交叉穿璧揽于臂肘，施与愿无畏印，交脚坐于低台座上，衣裙质地轻薄。两侧弟子双手合十面佛侍立。

3：平弧拱龛，龛楣饰桃尖宝盖，圆弧线纹。龛内主尊佛施说法印，结跏趺坐于低台座上，下摆尖折角外扬。龛外两侧刻二胁侍菩萨，饰叶形头光，头戴荷冠，披帔帛，下着长裙，双手执持宝物侍立莲台。下部饰护法狮子蹲守于佛座前。

4：平弧拱龛，龛楣饰莲花等，漫漶不辨。龛内主尊佛方圆脸形，面相丰满，高眉骨，长眼微阖，眼角上翘，高鼻小嘴，秀颈，内着袒右僧衣，外披敷搭双肩袈裟，施禅定印，结跏趺坐于低台座上，下饰有并排法轮，二金刚怒目威严，侍立两旁。下部刻饰护法狮子侧身卧立于佛座前。所表现是佛修道成佛后，“鹿野苑初转法轮”，为南涅水石刻中仅见的题材。

编号：QN 一六五

尺寸：上宽 30~32、下宽 36~37、通高 53 厘米

时代：东魏

造像简介：造像石，砂石质。上下两面不甚规则，四面开龛造像，开凿圆弧拱龛 4 个，造佛像 4 尊。现状为石体完整，表面粗糙，有雕造斜线斧凿痕迹，有残损，风化漫漶。

1、3、4：三面造像题材相同，龛内主尊佛头顶上磨光低圆肉髻，长方脸形，面相丰满，宽额，溜肩，胸腹部直挺，形体端庄，着圆领通肩或双领下垂大衣，施禅定印，结跏趺坐于低台座上，衣裾遮覆莲台，衣纹呈线型和横向弧形纹饰。

2：龛内造主尊佛着菩萨装，戴荷冠，披帔帛，帛带交叉垂绕揽于臂肘，施与愿无畏印，下着长裙，下摆尖折角，交脚坐于低台座上。

编号：QN 一六六

尺寸：上宽 30~33、下宽 35~36、通高 45 厘米

时代：东魏

造像简介：造像石，砂石质。方石体四面开龛 4 个，造佛像 4 尊，胁侍菩萨 4 身，金刚力士 2 身。造像雕刻技法娴熟，因风化多已无法辨识。

1、3：圆弧拱龛，龛楣饰双莲花。造像题材组合为一佛二菩萨。主龛内主尊佛头顶上低圆肉髻，面相俊秀，尖下颌，内着僧衣，外披双领下垂大衣，施与愿无畏印，结跏趺坐于低台座之上，衣裾遮覆莲台。两侧长方形辅龛内造胁侍菩萨披帔帛，下着长裙，双手合十侍立束腰莲台。

2：造像组合为一菩萨二力士。屋帷龛，龛楣饰屋脊、帷幔。龛内造交脚菩萨像，两侧造金刚力士，披帔帛，面佛侍立。下部饰护法狮子回首侧卧于佛坐前。

4：圆弧拱龛，龛楣饰束莲，楣尾饰吊挂流苏。龛内造主尊佛一尊，头顶上低圆肉髻，面相俊秀，内着僧衣，外披双领下垂大衣，施与愿无畏印，结跏趺坐于低台座之上，下摆尖折外扬。

编号：QN 一六七

尺寸：上宽 23~24、下宽 25~26、高 30 厘米

时代：东魏

造像简介：十六王子佛造像石，砂石质。石面四周开龛造像，每面 4 龛，每龛内坐佛 1 尊，共有造像 16 尊。圆拱龛，龛内佛像头顶上磨光肉髻，方圆脸形，尖下颌，面相清秀，着圆领通肩袈裟，饰“U”形衣纹。体态端庄，施禅定印，结跏趺坐于莲台，衣裾若三片甲。现状为局部残损风化。

编号：QN 一六八

尺寸：上宽 41.2~44、下宽 45~48、通高 64 厘米

时代：北魏

造像简介：造像石，粗砂石质，质地粗疏。四面开龛 4 个，雕造主尊佛、菩萨像 4 尊，胁侍菩萨像 4 身。圆弧拱龛，龛楣饰双龙护卫图案，如木构建筑中瓜柱形。主尊造像，头顶上圆肉髻，长方脸形，面相丰满，长眼微阖，目光下视，鼻直口方，大耳垂轮，秀颈溜肩，内着僧衣，胸部系带作结，外披双领下垂大衣，施与愿无畏印，结跏趺坐于低台座上，衣裾自然下垂遮覆莲台。现状为残损风化，漫漶严重。

1：龛内立佛一尊，施与愿无畏印。

2：龛内主尊造像着菩萨装，倚坐莲台，披帔帛，腹部交叉穿璧上绕揽搭臂外下垂，双手叠贴于胸前。

3：龛内一佛二菩萨，主尊坐佛一尊。胁侍菩萨侍立莲台，下饰地神力士作扛托状。（图 4-89）

4：小佛龛，龛内坐佛一尊，施与愿无畏印，结跏趺坐。龛外侧胁侍菩萨侍立，漫漶不辨。

编号：QN一六九

尺寸：上宽30~39、下宽40~43、通高50厘米

时代：北魏

造像简介：造像石，砂石质。质地细密，表面光洁。方石体四面开龛4个，造佛像4尊。刻男女供养人8身，形态各异。四面造像组合相同，一佛二供养人。平弧拱龛，龛楣饰桃尖宝盖，楣尾上卷。龛左右上角饰莲花。现状为严重残损风化。

图4-89　QN一六八—3

1：龛内主尊佛头部残损，体态端庄，内着袒右僧衣，胸前结带外搭，外披双领下垂大衣，衣裾揽搭左手臂下垂。手部残损，善跏趺坐于莲台。龛外刻供养人，头戴斜平冠，身着宽博衣裙，腰间系裙带，袖手侍立。旁有楷体铭记“都维那李韩仁，都维那李安都”（图4-90）。

2、4：龛内主尊佛头上磨光肉髻，面部残损，体态端庄，身着圆领通肩大衣，“U”形纹饰。施禅定印，结跏趺坐于莲台，衣裾遮覆莲台。衣褶繁复层叠，下摆稍外扬。龛外刻供养人，袖手侍立。2的楷体铭记为“四天天主段道愿，都福像主李保庆”（图4-91）；4的楷体铭记为“都维那王攻栏，都维那陈庆仁”（图4-93）。

3：龛内主尊佛，头上磨光肉髻，面相瘦长清秀，体态端庄，身着圆领通肩大衣，“U”形纹饰。施上品上生印，结跏趺坐于莲台，衣裾遮覆莲台。衣褶繁复层叠，下摆稍外扬。龛外刻供养人，袖手侍立。旁有楷体铭记“四天王主李市，光明主王照孙”（图4-92）。

编号：QN一七〇

尺寸：上宽34~35、下宽36~38、通高40厘米

时代：东魏

造像简介：造像石，砂石质，质地粗疏。上下两面已残，四面造像，共开凿圆拱龛3个，造

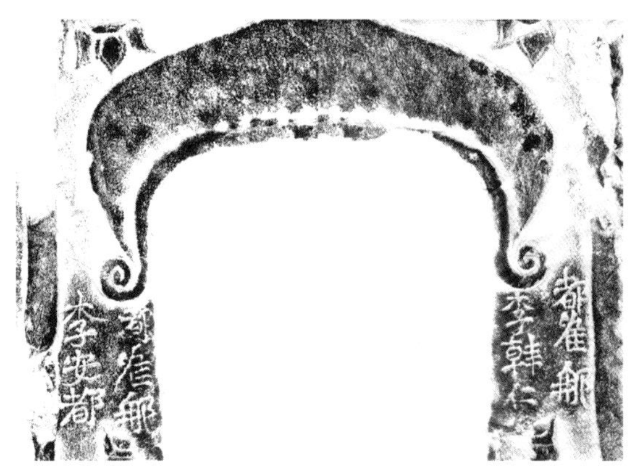

图 4-90 QN 一六九—1 拓片

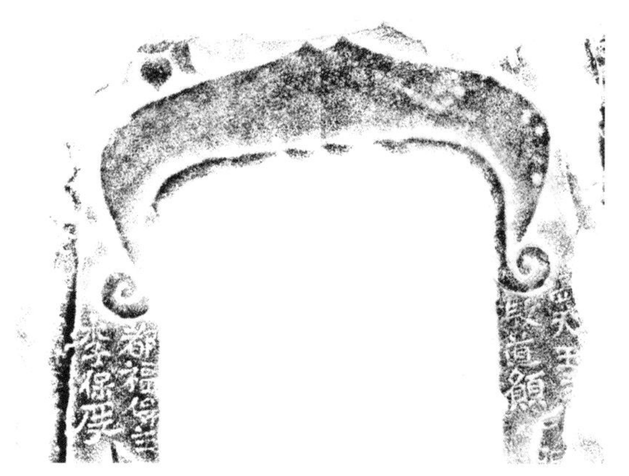

图 4-91 QN 一六九—2 拓片

图 4-92 QN 一六九—3 拓片

图 4-93 QN 一六九—4 拓片

佛像 3 尊，2 刻饰边框造像，画面模糊。现状为风化残损严重。

1：龛楣饰屋顶、脊刹、鸱吻，两侧饰明柱、斗拱、柱础。龛内佛头上磨光高肉髻，面相长方，施禅定印，结跏趺坐于低台座上，衣裾遮覆莲台，下摆尖折角较大。

2：画面似为佛传故事中“涅槃变”的场面。周边围着举哀的弟子，因画面残损风化，细部不可辨识。

3：龛楣饰桃尖宝盖，楣尾上卷，饰忍冬卷草。龛左侧饰供养人，右侧饰伎乐人 2 个。龛内坐佛一尊。

4：圆拱龛，龛楣饰桃尖宝盖，龛内坐佛一尊。

编号：QN 一七一

尺寸：上宽 28~32、下宽 33~35、通高 46 厘米

时代：北魏（永熙风格）

造像简介：造像石，砂石质。上下两面平，四面开龛造像，计开主龛 4 个，辅龛 8 个。佛像 4 尊，菩萨 8 身。长方形主龛造像题材均为一佛二菩萨。造型风格粗犷。现状为局部已风化不清。

1、2、3：龛楣饰忍冬蔓草纹、团形莲花，宝盖，楣尾上卷，饰神兽回首图案。三面造像

题材相同，龛中佛头顶上磨光高肉髻，长方脸形，面相丰满，细眉长眼，目光下视，小高鼻小嘴，嘴角内收，身形健壮，两肩齐亭。内着圆领僧衣，外披方领通肩大衣，通体衣纹为横向密集的圆弧形衣纹，施禅定印或与愿无畏印，结跏趺坐于高台座上，衣裾下垂覆膝敷搭莲台下部。主龛外侧雕长方形辅龛，龛内胁侍菩萨头戴宝冠，披帔帛，帛巾绕肘下垂，作回字形。着长裙，侍立于龛内。（图 4-94）

4：龛楣饰宝盖、火焰纹。造像组合为一立佛二菩萨。佛头上磨光肉髻，长方脸形，面相丰满，细眉长眼，高鼻小嘴，嘴角内收，体态端庄。外披方领通肩大衣，衣裾揽于左臂。施与愿无畏印站立莲台。主龛外侧雕造二胁侍菩萨侍立。

0 10 厘米

图 4-94 QN 一七一—3

编号：QN 一七二

尺寸：上宽 24~27、下宽 26~28、通高 28 厘米

时代：北魏

造像简介：造像石，砂石质。石面四周开龛造像，刻饰边框线，开凿主龛 4 个，千佛龛式小龛 24 个。刻造大小佛像 28 尊。四面造像题材组合相同。主龛圆拱龛，龛楣饰桃尖宝盖，楣尾上卷。龛外雕造小千佛龛饰背景。龛内主尊佛头顶上高圆肉髻，方圆脸形，面相清秀，下颌略尖，低眉颔首，大耳垂轮，短颈溜肩。着圆领通肩大衣，饰圆弧形衣纹，施禅定印，结跏趺坐于低台座上，衣裾遮覆莲台，敷搭台座基部，下摆微外扬。现状为局部残损风化。

编号：QN 一七三

尺寸：上宽 47~54、下宽 55~57、通高 67 厘米

时代：北魏

造像简介：造像石，砂石质。石体四周开龛造像，共开凿平弧拱主龛 4 个，长方形辅龛 8 个，千佛龛式小龛 48 个，造主尊佛像 4 尊，胁侍菩萨像 6 身，金刚力士 2 身，千佛龛小佛若干尊。造像题材组合一佛二菩萨二供养人，一佛二金刚二供养人，辅以千佛龛作背景。主龛圆拱龛，龛楣

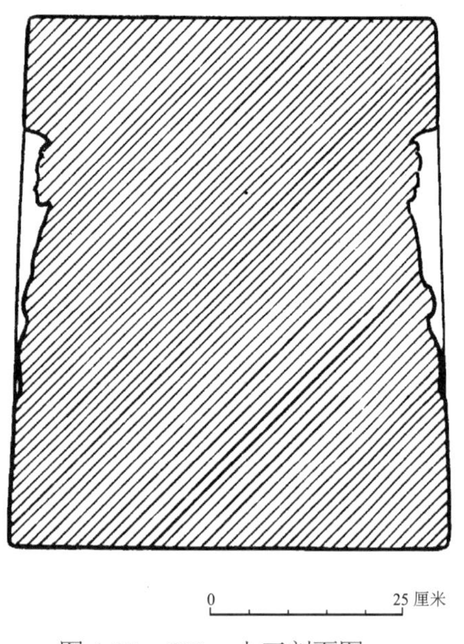

图 4-95　QN 一七三剖面图

饰桃尖宝盖，楣尾上卷或饰神兽回首。主尊佛造像头顶上高圆肉髻，长方脸形，面相清秀，下颌略尖，低眉颔首，大耳垂轮，短颈溜肩。内着僧衣，胸前系带作结，外披双领下垂大衣，身形端庄，施禅定印或与愿无畏印，结跏趺坐于低台座上，衣裾遮覆莲台，敷搭台座基部，下摆微外扬。秀骨清相典型造像。主龛两侧长方形辅龛内饰胁侍菩萨，金刚力士侍立。龛下饰供养人，拱手侍立。现状为风化残损严重，下部漫漶不辨。（图 4-95）

编号：QN 一七四

尺寸：上宽 40~47、下宽 43~48、通高 61 厘米

时代：北魏

造像简介：造像石，砂石质。石体上下面凹凸不平，四面开龛造像，刻饰宽边框。开凿平弧拱、圆拱主龛各 2 个，长方形辅龛 8 个，千佛龛式小龛 37 个。造主尊佛像 4 尊，胁侍菩萨像 8 身，飞天、供养人、力士各 2 身。千佛龛小佛 37 尊。造像题材组合一佛二菩萨二飞天，一佛二菩萨二供养人，辅以千佛龛作背景。主龛圆拱龛，龛楣饰桃尖宝盖，忍冬卷草，楣尾上卷或饰神兽回首。主尊佛造像头顶上高圆肉髻，长方脸形，面相清秀，低眉颔首，大耳垂轮，秀颈溜肩。内着僧衣，胸前系带作结，外披双领下垂或圆领通肩大衣，身形端庄，施禅定印或与愿无畏印，结跏趺坐于低台座上，衣裾遮覆莲台，敷搭台座基部，下摆微外扬。秀骨清相造型。主龛两侧长方形辅龛内饰胁侍菩萨，头戴荷冠，披帔帛，着长裙，双手执持宝物或合十侍立莲台。龛楣上部饰飞天或供养人，拱手捧莲花跪侍两侧。辅龛下饰护法狮子，力士顶支莲台或束莲图案。现状为局部风化残损。

编号：QN 一七五

尺寸：上宽 40~42、下宽 44~45、通高 54 厘米

时代：北魏

造像简介：造像石，砂石质。石体局部残缺，上下面平，四面开龛造像，共雕凿主龛 4 个，辅龛 4 个，残存千佛龛式小龛 18 个。主龛尖拱龛，龛楣刻造千佛龛式小龛 5 个，每龛内各有小坐佛一尊，施禅定印，结跏趺坐。刻主尊佛像 2 尊，主尊菩萨像 3 尊，千佛龛内小佛 18 尊，胁侍菩萨像 6 身。造型装饰性极强，形象舒展大方。现状为局部残损风化严重。

1：主龛两侧刻饰圆形莲花图案。主龛内造菩萨一尊，头戴高荷冠，面相清秀，大耳垂轮，秀颈，削肩，束腰。身材修长，体态轻盈，肩披帔巾，帛巾下垂胸腹之际交叉穿璧，垂绕揽于臂肘，向外飘摆，施与愿无畏印，下着长裙，露足站立，裙摆外扬。衣纹刻饰竖线纹。主龛外侧雕胁侍菩萨，身形修长，手执持法物，下着长裙，面向主尊菩萨侍立。（图 4-96；彩版一七，2）

图 4-96　QN 一七五—1

2：龛内主尊佛头上磨光高肉髻，面相俊秀，尖下颌，细眉长眼，眼帘微阖，目光下视，小高鼻阔口，厚唇，嘴角内收，大耳垂轮，秀颈细长。肩披帔帛，帛带下垂胸腹之际交叉穿璧垂绕揽于臂肘，向外飘摆，细腰赤臂，施与愿无畏印，下着长裙，交脚坐于低台座上。主龛外侧长方形辅龛内胁侍菩萨，身形修长，体态清瘦，肩披帔帛，帛带胸腹部交叉穿璧，垂绕揽于臂肘外扬，双手执持法物侍立。

3：龛内造像二佛并坐。佛背后有舟样背光。头部残损，面相清秀，窄肩束腰，胸腹部直挺，披圆领通体或双领下垂大衣，释迦佛施禅定印，多宝佛左手施与愿印，右手伸于释迦佛前示意，二佛结跏趺坐于低台座上，衣裾遮覆莲台敷搭底部，下摆尖折角外扬较大，风化残损严重。

4：造像题材为一佛二菩萨造像，主龛内主尊佛饰舟样背光，头顶上磨光高圆肉髻，面相清秀，细长颈溜肩。肩披帔帛，帛带下垂腹际交叉穿璧垂绕揽于臂肘外扬，施与愿无畏印，半跏趺坐于高台座上，衣裾遮覆莲台，下摆尖折角外扬。主龛两侧尖拱龛内，胁侍菩萨头戴宝冠，面相清秀，体态轻盈，帛带飘折，下着大裙，双手合十或执持宝物，侍立于圆形莲台上。画面造型夸张，局部残损风化。

编号：QN 一七六

尺寸：上宽 33~35、下宽 34~36、通高 52 厘米

时代：北魏

造像简介：造像石，砂石质。方石体上顶面平整，四面开造佛龛，共开凿长方形主龛 4 个，辅龛 2 个，千佛龛式小龛 90 余个。造主尊佛像 3 尊，菩萨像 1 尊，胁侍菩萨像 8 身。主龛长方形平弧拱龛，龛楣饰桃尖宝盖、火焰纹、化佛、忍冬莲花。楣尾上卷饰龙吐蕊回首。主龛两侧刻胁侍菩萨。主龛外侧刻饰千佛龛式小龛，小圆拱龛内坐佛一尊。造像组合为一佛二菩萨。现状为石面局部残损风化，模糊不清。

1、2、4：龛内主尊佛背后饰通身舟样背光，头上磨光高肉髻，长方脸形，面相丰满，体态端庄，表情安详，内着圆领僧祇支，外着双领下垂或圆领通肩大衣，施与愿无畏印或禅定印，结跏趺坐于高莲台上，衣裾遮覆莲台敷搭台座底部，衣褶繁复，质如薄毡。下摆尖折角外扬较大。龛侧边刻胁侍菩萨造像，饰叶形头光，戴高荷冠，手内持执法物或捧莲蕾作莲花合掌印，侍立莲台上。底部雕造力士与护法狮子。力士像，赤身裸体半蹲顶撑状。狮子造型威严，回首蹲立台前。（图 4-97）

3：龛内主尊造像菩萨头上戴高宝冠，长方脸形，面相丰满，喜形于色，内着僧衣，外披帔帛，帛带腹际交叉下绕揽臂绕肘垂于两侧，半跏趺坐于莲台，左手抚右足，右手举于胸前，残损不辨。衣裾下摆外扬，莲台两侧前有护法狮子守护，主龛侧边刻胁侍菩萨侍立莲台。

编号：QN 一七七

尺寸：上宽 24~28、下宽 29~30、通高 34 厘米

时代：北魏

造像简介：造像石，砂石质。石顶面基本平整，石体四面开龛造像，四周刻饰宽边线，共开凿主龛 4 个，千佛龛式小龛 12 个。刻造主尊佛像 3 尊，主尊菩萨像 2 尊，弟子像 2 身，供养菩萨 1 身，童子 3 个，千佛龛内小坐佛 12 个。局部残损风化不辨。

1：圆拱龛，龛楣右侧刻枝叶茂密的菩提树。左侧饰供养菩萨执带梗莲花，莲花上站立金翅鸟，侍立于莲台。龛内主尊佛头上磨光高肉髻，长方脸形，面相丰满，宽额，细弧眉，长眼微阖，高鼻小口，嘴角内收，表情肃穆，秀长颈，窄溜肩，束腰，戴宽项圈。肩披帔帛，帛带腹际交叉穿璧垂绕揽于臂肘，头部侧偏，左手抚右脚踝，右手支颐，局部残损，作思维状。半跏趺坐于高台座上。

2：圆拱龛，龛楣饰桃尖宝盖，楣尾上卷，龛楣外饰果实流苏。龛内造二佛并坐。佛头顶上磨光高肉髻，长圆脸形，尖圆下颌，宽额，细眉长眼，目光下视，小高鼻小嘴，嘴角上翘，表情和悦，面相清秀，两肩宽厚，胸腹直挺。左侧释迦佛着圆领通肩大衣，施禅定印。多宝佛内着僧祇支，胸部束带，外披双领下垂大衣，左手施与愿印，右手伸手示意。二佛均结跏趺坐于低台座上，

图 4-97　QN 一七六一1

衣裾遮覆莲台，下摆尖折角微外扬。衣褶成曲线重叠。

3：圆拱龛，龛楣饰桃尖宝盖，楣尾上卷，龛楣外饰莲花。主龛外饰千佛龛式小龛。龛内造像题材是阿育王施土缘故事。主尊佛头顶上磨光高肉髻，长方脸形，头侧偏，身形健壮。内着僧衣，外披双领下垂大衣，左手揽衣摆，伸右手作接受状，站立于龛内。左下部造三童子叠罗递送。

4：屋帷龛，龛楣饰盝形屋脊，脊刹，鸱吻，帷幔钩束。龛内造一佛二弟子。主尊佛头上高冠，长方脸形，面相丰满，两腮圆润，尖圆下颌，宽平额头，长眼微阖，小高鼻小嘴，嘴角内收呈八字形，面露喜悦，细长颈，宽溜肩，胸腹部直挺，束腰。披帔帛，帛带胸腹部交叉垂绕揽于臂肘。施与愿无畏印，下着长裙，交脚坐于高台座上。衣裾遮覆莲台，下摆尖折角微外扬。主尊佛两侧刻饰二弟子造像，护法狮子蹲守于佛座前。

编号：QN 一七八

尺寸：上宽 23~25、下宽 23~24、通高 31 厘米

时代：北魏（熙平风格）

造像简介：造像石，砂石质。四方石上下面不甚平整，四面开龛造像，共开龛 4 个，佛像 4 尊。四面造像题材相同，圆拱龛，龛楣饰桃尖宝盖。龛内佛磨光圆肉髻，方圆脸形，面相丰满，宽额，长眉细目，眼角上翘，小高鼻小嘴，嘴角内收，秀颈，大耳垂轮，体魄健壮，溜肩，胸部挺拔。内着圆领僧祇支，外披双领下垂袈裟，施与愿无畏印，结跏趺坐于低台座上，衣裾绕肘覆腿搭于莲台底部，下摆外扬，密褶衣纹繁复。现状为石体基本完整，略有残损，画面清晰。（图 4-98）

图 4-98　QN 一七八—3

编号：QN 一七九

尺寸：上宽 39~42、下宽 42~46、通高 57 厘米

时代：北魏晚期

造像简介：造像石，细砂石质。长方石精细光洁，刻饰边框，四面开龛造像，共计开凿主龛 4 个，小辅龛 12 个，雕造主尊佛像 5 尊，小佛像 12 尊。平弧拱龛，龛楣饰桃尖宝盖，楣尾上卷。龛楣上部饰莲花。造像为典型褒衣博带，秀骨清相造型。现状为局部风化。

1、4：造像组合相同。主龛内主尊佛磨光高肉髻，面相瘦长，宽额，长眉细目，目光下视，小高鼻，薄嘴唇，秀长颈，两肩齐亭，体态端庄。内着僧祇支，胸前作结，束带下垂，外披双领下垂或圆领通肩袈裟，施禅定印，结跏趺坐于台座上，衣裾遮覆莲台，下摆微外扬，密褶衣纹呈多层相叠的曲线纹饰。主龛两侧造双层小圆拱龛，龛内佛施禅定印结跏趺坐于莲台。

2：平弧拱龛，造像题材为阿育王施土缘故事，主尊像为站立佛像，披双领下垂大衣，左手揽衣裾，右手伸出接受三个童子叠罗递上的物品。龛外侧刻造双层小佛龛，下部雕护法狮子图案。

3：平弧拱龛内二佛并坐说法，佛头上磨光高肉髻，面相瘦长，宽额，低眉颔首。内着僧祇支，胸部束带作结，外披双领下垂大衣，释迦佛施与愿无畏印，多宝佛左手抚右脚踝，右手伸出示意，二佛均结跏趺坐，衣裾遮覆莲台，敷搭台座基部。下部漫漶。

编号：QN 一八〇

形制：上宽 35.4~40，下宽 36.5~40，通高 47 厘米

时代：北魏

造像简介：造像石，砂石质。上下面平整，四面开龛 4 个，主尊佛 4 身，胁侍菩萨 8 身，造像题材组合相同，均为一佛二菩萨。圆拱主龛与两侧长方形辅龛结合形成凸字形佛龛。龛内主尊佛头顶上磨光低肉髻，长方脸形，面相丰满，长眉细眼，眼目微睁，高鼻厚嘴唇，嘴角内收呈八字形，大耳垂轮，削肩挺胸，体态端庄。内着圆领僧衣，胸际束带下垂，外披双领下垂大衣，施与愿无畏印，结跏趺坐于台座上，衣裾遮覆莲台搭在龛外，下摆外扬较大，衣纹雕造成密褶、曲线。两侧胁侍菩萨长圆脸形，面相丰满，身形修长。上身内着圆领僧衣，肩披帔帛，帛巾绕肘，下着长裙，双手作莲花合掌，或执持宝物侍立莲台。衣纹简洁。现状为表面多见雕造时的斜线凿痕，局部风化。

1：龛楣饰结束莲花纹，龛内刻造一坐佛，二菩萨侍立像。

2：龛楣饰简单屋形，鸱吻，脊刹。龛内造一坐佛，二菩萨侍立像。（彩版一七，3）

3：圆拱龛，龛楣饰宝盖形，结束莲花。龛内主尊佛披双领下垂大衣，右下摆垂揽于左臂肘，施与愿无畏印，站立莲台。衣摆较大，衣纹做成圆弧形细密纹理。（图 4-99）

4：圆拱龛，龛楣饰忍冬蔓草纹。龛内主尊佛内着僧祇支，衣纹雕造成斜角形，外披双领下垂大衣，施上品上生印，结跏趺坐于莲台，衣裾下垂遮覆莲台，衣纹刻成下垂圆弧纹理，成清晰凸线雕造。下部纹饰漫漶。（图 4-100）

图 4-99　QN 一八〇—3

图 4-100　QN 一八〇—4

编号：QN 一八一

尺寸：上宽 31~35、下宽 35~40、通高 48.3 厘米

时代：北魏神龟元年（518 年）

造像简介：造像石，砂石质。四周开龛造像，开凿长方形圆弧拱佛龛 4 个，刻主尊佛像 4 尊，胁侍菩萨 6 身，金刚力士 2 身，地神力士 4 身。2 两侧阴刻行书铭记，可辨识有年号。主尊佛造像头上磨光高圆肉髻，长方脸形，面相丰满，两腮圆鼓，下颌肉圆，额部宽平，细弧眉上翘，长眼微阖，目光下视，小高鼻阔口，嘴角内收呈八字形，秀颈溜肩，胸平腹鼓。内着袒右僧祇支，胸际束带作结，身形健壮，外披双领下垂大衣，施禅定印或与愿无畏印，结跏趺坐于低台座上，衣裾自然下垂遮覆莲台，下摆微外扬。龛外侧浅浮雕胁侍菩萨造像，头部饰叶形项光，戴高冠，长方脸形，面相清秀，长眼微阖，目光下视，小鼻小嘴，嘴角内收，大耳，秀颈，窄溜双肩，身姿修长，形体自然。肩披帔帛，帛带向下腹际交叉揽于臂肘下垂，下着长裙，赤足露趾站立圆莲台上。下部刻饰地神力士袒胸露臂，屈腿下蹲，肌肉鲜明，双手托举莲台。

1：圆弧拱龛，龛楣饰屋顶、脊刹、鸱吻。龛内主尊佛坐佛一尊，主龛两侧两供养人着通体褒衣博带式大裙，腰部束带作结下垂，手持枝梗莲花、宝瓶、手袋，侍立莲台。下部饰束莲。龛外表面粗糙，左、右上角阴刻行书“李□”“李守贞李元容李□宝”，字迹模糊不辨。（图 4-101）

2：圆弧拱龛，龛楣饰桃尖宝盖、忍冬卷草纹、鸱吻。龛内主尊坐佛一尊。龛两侧胁侍菩萨上

图 4-101　QN 一八一—1 铭文

图 4-102　QN 一八一—2 拓片

举的带梗莲花向上与龛楣相接。两外侧阴线刻行书二行，“（神）龟元年二月……岁在……辛丑上为”“父下为兄造石佛一区愿亡者生天见者”。表面粗糙，多雕造痕迹。（图 4-102、103；彩版一七，4）

3：圆弧拱龛，龛楣饰束莲花、鸱吻。龛内造主尊坐佛一尊。龛外侧胁侍菩萨饰叶型项光，双手合十赤足侍立于莲花台上，下有跪姿力士托举莲台。画面局部残损风化。有铭文“……信□王……明”（图 4-104）

4：圆弧拱龛，龛楣饰双龙缠绕，局部漫漶不辨。龛内造主尊坐佛一尊。龛两侧饰二金刚力士，头发竖立，束发，面相丑陋，握手攥拳，着短裤，披飘带侍立于圆形台上，造型简单粗糙。

编号：QN 一八二

尺寸：上宽 32~34、下宽 33~35、通高 36 厘米

时代：北魏—东魏

造像简介：方造像石，细砂石质。顶面平整，四面开龛造像，开凿圆拱主龛 4 个，长方形圆拱辅龛 8 个。雕造主尊佛像 4 尊，胁侍菩萨像 8 身。主龛圆拱龛，龛楣饰桃尖宝盖、火焰纹，楣尾上卷，龛外饰束莲，莲花。造像组合为一佛二菩萨。主龛内主尊佛头上高圆肉髻，面相清秀，尖下颌，小鼻长眼，大耳，短颈，削肩。内着僧祇支，外披双领下垂或圆领通肩大衣，造型如甬，“U”形纹饰。施与愿无畏印或禅定印，结跏趺坐于高台座上，衣裾遮覆莲台搭于台座底部，下摆微外扬。主龛外侧雕造长方形圆拱辅龛，龛内胁侍菩萨，头戴高荷冠，长圆脸形，内着圆领僧衣，披帔帛，双手胸前合十侍立圆形莲台上。衣褶刻饰竖线或斜线圆弧纹，雕凿简陋粗糙。现状为局部残损风化。

图 4-103 QN 一八一—2

图 4-104 QN 一八一—3 铭文

编号：QN 一八三

尺寸：上宽 31~33、下宽 31~33、通高 41 厘米

时代：北魏

造像简介：造像石，砂石质。造像石上下面平。四周开龛造像，共开圆弧拱龛 4 个，刻造主尊佛像 2 尊，主尊菩萨像 2 尊，胁侍菩萨像 8 身，供养菩萨、弟子或供养人造像 8 身。该造像图案布局以及刻造技法均同造像石 QN 一八。圆弧拱龛，龛楣饰桃尖宝盖，龛楣外饰飞龙云海图，化佛一尊。龛两侧饰高浮雕华盖，胁侍菩萨侍立莲台。主龛内主尊佛饰通身舟样背光，头顶上磨光高肉髻，方圆脸形，细眉长眼，目光下视，小高鼻小口，面露喜悦，大耳垂轮，秀颈溜肩，内着袒右僧衣，胸际系带作结，外披双领下垂大衣，左手施与愿，右手施无畏印，善跏趺坐或结跏趺坐于高方莲台上。龛外刻造二胁侍菩萨，饰叶形项光，头戴荷冠，方圆脸形，披帔帛，双手执持宝物，下着长裙，侍立莲台。现状为局部残损，风化严重。

1：造像组合一佛二菩萨二弟子。龛内侧二弟子盘腿坐于台座，护法狮子蹲于佛座前两侧。

2、4：造像组合一交脚菩萨二胁侍菩萨二供养菩萨二力士。龛内造交脚菩萨像，饰通身舟样背光，方圆脸形，头戴高荷冠，宝缯束发，缯带飘折，秀颈溜肩，戴宽项圈。内着袒右僧衣，宽折带，肩披帔帛，帛带于腹际交叉穿璧，垂绕揽于臂肘，施与愿无畏印，交脚坐于高莲台上。两侧供养菩萨头饰高螺髻，侍立莲台，莲台下力士托举。龛外两侧雕造出胁侍菩萨侍立莲台。

3：造像组合一佛二菩萨二弟子。龛内侧二弟子侍立于台座，护法狮子卧于佛座前。

图 4-105　QN 一八四—2

编号：QN 一八四

尺寸：上宽 25~26、下宽 25~26、通高 29 厘米

时代：北魏

造像简介：造像石，砂石质。石体四面开龛造像，开凿尖拱龛 4 个，共造佛像 4 尊。造像题材相同，每面立佛一尊。四龛内部采用高浮雕镂空雕造技法，四龛相通，这种方式在南涅水石刻中并不多见。龛内佛像头上磨光高肉髻，宽额，长脸形，上宽下窄，面相瘦削，细弧眉长眼，眼帘微阖，目光下视，面部表情宁静和悦，低眉颔首，小鼻头阔口，嘴角上翘，下颌尖扁，短颈束肩。肩披双领下垂大衣，双手合十，赤足露趾站立龛内。现状为局部残损风化。（图 4-105）

编号：QN 一八五

尺寸：上宽 31~35、下宽 35~40、高 48 厘米

时代：东魏

造像简介：造像石，砂石质。石体不甚规则，上下两面平，四面开龛 4 个。雕造佛 4 尊，修行者 1 身。现状为残损风化严重。

1：圆弧拱龛，龛楣饰桃尖宝盖，楣尾上卷。龛外饰金翅鸟、鹳鸟图案，龛内主尊佛头上磨光高肉髻，着圆领通肩大衣，施禅定印，结跏趺坐于低台座上。衣裾遮覆莲台搭于龛外，衣饰简洁，画面残损，模糊不清。

2：龛内造像，佛头上磨光高肉髻，面目漫漶不辨，着圆领通肩大衣，施禅定印，结跏趺坐于低台座上，衣裾遮覆莲台下部。

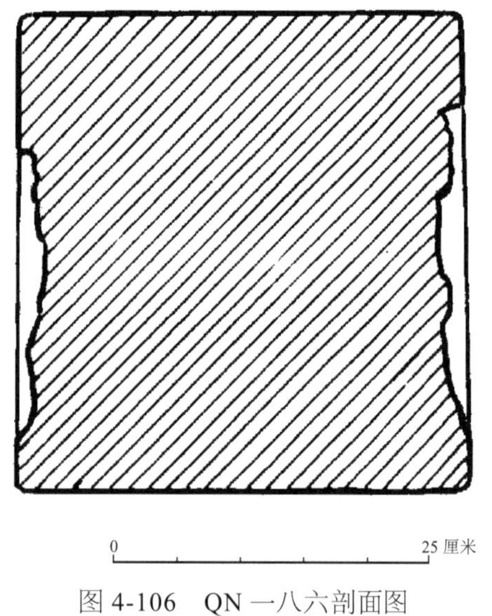

图 4-106 QN 一八六剖面图

3：龛内佛头顶上磨光高肉髻，细眉长眼，小高鼻，面部表情宁静，低眉颔首，着圆领通肩大衣，施禅定印，结跏趺坐于高台座上，衣裾遮覆莲台敷搭于底部，衣纹作曲线波纹状。龛右侧雕造人物，裸露上身，手内持曲杖仿残样。

4：圆拱龛，龛内一尊立佛，头上高肉髻，方圆脸形，面相丰满，身着双领下垂通体大衣，施与愿无畏印，赤足露趾站立龛内。龛外装饰为菩提树，龙形图案。

编号：QN 一八六

尺寸：上宽 32~33.4、下宽 33~34.4、通高 36 厘米

时代：北魏

造像简介：造像石，细砂石质。石体表面光洁，刻造细致，雕工精湛，石面平整，四面开龛造像，周边饰有方形框线。共开凿主龛 4 个，圆拱龛，龛楣饰桃尖宝盖，楣尾上卷。龛楣外饰莲花。龛外满饰千佛龛式小佛龛 50 个。雕造主尊佛像、菩萨像 5 尊，供养菩萨像 1 身，弟子像 2 身，童子像若干等。典型清秀造像精品。现状为石面雕刻细致，局部略有残缺。（图 4-106）

1：圆拱龛，龛楣饰桃尖宝盖，楣尾上卷。龛楣右侧饰菩提树遮覆，下饰莲台。左侧饰供养菩萨跪于圆莲花台上，手执长梗莲花上落展翅金翅鸟。龛外满饰千佛龛式小佛龛。主龛内造释迦佛为太子时入山修行，树下思维觉悟的场面。菩提树下太子着菩萨装，头上戴冠，长圆脸形，尖圆下颌，面相俊秀，宽额，细眉，长眼微阖，鼻直口方，大耳垂轮，面露喜悦。内着袒右僧衣，肩披帔帛，帛带腹际交叉穿璧垂绕揽于臂肘后甩，左手抚右脚踝，右手支颐作思维状，手臂残损，半跏趺坐于高台座上，下着长裙，赤足露趾。（图 4-107；彩版一八，1）

2：圆拱龛，主龛内造像释迦、多宝二佛并坐说法状。佛造像头顶上高圆肉髻，长圆脸形，尖圆下颌，面相俊秀，宽额，细眉，长眼微阖，鼻直口方，大耳垂轮，面露喜悦，秀颈宽肩。内着僧衣，胸前系带作结，外披双领下垂大衣，右衣摆揽于左臂。释迦佛左手施与愿印，右手施无畏印；多宝佛左手施与愿印，右手伸出示意于释迦佛。二佛均结跏趺坐于低台座上。衣裾自然下垂遮覆莲台，衣褶繁复。（彩版一八，2）

3：圆拱龛，楣尾上卷饰兽铺首。主龛内造像题材为阿育王施土缘故事。主尊佛造像头戴冠，侧首倾身赤足站立，伸右手接收三童子叠罗递送的物品。（图 4-108；彩版一九，1）

4：屋帷龛，龛楣饰盝顶建筑，脊刹，鸱吻，飞檐，帷幔钩束。龛楣外饰花果流苏，龛外满饰千佛龛式小佛龛。龛内交脚菩萨头戴高冠，长圆脸形，尖圆下颌，面相清秀，宽额，大耳垂轮，细眉长眼，眼帘微阖，目光下视，鼻直口方，嘴角上翘。内着袒右僧祇支，肩披帔帛，帛带腹际交叉穿璧垂绕揽于两侧臂肘，交脚坐于高台座上。龛内两侧弟子坐于狮子之上。（彩版一九，2）

图 4-107 QN 一八六—1

图 4-108 QN 一八六—3

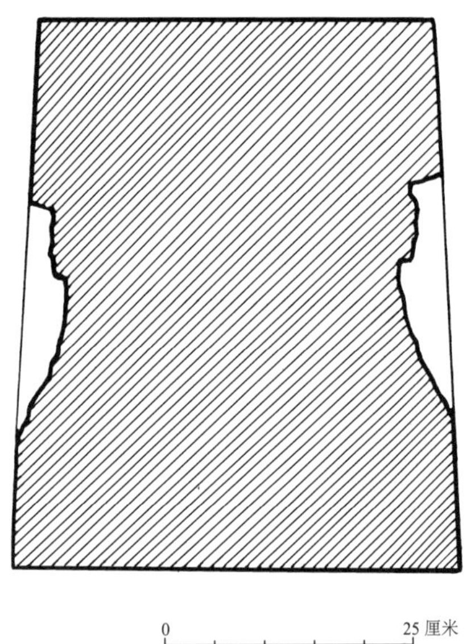

图 4-109　QN 一八七剖面图

编号：QN 一八七

尺寸：上宽 38~40、下宽 44~45、通高 53 厘米

时代：东魏

造像简介：造像石，砂石质。石质细腻。造像光洁清晰，四边刻饰边框线。四面开 4 龛，造主尊佛像、维摩像、菩萨像 4 尊，胁侍菩萨像 2 身，供养人 4 身。现状为石面完整清晰，略有残缺，为造像精品。（图 4-109）

1：圆拱龛，龛楣饰桃尖宝盖，楣尾上卷，龛楣外饰圆团花、莲花。主龛内佛头上磨光肉髻，面相瘦削，额头宽平。细弧眉，长眼微阖，目光下视，高鼻阔口，薄唇，嘴角内收，下颌尖扁，两腮凹陷，小耳，短颈宽肩。内着袒右僧衹支，外披偏袒袈裟，赤膊裸胸，胸肋显露，手臂干瘦，为苦修瘦弱的形象，施禅定印，结跏趺坐于高台座上，衣裾自然下垂遮覆莲台。龛外侧雕饰供养人，方圆脸形，束发，鼻宽口阔，披衣衫，下着长裙，手执花蕾或双手合十面佛侍立。

2：屋帷龛，龛楣饰屋顶、鸱吻，瓦垄、飞檐，屋内帷幔钩束。龛楣外饰团花图案。龛内造维摩诘居士，头戴冠帽，面部消瘦，高眉骨，眼帘低垂，鼻直口阔，尖圆下颌，体态健壮。内着僧衣，外披长衫，胸前系带作结，左手执羽扇，右腿盘曲左腿上，坐高榻上，讲述佛法，造型生动，表情庄重。龛底部刻饰二供养人跪拜于座两侧。（彩版二〇）

3：屋帷龛，龛楣饰屋顶、脊刹、鸱吻、楣尾饰龙首形帷幔。龛外侧楣尾吊饰穗节状吊挂流苏。龛内菩萨头戴低冠，宝缯束发，缯带飘折，搭带至肩头，长圆脸，尖下颌，弧眉长目，眼帘微阖，低眉颔首，鼻直口阔，嘴角上翘，面露喜悦，大耳，秀颈圆肩。内着袒右僧衹支，胸际束带，下着长裙，肩披帔帛，帛带于腹部交叉垂绕揽于臂肘，善跏趺坐于高台座上。衣裾自然下垂遮覆莲台基部，下摆成曲线纹。（图 4-110）

4：圆楣龛，龛楣饰桃尖宝盖，楣尾上卷，龛楣外饰莲花。龛内主尊菩萨造像形态风格与 3 菩萨造像相同。施与愿无畏印，善跏趺坐于高台座上。主龛外侧二胁侍菩萨，头戴低冠，宝缯束发，缯带飘折。披帔帛，下着长裙，双手捧宝珠侍立。

编号：QN 一八八

尺寸：上宽 25~26、下宽 25~26、通高 29 厘米

时代：北魏

造像简介：造像石，砂石质。石体上下面平整，四周开龛造像，四面平弧拱龛主龛 4 个，长方形辅龛 8 个，千佛龛式小佛龛 20 余个。雕刻主尊佛像 4 尊，20 尊，胁侍菩萨像 6 身，金刚力士 2 身，飞天 8 身，千佛龛中小坐佛 20 余尊。石面构图以圆拱龛为主，龛楣饰桃尖宝盖，楣尾上卷。龛楣上部饰飞天，龛外满饰千佛龛小龛。主尊佛头上磨光肉髻，长圆脸形，宽平额头，面相清秀，

图 4-110　QN 一八七—3

尖下颌，秀颈溜肩。体态端庄，头部向前稍倾，低眉颔首，面部表情宁静安详，内着袒右僧祇支，胸部结带，外着圆领通肩大衣或双领下垂大衣，施禅定印或与愿无畏印，结跏趺坐或善跏趺坐于低台座上，衣裾遮覆莲台，下摆尖折角外扬。两侧长方形辅龛内造胁侍菩萨或金刚力士。龛底雕造力士数身以及花草等图案，造像构图严谨，具北魏晚期风格，为秀骨清相造像精品。现状为局部风化残损。

1：平弧拱龛，楣尾上卷饰兽铺首。造像组合为一佛二菩萨，主龛内佛着圆领通肩大衣，“U”形衣纹，施禅定印，结跏趺坐于低台座上。辅龛内胁侍菩萨头戴高荷冠，披帔帛，两手执持宝物，下着长裙，侍立莲台。龛下部刻饰供养人跪拜于佛座前。

2：楣尾上卷饰龙，神兽格里芬回首。主龛内主尊佛施与愿无畏印，善跏趺坐于高台座上，赤足露趾。辅龛内供养菩萨高螺髻，披帔帛，外披斗篷，手捧法物侍立莲台。龛下部刻饰护法狮子，侧身回首，蹲卧于佛座前。

3：平弧拱龛，主龛内主尊佛内着袒右僧祇支，外披双领下垂大衣，施禅定印，结跏趺坐于低台座上。辅龛内胁侍菩萨双手合十侍立莲台，龛底部两侧刻饰赤身裸体的地神力士作托举状。

4：平弧拱龛，楣尾上卷饰神兽格里芬回首。主龛内主尊佛施与愿无畏印，结跏趺坐于低台座上，主龛外侧长方形小龛内二金刚力士造像，怒目呵斥，手握拳，执金刚杵，身态威武侍立两侧。

编号：QN 一八九

尺寸：上宽 33~35、下宽 35~37、通高 37 厘米

时代：东魏

造像简介：造像石，砂石质。上下面基本平整，四周开龛造像，刻饰宽边框线，共计开圆拱龛主龛 4 个，长方形辅龛 8 个。造佛像 4 尊，菩萨像 8 身。造像题材组合相同，均为一佛二菩萨。

圆拱龛，龛楣饰桃尖宝盖，楣尾上卷饰龙首，忍冬卷草，兽铺首。龛楣外饰莲花团花，花果流苏。龛内主尊佛头上磨光高肉髻，方圆脸形，宽平额头，细弧眉长眼，眼帘微阖，眼角上翘，目光下视，高鼻小嘴，嘴角内收，面相丰满，两腮圆润，表情和悦，大耳垂轮，两肩宽厚齐亭，胸腹部直挺，体魄健壮，体态端庄。着圆领通体大衣，“U”形衣纹，或内着僧衣，外披双领下垂大衣。施禅定印或与愿无畏印，结跏趺坐于低台座上，衣裾遮覆莲台，敷搭坛基中部。长方形辅龛内胁侍菩萨高螺髻或戴高冠，方圆脸形，面相丰满，披大衣或肩披帔帛，下着长裙，双手合十侍立莲台。造像雕工细致，表情变化细腻。现状为造像清晰，局部残缺风化。

编号：QN 一九〇

尺寸：上宽 32~34、下宽 32~34、通高 36 厘米

时代：北魏—东魏

造像简介：造像石，砂石质。上下面平整，石体四面开龛造像，共开主龛 4 个，刻造佛像 4 尊，供养菩萨像 1 身，石面造像题材基本相同。主龛为圆拱龛，龛楣饰桃尖宝盖、火焰纹，楣尾上卷。龛柱下饰覆莲柱础。龛楣外饰束莲、莲花、花果流苏。主龛内主尊佛头上磨光高肉髻，宽额，细弧眉上翘，长眼微阖，目光下视，鼻直口方，嘴角内收微张，秀颈圆肩，胸腹部直挺，体态端庄。着圆领通肩大衣，作禅定印，跏趺坐低坛基上。衣裾遮覆莲台敷搭台座底部，衣褶呈非常规则的竖向锯齿纹，下摆尖折角微外扬。2 龛左侧刻供养菩萨一尊，饰叶形项光，头戴高荷冠，长脸形，面相瘦削，溜肩。肩披帔帛，帛带向下环绕交叉，下着长裙，双手捧宝物侍立。龛右侧饰莲花，束莲。现状为局部略有残缺，画面清晰。

编号：QN 一九一

尺寸：上宽 29~30、下宽 32~33、通高 41 厘米

时代：北魏

造像简介：造像石，砂石质。石体不规则，上下面凸凹不平，四面开龛造像，开凿圆弧拱龛

主龛4个。造主尊佛像3尊，主尊菩萨像1尊，胁侍菩萨像8身，飞天造像2身。石面四周造像题材组合基本相同，为一佛二菩萨。现状为风化漫漶严重。

1：龛楣饰桃尖宝盖、火焰纹，楣尾上卷饰龙回首。龛楣外饰带梗莲花纹。主龛内主尊佛饰舟样背光，头顶上高肉髻，长脸形，尖下颌，面相清秀，弯眉长眼，眼帘微阖，目光下视，鼻直口阔，表情和悦，大耳垂轮，两肩齐亭，体态端庄。内着圆领僧衣，外披双领下垂大衣，施无与愿无畏印，结跏趺坐于低台座上。衣裾遮覆莲台敷搭台座下，下摆尖折角微外扬。龛外侧雕造二胁侍菩萨饰叶形头光，蘑菇状头饰，方圆脸，披帔帛，着长裙，双手合十侍立于圆形莲台上。（图4-111）

2：龛楣饰桃尖宝盖、火焰纹，楣尾上卷饰龙回首。龛楣外饰带梗莲花纹。主龛内主尊造像太子着菩萨装，饰舟样背光，头顶圆肉髻，长脸形，尖下颌，面相清秀，弯眉长眼，眼帘微阖，目光下视，鼻直口阔，表情和悦，大耳垂轮，秀颈溜肩，体态端庄。内着圆领僧衣，肩披帔帛，帛带腹部交叉穿璧下垂揽于臂肘，左手抚右脚踝，右手支于脸腮部残损，作思维状，身着长裙，半跏趺坐于高台座上。龛外侧雕造胁侍菩萨形态与1相同。（图4-112）

3：龛楣饰飞龙吐瑞草，楣尾上卷饰朱雀回首。造像题材组合一佛二菩萨，形态与1相同。

4：龛楣左侧饰金翅鸟展翅起舞，右侧饰飞天飘舞。楣尾上卷饰朱雀回首。造像题材组合一佛二菩萨，形态与1相同。

图4-111　QN一九一—1

图4-112　QN一九一—2

编号：QN 一九二

尺寸：上宽 25~27、下宽 28~29、通高 31 厘米

时代：北魏

造像简介：造像石，砂石质。石面光洁平整，造像精细。四面开龛造像，四边刻饰边线，开凿圆拱龛主龛 4 个，千佛龛式小龛 4 个。造主尊佛像、菩萨像 5 尊，弟子像 2 身，供养菩萨像 1 身，千佛龛式小佛 4 尊以及童子若干。画面清晰，局部略有残损。该石造像突出主龛和主尊佛，主尊佛头上磨光高肉髻，宽额，表情安详和悦，长圆脸形，下颌略尖，脸部圆润，高眉骨，细长眉，长眼微阖，目光下视，眼角上翘，高宽鼻翼，嘴角内收，呈八字形。内着袒右僧祇支，系带作结，外披双领下垂大衣，形态端庄，施禅定印，结跏趺坐于低台座上。衣裾遮覆至莲台底部，衣褶繁复，下摆尖折角微外扬。造像构图严谨，局部略有残缺。

1：圆拱龛，龛楣饰桃尖宝盖，楣尾上卷，龛楣外雕饰团花。龛内雕凿二佛并坐说法造像。

2：圆拱龛，龛楣饰桃尖宝盖，楣尾上卷饰荷叶形，龛楣外刻饰莲花。主龛外侧刻饰千佛龛式双层小龛。主龛内造像题材为阿育王施土缘故事。造立佛一尊侧首倾身，伸右手接收三童子叠罗递送物品。

3：屋帷龛，龛楣饰盝顶建筑、脊刹、鸱吻、果实流苏、钩束帷幔。造像组合为一佛二弟子。主尊造像着菩萨装，戴项圈，外披帔帛，施与愿无畏印，下着长裙，交脚坐于低台座，座下饰莲花童子托举双脚。两侧二弟子像下为护法狮子。

4：龛楣右侧外饰重叠山峰，菩提树枝叶茂密，遮蔽佛龛，供养菩萨持带梗莲花，上落金翅鸟，侍立莲台。龛内造释迦牟尼为太子时着菩萨装，树下作思维觉悟状的场面。

编号：QN 一九三

尺寸：上宽 41~43、下宽 44~47、通高 58 厘米

时代：北魏

造像简介：造像石，砂石质。石体四面开龛造像。开凿长方形圆弧拱主龛 4 个，长方形辅龛 6 个。雕造主尊佛像、菩萨像 4 尊，胁侍菩萨像 4 身，金刚力士 2 身。秀骨清相造型。现状为风化漫漶较严重，细部不辨。构图题材及画面造像风格与 QN 三四八同。

1：圆弧拱龛，龛楣饰桃尖宝盖、火焰纹，楣尾上卷饰龙回首，龛楣外两侧饰供养人执瑞草供奉状。主龛内主尊佛造像，头顶上高圆肉髻，长脸形，尖圆下颌，细眉长眼，眼帘微阖，目光下视，鼻直口方，嘴角上翘，大耳垂轮，秀颈溜肩。内着僧衣，胸部束带作结，外披双领下垂大衣，施与愿无畏印，结跏趺坐于低台座上。衣裾遮覆莲台，下摆尖折角外扬。龛外侧长方形辅龛内造胁侍菩萨像，头顶戴荷冠，长圆脸，披帔帛，下着长裙，双手执持宝物侍立两旁。龛下部刻饰护法狮子侧身回首守护于佛座前。

2：圆弧拱龛，龛楣饰桃尖宝盖、火焰纹，楣尾上卷饰龙回首，龛楣外两侧饰飞天。主龛内主尊佛造像形象与 1 造像相同，着圆领通肩大衣，施禅定印，结跏趺坐于低台座。龛外侧辅龛内胁侍菩萨双手合十侍立两旁。护法狮子守护于佛座前。

3：圆弧拱龛，龛楣饰桃尖宝盖、火焰纹，楣尾上卷，龛楣外两侧饰供养人跪拜状。主龛内主尊佛造像形象与1造像相同，龛外侧辅龛内造金刚力士，怒目呵斥，握拳执杵，护卫两旁。护法狮子守护于佛座前。

4：圆弧拱龛，龛楣饰桃尖宝盖、飞天，化佛。楣尾上卷，饰龙回首吐蕊。主龛内主尊佛造像，头顶上高荷冠，长脸形，尖圆下颌，细眉长眼，眼帘微阖，目光下视，鼻直口方，嘴角上翘，大耳垂轮，秀颈溜肩，内着僧衣，肩披帔帛，帛带于腹部交叉穿璧垂绕揽于臂肘，施与愿无畏印，下着长裙，站立于低台基上，裙裾尖折角外扬。两侧造型漫漶不辨。

编号：QN 一九四

尺寸：上宽 36~38、下宽 39~40、通高 49 厘米

时代：北魏

造像简介：造像石，砂石质。石体顶面不甚规则。四周开龛造像，共开主龛4个，长方形辅龛4个。造主尊佛像、菩萨像4尊，胁侍菩萨像4身，供养菩萨2身。现状为石体大部分完整，画面清晰。

1：屋帷龛，龛楣饰屋形顶、脊刹、鸱吻、钩束帷幔，龛两侧饰明柱、斗拱。主龛内菩萨头戴低花蔓冠，宝缯束发，缯带飘折，发际饰山形缺口，面相丰满，宁静安详，细弧眉，目光下视，小鼻阔口，嘴角内收。秀颈溜肩，披帔巾，腹际交叉穿璧，下着长裙，施与愿无畏印，结跏趺坐于低台座上。衣裾遮覆莲台敷搭基部，衣褶刻造成多层曲线纹，下摆尖折角外扬较大。龛下部刻造卷草纹等图案。

2、3：两面造像题材组合相同。圆弧拱龛，龛楣饰桃尖宝盖、火焰纹，楣尾上卷，饰龙头向上昂起，口吐瑞草。龛楣两侧浅浮雕造供养菩萨像。主龛内主尊佛，头上肉髻，长方脸形，面相清秀，额部宽平，细弧眉上翘，长眼微阖，眼角向上，小高鼻小嘴，低眉颔首，表情安详，大耳垂轮，秀颈溜肩，体态端庄。内着僧祇支，戴宽项圈，外披双领下垂大衣，施与愿无畏印，结跏趺坐于低台座上。衣裾遮覆莲台，下摆尖折角外扬较大。主龛外侧长方形小龛内，胁侍菩萨头戴荷冠，方圆脸形，肩披帔帛，帛带向下腹际交叉揽于臂肘。双手执持宝物，身着长裙，侍立两旁。龛下部雕造护法狮子回首，张口露齿，前爪抬起，尾巴上翘，作凶猛威武状守护佛座前。（图4-113）

4：造像题材是树下思维画面。圆弧拱龛，龛楣右侧刻饰供养菩萨造像，左侧刻饰菩提树，枝叶茂密遮覆龛楣，龛楣上部饰武士仗剑执盾，追逐飞鸟形象。龛内造像题材是释迦牟尼成道前为太子时入山修行，树下思维觉悟的故事。主尊造像菩萨装饰舟样背光，头略前倾，头顶上高圆肉髻，宽平额头，长眼微阖，小高鼻，小嘴唇，嘴角内收，肩披帔巾，帛带自肩搭下。手部残损，半跏趺坐于高台座上。局部漫漶不辨。

编号：QN 一九五

尺寸：上宽 31~32、下宽度 33~35、通高 48 厘米

时代：北魏

造像简介：造像石，砂石质。石体四面开龛造像，开凿主龛4个，千佛龛式小龛40余个。刻

图 4-113 QN 一九四—3

主尊佛像、菩萨像 5 尊，弟子像 2 身，千佛龛小佛像 40 尊及花鸟等图案，画面局部残损不辨。主龛龛楣饰桃尖宝盖，楣尾上卷。主龛外满饰千佛龛式小佛龛。现状为局部残损风化。

1：龛内造像题材为阿育王施土缘故事。主尊佛侧首倾身伸出右手，接收三位童子叠罗递送的物品。龛周围雕造小佛龛 18 个。

2：屋帷龛，龛楣饰盝形屋顶，塔式脊刹，鸱吻，挑檐，帷幔钩束。龛楣上部两侧饰果实流苏。主龛外满饰千佛龛式小佛龛。龛内造像题材为一菩萨二弟子，菩萨戴高冠，宝僧束发，缯带飘折，细眉上翘，眼帘微阖，目光下视，小鼻阔口薄唇，嘴角微收呈八字形，尖扁下颌，面相清秀，戴宽项圈吊坠，秀颈溜肩。肩披帔帛，帛带于腹部交叉穿璧，垂绕揽于臂肘，下着长裙，交脚坐于低台座上。两侧二弟子光头，二护法狮子守卧两侧。龛形较为精美。

3：主龛平弧拱龛，楣尾上卷饰忍冬卷草，龛楣左侧饰金翅鸟，右侧菩提树遮蔽龛楣。龛内造太子着菩萨装，树下思维觉悟故事。局部残损风化。

4：主龛平弧拱龛，龛内造像二佛并坐说法。龛外满饰千佛龛式小佛龛。主龛内主尊佛造像，头顶上高圆肉髻，长脸形，尖圆下颌，细眉长眼，眼帘微阖，目光下视，鼻直口方，嘴角上翘，大耳垂轮，秀颈溜肩。释迦佛着圆领通肩大衣，施禅定印。多宝佛内着僧衣，胸部束带作结，外披双领下垂大衣，左手施与愿印，右手伸出示意，二佛结跏趺坐于低台座上。衣裾遮覆莲台，下摆尖折角微外扬。

编号：QN 一九六

尺寸：上宽 29、下宽 30~32、通高 35 厘米

时代：北魏

造像简介：造像石，砂石质。石体四面开龛造像，四周刻饰边框线，共开刻各式龛 4 个，雕

刻主尊佛像、主尊菩萨像5尊，弟子像2身及树木山峰、供养人花鸟等图案。千佛龛式小佛龛11个。主龛圆拱龛，局部残损风化。

1：主龛，龛楣饰桃尖宝盖，造像为释迦、多宝二佛并坐说法。

2：主龛，龛楣饰桃尖宝盖，龛外饰千佛龛式小佛龛。龛内造像为阿育王施土缘故事。

3：屋帷龛，龛楣饰盝形屋顶，脊刹，鸱吻，挑檐，帷幔钩束。龛楣上部两侧饰果实流苏。龛内主尊造像为交脚菩萨，脚前有莲花童子。两侧为二弟子，座侧前蹲立护法狮子。

4：主龛，龛外饰菩提树，左侧供养人持长梗莲花，金翅鸟立于之上。龛内造太子着菩萨装，在山中修道，树下思维觉悟的场面。

编号：QN 一九七

尺寸：上宽25~26、下宽27~28、通高33厘米

时代：东魏

造像简单：造像石，砂石质。石面四周开16龛，每龛内结跏趺坐佛一尊，共造像16尊。1、2、3、4造像相同，每面分为四龛，组合成十六王子佛造像。圆拱龛，龛内主尊佛头上磨光肉髻，方圆脸形，着圆领通肩袈裟，体态端庄，施禅定印，结跏趺坐于低台座。现状为局部残损风化。

编号：QN 一九八

尺寸：上宽24，下宽24，通高24厘米

时代：北魏

造像简介：造像石，黄白砂石质。四方石体已风化，四面饰宽边，开凿佛龛4个。造主尊佛像4尊，弟子像6身。圆拱龛，龛楣饰宝盖。造像粗糙，简略。现状为风化残损。

1、2、3：造像题材一佛二弟子，造像高肉髻，圆脸形，身形健壮，施禅定印，结跏趺坐于长方莲台，衣裾呈三片甲遮覆莲台。弟子双手合十侍立两侧。

4：龛内造像为坐佛一尊。

编号：QN 一九九

尺寸：上宽20~21、下宽22~23、通高31厘米

时代：北魏

造像简介：造像石，砂石质。长方石体完整，上下面平，四周开龛造像，题材基本相同，共开4龛，造佛像4尊。圆弧拱龛，龛楣饰桃尖宝盖、火焰纹。现状为局部残缺风化。

1、2、4：龛内主尊佛造像头顶上磨光高圆肉髻，方圆脸形，面相丰满，细弧眉，眼目微阖，小高鼻，阔口微开，嘴角内凹，下颌圆润，大耳垂轮。佛两肩齐亭，宽厚结实，胸腹部直挺，体态健壮。外着圆领通肩大衣，“U”形衣纹，施禅定印，结跏趺坐于低榻座上。衣裾自然下垂遮覆莲台底部，下摆尖折角微外扬。

3：龛内主尊佛内着袒右僧衣，外披双领下垂大衣，施与愿无畏印，脚跟相对，脚尖朝外坐于

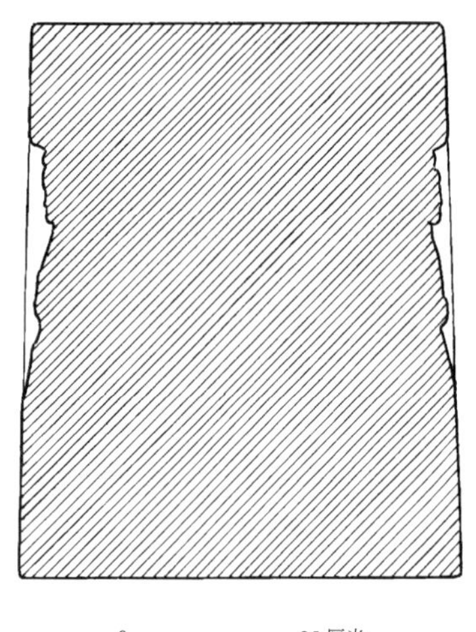

图 4-114 QN 二〇〇剖面图

低榻座上。形象与以上相同。

编号：QN 二〇〇

尺寸：上宽 50~54、下宽 54~59、通高 70 厘米

时代：北魏

造像简介：造像石，砂石质。石体四面开龛造像，雕造精细，开凿主龛 4 个，长方形辅龛 8 个，千佛龛式小佛龛 64 个。造主尊佛 4 尊，胁侍菩萨 6 身，金刚力士像 2 身，小坐佛 60 余身及供养人、力士等像数身。主尊造像为典型秀骨清相造型。现状为石中开裂，局部残损风化。

1：主龛平弧拱龛，龛楣饰桃尖宝盖，楣尾上卷。龛楣外刻饰圆拱小千佛龛，龛内造佛施禅定印，结跏趺坐于莲台。造像题材组合为一佛二菩萨。主龛内主尊佛，头上磨光高肉髻，长方脸形，面相清秀，宽额，弧眉长眼，眼帘微阖，小高鼻阔口，薄唇，嘴角内收呈八字形，秀颈，两肩齐亭。体态端庄，内着僧祇支，腰间结带搭于衣外，施禅定印，结跏趺坐于莲台低台座上，衣裾遮覆莲台敷搭于龛底部，下摆尖折角外扬。主龛外侧长方形辅龛内胁侍菩萨戴荷冠，肩披帔巾，帛巾下垂腹际环绕交叉后穿肘下垂，着长裙，双手合十，赤足侍立于莲花台上。龛下部二力士（地神）赤身裸体托举莲台。（图 4-114；彩版二一）

2：主龛平弧拱龛，龛楣饰桃尖宝盖，楣尾上卷饰神兽格里芬回首。龛楣外满饰千佛龛式小龛。造像题材组合为一佛二金刚力士。主龛内主尊佛形象与 1 相同，施与愿无畏印，结跏趺坐于莲台低台座上。主龛外侧长方形辅龛内金刚力士，束发，方脸形，怒目呵斥，戴宽项圈，披帔帛，着长裙，左手屈指指示，右手握金刚杵，或左手执杵，右手握拳守护于主尊佛两旁。龛下部两侧饰礼佛的画面，华盖下供养人拱手侍立。阴线刻楷书“浮图主李□□”字样。（图 4-115；彩版二二、二三）

3、4：该两面造像组合及画面相同，均为一佛二菩萨。3 的主龛内主尊佛形象与 1 相同，着圆领通肩大衣，施禅定印，结跏趺坐于莲台。外侧二长方形小龛内胁侍菩萨双手捧宝物侍立莲台，龛下饰束莲。4 的主龛内主尊佛形象与 1 相同，外侧长方形辅龛内造胁侍菩萨侍立莲台，龛下部刻护法狮子侧身回首守护佛座前。（图 4-116；彩版二四）

编号：QN 二〇一

尺寸：上宽 39~47、下宽 47~52、通高 58 厘米

时代：北魏

造像简介：造像石，砂石质。石质疏松。四面开造大小佛龛 20 余个，造佛像菩萨像及弟子等 30 余尊。圆拱龛，桃尖宝盖龛楣，龛外饰千佛龛。四面造像题材：1 为圆拱龛太子树下思维像；2 为平弧拱龛释迦多宝二佛并坐说法；3 为平弧拱龛阿育王施土；4 为屋帷龛，交脚弥勒菩萨装说法像。

图 4-115　QN 二〇〇—2

图 4-116　QN 二〇〇—3

现状为造像严重残损，风化漫漶，多模糊不清。

编号：QN 二〇二

尺寸：上宽 35~37、下宽 39~40、通高 52 厘米

时代：东魏

造像简介：造像石，砂石质。长方石体四面开龛，开凿各式龛 16 个，雕造大小佛像 15 尊，菩萨像 3 身，供养人像 7 人。现状为局部残损风化。（图 4-117）

1、4：两面造像题材为佛，平弧拱龛，龛楣饰圆弧火焰纹，楣尾上卷饰忍冬图案，龛内主尊佛头顶上磨光高肉髻，长方脸形，面部损坏不辨，秀颈，大耳，身形健壮。内着袒右僧祇支，外披敷搭双肩的袈裟，施禅定印，结跏趺坐于莲台坐上。衣裾通肘遮覆莲台基部，衣裾外摆较小且外扬，刻饰成曲线重叠衣褶，质地厚重。主龛外两侧各造三层小平弧拱龛，龛内结跏趺坐佛一尊，头上高肉髻，施禅定印，龛下画面多已残损风化。

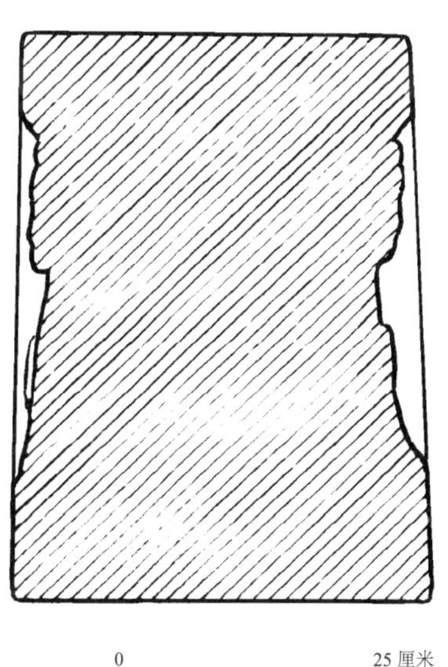

图 4-117　QN 二〇二剖面图

2：造像组合为一佛二菩萨二供养人和三童子，尖拱龛，龛楣饰金翅鸟和兽首图案。主尊佛站立莲花台，饰舟样通体身光，身光内饰火焰纹，头部饰圆形项光。内着僧衣，外披袒右袈裟，衣裾束搭于左肘，伸右臂舒右手五指作接收状，右手下方有三小童子呈叠身向上敬献状，是为阿育王施土缘故事。两侧胁侍菩萨饰叶形项光，梳高螺髻，面相方圆，秀颈，束肩，体态修长。披帔帛，帛带于腹际交叉向下至膝部上卷后绕肘，下着长裙，胸前双手合十赤足侍立莲台。龛下二供养人屈肢俯身作敬献状。局部残损。

3：树形龛，龛内造佛传故事中的太子菩提树下思维画面。太子着菩萨装，头戴荷冠，宝缯束发，缯带飘折于后。头部饰圆形项光，面相方圆，大耳垂轮，短颈，头侧，右手支颐部作沉思状。披帔帛，帛带胸腹部交叉穿璧，右腿盘曲作半跏趺坐于束莲台座，左手抚右脚踝。龛外右侧为枝叶茂密的菩提树。左侧为太子出行所见世间苦难现象，上部有结庐修行，中部刻饰一瘸腿拄杖老人形象，下部为前蹄跪地的坐骑白马，依依不舍头前伸作吻足告别状。（彩版二五，1）

编号：QN 二〇三

尺寸：上宽 33~34、下宽 33~36、通高 49 厘米

时代：北魏晚期

造像简介：造像石，砂石质。造像石各面均不甚规则，四面开龛造像，雕造大小龛 16 个，刻佛像 10 尊，胁侍菩萨像 8 身。现状为局部残损风化。

1、3、4：三面造像题材及画面组合相同，圆拱龛，龛楣饰蔓草纹图案，两上角刻饰圆拱形小龛，双层小佛龛，龛内各有一佛施禅定印，结跏趺坐于低莲台之上。主龛内一佛二菩萨造像，主尊佛饰舟样身光，伸于龛外。头上磨光高圆肉髻，发际中有山形缺口，长方脸形，下颌部扁圆，面相丰满，宽额，细长弧眉，长眼睛微睁，小高鼻，厚嘴唇，嘴角上翘，表情和悦，溜肩，体态端庄。内着僧祇支，外披袒右袈裟，宽折带，施与愿无畏印，结跏趺坐于莲台，衣裾下垂遮覆莲台搭于龛基部，下摆尖折角外扬。两侧辅龛二胁侍菩萨头戴荷冠，披帔帛，帛带下垂腹际交叉上卷揽于臂肘。下着长裙，一手执宝物，一手提宝瓶或香囊，露赤足侍立莲台。风化模糊细部不可辨识。（彩版二五，2）

2：圆拱龛，龛楣饰蔓草纹及朱雀图案。主龛内一佛二菩萨造像与以上相同。

编号：QN 二〇四

尺寸：上宽 26~31、下宽 28~34、通高 41 厘米

时代：北魏

造像简介：造像石，黄砂石质。上下面平整，四周开龛造像，并将四角去除高 30、深 4 厘米的直角，形成石窟中心柱造型，使佛龛突出，形成视觉上的深远感。总计雕佛 4 尊，龛 4 个。现状为雕造粗糙，残损。

四面造像题材相同，圆拱龛，龛楣饰尖宝盖，外表饰有曲线纹。主尊佛背后刻饰舟形背光，与龛楣连。头顶磨光高肉髻，面相瘦削，上宽下窄尖颏，高鼻大眼，眼睛微凸，眼帘微阖，目光下视，

阔口，大耳垂轮，双肩窄且溜，体形瘦削。内着僧祇支，胸前束带作结，带头搭于袈裟外，外披双领下垂大衣，左手施与愿印，右手施无畏印，结跏趺坐于莲台。衣裾遮覆莲台，衣摆下垂外扬，衣褶双层重叠，向下近佛龛底部，折角尖形外摆呈八字。

编号：QN 二〇五

尺寸：上宽 21~25、下宽 20~26、通高 30 厘米

时代：东魏

造像简介：造像石，砂石质。上下两面平，石面不甚规则，四面开龛造像，圆拱龛 4 个，龛楣饰桃尖宝盖，楣尾上卷，龛柱明显。雕造佛像 4 尊。现状为残损风化严重，模糊不清。

1、2、4：三面造像，题材造型相同，龛内佛头上磨光高肉髻，方圆脸形，稍呈扁平，下颌部较尖，细眉大眼，眼角上翘，小高鼻小嘴唇，嘴角内收，呈八字形，大耳垂肩，肩部溜窄但较为厚实。内着僧祇支，束带胸前作结，外披方领通肩大衣，身形健壮，挺胸，腹微鼓突，左手施与愿印，右手施无畏印，结跏趺坐于低莲台之上，赤足，露右趾足心向上。衣裾自然下垂敷搭龛外，外摆较小，纹饰为双层曲线形波纹。

3：题材造型与其他面基本相同，主尊佛施与愿无畏印，善跏趺坐于高方莲座，两腿前伸于座前。

编号：QN 二〇六

尺寸：上宽 41~45、下宽 43~45、通高 60 厘米

时代：北魏

造像简介：造像石，砂石质。上下两面平，四面开龛造像，圆弧拱形龛 4 个，雕刻佛像 4 尊，胁侍菩萨 8 身，四面造像题材与组合相同，均为一佛二菩萨。龛内主尊佛头上磨光低肉髻，面相清俊，宽额，下颌稍窄，细长眉高小鼻，阔口微张。内着僧祇支，胸际束带作结，结带下垂。外着方领下垂的宽博式袈裟，施禅定印，结跏趺坐于低台座上，衣裾遮覆莲台。两侧二胁侍菩萨立姿，头戴高宝冠，上身内着僧衣，下着长裙，衣纹刻造成竖线型，突出表现了修长的体形。龛外雕造出蔓草纹图案，造型完整。现状为部分残损和风化，细部不清。

编号：QN 二〇七

尺寸：上宽 39~40、下宽 41~42、通高 54 厘米

时代：北魏

造像简介：造像石，砂石质。石体规则，造像画面清晰。四周开龛造像，共开各种长方形龛 6 个，刻造佛像 5 尊，胁侍菩萨像 2 身，弟子像 2 身，金刚形象若干等。造像较典型。现状为局部轻微残损。

1：长方形平弧拱龛，龛楣饰菩提树、金翅鸟。楣尾饰朱雀回首。龛左侧金刚侍立莲台。龛内造像题材为二佛并坐说法。主尊造像头上磨光肉髻，面相清俊瘦削，秀颈溜肩。着圆领或方领下垂大衣，左侧释迦佛施禅定印，右侧多宝佛抬右手示意释迦佛，左手施与愿印。衣裙自然下垂遮

覆莲台。纹理稀疏清晰。

2：长方形主龛，龛楣饰桃尖宝盖，楣尾上卷饰龙回首，龛外饰金翅鸟、火焰纹图案。造像组合为一佛二菩萨，主龛内佛头顶上磨光肉髻，额宽平，细长眉大眼睛，小鼻小唇，大耳垂轮，秀颈削肩。内着僧祇支，肩披双领下垂袈裟，施无畏印，结跏趺坐于低台座之上，衣裾覆膝遮覆莲台基部。两侧长方形小龛，龛内二胁侍菩萨戴高冠，面相丰满，披帔巾，着长裙，帛带下垂自腹际交叉向上揽于臂肘，双手合十侍立莲台。

3：长方形龛，龛楣饰桃尖宝盖、忍冬蔓草纹，楣尾上卷。龛内主尊佛着菩萨装站立台基部，造像头上高肉髻，颈部戴宽项圈，下着长裙，腰间束带，肩披帔帛，帛巾下垂腹际交叉穿璧，上卷揽于臂肘后飘垂。龛外饰弟子手持长梗莲花侍立莲台。

4：屋帷龛，龛楣饰屋顶、鸱吻、脊刹，两侧饰明柱、斗拱、帷幔。装饰有鱼鳞、穗节状流苏等图案。龛内造交脚菩萨，头上磨光高肉髻，面相瘦削，细眉长眼，眼帘微阖，目光下视，高鼻，阔口薄唇。内着袒右式僧祇支，外披帔帛，下着长裙，帛巾自肩下垂交叉穿璧绕折揽于臂肘。衣裾遮覆莲台，成曲线波浪形纹饰，衣质薄如蝉翼。画面清晰别致。

编号：QN 二〇八

尺寸：上宽 35~37、下宽 39~40、通高 39 厘米

时代：北魏

造像简介：造像石，细砂石质。四面造龛 46 个，刻造佛像 46 尊。圆拱龛，龛楣饰桃尖宝盖，楣尾上卷。现状为局部残缺，画面清晰。

1：造像面分上下两部分，上部两层并排 12 个小龛，内结跏坐小佛共 12 尊，下层一排三个大圆拱龛，龛内佛施禅定印，结跏趺坐于低莲台上。外侧刻边框线。（彩版二六，1）

2：圆拱龛，龛内菩萨作善跏趺坐姿于象身上，菩萨戴宝冠，宝缯束发，细弧眉长眼，目光下视，高鼻头，小唇阔口，大耳垂轮。内着僧祇支，肩披帔帛，帛带腹际交叉上卷后绕肘。菩萨造像体态清俊秀丽，面部表情宁静安详。主龛外侧饰多层千佛龛。（图 4-118；彩版二六，2）

3：造四层佛龛，每层四个佛龛，十六王子佛。每龛一尊佛造像，圆脸，高肉髻，着通肩大衣，施禅定印，结跏趺坐，衣裾遮覆莲台。

4：圆拱龛，龛内主尊菩萨戴宝冠，肩披帔帛，腹际交叉，施与愿无畏印，站立于莲台，主龛外侧三层小佛龛，龛内施禅定印，结跏趺佛各一尊。

编号：QN 二〇九

尺寸：上宽 30~32、下宽 34~36、通高 39 厘米

时代：北魏（延昌风格）

造像简介：造像石，砂石质。质地较粗。石面规则，上下面平，四面开龛造像，共开凿尖楣龛 4 个，造佛像 4 尊，龛楣饰龙、莲花，楣尾饰二龙回首。龛内主尊佛高圆肉髻，长方脸形，尖下颌，弯眉长眼，眼帘微阖，目光下视，鼻直口阔，大耳垂轮。内着僧衣，外披袒右大衣，施禅定印，

图 4-118 QN 二〇八一2

结跏趺坐于低台座，衣裾遮覆莲台。龛两侧胁侍菩萨圆脸，戴冠，帔帛巾，下着长裙，双手合十侍立。龛外较为粗糙简单，技法生涩，雕造风格世俗，为延昌年间风格作品。（图 4-119、120；彩版二七）

编号：QN 二一〇

尺寸：上宽 29、下宽 29~30、通高 44 厘米

时代：北魏一东魏

造像简介：造像石，砂石质。石体完好，上下面平整，四面开龛造像，共刻佛像 4 尊，供养人 6 身，弟子像 2 身，大小造像龛 6 个。圆弧拱龛，龛楣饰桃尖宝盖、火焰纹，楣尾上卷，饰忍冬卷草图案。现状为石体完整，画面清晰。

1、2、3：三面造像组合均为一佛二供养人，画面相同。龛内佛面相丰满，丰腴俊秀。头顶上高圆肉髻，高眉骨，细长眉，长眼，目光下视，直鼻小嘴，嘴角内收呈八字形，短颈，大耳垂轮，两肩宽厚齐亭，胸腹部直挺，胸肌丰满，身形健壮。内着袒右式僧祇支，外披袈裟，敷搭右肩，施禅定印，结跏趺坐于低台座上，衣裾自然下垂绕肘覆膝，遮覆于莲台中部，衣褶作曲线纹。龛两侧

图 4-119 QN 二〇九—2

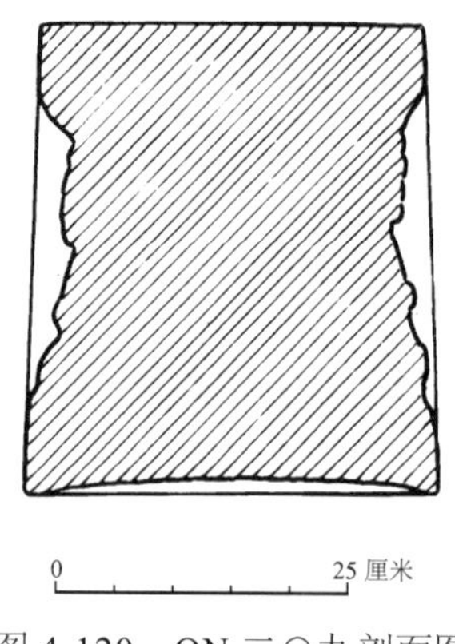

图 4-120 QN 二〇九剖面图

雕供养人，造像高挽发髻，清俊秀丽，造型优雅。肩披帔帛，帛带绕肘，颔首鼓腹，双手袖于腹际或手内执物侍立莲台，作虔诚状。（图 4-121）

4：龛式与龛内主尊佛造像风格与以上造像相同，内着僧祇支，胸部束带作结下垂，外着宽博方领下垂袈裟，施与愿无畏印，结跏趺坐于低台座，衣裾自然下垂遮覆莲台。主龛两侧刻造两圆拱龛，龛内弟子侍立，弟子光头，方圆大脸，身形修长，外披紧身袈裟绕肘下垂，衣纹为斜线阶梯式，双手合十侍立莲台，画面图案清晰，造型生动。

编号：QN 二一一

尺寸：上宽 26~28、下宽 30~31、通高 42 厘米

时代：北魏（孝昌风格）

造像简介：造像石，粗砂石质。上下面基本平整，四面开龛造像，共雕龛 4 个，圆拱龛，龛楣饰桃尖宝盖、火焰纹。造佛 5 尊，供养人 4 身。现状为残损风化。

1：屋形龛，龛饰以帷幕、流苏搭于龛侧，龛楣有珠形饰物及团花形图案，双层帷帐束起。龛内佛头上着磨光低肉髻。面相稍呈长方，圆润丰满，细短眉小眼小鼻，宽额秀颈，窄溜肩，腹部略鼓，身形端庄。上身着圆领通肩大衣，呈“U”形衣纹，施禅定印，结跏趺坐于莲台，衣裾遮覆莲台，右衣角揽搭肘部垂至台座上，龛下部纹饰已风化模糊，不可辨识。

2：龛内二佛并坐，二佛头上低肉髻，方圆脸形，面相扁平，下颌部稍尖，细眉，眼角上翘，小鼻小嘴，嘴角内收，大耳垂轮，秀颈，窄溜肩，胸腹略鼓突。上身着圆领通肩大衣，饰“U”形圆弧衣纹，下身为自然下垂纹理，施禅定印，结跏趺坐于低莲台上，衣裾遮覆莲台坛基。龛下浅雕二卧姿护法狮子，雄狮抬爪，张口，尾巴上翘。因风化多已不可辨识。

图 4-121 QN 二一〇—3

3、4：两面题材相同，龛内佛头上磨光低肉髻，方圆脸形，面相丰满，细眉小眼小鼻，大耳垂轮，身形健壮，溜肩，胸腹部略鼓突。上身着圆领通肩或双领下垂大衣，施禅定印，结跏趺坐于莲台，衣裾覆膝遮覆莲台敷搭于龛外，衣下摆尖折角。4 的主尊佛莲台前饰博山炉。龛外两侧阴线刻胁侍菩萨，头上饰有叶形项光，双手捧莲蕾交于胸前，着长裙，侍立莲台。因风化，部分不可辨识。

编号：QN 二一二

尺寸：上宽 53~54、下宽 53~55、通高 74 厘米

时代：北魏

造像简介：造像石，砂石质。长方形石，四面开龛造像，开凿圆拱龛 4 个，雕造佛像 4 尊，胁侍菩萨像 8 身。龛外刻造千佛龛，小佛像共 240 余尊，以及飞天、化佛造像 12 身。龛楣饰宝盖，雕造屈肢舞动持各式乐器的飞天 2 身，飞天身体略胖，身上彩带飘扬，相向而飞。中间有一身姿端庄的化生佛结跏趺坐于莲台，并且有团花图案。楣尾饰龙吐瑞草，朱雀侍立。龛外左右两侧均雕造双排千佛龛，龛内各雕造结跏趺坐佛一尊。

石面四周造像题材及构图相同，圆拱龛内主尊佛饰舟形背光，头上磨光高肉髻，额头宽平。长方脸形，细长弧眉小眼睛，小嘴唇，小高鼻，下颌丰满，造像眉清目秀，表情宁静祥和。大耳

垂轮，秀长颈，圆溜肩，身形挺拔，体态端庄，胸腹部拉长，给人以高大之感。内着圆领僧祇支，外披双领下垂的袈裟，施禅定印或施与愿无畏印，结跏趺作坐于高方台上，衣裾密褶垂叠，遮覆莲台，覆盖于高束腰座上，衣着质地轻薄。两侧二胁侍菩萨身形修长，戴宝冠，着长裙，披帔帛，帛带下垂胸腹之际交叉穿璧，手内持物施莲花合掌印侍立于仰覆莲台之上。佛座两侧二护法兽，张口瞠目，造型生动逼真。石面布局严谨，构图细密，雕造技法精湛，表面光洁，为南涅水石刻珍品之一。现状为局部略有风化。（图 4-122、123、124；彩版二八、二九、三〇）

编号：QN 二一三

尺寸：上宽 50~52、下宽 50~52、通高 64 厘米

时代：北魏

造像简介：造像石，砂石质。方石四面开龛造像，共雕造大龛4个，造佛像2尊，菩萨装佛像2尊，胁侍菩萨像 8 身，龛外侧刻千佛龛十数层共计 160 余个，每龛内结跏趺坐佛一。主尊像和胁侍菩萨像面相丰满清俊。圆拱龛，龛楣饰桃尖宝盖，飞天 2 身及化佛 1 尊，楣尾饰龙回首。现状为部分残损风化。

1、3：两面造像题材风格相同，均为一佛二菩萨，龛内佛施与愿无畏印，1 结跏趺坐于高束腰方座上，3 主尊佛善跏趺坐于高方台座。二胁侍菩萨侍立莲花台上，下部二护法兽，龛外十数层小千佛龛，龛内各雕结跏趺坐佛一尊。

2、4：两面造像题材均为一菩萨二胁侍，龛内交脚菩萨头戴花蔓式高冠，宝缯束发，折带下垂，戴项圈，披帔帛，帛带腿际交叉穿璧。胁侍菩萨着圆领下垂袈裟，衣着质地轻薄，紧身，侍立莲台。风化残损，画面局部无法辨识。（图 4-125）

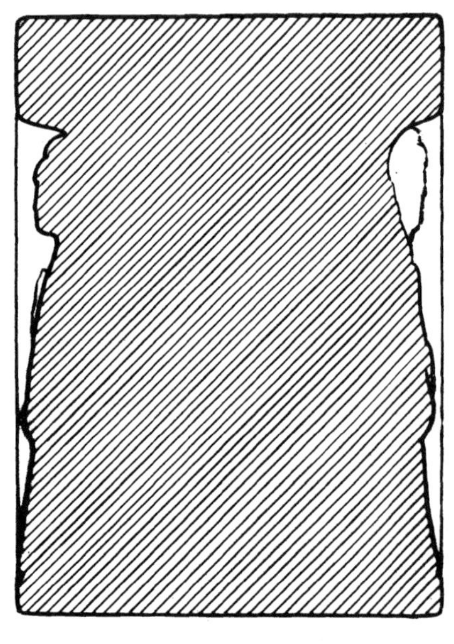

图 4-122 QN 二一二剖面图

编号：QN 二一四

尺寸：上宽 46~47、下宽 47、通高 56 厘米

时代：北魏

造像简介：造像石，砂石质。石体四面开凿佛龛，雕造佛像，共开大小龛 46 个，刻造佛像 45 尊，菩萨像和胁侍菩萨像 9 身，以及飞天、化生佛十余身。石面造像及构图均与 QN 二一三相同。属精品造像。圆拱龛，龛楣饰桃尖宝盖，飞天相向舞动，体态丰腴，舞带裙褶飘飞。楣尾上卷饰回首龙。外侧饰千佛龛。现状为石面局部残损风化。（图 4-126）

1、3、4：三面构图及造像组合同，龛内一佛二菩萨，主尊佛饰舟形背光，头上磨光高肉髻，额头宽平，方圆脸形，细长弧眉，长眼睛，低眉下视，小嘴唇，小高鼻，下颌丰满，造像眉清目秀，表情祥和。大耳垂轮，秀长颈，圆溜

图 4-123　QN 二一二—1

图 4-124　QN 二一二—4

肩，身形健壮，体态端庄。内着袒右僧衣，外披双领下垂的袈裟，施与愿无畏印，结跏趺坐于高束腰台座上，衣裾遮覆莲台，下摆尖折角外扬。两侧二胁侍菩萨身体清俊修长，戴宝冠，着长裙，披帔帛，帛带下垂胸腹之际交叉穿璧，手内持物，侍立于莲台。佛座两侧二护法兽，张口瞠目，造型生动逼真。构图严谨，局部略有风化。

2：圆拱龛，龛楣刻造二龙缠绕，回首翻腾状。龛内交脚菩萨头上高宝冠，宝缯束发，折带肩头，面相长方，额部平宽，高眉骨，长眼睛，高鼻头，小嘴唇，秀颈溜肩，戴宽项圈。披帔帛璎珞，帛带双肩环绕向下，腹际交叉穿璧至膝折卷揽于臂肘。造像衣着轻薄。施与愿无畏印，交脚坐于方台上。主龛两侧胁侍菩萨侍立莲台。两侧二护法狮子作蹲距状，昂首吐舌，张口瞠目，雄视前方。（图 4-127）

编号：QN 二一五

尺寸：上宽 42~44、下宽 41~44、通高 60 厘米

时代：北魏

造像简介：造像石，砂石质。石体规则，上下面平整，石体四面开龛造像，共开大小各式像龛200个。造主尊佛、菩萨像 4 尊，胁侍菩萨像 8 身，小佛像 201 尊，造像风格构图与 QN 二一四、QN 二一三

图 4-125 QN 二一三—2

相同。长方形主龛，龛楣饰桃尖宝盖，金翅鸟，化生佛坐莲花座，楣尾上卷饰龙回首。现状为造像图案清晰，保存较为完好，略有残损。

1：交脚菩萨背后饰通身舟形身光，头戴化佛冠，宝缯束发，搭带肩头，额部宽平，有山形缺口，造像细长弧眉上翘，长眼微阖，高鼻小嘴唇，下颌丰圆，秀长颈，溜肩，戴宽项圈。披璎珞，飘带于腹际交叉穿璧，上卷揽于臂肘，施与愿无畏印，交脚坐于低台座上，身形修长，体态轻盈，着装质地轻薄。座下侧饰两尊侧卧回首狮子。二胁侍菩萨头戴高荷冠，上身披帔帛，帛带环绕，下着长裙，双手胸前合十侍立莲台。龛外侧雕造双排小佛龛共计 48 个，龛内各雕施禅定印、结跏趺坐佛一尊。

2、3、4：三面造像题材及画面构图基本相同。龛楣饰莲花化生佛，楣尾上卷，饰回首龙图案。4、龛楣刻造莲花化生佛图案，内有化佛三尊，与其他面不尽相同。龛内主尊佛背后有舟形背光，头上磨光高圆肉髻，发际留缺口，额头宽平，细长弧眉上翘，长眼微阖，目光下视，高鼻小嘴唇，下颌丰圆，秀颈削肩，体态修长。内着圆领僧祇支，胸腹际束带，外披双领下垂大衣，施与愿无畏印或施禅定印，结跏趺坐于高台座上，衣裾自然下垂遮覆莲台。衣纹多层重叠，下摆尖折角微外扬，质地较为轻薄。龛外侧刻造双列多层千佛龛，52 龛，龛内各有小坐佛 1 尊。

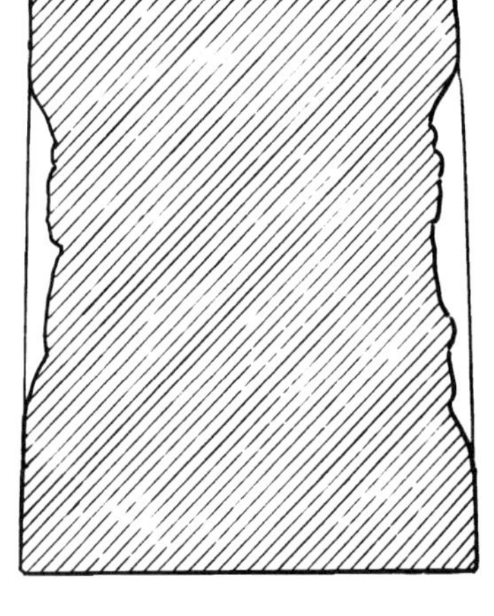

图 4-126 QN 二一四剖面图

编号：QN 二一六

尺寸：上宽 40~41、下宽 40~41、通高 50 厘米

图 4-127　QN 二一四—2

时代：北魏

造像简介：造像石，白砂石质。石四面开龛造像，开凿凸字形龛 4 个，小圆拱千佛龛 52 个，雕造主尊佛 4 尊，胁侍菩萨 8 身，小坐佛 52 尊。石体四周画面与造相题材相同，均为主龛内一佛二胁侍菩萨，龛外双排多层千佛龛，龛内跏趺坐佛一尊。现状为造像精品，局部残损。

1、2 的龛楣饰浮雕双龙缠绕图案，或昂首对视，或首尾交接，躯体翻腾作腾飞状。造型生动别致，形态各异。3、4 的龛楣饰宝盖，莲花卷草图案，楣尾上卷饰龙回首。

主尊佛饰通身舟样身光，光尖伸于龛楣。头上磨光高肉髻，额头宽平，细长眉长眼睛，眼角上翘，小高鼻头，小嘴唇，嘴角内收呈八字形，大耳垂轮，方圆脸形，面相丰满，表情安详宁静，胸腹部挺拔，体态端庄。衣着简洁，纹饰复杂，内着袒右僧祇支，外披袒右式袈裟，佛施禅定印或施与愿无畏印，结跏趺坐于象首莲台。衣裾遮覆莲台，衣褶重叠尖折角，下摆外扬较大。龛侧二胁侍菩萨头戴宝冠，肩披帔帛，帛带绕肩搭肘下垂，一手执宝物，一手持宝瓶、香囊，或双手胸前作莲花合掌，赤足侍立于枝梗莲台上。2 的主尊佛像手印或为上品上生印。

编号：QN 二一七

尺寸：上宽 39~43、下宽 42~44、通高 54 厘米

时代：东魏

造像简介：造像石，砂石质。四面开龛造像，开龛 4 个。圆拱龛，龛楣饰桃尖宝盖，忍冬蔓草。楣尾上卷饰忍冬卷草。刻造佛像 4 尊，胁侍菩萨像 8 身。造像题材组合相同，一佛二菩萨。龛内主尊佛头上磨光肉髻，方圆脸形，面相丰满，下颔略尖，低眉颔首，面露微笑，秀颈溜肩。内着僧祇支，或袒右僧衣，胸际系带，外披双领下垂或圆领通肩大衣，施禅定印或与愿无畏印，结跏趺坐于低莲台上。衣裾遮覆莲台，衣褶下摆尖折角，微外扬。龛两侧二胁侍菩萨饰叶形头光，戴花蔓冠，面相俊秀，戴项圈，肩披帔帛，帛带下垂腹际环绕搅于臂肘，下着长裙，双手合十赤足侍立莲台上。现状为石体多处残缺风化。（彩版三一）

编号：QN 二一八

尺寸：上宽 36~38、下宽 40~41、通高 40 厘米

时代：北魏

造像简介：造像石，砂石质。质地粗疏。上下两面平，石体四周开龛造像，共开 4 龛，造佛像 4 尊，胁侍菩萨造像 8 身，线刻供养人、外道山人等造像 8 身。石面佛龛题材相同，为一佛二菩萨二供养人，外饰花鸟造型图案。为精品造像。

方形龛，龛内雕造主尊佛像，头上高圆肉髻，长方脸形，高宽额头，细长弧眉，长眼睛，小鼻头小嘴唇，嘴角内收，下颔丰满，大耳垂肩，秀长颈，削肩，身形健壮，体态端庄。内着僧祇支，外披双领下垂宽博袈裟，施与愿说法印，结跏趺坐于低台座上，衣裾覆膝遮覆莲台敷坛基之外，衣摆尖折角较大，多褶外扬。龛内两侧造二胁侍菩萨，造像头部均已残损，仅存肩披帔帛，帛带腹际交叉下垂卷折搅于臂肘，上身袒露，下着长裙，双手作莲花合掌赤足站立圆莲台上。现状为局部残损风化，模糊不清。（图 4-128）

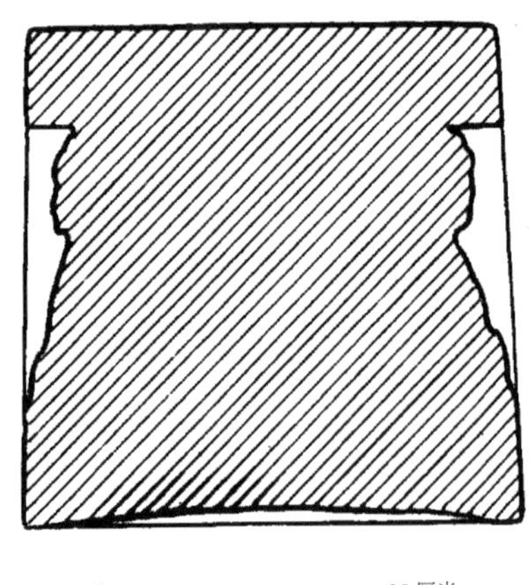

图 4-128 QN 二一八剖面图

1：龛外饰倒幢伎，左侧杂耍，敲锣伴乐，右侧扛杆，杆上伎人献艺，场面热烈。（图 4-129）

2：龛楣饰朱雀侍立，金翅鸟飞舞。龛两侧刻饰二供养人图样，年迈的老者形象，着褒衣博带式服装，一手持禅杖，一手执物前伸，面佛侍立。（图 4-130）

4：龛楣饰鹿本生故事：大难当头，临河而渡，造像中塑

造了滔滔河水旁的鹿、惊恐的飞鸟、逃命奔跑的兔子。瘸兔是最后被救的动物，鹿救助了同伴，却终因体力不支而累死了。后世为舍命救助同伴而不惜牺牲自己的鹿王立碑纪念。鹿王是释迦佛前世修菩萨戒时的形象。飞鸟飞逃的形象似为另一个佛经故事——雉王救火。龛两侧刻饰魔道的形象，着短襟衣，短裤，裸腿，瘦骨嶙峋，伸臂屈肢作呼喊状，给人以强烈感受。（图 4-131）

编号：QN 二一九

尺寸：上宽 34~35、下宽 38~40、通高 47 厘米

时代：东魏

造像简介：造像石，砂石质。石体四面开造佛龛四个，造佛像 4 尊，菩萨、弟子像各 2 尊。圆拱龛，龛楣饰桃尖宝盖，楣尾上卷饰忍冬卷草。龛外饰莲花，卷草流苏。造像题材组合为一菩萨二童子，一佛二弟子，一佛二菩萨，一佛二供养人。现状为残损风化，模糊不清。

1：龛内主尊佛着菩萨装，戴高冠，宝缯束发，缯带飘折于肩头。长方脸形，大耳垂轮，低眉颔首，目光下视，直鼻阔口，嘴角上翘，面露喜悦，秀颈溜肩。内着僧衣，戴项圈，披帔帛，左手施与愿印，右手施无畏印，下着长裙，赤足站立。龛两侧饰童子帔帛带飘落莲台。

2：龛内主尊佛高圆肉髻，方圆脸形，尖下颌，低眉颔首，目光下视，披圆领通肩大衣，施禅定印，结跏趺坐于高台座上，衣裾自然下垂遮覆莲台。主龛两侧长方形辅龛内造弟子，光头，内着僧衣，一手执宝物持举，一手贴胸前，外披大衣侍立莲台。

3：龛内主尊佛高圆肉髻，长方脸形，大耳垂轮，低眉颔首，目光下视，鼻直口阔，嘴角内收，面露微笑，两肩齐亭，身形健壮，体态端庄。内着僧衣，胸前结带下垂，外披双领下垂大衣，施与愿无畏印，赤足站立莲台。主龛两侧长方形辅龛内菩萨，饰项光，戴高冠，披帔帛，一手执宝物于胸前，一手持宝物，下着长裙，面佛侍立。风化漫漶，细部不辨。

4：龛内主尊佛，高圆肉髻，长方脸形，大耳垂轮，低眉颔首，面露微笑，秀颈削肩，施与愿无畏印，结跏趺坐于高台座上，衣裾遮覆莲台。身形漫漶，细部不辨。两侧辅龛内供养人漫漶不辨。

编号：QN 二二〇

尺寸：上宽 30~31、下宽 34~36、通高 50 厘米

时代：北魏

造像简介：造像石，砂石质。石体四面开大小各式佛龛 7 个，刻造主尊佛像 4 尊，主尊菩萨像 1 身，胁侍菩萨 5 身，飞天 2 身。主尊佛像长方脸形，面相丰满，头上磨光高肉髻，呈小圆柱形，细长眉长眼睛，鼻直口阔，两腮丰满，大耳垂肩，体态端庄。着圆领通肩大衣或双领下垂袈裟，胸际作结带，搭带下垂，衣裾遮覆莲台，垂搭台基，下部雕造细密的曲线衣纹。胁侍菩萨戴低冠，披帔帛，帛带下垂揽于臂肘下垂，着长裙，一手执宝物，一手提香囊、宝瓶或双手合掌捧莲蕾，面佛侍立。现状为石面完整，局部有风化。

1：树形龛，右侧饰菩提树。造像为太子树下思维故事，龛内菩萨戴高冠，宝缯束发，缯带飘折，长方脸形，肩披帔帛，帛带飘折揽于臂肘，右手支下颌作思维状，半跏趺坐于高莲台上。左侧边

图 4-129 QN 二一八—1

图 4-130 QN 二一八—2

图 4-131 QN 二一八—4

长方形龛内雕造胁侍菩萨一尊。漫漶不清。

2：凸字形龛，龛楣饰飞天两身，飞天手捧瑞草，帛带飘扬，屈肢露足，造型生动。龛内主尊佛施与愿说法印，结跏趺坐于莲台，两侧胁侍菩萨侍立于莲台，二护法狮子昂首瞪眼蹲卧台下。（彩版三二，1）

3：圆弧拱龛，龛楣饰宝盖、火焰纹。龛内主尊佛施禅定印，结跏趺坐于莲台，两侧长方形小龛内胁侍菩萨双手合十侍立。

4：圆弧拱龛，龛楣刻饰两团莲花。龛内二佛并坐高方台座上。部分残损。

编号：QN 二二一

尺寸：上宽 27~30、下宽 29~33、通高 37 厘米

时代：北魏

造像简介：造像石，砂石质。质地粗松。四面开龛造像，圆拱凸字形龛。雕造题材为一佛二菩萨，共造佛像 4 尊，菩萨像 8 身。主尊佛头上磨光肉髻，长方大脸，细长弧眉，长眼睛，高鼻阔口，下颌丰满。肥颐短项，两肩齐亭，胸腹部宽厚，体态端庄。内着僧祇支，外披双领下垂宽博袈裟，衣摆束起搭肘，施与愿无畏印，结跏趺坐于低台座上。衣裾遮覆莲台敷搭底部，衣褶成重叠的曲线纹，下摆微扬。两侧胁侍菩萨头戴冠，面相同佛，一手执法物贴胸，一手持宝瓶、香囊或双手合十赤足侍立圆形莲台上。龛楣饰圆棱、宝盖火焰纹，及朱雀、宝珠、白鹤鸟、金翅鸟等，鸟或站立，或飞舞。龛侧边较窄，衣饰质地厚重，刻造规则。现状为基本完整，局部残损风化。

编号：QN 二二二

尺寸：上宽 25~27、下宽 27~29、通高 23 厘米

时代：北魏

造像简介：造像石，砂石质。石体完整，各面不规则，上下面不平，四面开龛造像。圆拱龛 4 个，穹隆顶，龛楣饰双线。佛像 4 尊。四方佛题材。主尊佛长圆脸，下颌稍尖，面部丰满，头上磨光低肉髻，细眉长眼，眉线上翘，高鼻阔口，嘴角内收，表情和悦宁静，秀长颈，圆溜肩，挺胸，体态端庄。上身内着圆领僧祇支，外披袒右大衣或双领下垂大衣，施禅定印，结跏趺坐于低台座上，衣裾自然下垂遮覆莲台。造像简洁，纹理清楚。现状为石体基本完整，画面清晰。

2：主尊佛施上品上生印，结跏趺坐于莲台。

编号：QN 二二三

尺寸：上宽 21~23、下宽 21~26、通高 34 厘米

时代：北魏—东魏

造像简介：造像石，粗质黄白砂石质。石上下面平整，四面开龛造像。树形龛、长方形圆弧龛组合，雕造主尊佛像、菩萨像 4 尊，胁侍菩萨 7 身。主尊造像长方脸形，头上顶肉髻，面相丰满，宽额，大耳垂轮，细眉，小鼻小嘴，嘴角内收呈八字形。上身内着僧祇支，胸际系带作结，外披双领下垂

图 4-132　QN 二二三—1

宽博大衣。题材组合为树下思维菩萨、交脚菩萨、一佛二胁侍菩萨等。雕造技法娴熟，构图严谨，表现力强。现状为残损严重。

1：一佛二菩萨，龛楣饰飞天，卧身飞天帔帛带飞舞，右手执瑞草。（图 4-132；彩版三二，2）

2：太子修行，树下思维故事。树形龛，右侧饰菩提树覆龛外，左侧饰胁侍菩萨捧瑞草侍立。龛内太子造像着菩萨装，头部缺损，右手支颐，左手抚右脚踝，右腿盘曲赤足，半跏趺坐于莲台。

3：长方形圆弧拱龛，龛楣饰龙回首吐瑞草。主尊佛造像为交脚菩萨戴宝冠，宝缯束发，缯带飘折肩头，披帔帛，帛带于腹际交叉穿璧，腹部鼓突，施与愿无畏印，交脚坐于莲台。两侧辅龛内胁侍菩萨侍立莲台。

4：龛楣饰两团莲化，化佛一尊。上部漫漶，造像头部缺失。主龛内主尊佛两肩齐亭，身形端庄，施与愿无畏印，赤足站立。两侧辅龛内饰胁侍菩萨造像，左侧侍立莲台，右侧下部饰护法狮子形象。

编号：QN 二二四

尺寸：上宽 56~59、下宽 60~63、通高 63 厘米

时代：北魏晚期

造像简介：造像石，砂石质。四方形石体上下面平整，表面光洁，四面开龛 46 个。圆拱龛，龛楣饰桃尖宝盖，楣尾上卷饰龙回首、神兽格里芬回首或忍冬卷草；圆拱小千佛龛衬底，饰连花、瑞草图案或飞天形象。龛底部刻造束莲、狮子、力士等。造主尊佛像 4 尊，千佛龛 40 余个。造胁侍菩萨、金刚、弟子、供养菩萨、力士像各二。造像清晰典型，雕刻精细。现状为局部风化模糊。

1：龛内坐佛饰舟样背光，头上磨光高肉髻，面相清秀，椭圆脸，大耳垂轮，眉清目秀，鼻正

口方，嘴角内收，微露喜悦。身形挺拔，着交领通肩大衣，施禅定印，结跏趺坐于莲台，衣裾遮覆莲台，下摆微外扬。两侧长方形小龛，龛内二胁侍菩萨戴花蔓冠，面形椭圆，眉目清晰秀丽，身材修长，上身着僧祇支，肩披帔巾，帛巾下垂交叉腹际揽于臂肘。左侧菩萨左手执法物于胸，右手提香囊；右侧菩萨左手提净水瓶，右手执法物贴于胸前。下身着长裙，衣裾飘折，赤足侍立莲台。（彩版三三）

图 4-133 QN 二二四—2

2：圆拱龛，楣尾上卷饰神兽格里芬回首，龛外饰飞天头梳高髻，长裙帛带飘舞，造型生动。龛内佛饰舟样背光，佛头上磨光高肉髻，额部宽平，弧眉鼓睛，眼角上翘，直鼻梁小鼻头，小嘴角内收，大耳垂轮，两肩宽厚，面部宁静安详，内着僧祇支，胸前系带作结。外披双领下垂的宽博大衣，右衣裾揽于左臂，飘至肘下。左手施与愿印，右手施说法印，结跏趺坐于低坛莲台。两侧长方形小龛内金刚造像威武雄健，瞠目怒视，手执短杵，飘帛绕身，动感强烈。（图 4-133）

3：龛上角饰莲花，楣尾上卷饰龙回首。造像为一佛二供养菩萨。佛饰舟样背光，头上高圆肉髻，面相清秀，大耳垂轮，细长眉，眼帘微阖，目光低垂，鼻正口方，嘴角内收露出笑容，宽肩秀颈。上身着交领通肩大衣，施禅定印，结跏趺坐于莲台，衣裾下垂遮覆莲台，衣纹简洁，呈大褶微外扬。两侧长方形小龛内供养菩萨头饰螺旋高髻，眉目清秀，上身内着僧衣，双手捧宝物作敬佛状。下身着长裙，腰系宽腰带垂于身前，身披斗篷侍立莲台。下部力士赤身作顶持状。（彩版三四，1）

4：龛内坐佛饰舟样背光，佛头顶上高圆肉髻，鸭蛋形脸，相貌清秀，大耳垂轮，眼帘低垂，目光下视，鼻正口方，嘴角内收作会意微笑。内着圆领僧祇支，领部束带结花，外披双领下垂宽博大衣，右衣角揽搭左臂飘至肘下，左手施与愿印，右手施无畏印，善跏趺坐于莲台，衣裾遮覆腿部微外扬。两侧长方小龛内两弟子头光，披大衣，右衣角揽于左臂后折垂。下身着长裙露足，双手捧莲蕾于胸前，侍立于莲花台上。（彩版三四，2）

编号：QN 二二五

尺寸：上宽 48~53、下宽 52~56、通高 62 厘米

时代：东魏

造像简介：造像石，砂石质。方形石体，上下两面平，四面开龛造像，计开凿主龛4个。圆拱龛，龛楣饰桃尖宝盖，楣尾上卷饰忍冬蔓草。辅龛8个。造主尊佛像4尊，胁侍菩萨4身，弟子、金刚力士造像各2身。现状为石面清晰，局部略有残损。

1、3：二面造像题材相同，均为一佛二菩萨。圆拱龛，主尊佛头上磨光肉髻，长脸形，下颌部稍尖，面相清瘦，细长弧眉，长眼睛，小鼻头阔口，嘴角内收，短颈宽肩。内着袒右僧祇支，腰间束带作结，外披双领下垂宽搏大衣，下摆束起搭肘，施与愿无畏印，结跏趺坐于低坛基上，衣裾遮覆莲台底部，成多层重叠的曲线纹。主龛外侧小圆拱龛，龛内胁侍菩萨头戴高荷冠，肩披帔帛，下着长裙，双手胸前作莲花合掌印，侍立莲花台上。石面阴线刻“光明主”等字迹。（图4-134、136；彩版三四，3）

2：造像为一佛二弟子，主龛造像装饰与1、3相同，两侧二圆拱小二弟子，光头，眉目清秀，着褒衣博带宽大服装，双手胸前作莲花合掌印侍立。（图4-135；彩版三四，4）

4：造像为一佛二金刚，主尊佛与以上相同，主龛外侧辅龛内二金刚力士，执持金刚杵，瞠目怒喝，作勇猛威武状，赤足立于莲台上。（图4-137；彩版三五）

铭文：1：“光明主　庞金安”（图4-138）；2：“光明主□□都”（图4-139）；
3：“魏□魏广□”（图4-140）；4：“李显修□浮图主……”（图4-141）。

编号：QN 二二六

尺寸：上宽44~45、下宽46~47、通高48厘米

时代：北魏

造像简介：造像石，砂石质，质地细密。石面四周开龛造像，雕造各式主龛4个，长方形辅龛4个，龛外饰千佛龛16龛。造主尊佛像2尊，主尊菩萨像2尊，胁侍菩萨像4身，飞天2身，千佛龛内佛像16尊。现状为图案清晰，局部残损风化。

1：屋形龛，龛楣饰屋脊、鸱尾、帷幔，龛内造维摩诘菩萨像1尊，头戴冠帽，长方脸形，细眉长眼，眼角上翘，高鼻阔口，张口露齿，颏下长须，面相安详，端坐长榻之上。画面清晰，雕造规整，周边有方形边框，略有风化。

2：龛楣饰桃尖宝盖，楣尾上卷。龛外刻飞天。龛内主尊佛头上磨光圆肉髻，长圆脸形，低眉颔首，内着僧祇支，胸际束带作结下垂，外披宽博袈裟，施与愿无畏印，结跏趺坐于低台座上。衣裾遮覆莲台敷搭坛基，衣褶呈双层折叠，下摆微扬。龛两侧胁侍菩萨戴宝冠，双手作莲花合掌侍立于长方形龛中。龛底主尊佛两侧饰狮子。

3：屋形龛，龛楣饰屋脊、瓦垄、帷幔。龛内一坐姿菩萨，头戴冠，宝缯束发，肩披帔帛，帛带腹际交叉穿璧，下着长裙，图案清晰可辨。

4：圆拱龛楣饰桃尖宝盖，楣尾上卷饰龙回首。龛内主尊佛披圆领通肩大衣，施禅定印，结跏趺坐于低台座上，衣裾遮覆莲台。两侧长方形龛内胁侍菩萨双手合十侍立。

图 4-134 QN 二二五—1

图 4-135 QN 二二五—2

图 4-136 QN 二二五—3

图 4-137 QN 二二五—4

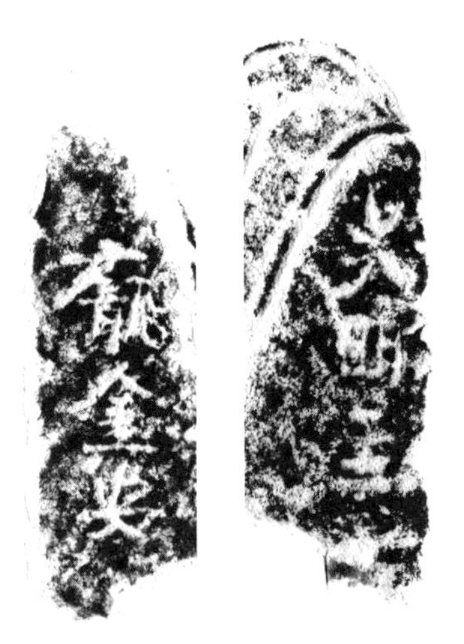

图 4-138 QN 二二五—1 拓片

图 4-139 QN 二二五—2 拓片

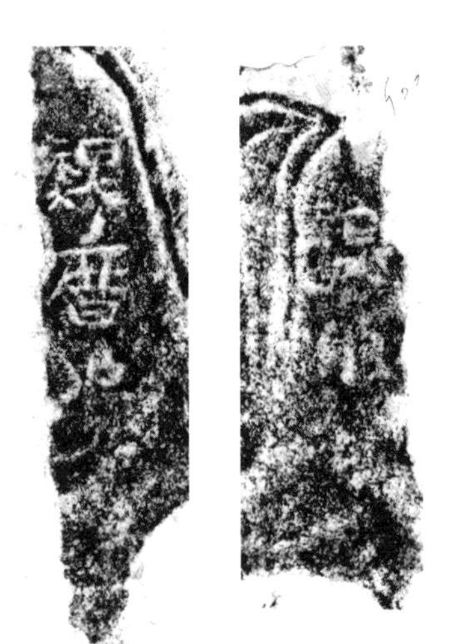

图 4-140 QN 二二五—3 拓片

图 4-141 QN 二二五—4 拓片

编号：QN 二二七

尺寸：上宽 39~41、下宽 42~43、通高 43 厘米

时代：北魏

造像简介：造像石，砂石质。质地细密，雕造光洁。石体上下面平整，四周开主龛 4 个。圆拱龛，龛楣饰桃尖宝盖，楣尾上卷饰龙回首、神兽格里芬、忍冬卷草。小千佛龛数个，长方形辅龛 7 个。造佛像 4 尊，胁侍菩萨像 3 身，弟子像、金刚像各 2 身。主尊佛造像，高圆肉髻，长方脸形，尖圆下颌，低眉颔首，面露微笑，秀颈圆肩，形态端庄，内着僧衣，外披双领下垂大衣，施与愿无畏印或禅定印，倚坐、站立或结跏趺坐于莲台。衣裾遮覆莲台。现状为光洁清晰，构图严谨，雕造精细。

1：龛内主尊佛造像，高圆肉髻，长方脸形，尖圆下颌，低眉颔首，面露微笑，秀颈圆肩，形态端庄，内着僧衣，外披双领下垂大衣，施与愿无畏印，善跏趺坐于高台座，足踏莲花。左侧一供养人跪拜佛前，下饰一艺伎抛圆球娱佛。右侧有胁侍菩萨戴高冠，披帔帛，双手合十侍立莲台，下有力士托举造像。

2：龛楣外侧饰莲花童子化佛，楣尾饰双龙正面回首。龛内造立佛一尊。龛两侧长方形辅龛内造二弟子侍立莲台。

3：龛楣外侧饰飞天，楣尾上卷饰神兽格里芬回首。主龛内造坐佛一尊，施与愿无畏印，结跏趺坐于低台座。龛两侧长方形辅龛内造二金刚侍立。主尊佛座两侧饰护法狮子口吐瑞草侧卧于前。

4：龛楣外饰莲花，楣尾饰忍冬卷草。主龛内造坐佛一尊，施禅定印，结跏趺坐于低台座上。座前饰护法狮子昂首翘尾，龛两侧辅龛内造胁侍菩萨侍立莲台。

编号：QN 二二八

尺寸：上宽 26~27、下宽 35~36、通高 84 厘米

时代：北魏建义元年

造像简介：造像石，砂石质。四面凿龛造像，共开凿大小各式龛 16 个，圆拱龛，龛楣饰宝盖。雕造主尊佛像 4 尊，主尊菩萨像 1 尊，胁侍菩萨 4 身，千佛小龛 20 个。

1：二佛并坐。龛内主尊佛头上磨光肉髻，长方脸形，秀颈，宽肩，着双领下垂袈裟，施禅定印，结跏趺坐于连台。衣裾遮覆莲台。衣褶如锯齿状，下摆外扬。下部阴线刻行书数行纪铭：“大代岁在戊申六月……建仪元年”。（图 4-142）

2：思维菩萨。思维菩萨头戴高冠，宝缯束发，头侧偏，左手支头作思维状，面露喜悦表情，披帔帛，帛带巾腹际交叉下垂，半跏趺坐于莲台，衣裾外摆纹饰已风化。莲台两侧护法狮子守护。

3：一佛二菩萨，成道像。龛楣饰圆莲花，下部铭记漫漶不清。

4：一佛二菩萨，说法像。施与愿说法印，站立莲台。下部刻“清河太守……”等纪铭。整体给人以石窟感觉。显示有窟前建筑。现状为风化残损模糊不清。

QN 二二八—1 铭文：

大代岁在戊申／六月丁亥朔九日／乙未上为皇帝下／为七世父母能生父／母因缘智识能求如愿／建仪元年（图 4-143）

QN 二二八—4 铭文：

清河太守勇络僧年八十二／佛弟子清信仕女李双宋／佛弟子保威／浮图主保周妻陈倩男／为忘夫保周造石浮图／一区愿忘者生天视者受／福□清信佛弟阿丑（图 4-144）

编号：QN 二二九

尺寸：上宽 41~44、下宽 48~50、通高 54 厘米

时代：北魏

造像简介：造像石，砂石质。石面及高低尺寸差距较大，石面不甚规则。四面开龛造像，开凿尖拱龛 4 个，龛楣饰双龙，楣尾饰龙回首。造佛像 4 尊，胁侍菩萨像 8 身。题材组合相同，一佛二菩萨。尖拱龛内主尊佛头顶上高圆肉髻，长脸形，尖下颌，大耳垂轮，弯眉长眼，眼帘微阖，

图 4-142 QN 二二八—1

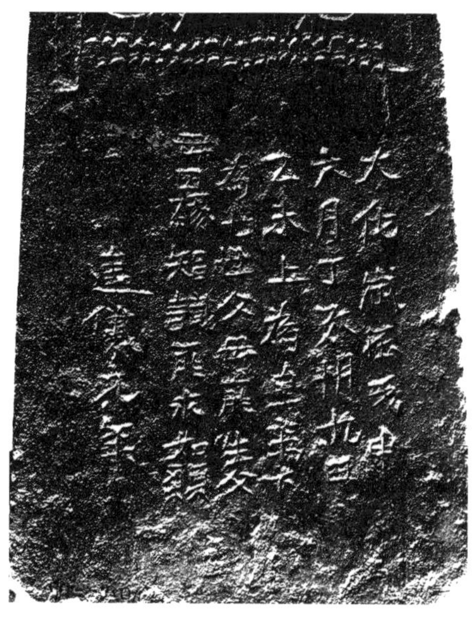

图 4-143 QN 二二八—1 铭文

图 4-144 QN 二二八—4 铭文

目光下视，鼻直口阔，形态世俗，削肩，身形端庄。施禅定印或与愿无畏印，结跏趺坐于低台座上。两侧二胁侍菩萨造像残损不辨。造像风格可参考延昌二年造像。现状为石面多已风化漫漶，龛楣的飞天形象已模糊不辨。

编号：QN 二三〇

尺寸：上宽 38.6~40、下宽 40~43.7、通高 47 厘米

时代：东魏

造像简介：造像石，砂石质。石体顶面平整，四面开龛造像，开凿各式龛 4 个，造佛像 4 尊，胁侍佛像 4 身，供养人 2 人。现状为残缺风化。

1：盝形龛，龛楣饰盝形屋脊、鸱吻、帷幔。龛内主尊头上高肉髻，圆额，面相丰满，削肩，短颈，披帔帛，帛带于胸腹部位交叉下绕膝部揽于臂肘，右手残损作思维状，左手抚右脚踝，半跏趺坐于榻床之上。龛左右及下部阴线刻行书纪铭“……教化主，王稚妻”等字样。（图 4-145）

2、3：两面造像组合相同，圆拱龛，龛楣饰桃尖宝盖、火焰纹，楣尾上卷饰忍冬卷草。龛内主尊佛头上磨光肉髻，宽额，面相清俊瘦削，秀长颈圆肩，形体端庄。外披圆领通肩大衣，施禅定印，结跏趺坐于低台座上，衣裾遮覆莲台基部，衣褶质地厚重成多层重叠曲线，下摆外扬。主龛两侧造胁侍菩萨，戴荷冠，饰叶形项光，面相俊秀，目光下视，肩披帔帛，帛带垂绕于腹际交叉揽于臂肘，下着长裙，双手合十，赤足侍立于圆莲台。（图 4-146）

图 4-145 QN 二三〇—1 铭文

4：圆拱龛，龛楣饰三圆棰、二朱雀。龛两侧造供养人双手合十面佛跪拜，龛内主尊佛造像与以上相同。佛施禅定印，结跏趺坐于低莲台上。局部纹饰内容不解。

图 4-146 QN 二三〇—2

编号：QN 二三一

尺寸：上宽 36~37、下宽 39~40、通高 52 厘米

时代：东魏

造像简介：造像石，砂石质。石上下面平，四面开四龛，造主尊佛像 4 尊，主尊菩萨像 1 尊，胁侍菩萨像、弟子像各 2 身。现状为局部残缺，风化不清。

1：圆弧拱龛，龛内二佛并坐，佛头上高肉髻，面相丰满，面露微笑，内着僧衹支，系带作结，外披双领下垂宽博袈裟，体态端庄。释迦佛施与愿说法印，多宝佛左手抚右脚踝，右手示意于释迦佛。

2：屋帷形龛，龛楣饰脊刹、鸱吻、莲花、帷幔。龛内帷幔作束起状。主尊佛施与愿无畏印，结跏趺坐于高台座上。两侧弟子披紧身袈裟侍立莲台。

3：屋帷形龛，龛楣饰脊刹、鸱吻、帷幔。龛内帷幔饰鱼鳞纹，龙衔玉玦流苏。龛内交脚菩萨内着僧祇支，肩披帔帛，帛带腹际交叉穿璧，施说法印，交脚坐于象背莲台上，龛底部象座两侧饰护法狮子正身侧卧图案。

4：圆拱龛，龛楣饰桃尖宝盖，楣尾上卷，龛外饰莲花。龛内主尊佛右手施说法印，结跏趺坐于长榻台座上，衣裾遮覆莲台。两侧胁侍菩萨手执法物，赤足侍立莲台。石面残缺漫漶。

编号：QN 二三二

尺寸：上宽 32、下宽 31~32、通高 33 厘米

时代：北魏

造像简介：造像石，砂石质。石四面开龛造像，共开大小各式龛10个，刻造佛像5尊，菩萨像6身。上顶面平，四边留凸榫边，下面平。石面图像清晰、光洁，但雕造技法粗糙生硬。现状为局部残损风化。

1、3、4：三面造像题材组合是一佛二菩萨。圆拱龛，龛内主尊佛背后饰舟形背光。面相清癯瘦长，上宽下窄，表情和悦，头上肉髻，宽平额头，鼻梁高挺，小高鼻头，细长弧眉，眼帘微阖，眼缝可见眼睛，阔口厚唇，嘴角内凹，小尖下颌，大耳，秀颈窄肩，身材消瘦修长，圆肩。内着僧祇支，胸部束带作结，搭带于外。外披双领下垂的宽博袈裟，施与愿无畏印，结跏趺坐于低台座上，衣裾遮覆莲台搭于龛外侧台基之下，下摆外扬较大，尖折角。主龛外侧圆拱小龛内胁侍菩萨饰项光，头戴荷冠，宝缯束发，宽平额头，细弧眉，眼睛突起，眼帘微阖，眼角上翘，高鼻头，嘴角内收，小尖下颌，秀颈窄肩，体态修长。肩披帔帛，帛带下绕腰际揽于臂肘甩向身后，下着长裙，赤足露趾侍立莲台上。

2：圆拱双连龛，龛内二佛并坐，佛头上磨光肉髻，宽平额头，细长弧眉小眼睛，小高鼻头，阔口厚唇，大耳垂轮，秀长颈，窄束肩，体态端庄。左侧释迦佛着圆领通肩大衣，施禅定印。右侧多宝佛披袒右袈裟，左手施与愿印，右手伸出示意，结跏趺坐于低台座之上。衣裾遮覆莲台。下摆外扬较大，衣饰如蜂肚囊。

编号：QN 二三三

尺寸：上宽 30~32、下宽 31~32、通高 37 厘米

时代：北魏

造像简介：造像石，砂石质，石面四周开龛造像，开凿长方形平拱龛 4 个，造佛像 4 尊。龛楣饰桃尖宝盖，楣尾上卷饰龙回首，龛外上角饰圆莲花，龛两侧饰胁侍菩萨侍立莲台。年久风化，龛外装饰图案已不可细辨。龛内主尊佛，头顶上高肉髻，长方脸形，尖下颌，低眉颔首，目光下视，鼻直口阔，面露微笑，身形端庄，秀骨清相风格。施与愿无畏印或禅定印，结跏趺坐于低台坐上，衣裾遮覆莲台。下摆外扬，尖折角。现状为风化模糊。

编号：QN 二三四

尺寸：上宽 23~28、下宽 28~31、通高 49 厘米

时代：北魏（神龟风格）

造像简介：造像石，粗质砂石。上下面平整，四面开龛造像，梯形龛。雕造主尊佛像 4 尊、胁侍菩萨像 8 身。龛内造像组合为一佛二菩萨。主尊佛高肉髻，长方脸形，大耳，肥颐短项，颔首微笑，身形健壮。内着僧祇支，外披双领下垂大衣，衣裾揽于左臂，右手施无畏印，结跏趺坐于莲台上，衣裾自然下垂遮覆莲台。两侧胁侍菩萨饰项光，披帔帛，帛带交叉胸腹揽于臂肘，下身着长裙，双手合十侍立莲台。现状为风化残损，图形不清晰。

1：龛楣饰桃尖宝盖，宝盖内刻饰鱼鳞纹，宝盖上饰化佛一尊，两侧流苏飘飞。

2：屋形龛，龛楣饰高顶屋，顶刹，两侧飞檐起翘。

3：屋形龛，龛楣刻饰大屋顶殿堂。两边有圆柱柱础。

4：龛楣刻饰莲瓣花中化佛一尊。

编号：QN 二三五

尺寸：上宽 55~58、下宽 55~58、通高 66 厘米

时代：北魏

造像简介：造像石，砂石质。石体规格整齐，刻造精细，四周开龛造像，主龛平弧拱龛 4 个，长方形辅龛 8 个。造主尊佛像 4 尊，胁侍菩萨、金刚 8 身，飞天 4 身，供养人 4 身，及花、草、护法狮子等图案。

圆拱龛，龛楣饰桃尖宝盖、忍冬卷草、火焰纹，楣尾上卷，饰神兽格里芬。龛楣外雕造飞天、跪拜供养人，莲花、宝盖等图案等。四面主尊佛，佛头上高肉髻，长方脸形，面相丰满，典型的秀骨清相造型。内着僧祇支，胸部束带，搭带下垂，外披双领下垂大衣，施与愿无畏印，结跏趺坐于低台座上，衣裾遮覆莲台，下摆微外扬，尖折角。主龛两侧长方形辅龛内，雕造胁侍菩萨或金刚力士。下部雕造护法兽狮子。现状为造像细致清晰，下部残损漫漶。（图 4-147、148；彩版三六、三七）

编号：QN 二三六

尺寸：上宽 48~51、下宽 54~56、通高 53 厘米

时代：北魏

造像简介：造像石，砂石质。四方形石体上下面平整，表面光洁，四面开龛，圆拱龛主龛 4 个，龛楣饰桃尖宝盖，楣尾上卷饰龙回首，神兽格里芬回首或忍冬卷草。长方形辅龛 8 个，圆拱小千佛龛衬底，饰连花、瑞草图案或飞天形象。龛底部刻造供养人、狮子、大象等。造主尊佛像 4 尊，造供养人、金刚力士、胁侍菩萨、弟子像各 2 身，千佛龛 40 余个。造像清晰典型，布局严谨，雕刻精细。现状为局部风化模糊。

1：楣尾上卷，龛外饰卷草，龛内主尊佛头上磨光高肉髻，面相清秀，椭圆脸，大耳垂轮，眉清目秀，鼻正口方，嘴角内收，微露喜悦。身形挺拔，内着僧衣，胸部系带作结，外披双领下垂大衣，施禅定印，结跏趺坐于莲台，衣裾遮覆莲台，下摆微外扬。两侧长方形小龛，龛内供养人高螺髻，面形椭圆，眉目清晰秀丽，身材修长，上身着僧祇支，身披斗篷，下身着长裙，双手捧宝物，赤

图 4-147 QN 二三五—1

图 4-148 QN 二三五剖面图

足侍立。下部饰供养人跪拜于佛座两侧。

2：圆拱龛，楣尾上卷饰龙回首，龛外饰飞天，头梳高髻，长裙帛带飘舞。龛内主尊佛头上磨光高肉髻，额部宽平，弧眉长眼，眼角上翘，眼帘微阖，目光低垂，直鼻梁小鼻头，小嘴角内收，大耳垂轮，两肩宽厚，面部宁静安详。内着僧祇支，胸前系带作结，外披双领下垂的宽博大衣，右衣裾搅于左臂，飘至肘下。左手施与愿印，右手施说法印，结跏趺坐于低台座上，衣裾遮覆莲台。两侧长方形小龛内金刚造像威武雄健，瞠目怒视，飘帛绕身，双手握拳侍立。下部饰护法狮子回首侧卧佛座前。

3：龛上角饰供养人跪拜两侧，楣尾上卷饰忍冬卷草。造像为一佛二胁侍菩萨。主尊佛头上高圆肉髻，面相清秀，大耳垂轮，细长眉，眼帘微阖，目光低垂，鼻正口方，嘴角内收露出笑容，宽肩秀颈。身着圆领通肩大衣，施禅定印，结跏趺坐于莲台，衣裾自然下垂遮覆莲台，衣纹简洁呈大褶微外扬。两侧长方形小龛内胁侍菩萨头戴高冠，眉目清秀，上身内着僧衣，双手执宝物，下身着长裙，侍立莲台。

4：楣尾上卷饰神兽格里芬回首。龛内主尊佛头顶上高圆肉髻，鸭蛋形脸，相貌清秀，大耳垂轮，眼帘低垂，目光下视，鼻正口方，嘴角内收作会意微笑。内着僧祇支，胸部束带，外披双领下垂宽博大衣，右衣角揽搭左臂飘至肘下，左手施与愿印，右手施无畏印，善跏趺坐于莲台，衣裾遮覆腿部露双足，下摆微外扬。两侧长方小龛内两弟子，光头，内着僧衣，外披双领下垂大衣，双手于胸腹前，赤足侍立。下部饰大象守护于主尊佛座前。

编号：QN 二三七

尺寸：上宽 42~46、下宽 47~49、通高 51 厘米

时代：北魏

造像简介：造像石，砂石质。四方形石体上下面平整，表面光洁，四面开龛。圆拱龛，龛楣饰桃尖宝盖，楣尾上卷饰龙回首、神兽格里芬回首或忍冬卷草。圆拱小千佛龛衬底，饰莲花、瑞草图案或飞天形象。龛底部刻造狮子、莲台等。造主尊佛像 4 尊，千佛龛 40 余个。造金刚力士 2 身，胁侍菩萨像 6 身。造像清晰典型，雕刻精细。现状为局部风化模糊。

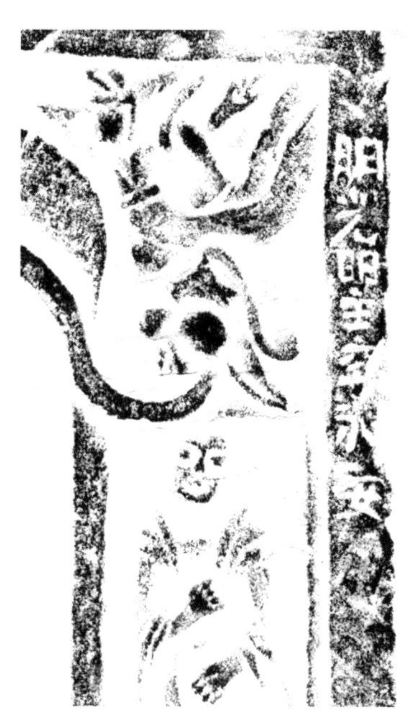
图 4-149　QN 二三七—1 拓片

1：楣尾上卷饰神兽格里芬回首，龛外饰飞天头梳高髻，长裙帛带飘舞，造型生动。龛内主尊佛头上磨光高肉髻，面相清秀，椭圆脸，大耳垂轮，眉清目秀，眼帘微阖，鼻正口方，嘴角内收，微露喜悦。身形挺拔，上身内着僧衣，胸前系带作结，外披双领下垂大衣。施与愿无畏印，结跏趺坐于莲台，衣裾遮覆莲台，下摆微外扬。两侧长方形小龛，龛内金刚力士造像威武雄健，瞠目怒视，手执短杵，飘帛绕身，前腿弯，后腿蹬侍立。下部饰护法狮子回首侧卧于主尊佛座两侧。外侧刻方框阴刻楷书“朋光明主□永安”。（图 4-149）

2：楣尾饰忍冬卷草，龛外饰莲花。龛内佛头上磨光高肉髻，额部宽平，弧眉鼓睛，眼角上翘，眼帘微阖，直鼻梁小鼻头，小嘴角内收，大耳垂轮，两肩宽厚，面部宁静安详，外披圆领通肩大衣。施禅定印，结跏趺坐于低台座，衣裾遮覆莲台。两侧长方形小龛，龛内二胁侍菩萨戴花蔓冠，面形椭圆，眉目清晰秀丽，身材修长，上身着僧祇支，肩披帔巾，帛巾下垂交叉腹际揽于臂肘，下身着长裙，双手合十赤足侍立莲台。

3：龛上角饰莲花，楣尾上卷饰龙回首。造像为一佛二供养菩萨。佛头顶上高圆肉髻，面相清秀，大耳垂轮，细长眉，眼帘微阖，目光低垂，鼻正口方，嘴角内收露笑容。宽肩秀颈，上身内着僧衣，外披双领下垂大衣，施与愿无畏印，善跏趺坐于莲台，衣裾下垂遮覆莲台，衣纹简洁呈大褶微外扬。两侧长方形小龛内供养菩萨头饰螺旋高髻，眉清目秀，上身内着僧衣，外披宽博大衣，双手袖手作敬佛状，下身着长裙侍立莲台。

4：龛上角饰莲花，楣尾上卷饰龙正面首。龛内佛头顶上高圆肉髻，鸭蛋形脸，相貌清秀，大耳垂轮，眼帘低垂，目光下视，鼻正口方，嘴角内收作会意微笑。外披圆领通肩大衣，施上品上生印，结跏趺坐于莲台，衣裾遮覆腿部微外扬。两侧长方小龛内两胁侍菩萨，戴高冠，鸭蛋脸形，披帔帛，一手握宝物贴于胸前，一手提香囊，下身着长裙，赤足侍立于莲花台上。

编号：QN 二三八

尺寸：上宽 38~41、下宽 40~44、通高 44 厘米

时代：东魏

造像简介：造像石，粗砂石。上、下顶面平整，四周开龛造像，石面规整，局部残缺。开凿圆拱龛主龛 4 个，龛楣饰桃尖宝盖，楣尾内卷饰朱雀回首；长方形辅龛 8 个，千佛龛式小龛 4 个。造主尊佛像 4 尊，胁侍菩萨像 6 身，弟子像 2 身。石体四面造像特征相同。龛内主尊佛，长方脸形，面相丰满，宽平额头，细长弧眉，高鼻梁直挺，阔口嘴角内收呈八字形，大耳垂轮，下颌圆润，面露喜悦，或宁静祥和。秀颈圆溜肩，两肩较窄，胸平腹鼓，身体健壮并略呈粗短，内着僧祇支，胸际束带作结，敷搭衣裙外侧下部，外披双领下垂的大衣，衣纹成简洁的流线纹，而衣服的质地如薄毡。施与愿无畏印，赤足露趾立于莲台。龛外两长方形小龛内两胁侍菩萨饰舟形项光，头戴低冠，宝缯束发，缯带飘折，宽平额头，细长弧眉小眼睛，高鼻小嘴，嘴角内收呈八字，秀长颈，两肩溜圆，戴项圈，披帔帛，帛带飘绕腹部交叉穿璧揽于臂肘。右手持宝物上举贴胸，左手提持香囊，赤足露趾侍立于莲台上。局部残损。

1：龛外饰火焰纹、飘舞飞天、莲花化佛。造像组合一佛二菩萨。

2：龛外饰火焰纹、飘舞飞天。龛内仅存一佛头，龛右侧小龛内存一菩萨头像。

3：楣尾上卷，龛外饰飞天执瑞草飘舞，圆莲花图案。造像组合为一佛二菩萨。（图 4-150）

4：龛外饰卷草纹，千佛龛式小龛。造像组合是一佛二弟子，两小龛内弟子造像，光头，身体修长，肩披裹体袈裟，侍立于莲台之上。衣饰刻造流线纹或阴线刻圆弧纹。

0 10厘米

图 4-150　QN 二三八—3

编号：QN 二三九

尺寸：上宽 34~35、下宽 36、通高 35 厘米

时代：北魏

造像简介：造像石，砂石质。石体规整，上下面平整，四面开主龛 4 个。圆拱龛，龛楣饰桃尖宝盖，楣尾上卷。长方形辅龛 8 个。主龛后刻饰千佛龛衬底。造主尊佛像 4 尊，胁侍菩萨像 8 身。石体四面造像题材相同，为一佛二菩萨。龛内主尊佛头上磨光高肉髻，宽平额头，鸭蛋脸形，高鼻阔口，薄唇，嘴角内收，面相丰腴适中，清俊秀丽，尖小颏，低眉颔首，秀颈，两肩齐亭，身形端庄。披圆领通肩大衣，“U”形衣纹，施禅定印，结跏趺坐于低台座上，衣裾遮覆莲台，下摆尖折角外扬。主龛外侧长方形辅龛内胁侍菩萨戴宝冠，内着僧衣，肩披帔帛，帛带腹际交叉揽于臂肘，下着长裙，双手合十侍立莲台。现状为造像清晰，局部略有风化。

1：楣尾上卷饰忍冬卷草。

2：龛外左上角刻饰结庐修行，右上角刻供养人跪伏状。

4：龛外两角刻饰供养人跪拜于侧。

编号：QN 二四〇

尺寸：上宽 31~32、下宽 33~36、通高 37 厘米

时代：北魏

造像简介：造像石，砂石质。石体四面开龛造像，共计开凿 4 龛，凸字形佛龛，造佛像 4 尊，胁侍菩萨像 8 身。石体四面造像题材相同，龛内一佛二菩萨造像。主尊佛造像背后有舟样背光。现状为局部残破损坏。

1、2、3：三面大体相同。龛内主尊佛头顶高圆磨光肉髻，长方脸形，面相丰满，宽平额，细长眉，小眼睛凸起，小鼻头小嘴唇，嘴角内收，面部圆润，表情宁静祥和，秀长颈，两肩宽厚适中，体态挺直端庄。内着僧祇支，外披双领下垂的宽博大衣，右衣角揽于左臂下垂。左手施无畏印，右手施与愿印，结跏趺坐于莲台。衣裾遮覆莲台覆腿敷搭双象首莲台底部，衣褶折叠繁复如羊肠，下摆尖折角外扬，呈八字形。两侧胁侍菩萨头戴宝冠，宝缯束发，披帔帛，帛带环绕腹际交叉揽于两臂下垂随风飘飞，赤足侍立于枝梗莲台上。（图 4-151）

4：佛头顶高圆磨光肉髻，长方脸形，面部残损，秀长颈，两肩齐亭宽厚，体态端庄挺直。外披圆领通体大衣，施禅定印，结跏趺坐于莲台，衣裾覆腿敷搭双象首莲座底部，下摆尖折角外扬，呈八字形。两侧二胁侍菩萨头戴宝冠，宝缯束发，披帔帛，帛带环绕腹际交叉揽于两臂下垂随风飘飞，赤足站立于枝梗莲台上。

编号：QN 二四一

尺寸：上宽 50~51、下宽 51~54、通高 66 厘米

时代：东魏

造像简介：造像石，砂石质。石体多已残损风化，四面开龛造像，开凿圆拱龛 4 个。龛楣饰

0 10厘米 图 4-151 QN 二四〇—1

桃尖宝盖，楣尾上卷饰忍冬卷草。造主尊佛像 4 尊，胁侍菩萨像 8 身。造像题材为一佛二菩萨。现状为石体残损风化。

龛内主尊佛磨光高肉髻，扁平脸，面相清秀，秀颈溜肩。内着僧祇支，胸际系带，结带外搭。外披双领下垂大衣。左手揽衣摆，右手施无畏印，赤足站立于莲台之上，衣裾遮覆莲台。龛外侧二胁侍菩萨饰叶形项光，头戴宝冠，肩披帔帛，帛带下绕腹际交叉后揽于臂肘，下着长裙，双手合十侍立莲台。

1、4：龛楣上侧饰莲花。

2：龛楣外饰手托日月的飞天图案。（彩版三八，1）

3：龛楣饰忍冬卷草。

编号：QN 二四二

尺寸：上宽 43~48、下宽 47~51、高 63~64 厘米

时代：东魏

造像简介：造像石，砂石质。石体四面开龛造像，开凿圆拱龛 4 个，造主尊佛像 4 尊，交脚

菩萨像1尊，胁侍菩萨像4身，力士1身。造像题材组合分别为二佛并坐说法、一佛二菩萨、交脚菩萨。现状为画面风化残损，多已无法辨识。

1：圆拱龛内二佛并坐，残损漫漶严重。

2：圆拱龛，龛楣饰桃尖宝盖，楣尾上卷饰忍冬蔓草。龛内主尊佛磨光高肉髻，长方扁平脸，面相清秀，秀颈溜肩。内着僧衹支，胸际系带，结带外搭。外披双领下垂大衣或圆领通肩大衣。施禅定印或施与愿无畏印，结跏趺坐于低台座之上，衣裾遮覆莲台底部。龛外侧二胁侍菩萨饰叶形项光，头戴宝冠，宝缯束发，缯带飘折肩头，肩披帔帛，帛带下绕腹际交叉后揽于臂肘，下着长裙，双手合十侍立莲台。（图4-152）

图4-152　QN二四二—2

3：龛内主尊坐佛一尊，龛两侧胁侍菩萨侍立莲台。风化漫漶细部不辨。

4：屋帷龛，龛内主尊造像交脚菩萨，下部饰力士托举，护法狮子侧卧两旁。

编号：QN二四三

尺寸：上宽34~35、下宽37~40、通高43厘米

时代：北魏

造像简介：造像石，砂石质。上下面平，石体局部残缺风化，四面开龛造像，开凿圆拱龛主龛4个，圆拱辅龛8个。雕造主尊佛像4尊，胁侍菩萨像8身。题材组合相同，一佛二菩萨。圆拱龛，龛楣饰宝盖，楣尾上卷饰忍冬卷草。龛内主尊佛饰舟样背光，头上磨光肉髻，长方脸形，面相清秀，额头宽平，细长弧眉，长眼睛微阖，直鼻阔口，厚唇，嘴角内收呈八字形，大耳垂轮，下颌丰满，窄溜肩，秀长颈，身形修长轻盈，胸腹部挺拔。内着僧衹支，胸际束带作结，披双领下垂大衣或

着圆领通肩大衣，施与愿无畏印，结跏趺坐于低台座之上，衣裾遮覆莲台，下摆尖折角外扬，衣裙质地较为厚重。主龛两侧圆拱小龛，龛内胁侍菩萨头戴花蔓冠，宽平额，细长眉，面相造型与佛同，身材修长，内着圆领僧衣，肩披帔帛，帛带顺两肩下垂于腹际交叉至膝揽于臂肘下垂。下身着长裙，菩萨双手合十或一手执宝物贴胸，另一手下垂腿侧执净水瓶。赤足露趾立于莲台。莲台成三瓣伏莲造型。现状为残损风化严重。

编号：QN 二四四

尺寸：上宽 32、下宽 35~36、通高 39 厘米

时代：北魏

造像简介：造像石，砂石质。造像局部残损，四面开龛 4 个，圆拱龛，龛楣饰束莲，楣尾上卷饰朱雀回首。造佛 4 尊，胁侍菩萨像 8 身，各面造像构图组合相同，为一佛二菩萨造像。龛内主尊佛头上磨光高圆肉髻，长方脸形，面相丰满，下颌略尖，宽平额头，细长眉，长眼睛微阖，目光下视，直鼻阔口，大耳垂轮，表情安详和悦，秀颈，束肩，身形端庄。外披双领下垂宽博大衣，左手施与愿印，右手施说法印，结跏趺坐于高莲台上，衣裾自然下垂覆膝敷搭高方莲台底部，衣纹刻造成双层重叠的曲线纹。两侧胁侍菩萨头戴荷冠，披帔帛，下着长裙，双手合十面佛侍立莲台。装饰图案简洁。现状为局部风化残损。

编号：QN 二四五

尺寸：上宽 30、下宽 31~32、通高 32 厘米

时代：北魏

造像简介：造像石，砂石质。石体上下面平整，四面开龛造像，四周刻饰边框线，开主龛 4 个，长方辅龛 4 个。造佛像 4 尊，胁侍菩萨像 4 身。现状为基本完整清晰，局部残损。

1、3：圆拱龛，龛楣饰桃尖宝盖，楣尾上卷饰忍冬卷草，龛外饰莲花。该两面造像题材为一佛二菩萨。龛内主尊佛磨光高肉髻，宽额，高鼻小嘴唇，嘴角内收，大耳垂轮，面相丰满，身形健壮，披圆领通肩大衣，“U”形衣纹，施禅定印，结跏趺坐于高台座上，衣裾自然下垂遮覆莲台。龛外侧长方形辅龛，龛内胁侍菩萨戴宝冠，肩部披帔帛，穿长裙，双手合十赤足侍立于圆形莲台之上。

2、4：两面造像题材相同。屋形龛，龛楣饰屋脊、瓦垄、鸱吻、明柱、斗拱、帷幔。龛内主尊着菩萨装，头上高冠，面相丰满，戴项圈，肩披帔帛，帛带下垂交叉穿璧后上卷揽于臂肘，施与愿无畏印，结跏趺坐于低台座上。或为体态健壮，束发，宽额，高鼻小唇，嘴角内收，大耳垂轮。内着僧祇支，胸际束带作结下垂，外披双领下垂大衣，衣裾遮覆莲台。画面清晰。

编号：QN 二四六

尺寸 ：上宽 23~30、下宽 27~32、通高 40 厘米

时代：东魏

造像简介：造像石，砂石质。石面四周开圆拱龛 4 个，雕造主尊佛像、菩萨像 4 尊，胁侍菩

萨 2 身，童子 3 个。圆拱龛，龛楣饰桃尖宝盖、火焰纹，楣尾上卷饰忍冬卷草。雕工粗糙。现状为风化残损，模糊不清。

1：主尊造像为佛，着菩萨装，戴高冠，披帔帛，帛带胸前交叉穿璧，下垂绕揽于臂肘，施与愿无畏印，坐于长榻台座。

2、4：主尊造像为佛，头顶上高圆肉髻，方圆脸形，面形丰满，直鼻小口，目光下视，大耳垂轮，削肩。外披双领下垂大衣，施与愿无畏印或上品上生印，结跏趺坐于高台座上，衣裾遮覆莲台。2 的主尊佛两侧饰胁侍菩萨双手合十侍立。

3：阿育王施土故事，主尊佛头戴冠，面相丰满，披袒右大衣，左手挽衣摆，右手伸出接物，衣饰如甲。三童子身形漫漶。

编号：QN 二四七

尺寸：上宽 60~61、下宽 67~70、通高 83 厘米

时代：北魏

造像简介：造像石，砂石质。石体四面开龛造像，开凿屋帷龛、圆拱龛 4 个，残存主尊佛像 3 尊，胁侍菩萨像 8 身，金刚力士、供养人、傩戏人、倒幢伎艺人等数十人。现状为局部风化，残损严重。（图 4-153）

1：屋帷龛，龛楣饰翘脊、鸱吻、金翅鸟、团花等图案。帷幔束起，龛外装饰下部已残损，龛内一佛二菩萨造像，造像多已残损风化。龛右侧为一金刚力士侍立莲台造型，风蚀严重，多已模糊，无法辨识。

2：圆拱龛内，龛楣饰桃尖宝盖、火焰纹，楣尾上卷饰朱雀回首。龛内主尊佛头顶上高肉髻，长方脸形，面相丰满，细长弧眉长眼，眼帘微阖，鼻直口阔，嘴角内收，大耳垂轮，秀颈削肩，体态端庄。内着袒右僧祇支，胸际系带作花结，外披双领下垂式宽博大衣，施与愿无畏印，结跏趺坐于低台座上，衣裾遮覆莲台底部，下摆外扬较大，雕造的衣褶成曲线往复，多层重叠。主尊佛两侧胁侍菩萨，头戴宝冠，长方脸形，面相丰满，表情和悦，上身内着僧衣，肩披帔帛，帛带自然下垂，腹际交叉穿璧绕膝揽于臂肘，下着长裙，赤足侍立于圆莲台上。龛外左右两侧刻二供养人图案，供养人发髻高耸，着宽袖短衫，下着百褶裙，手持带梗瑞草面佛而立。下部二侍者，左侧执手锣做敲击状，右侧双手持于胸前，漫漶使细目不辨。（图 4-154）

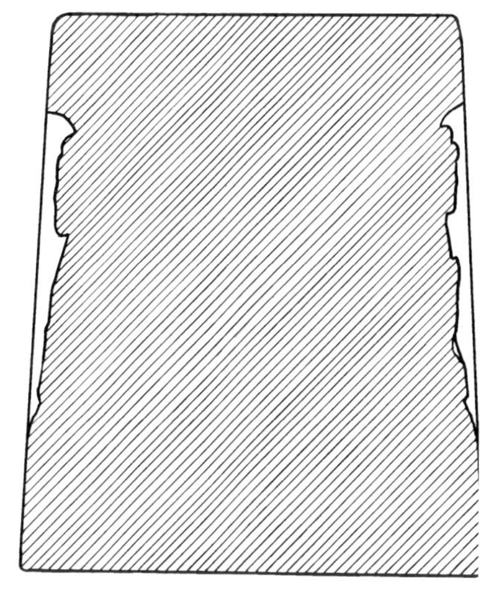

图 4-153　QN 二四七剖面图

3：龛内一佛二菩萨造像，龛外刻饰倒幢伎娱佛场面，为独具时代气息的民间杂技艺术造型。左侧一杂耍者扛高杆仰面上视，杆上数伎人，作倒幢动作或倒挂式腾翻，杆上部顶一杂耍者，其腰部仰面弯身成弓形。龛楣处运用气

图 4-154 QN 二四七—2

图 4-155 QN 二四七—3

功者叉腰收腹，鼓肚，或作软功者倒立空翻，还有数位身穿短袄，下着灯笼裤者吹笛，敲锣，击长鼓伴乐。右侧伎者下身着长裙踩着高跷，随乐踏舞。一幅民间艺术行乐图，对考证杂技艺术起源和发展具有参考价值。主尊佛、胁侍菩萨等造像与 2 风格相同。（图 4-155；彩版三八，3；彩版三九）

4：龛内一佛二菩萨。佛与菩萨造像特点同以上三面。龛楣饰束莲，楣尾上卷饰朱雀回首。龛楣外饰飞龙托宝莲流苏，腾空飞跃的双龙，莲果，团花似锦，法轮翻转，图案造型生动新颖。龛外两侧刻造二尊护法金刚力士神祇，傩面造像面相凶恶，青面獠牙，脑后有须根向上竖立，戴项圈，披帔帛，帛带腹际交叉穿璧揽于臂肘，下着长裙，手内执金刚杵，赤足站立于莲台之上。龛楣装饰较为清晰，表现佛讲经说法，妙语生花，百兽欢腾纷纷敬献珍贵物品，胁侍菩萨侍立两旁，护法神祇威严难犯，表现出此时场面庄重。（彩版三八，2、4）

编号：QN 二四八

尺寸：上宽 56~58、下宽 58~62、通高 65 厘米

时代：北魏

造像简介：造像石，砂石质。石体残缺断裂，残存部分屋帷龛，圆拱龛主龛 4 个，圆拱龛辅龛 2 个，尖拱龛辅龛 4 个。残损风化主尊造像 4 尊，胁侍菩萨像 6 身，弟子像 2 身。现状为残缺漫漶严重。

1：屋形龛，龛楣雕刻出屋脊、鸱吻、瓦垄、鹳鸟等造型，屋檐下帷幔束帐搭带流苏。龛内造

一菩萨二胁侍菩萨。主尊造像，长方脸形，下颌丰满，面相英俊，大耳垂轮，头戴花蔓冠，面带微笑，身形端庄。两侧胁侍菩萨戴高冠，长方脸形，披帔帛，一手执宝物，一手提宝瓶、香囊侍立莲台。下部已经风化漫漶不辨。龛外两侧造像是头梳发髻，高鼻，双眼暴突，瘦骨嶙峋，身着短裙的魔道，面向佛持物手舞足蹈。图案下部风化严重。

2：圆拱龛，龛楣饰桃尖宝盖、火焰纹，楣尾上卷饰朱雀回首，龛楣上部两侧饰团花。造像题材为一佛二弟子。龛内主尊佛高肉髻，长方脸形，施与愿无畏印立身。两侧长方形圆拱辅龛内造二光头弟子飘带绕肘，作莲花合掌立于圆形莲台上。

3：圆拱龛，龛楣饰化莲花童子，缠枝蔓草，莲花宝物流苏等图案。楣尾上卷饰朱雀回首。造像题材组合一佛二菩萨。龛内佛头顶上高肉髻，长方脸形，下颌丰满，身形端庄，施与愿无畏印，结跏趺坐。主龛外侧尖拱辅龛，龛内胁侍菩萨头戴高冠，长方脸形，披帔帛，帛带于胸腹部交叉穿璧，揽于臂肘。手执宝物站立其中。

4：圆拱龛，龛楣饰莲实花蕊缠枝蔓草。造像题材是阿育王施土缘故事，龛内主尊佛头上高肉髻，身披大衣，右臂揽衣摆，于左臂揽搭，侧首倾身作接收状，左侧下部三童子伏背叠罗作递送状。外侧尖拱辅龛，龛内胁侍菩萨戴宝冠，项圈，披帔帛，帛带于胸腹部交叉穿璧，揽于臂肘。手执宝物站立其中。

编号：QN 二四九

尺寸：上宽 43~46、下宽 49~51、通高 55~56 厘米

时代：东魏

造像简介：造像石，砂石质。石体四面开龛造像，计开各式龛 4 个，造主尊佛像 3 尊，主尊菩萨像 2 尊，胁侍菩萨 2 身，化佛、童子、供养人等造像 5 身。现状为局部残缺风化。

1：屋帷龛，龛楣饰屋檐，帷幔。龛柱饰方形边框线。龛内造二佛并坐。主尊佛头顶上磨光低圆肉髻，方圆脸形，面相略扁平，宽额，细长眉小眼睛，大耳垂轮，鼻直口阔，下颌瘦削，面部表情和悦，窄溜肩。内着偏衫，胸际系带作结下垂，带头搭于外侧，外披双领下垂大衣。左侧释迦佛施与愿说法印，右侧多宝佛左手施与愿印，右手伸出示意，二佛均结跏趺坐于长榻之上，衣裾自然下垂遮覆于长榻下部。

2：屋帷龛，龛楣饰屋脊、脊刹、鸱吻、鸱尾。龛楣上部饰圆日月，日内饰三足乌，月内饰蟾蜍。部分饰物漫漶不辨。下层刻造出束起的帷幔。龛内交脚菩萨已残损，宝缯束冠，缯带飘折，戴项圈，披帔帛，帛带于胸前交叉穿璧，下绕揽于臂肘，施与愿无畏印，交脚于高台座上，座下莲花童子托举双脚。两侧二胁侍菩萨双手合十侍立莲台。残损模糊不清。两侧饰护法狮子口内衔带梗莲花，屈肢伸爪作腾跃状。局部画面残损风化。

3：圆拱龛，龛楣饰桃尖宝盖，楣尾上卷饰神兽格里芬回首。龛内造像题材为阿育王施土缘故事，主尊佛头上高圆肉髻，面目已残缺，着袒右式袈裟，质地厚重，衣裾束起搭肘向下，左手执裙裾，弯腰倾身，右手作接受状，赤足露趾站立于覆莲莲台上。右下角三小童叠罗而起向佛敬献。局部残缺风化。

图 4-156 QN 二四九—4

4：圆拱龛，龛左侧饰菩提树，枝叶茂密遮覆龛楣，右侧饰长颈的鹳鸟，拄杖乞丐伸手乞讨的造型。龛内太子菩萨造像，头戴花蔓冠，方圆脸形，尖圆下颌，细圆弧眉，长圆眼睛，眼帘微阖，小高鼻头，小口，嘴角内收，秀颈，戴项圈，身形清秀。上身内着僧衣，胸腹部扁平，束腰，肩披帔帛，帛带自双肩搭下于腹际交叉垂绕揽于臂肘下垂，下着长裙，左手支额头缺失，右手抚于右腿，半跏趺坐于高台座上。衣褶成密匝的曲线。龛下部刻饰山峰重叠，结草庐修行，一老者（驭手车匿）弯腰拄杖，手臂前伸。屈肢跪卧的白马背上鞍辔俱全，抬头昂首，舌向上伸，舔舐太子左足，依依不舍，告别太子。画面为佛传故事“白马吻足”，为释迦牟尼成道前入山修行时的场面。装饰繁缛复杂。画面清晰。（图 4-156；彩版四〇，1）

编号：QN 二五〇

尺寸：上宽 30~37、下宽 36~42、通高 51 厘米

时代：北魏（神龟风格）

造像简介：造像石，粗砂石质，石体上下面平整，四周开龛造像，共开龛 4 个，造佛 4 尊，

胁侍菩萨像8身。石面均有风化。造像风格粗犷，为北魏神龟、孝昌风格。主尊佛头上磨光高肉髻，长方脸形，面相丰满，两颐肥胖，表情安详。细眉长眼，小鼻厚唇，嘴角内收，面露喜悦，大耳垂轮，两肩宽厚齐亭，身形健壮。内着僧衣，外披双领下垂大衣，施禅定印，结跏趺坐于低台座之上，衣裾覆膝遮覆莲台底部。现状为基本完整，部分风化模糊。

1：盝形龛，龛楣二龙飞绕，中部饰化佛造像。龛内主尊佛一尊，两侧雕造二尊菩萨，身材修长，双手合十侍立于圆形莲台上，下部刻束莲图案。画面多已风化，细部不辨。

2：屋形龛，龛楣刻饰屋顶、脊刹、鸱吻、瓦垄与帷幔饰物，龛两侧饰明柱、斗拱、柱础。龛内主尊佛头顶上磨光高肉髻。长方脸形，面相丰满，细眉长眼，眼帘微阖，两肩宽厚齐亭，体魂雄健。施与愿无畏印，结跏趺坐于低台座上，衣裾遮覆莲台底部。两侧二胁侍菩萨双手合十侍立护法狮子头顶部，狮头较大，大眼圆睁，阔口微张。画面风化漫漶，模糊不清。

图4-157 QN二五〇—3

3：盝形龛，龛楣饰桃尖宝盖、火焰纹，楣尾上卷。龛楣外中部饰化佛一尊，两侧饰飞天。龛两侧饰忍冬卷草，下部饰束莲蔓草。龛内主尊佛施禅定印，结跏趺坐于低台座上，衣裾遮覆莲台。两侧胁侍菩萨，戴高冠，身形修长，双手合十侍立于护法狮子头顶部。（图4-157）

4：盝形龛，龛楣饰桃尖宝盖，缠枝蔓草纹，楣尾上卷。造像组合与3相同，一佛二菩萨。佛座下刻造二尊护法狮子，威武雄壮，回首张口，抬前爪，尾上翘，张牙舞爪，护卫于佛座前。造像面漫漶，细部模糊不辨。

编号：QN二五一

尺寸：上宽29~32、下宽32~33、通高44厘米

时代：东魏（永熙风格）

造像简介：造像石，砂石质。四面开龛造像，主龛4个，龛形有圆拱龛、屋帷龛，龛楣饰桃尖宝盖、火焰纹或忍冬卷草，楣尾上卷。长方形辅龛4个。造佛像4尊，菩萨像4身，弟子2身，飞天2身。造像题材组合：1为一佛二菩萨，2为一佛，3为一佛二菩萨，4为一佛二弟子。主尊佛头上磨光肉髻，长方脸形，面相丰满，肩宽体厚，身姿挺拔，体态端庄。施与愿无畏印，结跏趺坐或善跏趺坐于低台座上，衣裾遮覆莲台，下摆尖折角外扬。两侧胁侍菩萨头戴高冠，圆脸形，

披帔帛，帛带绕腹部揽于臂肘，下着长裙，赤足侍立莲台。整体雕造技法粗犷，画面不甚整齐规则。现状为残损严重，风化漫漶，模糊不清。

编号：QN 二五二

尺寸：上宽 23~27、下宽 25~32、通高 117 厘米

时代：北魏建义元年

造像简介：石柱体造像石，砂石质。石体四面开龛造像，各面均开凿双层龛，共 8 龛，造主尊佛像 6 尊，主尊菩萨像 2 身，残存供养菩萨 1 身。龛内主尊佛长方脸，下颌略尖，面相清俊秀丽，胸腹部挺拔，体态端庄，着圆领袈裟，施禅定印或与愿无畏印，结跏趺坐于高方台上，衣裾遮覆莲台。菩萨为立姿，头上戴宝冠，披帔帛，帛带腹际交叉穿璧，双手胸前合掌或作持执法物状侍立。装饰素雅简洁。石体下部均有阴刻造像铭记。从石雕形式、造像风格、纪年铭记均可谓之标准型造像。现状为整体造像较完整，局部有残损风化，无法辨识。

1：圆拱龛，龛楣饰桃尖宝盖，楣尾上卷。上下两龛，龛内造佛施禅定印，结跏趺坐于高台座，衣裾遮覆莲台。

2：圆拱龛，上下两龛，龛内造菩萨站立莲台。

3：圆拱龛，上龛坐佛一尊，残损。下龛内造一佛二菩萨，主尊佛施与愿无畏印，结跏趺坐于高台座上。两侧胁侍菩萨，戴高冠，外披圆领大衣，双手合十侍立护法狮子头顶部。

4：圆拱龛，上部龛楣饰二龙缠绕。上龛内坐佛一尊，残损。下龛内立佛一尊，面部残损，外披圆领大衣，左手施与愿印，右手抚于胸前，站立莲台。

铭文：

QN 二五二—3 正面主像旁有铭：李保成、妻倪皇陵

唯大代建仪元年岁 / 在戊申五月丁巳朔十四 / 日己巳石像主李保成 / 合门大小上为皇帝陛 / 下太皇太后因缘眷 / 属一切遍地众生一 / 时成佛 / 宗祖李德武乡 / 令生二祖李齐（图 4-158）

QN 二五二—2：

刺史…… / 从事齐 / 王献牍 / 平元令（图 4-159）

QN 二五二—1：

父李道…… / 加为雁门太…… / 成北道…… / 仲加为…… / □富安…… / □贾姜息……（图 4-160）

QN 二五二—4：

亡息僧智妻张 / 息女齐姬世光 / ……礼……子孙……（图 4-161）

编号：QN 二五三

尺寸：上宽 16~25、下宽 27~35、通高 120 厘米

时代：北魏永平二年

造像简介：石柱体造像石，砂石质，四面开龛造像，主龛 4 个，千佛龛式小龛百余个。雕造主尊佛、

图 4-158　QN 二五二—3 拓片

图 4-159　QN 二五二—2 拓片

图 4-160　QN 二五二—1 拓片

图 4-161　QN 二五二—4 拓片

菩萨像 4 尊，千佛龛小佛 109 尊，胁侍菩萨 8 身。圆拱龛，龛楣饰桃尖宝盖。龛内主尊佛头上磨光肉髻，长方脸形，弯眉长眼，目光下视，鼻直口阔，大耳垂轮，秀颈圆肩。着圆领通肩或双领下垂大衣，施禅定印或与愿印，结跏趺坐于低台座上，衣裾遮覆莲台。两侧胁侍菩萨头戴冠，披帔帛，手持宝物，侍立莲台。中、下部阴线刻“永平二年”等铭记。此石为南涅水石刻中题铭纪年最早的。现状为中部断损，局部残损风化。

1：上部饰千佛龛，主龛内造一佛二菩萨，主尊佛造像饰舟样背光。

2：上部饰千佛龛，主龛屋帷龛，龛楣饰屋顶、脊刹、鸱吻、帷幔。龛内造像一交脚菩萨二菩萨。主尊菩萨头戴冠，宝缯束发，缯带飘折，颈戴项圈，披帔帛，帛带腹际交叉穿璧绕膝揽于臂肘，交脚坐于高方台座上，下有莲花童子托举双足。两侧胁侍菩萨头戴冠，披帔帛，手执宝物侍立。主龛下部造三层小龛，圆拱龛，龛内分别造二佛并坐、一佛二菩萨。三龛两侧刻饰供养人，手捧花物供奉于旁。中部主龛两侧有“永平二年”铭记。（彩版四一）

3：上部饰千佛龛，主龛内主尊佛施禅定印结跏趺坐于低台座。两侧造像残损不辨，下部刻有铭记。

4：上部饰千佛龛，主龛内造主尊坐佛一尊。下部铭记漫漶不辨。

铭文：

QN 二五三—2：

永平二年十一月己巳□像主胡保……廿三□□日□首张……都光明主韩今畅□／……光明主郑长……光明主胡堂兴……光明主胡□兴……主胡归郎……上为国主七世父母……造石像一区□像主□□开人……（图 4-162）

QN 二五三—3：

都维主道化／吴阿何／任□任□／司马道夫／史高平（图 4-163）

（注：夫为双夫并立，音 ban。《集韵》：薄旱切。《六书本义》：侣也。）

编号：QN 二五四

尺寸：上宽 32~33、下宽 33~33.5、通高 35 厘米

时代：北齐

造像简介：造像石，砂石质。四面开龛造像，开凿圆拱龛 4 个，造主尊佛像、菩萨像 4 尊，胁侍菩萨像 4 身，弟子像 4 身，力士 2 身。现状为风化漫漶，模糊不清。

1：龛内主尊交脚菩萨戴高冠，圆脸形，身形修长，体态端庄，披帔帛，施与愿无畏印，下着长裙，交脚坐于长榻之上。两侧胁侍菩萨双手合十侍立长榻。长榻下部二力士赤身袒胸露乳作托举状。

2、3、4：造像组合为一佛二胁侍菩萨或一佛二弟子，龛内主尊造像头顶上高圆肉髻，圆脸形，身形端庄，着圆领通肩或双领下垂式大衣，施禅定印或与愿无畏印，结跏趺坐于高台座上，衣裾自然下垂遮覆莲台敷搭基部，衣褶呈曲线重叠纹。两侧胁侍菩萨（弟子）面向佛侍立枝梗莲台。

编号：QN 二五五

尺寸：上宽 24~25、下宽 27~29、通高 77 厘米

时代：北魏

造像简介：造像石，砂石质。石柱体上下面平，四面开龛造像，开凿圆拱形 4 个，雕造佛像、菩萨像共 4 尊。圆拱龛，龛内主尊佛像通身饰舟样背光，光尖突出于龛楣之上。造像世俗，现状为完整清晰。

1、3、4：佛头上圆肉髻，面相度长扁平，宽平额头，细眉长眼，低眉颔首，目光下视，小鼻阔口，嘴角内收，表情安详。内着僧衣，外披双领下垂大衣。施禅定印，结跏趺坐于低台座上，下摆呈蜂翼形，衣裾遮覆莲台。（图 4-164）

2：菩萨头戴花蔓冠，宝缯束发，缯带飘折，披帔帛，肩头宝纽，帛带交叉揽于臂肘，下着长裙，施与愿无畏印，赤足站立莲台。

图 4-162　QN 二五三—2 拓片

图 4-163　QN 二五三—3 拓片

图 4-164 QN 二五五—1

编号：QN 二五六

尺寸：上宽 29~34、下宽 37~40、通高 66 厘米

时代：北魏孝昌三年

造像简介：造像石，粗砂石。上、下顶面平整，四面开龛造像，共开凿各式龛 12 个。造佛 7 尊，菩萨 1 尊，胁侍菩萨 4 身，护法雄狮 2 只。2 有“大魏孝昌三年”题铭。标准风格特征造像。现状为局部残损，风化漫漶严重。

1：圆拱龛，龛楣饰桃尖宝盖，楣尾上卷，龛外饰蔓草纹。龛内主尊造像菩萨头戴花蔓冠，宝缯束发，面相清秀，戴项圈，溜肩，体态端庄。披帔帛，帛带环绕胸前揽于臂肘，右手仰掌向外，左手执香囊贴腹部，下着长裙站立莲台。主龛两侧长方形辅龛，龛内胁侍菩萨头戴冠，形体同菩萨造像，双手合十侍立。表面粗糙。

2：该面可分上下两部分，上部并排雕造二圆拱龛，龛内佛头上磨光肉髻，面相丰满，两肩齐亭，着圆领通肩大衣，施禅定印，结跏趺坐于低台座上，衣裾自然下垂遮覆莲台，搭于龛外。下部阴线刻行书“大魏孝昌三年……十一月庚……十六日……”记铭，风化残损严重，字迹多不辨识。（图 4-165）

3：佛龛 4 个，分上下两层排列。圆拱龛，龛内雕造佛头上磨光肉髻，面相丰满，体态端庄，内着僧祇支，外披双领下垂或圆领通肩大衣，施禅定印，结跏趺坐于低台座上，衣裾遮覆莲台搭于龛外。雕刻粗糙，有阴线刻龛铭，不可辨识。

4：圆拱龛，龛楣饰桃尖宝盖，楣尾上卷饰忍冬卷草。主龛内佛面相瘦长，发际有山形缺口，细眉长眼，目光下视，高鼻阔口，嘴角内收，溜肩。内着僧祇支，外披双领下垂大衣，施与愿无畏印，结跏趺坐于高台座上，衣裾自然下垂遮覆莲台。台下力士赤膊裸体作托举状。主龛两侧长方辅龛，龛内胁侍菩萨头戴高冠，方圆脸形，披帔帛，下着长裙，手内执法物持净瓶，或双手合十侍立莲台。佛座下雕护法狮子侧身回首，张口瞠目，前爪上举，尾巴曳地，张牙舞爪，舞蹈于佛座前。整体构图严谨，雕造规整。（图 4-166）

编号：QN 二五七

尺寸：上宽 30~38、下宽 34~37、通高 38 厘米

时代：北魏—东魏

造像简介：造像石，砂石质。石体残损，顶面不甚规则，四面开龛造像，共刻龛 4 个，造佛像 5 尊，菩萨像 2 身，胁侍菩萨、弟子像各 2 身。现状为残损严重。

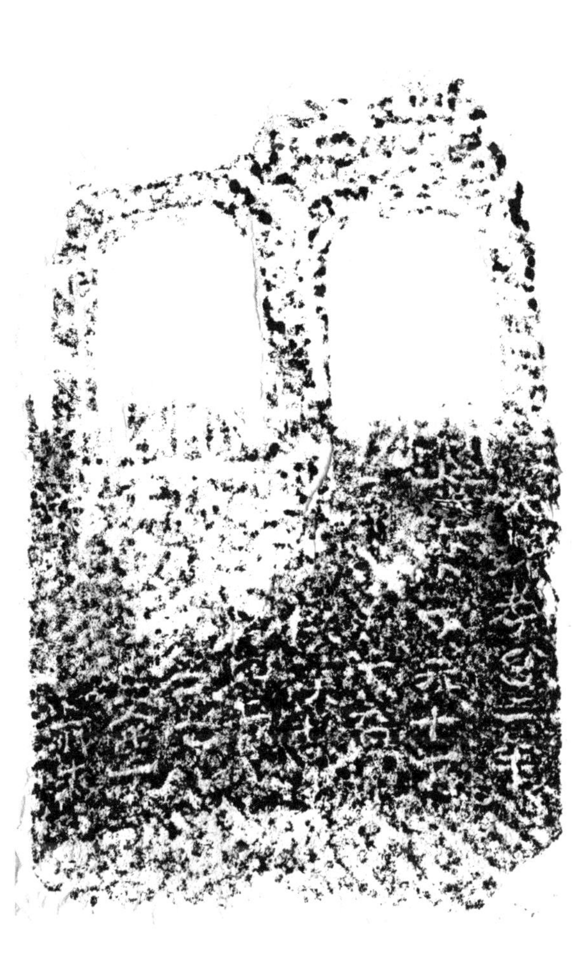

图 4-165　QN 二五六—2 拓片

图 4-166　QN 二五六—4

1：圆拱龛，龛内佛头上磨光高肉髻，长方脸形，面相丰满，高眉骨，长眼睛，高鼻头，阔口，嘴角内收，大耳垂轮，秀长颈，窄削肩。内着僧祇支，外披双领下垂大衣，施与愿无畏印，结跏趺坐于低台座上，衣裾遮膝覆于莲台底部。龛外两侧浅浮雕立姿菩萨，头戴高荷冠，肩披帔帛，帛带交叉下垂，揽于臂肘，下身着长裙，侧腰扭胯，赤足侍立于莲台。菩萨身形为唐代“S”形婀娜姿势的早期表现。龛下两侧刻造护法狮子，前爪伸直，尾巴上翘，姿态威武。

2：方形龛，一个已毁，仅存两侧残框，两佛之间刻三团莲花，造像题材二佛并坐。佛造像头部残损，上身内着僧祇支，外披双领下垂或袒右大衣，左侧释迦佛，右侧多宝佛，结跏趺坐于长榻，衣裾自然下垂遮覆，衣褶作多层竖向重叠密匝的曲线纹。

3：圆拱龛，龛楣饰宝盖，楣尾上卷，龛柱饰覆莲柱础，龛外浅刻枝梗莲花，圆莲花图形。龛内造一佛二弟子。主尊佛造像风格与 1 相同，二弟子光头，披紧身袈裟侍立于两侧。

4：方形龛，龛内刻维摩诘与文殊论法图，左侧维摩诘手持扇坐圈椅内在说法，相对者为文殊菩萨，手向上举作讲辩状，释迦佛居中半结跏趺坐方榻上，一手支腮作思考状。两侧菩萨座下饰莲花。

编号：QN 二五八

尺寸：上宽 17~26、下宽 37~40、通高 44 厘米

时代：北魏

造像简介：造像石，砂石质。石体刻制粗糙，上下面平。四面开龛造像，共开圆拱主龛 4 个，长方形辅龛 8 个。造主尊佛像 4 尊，刻胁侍菩萨 8 身。造像组合为一佛二菩萨，四面相同。主龛圆拱龛，龛楣饰桃尖宝盖、火焰纹。主龛主尊佛高肉髻，长方脸形，尖下颌，面相清秀，低眉颔首，目光下视，面露微笑，宽肩秀颈，着圆领通肩大衣，“U”形衣纹，施禅定印，结跏趺坐于低台座上，衣裾遮覆莲台，衣饰如三片甲。主龛外侧刻胁侍菩萨，头戴荷冠，肩披帔帛，帛带缠绕腹际交叉揽于臂肘下垂，穿长裙，双手合十赤足侍立莲台。现状为石面残损风化严重，多漫漶不辨。

编号：QN 二五九

尺寸：上宽 24~28、下宽 31~33.5、通高 45.5 厘米

时代：北魏（神龟风格）

造像简介：造像石，粗质砂石。上下面平整，四面开龛造像，开凿长方圆弧龛 3 个，屋帷龛 1 个。雕造主尊佛像 7 尊，胁侍菩萨像 2 身。造像题材组合三面为二佛并坐，一面为一佛二菩萨。现状为风化剥蚀，残损严重。

1、3、4：主龛为长方梯形圆弧龛，龛楣饰宝盖形，忍冬卷草纹。佛龛下部莲花纹装饰。纹饰风化，多漫漶不辨。龛内二佛并坐，二佛均着双领下垂大衣，左侧佛施禅定印，结跏趺坐。右侧佛右手施说法印，左手倚左膝。衣裾自然下垂遮覆莲座。面目风化剥蚀，细部漫漶不辨。

2：帷帐形，龛楣纹饰风化剥蚀，细部不辨。龛内主尊佛为交脚菩萨，高荷冠已风化不清，长方脸形，眉目漫漶。大耳垂轮，秀颈宽肩，帔帛帔，帛带胸腹前交叉穿璧，衣裙下覆。两侧胁侍菩萨头戴冠，帔帛带，腹部微凸起，双手合十侍立莲台。

编号：QN 二六〇

尺寸：上宽 32~34、下宽 31~33、通高 36 厘米

时代：北魏

造像简介：造像石，砂石质。上下面及四面不甚规则且多风化，图案已漫漶不清。四边饰边框，计开龛 3 个，圆拱龛，龛楣饰桃尖宝盖、火焰纹，楣尾上卷。造佛像 5 尊，胁侍菩萨和弟子造像共 4 身，飞天 4 人。现状为残损漫漶严重，多模糊不辨。

1：龛内二佛并立，头上肉髻，面相丰满，体态端庄，双手于胸前或双手合十。

2：龛内造像题材为一佛二菩萨，佛头上肉髻，圆脸形，身形端庄，施与愿无畏印，站立龛内。两侧胁侍菩萨双手合掌侍立。

3：佛头上磨光低圆肉髻，面相丰满，施与愿无畏印，结跏趺坐于低台座上。两侧弟子光头，侍立莲台之上。

4：外部方形边框线。主尊造像头戴荷冠，面相瘦长，右手支颐，半跏趺坐于低台座之上。主尊佛两侧刻造飞天，屈肢侧身，帛带飘飞，甩向身后。上部两侧饰圆莲花。多风化漫漶不辨。

编号：QN 二六一

尺寸：上宽 26~33、下宽 30~36、通高 44 厘米

时代：东魏（武定风格）

造像简介：十六王子佛造像石，砂石质。长方石体，四面开十六龛。每面四方联龛，圆弧龛，龛楣饰宝盖。龛内雕造佛一尊，磨光高肉髻，着圆领通肩大衣，施禅定印，结跏趺坐于台座。造像体态端庄，宽厚挺拔，具北齐风格。石质光洁细腻，刻造精细。现状为局部剥蚀。

编号：QN 二六二

尺寸：上宽 30~33.5、下宽 33~36、通高 47.5 厘米

时代：北魏（熙平风格）

造像简介：造像石，砂石质。上下面基本平整，石体完整，四面开龛造像，长方形龛 4 个。刻主尊佛像 4 尊，供养人像 8 身。四周造像组合相同，均为一佛二供养人，主尊佛头顶上低圆肉髻，长方脸形，面相丰满，细眉小眼，小鼻阔口，嘴角内收，大耳垂轮，秀颈溜肩，胸腹部挺拔，身形端庄。内着僧祇支，外披双领下垂大衣，施禅定印或与愿无畏印，结跏趺坐于低台座上，衣裾遮覆莲台搭于龛边。衣纹简洁，下摆外扬。龛两侧阴线刻供养人，头上束发，上身着衫，下着长裙，面佛侍立。技法粗糙。现状为石体完整，局部残损风化。

编号：QN 二六三

尺寸：上宽 28~33、下宽 22~33、通高 36 厘米

时代：北魏

造像简介：造像石，砂石质，疏松粗糙。四面开凿尖拱龛 4 个，雕造主佛像 4 尊，胁侍菩萨造像 8 身。主尊佛像头上磨光高圆肉髻，长圆脸形，下颌尖圆，面相清秀，大耳垂轮，秀长颈，体态瘦小。着圆领通肩大衣，施禅定印，结跏趺坐于低台座，衣裾遮覆莲台，下摆尖折角外扬。两侧胁侍菩萨头顶戴冠，长方脸形，面相丰满，肩披帔帛，下着长裙，双手合十侍立于莲台。造像结构疏朗。现状为残缺风化，画面大多漫漶不辨。

编号：QN 二六四

尺寸：上宽 20~26、下宽 29~31、通高 29 厘米

时代：北魏（永熙风格）

造像简介：造像石，黄砂石，质地细密。上下面基本平整，四面开龛造像，圆拱龛 4 个，龛

周边较窄，造像突出。雕刻主佛 4 尊，胁侍菩萨 8 身。

四面造像相同，题材组合为一佛二菩萨。主尊佛头上磨光肉髻，宽平额头，长方脸形，细长眉，长眼睛，眼帘微阖，目光下视，大耳垂轮，小鼻阔口，嘴角上翘，下颌丰满，面相俊秀，秀长颈，削肩，体态端庄。着圆领通体大衣，“U”形衣纹，施禅定印，结跏趺坐于低台座上，衣裾自然下垂遮覆莲台，下摆尖折角微外扬。两侧胁侍菩萨，头顶戴冠，长方脸形，面相丰满，肩披帔帛，帛带腹际交叉向下，至膝侧揽于臂肘甩向身后，下着长裙，双手合十赤足露趾侍立于圆莲台上。画面造像结构严谨，技法细腻，残损风化严重。

编号：QN 二六五

尺寸：上宽 30~39、下宽 36~39、通高 52 厘米

时代：北魏

造像简介：造像石，黄白砂岩。四面开圆拱龛 4 个，造主佛像 4 尊，胁侍菩萨像 4 身。

1、4：圆拱龛，龛楣饰桃尖宝盖。题材组合为一佛二菩萨。主尊佛头上磨光肉髻，宽额，长方脸形，下颌丰满，大耳垂轮，秀颈，削肩，体态端庄。内着僧衣，外披双领下垂大衣，施禅定印或与愿无畏印，结跏趺坐于低台座上，衣裾自然下垂遮覆莲台，下摆漫漶。两侧胁侍菩萨，饰叶形项光，头顶戴冠，面相丰满，肩披帔帛，下着长裙，双手合十侍立。残损漫漶，细部无法辨识。

2、3：圆拱龛，龛楣饰桃尖宝盖，楣尾上卷饰龙回首，吊挂饰。造像题材为一佛。局部残损严重。

编号：QN 二六六

尺寸：上宽 18~24、下宽 20~26、通高 32 厘米

时代：北魏晚期—东魏

造像简介：造像石，砂石质。石体极不规则，四面开圆弧拱龛 4 个，造主佛像 5 尊，弟子像 2 身。龛内造像组合：1 为一佛二弟子，2、4 为主佛一尊，3 为二佛并坐。主尊佛头顶上磨光高圆肉髻，宽额，方圆脸形，大耳垂轮，秀颈，削肩，体态端庄。内着僧衣，外披双领下垂或圆领通肩大衣，施禅定印或与愿无畏印，结跏趺坐于低台座上，衣裾自然下垂遮覆莲台。两侧弟子造像，光头，面相丰满，披紧身袈裟，双手合十侍立莲台。现状为多已残损风化。

编号：QN 二六七

尺寸：上宽 23~26、下宽 24~26、通高 27 厘米

时代：北魏

造像简介：造像石，砂石质。四面开龛造像题材相同。圆弧拱龛，龛内主尊佛头上低圆肉髻，面相上宽下窄，短颈束肩，着双领下垂或圆领通肩大衣，施禅定印，结跏趺坐于低台座之上，衣裾遮覆双膝，敷搭莲台之外，下摆外扬，衣饰刻饰成三片叶形。雕造技法生硬，画面呆板。现状

为局部残损风化，模糊不辨。

编号：QN 二六八

尺寸：上宽 23~28、下宽 27~31、高 35 厘米

时代：东魏

造像简介：造像石，砂石质。上下面及塔面不甚规则，四周开凿各式龛 4 个，刻造佛像 4 尊，局部残缺风化。

1：屋帷龛，龛楣饰明柱、斗拱、帷幔，流苏搭龛侧。主尊佛菩萨装，头戴高蔓冠，长圆脸形，尖下颌，面相清秀，弧眉上翘，长眼睛微阖，目光下视，大耳垂轮，小鼻高鼻梁，嘴角内收，低眉颔首，面部表情安详，秀颈束肩，身体前俯。内着袒右僧衣，肩披帔帛，帛带自腹际交叉下绕揽于臂肘下垂。施与愿无畏印，交脚坐于高台座，衣裾敷搭座底，衣褶成简洁的流线形纹饰。

2：树形龛，龛楣饰菩提树，枝叶茂密遮盖龛楣，龛内菩萨左手抚膝，右臂抬起右手支颐，局部残损，作树下思维状，头戴高冠，宝缯束发，宽额，弧眉上翘，长眼睛微阖，目光下视，小高鼻阔口，嘴角内收，大耳垂轮，溜肩，细腰。肩披帔帛，帛带于腹际交叉穿璧，下绕揽于臂肘下垂，下着长裙，半跏趺坐于高台之上，赤足露趾。局部风化漫漶严重。

3：圆拱龛，龛楣饰忍冬卷草，漫漶不清。龛内主尊佛头顶上磨光低圆肉髻，面相清秀，大耳，秀颈溜肩，鼓腹挺胸，表情宁静安详，外披双领下垂大衣，右衣裾揽于左臂，施与愿无畏印，赤足站立。龛外表面粗糙。

4：圆拱龛，龛楣饰桃尖宝盖，楣尾上卷饰忍冬卷草。龛内主尊佛头上磨光肉髻，宽额，大耳垂轮，秀长颈，溜肩。内着僧衣，外披双领下垂大衣，施与愿无畏印，结跏趺坐于低台座上，衣裾自然下垂遮覆莲台。主龛外刻长方形辅龛，龛内胁侍菩萨双手合十侍立莲台。造像石面残缺，风化漫漶细部不辨。

编号：QN 二六九

尺寸：上宽 15~24、下宽 20~26、通高 27 厘米

时代：北齐

造像简介：造像石，砂石质。石面极不规格，风化残损严重。四面开龛造像，开凿平弧拱龛 4 个，造佛像 4 尊。四面造像题材相同。圆拱龛内主尊佛头上低圆肉髻，发际饰山形缺口，面相丰满，眼帘微阖，宽鼻翼小口，大耳垂轮，两肩齐亭，胸腹部直挺，身形端庄。外披袒右大衣敷搭右肩，施禅定印，结跏趺坐于方座上，衣裾自然下垂遮覆莲台敷搭台座基部，衣纹雕造成简洁明快的曲线纹饰。龛外多残缺风化。

编号：QN 二七〇

尺寸：上宽 20~23、下宽 21~28、通高 33 厘米

时代：东魏

造像简介：造像石，砂石质。上下面和四面形状极不规则，规格尺寸差别很大，四面开龛造像，开凿圆拱龛 4 个，刻造佛像 4 尊，弟子像 2 身。四面造像不同，但造像的体形面相极为相近。现状为残破严重。

1：圆拱龛，龛内主尊佛头上磨光低肉髻，方圆脸形，面相丰满，下颌部稍尖，宽额，细眉长眼，小高鼻小口，嘴角内收，肥颐短项，大耳垂轮，圆溜肩，胸挺腹鼓，体态端庄。内着僧衹支，胸前系带作结，外披双领下垂大衣，施与愿无畏印，结跏趺坐于莲台，衣裾遮覆莲台敷搭台基部。

2：圆拱龛，龛楣饰桃尖宝盖，楣尾上卷，饰龛柱，覆莲柱础。龛内造站立菩萨一尊，头戴高冠，戴项圈，身披帔帛，施与愿无畏印，下着长裙，赤足露趾。

3：圆拱龛，龛内雕造一佛二弟子。主尊佛头顶上圆肉髻，方圆脸形，面相丰满，高眉骨，长眼微阖，目光下视，小高鼻小嘴，嘴角内收，表情宁静祥和。内着僧衹支，外披双领下垂大衣，左手抚左膝部，右手揽衣摆，结跏趺坐于低台座上，衣裾自然下垂遮覆莲台。两侧弟子光头，内着僧衣，外披紧身袈裟，双手揽握衣裾贴腹相交，赤足侍立。衣纹简洁清晰。

4：龛内主尊佛头部缺失，内着僧衣，外披双领下垂袈裟，双手揽握衣裾，赤足站立。衣纹简洁清晰。

编号：QN 二七一

尺寸：上宽 25~28、下宽 31~33、通高 41 厘米

时代：北魏（熙平—正光风格）

造像简介：造像石，粗质砂石。上下面平整，四面开龛造像，雕造佛像、菩萨像 19 尊。造型粗犷，有北方民族特色。现状为残损严重。

1、2、4：帷幔形龛，龛楣并列饰两个小佛龛，每龛中坐佛一尊，高肉髻，大耳垂肩，着圆领通肩大衣，施禅定印，结跏趺坐。主尊佛低肉髻，长方脸，大耳垂轮，面目风化不清，胸部风化剥蚀无形，衣裾下摆外扬呈八字形，两侧有胁侍菩萨双手合十侍立。风化细部不辨。

3：长方梯形佛龛，龛楣左侧刻划朱雀图形，风化不辨。中右侧饰两龛，龛内各坐佛一尊。主龛内二佛并坐，低肉髻，长方脸，大耳垂轮，嘴角上翘，面露喜悦，二佛均着双领下垂大衣，左侧释迦佛施禅定印，右侧多宝佛伸出右手示意，左手倚左膝，结跏趺坐于低台座上，衣裾自然下垂遮覆莲台。细部漫漶不辨。

编号：QN 二七二

尺寸：上宽 18~20、下宽 18~22、通高 29 厘米

时代：北魏

造像简介：造像石，粗砂石质。石体已残，四周开龛造像，开凿长方形龛 4 个，造佛像 4 尊。

四面造相题材相同，龛内佛头上高肉髻，长方脸形，上宽下窄，细弧眉长眼睛，眼帘微阖，目光下视，宽鼻翼，阔口，大耳垂轮，双肩窄溜。内着僧衹支，胸前系带作结，披双领下垂大衣，施禅定印，赤足露趾站立莲台，衣裾下摆外扬较大。雕造技法生硬。现状为造像残损严重，风化

漫漶，多无法辨识。

编号：QN 二七三

尺寸：上宽 22~25、下宽 26~27、通高 31 厘米

时代：北齐

造像简介：十六王子佛造像石，粗砂石质。上下面平整，四面开龛造像，圆弧拱龛，四龛一组，呈四方联式。雕造佛像十六尊。佛造像，低肉髻，长方脸形，大耳垂轮，身形健壮。内着僧祇支，外披方领通肩大衣，衣纹斜向，刻划简洁，施禅定印，结跏趺坐于莲台，衣裾绕膝，回旋纹如铠甲。现状为边沿残损。

编号：QN 二七四

尺寸：上宽 25~31、下宽 38~39、通高 47 厘米

时代：东魏

造像简介：造像石，粗质砂石。上下面平整，四面开龛造像，圆拱龛 4 个，龛楣饰宝盖、忍冬缠枝，楣尾卷曲。雕造主尊佛像 4 尊，胁侍菩萨像 4 身。造像题材组合有一佛、一佛二菩萨。造型简洁，主像突出。现状为残损风化严重。

图 4-167　QN 二七五—2

1：龛中主尊佛高圆肉髻，长方脸形，面目风化漫漶，大耳垂轮，身着圆领通肩大衣，施禅定印，结跏趺坐于低台座上，衣裾遮覆莲台，下摆外扬，衣饰简洁。两侧龛边造胁侍菩萨，披帔帛，双手合十侍立。风化剥蚀，细部不辨。

2、3：佛龛中一尊坐佛，高圆肉髻，长方脸形，面相丰满，面目漫漶，着圆领通肩大衣，施禅定印，结跏趺坐于低台座上，衣裾遮覆莲台，如燕翅。边龛残缺。

4：龛内主尊佛像高肉髻，低眉颔首，施禅定印，结跏趺坐于低台座上，衣裾下垂遮覆莲台，如燕翅。左侧一菩萨侍立，细部不可辨。右侧造像已剥蚀殆尽。

编号：QN 二七五

尺寸：上宽 22~29、下宽 26~33、通高 41.5 厘米

时代：北魏

造像简介：十六王子佛造像石，砂石质。石体四面开龛造像，四方联式。（图 4-167）共雕造跏趺坐佛十六尊。平拱龛，龛楣饰桃尖宝盖，楣尾上卷。佛造像高圆肉髻，方圆脸形，大耳垂轮，

身形健壮。内着僧祇支，外披圆领通肩大衣，“U”形衣纹，刻划简洁，施禅定印，结跏趺坐于莲台，衣裾遮覆莲台，下摆微外扬。现状为残缺风化严重。

编号：QN 二七六

尺寸：上宽 23~35、下宽 30~40、通高 37 厘米

时代：北齐

造像简介：造像石，砂石质。四面开龛造像，四边刻饰边框，开凿圆拱龛 4 个，共刻造佛像 4 尊，菩萨、弟子像 10 身，力士、供养人像各 1 人。石面局部残损，风化漫漶，图案多不辨识。

1、3、4：圆拱龛，龛楣饰桃尖宝盖，忍冬卷草，楣尾上卷。龛外两上角饰莲花。三面造像题材组合基本相同，为一佛二菩萨或一佛二弟子。龛内主尊佛，头顶上磨光高圆肉髻，长圆脸形，面相丰满，表情庄重，弧眉长眼，小高鼻、小嘴唇，嘴角内收，下颌圆润，秀长颈，大耳垂轮，两肩圆溜，胸腹部挺拔。内着僧祇支，外披方领下垂或圆领通肩大衣，施与愿无畏印或禅定印，结跏趺坐于高方台座上，衣裾遮覆莲台。衣褶呈双层重叠的曲线回形纹，衣纹简洁清晰。1 的佛两侧弟子光头，身形修长，紧裹袈裟侍立莲台上，莲台下刻饰结庐修行者，仅可见头部显露于外。3 的两侧胁侍菩萨头戴宝冠，面相丰满，肩披帔帛，下着长裙，双手合十赤足侍立于枝梗莲台上。4 的两侧弟子侍立于枝梗莲台上。局部残损风化十分严重。

2：圆拱主龛，龛楣饰桃尖宝盖，浅浮雕刻饰出蔓草花鸟形图案，楣尾饰朱雀鸟吐蕊，两上角刻圆形莲花，外侧有方形边框线。主龛两侧与叶形小龛贯通，形成一个以圆拱龛为主的凸字形龛。造像题材组合为一佛二弟子二菩萨二供养人一力士，两侧二护法狮子，在刻造技法上采用了近乎圆雕技法，使画面具有依山开窟造像的云冈大佛窟的气势。主尊造像头上磨光高肉髻，发际有山形缺口，宽额，额中饰圆形白毫，方圆脸形，面相丰满，弧眉长眼，眼帘微阖，小高鼻小嘴，嘴角内收，人中深且显明，大耳垂轮，两肩溜圆，胸腹部挺拔，体态端庄。内着僧祇支，外披方领下垂大衣，施与愿无畏印，结跏趺坐于高方形台上，衣裾遮覆莲台，衣褶成多层重叠的曲线纹。佛座下部一力士，赤身作托举之状。主尊两侧弟子光头，长圆脸形，披双领下垂的紧身大衣，袖手侍立。弟子两侧二胁侍菩萨造像，高螺髻，面相丰满，肩披帔帛，帛带下垂，下着长裙，胸前双手合十侍立于枝梗莲台之上。二供养人于佛座前面佛跪拜，造型恭敬虔诚。外侧护法狮子张口瞪目，翘尾抬爪，侧卧于前。整个画面构思精巧，气势宏大，局部风化残损。（图 4-168）

编号：QN 二七七

尺寸：上宽 24~27、下宽 29~29.5、通高 30 厘米

时代：北魏

造像简介：十六王子佛造像石，砂石质。上下面平整，四面开龛造像，开凿平弧拱龛，四龛一组，呈四方联式。雕造佛像 16 尊。佛造像，低肉髻，方脸形，大耳垂轮，身形健壮。内着僧祇支，外披双领下垂大衣，施禅定印，结跏趺坐于莲台，衣裾绕膝回旋。刻划简洁，现状为风化剥蚀，多已面目不辨。

编号：QN 二七八

尺寸：上宽 23~28、下宽 20~30、通高 39 厘米

时代：东魏

造像简介：造像石，粗质黄砂石。上下面平整，四面开龛造像。开凿圆拱龛 4 个，龛楣饰宝盖，楣尾上卷饰忍冬卷草。雕造佛像 4 尊。四面佛造像基本相同。佛高肉髻，圆脸，大耳，低眉颔首，身形健壮。着圆领通肩大衣，施禅定印，结跏趺坐，衣裾自然下垂遮覆莲台。现状为残损严重，造像风化多漫漶。

图 4-168 QN 二七六—2

编号：QN 二七九

尺寸：上宽 32~42、下宽 30~40、通高 41 厘米

时代：北魏

造像简介：造像石，砂石质。上下面平，四周开龛造像。开凿圆弧拱龛 4 个，龛楣饰窄宝盖，楣尾上卷饰凤头回首。造主佛像 4 尊，胁侍菩萨像 8 身。四面造像题材与组合相同，均为一佛二菩萨。

龛内主尊佛磨光高圆肉髻，长方脸形，面相英俊，肥颐短项，宽额，细长弧眉，长眼睛，眼帘微阖，眼角上翘，直鼻梁小高鼻头，阔口，嘴刻造成圆弧形，嘴角上翘，大耳垂轮，秀长颈削肩，身形健壮。内着僧祇支，外着圆领通肩大衣，施禅定印，结跏趺坐于低台座之上。衣裾遮覆莲台基部，衣褶粗犷简单，下摆尖折角外扬。两侧胁侍菩萨头戴高荷冠，宝缯束发，面相长方，较佛像略为清秀，上身披帔帛，帛带自双肩向下腹际交叉，折卷揽于臂肘，自然下垂。下着长裙，赤足侍立于圆形莲台之上。现状为残缺风化，损毁严重。

编号：QN 二八〇

尺寸：上宽 28~30、下宽 30~33、通高 36 厘米

时代：北魏（神龟—孝昌风格）

造像简介：造像石，砂石质。造像石顶面不平，局部残损风化。四周开龛造像，共开 4 龛，造佛像 4 尊，胁侍菩萨像 6 身。四面造像题材相同，石面刻造长方形龛。1 的龛楣两侧刻饰菩提树

图形。2、3、4 的龛楣饰桃尖宝盖，内饰火焰纹。龛内主佛一尊，长方脸形，面相丰满，两腮圆突，表情安详宁静，高眉骨长眼，眼帘微阖，目光下视，高鼻小口，嘴角略凹，下颌圆，额部宽平，大耳垂轮，削肩，身形端庄，内着僧祇支，胸际系带作结，外披双领下垂大衣，施禅定印，结跏趺坐于低台座上，衣裾遮覆莲台敷搭台基之外，衣褶刻饰成重叠曲线。龛外饰图案，均为浅浮雕，两侧胁侍菩萨，头上戴宝冠，背后饰叶形项光，上身披帔帛，帛带下垂腹际交叉穿璧，揽搭臂肘外下垂，下着长裙，赤足侍立束莲莲台上。造像风格粗犷。现状为局部风化残缺，画面已模糊不清。

编号：QN 二八一

尺寸：上宽 32~34、下宽 34~38、通高 46 厘米

时代：东魏

造像简介：造像石，砂石质。长方石体已残损，尺寸不甚规则。四面开龛造像，共计 4 龛，造佛像 4 尊。圆拱龛，龛楣饰宝盖，宝盖内饰火焰纹或忍冬卷草，楣尾上卷饰忍冬卷草。龛外侧刻卷草纹。主尊佛像头顶上磨光肉髻，宽平额头，细长眉，眼帘微阖，小鼻阔口，面容扁平，神态安详。外披圆领通肩大衣，施禅定印，结跏趺坐于莲台，衣裾遮覆莲台，下摆稍外扬。1 的龛右侧刻饰倒幢伎人扛杆表演。2 的侧边有造像主铭记。现状为残损风化。

铭文：QN 二八一—1：光明主（图 4-169）；QN 二八一—2：光明主康龙（图 4-170）；QN 二八一—3：光明主（图 4-171）。

编号：QN 二八二

尺寸：上宽 26~28、下宽 26~32、通高 34 厘米

时代：北魏

造像简介：造像石，砂石质。四面开龛 10 个，共雕造佛像 5 尊，菩萨像 6 身。圆拱龛，龛楣

图 4-169　QN 二八一—1 铭文

图 4-170　QN 二八一—2 拓片

图 4-171　QN 二八一—3 铭文

饰宝盖。雕造简单粗糙。现状为多残缺风化，模糊不清。

1、2、3：三面题材组合相同，为一佛二菩萨，圆拱龛，龛内主尊佛饰舟样身光，头上磨光肉髻，长方脸形，宽额，细弧眉长眼，小鼻阔口，嘴角内收。内着僧衣，胸部系结，搭带于外，披双领下垂袈裟，施与愿印，结跏趺坐于台座上，衣裾遮覆莲台搭于台座下部，衣饰外摆尖折角，下摆外扬。主龛两侧的小圆拱龛，龛内胁侍菩萨头戴宝荷冠，饰舟样头光，宝缯束发，肩披帔帛，于胸腹之际缠绕交叉下垂，双手作莲花合掌侍立。

4：造像题材为释迦、多宝二佛并坐说法画面。造像风格与以上造像相同。

编号：QN 二八三

尺寸：上宽 16~30、下宽 27~33、通高 41 厘米

时代：北魏—东魏

造像简介：造像石，粗质黄砂石。上下面平整，四面开龛造像，凿龛4个，雕造佛像、菩萨像11尊。仿木构建筑屋形龛，仿木构建筑一开间。两侧有明柱，柱头转角斗拱，阑额上施一斗三升补间斗拱，直脚人字拱。造像题材：一佛二菩萨、思维菩萨。造像端庄秀丽，表现技艺娴熟。现状为风化残损严重。

1：龛内一佛二菩萨造像，主尊佛饰舟样背光、火焰纹、圆形项光。磨光圆肉髻，鸭蛋形长圆脸，面残损，束肩。内着僧祇支，外披双领下垂大衣，结跏趺坐于低束腰莲台，两手交叉置小腿前。衣裾下垂遮覆莲台，衣褶叠涩，下摆外扬。两侧菩萨饰项光，长方脸，戴高冠，大耳，秀颈束肩，下着长裙，双手合十，赤足侍立。

2：龛内一佛二菩萨造像，主尊佛饰舟样背光、火焰纹、圆形项光。磨光圆肉髻，鸭蛋形长圆脸，圆下颚，眉目端庄，鼻直口方，大耳垂轮，面相英俊，束肩。内着僧祇支，外披双领下垂大衣，结跏趺坐，两手交叉，右手叠于左手置小腿前。衣裾下垂遮覆束腰莲台，衣褶叠涩，下摆呈八字。两侧菩萨长圆脸，大耳，戴高冠，饰项光，秀颈束肩，披帔帛，下着长裙，双手合十赤足侍立。左侧菩萨头缺损。

3：龛楣残损严重，大部缺失。龛内一佛二菩萨造像，多有风化残缺。

4：龛内一思维菩萨一胁侍菩萨造像，主尊思维菩萨饰火焰纹项光，高荷冠，长圆脸，大耳垂轮，面有残损，束肩，戴项圈，内着僧祇支。左脚赤裸着地，右腿盘曲于左腿，坐于低榻上。右臂支于右腿上，右手支于右下颌，作思维状。左手抚置右脚踝前，衣裾下垂。左侧胁侍菩萨长圆脸，戴高冠，饰头光，秀颈束肩，下着长裙，双手合十侍立。

编号：QN 二八四

尺寸：上宽 23~27、下宽 28~30、通高 40 厘米

时代：东魏

造像简介：十六王子佛造像石，砂石质。四面开十六龛，四方联型，四龛一组。雕造王子佛十六尊，佛造像头顶上高圆肉髻，长圆脸形，低眉颔首，大耳垂轮，着圆领通肩大衣，施禅定印，

图 4-172　QN 二八五—4

结跏趺坐于台座上，衣裾下垂遮覆莲台，衣纹成“U”形圆弧纹，雕造规则整齐。现状为局部残损风化。

编号：QN 二八五

尺寸：上宽 29~30、下宽 28~33.6、通高 40 厘米

时代：东魏

造像简介：造像石，砂石质。已多处残损断裂，长方石四周开龛造像。开凿圆拱龛 4 个，龛楣饰桃尖宝盖，楣尾上卷，龛楣上部饰莲花。造主佛像 4 尊，弟子像 6 身，莲花童子 2 身。造像题材组合：一佛二弟子、一佛二莲花童子。现状为残损风化开裂。

1、3：龛内主尊佛头上肉髻，方圆扁平脸，面相丰满，低眉颔首，面容微笑，内着僧祇支，外披圆领或双领下垂大衣，胸际系带作结，施禅定印（上品上生印）或施与愿无畏印，结跏趺坐于高榻莲台上，衣裾自然下垂遮覆莲台，衣褶层叠。（彩版四〇，2）

2：主尊佛披双领下垂大衣，施禅定印，结跏趺坐于高榻莲台。龛两侧造莲花童子，帛带飘飞，坐落莲台。下饰护法狮子，侧身回首。

4：主尊佛披双领下垂大衣，左手揽搭衣裾，右手施无畏印，站立莲台。两侧弟子饰圆形头光，披通身袈裟，双手合十侍立圆形莲台之上。（图 4-172）

编号：QN 二八六

尺寸：上宽 27~28、下宽 29~30、通高 35.5 厘米

时代：北魏

造像简介：造像石，粗砂石质。长方形石上顶面平整，四面开龛造像，开凿长方形平弧龛 4 个。共造主尊佛像 3 尊，菩萨像 1 尊，胁侍菩萨像 8 身。现状为石体已残，雕造粗犷。

1、2、3：造像题材基本为一佛二菩萨。龛楣饰肥束莲、屋脊、鸱吻、桃尖宝盖。主尊佛头上磨光高肉髻，长圆脸形，长眉细目，目光低垂，高鼻阔口，嘴角内收，大耳垂轮，佛身形健壮，体态端庄。内着僧衣，外披双领下垂袈裟，施与愿无畏印，结跏趺坐于低台座上，衣裾覆膝自然下垂遮覆莲台，下摆尖折角外扬。主龛外雕饰粗糙。两侧刻饰菩萨造像，叶形头光，高冠，方圆脸，肩披帔帛，帛带向下腹际穿璧，绕搭揽于两臂，双手合十侍立于莲台。下饰束莲。

4：龛楣饰盝顶屋形，两角饰飞天。龛内交脚菩萨着装飘逸。头戴荷冠，长方脸形，肥颐短项，削肩，内着僧衣，肩披帔帛，帛带向下腹际穿璧，绕搭揽于两臂，施与愿无畏印，交脚坐于莲台。两侧弟子披通身袈裟，双手合十侍立莲台。下部刻饰力士托举莲台。因风化多模糊不辨。

图 4-173　QN 二八七—2

编号：QN 二八七

尺寸：上宽 16~32、下宽 31~34、通高 46 厘米

时代：北魏

造像简介：造像石，粗砂石质。四面开龛 4 个，造佛像 4 尊。圆拱龛，龛形较高大，而龛楣边较窄，刻饰忍冬蔓草纹。龛内佛饰舟样身光，光尖伸于龛楣。现状为局部残缺，风化严重。

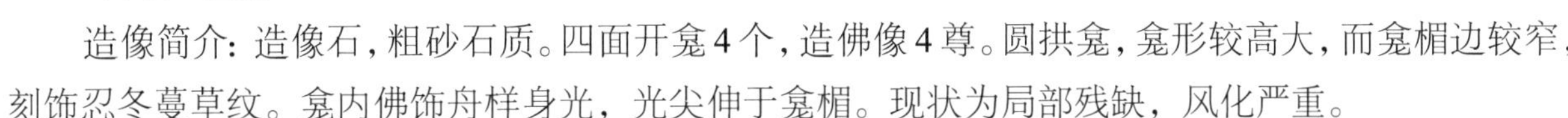

1：菩萨戴高荷冠。施与愿无畏印，结跏趺坐于莲台上，服饰均为佛装。

2、3、4：三面造像题材组合基本相同。龛内佛头上磨光高肉髻，面相长圆，宽平额头，细眉长眼，眼帘微阖，目光下视，鼻梁高挺，阔口，嘴角上翘，下颌丰满，有肉纹线，或稍带尖圆，大耳垂轮，圆肩齐亭，身形健壮，体态端庄。内着僧祇支，外披双领下垂敷搭双肩的大衣，宽折带，质地厚重，施禅定印或施上品上生印，结跏趺坐于低台座上，衣裾遮覆莲台，下摆外扬，尖折角较大，衣褶刻造成重叠的曲线，动感强烈。（图 4-173）

编号：QN 二八八

尺寸：上宽 22~26、下宽 26~28、通高 27 厘米

图4-174 QN二八九—（左3、右4拓片）

时代：东魏

造像简介：造像石，砂石质。上下面平，四周开龛造像，共造佛像4尊，开龛4个。龛式和造像题材相同。圆拱龛，龛楣饰宝盖，楣尾上卷，楣柱下饰莲台。龛内主尊佛造像磨光圆肉髻，着圆领通体大衣，施禅定印，结跏趺坐于台座之上，衣裾敷搭莲台基部，下摆尖折外扬。现状为残损风化漫漶严重。

编号：QN二八九

尺寸：上宽25~29、下宽30~32、通高48厘米

时代：北魏

造像简介：造像石，粗砂石。顶平，四面开龛造像，共开龛4个，造佛像4尊。四面造像内容相同。平弧拱龛，龛楣饰宝盖。龛内佛头上磨光高圆肉髻，面相丰满，宽额，细眉长眼，目光下视，高小鼻小嘴唇，嘴角内收，两腮圆润，大耳垂轮，溜肩，身形端庄。着圆领通肩大衣，施禅定印，结跏趺坐于低台座上，衣裾自然下垂遮覆莲台。3、4龛左侧均有一列竖排纪铭字样。分别为"光明主张□口"和"光明主张法戒"现状为残损风化。（图4-174）

编号：QN二九〇

尺寸：上宽25~30、下宽26~29、通高40厘米

时代：北魏

造像简介：造像石，砂石质。上下面平整，四周开龛造像，开凿圆弧拱龛4个。造佛像4尊，浅线刻供养人造像4身。两上角刻造圆形莲花纹。现状为局部残损风化。

1、3、4：龛内佛头顶上磨光低圆肉髻，长方脸形，面相丰满，长弧眉上翘，长眼微阖，小高鼻梁，阔口，嘴角内收，面相清俊秀丽，短颈，大耳垂轮，两肩齐亭，胸腹部挺拔，造像给人以健壮感觉。内着僧祇支，胸际束带作结，外披双领下垂大衣，施与愿无畏印，结跏趺坐于低台座上，衣裾遮覆莲台，敷搭台基部。下摆尖折角外扬，衣褶刻造成重叠的曲线。3的龛外侧刻弟子像，双手合十侍立两侧。衣纹刻造成三角纹和线纹，雕饰简单粗糙，凿石线纹，局部残缺。

2：龛楣饰束莲。龛内主尊佛头上磨光肉髻，面相丰满，长眼微阖，小高鼻小嘴，大耳垂轮，两肩齐亭，体态端庄。内着僧衹支，外披双领下垂大衣，施与愿无畏印，赤足露趾站立于方台上，龛外阴线刻供养人像2身，双手胸前合十侍立，造型恭敬虔诚。

编号：QN二九一

尺寸：上宽23~28、下宽34~36、通高43厘米

时代：北魏

造像简介：十六王子佛造像石，粗质黄砂石。上下面平整，四面开龛造像，开凿平拱龛，四龛一组，呈四方联式。雕造佛像 16 尊。龛内佛造像，低圆肉髻，方脸形，眉目清晰，眼帘低垂，入定深思，大耳垂轮，身形健壮。着圆领通肩大衣，“U”形衣纹饰，施禅定印，结跏趺坐于莲台，衣裾下垂呈尖钳夹状，刻划简洁。现状为边沿多残缺，造像破损严重。

编号：QN 二九二

尺寸：上宽 17~26、下宽 18~27、通高 29 厘米

时代：北齐（皇建风格）

造像简介：造像石，砂石质。四方石已残损，上下面平整，四周开龛造像，方形边框线，共凿圆拱龛 4 个，龛楣饰桃尖宝盖，楣尾上卷。造佛像 4 尊。造像题材相同。圆拱龛内主尊佛头顶上磨光低肉髻，发际中饰山形缺口，圆脸形，细眉长眼睛，小高鼻阔口，面相清秀，大耳，低眉颔首，短颈窄，溜肩，胸腹部直挺。着圆领通肩大衣，“U”形圆弧线衣纹，施禅定印，结跏趺坐于长方台座上，衣裾自然下垂遮覆莲台。衣饰简洁。现状为残损漫漶严重。

编号：QN 二九三

尺寸：上宽 16~23、下宽 23~27、通高 27 厘米

时代：东魏

造像简介：十六王子佛造像石，粗砂石质。上下面平整，四面开龛造像，开凿圆拱龛，龛楣饰双线，四龛一组，呈四方联式。雕造佛像 16 尊。佛造像，低圆肉髻，方圆脸形，小下颌，长眼微阖，鼻直口方，嘴角内收，大耳垂轮，身形健壮。着圆领通肩大衣，“U”形衣纹，施禅定印，结跏趺坐于低台座，衣裾下垂遮覆莲台，衣饰呈半圆形，刻划简洁。现状为佛龛造像残损严重。

编号：QN 二九四

尺寸：上宽 19~28、下宽 20~22、通高 28 厘米

时代：东魏

造像简介：造像石，粗砂石。四面开龛造像，雕造长方形主龛 4 个，辅龛 6 个。刻造主佛像 4 尊，胁侍菩萨像 6 身。造像题材组合为一佛二菩萨。主龛内主尊佛头上圆肉髻，方圆脸形，面带微笑，大耳垂轮，肥颐短项，两肩齐亭，身形健壮。着圆领通肩或双领下垂大衣，施禅定印或与愿无畏印，结跏趺坐或善跏趺坐于低台座上，衣裾遮覆莲台，下摆尖折角外扬。两侧长方辅龛内胁侍菩萨戴冠，长方脸形，面相丰满，肩披帔帛，于腹际交叉覆绕肘臂，着长裙，双手合十侍立莲台之上。造像风格粗犷，刻造粗糙。现状为风化残损严重，图案大多漫漶模糊。

编号：QN 二九五

尺寸：上宽 42~46、下宽 47~48、通高 56 厘米

时代：东魏

造像简介：造像石，粗质黄砂石。上下面平整，四面开龛造像，开凿圆弧拱龛4个，千佛龛式小龛数个作背景。雕造主尊佛像5尊，胁侍菩萨2身，弟子像2身。造像题材组合：二佛并坐说法、一佛二菩萨、一佛二弟子、阿育王施土缘故事。现状为风化剥蚀，残损严重，细部不辨。

1：方形圆弧拱龛，龛楣饰物漫漶不辨，龛两侧饰千佛龛式小龛。大多风化漫漶。主龛内主尊佛饰舟样背光，二佛并坐于高莲台，面目衣纹均漫漶不辨。

2：长方形圆弧拱龛，龛楣饰桃尖宝盖，龛楣内饰漫漶不辨，楣尾饰龙回首。龛两侧饰千佛小龛。主龛内主尊佛坐于高莲台，饰火焰纹背光，面饰衣纹均漫漶不辨。两侧胁侍菩萨头戴冠，宝缯束发，缯带飘折，披帔帛，双手合十侍立于莲台。风化剥蚀，面目不辨。

3：长方形圆弧拱龛，龛楣饰物漫漶，龛楣两侧饰飞天。主龛两侧有长方形辅龛，龛内造弟子像。主尊佛饰背光，面目衣纹均漫漶，坐于高莲台。佛两侧弟子光头，大耳，细眉眼，嘴角内敛，微露喜悦，披袈裟双手合十侍立。左侧弟子风化严重。

4：长方形圆弧拱龛，龛楣饰物漫漶，龛两侧饰千佛龛小龛。造像为阿育王施土缘故事，主尊为立佛，饰背光，面目衣纹均漫漶不辨，佛伸出右手部位有三堆残迹。

编号：QN 二九六

尺寸：上宽33~48、下宽42~53、通高63厘米

时代：东魏

造像简介：造像石，粗质砂石。上下面平整，四面开龛造像，开凿圆拱龛4个，残存主佛像4尊，胁侍菩萨像5身。现状为残损严重。

1、2、3：圆拱龛，龛楣饰宝盖，楣尾呈卷草状。龛内佛高肉髻，长圆脸形，大耳，低眉颔首，身形健壮。着双领下垂大衣，衣摆揽于左臂，右手施无畏印，结跏趺坐于低台座上。衣裾自然下垂遮覆莲台，下摆微外扬，风化剥蚀严重，衣纹不辨。两侧胁侍菩萨，戴高冠，披帔帛，帛带绕于前胸，双手合十侍立于莲台。2主尊佛残损严重，两侧胁侍菩萨大多剥蚀，仅留左侧菩萨上半部。

4：圆拱龛，龛楣饰宝盖，楣尾上卷饰忍冬卷草、莲台。佛高肉髻，长圆脸形，大耳，低眉颔首，身形健壮，体态端庄。内着僧祇支，外披双领下垂大衣，施禅定印，结跏趺坐于低台座上。衣裾自然下垂遮覆莲台。

编号：QN 二九七

尺寸：上宽24~32、下宽35、通高43厘米

时代：东魏

造像简介：造像石，粗质砂石。长方形，上下面平整，四面开龛造像，开凿主龛4个，长方形辅龛2个，雕造主尊佛像4尊，胁侍菩萨像2身。现状为残损严重。

1：圆拱龛，坐佛，风化剥蚀，面目全非。

2：圆弧拱龛，龛楣装饰风化不辨。主尊佛高肉髻，圆脸，面目风化不可辨识。身形健壮，外

披双领下垂大衣，衣裾揽于左臂。左手抚右足，右手施无畏印，结跏趺坐。衣裾自然下垂遮覆莲台，下摆微外扬。造像风化剥蚀严重。

3：圆弧拱龛，龛楣装饰风化不辨。主尊佛高肉髻，圆脸，大耳，低眉颔首，身形健壮。内着僧祇支，外披双领下垂大衣，衣摆揽于左臂。左手抚右足，右手施无畏印，结跏趺坐于低台座上。衣裾自然下垂遮覆莲台，衣纹叠涩，下摆尖折角外扬。两侧长方形辅龛，左侧菩萨戴高冠，帔帛带绕于前胸，双手合十侍立于莲台。右侧菩萨戴高冠，帔帛带绕于前胸，左手提香囊，右手风化不辨，下着长裙，侍立于莲台。

4：帷幔龛，龛中坐佛，大部剥蚀，细部不辨。

编号：QN 二九八

尺寸：上宽 32~33、下宽 30~35、通高 34 厘米

时代：北齐

造像简介：造像石，砂石质。上下面不平，石面不甚规则。四周开龛造像，四边饰边框，开凿圆拱龛 4 个。龛楣饰桃尖宝盖，楣尾上卷。龛外饰莲花。造主尊佛、菩萨像 5 尊，弟子像 2 身，童子残像若干等。局部残缺风化严重，多已漫漶模糊。

1：龛内一佛菩萨装，头戴高冠，施与愿无畏印，交脚坐于低坛基上。

2：龛内一佛二弟子造像。主尊佛圆肉髻，方圆脸形，大耳垂轮，身形端庄，施与愿说法印，结跏趺坐于高台座上，衣裾遮覆莲台。两侧弟子造像，光头，双手合十侍立于圆形莲台上。

3：龛内造像题材为阿育王施土缘故事。

4：龛内造二佛并坐于长方台座上。

编号：QN 二九九

尺寸：上宽 26~33、下宽 31~34、通高 43 厘米

时代：北魏

造像简介：造像石，粗质黄砂石。上下面平整，四面开龛造像，雕造佛像、菩萨像 12 尊。造像题材有一佛、一佛二菩萨、交脚菩萨。佛龛也各有不同。造型夸张，工艺粗糙。龛内主尊佛瘦长，头部占造像三分之一。高肉髻，长脸，尖下颚，大耳垂肩，眉目不辨，秀颈，溜肩，外披双领下垂大衣，右手持胸前，手印不详。结跏趺坐于低台座上，衣裾下垂遮覆莲台呈八字形。现状为残损严重。表面风化，仅存大形。

1：尖拱龛，龛外饰风化不辨。造像为一佛二菩萨、主佛一尊，两侧胁侍菩萨风化漫漶严重。

2：长方形龛，龛外留存刻石痕。龛内造像为交脚菩萨，造型夸张粗糙。菩萨戴高冠，宝缯束冠，缯带飘折，瘦长脸形，挺胸抬头，鼻直口阔，眉高眼深，大耳垂肩，秀颈溜肩，披帔帛，帛带飘折胸前穿璧。左手施与愿印，右手施无畏印，交脚于莲台前。两侧胁侍菩萨戴高冠，披帔帛，下着长裙，双手合十侍立。风化漫漶，仅可辨造像大形。

3：尖拱龛。龛内造像为一佛二菩萨。主佛一尊，两侧饰胁侍菩萨，左侧菩萨高冠长脸，大

图 4-175 QN 三〇〇—1 拓片

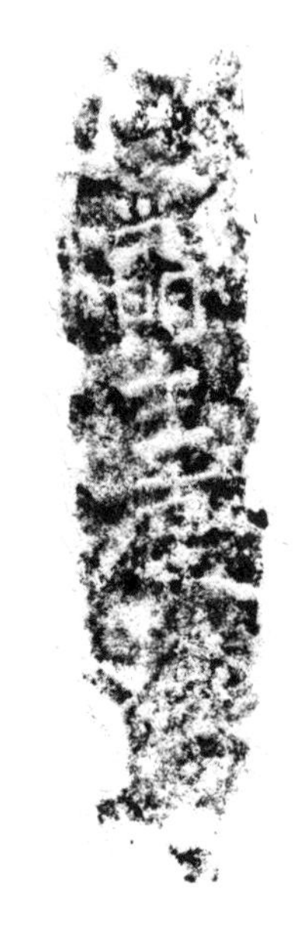

图 4-176 QN 三〇〇—2 拓片

图 4-177 QN 三〇〇—3 拓片

耳垂肩，深目高鼻梁，阔口，束肩，下着长裙，双手合十侍立莲台。右侧胁侍菩萨风化漫漶，仅存大形。

4：圆弧拱龛，龛外饰风化不辨。龛内造像为一佛二菩萨。两侧胁侍菩萨着长裙，双手合十侍立莲台，风化仅存大形。

编号：QN 三〇〇

尺寸：上宽 30~35、下宽 30~37、通高 49 厘米

时代：北魏

造像简介：造像石，砂石质。风化残缺，石体不规则。四面开凿圆弧拱龛 4 个，龛楣饰桃尖宝盖，楣尾上卷。造主尊佛、菩萨 4 尊。龛内主尊佛，头顶上高圆肉髻，长圆脸形，低眉颔首，目光下视，鼻直口阔，外着圆领通肩大衣，施禅定印，结跏趺坐于低台座上，衣裾遮覆莲台。4 的主尊菩萨造像风化漫漶严重。1、2、3 的龛侧有阴线刻行书铭记，分别为“光明主阎”“光明主”和“光明主”。现状为残损严重。（图 4-175、176、177）

编号：QN 三〇一

尺寸：上宽 35~40、下宽 40~45、通高 49 厘米

时代：东魏

造像简介：造像石，粗质黄砂石。上下面平整，四面开龛造像，雕造主尊佛像、菩萨像 4 尊，胁侍菩萨 6 身。佛龛有长方形和凸字形龛。龛楣饰宝盖。两侧饰千佛小龛。造像题材有思维菩萨、一佛二菩萨。现状为残损严重，细部不辨。

1：长方形龛，龛外饰菩提树，风化严重。龛内菩萨饰背光，右腿盘于左腿上，右手支起，头偏右侧，作思考状。细部不辨。

2、4：凸字形龛；3 长方形龛。龛外饰千佛小龛，多风化。造像题材为一佛二菩萨。主龛内一坐佛，饰背光。两侧菩萨侍立莲台，风化残损，细迹不辨。

编号：QN 三〇二

尺寸：上宽 37~42、下宽 42~54、通高 58 厘米

时代：不明

造像简介：造像石，粗质砂石。塔上下面平整，四面开龛造像，雕造佛像、菩萨像 7 尊。长方形、凸字形、桃尖形佛龛，龛外无饰，多风化。造像题材有一坐佛、一佛二菩萨、二佛并坐。现状为风化漫漶，残损严重。

编号：QN 三〇三

尺寸：上宽 46~50、下宽 34~53、通高 53 厘米

时代：北魏（孝昌风格）

造像简介：造像石，粗质砂石。上下面平整，四面开龛造像，雕造佛、菩萨、弟子像 11 尊。佛龛为长方形和凸字形。龛外空较大。龛楣造型多样。造像题材有一佛一弟子，一佛二菩萨。现状为风化残损严重，造像面严重破坏。

1：佛龛为凸字形，龛楣饰飞天、化佛，风化细部不辨。龛内主尊佛高肉髻，圆方脸，身材健壮。披圆领大衣，衣角揽于左臂下垂，右手施无畏印，结跏趺坐于低台座。衣裾遮覆莲台，衣纹繁复叠涩，下摆外扬。两侧菩萨赤足侍立莲台，风化仅可辨形。

2：佛龛为凸字形，龛楣饰花蕊，两侧造莲花童子献花。风化细部不辨。龛内主尊佛高肉髻，圆方脸，大耳垂轮，身材健壮。披圆领大衣，施禅定印，结跏趺坐于台座。衣裾遮覆莲台，衣纹繁复叠涩，下摆外扬。左侧菩萨方脸大耳，眉目清晰，小眼，鼻直口方，戴高冠，披帔帛，双手合十，下着长裙，侍立莲台。衣纹刻划简陋刻板。右侧菩萨赤足侍立莲台，风化仅可辨形。

3：佛龛为凸字形，龛楣饰花草纹，风化细部不辨。龛内主尊交脚菩萨坐于莲台。佛高冠，方圆脸，身材健壮，两脚相交于莲台前，衣裾遮覆莲台。左侧菩萨方脸大耳，小眼，鼻直口方，戴冠，帔帛带，双手合十，下着长裙侍立。衣纹刻划简陋，风化剥蚀。右侧菩萨风化仅可辨形。左侧有记铭“妻……主李文三”。（图 4-178）

图 4-178　QN 三〇三—3 铭文

4：佛龛为长方形，龛楣饰忍冬，两侧造莲花。风化细部不辨。龛内主尊佛褒衣博带，佛高肉髻，方圆脸，大耳垂轮，身材健壮。内着圆领僧祇支，戴项圈，胸部系结，外披双领下垂大衣，衣摆揽于左臂，右手施无畏印，赤足立于莲台。衣裾自然下垂，衣纹叠涩。右侧弟子光头，方脸大耳，眉目清晰，小眼，鼻直口阔，瘦骨嶙峋，着长衣，穿靴侍立。衣纹刻划简陋刻板。

编号：QN 三〇四

尺寸：上宽 36~41、下宽 40~43、通高 49 厘米

时代：东魏

造像简介：造像石，砂石质。上下面平整，四周开龛造像，凿各种形状的龛 8 个。刻佛像 4 尊，菩萨 4 尊，飞天 2 身。现状为残损，风化漫漶严重。

1：圆拱龛。主尊佛头上磨光高肉髻，长方脸形，面相清俊，细颈，两肩齐亭，施禅定印，结跏趺坐于台座，衣裾自然垂呈龛外。

2：圆拱龛，龛外两上角刻飞天 2 身，造型轻盈，身体弯曲，飘带飞扬，动感强烈。主龛内坐佛施禅定印，结跏趺坐，风化残损严重。两侧刻长方形浅龛各一，两胁侍菩萨饰项光，戴宝冠，束发，面相清秀，肩披帔帛，左手提香囊，右手执宝物于胸前，下着长裙，侍立莲台。造相残损风化严重。

3：屋形龛，龛高 35、宽 21 厘米。龛楣饰屋形、脊刹、鸱吻、明柱、斗拱。内有交脚菩萨 1 尊，头戴宝冠，风化残损。

4：圆拱龛，内雕坐佛 1 尊。头上着高肉髻，面相清秀，长颈，耳与下颌平，小鼻小口，体态端庄，内着僧祇支，外披袈裟，施禅定印，结跏趺坐于台座。衣裾自然下垂遮覆于龛外莲台下。两侧造长方形龛，两菩萨头戴宝冠，肩披帔帛，体形俊秀，双手合十胸前侍立。因风化多已凹凸不平。

编号：QN 三〇五

尺寸：上宽 30~31、下宽 32~33、通高 35 厘米

时代：北魏

造像简介：造像石，粗质黄砂石。上下面平整，四面开龛造像，平弧拱龛，造佛像 4 尊，弟子像 2 尊。造像题材：一面为一佛二弟子，余为一尊坐佛。造像世俗简单，现状为风化漫漶严重。

1：佛龛内造像一佛二弟子。主尊佛高肉髻，圆脸，面目风化无形。秀颈束肩，披双领下垂大衣，结跏趺坐于高方莲台。两侧各一弟子立像，披袈裟紧裹全身，双手合十，侍立莲台。细部风化剥蚀不辨。

2、3、4：圆弧拱龛，龛内坐佛一尊，结跏趺坐高坐莲台。风化剥蚀面目全无。4 的佛龛龛楣饰宝盖，楣尾卷草状。

编号：QN 三〇六

尺寸：上宽 35~39、下宽 36~37、通高 52 厘米

时代：北魏

造像简介：造像石，粗质黄砂石。上下面平整，四面开龛造像，刻饰边线，雕造佛像、菩萨像6尊。佛龛占画面中心部位四分之一，为龛外辅助空间营造环境气氛留出造像余地，增加了佛的感染力。树下思维菩萨采用结草庐样式表现，比较少见。造像头身比例适中，在方寸间表现了佛的高大身材。现状为风化漫漶，残损严重，细部不可再现。

1：圆弧拱龛，龛楣饰尖顶宝盖，楣尾上卷，龛外饰山峦飞龙，细部不可辨识。龛内主尊佛站立状。身形比例适中，全身达七个半头身，显出佛高大威武。细部风化无形。

2：圆帷帐形龛，龛楣有结庐顶饰，龛楣外饰菩提树，树木茂盛。龛内拱卫飘飞4身飞天，4个花团。主尊造像应为思维菩萨，架右腿做沉思状，风化剥蚀仅可辨大形。

3：长方形龛，龛楣饰树木花团。龛内主尊佛站立，头身比例适中，显示出身材高大。伸出右手作接受状，下部残留几块痕迹。可以判断这是表现阿育王施土故事。

4：圆弧拱佛龛，龛楣饰尖顶宝盖，楣尾上卷。龛外不辨。龛内主尊为立佛，头身比例表现出佛身材高大。两侧为胁侍菩萨。风化剥蚀面目全无。

编号：QN 三〇七

尺寸：上宽26~28、下宽28~36、通高54厘米

时代：北魏

造像简介：造像石，粗质黄砂石。上下面平整，四面开龛造像，长方形佛龛，龛外无饰，多风化剥蚀。雕造佛像、菩萨像6尊。造像题材有一坐佛、一佛二菩萨、一佛二菩萨二护法。现状为风化残损，详细形象不辨。

编号：QN 三〇八

尺寸：上宽26~36、下宽37~41、通高51厘米

时代：北齐

造像简介：造像石，粗质黄砂石。塔上下面平整，四面开龛造像。佛龛为帷幕形龛，龛楣饰小佛龛3个。龛内各刻佛1尊，施禅定印，结跏趺坐。风化使小佛造像痕迹不明显。造主尊佛像4尊、胁侍菩萨像8身。造像题材为一佛二菩萨。现状为残损严重。

1：龛内主尊佛长方脸形，高圆磨光肉髻，长脸方颐，大耳垂轮，北方民族雄健的造型，眉目风化不可辨识。施禅定印，结跏趺坐于台座，衣裾遮覆莲台，衣褶繁复，下摆外扬。两侧胁侍菩萨，戴高荷冠，长方脸，大耳，身披帔帛，双手相握，下着长裙站立莲台。在菩萨脚下有线刻束腰莲花台。

2：龛内主尊佛长方脸形，高圆磨光肉髻，长脸方颐，溜肩，外披大衣衣角揽于左臂，左手施与愿印，右手不详。衣裾遮覆莲台，衣褶繁复，下摆外扬。两侧胁侍菩萨，戴高荷冠，长方脸，大耳，身帔帛带，下着长裙站立莲台。菩萨莲台下各刻饰力士托举形状。

3：龛内主尊佛长方脸形，高圆磨光肉髻，长脸方颐，溜肩，上身衣纹风化漫漶。两侧胁侍菩萨，戴高荷冠，身披帔帛，左手提香囊，右手执物于胸前，下身着长裙站立莲台。

4：造像面破损残缺。龛内主尊佛坐像，头缺损，身披双领下垂大衣，右手施无畏印，结跏趺

坐。左侧菩萨长脸高冠，小眼高鼻梁，小口。披帔帛，左手提宝瓶，右手执宝物贴于胸前，下着长裙立于莲台。

编号：QN 三〇九

尺寸：上宽 25~33、下宽 38~40、通高 49 厘米

时代：北魏—东魏

造像简介：造像石，粗质黄砂石。上下面平整，四面开龛造像，雕造佛像、菩萨像 10 尊。力士、弟子、童子等 7 身。造像题材有树下思维菩萨、阿育王施土故事、一佛二菩萨、二佛论法。主尊造像突出，构图内容丰富，表现力强。现状为残损严重。

1：凸字形佛龛，龛内主尊佛为阿育王立像，头部缺损，身材高大，赤足站立莲台。伸出右手作接收状，下有三童子，一人爬伏，一人站立其背上，一人在背后扶持，上者伸手作送递状，风化使细部不详。两侧为菩萨像，双手合十，下着长裙赤足站立。左侧菩萨头缺损。

2：凸字形佛龛，龛内一佛二菩萨。主尊佛长方脸形，高圆磨光肉髻，长脸方颐，大耳垂轮，眉目风化，不可辨识，溜肩。上身内着僧祇支，外披双领下垂大衣，衣角揽于左臂。衣纹风化，漫漶不辨。左手施与愿印，右手施无畏印，结跏趺坐，衣裾下垂遮覆莲台。衣褶折叠繁复，下摆外扬。两侧胁侍菩萨，戴高荷冠，长方脸，大耳，身披帔帛，双手合十，下身着长裙站立莲台。莲台下刻力士托举。

3：长方形佛龛，龛楣外饰菩提树，左侧造像有结庐苦修，一人站立，宽肩长臂，左右手下各有一兽，风化使面目不辨。右下为一人跪拜，面朝主尊佛像。龛内主尊造像为思维菩萨，饰项光，长方脸形，大耳垂肩，头微偏右侧。上身披帔帛，坐于束腰莲座。左腿支地，衣裾下垂，露足。右腿盘曲架于左腿上，衣裾搭覆，左手抚右脚踝，右臂曲折支于右腿上，右手弯曲支于右颌，作思维状。

4：长方形佛龛，龛内造像二佛并坐，左侧佛右手施无畏印，伸出左手示于右侧佛，右侧佛右手作说法印，左手施与愿印。二佛均结跏趺坐于长台座，正在谈经说法。衣裾自然下垂遮覆莲台，衣褶折叠繁复。画面缺损严重，风化剥蚀，细部不辨。

编号：QN 三一〇

尺寸：上宽 33~42、下宽 35~40、通高 73 厘米

时代：北魏—东魏

造像简介：造像石，粗质黄砂石。上下面平整，四面开龛造像，雕造佛像、菩萨像 10 尊。佛龛为仿木构建筑一开间，两边残缺，龛楣为阑额，有补间斗拱一铺作，直脚人字拱。多已风化。造像题材单一，为一佛二菩萨。龛内主尊佛像身材高大，高肉髻，鸭蛋脸形，大耳垂轮，结跏趺坐于高莲台，衣裾垂覆莲台，衣褶繁复。两侧菩萨侍立。主佛与菩萨比例约 2∶1，突出显示佛的高大。现状为边部缺失，风化严重，残缺不全，面目细部不辨。

编号：QN 三一一

尺寸：上宽 35~38、下宽 37~39、通高 55 厘米

时代：北魏

造像简介：造像石，砂石质。上下两面平，四面开龛造像，共开龛 4 个，雕立佛、菩萨 4 尊。胁侍菩萨造像多已风化，四面造像题材相同。圆拱龛，龛楣饰桃尖宝盖。龛外周边较窄，立佛，高肉髻，身形魁伟。菩萨头上莲瓣式宝冠，面相较长，体态端庄，肩披帔帛，帛巾飘带搭肩下垂，着大裙，赤足露趾立于龛内，双手合十作莲华合掌印。现状为残损风化，画面多不辨识。

编号：QN 三一二

尺寸：上宽 36~38、下宽 38~41、通高 52 厘米

时代：北魏—东魏

造像简介：造像塔，砂石质。石体严重风化，图案画面无法辨识。四面开尖拱龛 4 个，造像十余身。造像题材：1 为佛传故事阿育王施土缘，2、3、4 为一佛二菩萨或一佛二弟子。现状为严重风化剥蚀。

编号：QN 三一三

尺寸：上宽 39~43、下宽 42~47、通高 52 厘米

时代：北魏

造像简介：造像塔，砂石。造像石体四面开龛，圆拱龛，两侧边长方形龛组合，共计造佛像 4 尊，菩萨像存 5 身。外侧无饰，右侧阴线刻铭竖排行书“中堆主□□”一行。造像题材组合相同，均为一佛二菩萨。一佛施禅定印或与愿无畏印，结跏趺坐于低坛基上，两侧二胁侍菩萨，双手合十侍立。现状为风化严重。（图 4-179）

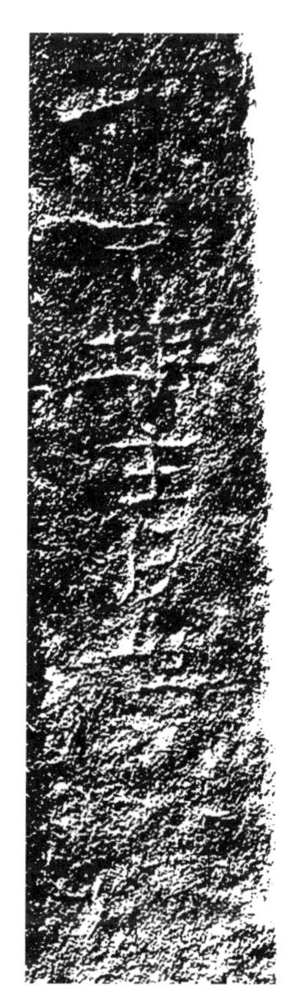

图 4-179 QN 三一三—1 铭文

编号：QN 三一四

尺寸：上宽 32~35、下宽 37~39、通高 56 厘米

时代：北魏—东魏

造像简介：造像石，粗质黄砂石。上下面平整，四面开龛造像，雕造佛像、菩萨像。现状为残损严重，风化剥蚀严重，造像面目全无。

1、4：凸字形龛，龛楣饰尖宝盖，双线饰边，楣尾作朱雀回首形。龛内造像一佛二菩萨。主尊佛像饰舟样背光。佛坐高莲台，两侧菩萨侍立连梗莲台。风化剥蚀，仅存大形。

2：屋帷形龛，龛内主尊为交脚菩萨造像，高宝冠，着菩萨装。两侧各一胁侍菩萨赤足立莲台。风化残损，细部不辨。

3：凸字形龛，龛楣饰，楣尾作回首神龙吐蕊。主尊坐佛饰背光，

两侧菩萨侍立，风化剥蚀仅存大形。

编号：QN 三一五

尺寸：上宽 31~32、下宽 32~37、通高 42 厘米

时代：北魏

造像简介：十六王子佛造像石，黄砂石质，质地粗疏。四面开双层双龛，呈四方联。四面总计 16 个圆拱佛龛。龛内各一尊佛，着圆领通肩大衣，衣饰简洁，施禅定印，结跏趺坐，衣裾敷搭莲台基部如蜂翼。雕造技法简单世俗。现状为已残损风化，图案无法辨识。

编号：QN 三一六

形制：上宽 40~43、下宽 42~45、通高 45 厘米

时代：北魏

造像简介：造像石，粗砂石。上下两面平，四面开龛造像，龛 24 个，佛像 22 尊，菩萨 2 身。主龛为圆弧拱龛。现状为风化漫漶严重，造像模糊。

1：龛内主尊佛头上磨光高肉髻，长方脸形，面部清秀，大耳，秀颈，小口小鼻，细眉大眼，内着僧祇支，外披宽博袈裟，施与愿无畏印，结跏趺坐于低台座。衣裾遮覆莲台覆于龛外。主龛两侧造尖拱小龛，龛内各造胁侍菩萨侍立莲台。

2、3、4：造像相同。龛内佛头上磨光高肉髻，长方脸形，圆润饱满，细眉大眼，小嘴小鼻，身形端庄，胸部挺拔。内着僧祇支，外披宽搏袈裟，作与愿无畏印，结跏趺坐于低台座，衣裾遮覆莲台搭于龛外。主龛两侧刻三层小圆拱龛，各雕小坐佛一尊，施禅定印，结跏趺坐。面相均风化漫漶严重。

编号：QN 三一七

尺寸：上宽 34~37、下宽 41~45、通高 50 厘米

时代：东魏

造像简介：造像石，粗砂石质。四面开龛造像，圆拱龛 4 个，共造佛像 4 尊，菩萨像 2 尊。现状为风化漫漶，残损严重，多已模糊不清。

1、2：两面造像题材相同。龛内佛头上肉髻，着圆领袈裟，施禅定印，结跏趺坐，衣裾自然下垂，覆盖至龛底部，下摆尖角微外扬。圆拱龛外侧左右饰宝盖立柱，纹饰因风化不可细辨，技法粗糙。

3：龛内雕造菩萨，足下造像为大象，可见象身四肢及长鼻。龛侧有胁侍菩萨立姿，下踏一力士状造像。画面模糊不可辨识。

4：龛内二佛并坐说法。佛面相长方，头上肉髻，着圆领袈裟。左侧佛施禅定印，结跏趺坐于莲台。右侧佛身体微后仰，左手抚于右脚踝部，右手前伸示意，结跏趺坐于莲台，衣裾自然下垂遮覆莲台。形态自然逼真。

编号：QN 三一八

尺寸：上宽 34~40、下宽 38~40、通高 43 厘米

时代：北魏—东魏

造像简介：造像石，粗质黄砂石。上下面平整，四面开龛造像，雕造佛像、菩萨像。造像题材有一佛二菩萨、佛涅槃变。佛龛造像粗糙简单。现状为缺失残损严重，风化使造像面目剥蚀殆尽。

1：帷幕形佛龛，龛内一佛二菩萨，佛像高肉髻，方圆脸形，大耳，溜肩，施禅定印，结跏趺坐，衣裾下垂遮覆莲台。两侧菩萨侍立。风化剥蚀面目全无，细部不辨。

2：圆弧龛，龛楣饰宝盖，龛下饰莲花。龛内佛像高肉髻，方圆脸形，细眉枣核眼，大耳，溜肩。上身内着僧祇支，外披双领下垂大衣，施禅定印，结跏趺坐于榻座，衣裾下垂遮覆莲台，下摆成锯齿状。主龛两侧菩萨饰头光，方圆脸，戴冠，披帔帛，下着长裙，双手合十侍立。风化剥蚀面目全无，细部不辨。

3：菩提树形佛龛，龛内造像为佛涅槃像。佛侧卧，周边围数名弟子哭丧状。风化剥蚀严重，仅存大形。

4：饰边框，维摩诘说法故事，左上为维摩诘造像，右上有如宝盖形。主尊造像着菩萨装，坐于床榻。风化严重，细部不辨。

编号：QN 三一九

尺寸：上宽 22~24、下宽 25~27、通高 38 厘米

时代：北魏

造像简介：造像石，粗砂石质。上下面不尽平整，四面开龛造像，长方形平拱龛。龛内雕造坐佛像、立菩萨像。现状为风化剥蚀，棱角全无，面目全非，已无形象可言。

编号：QN 三二〇

形制：上宽 14~20、下宽 20~26、通高 36 厘米

时代：不明

造像简介：造像石，粗质黄砂石。上下面不平整，四面开龛造像，雕造佛像。现状为风化剥蚀，棱角磨平，无完整形象，残损极严重。

编号：QN 三二一

尺寸：上宽 30~40、下宽 41~45、通高 53 厘米

时代：北魏—东魏

造像简介：造像石，粗质黄砂石。上下面平整，四面开龛造像，雕造佛像、菩萨像。现状为残损严重，无完整形象。

1：帷幕形佛龛，龛内造像交脚菩萨，高冠，披帔帛，双脚交叉坐莲台。双脚下有力士托举。衣裾下垂，下摆外扬呈八字形。两侧有胁侍菩萨。风化剥蚀仅存大形，细部不辨。

2：佛龛残缺，造像风化。残存痕迹可判断，造像为佛坐像，左手与愿印，右手无畏印，结跏趺坐，衣裾下垂遮覆莲台。两侧各一菩萨侍立，菩萨下各有护法狮子。

3：凸字形龛。龛内造像为一佛二菩萨。主尊佛像身材高大，高肉髻，脸部残损。内着僧祇支，外披方领大衣。右手施无畏印，左手施与愿印，结跏趺坐于高莲台，衣裾垂覆莲台，衣褶繁复。两侧菩萨侍立莲台，护法狮子于座侧。风化剥蚀，残损缺失。

4：风化剥蚀残缺。造像左侧为一尊坐佛。右侧为维摩诘形象，凭几而坐，细部不辨。

编号：QN 三二二

尺寸：上宽 21~26、下宽 25~26、通高 29 厘米

时代：北齐

造像简介：造像石，细砂石质。上下两面平，四面开龛造像。平拱龛 4 个，龛外素面无纹，靠外侧减地阴刻方框线一道。雕造佛像 4 尊。四面造像题材和造型相同。龛内坐佛，头上磨光高肉髻，方圆脸形，面相丰满，小眼小鼻，细眉秀颈，溜窄肩，胸腹略挺，体态清俊。着圆领通肩大衣，施禅定印，结跏趺坐于低坛基莲台上，衣裾自然下垂覆肘覆膝敷搭莲台至龛外底部。上身“U”形衣纹呈阶梯式圆弧状下垂，下部羊肠大衣，衣纹双层重叠，衣褶曲折，表现密匝，条理清楚。外摆较小，雕造精细，衣裾贴体，质感强烈，衣纹阴线雕刻，简洁清晰，充分表现出体形的强健。现状为残损风化严重。

编号：QN 三二三

尺寸：上宽 20~22、下宽 22~28、通高 42 厘米

时代：北魏

造像简介：造像石，粗质黄砂石。上下面平整，四面开龛造像，雕造佛像、菩萨像 6 尊，童子 3 身。弧拱龛，龛楣饰宝盖，装饰粗糙。造像题材为阿育王施土故事、一佛、二佛并坐、一佛二菩萨。造像粗糙简单。现状为风化剥蚀严重。

1：佛龛为长方形，楣尾作卷曲如钩形，挂垂带。龛内造像为交脚菩萨，身材高大，高肉髻，脸部残损。左手施与愿印，右手施无畏印，双脚交叉坐于莲台。剥蚀残损，使画面细部不辨。

2：龛内造像为一佛二菩萨。主尊佛像身材高大，高肉髻，脸部残损。佛身内着僧祇支，胸前系结，外披双领下垂大衣，衣裾揽于左臂下垂。左手施与愿印，右手施无畏印，结跏趺坐于高莲台，衣裾垂覆莲台。下部风化剥蚀。两侧菩萨戴冠，方脸大耳，披帔帛，下着长裙，双手合十侍立莲台，其下饰莲花。多风化剥蚀。

3：长方形龛内造像二佛并坐，风化剥蚀，画面缺损严重，细部不辨。

4：龛内主尊佛为阿育王立像，身材高大，袒右臂披大衣，衣裾揽于左臂，赤足站立。伸出右手作接收状，下有三童子，一人爬伏，一人站立其背上，一人在背后扶持，上者伸手作送递状。边大多风化缺损。

编号：QN 三二四

尺寸：上宽 20~25、下宽 25~30、通高 41 厘米

时代：北魏

造像简介：造像石，粗质砂石。上下面平整，四面开龛造像，长方形龛，雕造佛像、菩萨像 8 尊。造像画面风化剥蚀，细部不可辨识。现状为残损严重。

1、3：龛楣饰 2 个小佛龛，内各有坐佛一尊。主尊佛为坐佛。

2、4：佛龛内一佛二菩萨。主尊坐佛方盘大脸，菩萨两侧侍立。

编号：QN 三二五

尺寸：上宽 28、下宽 27~31、通高 41 厘米

时代：北齐（天保风格）

造像简介：造像石，粗质黄砂石。上下面平整，四面开龛造像，雕造佛像、菩萨像 12 尊。造像题材为一佛二菩萨。佛有坐立两种姿态。画面布局疏朗，雕造技艺娴熟，人物造型比例适中。凸字形龛，龛楣刻饰图案线条简洁，鹳鸟啄蛇、啄鱼形象生动。造像中出现的菩萨微出胯，姿态婀娜，是唐代“S”形菩萨造型雏形。画面风化剥蚀，破坏了造像。

1：龛楣中部饰单线刻划双尾凤鸟形，左边有一鹳鸟啄一条弯曲状蛇。龛内造像为一佛二菩萨。主尊佛像身材高大，高肉髻，脸部残损，束肩。身内着僧祇支，胸前系结，外披双领下垂大衣，衣裾揽于左臂下垂。右手施无畏印，左手施与愿印，结跏趺坐于高莲台，衣裾垂覆莲台。风化剥蚀。两侧菩萨戴冠，方脸大耳，帔帛带，双手合十，下着长裙侍立莲台。右侧菩萨胯偏右侧，呈婀娜姿。

2：龛为凸字形。龛楣右侧饰单线刻划鹳鸟啄鱼形，生动有趣。龛内造像为一佛二菩萨。主尊佛像身材高大，高肉髻，长方脸，大耳垂轮，细长眉，丹凤眼，眼目微张，鼻直口方，嘴角内敛。身着方领通肩大衣，“U”形衣纹，结跏趺坐于高莲台，施禅定印，衣裾下垂遮覆莲台，下摆微外扬。衣褶简洁。两侧菩萨戴冠，方脸大耳，眉目清晰，披帔帛，下着长裙，双手合十，赤足侍立莲台。造像多处缺损，风化剥蚀。

3：帷幔龛。龛楣饰双排锯齿形如帐幔。龛内造像为一佛二菩萨。主尊佛立像身材高大，高肉髻，长方脸，头面部残损。佛肩宽背厚，外披双领下垂大衣，衣裾自然下垂，站立于高莲台，衣褶简洁。两侧菩萨戴冠，方脸大耳，细眉，眼微合，帔帛带，双手合十，下着长裙。佛身菩萨多处缺损，风化剥蚀。

4：凸字形龛。龛楣饰圆弧拱，龛楣中部刻划莲花形，楣尾卷曲。龛内造像为一佛二菩萨。主尊佛像身材高大，高肉髻，长方脸，低头颔首，细长眉，丹凤眼，眼目微张，鼻直口方，嘴角内敛，脸部残损。佛身内着僧祇支，胸前系结，外披双领下垂大衣，衣裾揽于左臂下垂。右手施无畏印，左手施与愿印，结跏趺坐于高莲台，衣裾自然垂覆莲台，衣褶简洁。莲台下为木榻，腿部呈壶门式木榻腿。两侧菩萨戴冠，方脸大耳，帔帛带，双手合十，下着长裙，赤足侍立梗枝莲台。多风化剥蚀。

编号：QN 三二六

尺寸：上宽 22~33、下宽 26~35、通高 40 厘米

时代：北魏

造像简介：造像石，粗质黄砂石。上下面平整，四面开龛造像，雕造佛像、菩萨像 10 尊。造像题材为一佛二菩萨。佛龛为凸字形，龛内造像主尊佛像身材高大，高肉髻，圆方脸，大耳垂肩，肥颐短项。上身内着僧祇支，胸前系结，外披双领下垂大衣，衣裾揽于左臂下垂。右手施无畏印，左手施与愿印，结跏趺坐于高莲台，衣裾垂覆莲台。风化剥蚀，细部不辨。两侧菩萨戴冠，方脸大耳，帔帛带，双手合十，下着长裙侍立莲台。造像工艺简单粗糙。风化极严重，两个画面残损近半，3 残缺右侧，4 残缺左侧。现状为残损严重。

编号：QN 三二七

尺寸：上宽 26~28、下宽 20~30、通高 44 厘米

时代：北魏—东魏

造像简介：造像石，粗质黄砂石。上下面不平整，四面开龛造像，雕造佛像 4 尊。佛龛圆拱形。造像仅存大形。佛为坐像，高髻方脸，着圆领通肩大衣，施禅定印，结跏趺坐。衣裾下垂遮覆莲台。细部尽失，仅可辨大形。4 的造像右侧残存菩萨立像，莲台残痕。现状为风化剥蚀，残损严重，细部形象消失殆尽。

编号：QN 三二八

尺寸：上宽 29~30、下宽 30~31、通高 32 厘米

时代：北魏

造像简介：造像石，粗质黄砂石。上下面平整，四面开龛造像，雕造佛像、菩萨像 12 尊。圆弧龛，龛楣饰宝盖，楣尾卷曲。四面题材相同，造像风格一致，简单世俗。龛内造像一佛二弟子。佛瘦长脸，面残缺，秀颈，溜肩，上身直挺，施禅定印，结跏趺坐，衣裾下垂遮覆莲台。两侧弟子头残损，束肩，披袈裟，双手合十，侍立莲台。现状为风化使棱角磨平，漫漶剥落，残损严重。

编号：QN 三二九

尺寸：上宽 27~29、下宽 29、通高 30 厘米

时代：北齐

造像简介：造像石，砂石质。塔已残损，造像多风化。平拱龛 4 个，佛像、菩萨像各 2 尊。题材为佛坐像、菩萨立像。画面刻边线，上角饰莲花。现状为塔体断裂，严重残缺不全，风化漫漶。

1：龛内佛坐像，高肉髻，方圆脸，大耳垂轮，着圆领通肩大衣，施禅定印，结跏趺坐。下半残损严重。

2：龛内佛立像，饰项光，高肉髻，内着圆领僧祇支，外披圆领通肩大衣，衣角揽于左臂，手部残损不辨，赤足站立莲台。有纵向裂纹。

3：龛内立像菩萨装，戴高冠，披帔帛，帛巾下垂交叉于腹际，弯曲上折揽于两臂，双手合十，赤足站立莲台。

4：龛内佛坐像，饰项光，头部缺失。削肩，着圆领通肩大衣，施禅定印，结跏趺坐，衣裾遮覆莲台。残缺破损严重。

编号：QN 三三〇

尺寸：上宽 28~32、下宽 28~32、通高 51.5 厘米

时代：北魏（Ⅰ段）

造像简介：造像石，粗质黄砂石。上下面平整，四面开龛造像，雕造佛像 4 尊。圆拱龛。龛内坐佛一尊，高肉髻，长圆脸，大耳垂轮，长颈，宽胸圆肩，两肩齐亭，施禅定印，结跏趺坐于莲台。造像制作粗糙简单，龛内壁刻放射状斧凿痕。但佛像精气十足。现状为残损严重。（图 4-180、181）

编号：QN 三三一

尺寸：上宽 24~31、下宽 30~35、通高 47 厘米

时代：东魏（保留有永熙风格）

造像简介：造像石，砂石质，质地粗疏。可辨识仅存三面，开主龛 3 个，圆拱龛。造佛、菩

图 4-180　QN 三三〇—2

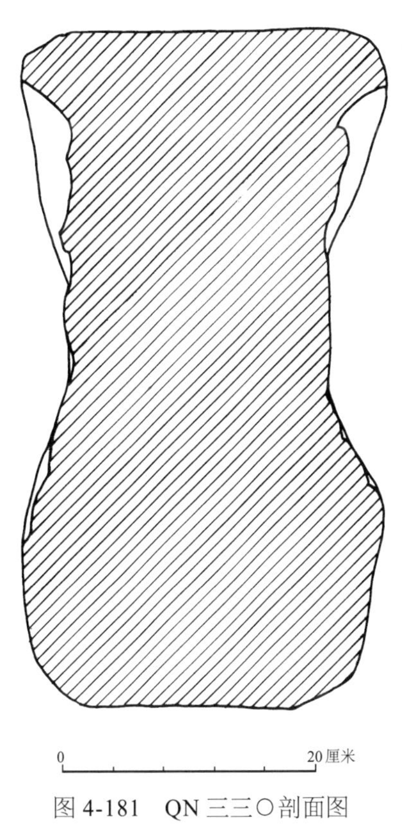

图 4-181　QN 三三〇剖面图

萨像 9 尊。造像题材为一佛二菩萨。龛内主尊佛施禅定印或与愿无畏印，结跏趺坐于台座。主龛外侧长方小龛内胁侍菩萨侍立。现状为局部严重残损风化。

编号：QN 三三二

尺寸：上宽 20~24、下宽 20~24、通高 32 厘米

时代：北魏

造像简介：造像石，砂石质。四面雕造圆拱龛、帷幕龛共 4 个，刻造佛像 4 尊，胁侍菩萨、供养人共 6 尊，造像年久风化，模糊不识。佛像高圆肉髻，肥颐短项。供养菩萨颔首挺腹呈婀娜状。现状为石体已残损风化。

编号：QN 三三三

尺寸：上宽 14~28、下宽 25~29、通高 30 厘米

时代：北魏

造像简介：十六王子佛造像石，黄砂石质。上下面平整，四面开龛造像，平弧拱龛。雕造佛像 16 尊。四龛一组，呈四方联式。龛内佛造像，低圆肉髻，方脸形，小下颌，眼眯缝着，鼻小口大，大耳垂肩，身材短小。身着双领下垂大衣，施禅定印，结跏趺坐，衣裾下垂遮覆莲台，呈蜜蜂张翼形。刻划简洁，造像粗糙。现状为残损严重。

编号：QN 三三四

尺寸：上宽 24~27、下宽 32~33、通高 32 厘米

时代：东魏

造像简介：造像石，粗质黄砂石。上下面平整，四面开龛造像，雕造佛像 4 尊。圆拱龛，龛楣饰桃尖宝盖、火焰纹，楣尾卷曲，两侧饰龛柱。主龛内造像为一尊坐佛。主尊佛，高肉髻，方圆脸形，立眉小眼，小鼻小口。身披圆领通肩大衣，施禅定印，结跏趺坐于高莲台，衣裾自然下垂遮覆莲台，衣褶简洁。现状为风化残损严重。

编号：QN 三三五

尺寸：上宽 22~28、下宽 24~30、通高 53 厘米

时代：北魏（Ⅰ式）

造像简介：造像石，粗质黄砂石。上下面平整，四面开龛造像，圆拱龛，雕造佛像 4 尊。四面造像题材造型相同。龛内坐佛一尊，橄榄形长头，高肉髻，长圆脸，大耳垂轮，细眯眼，高颧骨，隆鼻大嘴，嘴角微下沉，大下巴，长颈，宽胸圆肩，两肩齐亭。内着僧祇支，外披袒右大衣，饰宽折带，两手相连接，简化象征施禅定印，结跏趺坐于长方莲台。造像制作粗糙简单，龛内壁留放射状斧凿痕，佛像精神气十足。有较早期造像风格。风化使边沿缺损，棱角磨损。现状为残损严重。

编号：QN 三三六

尺寸：上宽 23~31、下宽 32~35、通高 60 厘米

时代：北齐

造像简介：造像石，粗质黄砂石。四面开各式龛6个，凸字形龛3个，长方形主龛1个，辅龛2个。雕造主尊佛像4尊，胁侍菩萨像8身。造像题材组合为一佛二菩萨。主尊佛造像高圆肉髻，长方脸形，大耳垂轮，长眼，鼻直口方，身形挺拔端庄。上身着圆领通肩大衣，"U"形衣纹，施禅定印，结跏趺坐于高方莲台。衣裾自然下垂遮覆莲台，下摆尖折。两侧胁侍菩萨，戴高冠，披帔帛，下着长裙，双手合十侍立莲台。现状为造像严重残缺，风化漫漶，无法辨识。

1、3：龛内一佛二菩萨造像，局部残损。

2：凸字形龛，龛内主尊佛饰舟样背光，头部缺失，留有凹槽以利换接。造像身形挺拔端庄，披双领下垂大衣，施与愿无畏印，结跏趺坐于高方莲台，衣裾遮覆莲台。两侧胁侍菩萨一手提香囊，一手持宝物，披帔帛，侍立带梗莲台。

4：长方形主龛，龛内主尊佛挺拔端庄，披双领下垂大衣，施与愿无畏印，结跏趺坐于高方莲台，衣裾遮覆莲台。两侧长方形龛内胁侍菩萨双手合十侍立。

编号：QN 三三七

尺寸：上宽 25~32、下宽 34~35、通高 37 厘米

时代：东魏

造像简介：十六王子佛造像石，细质黄白砂石。上下面平整，四面开龛造像，雕造佛像 16 尊。四龛一组，呈四方联式。圆弧拱龛，龛楣饰宝盖形，楣尾卷曲，两龛间饰荷尖形。佛造像，高圆肉髻，方脸形，小下颌，眉目清晰，小眼，鼻直口方，嘴角内收，大耳垂肩，身材健壮。外披通肩大衣，施禅定印，结跏趺坐于莲台，衣裾自然下垂遮覆莲台，衣褶清晰，刻划简洁，双线饰边。十六王子佛造像同题材中，造像技艺娴熟，构图严谨，舒朗细致。现状为各画面有不同程度损坏。

编号：QN 三三八

尺寸：上宽 27~31、下宽 30~34、通高 46 厘米

时代：北魏（神龟—孝昌风格）

造像简介：造像石，砂石质，石质粗疏。四面开龛 4 个，造佛像、菩萨像、力士、供养人等十余人。佛方圆脸形，面相丰满，体态端庄，给人雄健之感。现状为多已残缺，风化不清。

1：屋形龛，龛楣部位残损，龛内交脚菩萨施说法印，两侧胁侍菩萨侍立，护法狮子卧于前。佛座下力士作托举状。

2：圆弧拱龛，龛楣饰飞天、化佛，龛内主尊佛，低圆肉髻，面相丰满，秀颈圆润，内着僧衣，外披双领下垂大衣，施上品上生印，结跏趺坐于低台座，衣裾自然下垂遮覆莲台。龛两侧刻饰胁侍菩萨，头戴荷冠，披帔帛，下着长裙，双手合十侍立莲台，莲台下有力士托举。下部饰忍冬蔓草图案。

3：圆弧拱龛，龛楣饰宝盖，龛上部二龙缠绕。龛内主尊佛，低圆肉髻，面相丰满，大耳垂轮，

长眼微合，鼻直口阔，嘴角上翘，肥颐短项，内着僧衣，外披帔帛，帛带至腹部穿璧交叉下绕膝部，揽于两臂外垂扬，左手施与愿印，右手施说法印，下着长裙，善跏趺坐于高台座，足踏莲花，衣裾自然下垂遮覆莲台。龛内两侧刻饰胁侍菩萨，披帔帛，下着长裙，双手合十侍立莲台。龛外侧饰力士护法，束发，眼目圆睁，赤膊，握拳执杵作威武状侍立。座前下部两只护法狮子回首翘尾作舞蹈状。刻造技法粗犷。

4：凸字形龛，龛楣饰荷花。龛内主尊佛低圆肉髻，面相丰满，内着僧衣，外披双领下垂大衣，施禅定印，结跏趺坐于低台座，衣裾自然下垂遮覆莲台。龛内两侧刻饰胁侍菩萨，头戴荷冠，披帔帛，下着长裙，双手执物侍立莲台。

编号：QN 三三九

尺寸：上宽 25~32、下宽 28~34、通高 39 厘米

时代：北魏—东魏

造像简介：造像石，黄白砂石，质地粗疏。四周开龛造像，圆拱形龛，主龛侧刻造小龛与主龛相连成圆拱凸字形龛。造佛像 4 尊，胁侍菩萨像 8 身。造像组合是一佛二菩萨。龛内主尊佛高肉髻，面相长方丰满，弯眉长眼，鼻直口阔，着方领或圆领通肩大衣，施与愿无畏印，结跏趺坐于高方坐上。两侧二胁侍菩萨头戴冠，长脸，胸前手合十或执持法物，披通肩大衣侍立于圆莲台之上。龛外素面无饰且已经残蚀漫漶。现状为残损风化严重。

编号：QN 三四〇

尺寸：上宽 32~34、下宽 36、通高 53 厘米

时代：北齐

造像简介：造像石，砂石质。石体风化残损严重，部分画面已无法辨认。四面开龛造像，计开 4 龛，周边刻边框线，两上角有团莲图案。圆拱龛，龛楣饰桃尖宝盖，忍冬蔓草花纹，楣尾上卷饰朱雀，花草。龛柱饰莲台、神草。造佛像 4 尊，胁侍菩萨弟子像 8 身。造像题材为一佛二弟子，佛头上磨光高肉髻，面相丰满，两肩齐亭，施禅定印，结跏趺坐于低坛基上。两侧胁侍弟子，光头，秀长颈，体态清秀，双手合十侍立低坛基上。现状为塔面残损风化严重。

1：屋帷形龛，龛楣饰三角形鱼鳞纹，流苏结束帷幔。

2：楣尾上卷饰卷草。龛柱饰神草。

3：楣尾上卷。

4：楣尾上卷饰朱雀，龛柱饰莲台。龛内台基下部护法狮子半蹲，仰头前视，

编号：QN 三四一

尺寸：上宽 22~26、下宽 24~29、通高 32 厘米

时代：东魏

造像简介：十六王子佛造像石，粗质黄砂石。上下面不平整，四面开龛造像，雕造佛像 16 尊。

四龛一组，呈四方联式。佛龛为圆拱龛，龛楣饰双线，两龛间饰荷尖。佛造像，高圆肉髻，方脸形，眼眯缝着，鼻小口大，大耳垂肩，身材健壮。外着圆领通肩大衣，施禅定印，结跏趺坐于莲台，衣裾自然下垂遮覆莲台呈半圆，如覆莲瓣。现状为造像边沿缺损严重，部分佛龛风化剥蚀。

编号：QN 三四二

尺寸：上宽 30~31、下宽 32~38、通高 49 厘米

时代：北魏

造像简介：造像石，粗质黄砂石。上下面平整，四面开龛造像，平拱、长方形佛龛。龛外无饰。雕造佛像 4 尊。现状为残损严重，风化漫漶，细部无可辨识。

1、2、4：龛内主尊佛，高肉髻，圆方脸，大耳垂肩，身着通肩大衣，施禅定印，结跏趺坐，衣裾下垂遮覆莲台。造像边沿缺损，棱角全无，面目全非。

3：龛内主尊佛，高肉髻，圆方脸，风化使面目漫漶剥蚀。右手施无畏印，结跏趺坐。衣裾下垂遮覆莲台。

编号：QN 三四三

尺寸：上宽 27、下宽 27~28、通高 31 厘米

时代：北魏

造像简介：十六王子佛造像石，砂石质。四方联龛，佛龛为平弧拱龛，龛内主尊佛，长方脸形，面相丰满，长眼阔口，着圆领通肩大衣，施禅定印，结跏趺坐，衣裾下垂遮覆莲台基部。衣饰简洁，造像粗糙，技法简陋。现状为局部残损风化。

编号：QN 三四四

尺寸：上宽 28、下宽 33、通高 50 厘米

时代：东魏

造像简介：造像石，砂石质。保存完整，画面清晰，上下两面平，四面开龛造像，共雕造佛像 4 尊。开龛 4 个，圆拱龛，龛楣饰桃尖宝盖，楣尾上卷，龛柱明显。四面造像题材相同，均为主佛一尊。佛头上磨光高肉髻，长方大脸，面部扁平，宽额，长眉，大眼睛微合，目光下视，高鼻头大耳，阔口稍张，嘴角内收，秀颈，胸部挺拔，窄肩齐亭，较为厚实，给人体魄强健的感觉。佛内着僧祇支，外着宽博方领下垂大衣，施上品上生印，结跏趺坐于低坛基上，衣裾覆膝绕肘遮覆搭于莲台底部。上身衣纹雕成圆弧形浅线，下身衣纹雕造成连续的横波纹。1、2、3、4 的龛两侧均阴刻楷书，字样分别为“开明主佛弟子／李润珍侍佛”“开明主佛弟子／李宗庆侍佛”“开明主佛弟子／李仙侍佛”和“开光明主佛弟子／□幼郎侍佛”。（图 4-182~4-189）

编号：QN 三四五

尺寸：上宽 28~30、下宽 28~30、通高 36 厘米

图 4-182 QN 三四四—1 拓片　　图 4-183 QN 三四四—2 拓片

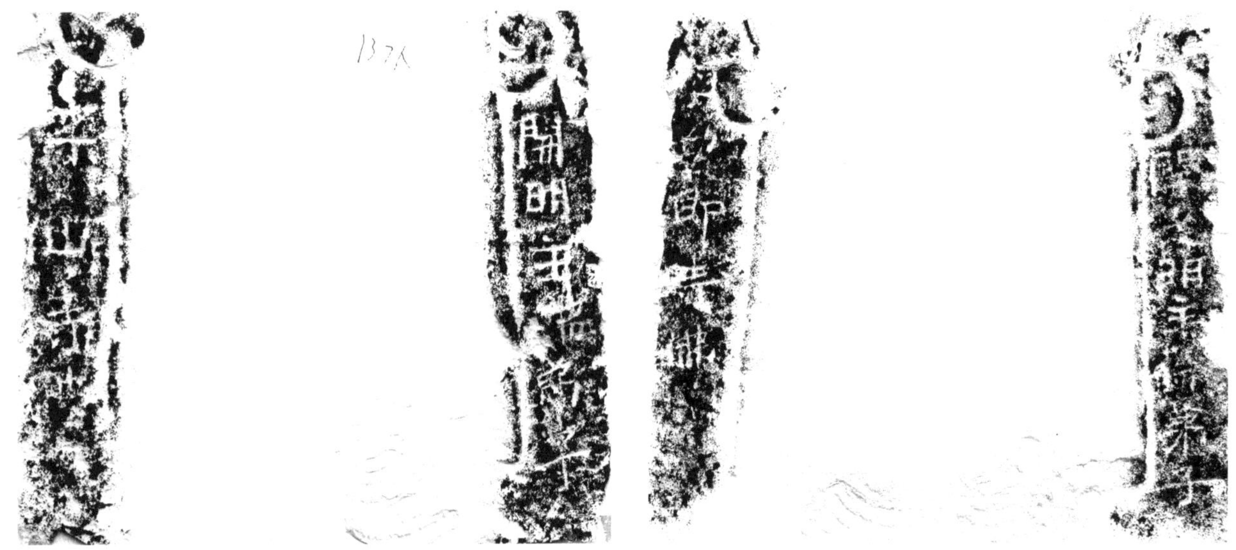

图 4-184 QN 三四四—3 拓片　　图 4-185 QN 三四四—4 拓片

时代：北齐晚期—北周

造像简介：造像石，粗砂石质，上下面不规则，四面开龛造像。圆拱龛4个，石面刻出凸雕方框线，四角有圆莲图案，下部圆莲瓣图案饰连珠纹。中间凿圆拱佛龛，共刻造佛像3尊，菩萨像1身。现状为局部残损，风化严重。

1、2、4：龛内佛头上磨光低肉髻，方圆脸形，发际有缺，面相丰满，表情端庄，弧眉长眼，目光下视，直鼻小嘴，大耳垂轮，短颈圆肩，胸部直挺。内着僧祇支，外披袒右或双领下垂的宽搏大衣，施禅定印，结跏趺坐于高方台上，衣裾自然下垂遮覆至高方座中部，衣褶成圆弧横曲线。4的龛两侧铭记漫漶。

图 4-186　QN 三四四—1

图 4-187　QN 三四四—2

图 4-188　QN 三四四—3

图 4-189　QN 三四四—4

3：龛内造菩萨像，头戴花蔓冠，方圆脸，面相俊秀，弧眉小眼，小高鼻阔口，圆肩，挺胸束腰系带，肩披帔帛，帛带垂于两侧，下着长裙，左手抚右脚踝，右手举于胸前，半跏趺坐于束腰莲台座。

编号：QN 三四六

尺寸：上宽 33~35、下宽 36~37、高 41 厘米

时代：北魏

造像简介：造像石，细砂石质。质地细密，雕工精湛，表面光洁细腻。顶面规格平整，四面开圆拱主龛 4 个，龛楣饰桃尖宝盖，长方形辅龛 8 个。主龛主尊佛低圆肉髻，长圆脸形，面相丰满，低眉颔首，面露微笑。内着交领僧祇支，胸际系带，外披圆领或双领下垂式袈裟。施与愿无畏印或禅定印，结跏趺坐或善跏趺坐于低台座。衣裾遮覆莲台，衣褶繁复，下摆尖折角微扬。外侧辅龛内有菩萨、金刚、弟子等造像。共刻造佛像 4 尊，金刚胁侍菩萨弟子、供养人等共 12 身。现状为画面光洁清晰，局部有残损。

1：主龛楣外侧饰飞天，楣尾饰格里芬神兽回首，辅龛内造金刚护法，握拳执杵，守护于两侧。下部饰护法狮子。

2：主龛楣外侧饰供养人跪伏叩拜，楣尾饰忍冬卷草，辅龛内胁侍菩萨戴高荷冠，披帔帛，帛带折绕揽于两臂肘，下着长裙，双手捧宝物赤足侍立莲台。

3：主龛楣外侧饰忍冬卷草，楣尾上卷，辅龛内弟子披紧身袈裟，赤足侍立莲台。主龛内主尊佛施与愿无畏印，善跏趺坐于高台座，赤足露趾。

4：主龛楣外侧饰莲瓣，楣尾饰龙回首，辅龛内胁侍菩萨戴高冠，披帔帛，帛带折绕于两臂肘，下着长裙，一手捧宝物于胸前，一手执宝瓶赤足侍立，下部饰供养人跪拜于佛前。（图 4-190）

图 4-190 QN 三四六—4

编号：QN 三四七

尺寸：上宽 24~29、下宽 27~30、通高 33 厘米

时代：北魏

造像简介：塔体，砂石质，质地粗疏。四面开龛造像，总计开凿平拱龛 4 个，造佛像 4 尊、弟子像 2 身。造像题材组合：1、3、4 为为主佛一尊，2 为一佛二弟子。身形修长，刻造粗糙。现状为风化残损严重，无法辨识。

编号：QN 三四八

尺寸：上宽 46~48、下宽 44.6~49、通高 64

厘米

时代：北魏

造像简介：造像石，白砂石质地。四面开龛造像，雕造大小 10 龛，长方形平拱龛 4 个，长方辅龛 6 个。刻造佛像 4 尊，胁侍菩萨、力士像 6 身。现状为画面多已风化，漫漶不清。

1、3：该两面造像题材基本相同，为一佛二菩萨。主尊佛头磨光高肉髻，宽额，细长弧眉，长眼睛微合，目光下视，小鼻薄唇，嘴角内收，大耳垂轮，秀长颈，圆溜肩，体态端庄。内着僧祇支，胸腹际束带作结，外披圆领或方领下垂的宽博式大衣，施禅定印或与愿无畏印，结跏趺坐于低台座之上，衣裾下垂遮覆莲台基部，衣纹刻造成多层重叠式曲线波浪纹。两侧小龛内，胁侍菩萨头戴高冠，身着长裙，肩披帔帛，帛带腹际穿璧交叉下绕腿部揽于两臂肘，双手合十侍立莲台。龛楣饰桃尖宝盖、火焰纹。龛楣外饰金翅鸟，楣尾上卷饰龙回首，龙吐瑞草。（图 4-191、193）

2：圆弧拱龛内造着菩萨装的立佛一尊，造像饰舟样身光，头上高冠，长圆脸形，面相丰满，长眼睛微合，目光下视，小鼻薄唇，嘴角内收，表情祥和，大耳垂轮，圆润适中。肩披帔帛，帛带下垂腹际交叉穿璧，揽臂绕肘，左手抚于腹部，右手施无畏印，下着长裙，露趾。（图 4-192）

4：主龛龛楣饰桃尖宝盖，楣尾饰龙回首，龛楣外侧饰供养人跪侍两侧。两侧辅龛内刻金刚力士造像。主龛内主尊佛造像与以上基本相同。下部漫漶严重。（图 4-194）

编号：QN 三四九

尺寸：上宽 28~31、下宽 32~35、通高 36 厘米

时代：北齐晚期—隋

造像简介：造像石，砂石质。四面开圆弧拱龛 4 个，造佛像 4 尊。现状为局部残缺，风化严重，细部多已无法辨识。

四周造像题材相同，龛内主尊佛头上宽平磨光肉髻，方圆脸形，面相丰满，溜肩，挺胸鼓腹，身形健壮。内着僧祇支，外披双领下垂宽博大衣，施与愿无畏印或禅定印，结跏趺坐于高束腰台座上，衣裾遮覆于莲台座上部，衣纹简洁。（图 4-195）

编号：QN 三五〇

尺寸：上宽 29~36、下宽 33~41、通高 45 厘米

时代：东魏

造像简介：造像石，砂石质地。四面造像，四面龛饰相同。平弧拱龛，龛楣饰桃尖宝盖，楣尾上卷。龛楣外侧各饰莲花。界线饰边，帷幔连接两侧。主龛两侧饰千佛龛式双层佛龛，龛中坐佛均为通肩大衣，禅定印，结跏趺坐于莲台。

四面主尊造像造型基本相同，佛磨光高肉髻，低眉颔首，慈眉善目，目光下视。上身内着僧祇支，外披圆领通肩或双领下垂大衣，施禅定印，结跏趺坐于莲台，衣裾遮覆莲台，下摆尖折角稍外扬。现状为风化残损，部分造像面目全非。

图 4-191　QN 三四八—1

图 4-192　QN 三四八—2

图 4-193　QN 三四八—3

图 4-194　QN 三四八—4

图 4-195　QN 三四九一1

编号：QN 三五一

尺寸：上宽 29~30、下宽 30~33、通高 28 厘米

时代：北魏

造像简介：造像石，粗质黄砂石。上下面平整，四面开龛造像，佛龛圆拱龛，似穹庐。雕造佛像 4 尊。造像题材为坐佛一尊。现状为风化剥蚀，边沿缺损严重。

1、3、4：龛内造像坐佛一尊。造像高圆肉髻，圆脸形，眼睛微眯，低眉颔首，大耳垂轮，头部残损，溜肩。内着圆领僧衣，戴项圈，外披双领下垂大衣或方领大衣，施禅定印，结跏趺坐于莲台，衣裾下垂遮覆莲台，衣摆边刻双线，衣如薄毡。

2：龛内佛造像，高圆肉髻，圆脸形，低眉颔首，大耳垂轮。内着圆领僧衣，外披双领下垂大衣，双手合捧于胸前，结跏趺坐于莲台，衣裾遮覆莲台，衣摆边刻双线，衣如薄毡。

编号：QN 三五二

尺寸：上宽 35~40、下宽 40~43、通高 30 厘米

时代：北魏（建义元年风格）

造像简介：造像石，砂石质。四面开圆拱龛 4 个，造佛像 4 尊，现状为局部略有残损。

圆拱龛，似穹庐，龛楣饰宝盖，忍冬蔓草，圆弧饰龙形鳞纹。楣尾上卷，两侧饰龙首形钩，口衔流苏饰物。龛柱如帐帷柱，下有狮子守卫。龛内主尊佛头上磨光高肉髻，低头颔首，面相清秀，额饰白毫，表情祥和，小眼小鼻，尖颏，大耳垂轮，削肩。内着僧祇支，外披圆领宽博式袈裟，施禅定印，结跏趺坐于高方台座，衣裾自然下垂遮覆莲台基部，衣纹成简洁的曲线波浪形。（图 4-196）

编号：QN 三五三

尺寸：上宽 27~30、下宽 28~32、通高 33 厘米

时代：北齐—北周

造像简介：造像石，砂岩，质地粗疏。上下面平整，四面开龛造像，刻饰宽边框线，计开佛龛 4 个，造佛像 4 尊，弟子像 6 身。

图4-196 QN三五二—1

圆拱龛，龛楣饰桃尖宝盖，楣尾上卷。龛内佛头顶上低圆肉髻，圆脸形，面相丰满，大耳垂轮，细弧眉，长眼微睁，高鼻阔口，两肩宽厚齐亭，身形健壮。内着僧祇支，外披双领下垂或圆领通肩大衣，施禅定印或作与愿无畏印，结跏趺坐于高方台座上，衣裾遮覆莲台敷搭台座中上部，衣褶饰圆弧曲线。两侧二弟子光头，圆脸形，窄肩，身材修长，双手合十或袖手赤足侍立圆台。造像局部残损风化。

编号：QN三五四

尺寸：上宽37~39、下宽40~41、通高52厘米

时代：北魏（熙平风格）

造像简介：造像石，砂石质。上下面规整，四面开龛造像，共开凿主龛4个，辅龛8个，千佛龛式小龛16个。造主尊佛像4尊，胁侍菩萨像8身，千佛龛式小佛龛佛像16尊，局部残损。圆拱龛主龛与辅龛组合形成凸字形龛，龛楣饰忍冬卷草，飞天图案。主龛外刻造双层小佛龛，龛内各刻坐佛一尊。龛内造像题材为一佛二菩萨。龛内主尊佛饰通身舟样背光外延至龛楣之上。佛头上磨光高圆肉髻，长圆脸形，发际中有山形缺口，额头宽平，大耳垂轮，细弧眉，长眼微睁，眼角上翘，小鼻阔口厚唇，下颌丰圆，面相俊秀，秀颈圆肩，身形健壮，体态端庄。内着僧祇支，外披袒右大衣，饰宽折边，施与愿无畏印，结跏趺坐于低台座上，衣裾遮覆莲台敷搭于台座底部，下摆尖折角外扬较大，衣纹刻造成重叠的曲线波纹。佛两侧二胁侍菩萨头戴高荷冠，秀颈束肩，

身形修长，肩披帔帛，帛带于腹际交叉垂绕揽于臂肘，下着长裙，双手合十或双手执持法物侍立莲台。造像刻造精细。（图 4-197~4-200；彩版四二，1）

编号：QN 三五五

尺寸：上宽 33~39、下宽 40~42、通高 48 厘米

时代：北周—隋

造像简介：造像石，砂石质，石体已残破裂为数块。可辨四面开龛造像，圆拱龛 4 个，龛楣饰桃尖宝盖。共刻造佛像 4 尊，胁侍菩萨弟子像 8 身。现状为风化残损严重，细部模糊无法辨识。

1：圆拱龛内主尊佛方圆脸形，面相丰满，内着僧祇支，外披袒右袈裟，施与愿无畏印，善跏趺坐于束腰高台座上，衣裾覆盖座基部。两侧二胁侍菩萨身材修长，侍立于圆形莲台之上。

2、4：龛内主尊造像头顶低圆肉髻，肥颐短项，两肩宽厚齐亭，身形健壮，施与愿无畏印或禅定印，结跏趺坐于高束腰须弥座上，衣裾遮覆莲台。两侧胁侍菩萨戴高冠，身材修长，双手合十侍立于圆莲台上。

3：龛内主尊佛方圆脸形，面相丰满，两肩齐亭，身形健壮，施禅定印，结跏趺坐于圆形束腰莲花高台座上。两侧弟子身材修长，紧裹袈裟，侍立于莲台上。

编号：QN 三五六

尺寸：上宽 31~38、下宽 32~38、通高 41 厘米

时代：北魏（永熙风格）

造像简介：造像石，黄白砂石，质地疏松。四方石体，三面开四龛。上口敞开，中空，如石匣。刻造佛像 2 尊，护法 2 身。题材组合为一佛、一佛二力士、二护法。雕造工艺较糙。这一例特殊的造像石，中空开门，为南涅水石刻中孤品。现状为局部残损，修复后基本完好。

1、3：左右两侧面造像大致相同。分别为长方形佛龛，龛楣饰宝盖、火焰纹，楣尾上卷饰神龙回首。龛左右两侧饰圆莲花，金翅鸟，力士在下托举。龛中造主尊佛，磨光肉髻，长方脸，面扁平，颔首沉思，肩宽体壮，体态端庄。上身着圆领通肩大衣，施禅定印，结跏趺坐于方高莲台，衣裾下垂遮覆莲台，衣褶若羊肠刻多层重叠的密折曲线纹，下摆微外扬。

2：正面开主龛门，长方形，高 16、宽 14 厘米。龛楣上部饰瑞草花束，空龛两侧长方形龛造护法金刚，面目狰狞，身体肌肉隆起，威武健壮，执金刚杵守卫。龛下饰护法兽造型奇特，面相凶恶。动物如羊。主龛门直通空腹中，其中间可安置各种小型佛像，亦可安置灯具，照亮其中，加盖石屋顶则更完整。

4：无造像痕，是此造像石背面。

编号：QN 三五七

尺寸：上宽 44~46、下宽 43~52、通高 64 厘米

时代：北魏

图 4-197　QN 三五四—1

图 4-198　QN 三五四—2

图 4-199　QN 三五四—3

图 4-200　QN 三五四—4

造像简介：造像石，砂石质。石体残断2块，四面开龛造像，开凿圆拱龛4个。造佛像4尊，胁侍菩萨像8身。造像题材组合为一佛二菩萨。现状为残损断裂，风化严重。

1：龛楣饰束莲，龛内一坐佛二胁侍菩萨造像，严重残损，风化漫漶。

2：龛楣两侧刻饰圆莲花。龛内立佛着方领下垂袈裟，施与愿无畏印，衣摆揽臂绕肘下垂，体态健壮，两侧胁侍菩萨像无法辨识。

3：龛楣刻饰飞天形象，龛内造一佛二菩萨，造像残损漫漶，细部不辨。

4：龛楣饰团莲化佛形象。龛内主尊佛高肉髻，长方脸形，面相丰满，宽额，细眉长眼，目光下视，鼻直口小，大耳垂轮，秀颈圆润，两肩齐亭，体态端庄。施与愿施无畏印，结跏趺坐于低台座之上，衣裾遮覆莲台，敷盖龛外底部，衣褶成多层重叠的曲线纹。两侧造胁侍菩萨像。

编号：QN三五八

尺寸：上宽12~21、下宽24~30、通高46厘米

时代：北魏

造像简介：造像石，粗质黄砂石。上顶残缺不平，下面平整，四面开龛造像，雕造佛像4尊。圆拱佛龛风化残损。龛内坐佛，有一佛和二佛并坐两种样式。佛施禅定印，结跏趺坐于低台座上。一佛座下有力士托举状。现状为残损严重，风化剥蚀面目丧失，造像细部无可辨。

编号：QN三五九

尺寸：上宽14~42、下宽24~45、通高61厘米

时代：北魏

造像简介：千佛造像石，粗质黄砂石。上下面平整，造像为千佛碑形式，两面宽，两侧窄。四面开龛造像，雕造佛像49尊。小佛龛圆拱形，龛楣饰双线。每龛内坐佛一尊，背龛斧凿呈放射状粗痕。佛高肉髻，方脸，大耳垂轮，长项，宽肩，身材挺直，施禅定印，结跏趺坐。现状为面目细部风化剥蚀，佛龛造像多有缺损。

编号：QN三六〇

尺寸：上宽24~27、下宽32~34、通高38厘米

时代：东魏

造像简介：十六王子佛造像塔，粗质黄砂石。上顶残缺，下顶面平整，四面开龛造像，雕造佛16尊。四龛一组，呈四方联式。佛龛为圆弧拱龛，龛楣饰桃尖宝盖。佛造像，高圆肉髻，方脸形，眼睛微眯，鼻直口方，神态端庄，大耳垂肩，身材健壮。着圆领通肩大衣，“U”形纹，刻划简洁，施禅定印，结跏趺坐于莲台，衣裾自然下垂遮覆莲台，下摆微外扬，衣褶简洁。整体造像端庄，制作工整。现状为残损严重，部分造像头部缺失，风化剥蚀。

编号：QN 三六一

尺寸：上宽 14~29、下宽 16~21、通高 25 厘米

时代：北齐

造像简介：造像石，砂石质，质地粗疏。四面开龛 4 个，圆拱龛 4 个，造主尊佛像 4 尊。主尊佛高圆肉髻，方圆脸形，面相丰满，两肩齐亭，身形健壮，体态端庄。披圆领通肩大衣，施禅定印，结跏趺坐于低台座，衣裾自然下垂遮覆莲台，下摆微扬。现状为造像大部残损风化，漫漶不辨。

编号：QN 三六二

尺寸：上宽 11~13，下宽 17~20，通高 24 厘米

时代：东魏

造像简介：造像石，粗质黄砂石。上下面不平整，四面开龛造像，雕造佛像 4 尊。佛造像，圆肉髻，圆方脸形，大耳垂肩，肥颐短项，身材健壮。着方领通肩大衣，“U”形纹，施禅定印，结跏趺坐于莲台，衣裾自然下垂遮覆莲台，下摆微外扬，衣褶简洁。四面造像相似，短粗健壮的佛造像体现出北方民族的强壮身材。现状为佛龛上部缺损严重。

编号：QN 三六三

尺寸：上宽 11~14、下宽 14~19、通高 31 厘米

时代：东魏

造像简介：造像塔刹，粗质黄砂石。上部为方形僧帽覆钵式塔刹，下部为造像。造像部分底面平整，四面开龛造像，圆拱龛，龛楣饰桃尖宝盖。雕造佛像 5 尊，菩萨像 4 身，供养人 2 身。

1、3：造像为一佛二菩萨。龛内主尊佛造型简洁，身形健壮，着圆领通肩大衣，施禅定印，结跏趺坐。两侧各一菩萨倾身向佛，着长裙，双手合十侍立。造像风化，面目不辨。

2：三佛龛。龛内佛造型简洁，身形健壮，着圆领通肩大衣，施禅定印，结跏趺坐。风化漫漶，细部不辨。

4：造像为一佛二供养人。龛内佛造型简洁，身形健壮，施禅定印，结跏趺坐。两侧长方形龛内各一供养人跪拜，双手捧物不详，着长裙，倾身向佛。供养人造像风化漫漶，细部不辨。

编号：QN 三六四

尺寸：上宽 26~28、下宽 29~30、通高 26 厘米

时代：东魏

造像简介：造像石，粗质黄砂石。上部残缺，下部面平整，四面开龛造像，雕造佛像 4 尊，残缺仅存下半。佛龛外两侧各有长方形蔓草图案装饰。现状为残损严重。

1、2：龛内坐佛身着双领下垂大衣，施禅定印，结跏趺坐，衣裾下垂遮覆莲台，两臂衣饰向两侧卷曲，中间呈三角形。两膝与衣纹形成如鼓眼金鱼状。

3：残佛坐姿，着僧祇支，系腰带，披双领下垂大衣。施禅定印，结跏趺坐，衣裾覆两臂下垂遮覆莲台，下摆折叠如燕尾。

4：佛龛两侧残存帷幕，残坐佛，上身内着圆领僧衣，外披双领下垂大衣，衣裾揽于左臂下垂。右手施无畏印，左手施与愿印，结跏趺坐于莲台，衣裾垂覆莲台。

编号：QN 三六五

尺寸：上宽 15~20、下宽 22~25、通高 29 厘米

时代：东魏

造像简介：造像石，粗质砂石。上下面平整，四面开龛造像，圆弧拱龛，龛楣饰宝盖。雕造佛像 4 尊，弟子 2 身，倒幢伎 3 个。龛内主佛一尊。造像圆肉髻，方圆脸形，大耳垂轮，肥颐短项，身材健壮，着方领通肩大衣，“U”形纹。施禅定印，结跏趺坐于莲台，衣裾自然下垂遮覆莲台，下摆微外扬，衣褶简洁。龛外侧分别雕造有扛杆、倒挂表演，苦修者，侍从弟子。现状为风化残损严重，多已面目全非。

1：佛龛已残缺无形，坐佛身形基本完好，龛外左侧雕造倒幢伎，一人在下做出马步扎好基础，扛举高杆，一手叉腰，一手扶杆，抬头仰视。杆上正在做高空倒挂表演，两位伎人双腿倒挂在杆上横杆上，双臂张开作表演状。左侧风化，上部残损。

2：龛已残缺无形，坐佛头面残损，身形风化剥蚀，大形可辨。

3：龛已残缺无形，坐佛头面残损，身形基本完好。龛外右侧雕造面向坐佛的苦修者：高鼻深目，着褴褛裙裓，细胳膊双手微抬，细腿赤足抬腿正在走的样子。左侧造像残缺。

4：龛已残缺无形，坐佛头面残损，身形基本完好，龛外右侧雕造有面佛而立的侍从弟子：身着长裓束腰带，下身穿灯笼裤，翘尖靴。风化剥蚀细部不辨。左侧造像残缺。

编号：QN 三六六

尺寸：上宽 18~20、下宽 22~26、通高 34 厘米

时代：东魏

造像简介：造像石，粗质黄砂石。上下面平整，四面开龛造像，雕造佛像 4 尊。佛龛龛楣为仿木构建筑一开间。两侧明柱缺损，阑额上饰补间铺作人字拱，人字拱脚稍有弯曲。大部风化残缺，无完整造型。现状为残损严重。

1、2、4：造像主尊佛高圆肉髻，方脸形，1 头脸残损。眼眯缝着，鼻直口方，神态端庄，风化细部不辨。大耳垂轮，身材健壮，着双领下垂大衣。施禅定印，结跏趺坐于莲台，衣裾自然下垂遮覆莲台，莲台窄于盘腿双膝。刻划简洁。

3：佛造像高圆髻，方脸形，面部风化剥蚀。大耳垂轮，头偏左侧，身材健壮，肩披帔，胸前系结，刻划简洁。左手抚右脚踝，右手（支颐状）残损，右腿盘曲坐于莲台，衣裾自然下垂遮覆莲台，下摆微外扬，衣褶简洁。风化剥蚀，细部漫漶。

编号：QN 三六七

尺寸：上宽 12~18、下宽 19~20、通高 32 厘米

时代：北魏

造像简介：造像石，粗质黄砂石。上下面风化缺损，四面开龛造像，雕造佛像、菩萨像残存 7 尊。圆拱龛，龛楣饰桃尖宝盖，龛面制作粗糙。四面造像组合均为一佛二菩萨。主尊坐佛，高肉髻，鸭蛋脸形，细眉，眼帘微合，鼻直口阔，大耳垂肩。身着圆领通肩大衣，“U”形衣纹，施禅定印，结跏趺坐，衣裾下垂遮覆莲台，如三块铠甲。胁侍菩萨高冠大耳，长方脸，大鼻小嘴，束肩，肩披帔帛，帛带搭于两臂肘，下着长裙，双手合十赤足立于莲台。现状为风化残损严重，细部不辨。

编号：QN 三六八

尺寸：上宽 22~25、下宽 27~31、通高 35 厘米

时代：东魏

造像简介：十六王子佛造像石，粗质黄砂石。上下面残损不平整，四面开龛造像，雕造佛像 16 尊。四龛一组，呈四方联式。佛龛为圆弧拱龛，龛楣饰桃尖宝盖。佛造像，高圆肉髻，方脸形，眼微眯，鼻直口方，神态端庄，身材健壮。着圆领通肩大衣，“U”形纹。施禅定印，结跏趺坐于莲台，衣裾自然下垂遮覆莲台，下摆外扬，衣褶简洁。现状为造像风化剥蚀，缺损严重。

编号：QN 三六九

尺寸：上宽 28~29、下宽 23~30、通高 33 厘米

时代：东魏

造像简介：造像石，粗质黄砂石。上下面不平整，四面开龛造像，雕造佛像、菩萨像 7 尊。现状为风化剥蚀，形象破损严重。

1：圆拱龛，龛楣饰屋帷形，楣尾上卷饰龙回首，下挂饰物。龛内佛坐像，风化剥蚀细部不可辨。

2：圆拱龛，龛内坐佛一尊，龛两侧长方形龛，各造菩萨立像。佛龛下部为左右两只大鸟引颈回首卧守于佛座前造型。整个造像风化剥蚀细部不辨。

3：帷幔形龛，龛内造像一佛二菩萨。右侧残缺。佛坐像，头残损，身形高大，着圆领通肩大衣，施禅定印，结跏趺坐，衣裾下垂遮覆莲台。左侧残存菩萨戴冠，长方脸，大耳，内着圆领僧衣，肩披帔帛，下着长裙，双手合十侍立莲台。

4：圆拱龛，穹庐形，龛内立佛一尊，饰头光，披大衣，衣裾揽于左臂，细部不辨。

编号：QN 三七〇

尺寸：上宽 33~42、下宽 33~47、通高 55 厘米

时代：北魏—东魏

造像简介：造像石，粗质黄砂石。上下面平整，存三面龛像，残存佛像 3 尊、胁侍菩萨像 3 身。圆弧拱龛，主龛两侧长方形龛。现状为残损严重，大多风化剥蚀细部不辨。

1：龛内主尊佛，高肉髻，长脸形，仅存大形。披双领下垂大衣，衣裾揽于左臂，左手施与愿印，右手施无畏印，善跏趺坐于莲台，衣裾下垂遮覆至小腿。右侧菩萨着长裙站立莲台。

2：龛内主尊佛，仅存大形。披双领下垂大衣，衣裾揽于左臂，施与愿无畏印，赤足立于莲台，衣裾下垂遮覆至脚面。左侧菩萨着长裙，双手合十侍立莲台。右侧大部缺损。

3：龛内主尊佛，仅存大形。施与愿无畏印，结跏趺坐于莲台，衣裾下垂遮覆莲台。左侧菩萨双手合十侍立莲台。

编号：QN 三七一

尺寸：上宽 12~20、下宽 10~20、通高 33 厘米

时代：北魏

造像简介：造像石，粗质黄砂石。上下面平整，残存三面龛像，雕造佛像 3 尊，弟子像 1 身。圆弧拱龛，龛楣饰漫漶不辨。龛内坐佛一尊，高圆肉髻，方脸形，眉目漫漶，大耳垂轮。内着僧衣，胸前结带，外披双领下垂大衣，施禅定印，结跏趺坐于莲台，衣裾自然下垂遮覆莲台，衣褶简洁。两侧残存弟子造像，细部不辨。造像风格粗犷。现状为残损严重。

编号：QN 三七二

尺寸：上宽 14~24、下宽 14~25、通高 26 厘米

时代：北齐—北周

造像简介：造像石，粗质黄砂石。上面残缺，下面平整，残存三面龛像，圆拱龛，龛楣饰宝盖，楣尾卷曲。雕造佛像 3 尊，弟子像 3 身。造像四周刻减地界线。主尊佛造像，低平肉髻，方圆大脸，面目漫漶，身形健壮。着圆领通肩大衣，“U”形衣纹，施禅定印，结跏趺坐于方莲台，衣裾自然下垂遮覆莲台。两侧弟子方圆脸形，披长衣，双手合十赤足立于枝梗莲台。现状为残损严重。

1：龛内造像一佛二弟子，左侧弟子缺损。

2：圆拱龛，龛楣饰宝盖忍冬卷草，楣尾饰龙首吐蕊。龛内造像一佛二弟子。右侧残损。

3：龛内造主佛像一尊，方圆大脸，面目漫漶，身形健壮。披袒右大衣，施禅定印，结跏趺坐于方莲台，衣裾自然下垂遮覆莲台。造像右侧缺失。

编号：QN 三七三

尺寸：上宽 11~27、下宽 14~28、通高 29 厘米

时代：北魏

造像简介：造像石，粗质黄砂石。上下面平整，残存三面龛像，圆拱龛。可辨识佛像 3 尊，菩萨像 3 身。造像题材一佛二菩萨。三面形式相同。1 的左半残缺，3 的右半残缺，2 的画面较完整。龛内主尊佛，饰背光，头残损，肩膀宽平，身形高大，着圆领通肩大衣，施禅定印，结跏趺坐，衣裾下垂遮覆莲台。左侧小龛菩萨戴冠，长方脸，大耳垂肩，左手提香囊，右手持物胸前，下着长裙侍立莲台。风化残损严重，细部漫漶不辨。

编号：QN 三七四

尺寸：上宽 16~27、下宽 19~31、通高 41 厘米

时代：东魏

造像简介：造像石，粗质黄砂石。上下面平整，残存三面龛像，长方形佛龛，现存主尊佛像 3 尊，胁侍菩萨像 4 身。造像题材组合为一佛二菩萨。主尊佛，圆肉髻，方脸形，喜眉笑眼，大耳垂肩。胁侍菩萨喜眉笑眼，披帔帛，鼓腹。东魏时代风格明显。现状为残损严重。

1：画面较完整。龛楣饰两团莲花。主尊佛，圆肉髻，方脸形，喜眉笑眼，鼻小口方，嘴角内收，大耳垂肩。内着圆领僧衣，外披双领下垂大衣，施禅定印，结跏趺坐，衣裾自然下垂遮覆莲台，下摆如燕翅。两侧菩萨花蔓冠（风化剥蚀如圆肉髻），方脸形，喜眉笑眼，鼻小口方，嘴角内收，大耳垂肩，披帔帛，帛带下垂胸腹际上折揽于臂肘，呈鼓腹样，下着长裙，双手合十侍立莲台。边沿有残损。

2：龛楣饰飞龙形，神龙回首吐蕊。主尊佛，圆肉髻，方脸形，喜眉笑眼，鼻小口方，嘴角内收，大耳垂肩。内着圆领僧衣，腰间系带结，外披双领下垂大衣，左手施与愿印，右手施无畏印，结跏趺坐。衣裾揽覆左臂，自然下垂遮覆莲台，衣纹如羊肠，下摆微外扬。左侧菩萨花蔓冠（风化剥蚀如圆肉髻），方脸形，喜眉笑眼，鼻小口方，嘴角内收，大耳垂肩。披帔帛，帛带下垂胸腹际上折揽于左臂，鼓腹，下着长裙，左手持宝物，右手提香囊，赤足侍立莲台。边沿残损。

3：龛楣中饰化佛，右侧流苏卷曲。佛、菩萨造像风格同上。边沿残损。

编号：QN 三七五

尺寸：上宽 13~34、下宽 12~20、通高 35 厘米

时代：北齐

造像简介：造像石，粗质黄砂石。上下面平整，残存三面龛像，佛龛龛楣为仿木构建筑一开间。两侧八角明柱，下大上小。柱头转角斗拱之间，阑额上两个曲脚人字拱补间铺作。现存佛像 2 尊，弟子像 1 身。造像题材有二佛并坐和一佛、一佛二菩萨。现状为残损严重，一佛和一佛二菩萨仅可看到残损画面。

1：仿木构屋形龛内并列两个圆拱龛，龛内各造坐佛一尊，饰舟样背光，头残损，肩膀宽平，身形端庄，着圆领通肩大衣，“U”形衣纹，双手覆搭施禅定印，结跏趺坐，衣裾自然下垂遮覆莲台。

2：圆拱龛残存造像，右侧佛弟子光头，方圆脸形，大耳垂轮，细眉小眼，鼻直口方，身形瘦长，内着僧衣，外披袈裟，双手握合侍立莲台。

3：残缺圆拱佛龛中残坐佛像，饰舟样背光。

编号：QN 三七六

尺寸：上宽 19~20、下宽 21~22、通高 42 厘米

时代：北魏—东魏

造像简介：造像石，粗质黄砂石。上下面平整，两侧剥裂残缺，残存两面的佛龛造像，主像

基本完整。现状为残损严重，风化剥蚀，表面漫漶。

1：龛楣饰山峦。龛内主尊佛饰舟样背光、火焰纹、圆形头光。高圆肉髻，长脸形，眉目漫漶，口紧抿，大耳垂轮。内着僧祇支，胸前结带，外披双领下垂大衣。施禅定印，结跏趺坐于高台座，衣裾自然下垂遮覆莲台，衣褶简洁，下摆双重微张扬。

2：龛楣饰山峦。龛内主尊佛饰舟样背光。高圆肉髻，瓜子脸形，眉目低垂，眼帘下合，嘴角微上翘，露喜悦之情，大耳垂轮。内着袒右僧衣，外披袒右大衣。施禅定印，结跏趺坐于高台座，衣裾自然下垂遮覆莲台，衣褶简洁，下摆微张扬。风化剥蚀，细部不辨。

编号：QN 三七七

尺寸：上宽 36、下宽 37、高 28 厘米

时代：不明

造像简介：造像石，粗质黄砂石。上顶面平整，下部残缺，现存两面龛像，残石已无像可言。可判断一面圆拱龛，龛楣无饰，龛中造佛像。另一面圆拱佛龛，龛楣饰桃尖宝盖，龛内造佛像。现状为残损严重。

编号：QN 三七八

尺寸：上宽 12~30、下宽 18~30、通高 39 厘米

时代：东魏

造像简介：造像石，粗质黄砂石。上下面平整，残存三面龛像，佛像 4 尊，胁侍菩萨像 2 身。造像题材一佛二菩萨、二佛并坐。主佛造像细致，虽风化不能掩盖。现状为残损严重。

1：圆拱佛龛，龛楣饰宝盖，饰忍冬蔓草连珠纹。龛内二佛并坐。左侧佛造像圆肉髻，方脸形，低眉颔首，面部扁平，略有残损，大耳垂肩。内着圆领通肩大衣，“U”形衣纹，施禅定印，结跏趺坐，衣裾自然下垂遮覆莲台，多漫漶。右侧佛造像圆肉髻，方脸形，喜眉笑眼，小口方，大耳垂肩。外披袒右大衣，衣裾揽于左臂，手印不辨，结跏趺坐，衣裾下垂多有漫漶。

2：凸字形佛龛，龛楣饰忍冬蔓草纹，楣尾卷曲。龛内造一佛二菩萨，残留主尊佛和左侧菩萨像。佛饰火焰纹舟样背光、莲瓣圆形头光。佛头残损，上身内着僧祇支，胸间结带，外披双领下垂大衣，右手居于胸前，残损不辨。衣裾揽于左臂，左手抚膝，结跏趺坐于高台座，衣裾自然下垂遮覆莲台。左侧胁侍菩萨，菩萨花蔓冠风化，面形剥蚀，披帔帛，帛带下垂胸腹际上折揽于左臂，微呈鼓腹样。右手提香囊，下着长裙，赤足侍立伏莲莲台。

3：圆拱佛龛，龛楣饰宝盖，楣尾饰朱雀回首。龛内坐佛，右侧胁侍菩萨，戴花蔓冠，着长裙立莲台。风化剥蚀，细部不辨。

编号：QN 三七九

尺寸：上宽 21~40、下宽 14~43、通高 58 厘米

时代：北魏—东魏

造像简介：造像石，粗质黄砂石。上下面平整，残存三面龛像，佛像 2 尊，菩萨像 4 身。造像题材为一佛二菩萨。残存造像北魏晚期时代风格明显。现状为残损严重。

1：大半缺失。屋帷形龛，龛楣饰鸱吻、脊刹、锯齿状帷幔。龛内残存主尊菩萨像和左侧菩萨。主像残存有头部宝缯飘带，肩披帔帛。胁侍菩萨花蔓冠风化，面形剥蚀，披帔帛，帛带下垂胸腹际上折揽于左臂。下着长裙，双手握合赤足侍立莲台。

2：圆弧拱龛，龛楣饰桃尖宝盖，缠枝忍冬，楣尾造小朱雀回首，高冠饰。龛内造一佛二菩萨。主尊佛像饰火焰纹舟样背光、莲瓣形头光。高圆肉髻，长方脸形，面部扁平，低眉颔首，眼帘微合，鼻直口方，大耳垂轮。内着僧衣外披双领下垂大衣，衣裾揽于左臂，左手施与愿印，右手施无畏印，残损。结跏趺坐，衣裾自然下垂遮覆莲台。左侧胁侍造像漫漶残缺，右侧菩萨饰头光，戴花蔓冠，方脸形，喜眉笑眼，鼻小口方，嘴角内收，大耳垂肩，戴项圈。内着僧衣系腰带，披帔帛，帛带下垂腹际上折揽于左手，下着长裙，微呈鼓腹样。右手持宝物，赤足侍立莲台。下部饰护法狮子横身侧首卧守台前，中部饰莲花。造像多漫漶，细部不辨。

3：凸字形佛龛，龛楣饰桃尖宝盖、火焰纹，楣尾造朱雀回首。龛内造一佛二菩萨，主尊佛像饰火焰纹舟样背光、莲瓣圆项光，高圆肉髻，长方脸形，风化漫漶，细部全无。内着僧衣，外披圆领通肩大衣，施禅定印，结跏趺坐，衣裾自然下垂遮覆莲台。右侧菩萨饰头光，戴冠，长方脸形，内着僧衣系腰带，披帔帛，帛巾下垂腹际上折揽于左手，下着长裙，双手合十赤足侍立莲台。造像面多风化剥蚀。

编号：QN 三八○

尺寸：上宽 30~45、下宽 13~46 厘米、通高 55 厘米

时代：东魏

造像简介：造像石，砂石质。石体残损严重，上下面平。残存各式龛 7 个，圆拱龛，佛像 3 尊菩萨像 4 身。现状为残缺。

1：圆拱龛，龛楣桃尖宝盖，楣尾上卷饰忍冬，龛上角饰圆形莲花。龛内佛头上磨光低肉髻，方圆脸形，面相丰满，细眉长眼睛，微开眼帘，高鼻阔口，嘴角内凹，大耳垂轮，两肩宽圆，体态端庄，胸腹部挺。披圆领通肩大衣，施禅定印，结跏趺坐于低台座上，衣裾遮覆敷搭莲台，刻造成规则的曲线衣纹。主龛左侧长方形小龛内胁侍菩萨头戴宝冠，肩披宽搏袈裟，身形修长，下着长裙，双手合十侍立莲花台上。龛底饰莲花博山炉。局部残缺。

2：唯一完整的画面，圆拱龛，龛楣饰格里芬神兽回首。龛楣外饰飞天双手合十披彩带飞动图案。龛内主尊佛头上磨光肉髻，宽额，方圆脸形，面相丰满，细长弧眉，长眼目光下视，高鼻头，阔口微开，嘴角内收，大耳垂轮，表情祥和。双肩宽厚齐亭，挺胸鼓腹，身形端庄。内着僧祇支，束带，肩披双领下垂宽博大衣，施与愿无畏印，结跏趺坐于低坛基上，衣裾覆膝遮覆莲台，衣纹雕作规则的曲线纹。主龛两侧长方形小龛内，胁侍菩萨头戴高冠，长圆脸形，面相丰满，肩披帔帛，下着长裙，腰间束带作结下垂，赤臂一手内持执法物，一手提香囊，侍立莲花台上。龛底莲花博山炉，两供养人曲体弯腰向佛跪拜，十分虔诚恭敬。于佛座两侧阴刻行书数行“浮图主□□

供养……王妙香息女……”等字样。该面图案清晰可辨。（图 4-201）

3：圆拱龛，龛楣饰桃尖宝盖，楣尾上卷饰忍冬，龛外饰团花流苏。龛内主尊佛头上磨光高肉髻，细眉长眼，眼帘微开，阔口，嘴角内收，下颌圆润，面相和悦，短颈挺胸，体魄健壮，体态端庄。内着僧祇支，外披敷搭双肩的宽博袈裟。施禅定印，结跏趺坐于低台座上，衣裾遮覆莲台。主龛外侧长方龛内胁侍菩萨侍立圆形莲台上。右半残缺。

编号：QN 三八一

尺寸：直径 32、每面上宽 13、每面下宽 15、通高 36 厘米

时代：北齐—隋

造像简介：八面造像石，砂石质。八面体，造像石上部周围刻造仿木构开间，有明柱、一斗三升人字拱、雀替、连板枋等仿木构建筑装饰构件，夸张变形。下部分八面雕造，圆拱龛 8 龛，龛楣饰桃尖宝盖，楣尾上卷，龛内造坐佛 8 尊。佛低圆肉髻，方圆脸，肥颐短项，两肩齐亭，身形健壮，体态端庄。外披袒右或双领下垂大衣，施说法印，禅定印或施与愿无畏印，结跏趺坐于低台座，衣裾遮覆莲台，下摆衣饰横折纹，少数下摆有尖折外扬。座下部分别雕造出大象、狮子、狮子、荷花、供养人、力士托举博山炉。各种造像各具形态，虽局部残损风化，为南涅水石刻造像之珍品。现状为基本完好，雕刻技艺精湛。（彩版四二，2）

编号：QN 三八二

尺寸：直径 30、每面上宽 12、每面下宽 13、通高 34 厘米

时代：北齐—隋

造像简介：八面造像石，粗质黄砂石。八面体，上下面风化残损，棱角磨灭。八面开龛造像，

图 4-201 QN 三八〇—2 铭文

雕造佛像、菩萨像 7 尊。四面为一尊佛一龛，另四面合并为两个稍大佛龛，每龛造两佛并坐。佛龛仿木构建筑，两侧为明柱、柱头斗拱，阑额上补间铺作人字拱。佛龛内佛立姿、坐姿，二佛并坐。现状为风化残损严重，剥蚀使造像面目全非。

1、8、5、6：两面合一造佛龛，二佛并坐。1、8 组残留一尊佛。

2、3、4、7：每龛一佛。

编号：QN 三八三

尺寸：上宽 10~27、下宽 10~27、通高 30 厘米

时代：北魏

造像简介：造像石，粗质黄砂石。上下面平整，造像石破损，残存三面龛像，佛像 1 尊，胁侍菩萨像 4 身。长方形佛龛。现状为残损严重。

1：画面保存基本完整。龛内造一佛二菩萨。主尊佛饰舟样背光，磨光高肉髻，长方脸形，面目风化剥蚀，肩宽膀乍，身形高大。上身着圆领通肩大衣，“U”形衣纹，施禅定印，结跏趺坐，衣裾自然下垂遮覆莲台。两侧胁侍菩萨，戴冠，长方脸形，内着僧衣系腰带，披帔帛，帛带下垂腹际上折揽于左手，下着长裙，双手合十赤足侍立莲台。风化剥蚀漫漶，细部不辨。

2：残存左侧菩萨。3：残存右侧菩萨。

编号：QN 三八四

尺寸：上宽 19~20、下宽 22~23、通高 51 厘米

时代：北魏

造像简介：造像石，砂石质。长方锥体，两面开龛造像，圆拱龛 2 个。龛内佛头上磨光圆肉髻，面相丰圆适中，下颌略尖，细眉长眼，眼帘微合，目光下视，鼻直口方，大耳垂轮。披圆领通肩大衣，体态端庄，施禅定印，结跏趺坐佛于低台座上，衣裾遮覆莲台。衣饰简洁，线条稀疏明快。下部阴线刻楷书铭记，风化模糊不可辨识。现状为塔体完整，局部略有残损。

编号：QN 三八五

尺寸：上宽 23~36、下宽 20~36、通高 36 厘米

时代：北齐

造像简介：造像石，细质砂石。上下面平整，石材破损，残存三面龛像，佛像 3 尊，菩萨像 4 身，弟子像 2 身。造像题材有一佛二菩萨、一佛二菩萨二弟子。造像世俗，画面舒朗，造型技艺粗糙。

1：圆弧拱龛，龛楣饰双线。龛内造像。主尊佛磨光高肉髻，长圆脸，面扁平，细眉目，鼻直口方，嘴角内收，溜肩，身形高大。上身着圆领通肩大衣，“U”形衣纹，施禅定印，结跏趺坐，衣裾自然下垂遮覆莲台。右侧胁侍菩萨，戴冠，长方脸形，眉目低平，鼻直口方，身着僧衣系腰带，披帔巾，下垂腹际上折揽于左手，下着长裙，双手合十，赤足侍立于枝梗莲台。

2：凸字形龛，龛楣饰卷草、莲花。龛内造像一佛二菩萨二弟子。主尊佛高髻方脸，风化残损，腰身直挺，内着僧衣外披双领下垂大衣，衣裾揽于左臂，左手施与愿印，右手施无畏印，手残损。结跏趺坐，衣裾自然下垂遮覆莲台。两侧菩萨戴高花蔓冠，方脸形，喜眉笑眼，鼻小口方，嘴角内收，大耳垂肩，戴项圈。着僧衣系腰带，披帔巾下垂腹际上折揽于左臂。右手提香囊，左手执宝物贴胸前，下着长裙赤足站立。护法狮子横身侧首卧于台下。外侧有弟子侍立，圆方脸形，细目小口，身披袈裟，双手合十赤足侍立莲台。边沿残缺风化。

3：圆弧拱龛，龛内造像一佛二菩萨，右半缺失。主尊佛造型与1相同。左侧胁侍菩萨，戴冠，脸部漫漶剥蚀，身着僧衣，左手执宝物贴于胸前，右手提香囊，下着长裙，赤足侍立莲台。

编号：QN三八六

尺寸：上宽19~36、下宽22~39、通高44厘米

时代：北魏

造像简介：造像石，粗质黄砂石。上下面平整，残存三面龛像，佛像3尊、胁侍菩萨像3身。桃尖形佛龛，龛楣饰龙、飞天等。造像注重佛头像雕造，突出表现了佛的神情。造像画面简洁明快。现状为残损严重。

1：龛楣饰龙。龙形象如走兽，头缺损。龛内造像一佛二菩萨，右侧画面残缺。主尊佛磨光高肉髻，鸭蛋脸，面部残损，大耳垂轮，溜肩瘦身，施禅定印，结跏趺座。左侧菩萨，高冠长圆脸，大耳垂轮，披帔巾，身着长裙，双手合十侍立莲台。

2：龛楣饰斜坡屋顶形。龛内造交脚菩萨像，高冠，鸭蛋脸，细目微合，鼻似悬胆，厚唇小口，大耳垂轮，溜肩。披帔巾，帛带下垂交叉穿璧于腹际，上折揽于两臂。两脚交叉于台座前。两手风化剥蚀，细部不辨。右侧菩萨高荷冠，长方脸，眉目微显，大耳垂轮，左手提香囊，右手执物贴胸前，身着长裙侍立莲台。护法狮子转首向佛侧身而卧。左半残缺。

3：龛楣饰飞天献瑞草。飞天身形飘舞，帛带飘飞，手捧瑞草献于佛前。龛内主尊佛，磨光高肉髻，鸭蛋脸，细目微合，鼻直，厚唇小口，大耳垂轮，溜肩。披袈裟，衣角揽于左臂，施禅定印，结跏趺坐于方榻莲台。方榻装饰波浪纹。左侧菩萨高荷冠，长方脸，眼目微睁，厚唇小口，大耳垂轮，披帔帛，身着长裙，双手合十侍立莲台。右半残缺。

编号：QN三八七

尺寸：上宽18~38、下宽22~36、通高29厘米

时代：东魏

造像简介：造像石，粗质黄砂石。上部残缺，下顶面平整，残存三面龛像，雕造佛像、菩萨像，无完整形象。佛龛上部缺失，佛龛较深，下部延伸至莲台之下。佛龛两侧饰卷草纹饰。佛龛内主尊佛圆领通肩大衣，施禅定印，结跏趺坐于高莲台，衣裾下垂遮覆莲台。菩萨造像风格粗犷，身形修长。现状为残损严重。

编号：QN 三八八

尺寸：直径 25、每面上宽 12、每面下宽 12、通高 24 厘米

时代：北齐—隋

造像简介：八面造像石，砂石质。八面体，造像石上部周围圈刻造仿木构开间。明柱，一斗三升人字拱，雀替，连板枋等仿木构建筑装饰构件，夸张变形，艺术化装饰。下部分八面雕造，上下两层龛，圆拱龛 16 个，龛楣饰桃尖宝盖，楣尾上卷，龛内各造坐佛一尊，组成十六王子佛造型。佛低圆肉髻，方圆脸，面露微笑，肥颐短项，两肩齐亭，身形健壮，体态端庄。外披袒右或双领下垂大衣，施说法印、禅定印或施与愿无畏印。结跏趺坐于低台座，衣裾遮覆莲台。现状为基本完好，雕刻技艺精湛。

编号：QN 三八九

尺寸：直径 21、每面上宽 10、每面下宽 10、通高 24 厘米

时代：北齐—北周

造像简介：八面造像塔，砂石质。八面体，造像石上部周围圈刻造仿木构开间。明柱，一斗三升人字拱，雀替，连板枋等仿木构建筑装饰构件，夸张变形，艺术化装饰。下部分八面雕造，圆拱龛 8 龛，龛楣饰桃尖宝盖，楣尾上卷，龛内造佛 8 尊。佛低圆肉髻，方圆脸，面目残损漫漶，肥颐短项，两肩齐亭，身形健壮，体态端庄。外披袒右或双领下垂大衣，施说法印、禅定印或施与愿无畏印。站立或结跏趺坐于低台座，衣裾自然下垂遮覆莲台。分别雕造出阿育王施土缘立像、太子修行白马吻别故事、思维菩萨觉悟形象、坐佛说法交脚菩萨。各种造像各具形态。现状为残损漫漶严重，面目殆尽。

二　单体造像、组合造像

编号：QN 三九〇

尺寸：通高 255、宽 60、厚 24 厘米

时代：北魏

造像简介：弟子迦叶像，黄砂石。修复完整，手腕部有插接圆榫孔。造像塑造的迦叶是一位饱经风霜，瘦削羸弱的老者形象。他光头皱眉，额中有白毫饰物，鹰钩鼻梁，方口露齿，颈部脉暴起，喉结突出，下颌陷回，表情冷峻，皮纹显出历经沧桑。造像着贴体式内衣，外披薄质大衣，下着长裙露呈穿菁靴，衣纹阳线呈阶梯式刻造，清晰明快条理规则。迦叶像形态逼真，体态高大，雕造技法精湛，为南涅水石刻中最高者。现状为经修复已经基本完整。（图 4-202；彩版四三）

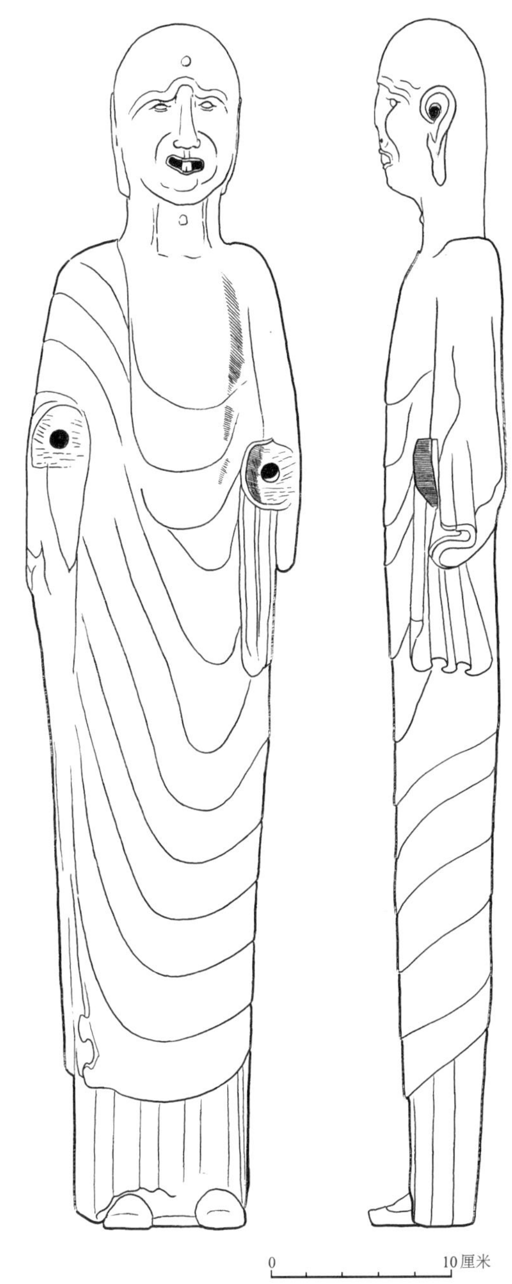

图 4-202　QN 三九〇

编号：QN 三九一

尺寸：通高 194、宽 58、厚 31 厘米

时代：北齐

造像简介：立式菩萨造像，黄白砂石，质地细腻。冠式、面部、手相均残损，菩萨头戴花蔓冠，额上有缺，面相方圆，弧眉大眼凸起，眼角较长，粗短颈，肩宽厚耸起，戴项圈，璎珞绕颈向下腹际交叉于兽面形玉璧，璎珞呈穗节状，每节悬挂铃形饰物。装饰体繁缛复杂，造像衣着质地轻薄，下着长裙，赤足露趾。衣着贴体，身形健壮，体态端庄。菩萨右手上举舒掌向外施与愿印。单体造像雕造精湛细致。现状为整体完整，细微部残损。

编号：QN 三九二

尺寸：通体高 157、宽 48、厚 22 厘米

时代：北齐

造像简介：立式菩萨造像，砂石质。青绿色。冠部、手部残。单体造像头戴高冠，面形俊秀，细眉大眼，小鼻宽嘴唇，嘴角内收，两腮凸起，面带微笑，大耳垂轮，两肩宽厚，内着袒右式僧祇支，胸腹扁平，体态端庄。戴项圈，节穗状璎珞绕颈向下于腹际交叉穿璧垂至腿部上卷绕揽于臂肘。下着裙，裙摆曳地，露趾，腹际系带作结下垂，衣褶明显。现状为基本完整。（彩版四四）

编号：QN 三九三

尺寸：通高 162、宽 55、厚 25 厘米

时代：北齐

造像简介：立式菩萨造像，砂石质。头部、面相、脚均残损，两手臂残缺可见榫接孔。造像面相丰满，方圆脸形，宽额，细长眉长眼睛，大耳阔口，嘴角内收，下颌圆胖，有肉纹一道，短颈，圆肩齐亭，戴项圈，披帔帛，帛巾璎珞绕颈于腹际穿璧至膝部上卷揽于臂肘向后。菩萨上着袒右式僧祇支，肩部有圆宝纽结束帛巾，腰带丝绦系带作结至双腿中垂下。下着长裙。菩萨形象丰腴，又略带清俊之感。束腰鼓腹，胸部高平挺拔，造像雄健端庄。现状为局部残缺损坏。

编号：QN 三九四

尺寸：通高 173、宽 48、厚 20 厘米

时代：北齐

造像简介：立式菩萨造像，砂石质。手相、腿部、残，面相损坏，冠式残。宝缯束发，搭带肩头，面相丰圆，表情慈祥，额际中有小缺，细弧眉长眼，眼帘微合，目光下视，鼻梁高挺，厚唇阔口，嘴角内收，大耳秀颈，圆肩平胸，鼓腹溜胯，体态端庄。戴项圈披璎珞，帛带于腹际交叉于兽形璧，向下至膝下上卷揽于臂肘，绕肘垂下。璎珞成穗节状，两腿中部腰带作结缀流苏。项圈较宽，周边挂有小穗，肩部饰圆形宝纽。穿长裙，赤足露趾。造像整体衣饰简洁，装饰华丽，图案清晰鲜明。现状为局部残损。

编号：QN 三九五

形制：通高 169、宽 52、厚 30 厘米

时代：东魏

造像简介：立姿菩萨单体造像，砂石质。造像完整，仅手指部残。菩萨方圆脸形，面相丰满，头戴花冠，采用镂空雕造，使花冠玲珑剔透。菩萨宝缯束发，额有山形缺口，缯带垂肩，长眉宽额头，鼻梁高挺，阔口厚唇，嘴角内收上翘，短颈圆润，大耳，下颌部有肉纹线一道，造像表情宁静祥和，庄重肃穆。肩宽体厚，戴项圈，披帔帛，帛带璎珞绕颈下垂，穗节状挂饰铃形饰物。裙腰成花边状，裙带、腰带下垂挂圆环作结，带头饰流苏。造像上身内着质地轻薄的僧衣，施与

愿无畏印，两臂赤裸，下着长裙，衣饰简洁而整体装饰华丽。造像体态略为粗壮。现状为局部残损。（彩版四五，1）

编号：QN 三九六

尺寸：通高 180、宽 41、厚 30 厘米

时代：东魏

造像简介：立式菩萨像，黄砂石质。项光、手部略残。菩萨头戴高宝冠，宝缯束发，搭带垂于肩头，额中有缺，方圆脸形，面相丰满，宽圆额头，细眉长眼，大耳垂轮，小鼻，阔口厚唇，表情威严冷峻，短颈，平鼓腹溜胯，体态端庄。内着僧祇支，肩披帔帛，璎珞飘带绕颈向下，后绕肘际交叉穿璧，璎珞刻造成穗节状，有铃状饰物，自然下垂。菩萨腰间系花边裙腰，腰带丝绦左右中三带下垂，左手提香囊，手臂戴腕钏，右手施无畏印。下着长裙，赤足露趾，脚趾鲜明且厚实，而手臂手指则纤细柔软，衣饰简洁而装饰繁缛复杂，条理清楚。现状为局部残损。

编号：QN 三九七

形制：通高 145、宽 73、厚 39.5 厘米

时代：北齐晚期—北周

造像简介：坐佛像，黄白砂石质。造像基本完整，局部略残。佛头上磨光低肉髻，束发，宽额，方圆脸形，面相丰满，表情安详和悦，细长弧眉高眉骨，微开眼帘，目光下视，高鼻梁高鼻头，薄嘴唇，嘴角内收，大耳垂轮，秀颈，两肩齐亭，胸腹部圆挺，两手臂质感强烈。内着僧祇支，外披袒右式袈裟，施与愿无畏印，结跏趺坐于长方莲台上，衣裾遮覆莲台，衣纹雕成稀疏简洁的“S”形纹饰。座中刻造带梗莲花博山炉，下有力士作托举状，二供养人双手合十虔诚跪拜。外侧护法狮子张口昂首蹲守佛前。造像纹理清晰。现状为局部稍有残损。

编号：QN 三九八

尺寸：通高 210、宽 57、厚 39 厘米

时代：北周

造像简介：立姿单体菩萨像，黄白砂石质。手腕指部、腿下部残。菩萨头戴花冠化佛，束发，宽额中有圆毫，面相丰圆，细眉长眼，直鼻梁高鼻头，厚嘴唇，嘴角内收，成八字形，下颌丰满，短颈，大耳垂轮，面部表情肃穆，宁静安详。肩头有圆形宝镜，挺胸，鼓腹溜胯，造像躯体高大，体态端庄。造像服饰华丽，戴项圈，披帔帛，璎珞帛带绕颈下垂胸腹际交叉穿圆形兽面璧，垂于膝下折揽于臂肘，璎珞刻造成穗节状并挂搭铃形饰物，腰间系短花边裙带，中间腰带与璎珞状饰物重叠作结于两腿之间。单体造像的装饰华丽而衣饰较为简洁，上着轻薄内衣，下着遮腿露趾的大裙，背部造出披搭双肩的帔帛，作与愿无畏印，两手臂赤裸，戴环形臂钏，造型优美。现状为局部残损。（彩版四五，2）

编号：QN 三九九

尺寸：通高 242、宽 66、厚 35 厘米

时代：隋

造像简介：立姿菩萨，黄白砂石。手足部分残。菩萨造像身材高大雄伟，头戴花蔓化佛冠，冠正面造化佛龛。宝缯束发，搭带下垂，有残损。双肩雕造圆形宝纽结环。菩萨面相丰满，额头宽平，细长眉，长眼角，眼睛鼓起，大耳垂轮，高棱鼻梁，尖隼头，阔口薄唇，嘴角微翘内收。广颐短项，下颌丰圆，表情安详沉静，和颜悦色，脸相稍显俏丽，齐肩短项，体态端庄。内着圆领衫襦，戴瓔珞式项圈，外披帔帛，帛巾上缀瓔珞至腹际交叉于花饼，下垂过膝并卷折向上，揽于两臂飘拂。瓔珞成穗节状，中间铃形饰物，造像衣饰作贴体式，其质地轻薄装饰华丽。左手施与愿印，右手臂残损。下着低腰长裙，裙腰花边反折，裙带宽大如绅，中作一蝶结，两侧裙带丝绦穿璧下垂至裙边，双层裙下露赤足。菩萨胸腹凸起，胯部与上下身同宽，刻造纹理清晰，造像后背帔帛搭背。身形高大，面相由方圆向秀丽变化，胸腹部凸起受隋代造像风格影响。现状为整体完整，手足部分残损。（彩版四六、四七）

编号：QN 四〇〇

尺寸：通高 254、宽 71、厚 40 厘米

时代：北齐晚期

造像简介：立姿菩萨，黄白砂石。菩萨造像身形高大健壮，头戴花蔓冠，冠正面造化佛龛，龛内造坐佛一尊。宝缯束发搭带下垂，有残损。菩萨面相丰满，额头宽平，细长眉，长眼角，眼帘留凸丁，眼目下视，大耳垂轮，高鼻梁，隼头端正，阔口薄唇，嘴角微翘内收，下颌方圆，表情安详宁静，和颜悦色。肥颐短项，两肩齐亭，双肩雕造圆形宝纽结环，体态端庄。内着圆领衫襦，戴瓔珞式项圈，外披帔帛，在帛巾上缀瓔珞至腹际交叉于花饼，下垂过膝并卷折向上，揽于两臂飘拂。瓔珞成穗节状，中间铃形饰物。下着低腰长裙，裙腰花边反折，裙带宽大如绅，中作一蝶结。两侧裙带丝绦穿璧下垂至裙边。造像后背帔帛搭背。造像衣饰作贴体式，装饰华丽，质地轻薄。左手臂留接插孔，右手臂残损，膝以下均残缺。菩萨胸平坦，腹微有凸。胯部与上下身同宽，刻造纹理清晰。现状为局部残损已修复。（彩版四八）

编号：QN 四〇一

尺寸：高 245、宽 64、厚 30 厘米

时代：北周

造像简介：立姿菩萨，黄白砂石。质地细腻，雕造光洁精湛。菩萨造像身材高大，头戴花蔓冠，冠正面残损。宝缯束发，缯带下垂，有残损。菩萨长方脸形，面相丰满，额头宽平，细长眉，长眼角微上翘，眼帘下垂，目光下视，大耳垂轮，高鼻梁，尖隼头，阔口薄唇，嘴角微翘内收，下颌方圆，表情安详。肥颐短项，两肩齐亭，双肩雕造圆形宝镜结环，体态端庄。内着圆领僧衣，戴瓔珞式项圈，外披帔帛。在帔帛上缀瓔珞，至腹际交叉于花饼，下垂过膝卷折向上揽于两臂飘

拂，璎珞成穗节状，中间铃形饰物。下着低腰长裙，裙腰花边反折，裙带宽大如绅，中作一蝶结。两侧裙带丝绦穿璧下垂至裙边。内着长裙拂脚面，裙下露赤足。造像背后帔帛搭背。造像衣饰贴体。左手臂留接插孔，右手臂残损。菩萨胸腹平坦，胯部与上下身同宽，纹理清晰。现状为基本完好，局部残缺。（彩版四九）

编号：QN 四〇二

尺寸：高 215、宽 54、厚 27 厘米

时代：东魏

造像简介：立姿菩萨造像，黄砂石质。菩萨立像身形高大健壮，菩萨冠式已残，额部宽广，面相长圆，弧眉细长，眼帘下垂，眼睛微睁，长眼角，目光下视，直鼻梁，小口，嘴角内吸呈八字形，下颌方圆，面部圆润，秀颈，双肩宽厚齐亭，挺胸微鼓腹，体态端庄。上身内着圆领僧衣，外披帔帛，颈部戴璎珞项圈，三条坠饰，绕颈下垂，璎珞缀于帔巾上，穗节状璎珞中有铃花状饰物，于腹际作结绕扣，中间加一条璎珞吊饰，帛带搭肘向外侧下垂。下着低腰长裙，裙腰反折，裙带宽大如绅，中作一蝶结。背部刻造衣纹。璎珞饰刻精致，衣饰贴体，质地轻薄。两手臂处见插接孔，造像膝部以下残，腿部与面相多处残损。眼部制作采用三角形棱状长眼，由受光面表现眼睛的睁合大小。现状为局部残损，风化漫漶，形体优美。

编号：QN 四〇三

尺寸：造像高 188、宽 80、厚 52 厘米；仰覆莲束腰须弥座高 38、宽 75 厘米

时代：唐

造像简介：坐佛造像，砂石质。除插腕部分残损外，基本完整。坐佛头部有圆形项光。佛头顶上螺髻，面相丰满，大耳垂轮，细弯眉，眼帘下垂，长眼微睁，目光下视，宁静含蓄，鼻头端正，小阔口，嘴角微抿，下颌丰圆，颈项圆润，身材修长，肩胛圆肥，两肩齐亭，胸部挺拔，姿态端庄，丰腴适中。内着袒右僧祇支，外披双领下垂大衣，质地轻薄。左手施与愿印，右手臂残损，结跏趺坐于须弥座莲台。衣裾遮覆搭于莲台上，简洁清晰。座中刻造出护法狮子和仰覆莲花瓣、博山炉，整体造像端坐，庄严而又稳定。纹饰简洁而突出造像质感，刻造技法娴熟精湛。造像有洛阳龙门石窟奉先寺卢舍那大佛雄浑大度的盛唐风格。现状为基本完整，手腕部略有残损。（彩版五〇、五一）

编号：QN 四〇四

尺寸：高 183、宽 51、厚 24 厘米

时代：北魏

造像简介：立姿菩萨，砂石质。造像插腕残。菩萨头戴花瓣式三宝冠，中间浅雕圆形法轮。宝缯束发，搭带垂肩，额际发中有缺口，宽额，圆弧眉，小高鼻，嘴角内收，面相清秀，表情安详。两肩齐亭，胸部丰满，细腰，鼓腹，体态端庄，戴项圈臂钏，璎珞绕颈，披帔帛，帔帛呈穗节状，两节间隔挂流苏饰物，于胸腹之际交叉穿璧，下垂膝部卷上揽于两臂肘外侧下垂。下着长裙，赤

足站立圆莲台。雕造采用浅浮雕，衣饰轻薄贴体，雕刻精细，如臂钏饰由绳带系结，臂后显示出绳带结环，质感细腻，是石刻中精美之像。现状为基本完整，造型优美，表面有风化，饰物不清晰。（彩版五二）

编号：QN 四〇五

尺寸：高 179、宽 44、厚 26 厘米

时代：北魏

造像简介：立式菩萨单体造像，砂石质。手指部略残，立式菩萨头上化佛冠，宝缯束发，搭带肩头。菩萨面相丰满，额中有缺，长眉，小眼睛，直鼻小嘴，表情沉静，作沉思状，造像双肩略耸，挺胸隆腹，束腰溜胯，两臂细腻，手指纤细。穿袒右式偏衫，戴项圈，外披轻薄的帔帛，帛巾缀珠饰、圆形宝镜，绕颈向下至腹际绕结下垂至膝部绕上揽两臂外侧下垂。下着长裙，腰部短褶裙边，两条丝绦下垂，结带穿环。施与愿无畏印，赤足露趾站立莲台。造像服饰简洁，雕造纹理清晰。现状为基本完整。

编号：QN 四〇六

尺寸：高 174、宽 44、厚 24 厘米

时代：北魏

造像简介：立佛造像，粗砂石，质地松散。手腕膝部以下残损。佛像头上磨光肉髻，面相丰圆，额头宽圆，细长弧眉，长眼目，鼻高端正，嘴角内收，短颈大耳。披袒右式袈裟，胸部平，腹略鼓，左手施无畏印，右腕部有插接孔。身形健壮，体态端庄。衣饰呈贴体式，简洁清晰。现状为基本完整，残损严重。

编号：QN 四〇七

尺寸：高 169、宽 48、厚 21.5 厘米

时代：隋—唐

造像简介：立佛，黄白砂石质。手腕部残缺。造像方圆脸形，头顶上螺髻，面相丰满，宽额，大耳垂轮，细弧眉，长眼微合，高鼻，宽鼻翼，阔口薄唇，表情和悦，颈项圆润，两肩宽厚齐亭。内着袒右僧祇支，外披袈裟，衣饰作贴体雕造，似出水式，简洁清晰。胸平腹部微突起，形态端庄，赤足露趾。佛像手腕部已残损，插接腕用的方卯口。卯口大约深 6、口阔 4 厘米。现状为基本完整。（彩版五三）

编号：QN 四〇八

尺寸：高 151、宽 41、厚 20 厘米

时代：隋

造像简介：立式弟子造像，粗砂石质。面部、手部均残损。弟子造像光头，宽额，细眉长眼，

小鼻小唇，嘴角内收，面部方圆，表情恬淡。内着僧祇支，外披袒右通身袈裟，衣摆束起搭左时后向下，衣纹凸起，圆线条条理清晰，弟子胸腹稍鼓突，两肩齐亭厚实，与腿部同宽，赤足露趾，造像身形端正，体魄健壮。现状为完整。

编号：QN 四〇九

尺寸：高 190、宽 60、厚 31 厘米

时代：北齐

造像简介：立式菩萨造像，黄砂石质。单体造像无手，可见两榫接用孔。造像头上戴宝冠，发际有山形缺口，宽额，细眉长目，眼目下视，高鼻，鼻梁隆直，薄唇阔口，嘴角上翘，大耳垂轮，面相长圆，而表情安详，双肩宽厚齐亭，造像体态端庄。内着袒右式僧衣，戴项圈瓔珞，肩披帔帛，帛带缀穗节状璎珞，每节中间挂铃状物，腹际交叉穿圆花璧。胸腹部扁平，束腰溜胯，两腿与上肩同宽，下着长裙。身体部分刻造采用出水式，衣饰贴体，衣纹饰物清晰，简洁明快。此幢造像具北齐造像风格特点。现状为经修复完整。

编号：QN 四一〇

尺寸：高 220、宽 56、厚 25 厘米

时代：隋

造像简介：弟子阿难像，黄白砂石质。弟子阿难是一位英俊的青年僧人，是佛教中跟随释迦牟尼出家修行的十大弟子之一，全称阿难说，意译为欢喜喜庆的意思，被称“多闻第一”。造像光头，面相方圆，宽额圆下颌，长弧眉骨，长眼微睁，鼻梁高挺，鼻翼稍宽，阔口厚唇，嘴角内收，呈八字形，大耳残损，短颈溜肩。披轻薄袈裟，体态端庄，裸臂双手胸前捧摩尼珠，两臂圆柔，手指纤细，雕造细腻，衣饰采用出水式造型，刻造精湛细腻。现状为下部残损。（彩版五四，1）

编号：QN 四一一

尺寸：高 155、宽 41、厚 19 厘米

时代：北齐—北周

造像简介：立佛单体造像，砂石质。造像圆形项光已残，手部残。头上低宽圆肉髻，长方脸形，面相平，细长眉长眼，眼目微睁，目光下视，高鼻宽鼻翼，阔口薄唇，嘴角内收，下颌宽方，面容和悦，大耳垂轮，长颈宽肩，双肩齐亭，下身着裙。外披通体袈裟，右侧衣摆向上束起揽搭左臂下垂。造像身形较长，胸平腹收，造型纤细，通体衣纹呈阶梯式刻造，纹理清晰。现状为基本完好。（彩版五四，2；彩版五五）

编号：QN 四一二

尺寸：高 156、宽 41、厚 27 厘米

时代：北齐—北周

造像简介：立佛造像，青绿色砂石，质地细密。膝以下残缺，经修复基本完整。单体佛像头饰圆形项光，头上磨光低肉髻，方圆脸形，面相清秀，细眉长眼，目光下视，阔口薄唇，嘴角内收，溜肩，胸腹部略鼓。内着僧祇支，腰间系带作结下垂，外披双领下垂袈裟，揽搭于右臂绕肘下垂。衣服呈阶梯式双圆弧形曲线，纹理清晰简洁。现状为局部残损，经修复完整。（与 QN 四六二风格相同）

编号：QN 四一三

尺寸：高 126、宽 66、厚 37 厘米

时代：隋

造像简介：坐佛造像石，细砂石质。像身分为上下两部分，上部造像为释迦牟尼佛说法像。头上磨光肉髻，残损或为螺髻。长圆脸形，面相丰满，弧眉大眼，目光前视，高鼻小嘴，嘴角内收，两肩宽厚齐亭，身形健壮，衣着简洁。内着僧祇支，外披袈裟。施与愿无畏印，手部残损。结跏趺坐于长方莲台，衣裾遮覆莲台之上部。造像石下部为高方台座，座中浅浮雕力士，托举博山炉，两侧供养人俯身跪姿双手合十作虔诚敬佛状，外侧护法狮子尾巴上翘蹲守莲台前，威武雄壮。整体造像刻造细腻，衣纹简单清晰，技法精湛。现状为保存较好，局部残损。

编号：QN 四一四

尺寸：高 150、宽 43、厚 20 厘米

时代：北齐

造像简介：立佛单体造像，砂石质。造像头部圆形项光，长方脸形，面相扁平。头上低平肉髻，细眉长目，眼睛微合，目光下视，小高鼻，阔口薄唇，嘴角内收，高颧骨，下颌宽方，大耳垂轮，面带微笑，慈祥和悦。宽肩齐亭，身形健壮，腹部微突，细腰溜胯。下身较短，上下身比例失调。披袒右式通体袈裟，衣裾束起搭肘下垂，衣纹呈阶梯式，纹理清晰明快。现状为手腕部及圆形项光局部损。（与 QN 四一一风格相同，彩版五六）

编号：QN 四一五

尺寸：高 138、宽 34、厚 29.5 厘米

时代：东魏

造像简介：立姿菩萨造像，黄白砂石质。项光部残损。造像头戴高荷冠，饰项光，宝缯束发。方圆脸形，面相丰满，宽额头，细长弧眉，大眼睛，小高鼻阔口，嘴角内收，圆颈溜肩，颈部戴项圈。披帔帛，帛带垂于腹际交叉穿璧，向下绕膝揽卷绕肘下垂。单体造像面容清秀，造型端庄，衣饰简洁，刻造细腻，衣饰作贴体式雕造。现状为局部残损。（与 QN 六六四风格相同）

编号：QN 四一六

尺寸：高 93、宽 58、厚 24 厘米；莲台座高 26、宽 24、长 57 厘米

时代：北周—隋

造像简介：坐佛造像，黄白砂石。头残缺，手局部残损。佛左手施与愿印，结跏趺坐于长方莲台上。造像背光屏残损，身形健壮，两肩齐亭，内着僧祇支，胸部束结下垂，披双领下垂袈裟，衣裾遮覆膝肘，敷搭长方台座底部，阳线雕成非常规则的双层重叠衣褶。现状为残缺风化严重。

编号：QN 四一七

尺寸：高 63、宽 28、厚 18 厘米

时代：唐

造像简介：弟子阿难上身像，黄白砂石。造像胸部以下残缺，头部饰圆形素面项光，造像光头圆脸形，面相丰满，细眉长眼，眼睑微睁，目光下视，高鼻薄唇，圆颈束肩，大耳垂轮与下颌齐平。内着袒右僧衣，外披双领下垂袈裟，双手胸前作莲花合掌印。雕刻纹饰简洁清晰。现状为仅存部分完好。（彩版五七，1）

编号：QN 四一八

尺寸：高 54、宽 52、厚 21 厘米

时代：唐

造像简介：坐佛单体造像，砂石质。头部缺失，插腕部残损。佛像两肩宽厚溜圆，胸挺腹鼓，身体健壮，内着袒右僧祇支，外披袈裟，覆肘盖膝，左胸部有结花，流苏接穗披左肩后，作跏趺坐。雕造成简洁贴体式衣纹，佛像颈部残留肉纹线一道。现状为残损无头。

编号：QN 四一九

尺寸：高 103、宽 41、厚 22 厘米

时代：东魏

造像简介：带座立佛造像，砂石质。头缺失，手部残损，现存部分可辨识立佛。内着僧祇支，胸际系带作结向下，外披宽博式通体袈裟，衣裾揽起搭臂下垂，下着长裙，赤足露趾站立圆形莲台上。造像榫插于仰覆莲花座的圆锥孔内，配合紧密。单体衣纹采用双线刻，线条明快清晰。现状为局部残损。

编号：QN 四二〇

尺寸：高 60、宽 35、厚 18 厘米

时代：东魏—北齐

造像简介：立式菩萨造像，砂石质。头缺失，手部残损。立式菩萨两肩齐亭，挺胸，腹部略鼓，内着僧祇支，戴项圈，外披帔帛，帛带绕颈下垂，交叉于腹部圆形花璧，至膝向上绕肘下垂。右手上举于胸前，左手贴腹下垂，小臂赤裸，下着长裙，赤足露趾。裙摆曳地，折角呈尖形外飘。现状为残损。

编号：QN 四二一

尺寸：高 73、宽 48、厚 25 厘米；台座高 22、宽 23、长 47 厘米

时代：北魏

造像简介：坐佛造像石，黄砂石质。背屏上部缺损，局部略有风化，手残缺。佛背屏为舟样身光，阴线刻饰火焰纹，中间为团莲和蔓草纹。造像圆脸形，低肉髻，额部中山形缺口，饰白毫，细弧眉，眼睑微睁，目光下视，鼻梁高挺，小嘴厚唇，嘴角内收，面部丰满，大耳垂轮，圆颈溜肩，挺胸鼓腹。内着袒右僧祇支，外披方领下垂袈裟，佛施与愿无畏印，手部残损，结跏趺坐于长方形束腰须弥座莲台。衣裾遮覆肘膝向下搭莲台底部，衣褶饰为双层卷曲纹。背光上部缺，有小长方形孔洞作插接背屏上用。整体刻造较完整，具东魏造像风格。现状为局部略残缺。

编号：QN 四二二

尺寸：高 98、宽 50、厚 28 厘米；台座高 36、宽 28、长 45 厘米

时代：北魏

造像简介：坐佛造像，砂石质。头缺失，背光残。佛背光呈舟形，残留部分可见有缠枝蔓草纹、火焰纹、化佛等图案。内着僧祇支，胸腹之际束带作结下垂，外披双领下垂袈裟，造像胸腹略凸，双肩溜圆，姿态端庄。右手上举贴于胸际，左手向下置膝上作与愿手印，结跏趺坐于束腰须弥座上，衣裾遮覆莲台底部，下摆尖折角微外扬，衣褶密匝重叠。现状为残损。

编号：QN 四二三

尺寸：高 77、宽 29、厚 18 厘米

时代：东魏

造像简介：药师佛造像，砂石质。造像头缺失。立佛造像圆肩束腰，体态轻盈，上身着圆领僧衣，外披双领下垂大衣，左臂揽衣裾，下摆较大，折角呈圆弧形，衣纹刻造成凸线圆弧形阶梯式，条理清晰，质地厚重。佛于左手持豆盘作托持状，右手拇指食指捏圆丸状物作投放姿，下面赤足立于圆莲台上。佛像在刻造技法上采用立体雕空技法，立体感较强。现状为残存部分基本完好。（彩版五七，2）

编号：QN 四二四

尺寸：坐佛高 68、宽 39、厚 24.5 厘米；莲座高 18、宽 22、长 39 厘米

时代：东魏—北齐

造像简介：坐佛造像，粗质白砂石。头部残损，项光残，手部残缺。佛长方头型，短项圆润，两肩较宽厚齐亭，略有高耸，身形修长，体态端庄挺拔。胸腹外凸正面平，内着袒右僧祇支，外披双领下垂的袈裟，质地轻薄。左手缺失，右手举持，残损。结跏趺坐于长方莲台，衣裾自然下垂遮覆于莲台基部，衣褶清晰，作圆弧状双层叠涩。雕造简洁明快，纹理清楚。现状为残损。

编号：QN 四二五

尺寸：坐佛残高 50、宽 40、厚 23 厘米；台座高 20、宽 23、长 40 厘米

时代：东魏

造像简介：单体坐佛造像，细砂石质。头部缺失，身体基本完整。佛像内着僧衹支，外披圆领通肩大衣，左手施与愿印，右手残损，结跏趺坐于方莲台上，衣裾自然下垂遮覆莲台上半部。佛座为长方形，刻饰莲花纹、香熏炉，整体造像刻造细致。衣纹手法为剖面作半圆形凸起的线条。现状为头缺，局部风化残损。

编号：QN 四二六

尺寸：坐佛高 67、宽 34、厚 23 厘米；长方形座高 16、宽 24、长 45 厘米

时代：隋（开皇十二年）

造像简介：坐佛造像，红砂石质。坐佛头部缺失，两肩齐亭，胸腹部挺拔，身形健壮，体态端庄。两臂赤裸，左手施与愿印，右手于胸部残损，结跏趺坐于方莲台上。衣裾绕左肘搭于台面，雕工细腻，衣饰质地轻薄，采用阳线表现手法，衣褶线圆棱凸起，简洁清晰。台座正中刻莲花博山炉，两侧方形龛内浅浮雕跪姿男女供养人各一身，正面龛柱阴线刻“隋开皇十二年”题记四行二十五个字。座左、右两侧线刻立姿男女供养人各二，有“郭氏女，杨氏女，息如海，如山”等字样。造像雕刻光洁细致。现状为上半部残损严重，身座保存较好。

正面两边铭：开皇十二年 / 贾君弘侍佛时 / 妻苏侍佛时 / 岁次壬子五月一日造（图 4-203）

侧面铭：郭氏女侍佛时 / 杨氏女侍佛时（图 4-204）；

息如海侍佛时 / 息如山侍佛时（图 4-205）

编号：QN 四二七

尺寸：高 70、宽 22、厚 14 厘米

时代：东魏

造像简介：立式菩萨造像，砂石质。头光残损，手腕部残损。菩萨头戴花蔓冠，宝缯束发，搭于肩头。短眉长眼微睁，小鼻小嘴，嘴角内收，方圆脸形，面相威严。内着袒右僧衹支，肩披帔帛，帛带于腹际作结，分左右向下至腿侧并上卷绕肘，下身着长裙，裙裾曳地，赤足露趾。左手向上抚右胸，右手向下贴于腿部，造像衣纹清晰。现状为基本完整。（彩版五八）

编号：QN 四二八

尺寸：高 66、宽 22 厘米

时代：东魏

造像简介：立式菩萨造像，砂石质。菩萨饰椭圆头光，面相方圆，头戴花蔓冠，宝缯束发，向外飘扬。短眉，三角眼睛圆睁，直鼻梁，小嘴，嘴角内收，脖筋暴起，作惊异状。戴项圈，内着圆领僧衣，肩披帔帛，分左右向下至腿侧上卷绕肘，下身着低腰长裙，腰带下垂束结，分两侧

图 4-203　QN 四二六底座正面铭文

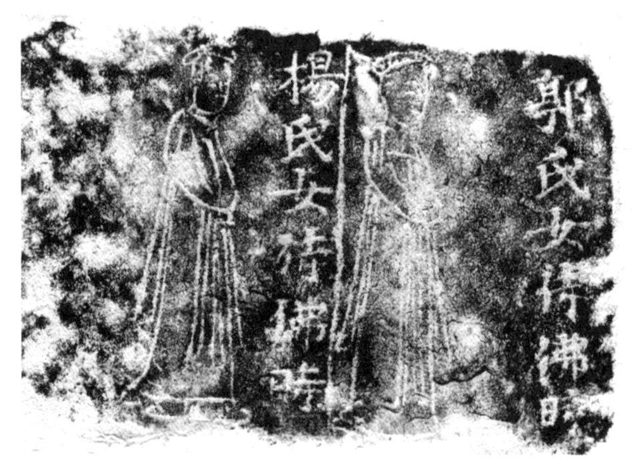

图 4-204　QN 四二六左侧铭文

图 4-205　QN 四二六右侧铭文

弯折向上结环佩揽于腰际，裙裾垂拂脚面，赤足露趾立于莲台。左手向上抚胸，右手抬起贴于腰部。造像身材短粗，衣纹清晰，表情冷峻。莲台下有榫头，以利安置。现状为基本完整，1990 年 10 月 19 日夜，被歹徒抢劫丢失。

编号：QN 四二九

尺寸：残高 46、宽 37 厘米；台座高 12、宽 37 厘米

时代：盛唐

造像简介：残坐佛像，黄砂石。坐佛无头。单体造像胸腹挺拔，颈部肉纹一道，肌肉凸起，内着袒右僧衣，胸部系带，施禅定印，结跏趺坐于圆形莲花台上，衣裾遮覆莲座基部，纹饰作凸起圆弧形，密匝重叠。单体造像雕造细致。（彩版五九，1）

编号：QN 四三〇

尺寸：残高 50、宽 33 厘米；台座高 15、宽 15、长 33 厘米

时代：北齐

造像简介：一佛二菩萨组合像，上部残缺。上部一佛二菩萨，造像后饰有背屏，佛像头部缺失。内着偏衫，外披袒右大衣，身形端庄，施与愿无畏印，结跏趺坐于束腰须弥座上。纹饰为简洁明快的圆弧线。两侧二胁侍菩萨戴高荷冠，肩披帔帛，帛带飘折，身材修长，双手合十赤足侍立莲台。局部残损严重。

编号：QN 四三一

尺寸：残高 45、宽 26 厘米；台座高 12、宽 37、长 37 厘米

时代：唐

造像简介：坐佛造像，黄砂石。坐佛无头。单体造像胸腹挺拔，颈部肉纹一道，肌肉凸起，内着袒右僧衣，胸部系带，施禅定印，结跏趺坐于圆形莲花台上，衣裾遮覆莲座基部，纹饰作凸起圆弧形，密匝重叠。单体造像雕造细致。

编号：QN 四三二

尺寸：残高 103、宽 30、厚 17 厘米

时代：北魏

造像简介：弟子迦叶造像，砂石质。弟子像光头，一副饱经沧桑的老者模样。造像面部肌肉隆起，皱纹突出，眼睛凹陷，高鼻梁小鼻头，嘴微张露齿，颈部高筋暴突三道。内着僧衣，外披袒右大衣，左手执物，拳心向内贴胸，右手下垂贴腹。造型生动，纹饰简洁，雕刻细致。现状为基本完好。（彩版五九，2）

编号：QN 四三三

尺寸：残高 54、宽 52、厚 28.5 厘米

时代：唐

造像简介：坐佛造像，黄白砂石。造像头部缺失，双肩宽厚，身形健壮，内着袒右偏衫，胸部作结束带。圆腹挺胸，手指纤细，外披通体宽博式袈裟，衣摆束起搭肘下垂，左肩部披衣角结带饰搭于后背。手施与愿无畏印，手部有残缺。结跏趺坐，衣裾遮覆莲台。佛像雕工细腻，衣饰纹理清晰，整体造像，略有臃肿多肉之感。现状为严重残损。

编号：QN 四三四

尺寸：高 75、宽 38、厚 19 厘米；莲座高 15、宽 19、长 38 厘米

时代：北魏

造像简介：坐佛单体造像，砂石质。项光及插相部分残损。佛面相清秀中有丰腴之势，表情冷峻严肃。头上磨光低肉髻，饰有圆形项光，宽额，高眉骨，细长眼睛，眼帘微阖，目光下视，高鼻梁，阔口薄唇，嘴角上翘，秀长颈，大耳垂轮，两肩溜圆，昂首挺胸鼓腹，身形健壮。内着

僧祇支，外披双领下垂的宽博式袈裟，手部残损，结跏趺坐于低坛基之上，衣裾覆肘覆膝遮覆于低台基底部。衣纹刻造成“S” 形弧线。衣饰质地轻薄，纹饰规则，简洁工整，表面光洁细致。现状为局部残缺。

编号：QN 四三五

尺寸：高 58、宽 30、厚 20 厘米

时代：东魏

造像简介：立式菩萨造像，砂石质。立式菩萨头部缺失，手腕部残损，小臂裸露。造像两肩齐亭，戴项圈，内着僧祇支，外披帔帛，帛带交叉穿璧下垂至腿部，卷折揽于臂外侧下垂向后，帛带折角尖且外飘。右手持宝莲贴胸上举，左手下垂执香囊。胸腹部略鼓，下着长裙，衣摆曳地，赤足露趾。菩萨帛带形式曲折变化，动感强烈。采用凸雕与线刻相结合的技法，造型生动，质感细腻。现状为局部残缺。（彩版六〇，1）

编号：QN 四三六

尺寸：残高 46、宽 31 厘米

时代：唐

造像简介：立佛造像，砂石质。头部缺失，腹部以下残。双肩宽厚齐亭，胸部肌肉凸出隆起，健壮发达，两臂丰腴，颈部三道肉纹，着质地轻薄的袒右式袈裟，衣着贴体作出水式雕造，充分体现人体的质感。佛像给人以无限的美感，整体造像雕造细腻，衣纹采用双线凸雕精湛表现突出，为南涅水石刻造像精品。现状为佛半身造像，手部缺损。（彩版六〇，1）

编号：QN 四三七

尺寸：残高 72、宽 45、厚 26 厘米；台座高 28、宽 25、长 50 厘米

时代：北魏

造像简介：坐佛造像，细砂石质。坐佛头部缺失，佛造像体态端庄，身形健壮，圆溜肩，挺胸鼓腹，内着僧祇支，胸部系带作结带头向下，外披宽博大衣，右衣裾裹肘揽于左臂下垂。手部残损，可辨为禅定印。结跏趺坐于方莲台，衣裾自然下垂遮覆敷搭方座基部，刻造成双层重叠曲线纹衣褶，下摆尖折角微外扬。衣质厚若薄毡，雕刻精湛细腻。现状为局部残缺，下部风化。

编号：QN 四三八

尺寸：高 102、宽 49、厚 30 厘米；台座高 33、宽 30、长 56 厘米

时代：北魏

造像简介：坐佛造像，黄砂石质。坐佛造像身后饰通身舟样背光，背光刻火焰纹、忍冬卷草纹装饰图案；佛饰圆形项光，莲瓣光圈、忍冬卷草纹、化佛逐层装饰，头背光部残损。佛头上磨

光高圆肉髻，面相端庄，宽额，大耳垂轮，细眉长眼，目光下视。鼻直而平，准头较小，有残损。小嘴薄唇，嘴角内收微上翘，露喜悦之情，下颌部方圆，表情宁静和悦，清俊秀丽。身形健壮，圆肩，胸腹微挺。内着袒右僧祇支，僧衣胸前结带带头搭于大衣之外，外披双领下垂大衣，左肩覆搭，右肩半披，右臂宽大衣袖垂拂身前，右衣角覆臂揽于左臂，右衣角裹右肘下揽于左臂垂拂。佛左手施与愿印，有残损，右手腕部上面和前面留方形插孔。结跏趺坐于高束腰莲台座上，衣裾自然下垂遮覆莲台基部，衣褶繁复重叠，下摆刻造成曲线折叠形纹饰。制作技艺高超，表现手法丰富，衣褶四层重叠一丝不苟。局部稍有残损但不失为北魏造像的代表作。初步判断应与四四八号北魏正光二年造像为同时之作品。该尊造像刻造光洁精湛，线条优美流畅，堪称南涅水石刻珍品。现状为造像基本完整，背光、手、鼻等部位有残损。（彩版六一、六二）

编号：QN 四三九

尺寸：高 73、宽 25、厚 14.5 厘米

时代：东魏

造像简介：单体立姿菩萨造像，砂石质。背屏部和左腕残损，其余完整。立式菩萨饰背光，圆形莲瓣项光，头戴高宝冠，长圆脸形，面相丰满，宽圆额头，弧眉长眼，小鼻小嘴，短颈，下颌方圆，大耳垂轮，戴项圈，圆溜肩，胯部宽厚，身形粗壮，下着长裙，腹际系带作结，肩披袒右式袈裟，赤足站立圆莲台。衣纹用阴线刻饰，主像下部圆锥与圆莲花座相结合用。现状为完好，局部略残。

编号：QN 四四〇

尺寸：残高 68、宽 35、厚 29 厘米；台座高 10、宽 28、长 52 厘米

时代：东魏

造像简介：交脚菩萨造像，粗砂石质。头部、胸部残。菩萨交脚坐于高方台上，内穿袒右僧祇支肩，披帔帛，帛巾自胸前交叉穿环璧下垂，搭于两膝折卷上绕揽于臂肘向后，下身着褶裙，裙裾覆于台下，作双层叠。交脚菩萨身形俊秀，细腰扁腹平胸，为典型的秀骨清像，在雕造上凸雕线刻与镂空技法相结合，体现出时代的风格。现状为残损。

编号：QN 四四一

尺寸：高 51、宽 42 厘米；台座高 15、宽 19、长 42 厘米

时代：北魏

造像简介：单体坐佛造像，砂石质。佛像身后舟样背光屏残损。造像饰圆形项光，头上磨光肉髻，长方脸形，面相丰满，下颌方圆，细眉上翘，长眼微合，小鼻小嘴，大耳垂轮，表情和悦，身形健壮，挺胸。内着袒右僧祇支，胸部束带，外披袒右袈裟，左手施与愿印，左右手部残缺，结跏趺坐于高方台座上，衣裾遮覆膝座基部，不下莲台。衣饰贴体呈出水式雕造，衣纹作双线凸雕，纹饰简洁。佛座为长方形，素面无纹。现状为背光残，局部轻微损坏，整体基本完整。

编号：QN 四四二

尺寸：高 96、宽 29、厚 18 厘米

时代：北魏

造像简介：弟子阿难立姿造像，黄白砂石质。饰圆形项光大部残损。面相方圆，光头，大耳垂轮，细眉长眼，目光下视，鼻直口方，小口薄唇，嘴角内收微翘，圆下颌，年轻英俊，表情和悦，面露微笑。两肩宽厚齐亭，内着袒右式偏衫，腹部浑圆微凸，外披宽博大衣，右肩半搭，衣摆自右侧束起宽搭左肩，垂之后背，左手舒展三指提香囊，右手执宝物于胸前，残损，细部不辨。弟子像中加菩萨手，增添活力。弟子造像清俊，衣着贴身，质地轻薄，阶梯式凸雕衣纹，线条简洁流畅，清晰明快，雕造技法精湛，细腻。该尊造像堪称南涅水石刻精品。现状为造像基本完整，局部残损。（彩版六三，1）

编号：QN 四四三

尺寸：高 78、宽 54、厚 26 厘米；台座高 39、宽 27、长 47 厘米

时代：东魏

造像简介：坐佛，砂石质。头部缺失，手残损。佛背后有舟叶形背光，上部残缺，可见刻饰化佛、火焰纹。宽肩齐亭，挺胸鼓腹，体态端庄，内着袒右式僧衹支，胸际系带，外披双领下垂袈裟，施与愿无畏印，手部残损，善跏趺坐于高束腰须弥座莲台上，衣裾遮覆莲台露赤足。衣纹密褶呈流线折角尖，下摆微外扬。头部以上有插接孔。现状为残损风化严重。

编号：QN 四四四

尺寸：高 64、宽 23、厚 16 厘米

时代：北齐

造像简介：弟子像，黄砂石质。头部缺失，下部残损。弟子像上下身同宽，造型简洁生动。圆肩齐亭，披袒右袈裟，搭覆右臂。双手捧莲蕾于胸前，两臂赤裸，圆润光滑，手指纤细柔软，极富质感，身体纹饰极为简洁，数道阴刻线纹勾勒体形，有良好的艺术效果。现状为残损。（彩版六三，2）

编号：QN 四四五

尺寸：高 119、宽 56、厚 25 厘米；台座高 30、宽 25、长 60 厘米

时代：北魏

造像简介：一佛二菩萨组合造像石，砂石质。由造像、背屏和像座三部分组成，主尊像饰舟形背光、火焰纹；头部饰三道圆环项光，周围浅浮雕化佛、忍冬蔓草纹饰。佛头上肉髻，面相清秀，双肩齐亭，体态端庄，施与愿无畏印，结跏趺坐于莲台上。内着袒右僧衹支，胸际系带作结下垂，外披双领下垂袈裟，衣裾自然下垂遮覆莲台，下摆折角尖微外扬。两侧胁侍菩萨，头戴宝冠，宝缯束发，缯带飘飞，头部残损，戴宽项圈，披帔帛，帛带腹际交叉后上绕搭肘后甩，下着

长裙，手内持执法物上举或下持宝瓶、香囊，赤足侍立。长方形台座，台基正面两侧雕护法狮子，张口瞪目，回首向上，尾巴翘起作凶猛状。造像雕凿精细。现状为大部完好，局部残损。

编号：QN 四四六

尺寸：残高 45、宽 25 厘米

时代：北魏

造像简介：佛弟子半身像，黄白砂石。腹部以下缺失，弟子像光头，后有圆形素面项光，造像方圆脸形，额头饰白豪，凸雕眉目，眼帘微阖，目光下视，高鼻阔口，嘴角微翘，面露喜悦，大耳垂轮，颈部数道松皮暴露，两肩齐亭，胸部瘦骨嶙峋，体态端庄。内着袒右僧祇支，外披双领下垂袈裟，衣摆揽搭左臂，双手胸前合掌。造像刻划细致，表现出人物内心境界。现状为严重残缺，仅存上身。1998 年 6 月 29 日夜被盗抢。

编号：QN 四四七

形制：通高 53、宽 28 厘米；莲座高 20、宽 14 厘米

时代：北魏

造像简介：坐佛像，细砂石质。上部造坐佛像，身后通体舟形背光屏，下部长方形台座。佛像饰圆形莲瓣项光，头顶上磨光高圆肉髻，方圆脸形，细眉长眼，小高鼻小嘴，嘴角微翘，面相清俊。佛形体健壮，神态端庄，着圆领通肩大衣，施禅定印，结跏趺坐于高方台座上，衣裾遮覆于高方莲台座基部。衣褶简洁，饰成重叠的曲线，尖折角下摆外扬。背屏部位刻饰二尊化佛，头顶上高圆肉髻，方圆脸，饰舟样背光，披圆领通肩大衣，双手合十，结跏趺坐于莲台。台座两侧雕造阴线行书字样，实物已被盗抢，无法辨识周边文字。现状为局部残损风化。1998 年 6 月 29 日夜被盗抢。

编号：QN 四四八

尺寸：高 103、宽 82 厘米；台座高 27、宽 33、长 50 厘米

时代：北魏正光二年（521 年）

造像简介：一佛二菩萨组合造像石，黄绿砂石质。局部略有残损风化，现存刻石整体雕造光洁细腻，上部造像，下为台座，身后有残半的背屏，佛座后刻有题记。主尊像佛头上磨光高肉髻，额头宽平，秀颈溜肩，面相清秀，大耳垂轮，细弯眉，长眼微睁，目光下视，直鼻梁，准头端正，鼻眼俏丽，小嘴唇，嘴角微上翘内收，下颌略尖，表情和悦，体态端庄。内着袒右僧祇支，腰际束带作结，带头搭于大衣外，二层僧衣双领下垂胸前结袢，外披双领下垂宽博袈裟，衣摆揽左臂遮覆莲台座上，左手施与愿印，右手施无畏印，露右足呈结跏趺坐于方莲台座上。衣裾纹理规则对称，衣褶重叠。两侧胁侍菩萨圆方脸，大耳垂轮，戴宽项圈，内着僧祇支，腹际系带，肩披帔帛，帛巾绕肘下搭，下着长裙，侍立莲台。左侧菩萨左手提香囊，右手握莲蕾贴于胸前。右侧菩萨左手握莲蕾贴于胸前，右手提净水宝瓶。（图 4-206）

图 4-206 QN 四四八

造像背部上半部，残留阴线刻饰造像下半部衣纹，结跏趺坐，衣裾遮覆莲台。下面为“唯大魏正光二年……”造像铭记，竖排十行总计约八十字，其余的风化无法成句，刻石以其像、形、铭三全而堪称南涅水石刻之珍品。（图 4-207、208；彩版六四、六五）

铭文：唯大魏正光二年／岁在辛丑二月己亥／朔八日丙午比丘僧惠段黑合邑五十人等／以去神龟三年发愿／造石像二区今得／成就先愿发如愿／铭闻耳／前□洛汉仁／闻邵愁

编号：QN 四四九

尺寸：高 83、宽 20、厚 13 厘米

时代：北齐

造像简介：弟子造像，黄白砂石质。造像完整，弟子像光头，长方脸形，脸颊部略宽，大耳垂轮，高眉骨，长眼微阖，鼻梁高挺，小鼻头，阔口薄唇，嘴角内收，表情安详，短颈，两肩齐

图 4-207　QN 四四八底座背面铭文

图 4-208　QN 四四八背面

亭。披覆肩紧身通体袈裟，双手合十侍立圆形莲台上。莲台下有锥榫作安置结合使用。对称的斜线如叶脉状装饰衣纹，简洁明快。现状为基本完好。（彩版六六，1）

编号：QN 四五〇

尺寸：残高 57、宽 42 厘米；台座高 19、宽 15、长 42 厘米

时代：北齐天统

造像简介：一佛二弟子造像石，砂石质。造像饰背屏。主尊佛身后饰背光，莲花瓣圆形头光，头上磨光高肉髻，如覆钵，面相长方扁平，大耳垂肩，短眉大眼，小鼻小嘴，嘴角微上翘，表情慈祥和悦。造像身材修长，两肩齐亭，外披袒右袈裟，左手施与愿印，右手残损，结跏趺坐于莲台，衣裾自然下垂遮覆莲台坛基。两侧弟子像饰桃尖项光，头部残损，内着偏衫，结腰带，外披双领下垂大衣，紧身裹体，双手相贯揽右衣角，赤足站立莲台。长方形象座，中间刻划博山炉，两旁至左侧边阴线刻楷书天统（元）年造像铭。现状为局部残损。1998 年 6 月 29 日夜被盗抢。

铭文：唯天统□□岁次乙酉五月／壬子朔四日已／……／……佛弟子李□□／敬造释迦像／上为皇帝陛／下并为七世／……父母所生父母／因缘眷属愿／者生天现存受／福所求如愿（图 4-209）

（注：铭记年号模糊，天统仅可辨统之左半偏旁。天统年间，据岁次乙酉判断应为天统元年〔565 年〕。）

编号：QN 四五一

尺寸：高 75、宽 43、厚 20 厘米；台座高 17、宽 19、长 43 厘米

时代：北齐

造像简介：菩萨弟子组合造像，浅红砂岩质，质地细密。造像局部残损，刻像石分上下两部分，上部舟形背屏，一菩萨二弟子组合造像，下部为长方座。主尊像菩萨戴花蔓冠，线

图 4-209　QN 四五〇铭文

刻团莲头光，面相方圆，宽圆额头，细长眉，大眼，鼻直口方，薄唇微翘，嘴角内收，表情和悦，大耳垂轮，体态较为粗壮，短颈圆肩。内着圆领衫，戴项圈，着长裙，束腰带作结下垂，披帔帛，帛带覆肘下搭。左手施与愿印，残损；右手施无畏印，赤足站立圆莲台上。两侧二弟子造像体态健壮，面相丰圆（右侧弟子像残），内着僧衹支，外披双领下垂大衣，衣裾裹体，衣纹阴刻双线，双手相贯揽衣角向下，赤足立于圆形莲台上。造像图案清晰，衣纹简洁明快，下部长方形台座正面雕护法狮子昂首翘尾，瞪目吐舌，虎视眈眈，侧卧佛座前。现状为造像完整，局部略有残损。

编号：QN 四五二

尺寸：高 93、宽 60、厚 32 厘米；台座高 14、宽 31、长 43 厘米

时代：北魏

造像简介：一佛二供养人造像石，黄白砂石质。局部风化。造像上部舟形通身背屏，主尊佛头上高圆肉髻，鸭蛋脸，宽额，细眉，长眼微睁，鼻残损，阔口薄唇，尖下颌，大耳垂肩，细长颈。身形健壮，细腰窄背，宽肩，上身内着圆领僧衣，外披袒右大衣，衣着贴体，手部残损，结跏趺坐于莲台。头身比例头部占三分之一，着装简洁，风化无法辨识。两侧供养菩萨，头部残损，上身着紧身衣，下着长裙，束腰带，左侧菩萨双手合十；右侧菩萨左手提物，右手持物贴于胸前，侍立莲台，背屏素面无饰。下部长方形座，座侧有残存铭记，风化漫漶严重，字句不辨。现状为风化残损。

编号：QN 四五三

尺寸：高 75、宽 41、厚 24 厘米；台座高 11、宽 23、长 41 厘米

时代：北魏

造像简介：坐佛造像，黄白砂石。造像手相残，余完好。佛头上磨光肉髻低圆，发际中有中分缺口，面相方圆，大耳垂轮，耳朵夸张呈圆柄钥匙形。宽额，高眉骨，细弯眉，长眼微睁，眼角细长，鼻直口方，嘴角内收，粗短颈，头略向前俯，两肩宽厚齐亭略耸，身形修长，腰身挺拔。造像内着圆领衫，袒右僧衣，外披方领下垂的袈裟，两手持胸前残损，结跏趺坐于莲台之上，衣裾遮覆莲台基部，衣纹刻划简洁明快，衣裾下摆成非常规则连续不断的 S 形纹饰。造像丰圆，表情宁静。现状为造型基本完整。

编号：QN 四五四

尺寸：高 119、宽 30、厚 17 厘米

时代：东魏

造像简介：立式护法金刚造像，砂岩质。头上冠式已残，手相损，造像具有一定的特色，体现出强烈的民间艺术风格。头上宝缯束发搭带肩头，面相方圆，高额头，高眉骨，环眼圆睁，眼珠大且圆，鼻梁高，大鼻头，嘴唇紧闭，嘴角下咧，嗔怒之状，大耳垂轮，耳郭与下颌齐平，两

肩齐亭略耸，挺胸腆腹，给人以雄健有力的感觉。内着袒右僧祇支，帔帛带于腹际交叉绕环形扣下垂，上卷后绕肘，下着长裙，腰带作结垂于两腿中部，左手持法物贴左胸前，右小臂抬起，手部残损不辨。赤足露趾站立在圆锥形莲台上。整体造型朴实大方，栩栩如生，神态表现自然淳朴。现状为局部残缺。

编号：QN 四五五

尺寸：残高 34、宽 20 厘米；台座高 10、宽 28 厘米

时代：唐

造像简介：坐佛造像，细砂石质。佛像头部残缺，质地光洁，雕造细致。佛造像肩宽体厚，两臂丰腴粗壮，胸肌凸起，身形健壮。内着袒右僧祇支，胸际系带作结，外披双领下垂大衣，右襟束起搭于左肘后下垂，左手施触地印，右手残缺，结跏趺坐于圆形束腰莲台上，衣裾遮覆莲台底部，垂裳衣纹凸起雕刻成圆弧形，衣褶层次密匝重叠。现状为坐佛无头，其余部分完好。

编号：QN 四五六

尺寸：高 122、宽 44、厚 31 厘米

时代：北齐—隋

造像简介：立式菩萨像，砂石质。造像头部缺失，手腕脚趾部分残缺。戴项圈，披帔帛，帛带缀穗节状璎珞，绕颈至腹际作结交叉下垂于膝，上卷绕肘后甩。造像平胸鼓腹束腰，上身着质地轻薄的帛巾，下着筒裙，裙腰间系花边，左中右三条裙带，两侧裙带结环形璧，中间宽裙带中部系蝴蝶结。衣饰随体形变化，表现出人身的曲线。背部刻造有帔帛形。现状为局部残缺。

编号：QN 四五七

尺寸：高 114、宽 34、厚 21.5 厘米

时代：北齐

造像简介：立佛造像，粗质白砂石。无头，手残，胸腹部风化。佛像圆肩鼓腹，胸部略为圆鼓凸起，细腰溜胯。内着僧祇支，腰间束带作结下垂搭于裙外，肩部披双领下垂大衣，搭肘向下垂地。下身着裙，赤足露趾站立状，脚趾分明，衣纹为横向阶梯式。现状为残损严重。

编号：QN 四五八

尺寸：高 148、宽 45、厚 25 厘米

时代： 东魏

造像简介：立姿菩萨造像，砂石质。头手缺失，其余部位较完整。立姿菩萨身形健壮，戴项圈，短璎珞，上下身同宽，溜肩，挺胸鼓腹，体态端庄。内着僧祇支，肩披帔帛，络腋绕颈垂于胸腹之际穿花璧向下至膝部上卷，穗节间有铃状饰物，璧为圆形花瓣状，下着长裙，腰间束裙带作蝴蝶结垂至膝部，腰两侧佩饰穗带，赤足露趾站立。现状为残损。

编号：QN 四五九

尺寸：高 114、宽 40、厚 27 厘米

时代：北齐

造像简介：立式菩萨像，黄白砂岩。头部缺失。菩萨造像两肩齐亭，宽肩挺胸鼓腹，体态端庄。上身袒，戴花环式项圈，吊坠饰，披穗节状瓔珞，腹际交叉穿圆形花璧垂于膝下上卷绕揽于臂肘。造像着质地轻薄衣裳，下着长裙，腰间短裙边，裙带作结下垂，两侧丝绦挂环形璧。裸臂戴臂钏，整身瓔珞装饰华丽。手持香囊贴腹向下，赤足站立，整体雕造质感细腻，技法高超，细致精巧，饰物繁缛复杂。现状为无头，其余部分完好。（彩版六六，2）

编号：QN 四六〇

尺寸：高 108、宽 40、厚 20 厘米

时代：北齐

造像简介：立佛造像，黄白砂石质。头、手腕缺失，面部残损，可见头部手腕处衔接榫孔。佛像体态端庄，肩宽胸平，内着僧祇支，外披敷搭双肩通体大衣，下着长裙，赤足露趾站立莲台。整体衣饰采用阶梯式，简洁清晰明快。造像下部成圆锥体，以作稳固造像之用。现状为残缺。

编号：QN 四六一

尺寸：残高 49、宽 22 厘米

时代：东魏

造像简介：立式菩萨单体造像，砂石质。无头，局部残损。菩萨造像戴项圈，披瓔珞，帛带衬瓔珞自双肩搭下，腹际交叉向下垂绕揽于臂肘后甩。内着僧祇支，胸际束带作结，带头外搭，体态端庄，胸平腹鼓，宽腰，形体健壮，左手执提香囊贴腹，右手上举，已残损。下着长裙，裙摆拂赤足，站立莲台。整体采用凸雕技法，表现突出，纹理清晰可辨。现状为风化残损。

编号：QN 四六二

尺寸：高 143、宽 36、厚 16 厘米

时代：北魏

造像简介：立佛造像，青绿色粗砂石质。圆形头光残损，手部、膝下缺失。佛头上低平肉髻，圆脸形，宽额，弧眉，长眼微睁，目光下视，嘴角内收，下颌尖且短，面相庄重，圆肩溜胯，胸腹部，正面平。上身穿袒右大衣，敷搭右肩，衣摆束起搭于左肘之上，造型清秀。衣纹成横向及阶梯式衣纹，条理清晰简略。现状为部分残损。

编号：QN 四六三

尺寸：高 152、宽 43、厚 19 厘米

时代：北齐—隋

造像简介：立佛造像，黄白砂石。手部、头光均已残缺，膝盖以下经修复。佛造像饰圆形素面头光。头顶上饰螺髻，长方脸形，细眉，长眼微睁，高鼻阔口，宽鼻翼，人中较深，嘴角微收，大耳垂轮，下颌丰满呈肉纹线，面相端庄，秀颈圆润，两肩齐亭。内着袒右僧祇支，外披袒右大衣，衣摆束起搭于左臂肘，纹理为横向阶梯式，简洁分明。因修复原因，头身特征有异，佛头隋造像特征，妥否待考。现状为残损。

编号：QN 四六四

尺寸：高 150、宽 76、厚 36 厘米；台座高 58、宽 33、长 76 厘米

时代：北齐—隋

造像简介：坐佛造像，粗砂石质。造像圆雕，佛头上低平磨光肉髻，方圆脸形，面相清秀，大耳垂轮，发际留中分缺口，细长眉，长眼微睁，眼目下视，高鼻梁残损，小嘴尖唇，项下肉纹两道，两肩宽厚齐亭，身形健壮，腰身直挺，胸腹下微凸起。上身内着袒右式僧衣，腰间束带作结下垂，带头搭于外。外披双领下垂袈裟，以衣右角宽搭左肩，垂之后背。佛左手施与愿印，右手施无畏印，略残，结跏趺坐于长方形高台座上，衣裾遮覆莲台，衣褶稀疏简洁，成单层四字纹，或为横向圆弧形阶梯式纹。衣纹简洁，采用两道阴线刻饰。长方形台座前浮雕二护法兽并驭奴各一，护法兽相向蹲立，弓身缩颈，前爪扑跌，瞪目立耳，龇牙咧嘴，尾巴上翘作威武状态；驭奴坐独木桩，指挥法兽作舞之姿。造像佛法相端庄，法兽栩栩如生，画面生动活泼，雕造细腻，技法精湛。现状为基本完整。

编号：QN 四六五

尺寸：残高 77、宽 35、厚 16 厘米

时代：北齐—隋

造像简介：立佛，砂石质。仅存下部，造像为佛立像下身，内着长裙，外披厚重大衣，赤足露趾站立莲台。衣纹阳线刻饰，纹理简洁清晰。

编号：QN 四六六

尺寸：残高 77、宽 42、厚 23 厘米

时代：北齐

造像简介：立佛半身造像，黄砂石。头部、腿部缺失，造像风化残损较严重，多处已无法辨识，可见造像体态宽厚，体格健壮，胸部直挺，内着僧祇支，外披质地轻薄袒右袈裟，衣纹采用双线凸雕，突出表现形体，质感较强，造像石质细密。

编号：QN 四六七

尺寸：残高 90、宽 36、厚 18 厘米

时代：北齐

造像简介：立姿菩萨造像，黄砂石质，质地粗松。菩萨造像头腿缺失，通体风化严重。造像两肩齐亭，挺胸收腹，溜胯，体态端庄清秀，衣着细部不辨，披帔帛，帛带腹际交叉穿璧，至膝部折卷揽搭于臂肘下垂。右手贴腹舒五指向下，左手持莲蕾于左胸前，造像采用出水式雕刻技法，细腻地表现人体各部的造型。手臂柔软细长，具有较强的质感和真实性。（与QN四一五风格相同）

编号：QN四六八

尺寸：残高81、宽28、厚18厘米

时代：北齐

造像简介：佛弟子下半身残像，砂石质。残像为佛弟子立像胸腹以下部分，身形修长，腰身截面近方圆形，上部残存手臂，紧裹僧衣，衣角下垂。下身简洁，腹部微突起，仅有僧衣边缝，中棱突起，简约明快，质感强烈。

编号：QN四六九

尺寸：高79、宽47、厚23厘米

时代：北齐

造像简介：立姿菩萨半身像，砂石质。无头，肘部膝以下均残，仅存菩萨半身像。两肩齐亭，戴项圈，披帔帛，璎珞环绕，腹际交叉穿莲纹璧垂绕揽于两臂肘，下着低腰裙，中腰宽带作结。腰带左右丝绦下垂作结，装饰华丽，造像体态端庄。（彩版六七，1）

编号：QN四七〇

尺寸：残高46、宽35、厚14厘米

时代：北齐

造像简介：立姿菩萨造像，砂石质。头缺失。两肩齐亭，内着袒右僧祇支，外披双领下垂大衣，右衣角揽搭于左臂下垂。双手掌合捧莲蕾。线条简洁流畅，制作精细。现状为上缺下残。

编号：QN四七一

尺寸：残高60、宽36、厚16厘米

时代：北魏

造像简介：立姿菩萨造像，砂石质。造像头部缺失，仅存半身，膝下残损。两肩齐亭，肩胛宽圆，胸膛挺拔，腹部微外凸，身形健壮，内着圆衫，戴项圈，披璎珞，腹际交叉下垂。下着长裙，中间腰带向下作结，左右侧丝绦裙带穿璧下垂。

编号：QN四七二

尺寸：高47、宽28、厚10厘米

时代：东魏

造像简介：立姿菩萨造像，砂石质。菩萨造像，圭形背屏，头部缺损，留方形凿痕。菩萨身着圆领僧衣，戴项圈，胸前系带。肩披帔巾，帛带于胸腹前穿璧垂下至膝部上折，揽搭于臂肘下垂。左右手残缺。下身着长裙，赤足站立于莲台。阴线刻饰衣纹，帔帛饰花边，裙褶叠涩饰圆弧流线。现状为局部略残。

编号：QN 四七三

尺寸：残高 49、宽 18、厚 13 厘米

时代：隋

造像简介：菩萨立像，细砂石质。头缺失，下部残损。造像身材修长，上身内着袒右僧衣，腰间系带。外披双领下垂大衣，衣着贴体，右衣角揽搭左臂挽于左手而下垂，右手执宝物于胸前。左手雕造圆润精细，右手残损。双线刻饰衣褶，刻划简洁，雕造细致，表现出工匠技艺娴熟，是造像中的精品。（彩版六七，2）

编号：QN 四七四

尺寸：残高 53、宽 20、厚 9 厘米

时代：不明

造像简介：菩萨像，砂石质已风化残损，菩萨头缺失，身形稍臃肿。身着长衫至小腿，左手臂曲折，手执物不详。右手上举贴胸前，残损。由左肩向右下腰间斜披璎珞，系腰带，腰际两侧腰带下垂系环佩，纹饰表现简单，风化不清。

编号：QN 四七五

尺寸：高 160、宽 42、厚 21.5 厘米

时代：北魏

造像简介：立佛像，黄白砂石质。造像头光素面残损，膝以下经修复。佛头上磨光肉髻低平宽圆，面相圆，宽额弧眉，细长眼微睁，目光下视，小鼻阔口，嘴角内收成八字，面部丰满，表情和悦，圆肩溜胯。上身内着袒右僧祇支，外披袒右袈裟，右角宽搭左肩，绕颈半敷搭右肩。造型清秀，整体衣纹极简。现状为基本完整。

编号：QN 四七六

尺寸：高 159、宽 43、厚 23.5 厘米

时代：北齐

造像简介：立姿菩萨单体造像，青绿色粗砂石质。造像为菩萨立像，面部残损，左手残，小腿下修复。菩萨头戴高宝化佛冠，长方脸形，大耳垂轮，细眉长眼，眼帘半合，眼目下视，直鼻梁，颧骨明显，宽腮，下颌部残损，面相端庄。两肩宽厚，胸腹扁平，体形健壮，戴项圈，披帔帛，穗节状璎珞由两肩下垂于胸腹际交叉穿璧垂绕上卷揽于臂肘，披风半覆两肩。右手伸出施无

畏印，下着褶裙，腰间系宽腰带作结下垂。衣纹简约稀疏且纹理清晰。现状为局部残损严重。（与QN 三九二风格一致）

编号：QN 四七七

尺寸：残高 38、宽 36、厚 25 厘米；底座高 8、长 28 厘米

时代：隋—唐

造像简介：坐佛，头缺失。细砂石质。须弥座莲台高 8、长 38、宽 28 厘米。雕造细致，佛像内着僧祇支，外披袒右大衣，宽搭左肩，绕颈披搭右臂。左右手残损，结跏趺坐于莲台上，衣裾自然下垂悬覆莲台。下摆衣褶呈圆弧形，衣纹刻划采用直平阶梯式线条的手法。现状为佛像残损，衣饰基本完整。

编号：QN 四七八

尺寸：高 54、宽 42 厘米；台座高 25、宽 24、长 42 厘米

时代：北魏

造像简介：坐佛像，砂石质。头部缺失，火焰纹背光残损。内着袒右僧祇支，胸际束带作结，带头搭于大衣之外，外披双领下垂大衣，右衣角揽于左臂垂拂。左手施与愿印，有残损，右手残缺，结跏趺坐于高台座上，衣裾遮覆于莲台下，下摆尖折角微外扬。衣褶繁复，条理清晰。在雕造上衣纹采用阶梯式平直刀法雕刻，阴线饰细纹，圆刀刻饰衣裾下摆、衣褶。技法娴熟，做工精细，体现出北魏正光时期典型的石雕造像风格。

编号：QN 四七九

尺寸：残高 46、宽 28、厚 16 厘米

时代：隋—唐

造像简介：残佛身躯像，砂石质。风化残损，造像立姿，头缺失。身形健壮，披通肩大衣，细部不辨。现状为残缺风化严重。

编号：QN 四八〇

尺寸：残高 42、宽 23、厚 9 厘米

时代：东魏

造像简介：单体菩萨造像。造像头部缺失，下部残损。两肩齐亭，肩宽腰瘦，身着圆领长衫，衣着贴体，胸前戴项链，披长璎珞于腰际交叉结圆璧，腰间系腰带，结带下垂，双手残损。璎珞阳线凸起，制作较粗糙，风化严重。

编号：QN 四八一

尺寸：残高 58、宽 30、厚 17 厘米

时代：东魏

造像简介：菩萨造像，砂石质。造像头部缺失，下部残损。两肩齐亭，肩宽腰细。身着圆领长衫，衣着贴体，风化剥蚀纹饰漫漶，右肩结带，披帔帛，两肩外侧饰云朵形纹饰，胸部及两手风化剥蚀。造像风化剥蚀严重。

编号：QN 四八二

尺寸：残高 40、宽 17、厚 15 厘米

时代：北齐—隋

造像简介：残菩萨像，细砂石质。头已缺失，上身断裂修复。立姿造像，身材修长，上身内着僧衣，腰间系带。外披双领下垂大衣，衣着贴体，衣角搭于两臂，右衣角揽起搭左臂而下垂。双手合十于胸前，手残损，身形端庄，衣褶纹饰刻划简洁，阴线刻饰衣褶，工匠技艺娴熟，雕造圆润精细。现状为残缺风化严重。

编号：QN 四八三

尺寸：残高 25、宽 19、厚 12 厘米

时代：东魏

造像简介：残单体立像，砂石质。造像仅存下半，手部残损。宽大衣角揽搭于左臂自然下垂，衣裾自然下垂至脚踝。衣褶稀疏，呈阶梯式，剖面为半圆凸起的线条。

编号：QN 四八四

尺寸：残高 46、宽 20、厚 13.5 厘米

时代：北齐

造像简介：菩萨像，砂石质。头缺失，两肩齐亭，内着僧祇支，外披双领下垂大衣，右衣角揽搭于左臂下垂，双手合掌捧莲蕾紧贴胸口。线条简洁流畅，衣纹自然柔和，雕造细致。现状为造像上缺下残，身形基本完整。

编号：QN 四八五

尺寸：残高 32、宽 16、厚 10 厘米

时代：东魏

造像简介：菩萨身躯造像，砂石质。已风化残损，菩萨造像上半身缺失。细腰身，帛带下垂弯折于腰际，下身着低腰长裙，结璎珞带下垂。裙面饰阴线衣褶，衣褶雕造简单。造像风化剥蚀严重。

编号：QN 四八六

尺寸：残高 30、宽 17 厘米

时代：北齐

造像简介：菩萨身躯造像，砂石质。已风化残损，菩萨上半身缺失。细腰身，帛带璎珞由上身下垂于腹际，交叉于花饼中，再下垂弯折于脚踝部位上折至侧身两边。下身着低腰长裙，腰际前结璎珞吊玉佩下垂。衣褶雕造简单。造像风化残损严重。

编号：QN 四八七
尺寸：残高 29、宽 23、厚 12.5 厘米
时代：北齐
造像简介：菩萨身躯单体造像，砂石质。菩萨造像上半身缺失。细腰身，帛带璎珞由上身下垂于腹际，交叉于花饼中自然下垂，花饼饰莲花图案。下身着低腰长裙，腰际前梭形吊带系结下垂。衣褶雕造简陋。整体造像刻造细致。现状为风化残损严重，上缺下残。

编号：QN 四八八
尺寸：残高 38、宽 30、厚 10 厘米
时代：东魏
造像简介：立姿菩萨单体造像，砂石质。造像头部缺失，下部残损。两肩齐亭，肩宽腰细，内着僧祇支，衣着贴体。腰间系腰带下垂，无纹饰。披帔帛，长璎珞下垂腰际交叉于圆璧，帛带揽搭于两臂，左手向下残损，右手持宝物贴于胸前，风化剥蚀，细部不辨。造像制作较粗糙。现状为上下缺损严重。

编号：QN 四八九
尺寸：残高 42、宽 19、厚 13.5 厘米
时代：隋
造像简介：立佛单体造像，砂石质。造像头缺失。颈部残损，两肩齐亭，内着袒右僧衣，外披双领下垂袈裟，右衣角揽搭于左臂下垂。双手相抚合，捧物风化残损。身形矫健，透露出青春活力。衣着贴体，衣纹采用剖线半圆阳线形式表现。袈裟纹饰上身采用横纹，下身用斜纹表现。造像技艺娴熟，线条简洁流畅，制作精细。肩部柔和富有弹性。现状为残损缺失严重。

编号：QN 四九〇
尺寸：残高 42、宽 20、厚 14 厘米
时代：北魏
造像简介：残菩萨立像，细砂石质。头缺失，颈部残损。两肩宽厚齐亭，上身内着质地轻薄的贴体衣裙，戴项圈，璎珞绕颈下腹际交叉穿绕，垂膝部上卷。穗节式璎珞刻造纹理清晰，每节中部又挂有装饰物，构造繁缛复杂，以衬托高贵华丽。身形健壮，体态端庄，胸部挺起，腹部回收，束腰溜胯，手臂粗壮，双手残损。现状为仅存部分。

编号：QN 四九一

尺寸：残高 48、宽 21、厚 13 厘米

时代：东魏

造像简介：菩萨造像，砂石质。头缺失，颈部残损，两肩宽厚齐亭，戴圆项圈，戴臂钏，披帔帛，璎珞附着于宽帔巾，璎珞从胸前项圈下垂交叉于腹际小花饼，至膝下卷折向上揽于两臂弯。下身着低腰长裙，裙腰反折，腰带下垂于腹前。两侧佩带丝绦挂玉璧，双手残损，身形健壮，腹部微鼓，衣着贴体。线条简洁流畅，制作精细。现状为风化漫漶，细部不辨。

编号：QN 四九二

尺寸：残高 39、宽 34、厚 12 厘米；台座高 12、宽 17、长 33 厘米

时代：北魏

造像简介：一佛二菩萨造像，砂石质。造像为有背屏的一佛二菩萨组合像。主尊佛造像头缺失，上身内着圆领僧衣，外披双领下垂大衣，两手残损，结跏趺坐于低台座上，衣裾下垂遮覆莲台。台座高 12、宽 17、长 33 厘米。两侧各一供养菩萨，左侧残损严重；右侧菩萨头缺失，溜肩，双手合十，身着长裙侍立莲台，长裙下摆张开如喇叭状。佛座两旁狮子风化漫漶。造像雕造简洁，衣纹用阶梯式斜线刻划，下摆单线刻饰。

编号：QN 四九三

尺寸：残高 43、宽 15、厚 11 厘米

时代：北魏

造像简介：残佛像，砂石质。造像为佛站立像，头部缺失。身形朴实，溜肩，披通肩大衣，以衣右角宽搭左肩，垂之后背，双手出衣下，右手施无畏印，左手手腕残损，内着长裾垂拂脚面，穿圆口僧鞋立于方莲台上。造像简约粗犷，留雕刻斧凿残痕。现状为残损。

编号：QN 四九四

尺寸：残高 23、宽 11、厚 9.5 厘米

时代：北魏

造像简介：佛弟子造像，黄砂石质。头部缺失，两肩齐亭，肩宽体厚，体态端庄。内着袒右僧祇支，外披紧身袒右式袈裟，以衣右角宽搭左肩，绕颈覆右肩前垂，双手合抱宝物于胸前呈侍立状。手臂丰腴若有柔软感，阴线双线并列简单刻划出袈裟衣纹。现状为头部缺失，身躯基本完整。

编号：QN 四九五

尺寸：残高 44、宽 14、厚 11.5 厘米

时代：北齐

造像简介：弟子造像，细砂石质。头缺失，造像披紧身袈裟，双肩抱拢，双手合掌捧莲蕾。

右衣角揽搭于左臂，仅有简单刻划表示，双足穿圆口僧鞋立于莲台。衣饰朴质无华。莲台下有榫，以便于立置。现状为头残缺。（彩版六七，3）

编号：QN 四九六

尺寸：残高 45、宽 16、厚 12 厘米

时代：北魏

造像简介：单体造像，砂石质。质地细密，雕造光洁，头部残损。造像为立姿供养人，头缺失，着紧身窄衣小袖衣衫，腰系宽带，双手胸前合掌捧莲蕾，大衣下身右侧有掩缝，左侧腰带结带下垂。为普通民间服式，造型简洁明快，线条清晰。现状为造像无头，身体完好。

编号：QN 四九七

尺寸：残高 33、宽 19、厚 9 厘米

时代：北齐—隋

造像简介：立姿弟子单体造像，细砂石质。头缺失，披双领下垂大衣，双手抱拢，右衣角揽于左臂。衣着轻薄贴身，衣纹饰用“S”形曲线，阳线刻划表现。现状为上缺下残。

编号：QN 四九八

形制：残高 31、宽 17、厚 10 厘米

时代：北齐

造像简介：菩萨造像，砂石质。雕造简洁，造像上部缺失，残存腰腿部。细腰身，帛带璎珞由上身下垂于腹际，交叉于花饼中自然下垂，花饼饰莲花图案。下身着长裙，腰际前吊带系结下垂。衣褶雕造简陋。现状为残存腰腿部位，保存基本完好，稍有风化。

编号：QN 四九九

尺寸：残高 43、宽 20 厘米

时代：北齐

造像简介：立式菩萨造像，砂石质。雕造光洁细致，造像头缺失。颈部残损，两肩齐亭，上身着质地轻薄的贴体衣饰，戴圆项圈，圈下挂悬铃，璎珞满身，披帔巾，披巾揽于两臂弯，璎珞附着于宽帔巾，璎珞从胸前项圈下垂交叉于腹际，至膝下卷折向上到腰际间。下身着低腰长裙，裙腰反折，腰带下垂于腹前。两侧结带挂玉璧。左手提香囊，手残损。右手臂折起，手残缺。腹部微鼓，肩部圆润，身形矫健，衣着贴体，透露出青春活力。造像技艺娴熟，线条简洁流畅，制作精细。现状为头缺失，身形基本完整。（彩版六七，4）

编号：QN 五〇〇

尺寸：残高 23、宽 16、厚 8 厘米

时代：北魏

造像简介：单体佛造像，砂石质。风化残损，头缺失，仅存肩身部位。造像内着僧衣，外披双领下垂大衣，手臂部以下残损，细部不辨。

编号：QN 五〇一

尺寸：高 30、宽 15 厘米

时代：东魏

造像简介：力士造像残躯，褐砂石质。造像身形健壮，孔武有力。两肩齐亭，身着圆领衫，戴项圈，两肩结纽，帔帛带下垂于腹际交叉束结下拂两侧。两手握拳，手臂青筋暴起。下身着短裙围，露出双腿强健肌肉。雕造技法采用阴线直平式衣纹。现状为局部残损。

编号：QN 五〇二

尺寸：高 22、宽 19、厚 12.5 厘米

时代：北齐—北周

造像简介：立姿菩萨单体造像，砂石质。残存菩萨身躯中段，右手执净水瓶，帛带弯曲，衣纹折叠。现状为仅存残损的局部。

编号：QN 五〇三

尺寸：残高 19、宽 13 厘米

时代：东魏

造像简介：造像，砂石质。残存菩萨身躯，下半部残存腰带、帔帛连珠璎珞，雕造粗糙。

编号：QN 五〇四

形制：残佛像高 19、宽 19、厚 8 厘米

时代：隋—唐

造像简介：菩萨造像，细砂石质。已风化残损，造像头缺失，残存肩身上部。肩宽背厚，内着袒右僧衣，胸前结带。外披双领下垂大衣，右臂抬起右手残缺，左臂残损。衣纹用凸起和凹痕明暗显示，刀法娴熟，线条流畅。

编号：QN 五〇五

尺寸：残高 94、宽 35、厚 6 厘米

时代：北齐—隋

造像简介：立姿佛造像，红细砂石。风化残损，头部缺失，上下断裂两截。正面身部残损，仅有背部。肩宽背厚，披袈裟袒右肩， 衣角搭覆左肩后，衣纹由左肩向右下斜倾，简洁清晰，表现潇洒优美，线条采用阶梯式，剖面呈半圆表现手法。该残佛像能与 QN 六〇一下半部合并。

编号：QN 五〇六

尺寸：残高 22、宽 13 厘米；莲台座高 8、宽 8、长 16 厘米

时代：东魏

造像简介：景庆生造像，砂石质。已风化残损，造像为佛坐像，头部背光风化残缺，身形修长直挺，着通肩大衣，“U”形衣纹，施禅定印，结跏趺坐于莲台，衣裾下垂遮覆莲台。衣褶简约，下摆外扬。台座左侧铭记“佛弟子景庆生”。造像简单粗糙，风化剥蚀，细部不辨。（图 4-210）

图 4-210　QN 五〇六拓片

编号：QN 五〇七

尺寸：残高 30、宽 15、厚 15 厘米

时代：东魏

造像简介：下半身残造像，砂石质。下身着长裙，裙下露赤足，站立方台。风化剥蚀多有漫漶。整体造像粗犷简单。

编号：QN 五〇八

尺寸：残高 25、宽 15、厚 12 厘米

时代：北齐

造像简介：单体造像，砂石质。僧衣下两脚齐趾敦厚，立于莲台，莲台下留榫。现状为残留局部。

编号：QN 五〇九

尺寸：高 33、宽 16 厘米

时代：东魏

造像简介：立姿菩萨上半身单体造像，砂石质。头缺失，残存身躯。造像身材瘦长，披帔巾，璎珞满身，连珠项圈吊挂珠饰。由两肩下垂璎珞帛带，于腹前交叉结环。雕造简单世俗。现状为残留局部。

编号：QN 五一〇

尺寸：残高 33、宽 13.5、厚 9 厘米

时代：东魏

造像简介：残佛像，砂石质。头缺失，造像颈部残损，披双领下垂大衣，双手抱拢，右衣角搅于左臂自然下垂。衣着贴身，稍显厚重，衣纹饰用阴线刻划表现。雕造简单世俗。现状为表面风化剥蚀。

编号：QN 五一一

尺寸：残高 28、宽 17 厘米；台座高 14、宽 9、长 17 厘米

时代：东魏

造像简介：坐佛像，砂石质。造像后饰舟形通身背屏，头部缺失，坐佛着圆领通肩大衣，手部残损，结跏趺坐于高台座上，衣裾自然下垂遮覆高方座中部，下摆尖折角，衣褶刻造成凸起的圆弧条线与曲线波纹。像座长方形，无饰。雕造技法一般。现状为残存部分较完整。

编号：QN 五一二

尺寸：高 21、宽 24、厚 9 厘米；台座高 9、宽 9、长 24 厘米

时代：东魏

造像简介：造像石，砂石质。上部造像题材二佛并立，外侧二胁侍菩萨，均已残损风化。下部长方形座，中间浅浮雕带梗莲花、博山炉，两只护法狮子站立，张口瞠目，尾巴上翘，造型生动，栩栩如生。刻像石雕造技法细腻。现状为局部残损。

编号：QN 五一三

尺寸：残高 32、宽 23、厚 12 厘米；台座高 11、宽 12、长 23 厘米

时代：不明

造像简介：组合造像，砂石质。已风化残损，长方台座造像一佛二弟子。主尊佛立像上身残缺，左侧弟子双手合十站立莲台，右侧弟子头部残缺。现状为整个造像风化残损严重。

编号：QN 五一四

尺寸：残高 30、宽 22 厘米；台座高 15、宽 13、长 23 厘米

时代：东魏

造像简介：一佛二菩萨组合造像，砂石质。组合造像造于长方台座上，造像设背屏。主尊佛造像头缺失，上身内着僧祇支，外披双领下垂大衣，施禅定印，结跏趺坐，衣裾下垂双层叠涩遮覆莲台。两侧各一供养菩萨，左侧菩萨圆脸形，喜眉笑眼，鼻直口方，帔巾帛带，绕臂飘飞，双手合十，身着长裙站立莲台；右侧菩萨头缺失，溜肩，两手合十，身着长裙站立莲台。制作较粗糙。现状为头像缺失，身形基本完整。

编号：QN 五一五

尺寸：残高 28、宽 28、厚 11 厘米

时代：北齐—隋

造像简介：佛造像，砂石质。造像残损，头缺失，下部残缺，上身颈部残存，左右臂残损。肩膀宽厚，身形健壮，内着袒右肩僧衣，胸系结带，外披双领下垂大衣。衣纹采用阴线刻饰。

编号：QN 五一六

尺寸：残高 16、宽 16、厚 5.5 厘米

时代：北齐—隋

造像简介：单体佛造像，砂石质。造像头缺失，下部残缺，上身颈部残存，左右臂残损。肩膀宽厚，身形健壮，内着袒右肩僧衣，胸系结带，外披双领下垂大衣，现状为残缺风化。

编号：QN 五一七

尺寸：残高 24、宽 11、厚 6.5 厘米

时代：东魏

造像简介：单体佛造像，砂石质。造像头缺失。上身内着袒右肩僧衣，外披袒右肩大衣，衣角揽于左臂，左手提衣角，右手臂举于胸前，施无畏印。雕造粗糙。现状为风化残损严重。

编号：QN 五一八

尺寸：残高 30、宽 15、厚 10 厘米；台座高 21、宽 10、长 19 厘米

时代：东魏

造像简介：残像，砂石质。佛像造在长方形高台座上。残像为坐佛下半身，善跏趺坐，衣裾下垂遮覆莲台，衣褶下摆曲折叠涩，露双足，右足残，左足穿僧鞋。现状为残缺严重。

编号：QN 五一九

尺寸：高 23、宽 21 厘米；台座高 8、宽 7、长 13 厘米

时代：东魏

造像简介：坐佛像，砂石质。三角形背屏，长方形台座上造像，佛像头部残损，面目全无。身形修长，内着僧衣，外披袒右肩大衣，左手施与愿印，右手施无畏印，手部残损，结跏趺坐于莲台。制作粗糙。现状为局部残损。

编号：QN 五二〇

尺寸：残高 17、宽 8 厘米

时代：隋—唐

造像简介：供养菩萨造像，砂石质。造像仅供养菩萨下半部，着半长衫，长裙裤，帛带弯折腰腹和膝下部位。雕造粗糙。现状为下半身残像。

编号：QN 五二一

尺寸：残高 18、宽 17 厘米；莲座高 9、宽 7、长 17 厘米

时代：北魏

造像简介：佛造像，砂石质。风化残损，造像为有背光坐佛像。佛像头部残缺，火焰纹背光，上半残缺。佛上身内着僧祇支，胸前系带结，外披双领下垂大衣，衣角揽于左臂，左手施禅定印，残损，右手残缺，结跏趺坐，衣裾下垂双层叠涩遮覆莲台。衣纹多风化漫漶。现状为残缺风化严重。

编号：QN 五二二

尺寸：残高 34、宽 18 厘米

时代：隋

造像简介：立姿佛半身像，砂石质。无头无腿，造像内着僧祇支，外披袒右式袈裟，衣饰裹体，阴刻双线纹，佛像体态宽厚端庄，雄健有力。造像裸右臂，舒腕手指捏丸状物，右手执带柄高足杯状物，根据造像形态推断佛像应为药师佛。现状为仅存部分。

编号：QN 五二三

尺寸：残高 19、宽 22、厚 11 厘米；台座高 4、宽 10、长 21 厘米

时代：北魏

造像简介：佛像，砂石质。残损，像造在长方形台座上。造像饰背屏，上部缺失，佛像头部缺失，佛身着袒右肩大衣，披覆右膀，施禅定印，结跏趺坐，衣裾下垂遮覆莲台。衣纹为阴线简单刻划，粗糙简单。现状为残缺严重。

编号：QN 五二四

尺寸：残高 23、宽 20、厚 10 厘米；台座高 10、宽 10、长 20 厘米

时代：北魏

造像简介：组合造像石，绿砂石质。造像背屏上部残损，佛像头缺失，造像身后背屏残存部分火焰纹背光，体态端庄，溜肩，内着僧祇支，胸际束带作结，外披双领下垂大衣，右衣角搅于左臂绕肘下垂，左手施与愿印，右手施无畏印，结跏趺坐于莲台，衣裾自然下垂遮覆莲台坛基中部，衣褶繁复层叠，纹饰清晰。佛像两侧二供养菩萨披帔巾，帛带飘绕，双手合十，下着长裙站立莲台。造像石下部为长方形台座，座侧二供养人俯首跪拜，双手合十虔诚供奉。造像做工精细，衣饰质地稍厚重，质感细腻。 现状为仅存刻像石残损不全。

编号：QN 五二五

尺寸：残高 20、宽 20、厚 12 厘米；台座高 7、宽 9、长 20 厘米

时代：东魏

造像简介：坐佛造像，砂石质。佛像着袒右大衣，左手施与愿印，右手施无畏印，结跏趺坐于莲台。制作粗糙简单。现状为风化剥蚀，细部不详。

编号：QN 五二六

尺寸：残高 28、宽 13、厚 11 厘米

时代：东魏

造像简介：立姿菩萨单体造像，砂石质。头缺失，颈部残损，内着袒右肩僧衣，外披双领下垂大衣，双手掌合捧莲蕾，右衣角搅于左臂。身形健壮，衣着贴身，衣纹饰用“S”形曲线，阴

线刻划表现。现状为头残缺，肩部残损。

编号：QN 五二七
尺寸：残高 11、背屏宽 12、厚 10 厘米；莲座高 4、宽 11 厘米
时代：北齐
造像简介：立姿菩萨单体造像，砂石质。头肩部缺损，造像有背屏。上身内着僧祇支，胸系结带，外披双领下垂大衣，施禅定印，结跏趺坐，衣裾下垂遮覆双手，未及莲台。现状为残损严重。

编号：QN 五二八
尺寸：高 27、宽 18 厘米；台座高 7、宽 6、长 17 厘米
时代：东魏
造像简介：二佛造像石，砂石质。舟叶形背屏前雕造出二佛并坐，头部缺损，凿头型凹槽，凹深 1 厘米，以备装饰新佛头。二佛内着圆领僧衣，外披双领下垂宽博式大衣，施禅定印，结跏趺坐于莲台，纹饰阴线刻划，简洁稀疏。雕造粗糙简单。现状为刻石完整。

编号：QN 五二九
尺寸：残高 13、宽 18、厚 7 厘米；台座高 10、宽 6、长 18 厘米
时代：东魏
造像简介：残像，砂石质。造像为佛坐像，上半身缺失。残存佛像施禅定印，结跏趺坐，衣裾下垂遮覆莲台，衣裾外扬呈八字。现状为坐佛上半部残损。

编号：QN 五三〇
尺寸：残高 14、宽 18、厚 8 厘米
时代：北魏
造像简介：残佛像，红砂石质。造像圆拱形佛龛，龛内佛像一尊，低肉髻，圆方脸，大耳垂肩，风化严重，面目剥蚀殆尽。外披袒右肩大衣，胸部以下残缺。现状为残缺风化严重。

编号：QN 五三一
尺寸：残高 18、宽 13、厚 8 厘米
时代：东魏
造像简介：菩萨造像，砂石质。残部位为衣裙下部。衣褶弯弯，衣摆飘拂一角，右侧有提起的镶花边香囊。衣纹的雕造采用了阶梯式剖面半圆形技法，用拂角形式将僧衣表现出动感。现状为残缺。

编号：QN 五三二
尺寸：残高 32、宽 17 厘米；台座高 12、宽 17 厘米

时代：盛唐

造像简介：坐佛造像，砂石质。结跏趺未姿于仰覆高束腰莲花座上，无头，可见插接用孔。坐佛胸部挺拔，胸肌丰满，腹部略鼓，拉长拔高，显示出佛像雄伟强健。佛内着偏衫，外披双颈下垂的贴体袈裟，衣袂敷搭座上，成出水式衣纹，造像体现出体态的高大和质感的细腻优美。现状为局部残存。

编号：QN 五三三

尺寸：残高 17、宽 12 厘米；台座高 9、宽 5、长 12 厘米

时代：东魏

造像简介：坐姿菩萨造像，黄白砂石质。颈部以上残，残存部分比较完整，菩萨造像身形修长，体态苗条，瘦削清俊。内着僧祇支，戴项圈，肩披帔帛，肩头圆形宝镜，飘带腹际交叉穿环形璧，飘带自膝下卷起后绕肘下垂，赤裸手臂，下穿长裙，赤足露趾，施与愿无畏印，倚坐于高方座上。衣饰简洁明快，线条清晰，颇具北魏延昌年间造像风格。刻像石后有背屏，素面无饰，下有像座，均略有残缺。现状为佛像无头，局部残缺。

编号：QN 五三四

尺寸：残高 22、宽 16、厚 11 厘米

时代：隋—唐

造像简介：单体佛造像，砂石质。已风化残损，造像头缺失，颈部残损。两肩齐亭，身形矫健。上身内着袒右肩僧衣，系腰带打结，结带下垂，外披双领下垂大衣，右肩垂下衣角揽于右臂，右手提衣角。右下衣角揽于左臂，左手臂举于胸前，手残损不辨。衣纹制作简洁大方，采用隆起的折痕表现流畅的衣褶，显示出工匠的娴熟技艺。现状为头缺失，部分风化。

编号：QN 五三五

尺寸：残高 14、宽 12 厘米；台座高 5、宽 8、长 11 厘米

时代：北魏

造像简介：坐佛像，砂石质。上部残损。身后通体背光，体态端庄，两肩溜圆，着通肩大衣，胸腹部微凸起，施禅定印，结跏趺坐于莲台，衣裾下垂遮覆莲台。衣纹简约刻划草率，造像雕造简单粗糙。现状为严重残损。

编号：QN 五三六

尺寸：残高 20、宽 13、厚 8.5 厘米

时代：东魏

造像简介：菩萨单体造像，砂石质。造像仅存身躯上半部分，头缺失，颈残损，戴连珠项链，吊挂一枚宝珠，肩帔帛带拂两臂，腰间裙腰反折，下部残缺。造像世俗化。现状为风化残损严重。

编号：QN 五三七

尺寸：残高 33、宽 16、厚 8.5 厘米

时代：东魏

造像简介：立佛，砂石质。造像残存立佛下部，上有方卯，下有圆榫，可接出上部佛像，能固定下部台座。佛衣三重，赤足立莲台，内着长衣至足面，中穿长衫达小腿，外披袈裟过膝。用对称斜线表现袈裟纹饰，表现出三重衣的不同质地，内着长衣的轻薄，外披袈裟的厚重。现状为残部完整。

编号：QN 五三八

尺寸：残高 31、宽 13、厚 12 厘米

时代：北齐

造像简介：佛弟子立身像，砂石质。头部缺失。身形端庄，两肩齐亭，圆肩胛。内着僧祇支，外披双领下垂大衣，右衣角揽于左臂肘下垂。双手合捧莲蕾贴胸前。下身简洁，衣纹采用流线型凸棱形式表现，雕造细致，形象生动。现状为头缺失，身形完整，下部风化表面剥蚀。

编号：QN 五三九

尺寸：残高 24、宽 14、厚 8 厘米

时代：东魏

造像简介：菩萨造像，砂石质。菩萨头缺失，肩颈部位残损，身形短粗健壮，上身由左肩向右下斜披连珠璎珞，左手臂抬起，手提香囊，右手贴于胸前，残损不辨。下着长裙，裙腰反折，系腰带结花下垂，两侧结带垂两胯。造像世俗化，造型臃肿，制作粗糙。现状为头肩部、右手残缺。

编号：QN 五四〇

尺寸：残高 39、宽 19、厚 11 厘米

时代：北齐—隋

造像简介：弟子单体造像，砂石质。头缺失，颈部残损。造像两肩齐亭，身形健壮。内着袒右肩僧衣，外披双领下垂大衣，双手合掌捧莲蕾，右衣角揽于左臂自然下垂。衣纹简洁，采用双曲线阴线纹刻划。现状为头缺失，手部残损。

编号：QN 五四一

尺寸：残高 17、宽 18、厚 9 厘米；台座高 8、宽 9、长 18 厘米

时代：北齐

造像简介：残组合造像，砂石质。一佛二弟子组合造像，造在长方形台座上，造像残缺严重，腰身上部全部残缺。主尊佛坐像施禅定印，结跏趺坐于莲台，衣裾下覆莲台。两侧弟子披袈裟赤足站立枝梗莲台。现状为风化剥蚀细部不辨。

编号：QN 五四二

尺寸：残高 29、宽 16.5、厚 10.5 厘米

时代：北齐

造像简介：菩萨半身像，砂石质。无头无腿，造像戴项圈，璎珞绕颈，腹际交叉挂壁，下垂三道，两侧璎珞环绕至腿部上卷，璎珞成圆珠形饰物，并有小短璎珞数串，装饰繁缛华丽。菩萨着长裙，飘带绕肘搭手臂，柔软，质感强烈。现状为造像仅存半身。

编号：QN 五四三

尺寸：残高 21、宽 18、厚 10 厘米

时代：北齐

造像简介：菩萨造像，砂石质。已风化残损，菩萨头膀残缺，颈部残损，仅存身躯部分。上身袒，戴连珠项链，肩部披挂帛带璎珞，前胸连珠项链连接，吊三串珠佩，下垂于胸腹前交叉于花饼。现状为残缺风化。

编号：QN 五四四

尺寸：高 45、宽 18 厘米；台座高 10、宽 6、长 12 厘米

时代：北齐

造像简介：坐佛造像，砂石质。造像为佛坐像，头部背光风化残缺，身形修长直挺，着通肩大衣，“U” 形衣纹，施禅定印，结跏趺坐于莲台，衣裾自然下垂遮覆莲台。衣褶简约，下摆呈燕尾形。莲台下长方形台，衣纹采用平直刀法阴线刻饰。现状为造像残损，风化使表面粗糙。

编号：QN 五四五

尺寸：残高 23、宽 18、厚 10 厘米

时代：北齐

造像简介：弟子造像，砂石质。头部和下身缺失，仅存上半身。身形修长，两肩齐亭，圆肩胛，左肩残损。内着圆领僧衫，外披双领下垂大衣，右衣角揽于左臂肘下垂，双手合捧莲蕾贴胸前。现状为残损严重。

编号：QN 五四六

尺寸：残高 31、宽 17、厚 10 厘米

时代：东魏

造像简介：菩萨造像，砂石质。已风化残缺，菩萨头缺损。背屏刻划菩萨束冠，宝缯飘飘。颈部残损，上身内着圆领僧衣，月牙形项圈，着袒右肩僧服，外披帔巾，结壁于两肩。下着长裙，系腰带，腰带腹前打结下垂，帔巾下垂交叉于腹前花饼，下垂后向上弯折揽于两臂肘。左手五指并拢向下贴于腰间，右手举于胸前，残损不辨。造像刻划细致，表现出菩萨衣着繁复，手部刻划

细腻，若有弹性。造像为菩萨上半部，下部可以插接成为完整造像。现状为头部、下部残缺，身形保存基本完好。

编号：QN 五四七

尺寸：残高 25、宽 16、厚 12 厘米

时代：东魏

造像简介：菩萨单体造像，砂石质。菩萨装立像下半部，帛带下垂弯折向上，衣裾折叠，下摆曲折覆于赤足脚面。莲台下有榫头，以利固定直立。现状为上部残缺。

编号：QN 五四八

尺寸：残高 22、宽 23 厘米；台座高 13、宽 13、长 23 厘米

时代：唐

造像简介：坐佛单体造像，砂石质。坐佛上部残缺，仅存下半部。佛左手施与愿印，结跏趺坐于莲台。莲台为仰莲瓣束腰须弥座。大半残损，束腰部位八面体分隔，饰莲花图案。下部不详。造像生动形象，莲台莲瓣制作精制，技艺娴熟。现状为残损风化，残缺不全。

编号：QN 五四九

尺寸：残高 37、宽 20 厘米

时代：北齐

造像简介：立姿菩萨像，砂石质。头、腿部缺失。造像颈部戴项圈，饰瓔珞流苏，络腋缀瓔珞，帔帛绕颈下垂于腹际交叉穿璧，向下至腿部上卷，揽地于两臂，瓔珞呈穗节状，每节中挂搭玉状饰物，雕造十分复杂。体态端庄，胸腹部鼓起，溜胯束腰，两臂赤裸，下身着裙，花边窄裙腰，中系作蝴蝶结宽腰带，两侧结环丝绦，形态各异。质感强烈，造型生动。现状为残存部分完整。

编号：QN 五五〇

尺寸：残高 28、宽 13、厚 12 厘米

时代：北齐

造像简介：单体佛造像。已不成整形，仅存佛像右肩膀一块。内着袒右肩僧衣，外披双领下垂大衣。衣饰刻划简洁。现状为残存身躯一块。

编号：QN 五五一

尺寸：残高 19、宽 13、厚 13 厘米

时代：北齐—隋

造像简介：单体造像，砂石质。造像仅存佛像下部腿脚部分，薄裙摆垂拂赤足脚面，裙裾裹小腿，圆莲台，台坐下有圆柱形榫头。现状为上部残损，腿脚部分基本完好。

编号：QN 五五二

形制：残高 23、宽 20、厚 12 厘米；莲台座高 13、宽 12、长 20 厘米

时代：北魏

造像简介：残佛像，砂石质。造像为一佛二弟子组合像，上部已风化残损。主尊佛背后设背屏，佛像与背屏上部毁坏，佛头肩缺失，背屏大部丧失。佛着圆领通肩大衣，胸前系带结，右手残损，左手施与愿印，结跏趺坐于莲台。莲座下部分界格，衣裾下垂分双层重复，遮覆莲台，衣褶曲折。正下部设博山炉敬佛，两旁饰山海云气。两侧各开长方形龛，龛内各造一佛弟子像。弟子低眉善目，虔诚问心，身披袈裟，双手合十，立于莲台。左侧弟子像上身残损。现状为上部残缺严重，下部残损剥蚀。

编号：QN 五五三

尺寸：残高 14、宽 13、厚 7.5 厘米

时代：唐

造像简介：佛造像，细砂石质。头缺失，颈部残损。肩宽背厚，内着袒右肩僧衣，外披双领下垂大衣，胸部肌肉发达，胸下部及两臂残缺。造像形象逼真，制作精细。现状为造像上下残缺。

编号：QN 五五四

尺寸：残高 30、宽 15、厚 9 厘米

时代：隋—唐

造像简介：佛造像，砂石质。头部、颈部残损，内着长衫，遮覆脚面。外披双领下垂大衣，双手抱拢，右衣角揽于左臂自然下垂。衣着贴身，稍显厚重，衣纹饰用阴线刻划表现，造像简单世俗。现状为头缺失，身形基本完整，小有残损。

编号：QN 五五五

尺寸：残高 18、宽 12.5 厘米

时代：东魏

造像简介：佛弟子半身造像，砂石质。头、腿缺失，造像两肩齐亭，内着僧衣，为圆领束带，外披袒右袈裟，衣摆束起搭于双肘，体态端庄，双手胸前合十。衣纹为凸线条纹形，线匝重叠。现状为造像残损严重。

编号：QN 五五六

尺寸：残高 10、宽 12.5、厚 7 厘米

时代：东魏

造像简介：菩萨造像，砂石质。造像仅存菩萨下身部位，披璎珞，帔帛弯折揽于右臂。衣褶纹饰形象生动。现状为局部残块。

编号：QN 五五七

尺寸：残高 26、宽 26 厘米；台座高 6、宽 9、长 26 厘米

时代：北魏

造像简介：一佛二菩萨组合造像，砂石质。造像有背屏和长方形台座。主尊佛头部风化残损，着方领通肩大衣，衣角揽于左臂。左手施与愿印，右手施无畏印（说法印）风化剥蚀细部不详，结跏趺坐于莲台。两侧侍立供养菩萨，圆脸形，戴花蔓冠，眼眉弯弯，小口。身形瘦长，双手合十，腰间结腰带，站立莲台。右侧造像残损。造像制作粗糙。现状为风化剥蚀严重。

编号：QN 五五八

尺寸：残高 27、宽 34、厚 14 厘米；台座高 9.5、宽 13、长 24 厘米

时代：东魏

造像简介：坐佛像，砂石质。有背屏、长方形莲台座。佛头缺失，颈残损，溜肩，上身内着袒右僧衣，外披袒右臂大衣，施禅定印，结跏趺坐，衣裾下垂遮覆莲台。衣裾重叠两层，下摆稍外扬。造像制作刀法单调。现状为上部残缺。

编号：QN 五五九

尺寸：残高 24、宽 20 厘米；台座高 9、宽 11、长 19 厘米

时代：东魏

造像简介：组合造像，砂石质。造像为一佛二菩萨，主尊佛头缺失，内着圆领僧衣，左衽斜披，外披双领下垂大衣，衣角揽于左臂，左手施与愿印，右手施无畏印，半跏趺坐，衣裾下垂遮覆莲台。主佛两侧各一供养菩萨，残损严重，仅可辨着长裙立莲台。造像风格粗犷，线条夸张。衣纹饰多采用阴线刻划。现状为上部残缺。

编号：QN 五六〇

尺寸：高 39、宽 25、厚 10 厘米

时代：东魏

造像简介：组合佛造像，砂石质。造像为一佛二菩萨组合像，饰圭形背屏。主尊佛头缺损，仅留所凿头形，头部画出头光圈。上身内着圆领僧衣，腰系结带，外披双领下垂大衣，衣角揽于左臂，左手施与愿印，右手举胸前残损不辨，结跏趺坐，衣裾下垂遮覆莲台。衣饰多风化剥蚀，漫漶不清。两侧菩萨造像均饰头光，头身部残缺严重，残存可辨帔巾垂折于腿部，呈粗犷回形纹饰。菩萨着长裙站立莲台。现状为造像残损严重，主尊佛身部较完整。

编号：QN 五六一

尺寸：残高 29.5、宽 20、厚 11 厘米；台座高 12、宽 11、长 20 厘米

时代：北魏

造像简介：佛像，砂石质。佛头部和背屏上部残损风化。造像建在长方形台座上，造像为佛坐像，头缺失，上身内着僧祇支，外披双领下垂大衣，施禅定印，结跏趺坐，衣裾自然下垂遮覆莲台。造像简单世俗。现状为头、背屏上部残缺风化，细部不辨。

编号：QN 五六二

尺寸：残高 38、宽 22 厘米

时代：东魏

造像简介：佛像腿脚部位，砂石质。造像为佛像下部腿脚部分，上部有方形卯口，上部造像可以插接。薄裙摆垂拂赤足脚面，脚厚敦齐趾，裙裾裹小腿，圆莲台，台坐下有圆锥形榫头，便于造像置立。现状为基本完好，边沿小有缺损。

编号：QN 五六三

尺寸：残高 23、宽 23、厚 10 厘米；台座高 10、宽 13、长 24 厘米

时代：北魏

造像简介：坐佛单体造像，砂石质。造像建在长方形台座上，佛头部和背屏上部残损风化。上身外披双领下垂大衣，衣角揽于左臂，左手施与愿印，右手施无畏印，结跏趺坐，衣裾自然下垂遮覆莲台。造像简单世俗。现状为残损严重，风化剥蚀细部不辨。

编号：QN 五六四

尺寸：残高 15、宽 28、厚 9.5 厘米

时代：北魏

造像简介：造像石，砂石质。造像为造像石一角，残存三面造像。保存较好一面长方形佛龛，龛楣饰宝盖，化佛等，风化漫漶不清。龛内坐佛像高肉髻，长方脸形，大耳垂轮，眼帘低垂，直鼻小口。溜肩，内着僧祇支，外披双领下垂大衣。胸以下残缺。左侧造像佛龛龛楣右边楣尾上卷，饰龙首吐蕊，线条简洁流畅。右侧造像佛龛龛楣左边楣尾上卷，饰龙首吐蕊，风化剥蚀已不清楚。现状为造像残损。

编号：QN 五六五

尺寸：残高 23、宽 13 厘米

时代：北魏

造像简介：弟子立像单体造像，细砂石质。造像饰头光，残损。头缺失，颈部残损。两肩齐亭，身形健壮，内着袒右僧衣，外披双领下垂大衣，双手合掌捧莲蕾，手部残损。长衣揽于两臂肘自然下垂，下着长裙，身前系腰带，腰带自然下垂。衣纹简洁，采用单曲线阴线纹刻划。现状为头部残损严重。

编号：QN 五六六

尺寸：残高 33、宽 22、厚 14 厘米；台座高 9、宽 14、厚 22 厘米

时代：东魏

造像简介：一佛二弟子造像，砂石质。上部残缺，致使佛像无头，背屏已残，下为长方形象座，主尊造像施与愿无畏印，结跏趺坐于床榻之上。两侧胁侍弟子光头，着通体大衣，双手胸前合掌侍立于圆形莲台上。造像图案简洁清晰。现状为局部残损风化。

编号：QN 五六七

尺寸：残高 17.5、宽 16、厚 8 厘米

时代：东魏

造像简介：菩萨造像，砂石质。为残身躯，仅存胸部上半部，头部、胸下部残缺。菩萨造像身形矫健，两肩齐亨，圆肩胛，着圆领僧衫，戴宽项圈，挂坠饰，披帔帛，璎珞。现状为残损严重。

编号：QN 五六八

尺寸：残高 17.2、宽 17.9 厘米；台座高 7、宽 9.5、厚 17.9 厘米

时代：北魏

造像简介：坐佛造像石，砂石质。上部为坐佛，下为长方形台座。坐佛有舟形身光背屏，素面无纹。头部缺失，两肩齐亭，身形矫健，体态端庄。内着袒右偏衫，胸部肌肉隆起，外披袒右大衣，敷搭右肩，大衣边沿处饰折带纹，施禅定印，结跏趺坐于长方形莲台上，衣裾遮覆莲座，下摆外扬。手臂赤裸，衣纹扁平状突起。台座浅浮雕莲花博山炉，跪姿供养人和回首护法狮子图案。具有典型的北魏太和时期造像风格，为南涅水石刻造像中最早的造像。现状为残损。（图 4-211；彩版六八）

图 4-211　QN 五六八

编号：QN 五六九

尺寸：残高 46、宽 19 厘米；台

座高 12、宽 10 厘米

时代：东魏

造像简介：坐佛像，砂石质。为组合造像一部分。佛头上肉髻，内着僧衣，外披袒右大衣，施与愿无畏印，跏趺坐于方座上，衣裾遮覆莲台于低座中。下部为长方形像座，背后通身背屏，刻饰事物不辨。现状为残损风化严重。

编号：QN 五七〇

尺寸：高 44、宽 30、厚 14.2 厘米；台座高 6、宽 14 厘米

时代：北魏

造像简介：一佛二菩萨组合造像，砂石质。造像圭形背屏，主尊佛头缺损，身形健壮，宽肩，两肩齐亭，内着圆领僧衣，外披双领下垂大衣，右衣角揽于左臂，左手施与愿印，右手施无畏印，结跏趺坐于莲台，羊肠衣裾下垂遮覆莲台，下摆外扬。两侧侍立两尊菩萨，帛带飘扬，下部力士托举，护法狮子侧卧。现状为风化残损严重。

编号：QN 五七一

尺寸：残高 34、宽 32 厘米；台座高 12、宽 12、长 32 厘米

时代：隋

造像简介：组合造像石，砂石质。雕造各种佛像菩萨像 6 尊，以及博山炉、护法兽等图案。图案多已模糊不清，造像石上部身后背屏残损。二佛站立于圆形覆莲莲台上。两侧二弟子立姿袖手侍立莲台，造像石下部座呈长方形，高浮雕技法刻造，力士托举博山炉，两侧护法狮子张口瞠目，凶猛威武半蹲状，外侧二供养人侍立。现状为多处风化残损。

编号：QN 五七二

形制：残高 36、宽 25、厚 16 厘米

时代： 东魏

造像简介：残菩萨像身躯，砂石质。造像为菩萨像腰腹部位，风化残损严重。造像细腰身，璎珞满身，胸前下垂交叉于腹前系结，下垂两侧至膝弯折向上。下着长裙，裙腰反折，系腰带下垂。造像造型粗犷。现状为风化剥蚀细部不辨。

编号：QN 五七三

尺寸：残高 35、宽 17、厚 8.5 厘米

时代：北齐

造像简介：残菩萨下半身立像，砂石质。上身缺失，仅存下半部分造像。细腰身，璎珞满身，胸前下垂交叉于腹前系结，下垂两侧至膝弯折向上。内着长裙垂拂脚面，外着长裙至小腿部位，系腰带打结下垂。两胯旁佩带丝绦结璧垂于侧。现状为上部残缺，下身基本完整。

编号：QN 五七四

尺寸：残高 48、宽 17 厘米；台座高 24、宽 15、长 40 厘米

时代：北齐

造像简介：坐佛供养人组合造像，细砂石质。雕造光洁细致，一尊佛坐于束腰高莲台，下有两供养人虔诚跪拜，两侧有狮子，中间设博山炉敬佛，造像多处残损。主尊佛，头缺失，颈部残损，上身内着僧祇支，腰系结带，外披双领下垂大衣，衣角揽于左臂，左手施与愿印，右手举胸前施无畏印，结跏趺坐，衣裾下垂遮覆莲台。莲台高大，为束腰须弥座莲台。台下两位供养人跪拜状向佛，左侧供养人残损，外侧为护法狮子，残损面目不辨。中间莲花座上有博山炉，残损。造像气势较大，佛像为主，身形高大，辅助人物稍小，映衬出佛的宏大，增添人的敬畏之心。整体造像技艺娴熟，技法精湛，描绘细致。现状为头部缺失，供养人、狮子、博山炉等多处残损。

编号：QN 五七五

尺寸：高 45、宽 33 厘米；台座高 12、宽 21、长 32 厘米

时代：北魏

造像简介：一佛二菩萨组合像，黄白砂石质。上部有圆形背屏雕造成穹隆顶式，中间跏趺坐佛施与愿无畏印，坐于低坛基上，佛头上磨光高肉髻，面相长方扁平，细短眉、小眼睛、小鼻、阔口、秀颈、大长耳朵与肩相接，表情喜悦慈祥，坐佛削肩挺胸，体态清秀挺拔，着圆领下垂式袈裟，衣纹作细条形圆弧式纹。两侧二胁侍菩萨戴高冠，着大裙，体态清瘦修长，双手持执法物或胸前合掌向佛而立。刻像石下部为长方形座，无饰，仅见雕造残痕，刻石风化模糊。现状为局部风化。

编号：QN 五七六

尺寸：残高 18、宽 23 厘米；台座高 10、宽 15、长 18 厘米

时代：唐

造像简介：坐佛残像，砂石质。头缺失。坐佛身形健壮，肩胛圆肥，胸肌发达，内着袒右僧衣，外披袒右肩大衣，右肩半披，右臂下以衣右角宽搭左肩，垂之后背。左手平置左膝，右手残损，结跏趺坐于莲台，衣裾下垂遮覆束腰莲台。覆裳莲台前部残损。雕造衣纹采用阶梯式凸棱形式表现，技法娴熟。现状为多处残缺风化。

编号：QN 五七七

尺寸：高 35、宽 27、厚 10 厘米

时代：东魏

造像简介：二佛并立造像石，砂石质。长方形仿摩崖造像样式，圆拱形龛，高浮雕立佛，二佛头上低冠，面相长方，着双领下垂式大衣，双手胸前合掌。现状为残损风化严重。

编号：QN 五七八

尺寸：残高 18、宽 14 厘米；台座高 10、宽 8、长 13 厘米

时代：东魏

造像简介：坐佛造像，砂石质。上部为坐佛，头缺失，身后背屏亦残，下部像座完整。佛内着袒右式僧祇支，外披袈裟，结跏趺坐，衣裾遮覆方台座基部，纹饰雕造成较密匝的凸起圆弧条形，外摆飘尖折角。现状为坐佛无头，严重残损。

编号：QN 五七九

尺寸：残高 33、宽 22 厘米；台座高 10、宽 23 厘米

时代：隋—唐

造像简介：佛造像，砂石质，质地细密光洁。头部缺失。佛像胸部凸起，肌肉发达，身着袒右式僧祇支，胸际系带作结下垂，外披质地轻薄的通体式袈裟，衣裾遮覆坛基底部。佛跏趺坐，施禅定印。衣纹雕造成双凸线圆弧形，清晰明快，条理分明，整体造像雕造细腻，质感强烈。现状为无头，局部残损。

编号：QN 五八〇

尺寸：残高 29、宽 23 厘米；台座高 15、宽 13、长 23 厘米

时代：东魏

造像简介：一佛二弟子二供养人组合造像石，砂石质。上部残损，一佛二弟子均头部缺失，背屏残。长方台座上结跏趺坐佛，施与愿无畏印，内着偏衫，胸际系带，外披袒右式袈裟，衣裾遮覆坛基部。两胁侍弟子着通体大衣，双手胸前作莲花合掌印，造像身后背屏已残。座下面阴线刻二供养人造像，供养人头上高发髻，着宽袍大袖式服装，双手合十作恭敬虔诚状侍立。侧面阴刻行书有“大代”字样。造像衣纹采用凸雕技法，成圆弧条纹或波纹。现状为风化残存。

背面铭：唯大代天／平二年六／月十二日造释／迦像一区上／为皇帝陛下（图 4-212）

左侧铭：郑姬／妻王……／……石像／一区愿生／……子（图 4-213）

编号：QN 五八一

尺寸：残高 36、宽 26 厘米；莲台座高 13、宽 14、长 25 厘米

时代：北魏（正光六年）

造像简介：佛造像，砂石质。造像为一佛二菩萨，背屏上部残损。主尊佛头残缺，有莲瓣圆形头光装饰，颈部残损，上身披双领下垂大衣，衣角揽于左臂，左手残损，右手举胸前，残损。结跏趺坐，衣裾下垂遮覆莲台，衣褶呈菊花瓣状。两侧侍立菩萨，菩萨头上戴花蔓冠，宝缯翘起。长方脸形，眉目低垂，虔诚状，戴项圈，披帔巾，双手合十，下身着长裙站立莲台。帔巾飘折，刻划草率粗糙。左侧菩萨上部残损。两侧边饰护法狮子，狮头正向，身侧卧，龇牙瞪目，威武凶猛，生动形象。背后有正光六年四月刘欢造像铭记。现状为左半部残损较多。

图 4-212　QN 五八〇背铭

图 4-213　QN 五八〇侧铭

铭文：正光六年四月八日／造石像一区／佛弟子刘欢／佛弟子明廷弟兄六人（图 4-214）

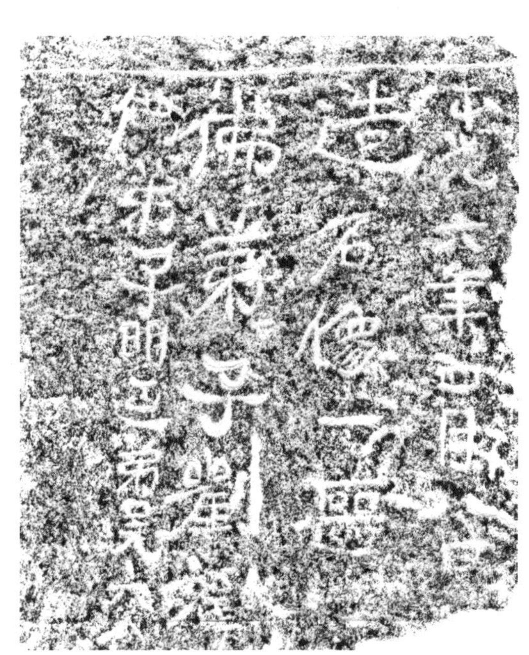

图 4-214　QN 五八一拓片

编号：QN 五八二

尺寸：残高 35、宽 21、厚 13 厘米；台座高 14、宽 13、长 21 厘米

时代：东魏

造像简介：坐佛造像，砂石质。坐佛背光上部残损。佛头部、颈部残损，内着僧衣，腰间系结带，外披双领下垂大衣，衣角揽于左臂，左手施与愿印，右手举胸前，残损，结跏趺坐，衣裾自然下垂遮覆莲台。莲台为束腰须弥座，束腰下长方形底座。底座正面有“大魏……”造石像铭记，风化漫漶字迹多不辨。现状为残损风化漫漶严重。正面铭记剥蚀，侧后保存较好。

正面铭：唯大魏□七／……造像一区上为皇帝七（图 4-215）

左侧铭：世父母既生父／母因缘眷属／三过见存普／登道众上及（图 4-216）

背面铭：世恩下及三友波／及六道行蒲果圆／普降福利所／佛／像主王猛虎／妻孙莲花（图 4-217）

右侧铭：维那主／王永王定□／王萦景乐／王……（图 4-218）

图 4-215 QN 五八二正面铭

图 4-216 QN 五八二左侧铭

图 4-217 QN 五八二背面铭

图 4-218 QN 五八二右侧铭

编号：QN 五八三

尺寸：残高 22、宽 16、厚 9 厘米；台座高 10、宽 9、长 16 厘米

时代：东魏（兴和年间）

造像简介：坐佛造像石，砂石质。造像无头，背屏残，造像上部佛两肩宽厚齐亭，挺胸，体态端庄，内着僧祇支，外披双领下垂大衣，施禅定印，结跏趺坐于高方台座上，衣裾遮覆坛基中部，为多层重叠的曲线纹。下部为长方形的像座，座前阴刻行书“兴和二年李族”等造像铭。现状为严重残损风化。

铭文：兴和二□／三月十□日佛弟子……／妻王……息李族／妻郝七人息（图 4-219）

图 4-219 QN 五八三拓片

编号：QN 五八四

尺寸：残高 19、宽 15 厘米；台座高 10、宽 7、长 14 厘米

时代：北魏

造像简介：残坐佛像，砂石质。造像背屏残损，主尊佛头缺损，外披交领大衣，右衣角揽于左臂，左手残损，右手施无畏印，结跏趺坐于莲台，羊肠衣裾下垂遮覆莲台。雕造极粗糙。背面有“赵令宛造像”铭记。现状为残缺风化严重。

铭文：……四月……赵令宛……为仁赵潞容造像一区（图 4-220）

图 4-220 QN 五八四拓片

编号：QN 五八五

尺寸：残高 15、宽 17、厚 5 厘米；台座高 6、宽 5、长 17 厘米

时代：北齐

造像简介：佛造像，细砂石质。残造像为坐佛一尊，饰背光、火焰纹。佛像头缺失，身材直挺，坐姿端庄，身着圆领通肩大衣，“U”形衣纹，右手抚左手施禅定印，结跏趺坐，衣裾下垂遮覆莲台。雕造衣纹用阴线刻划，简单世俗。背后有“比丘尼圆惠”“比丘尼羡箴”造像铭记。现状为头像缺失。

图 4-221　QN 五八五拓片

铭文：比丘尼／圆惠／比丘尼／羡箴／等为／父母敬／造释／像一区（图 4-221）

编号：QN 五八六

尺寸：残高 23、宽 14、厚 11 厘米；台座高 14、宽 11、长 14 厘米

时代：东魏

造像简介：造像石，砂石质。质地疏松，严重残缺不全，刻像石无头，座残。刻石上部跏趺坐佛，施说法印于高方台座上。内着僧祇支，胸部束带作结，带头外搭，肩披双领下垂式袈裟，衣襟束起搭肘，衣裾遮覆座底部，雕造重叠的曲线波浪形纹饰。高方台式佛座下力士作托举状，佛像后有通身背光。阴线刻吴光妻造像铭。现状为严重风化残损。

铭文：……年／三月八日佛弟／子吴光妻☐五贵……（图 4-222）

编号：QN 五八七

尺寸：残高 29、宽 21 厘米

时代：东魏

造像简介：菩萨造像，砂石质。刻石残损，已极不规则。菩萨颈部戴项圈，有穗状饰物垂下，下着长裙，腰部系围腰，帔帛绕肘后甩，整体形状挺胸腆肚，下身短粗健壮。立姿菩萨造像，身后通屏，足下刻石座。现状为各部均已残损。

铭文：……造浮图三级同像四／……铨鼓钟也石为／……中官内及群僚／……同斯（图 4-223）

编号：QN 五八八

尺寸：残高 21、宽 17、厚 11 厘米；台基部高 11、宽 11、长 17 厘米

时代：北齐（天保七年）

造像简介：坐佛像，白砂石质，质地疏松。造像残损，头缺失。宽体厚胸，腹部凸起，体态端庄，身着圆领通肩大衣，施说法印，结跏趺坐于高台座上，衣裾遮覆莲台，衣褶作双层重叠波纹，纹理密匝。造像佛座为高方台，台座阴刻楷书“大齐天保七年陈庆候”造像铭。刻像石整体刻造细致，造型规整。现状为局部残缺风化。

正座下部铭：唯大／齐天／保七年／岁丙／子十二／月辛（图 4-224）

右侧铭：未十八日戊巳／佛弟子陈／庆候上为／七世父母下为（图 4-225）

图 4-222　QN 五八六拓片

图 4-223　QN 五八七铭文

左侧铭：父母因缘眷／属愿□／一切如意（图 4-226）

编号：QN 五八九

尺寸：残高 14、宽 14 厘米；台座高 7、宽 8、长 14 厘米

时代：北齐（武平元年）

造像简介：残像，粗砂石质。造像为一佛二菩萨，仅存主尊佛像半身。主尊佛施禅定印，结跏趺坐于低台座上，衣裾遮覆莲台。莲台下长方形台座，造像世俗简单粗糙。台座有大齐武平元年铭记，正面由右向左排列，侧边背后有铭记，风化剥蚀漫漶不辨。现状为残缺风化，面目全非。

铭文：唯大齐武平元年五月廿八日佛弟子……三舍……（图 4-227）

编号：QN 五九〇

尺寸：残高 26、宽 16、厚 9.5 厘米

时代：北魏

造像简介：胁侍供养人刻像，砂石质。刻像石上部为供养人，头缺失，披紧身大衣，双手合十，侍立于石台座上。长方形台座有题记。整体似一造像的侧角残体。现状为整体严重残损风化。

铭文：……王为息道玉（图 4-228）

图 4-224　QN 五八八正座下部铭文

图 4-225　QN 五八八右侧铭文

图 4-226　QN 五八八左侧铭文

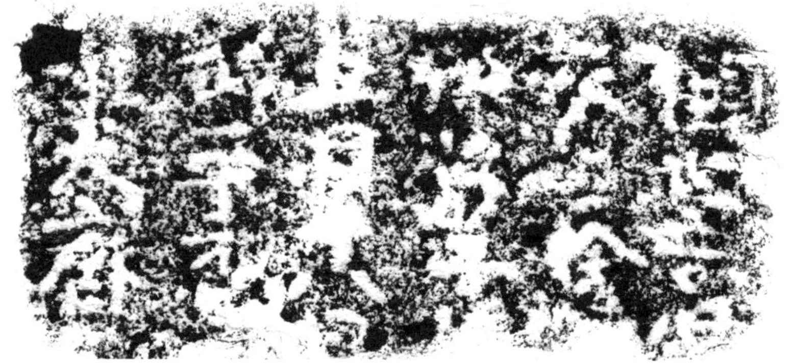

图 4-227　QN 五八九拓片

图 4-228　QN 五九〇拓片

图 4-229　QN 五九一拓片

编号：QN 五九一

尺寸：残高 22、宽 20、厚 10 厘米；台座高 12、宽 10、长 20 厘米

时代：北齐（武平七年）

造像简介：坐佛像，砂石质。严重残缺，造像胸部以上残。佛像施禅定印，结跏趺坐于高方座上，衣裾遮覆坛基，成流线型纹饰。座基部阴刻行楷书体“武平七年七月十日”题铭。造型简洁，雕造技法洗练明快。现状为残损风化，模糊不清。

铭文：武平七年七／月十日佛弟／子刘智雅／愿家口平／安无口舌☐／☐福心（图 4-229）

编号：QN 五九二

尺寸：高 18、宽 17、厚 7 厘米；台座高 8、宽 7、长 17 厘米

时代：北齐（武平年间）

造像简介：一佛二弟子组合刻像石，砂石质。上部残缺不全，表面风化。刻像上部坐佛施说法印，结跏趺坐于高台座上。两侧二弟子光头，身披通体大衣，双手合十侍立莲台。下部台座正面有阴刻佛弟子楷书题铭。现状为风化残损。

铭文：☐平七年十月／六日佛／弟子……／为父母眷／属作造／石像一区／告……（图 4-230）

编号：QN 五九三

尺寸：残高 18、宽 19 厘米；台座高 5、宽 9、长 19 厘米

时代：北齐

造像简介：一佛二菩萨造像石，砂石质。残存佛造像，头缺失。施与愿无畏印，结跏趺坐于高台座上，两侧二胁侍赤足站立，后有通体背屏。下为长方形象座，背后有题记，无法辨识，仅见有“姜杨艾”字迹。现状为残损严重，字迹不辨。

编号：QN 五九四

尺寸：残高 21、宽 26、厚 12 厘米；台座高 14、宽 12、长 26 厘米

时代：北齐

造像简介：残缺造像，砂石质。造像本为一佛二菩萨，但残损缺失太严重，造像已无形可言。仅只有下部长方形台座。正面有造像铭。现状为铭记风化剥蚀，字迹多不清晰。

铭文：六年四月／佛弟子显☐为皇／帝陛下存所／父母敬造释／迦像一区／从愿／如意

编号：QN 五九五

尺寸：残高 21、宽 19 厘米；座长 10、高 11、宽 19 厘米

时代：东魏武定三年（545 年）

造像简介：坐佛造像，砂石质，疏松。上部佛造像，佛头与背屏严重残缺损毁。主身内着袒

图 4-230 QN 五九二拓片

右僧祇支，胸际系带，外披双领下垂大衣，施与愿无畏印，跏趺坐于高束腰须弥座上，衣裾遮覆台座基部。衣饰雕造成凸起的“S”形。坐佛背后通身背光已残，外侧可见胁侍造像的痕迹，佛座为高束腰须弥座，座侧二护法狮子，形状威武。刻造技法采用镂空雕造，增强造型立体感。刻石背后阴刻“武定三年法显造像”铭记。现状为已残损。

铭文：武定三年／九月十五／日比丘／法显为／无边法／界众生／造像一区／所供养（图 4-231）

编号：QN 五九六

形制：残高 24、宽 18、厚 12 厘米；台座高 9、宽 12、长 18 厘米

时代：唐龙朔三年八月

造像简介：坐佛像，粗砂石质。上部已残损，坐佛头缺失。两肩宽厚齐亭，挺胸鼓腹，内着僧衣，腰间系带作结，外披双领下垂大衣，施与愿无畏印，结跏趺坐于低台座上，衣裾遮覆莲台。身后背屏亦残损，下部长方形造像座，阴刻行书竖排九行总计 50 余字的“唐龙朔三年陈师德男云智造像”题铭。现状为造像残损，题记完整。

铭文：龙朔三年八／月日佛弟子／陈师德男云／智为父造阿／弥陀像一区今／得成就愿合／家俱离苦难／共成佛道（图 4-232）

编号：QN 五九七

尺寸：残高 19、宽 8.5、厚 5.5 厘米

时代：隋—唐

造像简介：菩萨造像，砂石质。造像残块为菩萨造像下半身。着长裙，系围腰，帛带弯曲于身前。制作较粗糙，衣纹采用凹痕线刻划。现状为造像残损。

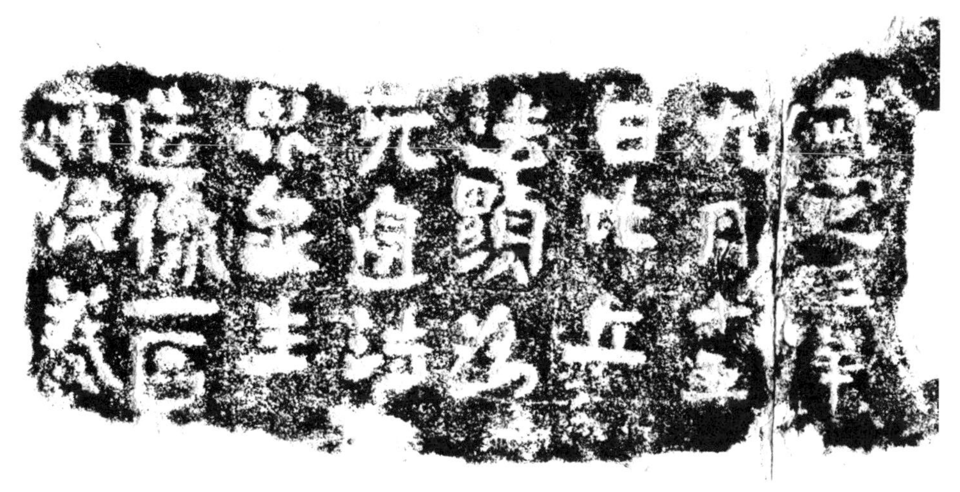

图 4-231　QN 五九五拓片

编号：QN 五九八

尺寸：残高 18、宽 8、厚 6.5 厘米

时代：隋—唐

造像简介：菩萨造像，砂石质。造像残块为菩萨造像下半身。披璎珞，着长裙，系围腰，帛带弯曲于身前。制作较粗糙，衣纹采用凹痕线刻划。现状为风化残缺。

编号：QN 五九九

尺寸：残高 41、宽 26、厚 9.5 厘米

时代：北齐

造像简介：造像石，砂石质。造像为圆首佛龛造像，下部残损。圆拱佛龛，龛内坐佛一尊。佛像简约，高肉髻，圆方脸，面目风化漫漶，身着圆领通肩大衣，施禅定印，结跏趺坐，衣裾遮覆莲台呈八字形。佛龛下刻有铭记，字迹风化漫漶，多不辨。现状为下半残缺，风化。

铭文：唯大齐……像一区……（图 4-233）

编号：QN 六〇〇

尺寸：残高 45、宽 21、厚 14 厘米。台座高 24、宽 5、长 21 厘米

时代：北魏

造像简介：残造像石，砂石质。造像为正反两面。正面造像为坐佛，头缺失，颈部残损，内着僧衣，腰间系结带，外披双领下垂大衣，衣角搅于左臂。左手施与愿印，右手施无畏印。半跏趺坐，衣裾自然下垂遮覆莲台。莲台佛座为长方形，造像腰身直挺，衣裾下摆稍长，表现潇洒飘逸，衣纹折叠，舒朗大方。佛座有铭记，残缺不全，文字成残字断句。另一面造像为立佛像，头缺失，颈部残损，左右手残损。内着僧衣，腰间系结带，外披双领下垂大衣，衣角搅于左臂，衣裾自然下垂。造像身材修长飘逸，衣纹折叠，舒朗大方。现状为风化残损较严重。

图 4-232　QN 五九六拓片

铭文：大夫……／住后现……／……以兵……／卒于乡郡……／像一区……／……三念／……善知……（图 4-234）

编号：QN 六〇一
尺寸：通高 94、宽 35、厚 6 厘米
时代：隋
造像简介：立姿菩萨背部单体造像。现状为头缺失，正面残损，背面较好。能与 QN 五〇五合并。

编号：QN 六〇二
尺寸：高 34.5、宽 22 厘米
时代：北齐
造像简介：组合造像，砂石质。造像呈荷瓣形背屏，上部残缺。造像一佛二弟子，头部全缺失。主尊佛着菩萨装，背屏头部残存刻饰飘折缯带，头部有卯榫插口便于插换头，胸肩部残损，腰带结花下垂身前，身披帔巾，帛带下垂弯折揽于两臂，衣裙下垂，赤足立莲台。两侧弟子头部留卯槽，便于撤换坏损头形。弟子内着长衫，外披袈裟，双手相拢紧裹袈裟，右衣角揽于左臂下垂，赤足立于枝梗连台上，枝梗相连于主像莲台。造像身形修长，衣纹表现采用阴线刻划，刀法采用平直刀法，干净利落。现状为头部残缺，肩身残损。

编号：QN 六〇三
尺寸：残高 43、宽 21、厚 12 厘米
时代：北齐
造像简介：菩萨造像，细砂石质。残造像石为造像石的一角。造像正面为主尊像，右侧为胁

图 4-233　QN 五九九拓片

图 4-234　QN 六〇〇拓片

侍菩萨残像。菩萨饰头光，脸面残损，高冠披头巾，溜肩，着圆领僧衣，戴项圈，披帔巾，由两肩下垂于腹际交叉穿璧，至膝下卷折向上搅于两臂后下垂，下身着长裙，左手提香囊，右手臂折起，手握莲蕾贴于左胸前。身形矫健，衣带飘逸。残损不能看到完整形象。背面有残像，为佛龛内残留左侧弟子像，头缺损，内着僧衣，外披袈裟，衣角束于胸前，双手合十，赤足站立莲台。龛外树木成荫，供养人主人带侍女虔诚礼佛。主人头戴斜平冠，身着交领衣衫，侍女头梳双髻，身着交领衫紧随身后。其余部分残损不辨。侧边佛龛内饰帷幕卷折状，龛外残菩萨帛带裙裾下半立于方席，席外遍地莲花。现状为头部残损严重，身形基本完整。

编号：QN 六〇四

尺寸：残高 24、宽 19、厚 11 厘米

时代：北齐

造像简介：菩萨身躯残像，砂石质。菩萨造像中段身躯。头缺失，两肩残损，披帔巾，由两肩下垂于腹际交叉结带，至下卷折向上搅于两臂后下垂，下着长裙，左手部残损，右手臂折起，手握佛像贴于左胸前。现状为风化剥蚀细部不辨。

编号：QN 六〇五

尺寸：残高 27、宽 27 厘米；下部台座高 21、宽 9、长 27 厘米

时代：北齐—隋

造像简介：残佛像，细砂石质。质地细密，严重残损，佛及弟子造像仅残存下部，可见佛着菩萨装半跏趺坐于束腰须弥座莲台上，左腿于莲台下。两侧各一弟子侍立，头部残损，身材修长，紧裹袈裟，右衣角搅于手臂。刻石座下部浅凸雕带梗莲花博山炉，外侧阴刻行书“道岳造像”铭。造像雕造光洁细致。现状为严重残损。

铭文：比丘道岳／造太子像一区（图 4-235）

编号：QN 六〇六

尺寸：高 40、宽 27、厚 13 厘米；台座高 14、宽 13、长 27 厘米

时代：北周—隋

造像简介：一佛二胁侍组合造像，砂石质。质地松散，造像面部与背屏部分已残损。主尊佛体态端庄，两肩齐亭，内着僧祇支，外披双领下垂式袈裟，右衣角搅于左臂肘下垂，施禅定印，结跏趺坐于低台座上，衣裾遮覆莲台基部。二侧弟子像，内着僧衣，外披通体紧身袈裟，双手胸前合掌，穿僧鞋站立莲台上，造型虔恭。造像下部为长方形座。右侧和正面阴刻铭记，风化模糊，无法辨识。现状为严重残损风化。

铭文：……三年……九日佛弟子／李元祖／妻景囗／姫石像／一区成就／愿亡从心（注：愿亡即愿望。）（图 4-236）

图 4-235　QN 六〇五拓片

图 4-236　QN 六〇六拓片

编号：QN 六〇七

尺寸：残高 37、宽 25.5、厚 12 厘米；台座高 12、宽 12、长 25 厘米

时代：东魏

造像简介：一佛二菩萨造像，细砂石质。造像于长方形台座上。造像主尊佛坐像，头缺失，身形健壮，肩宽背厚，腰身直挺，上身内着僧祇支，外披双领下垂大衣，施禅定印，结跏趺坐，衣裾遮覆莲台。两菩萨侍立，右侧残缺。左侧菩萨戴花蔓冠，圆方脸，大耳垂肩，粗眉大眼，鼻直口方，披帔帛，帛带揽于两臂，下着长裙，双手合十赤足侍立枝梗莲台。造像世俗化，雕造技艺娴熟。衣纹刻划多阴线浅刻。现状为造像右半残缺严重，左半基本完整。

编号：QN 六〇八

尺寸：残高 18、宽 18、厚 8 厘米

时代：北魏

造像简介：佛头像，砂石质。已风化残损，佛头顶上圆肉髻，大耳垂轮，高眉骨，长眼微阖，

高鼻小口，嘴角内收呈八字形，秀颈，面相丰满，神情安详自若。着圆领通肩大衣，施禅定印，结跏趺坐于高台座上，衣裾遮覆莲台。现状为多处残缺风化。

编号：QN 六〇九

尺寸：高 40、宽 23、厚 14 厘米

时代：东魏武定元年（543 年）

造像简介：佛造像，砂石质。造像为佛龛坐佛，龛外有供养人、铭记。圆拱形佛龛，龛楣饰宝盖、火焰纹，楣尾卷曲。龛内佛像，高肉髻，圆方脸形，面目残损不辨，大耳垂轮，着圆领通肩大衣，施禅定印，结跏趺坐于长榻，衣裾两层重叠下垂遮覆莲台，下摆外扬。佛龛下部刻饰供养人跪拜献花状。供养人头梳发髻，眉目清晰，虔诚敬佛。左边刻铭：香火主常玉□。正龛右边铭记：大像主……。左边铭记：开光明主常庆堂。右侧为魏武定元年刘正道造像铭记。现状为佛头部残缺。

正面铭记：大像主……/香火主/常玉/开光明主常庆堂

右侧铭记：唯大魏武定元年岁在癸亥五月庚/寅朔三日壬辰清信士佛弟子刘正/道为身患眼发愿敬造石像/一区愿百恶消灭万善显众生（图 4-237、238）

编号：QN 六一〇

尺寸：高 50、宽 33、厚 10 厘米

时代：北齐

造像简介：一佛二菩萨组合造像，细砂石质。造像头部全缺失。主尊佛着菩萨装，肩颈部残损，项下戴项圈，内着僧衣，胸前系结带，身披帔巾璎珞，下垂于腹际交叉花饼，弯折向上揽于两臂。低腰带，腰带结花下垂身前，长裙下垂，赤足立莲台。两侧菩萨头部残损，帔帛带，揽于两臂下垂，左侧菩萨双手合十，右侧菩萨左手执莲蕾贴于胸前，右手下垂提香囊，下着长裙，赤足立于枝梗连台上，枝梗相连于主像莲台。造像身形修长，衣纹采用阴线刻划，刀法采用平直刀法。菩萨足下莲台饰卷草枝蔓，生动形象，刀法技艺娴熟。现状为头残缺，大部风化漫漶，细部不辨。

编号：QN 六一一

尺寸：高 16.5、宽 16、厚 11 厘米

时代：北魏（延昌—熙平时期）

造像简介：力士头像，砂石质。造像为力士头部，饰头光，残损。头戴花蔓冠，宝缯飘带垂于耳旁。面相方圆，眼眉紧蹙，虎目圆睁，眼珠突出，怒目而视，鼻直口方，龇牙咧嘴作恐吓状。力士戴菩萨式宝冠，在洛阳龙门石窟的宾阳中洞造像内出现，时代特征明显，宾阳中洞为北魏官僚延昌至熙平年间出资建造，这种风格也直接影响到居于平城（今大同）与洛阳中途的涅地（今沁县北部）南涅水石刻。现状为造像风化，有漫漶。

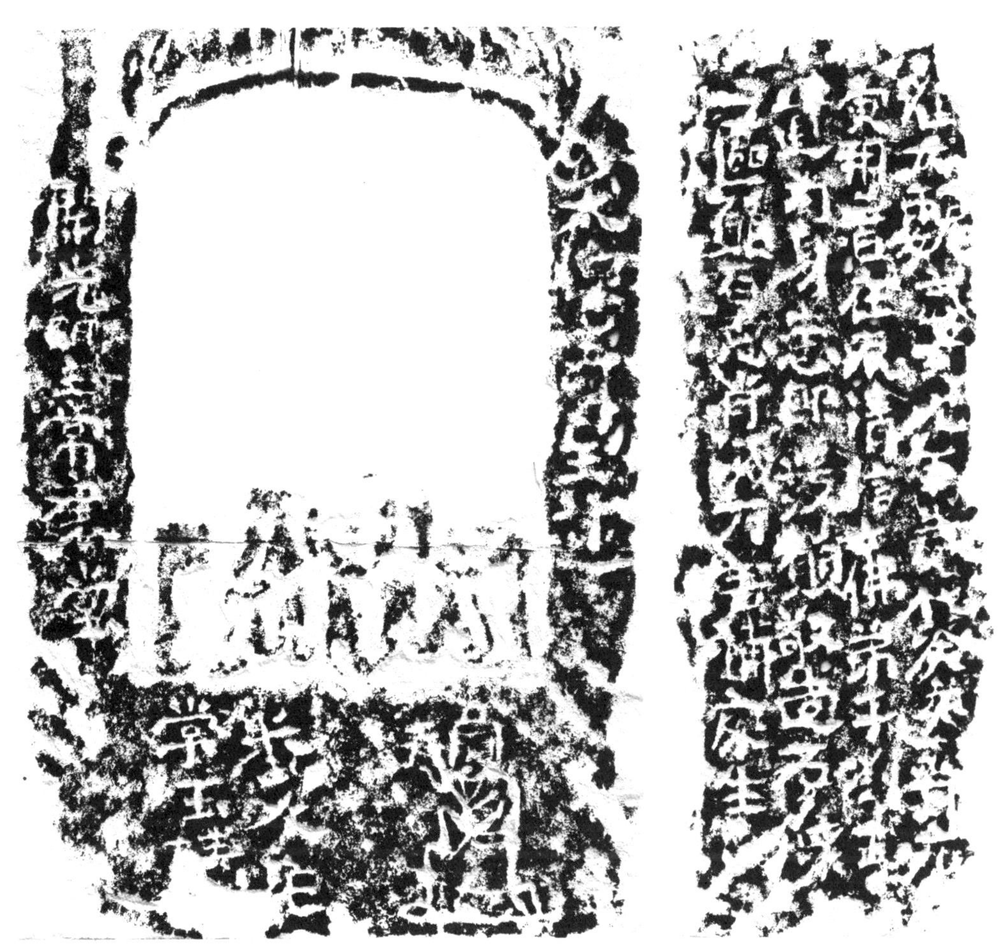

图 4-237　QN 六〇九正面铭文拓片　　图 4-238　QN 六〇九右侧铭文拓片

编号：QN 六一二

尺寸：高 16、宽 10 厘米

时代：北齐

造像简介：佛弟子头像，细砂石质。佛弟子头顶圆光，宽额头饰白毫，长方脸形，大耳垂轮，弧眉微蹙，大眼，鼻梁直挺，小嘴，嘴角微收，薄唇启，微露牙齿，下颌方圆，脖颈加数道青筋修饰。造像做工精细，简洁大方，面相端庄。现状为完好，局部略残。1998 年 6 月 29 日夜被盗抢。

编号：QN 六一三

尺寸：残高 25、宽 13、厚 12 厘米

时代：北齐

造像简介：菩萨头像，砂石质。造像头戴低莲花宝冠，正面饰坐佛一尊，圆脸形，大耳垂轮，眉目细长，眼帘低垂，小鼻小口，嘴角内收，脖颈修长。现状为头像完整，面目风化稍有漫漶。

编号：QN 六一四

尺寸：残高 17.5、宽 18、厚 9.5 厘米

时代：北齐

造像简介：菩萨头像，细砂石质。雕造光洁细致，造像头上低莲花宝冠，宝缯束发，发际留中分缺口，面相清秀，细眉长眼，鼻直口阔，下颌丰圆，有肉纹线一道。现状为头像完整。

编号：QN 六一五

尺寸：残高 16、宽 9、厚 13.5 厘米

时代：北魏

造像简介：佛头，砂石质。造像特点风格和面相各部同六四七。头像宽额秀眉，长眼微阖，直鼻梁，高鼻头，小嘴薄唇，下颌略尖，大耳垂轮，长方脸形，面相俊秀，表情和悦。雕造细腻。现状为残存部分刻造光洁细致。（彩版六九，1）

编号：QN 六一六

尺寸：残高 17、宽 9、厚 16.5 厘米

时代：唐

造像简介：佛头像，砂石质。造像佛头上小螺髻，面相方圆，宽眉大眼，眼角细长上翘，两目下视。大耳垂轮，鼻梁平直，准头残损，阔口厚唇，下颌丰圆重颐，有肉质线纹二道。表情冷峻，神态威严。现状为头像已风化模糊不清。

编号：QN 六一七

尺寸：残高 16、宽 18、厚 13 厘米

时代：北魏

造像简介：菩萨头像，砂石质。造像为菩萨残头像，花蔓冠已残，宝缯束发，缯带下垂，方脸，大耳垂轮，宽平额，鬓额呈直角，细眉长眼，眼帘微启，眼角上翘，眉清目秀，丰颐秀颈，造型生动，刻划细腻。现状为头形局部残损。

编号：QN 六一八

尺寸：残高 27、宽 16、厚 19 厘米

时代：北齐

造像简介：佛头像，砂石质。造像为佛头像，头残损，发际之上饰螺髻，圆脸，尖圆下颌，耳厚大，眉细长弯弯，长眼微睁，鼻直，鼻翼宽，厚唇小嘴，嘴角内收，面露微笑。现状为螺髻面部有残损。

编号：QN 六一九

尺寸：高 23、宽 16、厚 14 厘米

时代：北齐

造像简介：菩萨头像，细砂石质。造像长方头形，戴花蔓冠，上部残损。圆方脸，大耳垂轮，细眉弯弯，眼帘微启，鼻口部残损。雕造光洁精细，技艺娴熟，表现出皮肤质感。现状为面部残损严重。

编号：QN 六二〇

尺寸：现存高 14、宽 13.5、厚 10 厘米

时代：北魏

造像简介：菩萨头像，砂石质。造像头戴荷冠，宽缯带束发，圆脸形，大耳垂轮，细眉弯弯，眼微睁，鼻直，鼻翼宽，厚唇小嘴，嘴角内收，面露微笑。现状为头像基本完整，风化剥蚀表面。

编号：QN 六二一

尺寸：残高 18、宽 14、厚 12.5 厘米

时代：北魏

造像简介：菩萨头像，细砂石质。雕造光洁，造像头戴高冠，宝缯束发，短眉长眼，目光下视，高鼻，阔口薄唇，嘴角内收，长方脸形，下颌丰圆，表情祥和。现状为造像严重风化残损。

编号：QN 六二二

尺寸：残高 22、宽 16、厚 12.5 厘米

时代：北齐

造像简介：菩萨头像，砂石质。菩萨头上戴花蔓冠，残损严重。长脸，下颌残损。大耳张扬，细长眉，长眼微睁，高颧骨，小鼻子小口，嘴角内收。制作粗糙，北齐时代特色明显。现状为多处残缺风化。

编号：QN 六二三

尺寸：高 21、宽 16、厚 13.5 厘米

时代：北齐

造像简介：菩萨头像，砂石质。头光部位残损。头戴高冠，宝缯束发，鸭蛋脸形，宽额，大耳垂轮，高眉骨，长眼微睁，目光下视，鼻直而平，准头较小，薄嘴唇，嘴角微内收呈八字形，圆下颌，秀长颈，神情安详，面相端庄。有秀骨清像风格。现状为残损。（彩版六九，4）

编号：QN 六二四

尺寸：残高 25、宽 16、厚 16 厘米

时代：隋—唐

造像简介：佛头像，砂石质。已风化残损。佛头像低平肉髻，圆脸，大耳垂轮，额头饰白毫，凹槽表现，眼帘低合，厚唇小嘴，嘴角内收，鼻子部位残损。现状为多处残缺风化。

编号：QN 六二五

尺寸：高 23、宽 13、厚 18 厘米

时代：北齐

造像简介：弟子迦叶头像，砂石质。造像头顶光，大耳垂轮，粗眉，眼目低垂，目光下视，高鼻，阔口薄唇，嘴角上翘，表情苦涩，饱经风霜的模样。现状为残损漫漶严重。

编号：QN 六二六

尺寸：高 20、宽 15、厚 14 厘米

时代：北齐

造像简介：佛弟子头像，砂石质。佛弟子光头，大耳垂轮，眉清目秀，眼目微睁，嘴角内收上翘，微露喜悦。面部有残损，风化剥蚀，鼻眼残缺。

编号：QN 六二七

尺寸：残高 16.5、宽 12、厚 12 厘米

时代：不明

造像简介：弟子头像，砂石质。残存可辨仅有圆头形，耳朵，眉目漫漶。现状为风化残损严重，面目全非。

编号：QN 六二八

尺寸：高 18、宽 13、厚 12 厘米

时代：唐

造像简介：佛头造像，砂石质。造像为佛头，螺髻，圆方脸形，粗眉大眼，眼帘微阖，鼻直口方，有残损，大耳垂轮。造型粗犷，眉目采用凸棱显示，稍做细部刻划，光线明暗显现出眼目变化。现状为口鼻残损严重。

编号：QN 六二九

尺寸：残高 25、宽 16、厚 14 厘米

时代：北齐

造像简介：菩萨头像，细砂石质。雕造光洁细致，造像头上戴花蔓宝冠，缯带结束，长脸，下颌残损。大耳垂轮，细长眉，凤眼半睁，小鼻子残损，高颧骨大口，嘴角内收，下巴残损。现状为头像下颌残损。

编号：QN 六三〇
尺寸：残高 15.5、宽 21、厚 16 厘米
时代：东魏
造像简介：菩萨头像，砂石质。菩萨有圆形头光，头戴花蔓冠，残损留外形。长方脸形，大耳垂轮，细长眉，长眼半睁，鼻直口阔，造型仪态端庄大方。技艺娴熟，刀法细腻。现状为背光残缺，头脸右半残损风化严重。

编号：QN 六三一
尺寸：残高 12、宽 7、厚 11 厘米
时代：不明
造像简介：佛弟子头像，砂石质。残存半个脸。大耳垂轮，细眉，眼帘下垂，目光下视，直鼻梁，表情和悦。现状为残缺。

编号：QN 六三二
尺寸：残高 15、宽 11、厚 13 厘米
时代：不明
造像简介：弟子头像，细砂石质。仅存右半头部。雕造光洁，残存右眼右耳，大耳垂轮，长眼微阖。

编号：QN 六三三
尺寸：残高 16.5、宽 10、厚 10 厘米
时代：隋—唐
造像简介：佛弟子头像，细砂石质。已风化残损。佛弟子光头，圆方脸，童子样，大耳垂轮，眉清目秀，眼目微阖，嘴角内收，微露喜悦，面相端庄。现状为颈部、面部有残损，风化剥蚀，鼻眼残缺。

编号：QN 六三四
尺寸：高 14、宽 10、厚 10.5 厘米
时代：北魏
造像简介：菩萨造像，砂石质。菩萨头戴高荷冠，方圆脸形，大耳垂轮，眉目漫漶，嘴角内收，露出微笑。现状为风化剥蚀面目漫漶。

编号：QN 六三五
尺寸：残高 12、宽 9 厘米
时代：东魏

造像简介：弟子头像，砂石质。佛弟子圆脸，头戴僧帽，大耳紧贴头部，弯眉细眼，宽鼻翼，小嘴。现状为风化剥蚀，眉目漫漶。

编号：QN 六三六

尺寸：残高 17、宽 10、厚 9 厘米

时代：北魏

造像简介：菩萨头像，砂石质。菩萨头戴高宝冠，宝缯束发，圆脸，大耳垂轮，弯眉，眼微突起，眼帘微阖，鼻直口方，小嘴残损。风化漫漶，细部不详。现状为多残缺风化。

编号：QN 六三七

尺寸：残高 27、宽 18、厚 20 厘米

时代：东魏

造像简介：残佛头像，砂石质。佛像低圆肉髻，面相长方，大耳垂轮，弯眉长眼，眼帘下垂，目光下视，鼻直平，准头较小，阔口大嘴，嘴角内收，长颈，神情安详。现状为残缺风化严重。

编号：QN 六三八

尺寸：高 15.5、宽 10、厚 12 厘米

时代：北齐

造像简介：佛弟子头像，细砂石质。佛弟子尖头形，方圆脸，大耳垂轮，眉目低垂，厚唇阔口，脸腮宽阔，造像面形彪悍。现状为鼻子残损，眉目漫漶。

编号：QN 六三九

尺寸：高 19、宽 10、厚 16 厘米

时代：北齐

造像简介：佛头像，砂石质。造像头上髻残损，长脸形，大耳垂轮，宽下巴，下颌略尖，宽平额头，高眉骨，长眼微睁，高颧骨，高鼻，小嘴薄唇，嘴角上翘，秀长颈，面带微笑。现状为风化残损。（彩版六九，3）

编号：QN 六四〇

尺寸：残高 20、宽 14、厚 16.5 厘米

时代：隋—唐

造像简介：弟子头像，砂石质。佛弟子圆脸，头戴僧帽，大耳垂轮，弯眉细眼，宽鼻翼，小嘴，嘴角内收上翘。现状为头像基本完整，鼻子残损，眉目漫漶。

编号：QN 六四一

尺寸：残高 24、宽 13、厚 14 厘米

时代：北齐

造像简介：菩萨头像，砂石质。头像冠式已残，可见宝缯束发，长脸形，宽额，大耳，长眉微阖，大高鼻，直鼻梁，阔口薄唇，嘴角内收，下颌圆润，秀颈，面相清秀，而表情安详沉静。现状为残损风化严重。（彩版六九，2）

编号：QN 六四二

尺寸：残高 17、宽 13.5、厚 14 厘米

时代：东魏

造像简介：菩萨头像，砂石质。头戴花蔓冠，宝缯束发，宽额，弯眉，长眼微阖，小高鼻，阔口薄唇，嘴角上翘，长耳秀颈，神态端庄。表面雕造光洁细腻。现状为多处残缺。

编号：QN 六四三

尺寸：高 19.5、宽 9、厚 9 厘米

时代：北魏

造像简介：菩萨头像，细砂石质。菩萨头戴高宝冠，宝缯束发，长方脸形，大耳垂轮，宽平额头，细线眉，长眼微睁，直鼻梁小高鼻头，秀口薄唇，两腮圆润，面相端庄，表情和悦，面带微笑。（彩版七〇，1）雕造光洁，刻划细腻，技法精湛。现状为头像完整，局部风化漫漶。

编号：QN 六四四

尺寸：高 21.5、宽 11、厚 17 厘米

时代：北齐

造像简介：菩萨头像，砂石质。项光圆形已残，菩萨头上莲花宝冠，圆脸丰腴，宽额，发际有山形缺口，饰圆形白毫，大耳垂轮，细长眉，长眼微睁，鼻直口方，嘴角略内收，秀颈圆润，面部表情宁静。现状为头像基本完整。

编号：QN 六四五

尺寸：残高 20.5、宽 13、厚 16 厘米

时代：北齐

造像简介：菩萨头像，砂石质。菩萨头像头光已残损，长圆脸形，头戴花蔓冠，宝缯束发，大耳垂轮，额头饱满，弯眉，长眼微睁，高鼻梁，阔口薄唇，嘴角上翘，面露喜悦，颈部残缺。现状为残损风化，模糊不清。

编号：QN 六四六

尺寸：高 27、宽 24、厚 19 厘米

时代：北齐

造像简介：菩萨头像，砂石质。菩萨头部饰圆形项光表面无饰，留凿纹。面形较长，侧面扁宽，头戴化佛冠，宝缯束发，额中有山形缺口，大耳垂轮，刻划粗犷，高额宽平，弯眉细长，眼微凸，眼睛细长，眼目下视，高鼻梁，薄嘴唇，嘴角微翘，面颊丰满俏丽，秀颈圆润。现状为风化残缺。（彩版七〇，2）

编号：QN 六四七

尺寸：残高 21、宽 14、厚 16.5 厘米

时代：北魏

造像简介：佛头，细砂石质。佛像，长脸形，高髻残损，大耳垂轮，宽额秀眉，长眼微阖，直鼻梁高鼻头，小嘴薄唇，下颌略尖圆，面相俊秀，表情和悦，雕造细腻。现状为残存部分细致光洁。

编号：QN 六四八

尺寸：残高 14、宽 9 厘米

时代：隋—唐

造像简介：菩萨头像，砂石质。菩萨头像颈部及冠式已残，宝缯束发，方圆面形，面相丰满，额中有山形小缺口，宽额长眉，长眼微睁，高鼻梁，隼头端正，薄唇秀口，唇线鲜明，嘴角微上翘，面露微笑，下颌丰圆，秀颈圆润，形态端庄，表情和悦，造像栩栩如生。现状为面形完整。1998 年 6 月 29 日夜被盗抢。

编号：QN 六四九

尺寸：残高 26、宽 15.5、厚 14 厘米

时代：唐

造像简介：佛头像，砂石质。佛头顶上高圆髻，发髻饰波纹，大耳垂轮紧贴脸腮部，圆脸，细长眉，眼目微睁，面部口鼻残损剥蚀，面相丰腴。现状为残缺风化严重。

编号：QN 六五〇

尺寸：残高 20、宽 10、厚 14 厘米

时代：东魏

造像简介：力士头像，细砂石质。造像嘴部残损严重，长头形，耳朵紧贴脑后，眉棱骨突起，豹眼圆睁，狮子鼻紧缩，有残损，颧骨突出，两颊收回，口大张，口部残损，作恐吓状。雕造粗犷，板块分明，面目狰狞，表情生动。现状为头像残损。

编号：QN 六五一

尺寸：高 27、宽 11.5、厚 17.5 厘米

时代：北齐

造像简介：佛弟子头像，砂石质。弟子圆光头，长型扁脸，大耳如回字形，宽额头，细眉弯弯，长眼微阖，眼帘下垂，目光下视，鼻直而平，准头较小，大嘴薄唇，嘴角内收微翘，圆下颌，脖颈修长。表情宁静，面相清俊秀丽，为秀骨清像风格。造像线条优美流畅，雕刻造型夸张，技法精湛。现状为局部有残损，风化剥蚀使表层略漫漶。

编号：QN 六五二

尺寸：残高 51、宽 27、厚 28 厘米

时代：北齐

造像简介：菩萨头像，砂石质。菩萨头戴高宝化佛冠，宝缯束发，方圆脸形，面相丰满，宽额头，大耳垂轮，细眉长眼，眼帘微启，目光下视，鼻残损，阔嘴薄唇，上嘴唇人中较宽，嘴角微翘，下颌方圆，短脖颈。造像方圆浑厚，五官宽大，简洁明快，面部雕造圆润细腻。现状为面额部残损。

编号：QN 六五三

尺寸：高 24、宽 19、厚 22 厘米

时代：北齐

造像简介：弟子头像，砂石质。弟子头部光圆，面相椭圆，细眉长眼，厚眼帘低垂，高鼻阔口，下颌丰满圆润，有重颏肉纹，表现出一位年轻的僧人相貌。现状为残存部分比较完整。

编号：QN 六五四

尺寸：残高 15、宽 12 厘米

时代：北魏

造像简介：菩萨头像，砂石质。头戴高宝化佛冠，宝缯束发，细长弧眉，长眼睛凸雕，目光下视，直鼻梁，高鼻头，小嘴厚唇，面相丰圆，表情安详。雕造光洁细腻，冠式较高，造型奇特。颈中有卯榫缺口。现状为头像完整。

编号：QN 六五五

尺寸：残高 19、宽 15、厚 20 厘米

时代：唐

造像简介：佛头像，砂石质。佛像螺髻，残损剥蚀，面目全非。现状为严重残缺。

编号：QN 六五六

尺寸：高 20.5、宽 19.5 厘米

时代：东魏

造像简介：菩萨头像，砂石质。有项光，已残。造像头上高宝花蔓冠，宝缯束发，方圆脸形，面相丰满，宽额，细长眉，长眼微睁，高鼻阔口，嘴角内收，秀颈圆润，造型生动。现状为头像局部残损。

编号：QN 六五七

尺寸：残高 15、宽 24 厘米

时代：东魏

造像简介：弟子头像，砂石质。头像后饰圆形素面头光，有残损。长圆脸形，面相丰满，大耳垂轮，细眉长眼，眼帘稍低，眼睛下视，直鼻梁，宽鼻翼，高隼头，阔口薄唇，嘴角上翘内收，下颌丰圆，面露笑容，相貌端庄。现状为头像完好，背光残损。

编号：QN 六五八

尺寸：残高 36、宽 40、厚 16 厘米

时代：东魏

造像简介：佛头造像，砂石质。造像为佛造像头部以上残部。佛像饰背光，外圈雕饰化佛，圆形莲瓣头光，背光残损。佛头顶上高圆肉髻，方圆脸形，大耳，眉毛弯弯，眼帘低垂，目光下视，宽鼻翼，阔口薄唇，嘴角上翘，作沉思觉悟状，微露喜悦。制作粗糙。现状为风化残损严重。

编号：QN 六五九

尺寸：高 33、宽 26、厚 18 厘米

时代：东魏

造像简介：菩萨头像，砂石质。菩萨头戴高宝冠，宝缯束发，缯带飘拂肩头，方圆脸，大耳垂轮，弯眉，长眼微睁，鼻直口方，嘴角微翘，秀颈圆润，相貌端庄。现状为头部基本完整。（彩版七〇，3）

编号：QN 六六〇

尺寸：高 35、宽 26、厚 18 厘米

时代：东魏

造像简介：菩萨头像，砂石质。菩萨头戴高宝冠，前部残损，宝缯宽带束发，方脸宽腮，颧骨稍高，大耳垂轮，弯眉，长眼微睁，目光下视，鼻直口方，鼻子残损，厚嘴唇，嘴角微收。现状为局部略残。

编号：QN 六六一

尺寸：残高 36、宽 13、厚 20 厘米

时代：北魏

造像简介：菩萨头像，砂石质。菩萨头戴高宝化佛冠，正面饰化佛一尊，宝缯宽带束发。圆脸，大耳垂轮，弯眉，低眉合眼，鼻直口小，鼻梁残损，小嘴，嘴角微收。现状为头像完整，风化剥蚀，面目斑驳不平。

编号：QN 六六二

尺寸：残高 32、宽 26、厚 20 厘米

时代：北齐

造像简介：菩萨头像，砂石质，已残损。菩萨头戴花蔓冠，宝缯宽带束发。长方脸，大耳垂轮，弯眉，眼帘低垂，鼻直口方，鼻梁残损，嘴角微收，下颚残缺。造像虽残缺，但不失优美，雕造技艺高超，形象准确，生动。现状为多处残缺风化。

编号：QN 六六三

尺寸：残高 30、宽 21、厚 21 厘米

时代：北齐

造像简介：佛弟子头像，细砂石质。雕造光洁细致。佛弟子像残存半侧，光头，大耳垂轮，弯眉细眼，直鼻梁，宽鼻翼，小嘴，嘴角内收。现状为头像风化剥蚀，仅存半个头脸。

编号：QN 六六四

尺寸：高 30、宽 16 厘米

时代：东魏

造像简介：菩萨头像，褐砂石质。菩萨头戴高荷冠，宝缯束发，方圆脸形，面相丰满，宽额，大耳垂轮，弯眉长眼微睁，鼻梁端正，准头残损，阔嘴薄唇，嘴角微翘，下颌方圆，短颈圆项。造像丰圆俏丽，五官宽大，简洁明快。现状为基本完好。（彩版七〇，4）

编号：QN 六六五

尺寸：残高 26、宽 15、厚 16 厘米

时代：唐

造像简介：佛头像，砂石质。已多处风化残损。佛高髻，雕造阴刻螺旋形纹饰，方圆脸形，面相丰满，大耳，细弯眉，长眼微睁，鼻直口阔，两腮圆鼓，下颌丰圆有肉纹。现状为面部残损。

编号：QN 六六六

尺寸：高 14、宽 9 厘米

时代：北魏

造像简介：佛头像，砂石质。佛头上磨光高圆肉髻，长圆脸形，大耳垂轮，紧贴脑后，宽额，弯弯细眉，眼细长，眼微睁，鼻正口方，嘴角微上翘，露喜悦状。造像形象生动，表情细腻，雕造细致，为造像中精品。现状为局部风化残损。1990 年 11 月 6 日夜被盗抢。

编号：QN 六六七

尺寸：残高 27、宽 19、厚 19 厘米

时代：北齐

造像简介：佛弟子头像，砂石质。已风化残损。佛弟子光头，长圆脸形，大耳垂轮，弯眉细长眼，眼帘低垂，眼微睁，直鼻梁，宽鼻翼，嘴部残损。现状为颈部，嘴部残缺。

编号：QN 六六八

尺寸：残高 16、宽 12 厘米

时代：北齐—隋

造像简介：佛头，砂石质。佛头上磨光低圆肉髻，方圆脸，面相丰满，宽额，弧眉大眼，眼帘微开，眼角细长上翘，高鼻，阔口厚唇，嘴角上翘，下颌丰圆有肉纹线，表情宁静，栩栩如生。现状为头像较完整。1998 年 6 月 29 日夜被盗抢。

编号：QN 六六九

尺寸：残高 18、宽 14 厘米

时代：隋—唐

造像简介：佛头造像，细砂石质。造像质地细密，雕造光洁精湛，佛长圆脸形，面相丰满，大耳垂轮，头上发髻残损，细眉长眼，高鼻，阔口薄唇，嘴角内收，下颌丰圆有肉纹线一道，面部蹙额皱眉，神态苦涩忧伤，神态刻划入微。1998 年 6 月 29 日夜被盗抢。

编号：QN 六七〇

尺寸：残高 18.5、宽 14、厚 14 厘米

时代：东魏

造像简介：弟子头像，砂石质。质地细密，雕造光洁。头像面相丰满，大耳垂轮，弯眉，长眼微睁，鼻正口方，表情和悦。现状为头像基本完整。

编号：QN 六七一

尺寸：高 17、宽 12、厚 12 厘米

时代：北齐

造像简介：弟子头像，砂石质。质地细密，雕造圆润光洁。造像头上光洁圆滑，圆脸形，大

耳垂轮，长弧眉，长眼睛凸起，目光低垂，高鼻，小口微张露齿，下颌圆润，颈部筋纹竖立数道。表情恬静，面露幼稚天真之气，为年幼的佛弟子造像，雕造细致。现状为造像生动，头像完整。（彩版七一，1）

编号：QN 六七二

尺寸：高 23、宽 12、厚 12.5 厘米

时代：北魏（延昌年间）

造像简介：头像，砂石质。佛头上磨光高肉髻，长方脸形，额部宽平，大耳垂轮，细长弧眉上翘，细长眼睑微开，直鼻梁，高鼻头，阔口薄唇，下颌丰满圆润，面相端庄，表情宁静。雕造细致精湛，技艺高超。现状为局部残损。（彩版七一，2）

编号：QN 六七三

尺寸：高 13、宽 14.5、厚 11 厘米

时代：东魏

造像简介：菩萨头像，砂石质。质地细密，雕造光洁。菩萨造像头部项光残损，长圆脸形，头戴高宝化佛冠。宝缯束发，额中有缺，圆弧眉，长眼微睁，眼角细长，直鼻梁，高鼻头，阔口薄唇，嘴角上翘，尖圆下颌，秀颈圆润，面相端庄。头像底面平整，中间有圆柱卯孔，与躯体接合时用。现状为头像基本完好。

编号：QN 六七四

尺寸：高 19、宽 13 厘米

时代：唐

造像简介：佛头造像，砂石质。佛头上螺旋辫发髻部分残损，面相宽圆丰满，表情宁静，大耳垂轮，细长眉，长眼微睁，眼角上翘，直鼻梁高鼻头，厚唇，下颌圆丰饰肉纹一道。现状为头像已残损。1998 年 6 月 29 日夜被盗抢。

编号：QN 六七五

尺寸：残高 13、宽 9 厘米

时代：东魏

造像简介：菩萨头像，砂石质。头光残损，菩萨戴高荷冠，宝缯束发，缯带飘拂，方圆脸形，面相丰满，大耳垂轮，高眉骨，长眼睛，目光下视，直鼻梁，高鼻有残损，小嘴角内收呈八字形，秀颈圆润，表情喜悦，造型优美，雕造光洁细致。现状为部分残损。1998 年 6 月 29 日夜被盗抢。

编号：QN 六七六

形制：高 25、宽 13、厚 12.5 厘米

时代：北魏

造像简介：菩萨头，细砂石质。头上高发冠，巾帻束发，长方脸形，面相俊秀，秀丽中有丰腴之感，长眉长眼，眼帘微合，高鼻，秀口厚唇。现状为头像完整，风化严重。（彩版七一，3）

编号：QN 六七七

尺寸：高 23、宽 12、厚 15 厘米

时代：北齐

造像简介：菩萨头像，砂石质。菩萨头戴花蔓冠，宝缯束发，有残损。圆脸，大耳垂轮，弯眉，眼帘低垂，长眼微睁，鼻残损，嘴角微收，重下颌。造像制作优美，雕造技艺高超，形象生动。现状为冠部和鼻子略残，表面有所风化。（彩版七一，4）

编号：QN 六七八

尺寸：残高 17、宽 16、厚 17 厘米

时代：北魏

造像简介：菩萨头像，细砂石质。造像冠式已毁，可见宝缯束发，缯带飘飞于图形头光两侧，长方脸形，面相丰满圆润。细眉长眼，目光下视，眼角细长，直鼻梁，高鼻头，小嘴厚唇，下颌微圆，秀颈圆润，造型年轻英俊。现状为刻造细致光洁，局部残损。（彩版七二，1）

编号：QN 六七九

尺寸：残高 27、宽 18、厚 15 厘米

时代：东魏

造像简介：菩萨头像，砂石质。造像冠式残损，束发，大耳垂轮，弯眉，长眼微阖，直鼻梁，高鼻阔口，嘴角内收，下颌丰圆，面相端庄。现状为严重残缺风化。

编号：QN 六八〇

尺寸：残高 15、宽 18、厚 3 厘米；佛头部高 3、宽 2 厘米

时代：东魏

造像简介：佛造像，细砂石质。造像为佛造像及背光残部。主尊佛左半部残损，残存舟样背光、火焰纹、莲花瓣纹圆形项光。头部以下缺失。

编号：QN 六八一

尺寸：残高 16.5、宽 11、厚 15 厘米

时代：北齐

造像简介：菩萨头像，砂石质。头上冠式已毁，宝缯束发，发际中有山形缺口，圆脸形，面相丰满，圆额，大耳，细长弧眉，细长眼，均采用凸雕，高鼻，小嘴厚唇，面露喜悦，秀颈圆润，

满脸稚气，造像生动，表情恬静安详。现状为头像完整，雕造光洁细腻。（彩版七二，2）

编号：QN 六八二

尺寸：高 9、宽 13、厚 15 厘米

时代：不明

造像简介：兽形头像，黄白砂石质。双目圆睁，尖扁嘴，为残存护法兽。现状为严重残损。

编号：QN 六八三

尺寸：残高 12、宽 13、厚 19 厘米

时代：不明

造像简介：兽头残体，砂石质。护法兽残体，双目圆睁，尖扁嘴，高鼻梁，小耳朵。现状为严重残损。

三　碑碣

编号：QN 六八四

尺寸：残高 98、宽 82、厚 18 厘米

时代：隋代

造像简介：隋建寺碑，红砂岩石。残碑，圆额蟠龙螭首，额中开龛造像。碑文竖排楷书，字迹多清晰可辨，约 30 行（含碑侧），每行存约 18 字，总约 500 字。刻造精湛，碑额螭首张口瞠目露齿，双龙缠绕屈肢伸爪，形态生动，正背图案相同。碑首中部刻造圆拱佛龛，龛内佛造像圆脸形，面相端庄，胸部凸起，内着僧衣，外披袒右式袈裟，施禅定印，结跏趺坐于莲台，衣裾遮覆莲台基部。两侧胁侍菩萨双手合十，面佛侍立。衣纹雕造简洁，清晰明快。碑体残缺，下部已无，仅存碑文上半，碑正面及侧面均有碑文，制作精湛，书法遒劲，为研究南涅水石刻珍贵资料。正碑文内有“大隋”“阳城”等字样，判定该碑应是隋代作品。碑阴阴刻行草体唐代“咸通九年”题铭，应属后人补刻。现状为已残，仅存上半部分。

铭文：

碑阳：

自玄劫初分九天为德霄明既朗……

者夏日岂惭晶露而发秋天空来空……

黄羊乳□法王称大横纶江海圣智无……

河铭□□□朴稍浮龟文载阐观像设……

汤赴……炭不燃不殁吐纳烟霞解……

去上……德终诚时过销殃之福不□……

冬方益晚暖秋……迺谢阳春以梦图……

千寻……至于樊□致命□忽腾空割体[及]……

之南伽蓝□怀阎浮之北比丘排户复有迷人……

法道遂令香烟入雾等微尘而激上图塔侵……

大隋受禄赝□圣垂乾统神州而致卷领临……

之德更兴佛法乃诏州县各立一寺令度……

菩提之志迺命班输召兹信女阎邑同营……

吉旧寺院藏其地北渐漳水南被丘陵左临……

□泽风光飐飐状凤翥竹林而又邑号阳城……

仁才闻起涅槃之地本为福田伽蓝之宅……

开国侯王公下车布德文武皆行好贤育……

福播兹劝奖日时不暇复营寺业功维省……

像灌洗延僧道重光沙门再起三归十行……

并出施目之功寺宇于是增华风仪由兹转……

侯之笔神王圣像妙出莲台守宫护塔气陵……

踈岂唯祇树之园芳林藻井本属新奇妙塔……

铜山之异瓶盂灌漱除欲火之氛香烟……

民思至道之明鉴念幽玄之可慕遂镌石……

德得有招摇之台乃为之铭曰□六尘不……（图 4-239）

侧边：

以兹不想迷或思醒玄天之下维曰……

或尊师敬像毁法灭祠我大隋肇始……

邦国神光□起君兴是力其地左……

邑宰侯伯国都下法山川上合星辰……

盈门熏炉侍坐花供圣尊以……（图 4-240）

碑阴：咸通九年五月十日沙门宗诲（图 4-241）

（注：邑号阳城，即县城名称是阳城。涅县北周改为阳城，隋开皇十八年〔598 年〕改为甲水，大业初省。）

编号：QN 六八五

尺寸：高 86、宽 47、厚 13 厘米

时代：大齐武平六年（575 年）

造像简介：姜纯陁造像碑，砂石质，质地粗松。蟠龙螭首圆形碑额，无座。额中开圆拱尖楣小佛龛，造像题材为一佛二菩萨。正面为碑文，碑阴为造像者姓名，周边为供养人铭记。碑文阴刻楷书 12 行总计约 150 字。武平六年造观音像铭，现状为碑文局部残损，多处无法辨识。

铭文：

碑阳（图 4-242）：

大齐武平六年岁次□月……

廿三日戊申夫真□□□至理无言

无像无言……相资□凡

入圣神功实力求方朱现闻□□

于鹿苑洒灵津于祇树是故邑□

姜纯陁等切崇刊根生资法性

怀勇猛之心骋方便之力知奉

士之可□感聚沙之有因敬造

图 4-239　QN 六八四碑阳

图 4-240　QN 六八四侧边铭

图 4-241　QN 六八四碑阴

观音像一区碑铭自副形同化出

仰愿国主应转轮之圣王绍飞□之

皇帝建福之使十力庄严有形之类

□□□□共发心者同登彼岸

碑阴（图 4-243）：

比丘僧道中	邑子姜纯陁
比丘惠海	邑子景令悦
铭像主景敬兴	邑子姜高贵
妻李供养	邑子姜小虎
	邑子姜清安
	邑子姜洪礼
	邑子姜僧虎
（佛龛）	邑子姜子祭
	邑子姜思业
	邑子景士进
	邑子姜士兴
	邑子王领宗
比丘道满	邑子

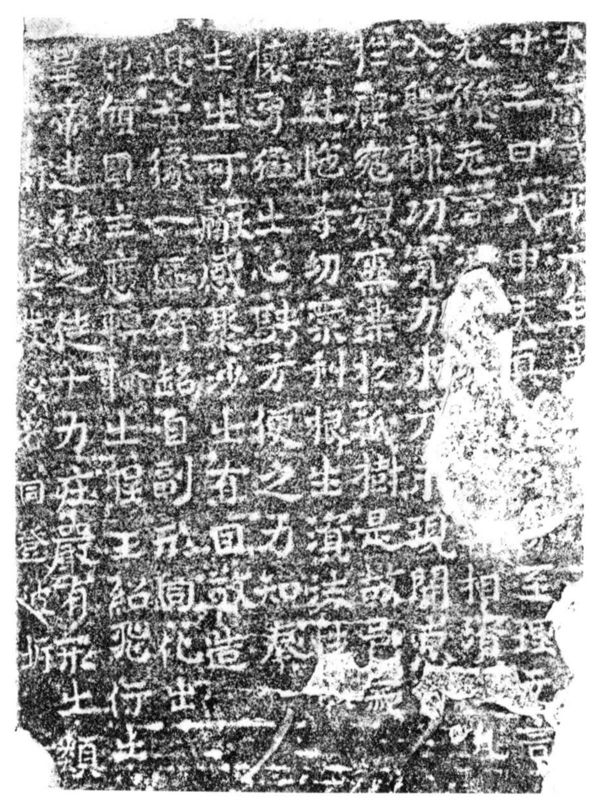

图 4-242　QN 六八五碑阳

编号：QN 六八六

尺寸：残高 57、宽 28、厚 9.5 厘米

时代：东魏

造像简介：残碑，砂石质。已风化残损，造像纪铭碑。两面及侧边记录造像人名，有都督、监军、录事等职衔，有堂主李元士、加堂主王仲景、都维那李元郎等等。现状为残缺风化。

铭文：

碑阳：

……王阿……庆景庆

都督王□伯陶阿□李光女孙……

监军阎□元刘□裕王娥皇景……

都督公孙□□毛胡李阿□景阿……

监军□□山□相周□□娥……

录事张□□□伯王孙丑女景……

……兴……思意……

图 4-243　QN 六八五碑阴

……兴……治……（图 4-244）

碑阴：

……广李……

……荫□二宗郝□周李端成王阿……

□主李□贵□刘昆生李廻郎王任……

□□主李永悦李阿洪赵树和李阿……

棠主李元士　郎阿怀李公□□李和……

加棠主王仲景李道茂王□郎李广……

都维那李元郎景且富高买奴李郎……

二火正李伯仁李熙仁□阿供贾阿乐……

……正李世□李□洛□□李祖龙李

……姜伏安李□贵景□和李□悦张（图 4-245）

侧边：

唯那主刘胡　陈王周　李绍梁（图 4-246）

编号：QN 六八七

形制：残高 107、宽 80、厚 8 厘米

时代：东魏

造像简介：千佛碑，细砂石质。正面中上部刻饰主尊坐佛，荷瓣形背光，佛造像低肉髻，长方脸，大耳垂肩，细长眉，长眼微睁，鼻正口小，嘴角上翘。披双肩下垂大衣，右手施无畏印，左手持于胸前，手指捻算，结腰带，结跏趺坐于狮座莲台，衣裾下垂遮覆莲台。衣裾多呈条状，下摆外扬。座下狮子左侧狮头回首状。风化漫漶，细部不辨。右侧残缺，主像周边排列千佛小龛造像。长方形佛龛，龛楣饰宝盖。佛像高髻，大耳，长方脸，细眉细眼，鼻直口小，着双领下垂大衣，施禅定印，结跏趺坐。造像排列整齐，用界格分隔。造像背面有铭记：李迷、李廻、阎僧达等百余施主的姓名。（图 4-247）现状为右半、下部残缺。

编号：QN 六八八

尺寸：残高 78、宽 59、厚 11 厘米

时代：东魏

造像简介：李道之、李法进等造千佛碑残碑，细砂石质。千佛碑上部、右部残缺，千佛小龛造像。长方形佛龛，龛楣饰宝盖。佛像高髻，大耳，长方脸，细眉细眼，鼻直口小，着双领下垂大衣，施禅定印，结跏趺坐。造像排列整齐，用界格分隔。造像下部有铭记，碑阴有铭记：李道之、李法进等等百余施主的姓名。现状为残碑风化剥蚀。

碑阳下部铭记：…… 讼国／平当阳南面／项□光于万／斯年万受（寿）无疆（图 4-248）

碑阴铭：李道之 李法进 李舍奴 赵双（后略）（图 4-249）

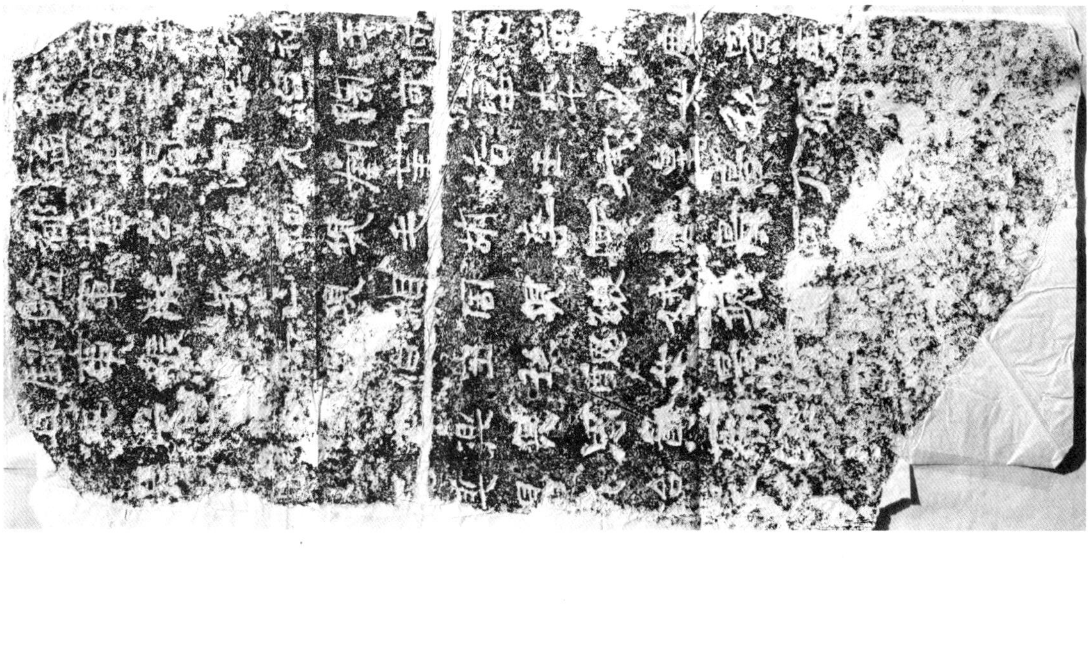

图 4-244 QN六八六碑阳

图 4-245 QN六八六碑阴

图 4-246 QN六八六碑侧

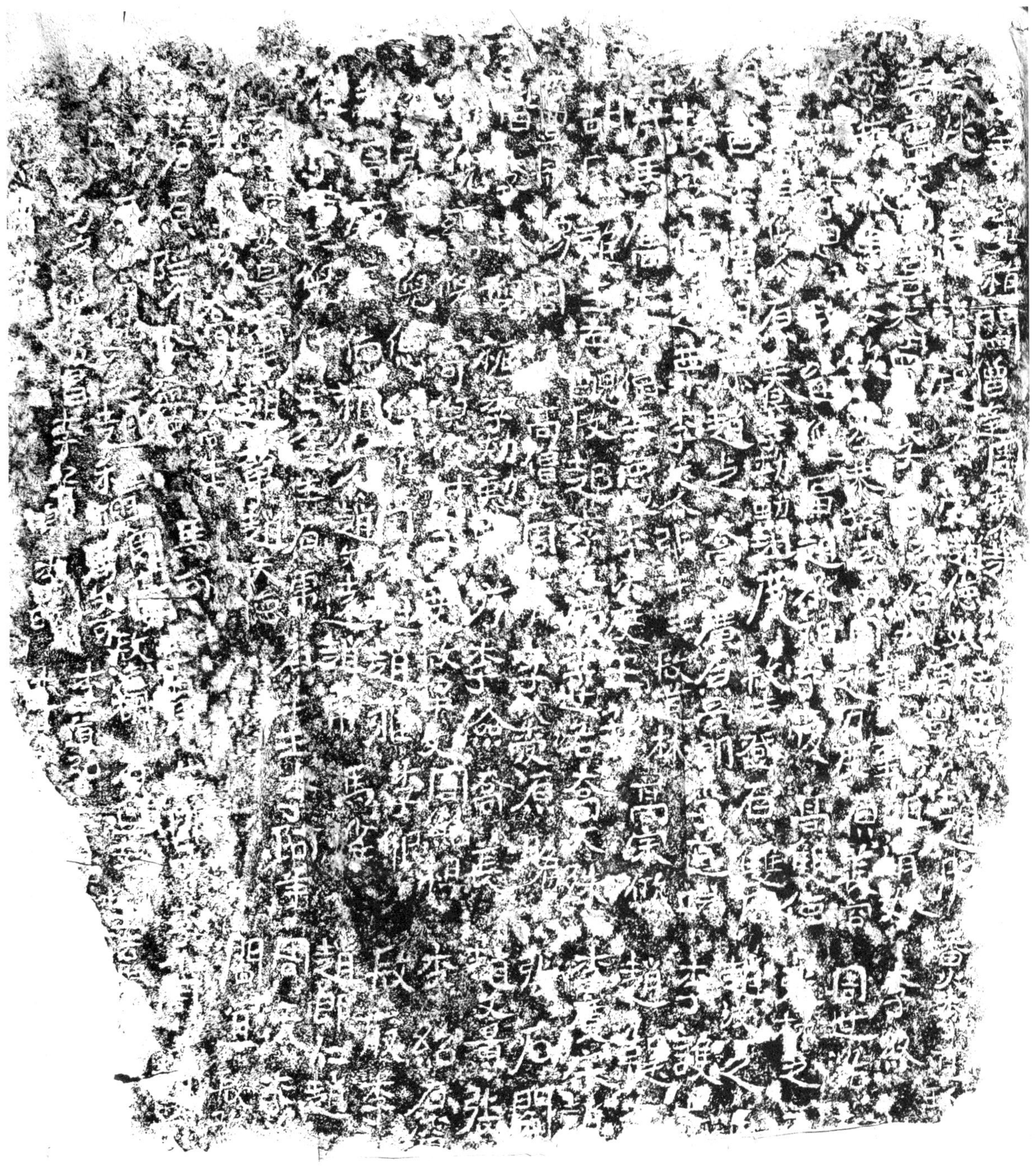

图 4-247　QN 六八七碑阴

图 4-248 QN 六八八碑阳下部

编号：QN 六八九

尺寸：残高 103、宽 106、厚 8 厘米

时代：隋—唐

造像简介：残千佛碑，细砂石质。千佛碑残块，佛龛排列整齐，边沿粗糙。中上部一大佛龛，圆拱龛，龛楣饰桃尖宝盖，飘云饰，宝盖内饰莲瓣卷草纹，楣尾反卷，龛内造像一佛二弟子二菩萨。主尊佛头部缺失，留方形卯榫凹槽，身形健壮，肩宽背厚。披袒右大衣，左手施与愿印，右手施无畏印，结跏趺坐于束腰须弥座莲台，衣裾下垂遮覆至莲台。两侧二弟子头部残缺，身材修长，紧裹袈裟，穿僧鞋侍立两旁。外侧各一菩萨，高冠髻，圆脸，面部残损，身材修长。着圆领衫，帔帛巾，双手合十，帛带飘卷揽于两肘，下着长裙，穿僧鞋侍立两旁。大佛龛周边，长方形圆拱佛龛内佛像各一尊，低圆肉髻，圆脸形，大部眉目清晰，身材修长。着通肩大衣，施禅定印，结跏趺坐于莲台。造像制作较细致。造像一佛二弟子二菩萨组合，束腰须弥座，低圆肉髻，弟子菩萨穿鞋等特点应是隋唐时期。现状为多处残缺风化。

编号：QN 六九〇

尺寸：残高 69、宽 31、厚 9.5 厘米

时代：东魏武定八年（550 年）

造像简介：蟠龙螭首造像纪铭碑，砂石质。已残损，造像纪铭碑，蟠龙螭首圆额，正碑二龙缠绕，中心造佛龛，圆拱形佛龛，龛楣饰宝盖。龛内造坐佛一尊，低肉髻，长方脸，身形直挺，施禅定印，结跏趺坐于高莲台。龛外四爪龙形矫健。碑阴在二龙缠绕中心造莲花节节升图案。构图疏密得当，雕制技艺娴熟，多采用平直刀法刻划形象。碑阳有“武定八年张清仁”等造像铭，碑阴铭记风化剥蚀漫漶不清。现状为多处残缺风化。

碑阳铭记：

大魏武定八年岁次……／百人等造浮图五级……／浮图主张清仁都维那／像主王僧慎 李保

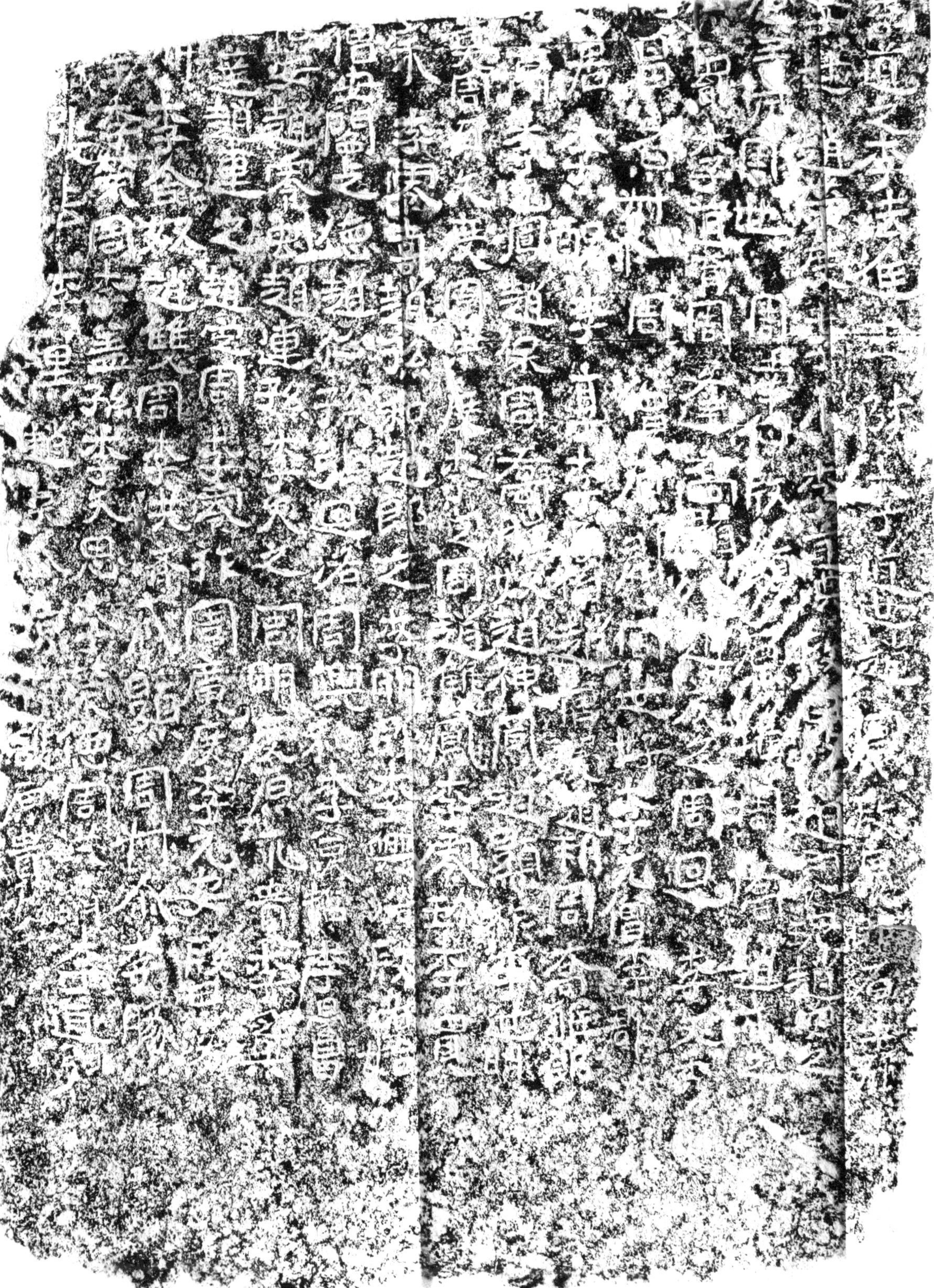

图 4-249　QN 六八八碑阴

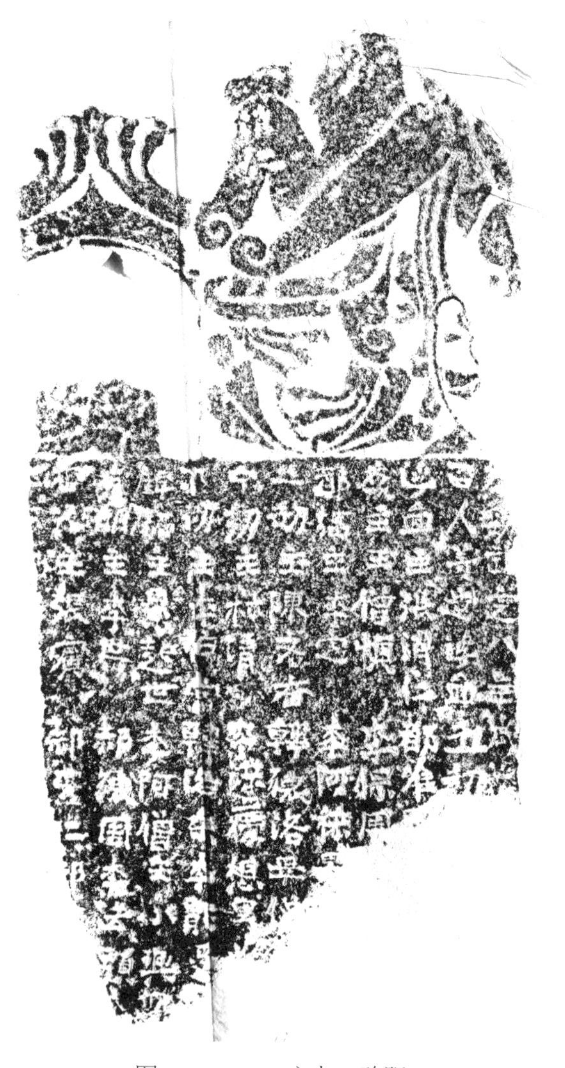

图 4-250 QN 六九〇碑阳

图 4-251 QN 六九〇碑侧铭

周／都福主李定 李阿禄／上劫主陈文香韩德洛／中劫主林清 李洪庆想／下劫主李伯当 韩岳李能／碑铭主景起世 李阿僧 王小兴／光明主李世 郝继周 李法显／正大主张宾 郝安仁（图 4-250）

碑侧铭记：史罗光　史昙云　忽香　景图只（图 4-251）

编号：QN 六九一

尺寸：残高 44、宽 55、厚 11 厘米

时代：北齐

造像简介：造像纪铭残碑，红细砂石质（俗称红金石）。碑额残损，残存碑额下部可辨有佛菩萨脚下莲台。碑文残损风化，碑阳残存“大齐河清二[年]”造像铭，碑阳上部有造像主铭记。碑阳为造像，上部碑额残损，可识造像图形，分为数格，中间为一佛二菩萨，左边为二佛并立，右边残缺。下部仿木构建筑开间，分割为两间，柱头一斗三升，阑额上补间铺作为人字拱。左右两

隔间各刻划佛本生故事，左侧为恭送太子山中苦修和阿育王施土缘故事，右侧为树下太子思维觉悟故事造像。浅浮雕作法。现状为残缺风化较严重。（图 4-252）

碑阳上部铭记：
曾祖二代州祭酒李迁妻陈
祖假为上党太守李苟
妻王
父旨除太原太守兴
亲魏
佛弟子李秩妻张
弟龙宗
弟延宗
息伏和
息长魏
息太净
女明净女汀
女伯……女沃净
女……女绪男
上李昱妻赵
……钦

碑阳铭文：
唯大齐河清二□
六月戊子朔廿
夫真身无像
长者不金念
即是弘心故
群生是以慈悲
□建造浮图一
造释迦观音
□此非亲交
□天举足如赴
□者匪真伪心
欢乐一切有形之
归依异口同赞道
非上非有无除真
因国主圣王旨规

编号：QN 六九二
尺寸：高 64、宽 29、厚 13 厘米
时代：北魏　侧面刻“□圣九年”

造像简介：残碑，砂石质。碑文字迹缺损漫漶，碑阳有文惠兄弟造像铭残字迹，原意不辨。侧边有“□圣九年”铭记。在历代帝王年号中，只有“天圣”年号长达九年以上。因此判断应为宋仁宗天圣九年（1031 年）。此铭是南涅水石刻中年号最晚铭记。因此，此刻石为重要碑铭资料。残碑置于窖藏石刻上部，曾被用作牲口草料槽帮堵头。四月十七日是四月初八（释迦佛圣诞日）之后十日，四月十五是佛吉祥日，这应与埋藏石造像事件有直接关系。现状为风化残损。

侧边铭：□圣九年四月十七日（图 4-253）

碑阳铭文：

……文惠兄弟□恭□／……孝养之至愿从心共得／……甚有奇迹　工……／……合家母慈子良／……吉昌和穆家庭……／……孝文显早竣／郡……后为河东太守／男……广文广文显文和道和／妙……姜贰姜小姜孙息伏和（图 4-254）

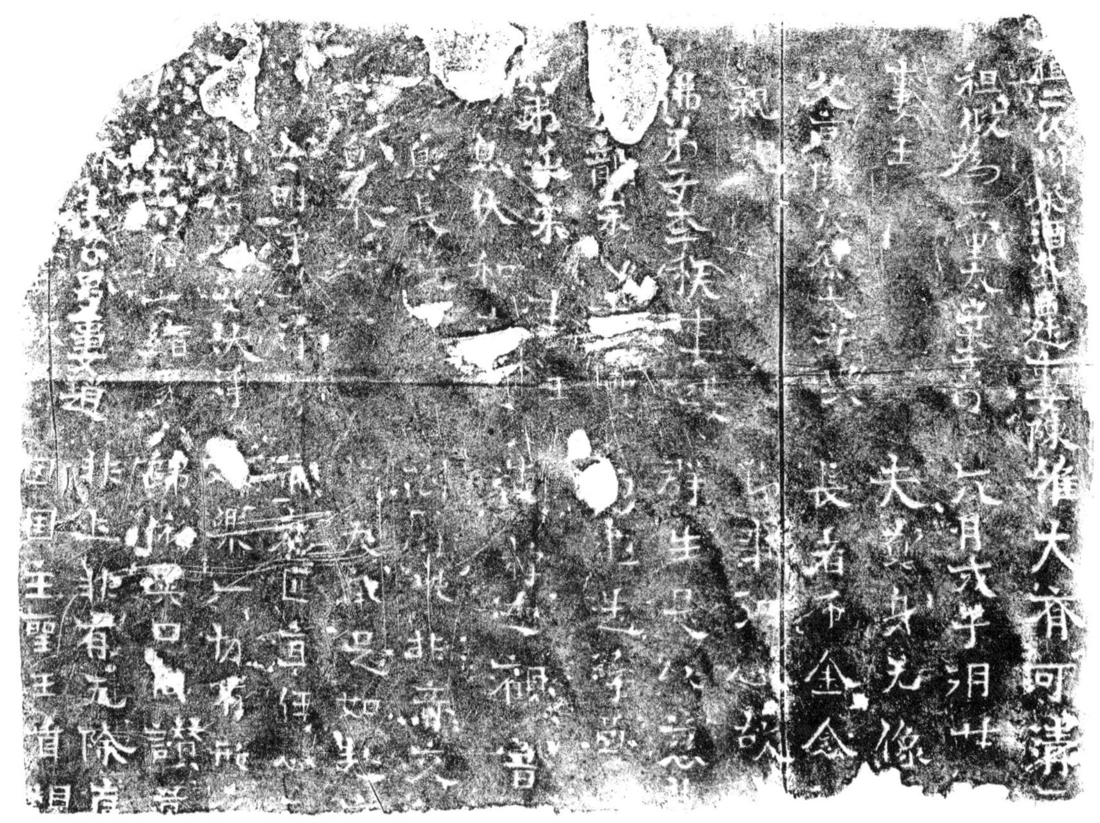

图 4-252　QN 六九一碑阳

图 4-253　QN 六九二侧铭

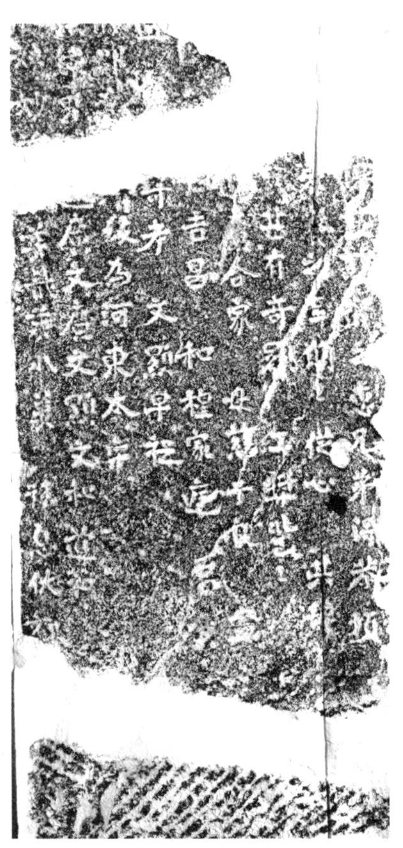

图 4-254　QN 六九二碑阳

编号：QN 六九三

尺寸：高 101、宽 49、厚 17 厘米

时代：北魏正光二年

造像简介：造像碑，砂石质。正面碑文，碑阴施主人名多残缺漫漶。现状为残缺风化严重。

碑阳铭文（图 4-255、256）：

唯大代正光二年岁在辛丑二月丁卯朔九日乙亥佛弟子

卅二人等夫自拜□渐灵十有余载像法无训五迷永示

然圣□起千万□至尊皆犹积善弟子卅二人等□然不丰

……故作恒阎罗而寒心府思慈氏而悲咽各感

……造像五级仰为　皇帝陛下遍地一切并为十八亲眷

偕父……父母姻缘眷属人等知识咸同斯□虽成功徼

备望鉴察异□世愿造之心匪今早就兄义兄弟从今以往

……同昭□所祭如是□石雕文以传后世

编号：QN 六九四

尺寸：残高 98、宽 69、厚 14 厘米

时代：北齐武平元年（570 年）

造像简介：景敬贵兄弟造像碑，红砂岩，质地细密。座、首已残，碑阳阴刻行书 19 行，每行 19 字，总计 300 余字，碑阴刻施主祖父景速等四十余名发愿人姓名。该碑为现存南涅水石刻中字迹较清晰完整的一通。现状为碑体残损，文字可辨，为石刻珍品。

碑阳铭文（图 4-257）：

□大齐武平元年岁次庚寅五月癸丑朔八日庚／□至信佛弟子景敬贵兄弟等敬造。／然真容泊火之日，舍利腾天波斯檀像，坐辰留神／在地，光耀通于有顶，惠炬照于无遏，杨□色于娑／婆，发眉□于世界。自始及终，从凡至圣，积骨成山，／祇劫莫数，垂衣拂石，恒河难计，若非大士，焉能家／韫金藏，体纳宝珠，瞻言未来，讵云先觉，慈为一切，／敬造石像一区，举高五级。刊石铭工，峨等金山，辉／光赤水。裁白玉而为□，图其万化之形，象是千轮／之相，夺三有之奇□□□丽越四像之能，瞻形□／率，相好不殊，观影郝端，如山似月之容，严治亦毕。／仰为皇帝陛下，国祚永隆，威振四海，干戈宁息，／内外百官州郡公长寿等乾以翠轩光朝金案□／夥，又愿七先亡往生安养之国，现存眷属延命多／福，一切有刑回迷入正，同共归依。其词曰：／无小无大，有因有缘，或生或灭，谁后谁先。苦海不／竭，欲火常燃，惠及□□，□前犹缠。／三空杳渺，四□□□，□□上圣，孤抚先觉。拯溺／□涂，救樊□□□□□□□生慕学。

图 4-255 QN 六九三碑阳

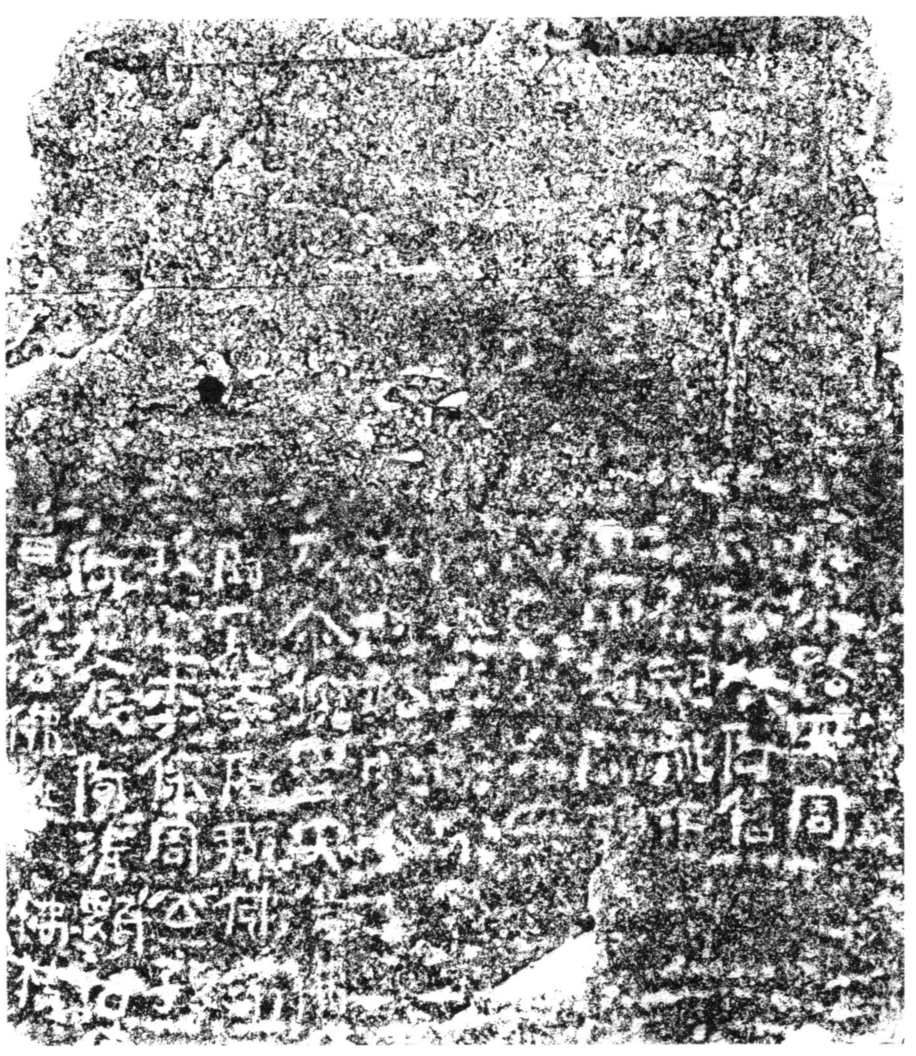

图 4-256 QN 六九三碑阴

碑阴铭记（图 4-258）：

	息阿显	妻姜	
叔母李	息敬贵	妻王	
叔父武龙	息连宗	妻李	
母李	息惠明	妻李	
父龙成	孙息嵩礼	妻李	玄孙女俄容
伯母张	孙息嵩义		
伯父龙生	孙息子哲		
祖母李	孙息子嵩		
祖父景速			
比丘僧和	孙女洛妃		
寺主昙盖	孙女亲妃		
比丘昙悦	孙女娘子		
比丘昙敬	孙女白玉		
比丘昙嵩	孙女义妃		
比丘昙练	孙女难姿		
比丘道棠	孙女义姿		
比丘昙[无]			

编号：QN 六九五

尺寸：残高 58、宽 109、厚 9 厘米

时代：东魏

造像简介：方座佛像，砂石质，残损。两面造像，碑中部有方孔似穿，左右两侧刻榫槽，雕造圆拱龛，总计 28 龛。跏趺坐佛 21 尊，雕刻供养人两行八身，主尊佛像头上高肉髻，长圆脸形，面相清秀，肩披帔帛，身着圆领通肩大衣，施禅定印，结跏趺坐于高台座，衣裾遮覆台座基部。供养僧人着褒衣博带式服装，虔诚供奉，姿态各异。为南涅水石刻中罕见的造像技法。现状为残存部分。

编号：QN 六九六

尺寸：碑高 121、宽 83、厚 15 厘米

时代：北魏神龟三年（520 年）

造像碑简介：应沽洗墓造像墓铭碑，砂石质。圆额首下部断残，左上部残缺，字亦残损风化。碑额部左右两侧雕刻圆形莲花图，中间刻圆形穿孔，孔径约 12 厘米。圆穿下部雕造圆拱龛一个，佛施与愿无畏印，结跏趺坐于龛内，龛外刻蔓草花纹图案。可辨识下部阴刻行书碑铭，竖排 21 行，现存 300 余字尚可辨识。（图 4-259）碑阴刻行书数行，已经残损风化，不可辨识。

图 4-258 QN 六九四碑阴

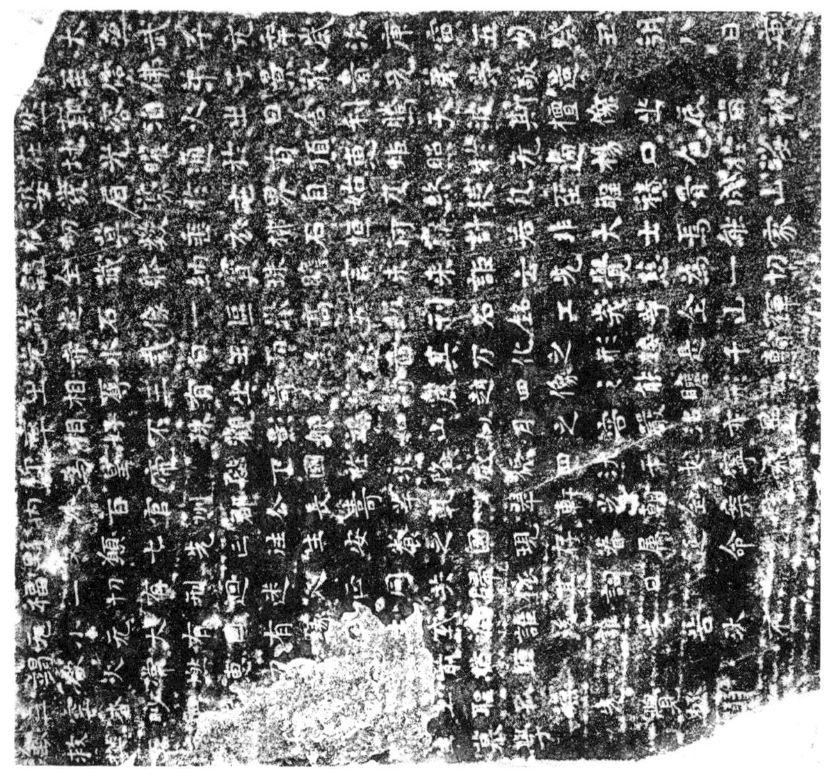

图 4-257 QN 六九四碑阳

（图 4-260）现状为残缺风化严重。

碑阳铭文：

惟大魏神龟三年岁次庚子朔应沽冼段胤
为祖父敬造铭文　其先凉州武威人也七世祖
□并州刺史上艾侯遂世居乐平上艾县六世祖为西河
太守五世祖居涅水进正住今曾祖匀居少苑孤祖弘胤驾于
□入父□赐先祖西河太守兄永乡驾雁门太守
公□□□自高年之傲骨在王业之后胤唐虞历
□世□□成汤受命王有北服上世西征号六百时以禅世
□瑞威□而生人元□遂成故焉帝皋末季威权绝矣
□□□□□□□□□□则洋溢史传有国之末六合纷
□战期篆武□□□□历辅二汉导衡□魏王公和
□□□□□□□□□乐不是过世居武威铁□酋
□□□□□□□□□州刺史上艾侯后□□公崩
□□□□□□□□□狼塞路遂不返郡世食家
□□□□□□乡□□离分散他邑遂居涅乡是故
□焉谨造铭记第□奴婢竖之墓所愿同守永秋
□□□□闾□□祖父官号存之铭记其辞
□□□但受天之佑□□各瑞王有帝子□泮
□□□□□□有立显承洪绪世赐武威铁义
为主乡和连亚惟曾及祖□□随官显赫
□□□□遂居涅土上艾宰相拜之前伍□□
斯郡生世显后

（注：①乐平上艾县：乐平郡治在今昔阳县境内，上艾县为今平定县。《晋书·地理志》记载，乐平郡，泰始中置，统县五，沾、上艾、寿阳、辽阳、乐平。②中间有穿，体现出早期墓碑的特点。神龟三年墓碑上圆拱龛坐佛及团莲、蔓草纹的图案雕像，可见佛教造像广泛流行。③铭文内“塞路遂不返郡……分散他邑……遂居涅乡”应与北魏孝文帝迁都有关。）

编号：QN 六九七

尺寸：高 97、宽 55、厚 10 厘米

时代：东魏兴和三年（541 年）

造像简介：造像碑，砂石质。圆额无座，已残，有裂缝一道，已黏合。唯年久剥蚀，风化严重，文字多模糊不清，可辨识者甚少。碑文行书 9 行，每行约 15 字。碑阴刻蟠龙螭首小佛龛。现状为残损风化严重。

碑阳铭文：

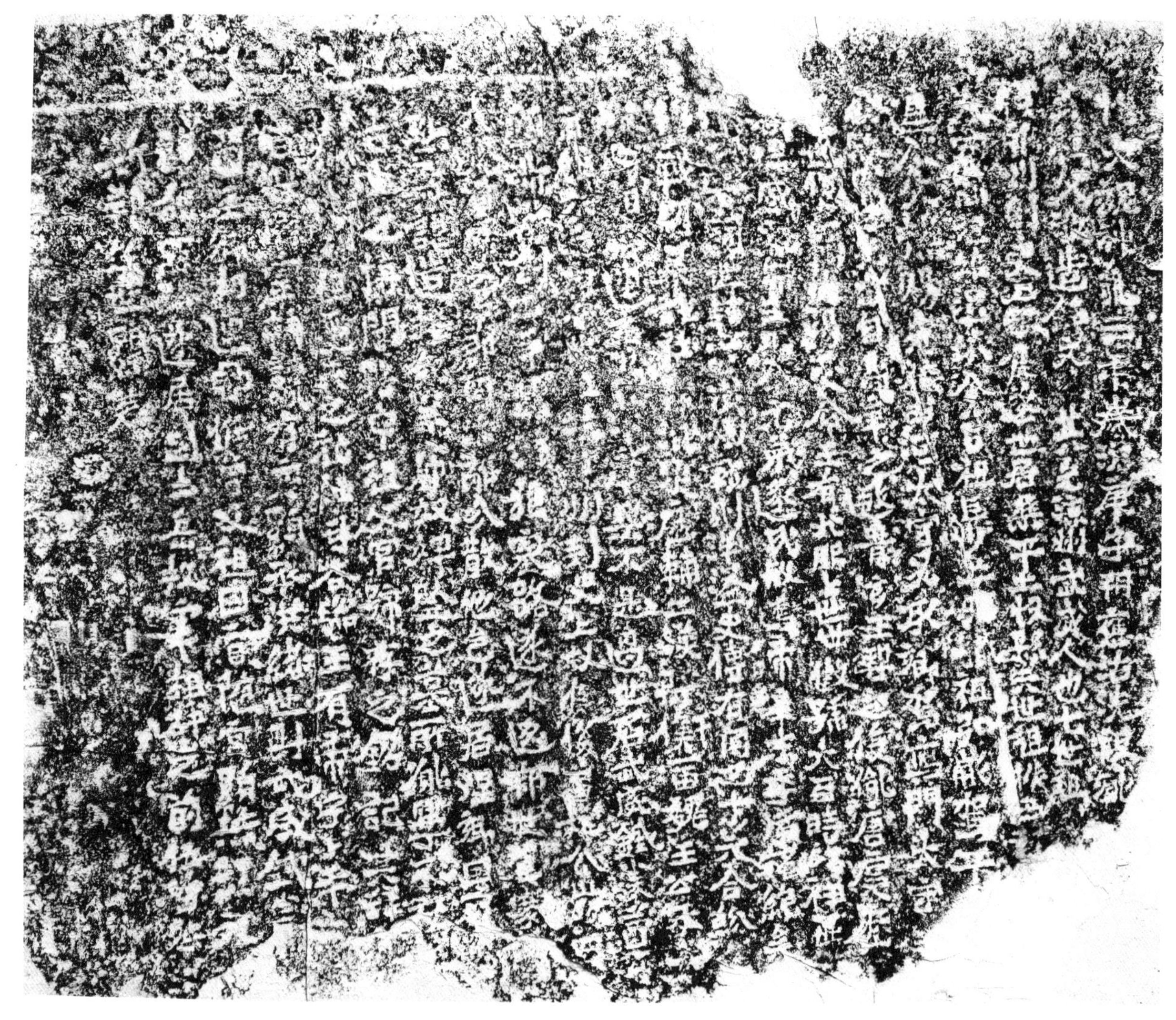

图 4-259 QN 六九六碑阳

清信士女胡颖花 都维那王忠叔

唯大魏兴和三岁年次辛酉十月庚子朔 / 廿九日辛酉佛弟子比丘僧段伯和等卌人 / □□尘秽之臣游栖阎浮之域上不过 / 记训之感又不擅于□三会婆娑油间恐 / 遂三法夙者得矣每念真形思敕救 / 之念作积善之业可复未来果因旬 / 非仪福□一览无□况溺之者故华严 / □愿造石浮图三级上为皇帝陛下及七 / 世父母所生父母边地众生同登正道（图 4-261）

碑阴：施主姓名数行（图 4-262）

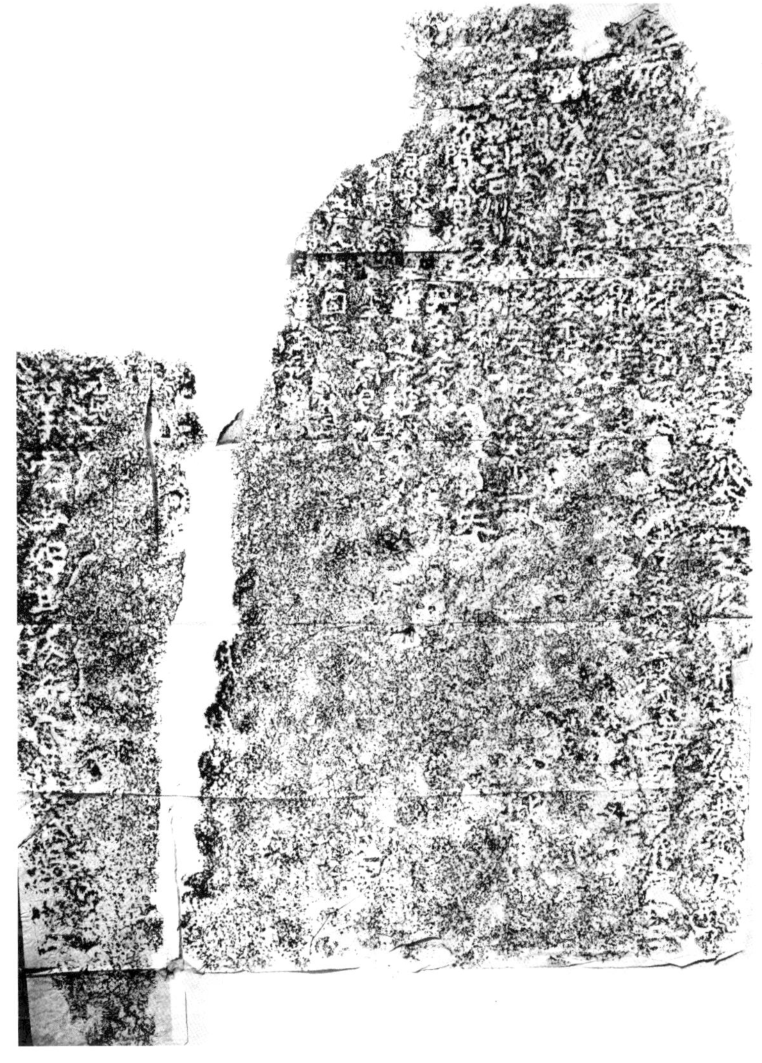

图 4-260 QN 六九六碑阴

编号：QN 六九八

尺寸：残高 53、宽 55、厚 7 厘米

时代：北齐天统四年（568 年）

造像简介：造像碑，白砂岩质。仅存上半部，圆拱龛，高雕佛像 2 尊，礼佛供养人 8 身。蟠龙螭首圆额造像碑，额首中间雕造圆拱形佛龛，龛内佛肩宽体壮，体态端庄，施禅定印，结跏趺坐于高莲台。佛龛下为造像铭文，竖排 16 行，每行残存 7~9 字。阴刻行书体，可辨识者仅有“大齐天统四年”等字样。碑阴刻圆拱龛，龛内造佛着双领下垂大衣，施禅定印，结跏趺坐于高莲台。龛下部刻供养人礼佛图。供养人着褒衣博带式服装，头戴冠冕，举绫锣伞盖列队礼佛。现状为严重残损风化。

铭文：

唯大齐天统四……／□□然如来运／□□□往空空／□□感化如处／□□□极悱伯（菲薄）／□□□者□渡／□□乘仁临风／□□□崇善可／□□□慈悲解／□□□自副容／□□□出世率／□□□皇帝陛／□□现存眷属／□□□天化运转日月周／炬□晖化应如□（图 4-263）

编号：QN 六九九

尺寸：高 130、宽 71、厚 17 厘米

时代：北齐皇建二年（561 年）

造像简介：陈思贵李生乾卅七人造像碑，黄砂石。质地粗疏。局部风化残损。碑无座。碑首为残损圆额，蟠龙螭首图案，双龙缠绕，首尾相接，碑首中部刻圆拱小佛龛，佛施禅定印，结跏趺坐于莲台。碑文阴刻楷书 21 行，总计 400 余字。现状为局部字迹风化残损，无法辨识。

铭文：

图 4-262 QN 六九七碑阴

图 4-261 QN 六九七碑阳

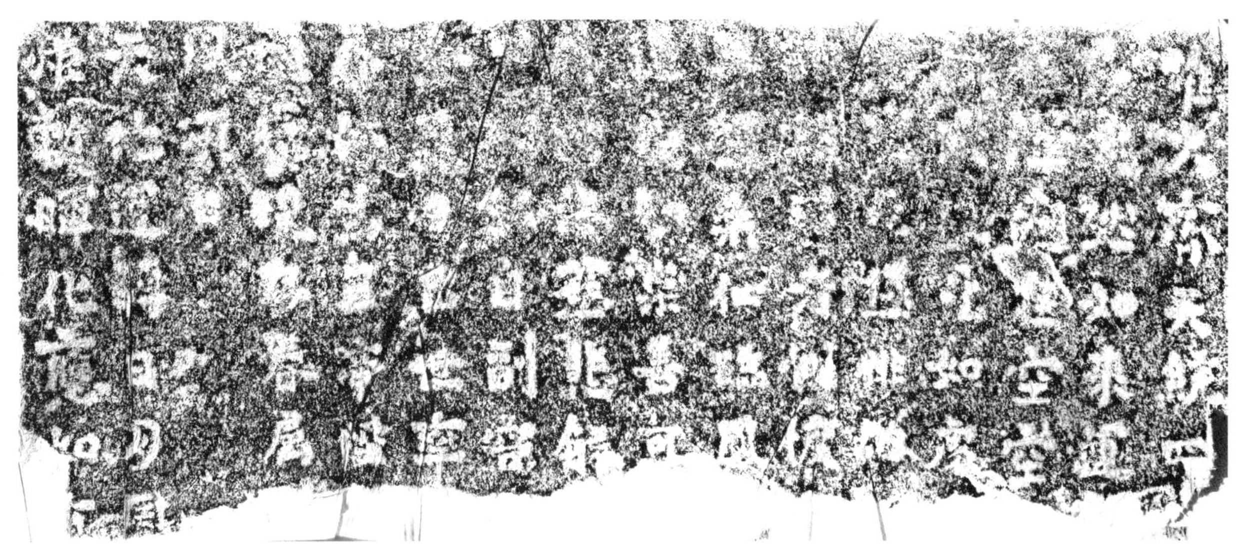

图 4-263 QN 六九八碑铭

大齐皇建二年岁次辛巳四月丙子朔八日癸未 夫真道幽玄非浅／□之所[随]妙趣[得][登]无能□真[源][建]形象之所敬托像容以求真是以／如来□嘉白净曜□形以显□形之身吐言以敬以陈无言之法垂荫／谅而不空无缘未悟感□□□□是乃□□息化归来时移俗道致使／魔迹因之复起刑徒以为□□□□□□□□然自非为俗所庳广发／昭□□□贪受□中□□导引□迷俗为□去者□□□然玄劫之下／邑[民]卅七人等敬造五级石像一区成就 上为 皇帝陛下中宫内／外僚官牧□守令国祚永隆四方宁谐干戈不用万民安乐又愿七世／父母并父母因缘眷属上者生天现存者皆富贵日甚子侄皆茂遍地／众生永离三界共登十地值佛门法华为一切者同正觉

碑左侧铭刻比丘僧、香火主、像铭主、开明主等及邑民姓名。

碑上部佛龛两侧铭：大像主李显祖／大像主（图 4-264）

编号：QN 七〇〇

尺寸：残高 66、宽 72、厚 10 厘米

时代：北齐

造像简介：千佛造像碑，砂石质。正面开龛 9 行，每行 12 龛，总计 108 龛，排列整齐，雕刻细致。界线分割长方形圆弧拱龛，每龛内坐佛一尊，圆方脸，喜眉笑眼，身材修长，着双领下垂大衣，施禅定印，结跏趺坐于低台座上。衣裾遮覆莲台呈三块甲形。现状为残碑仅存下部。

编号：QN 七〇一

尺寸：残高 105、宽 70、厚 14 厘米

时代：北魏

造像简介：胡甲军造像纪铭碑，砂石质。残损较严重。正碑造千佛碑，佛龛排列整齐，长方形佛龛，每龛一尊佛像。佛造像低圆肉髻，方脸，着圆领通肩大衣，施禅定印，结跏趺坐于莲

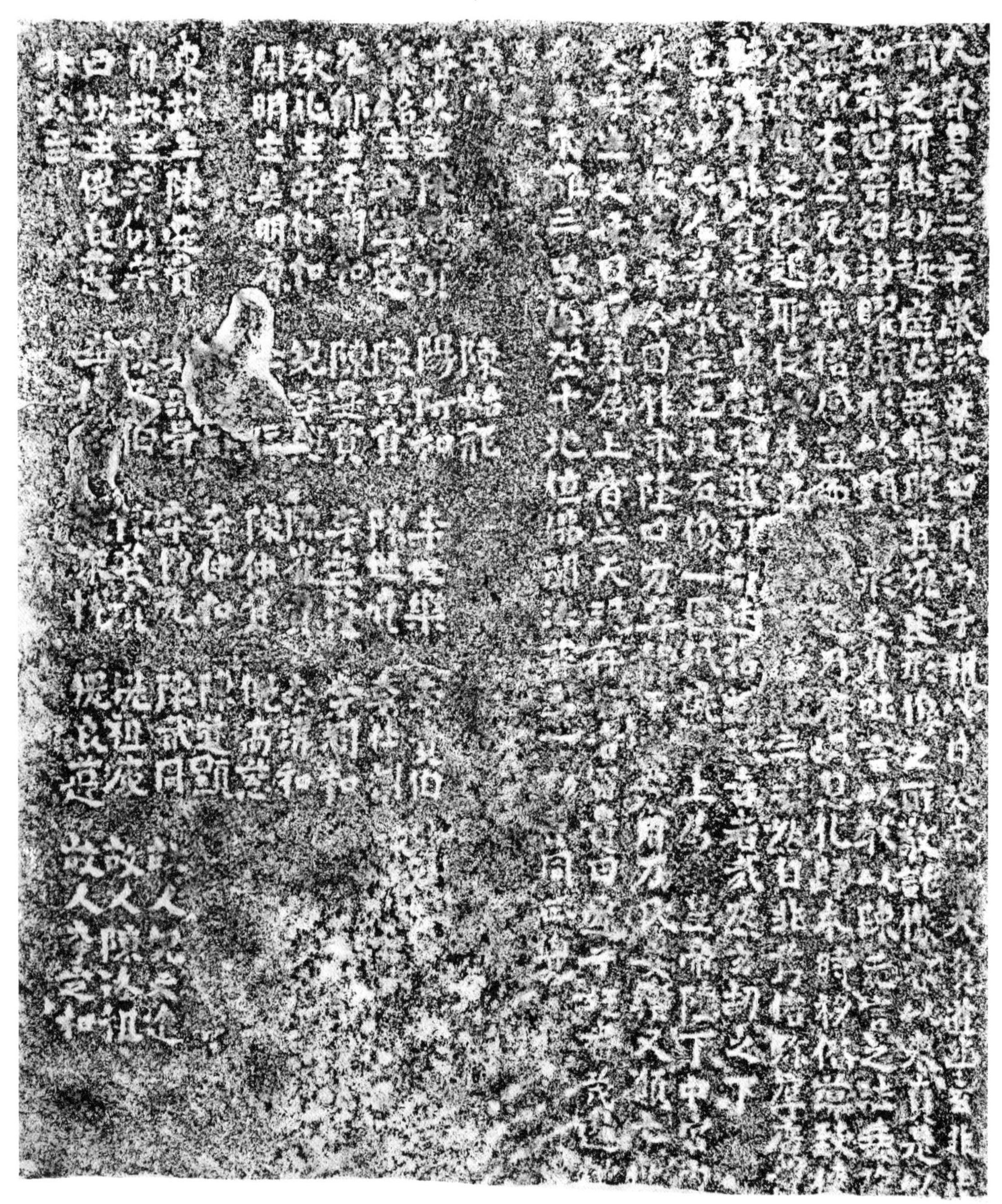

图 4-264 QN 六九九碑铭

台，衣裾呈八字形。碑阴为造像铭记上布施施主人名。铭记围绕一佛龛排列，佛龛残缺不辨铭记。铭文较详尽地记载了地方军事组织人事，为研究涅地北魏末年至东魏时期的政治、军事、经济状况提供了难得的资料。现状为风化剥蚀，字迹有残损。

铭文：

上半部：

五／弟子／□等／愿兴／一区并／上为／陛下渤海／王大将军群／僚百官邑仪等／为七世父母所／生父母因缘眷／属为遍地众生国／祚永隆兵甲停／息五谷熟成万／民安乐常□□／菩提共……

下部为布施施主人名：

……都督胡甲军□深梁关都督／□维威州将军员外殿中将军深梁关／监军慕容□□□将军中散大夫胡甲／军都将田□显都维那主胡甲军直兵／景倾教花主姜杨显胡甲财曹赵韦胡／甲军深梁关主赵祯深梁关骑兵姜元／纯深梁门录事李高仁深梁门将陈和／深梁东门将孙□立深梁关都将李木／□皇奴李买仁李道兴景思□□□□／……／……／参军……安南将军胡甲军主／昔仪周记室参军段兵家合韩智兴前／胡甲军直兵于遵胡甲军前直兵□□／杨霆张买德杨深……（图 4-265）

编号：QN 七〇二

尺寸：高 100、宽 73、厚 14 厘米

时代：北魏

造像简介：千佛碑残碑，砂石质。碑上部残缺，碑正背两面均为千佛龛造像，排列整齐，制作工整。圆拱佛龛。龛内坐佛一尊，圆方脸，披袒右大衣，施禅定印，结跏趺坐，衣裾呈三豆瓣形遮覆莲台。现状为上部残缺，下半基本完好。

编号：QN 七〇三

尺寸：残高 30、宽 34、厚 11 厘米

时代：北魏

造像简介：残千佛碑，砂石质。碑阳造千佛龛，圆拱形佛龛，每龛内坐佛一尊，施禅定印，结跏趺坐。碑阴为布施施主人名，字迹大小不等，排列不整齐，风化剥蚀字迹漫漶，无完整名，多称为“邑子□□”。现状为残碑风化，表面剥蚀较严重。

编号：QN 七〇四

尺寸：残高 43、宽 46、厚 10 厘米

时代：东魏

造像简介：残造像碑，砂石质。已风化残损，造像碑残碑上部，凸字形额首。正背两面造像，佛龛造像形式内容不等。龛边镌刻造像主人名。正面中间长方形佛龛上下排列，龛楣饰桃尖宝盖。上龛内坐佛一尊，下龛内一佛二菩萨，均站立像。左侧佛龛为圆拱佛龛，龛楣饰宝盖。上层龛内为二佛并立；下二层为两并列佛龛，龛内各一坐佛。右侧上部圆拱长形龛，龛内菩萨一尊，双手合十站立莲台。下部为并列小佛龛，每龛内坐佛一尊。背面造像佛龛上层三龛，中间龛内二佛并立，两边龛内各菩萨立像一尊。龛边有铭记造像主人名。下部为三龛，左边两龛内均二佛并立，右侧佛龛内立佛一尊。下部五个佛龛残痕。造像世俗粗糙，风化剥蚀漫漶。造像主铭记多风化剥蚀，字迹不辨。

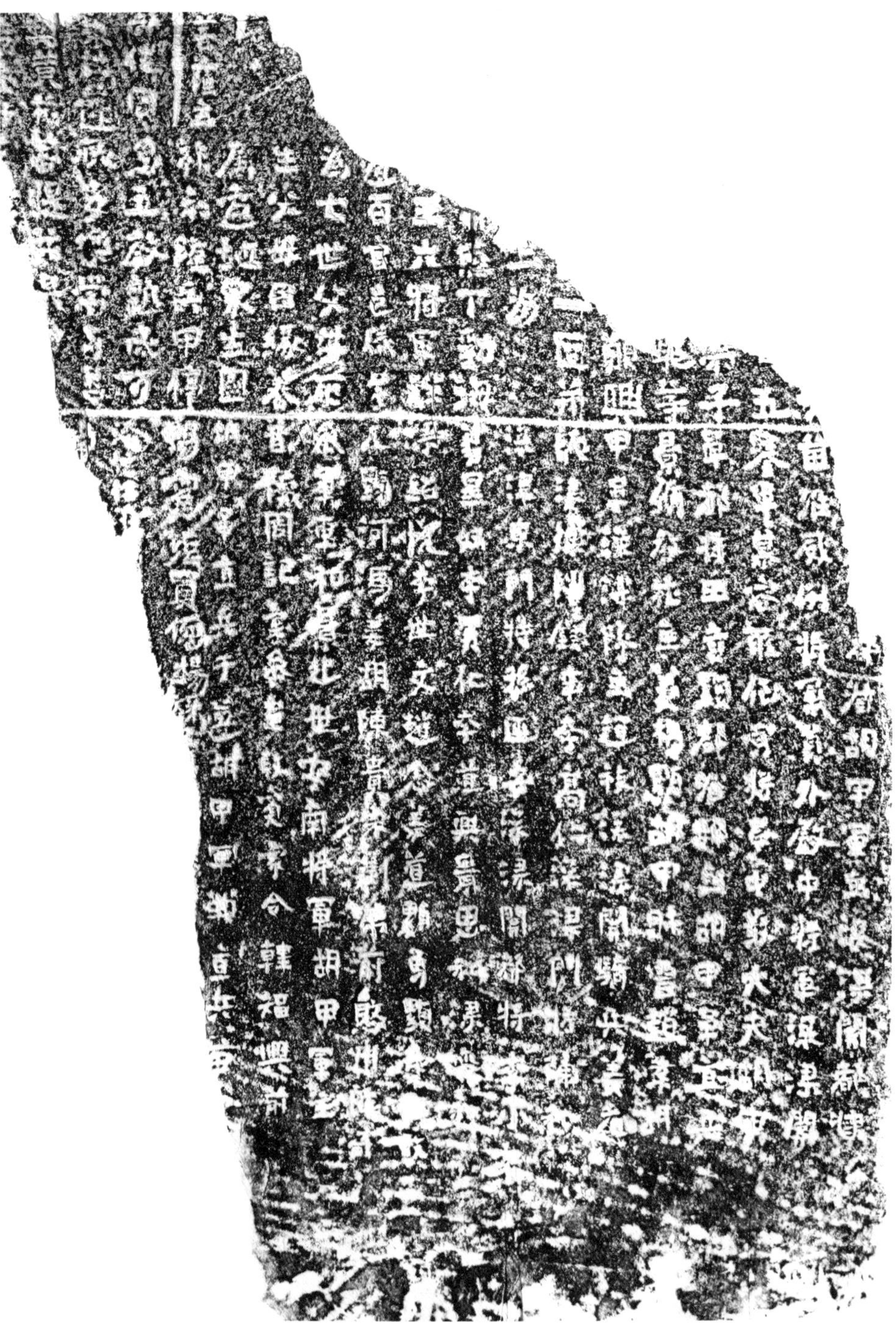

图4-265 QN七〇一碑铭

编号：QN 七〇五

尺寸：现存高 30、宽 36、厚 8.5 厘米

时代：东魏

造像简介：造像碑，砂石质。圆额造像碑，正面上部有佛龛，圆拱形龛，龛楣饰宝盖，龛内造像坐佛一尊。坐佛方圆脸形，着圆领通肩大衣，施禅定印，结跏趺坐。两侧各有长方形龛，龛内各一菩萨站立。造像简单粗糙。在佛龛两侧和下部有造像主人铭记，风化剥蚀字迹漫漶。背面造千佛龛式小佛龛，龛内各一坐佛，高肉髻，圆脸大耳，施禅定印，结跏趺坐。龛边有造像主铭记，字迹大多漫漶。现状为风化残损严重。

编号：QN 七〇六

尺寸：残高 50、宽 49、厚 8 厘米

时代：东魏

造像简介：千佛造像碑，砂石质。残损风化，残碑左侧大佛龛，平拱龛，龛楣饰桃尖宝盖。龛内佛造像施与愿无畏印，善跏趺坐，细部不辨。四周排列小佛龛，每龛内一尊坐佛，圆脸形，上身挺直，施禅定印，结跏趺坐。造像风化剥蚀，面目不清。

编号：QN 七〇七

尺寸：残高 49、宽 47、厚 10 厘米

时代：北魏

造像简介：残千佛碑，细砂石质。佛龛排列整齐，长方形圆弧拱龛，龛内佛像各一尊。佛像高肉髻，圆脸形，大部眉目清晰，着通肩大衣，施禅定印，结跏趺坐于莲台。造像制作较细致。现状为残损。

编号：QN 七〇八

尺寸：残高 37、宽 58、厚 14 厘米

时代：北齐

造像简介：残碑额，砂石质。碑额中心部位有佛龛，龛内有坐佛一尊。坐佛圆方脸形，上身直挺，施禅定印，结跏趺坐。龛外二龙缠绕，龙形彪悍，身形若狮。背面形式大致相同，佛龛楣饰花芽。现状为残损严重。

编号：QN 七〇九

尺寸：残高 74、宽 44、厚 13 厘米

时代：东魏

造像简介：造像碑，砂石质。造像碑下部残缺。上部中心部位有佛龛，圆拱龛，龛楣饰桃尖宝盖，楣尾卷曲。龛内一佛二菩萨造像。坐佛一尊，圆方脸形，上身直挺，披袒右大衣，左手施

与愿印，右手残损，结跏趺坐，衣裾遮覆莲台。两侧各侍立弟子一名。身形瘦长，袈裟紧身，站立莲台。佛龛下部有小佛龛排列，长方形佛龛，龛内坐佛一尊，简单粗糙。龛边刻有造像主名。造像碑背面为千佛龛造像，排列齐整，长方形佛龛，每龛内一尊坐佛，圆脸形，着圆领通肩大衣，施禅定印，结跏趺坐，衣裾遮覆莲台，呈豆瓣状。造像多风化剥蚀，面目不清。龛边铭刻造像主人名。粗糙世俗。现状为下部残缺，造像风化剥蚀。

编号：QN 七一〇

尺寸：残高 31、宽 52、厚 12 厘米

时代：东魏

造像简介：残造像碑，细砂石质。碑额圆首，正反两面造像，大小不等，佛龛造像形式内容不等。佛龛边镌刻造像主人名。正面中间长方形佛龛，龛内一佛二菩萨，均站立像。佛龛左边有铭记：大像主开府行参军董君素侍佛。左侧佛龛为四方联式圆拱长方形佛龛，龛内三尊立佛，一尊坐佛。龛左边有铭记：都督郭子扬。右侧长方形佛龛一个，龛内立佛一尊。龛左边有铭记：都督独孤永兴。下部残损。造像碑背面中上部为长方形佛龛，龛楣饰桃尖宝盖，龛内立佛一尊。右侧线刻佛龛，坐佛一尊。周边为小佛龛，排列不整，每龛内坐佛一尊。佛龛不统一，造像简单粗糙。现状为残缺风化较严重。（图 4-266）

编号：QN 七一一

尺寸：残高 31、宽 56、厚 14 厘米

图 4-266　QN 七一〇碑阳

时代：北齐

造像简介：造像铭碑残块。造像铭碑中上段部分曾被用作牲口草料槽帮堵头，正背两面和侧面刻铭。碑额首部分残存佛龛坐佛造像和龙首龙爪部分。碑铭中有众多繁复的造像主称谓，反映出佛寺的兴盛和敬佛的虔诚。而僧众香客有不同层次等级，体现出社会的等级差别。现状为残损风化，字迹漫漶。

铭文：

碑阳：比丘尼僧恭／香火主……／香火主乐元香／菩萨主陈世郎／菩萨主……／都邑主孙……／光炎主李□／维那主李□

碑阴铭记多风化漫漶，可辨识：维大齐天保……梁凤皇 张□香 李春□……许愿文字迹风化漫漶不辨。

侧边有铭记：比丘尼法海，比丘尼僧练……（图 4-267、268）

编号：QN 七一二

尺寸：残高 53、宽 33、厚 14.5 厘米

时代：北齐

造像简介：千佛造像碑，细砂石质。残块为造像碑右上角部分。蟠龙螭首碑额饰二龙缠绕，首尾相连。龙鳞刻划工整，龙爪矫健强劲，尾部犹如豹尾。正碑造千佛龛，龛内各一坐佛。佛圆脸，细眉小眼，着通肩大衣，施禅定印，结跏趺坐，衣裾如蜂翼形。右上第一佛龛边刻铭。背面蟠龙螭首碑额之下造千佛龛，多风化漫漶。侧边龙首之下造佛龛。佛像制作简单粗糙。现状为残损风化。

图 4-267　QN 七一一碑阳　　图 4-268　QN 七一一侧铭

编号：QN 七一三

尺寸：残高 39、宽 65、厚 13 厘米

时代：北齐

造像简介：残碑额，砂石质。造像为蟠龙螭首碑额，二龙缠绕，三爪龙彪悍强劲，身形若狮。正背两面，正面中心部位有佛龛，龛内有一佛二弟子。主尊佛圆方脸形，上身直挺，施禅定印，结跏趺坐。两侧各一弟子立像。背面中心部位有佛龛，龛楣饰宝盖，龛内有坐佛一尊。现状为下部残缺。

编号：QN 七一四

尺寸：残高 49、宽 39、厚 15 厘米

时代：北齐武平六年（575 年）

造像简介：造像碑，砂石质。残存造像碑下半部。中部为二佛并立佛龛，佛披袈裟，双手合十立莲台。龛四周有"武平六年"铭记，两旁造两列小佛龛，每龛内一坐佛。佛龛边有造像主人名。背面造千佛龛，每龛内造一尊坐佛。佛圆脸，着通肩大衣，施禅定印，结跏趺坐，衣裾遮覆莲台，形状如金鱼眼。下层未完工。整个残碑造像粗糙。现状为残缺，风化漫漶。

铭文：武平六年四月廿三日元渊敬……为父吴莲敬……佛龛边刻造像主人名：张子和、宋高宗、张僧林等。（图 4-269、270）

图 4-269 QN 七一四碑阳

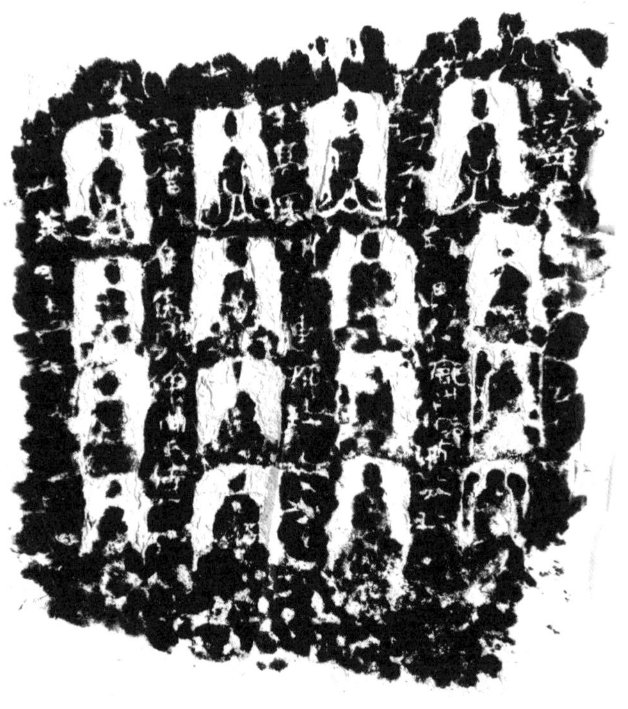

图 4-270 QN 七一四碑阴

编号：QN 七一五

尺寸：残高 33、宽 56、厚 12.5 厘米

时代：东魏

造像简介：造像纪铭碑残块，砂石质。正背两面铭记许愿文和造像主人名。碑残块曾被用作牲口草料槽堵头。现状为风化残损。

铭文：

碑阳：

……而能济若不……／……是以香火六十……／……心愿造观世音像……／……上为皇帝陛……／……又愿七世父母……／……像主与时正觉……（图 4-271）

碑阴为布施人名：

阎菜伊／郭清姬……李小姬、胡洛姜／梁阿光、李阿贵／……敬妃、王元妃／……妃、高定妃……（图 4-272）

侧边铭记：尼僧

编号：QN 七一六

尺寸：高 60、宽 74、厚 13 厘米

时代：东魏

造像简介：残千佛碑，砂石质。千佛碑上下部残缺，残留碑额痕迹。正背两面造千佛龛，排列整齐，圆拱小佛龛，每龛一尊坐佛。佛圆方脸，披袒右肩大衣，施禅定印，结跏趺坐，衣裾遮覆莲台，呈豆瓣状。背面上部做工粗糙，留斧剁痕，部分佛龛制作不到位。现状为风化剥蚀。

编号：QN 七一七

尺寸：残高 95、宽 72、厚 14.5 厘米

时代：东魏

造像简介：残千佛碑，砂石质。能与 QN 七二五残块对接合一。佛龛排列整齐，小佛龛内佛像各一尊。佛圆脸形，着通肩大衣，施禅定印，结跏趺坐于莲台。造像制作较粗糙。现状为残缺风化严重。

编号：QN 七一八

尺寸：残高 51、宽 52、厚 11 厘米

时代：北齐

造像简介：残造像碑，砂石质。圆首碑额，下半残缺，正背面造像。正面上部造佛龛四个；左边两个长方形圆拱佛龛，龛内各造立佛一尊；右边上下两个小佛龛，龛内各造坐佛一尊。中部刻划图案残缺不辨。背面上半部造长方形佛龛四个，三个并列成第一排，剩余一龛于第二排左边，右边为铭记。下部残损，有佛龛两个，每佛龛内各造立佛一尊。现状为下部残缺，造像粗糙，字迹风化漫漶。

图 4-271　QN 七一五碑阳

图 4-272　QN 七一五碑阴

编号：QN 七一九

尺寸：高 55、宽 59、厚 15 厘米

时代：北魏

造像简介：造像碑额，砂石质。碑额圆首，下部接碑身部两侧各缩进 3 厘米。中部刻山尖拱佛龛，龛内坐佛一尊。佛面相长圆，大耳垂轮，身形挺直，内着僧祇支，外披双领下垂大衣，施禅定印，结跏趺坐于莲台。现状为完好，局部略残。

编号：QN 七二〇

尺寸：残高 60、宽 47、厚 13.5 厘米

时代：北齐

造像简介：造像碑残块，砂石质。上半、右边残缺。正背两面造像。正面上部残存佛龛九个，左边残损，上中部长方形圆拱龛，龛内各造立佛一尊。下部小佛龛，龛内各造坐佛一尊。背面残存长方形龛八个：下部四个并列成一排。中部两佛龛，其中右边一龛二佛并坐。上部两佛龛，一大一小，龛内各坐佛一尊。左边有铭记，风化漫漶不辨。侧边残存四佛龛，龛内各一坐佛。佛龛大小不一，造像粗糙。现状为风化剥蚀，细部漫漶不辨。

编号：QN 七二一

尺寸：残高 67、宽 37、厚 13 厘米

时代：东魏

造像简介：残碑，砂石质。残存造像纪铭碑一角。碑额残留龙爪下部，中间佛龛残存莲台座。现状为残缺风化严重。

铭文：

佛龛下部：北像主景洛周……

碑阳：比丘福朗、比丘僧愿、比丘僧柱、李见吉……／都唯那主李永悦、邑李国／唯那主李法贵、邑子□□和／唯那主吴德和、邑子石文龙／唯那主李□□邑子李悦贵／唯那主□□□邑子李敬贵……（图 4-273）

碑阴：大像主王□／大像主……／像主……／□山王主比丘僧……／唯那主□吴仁妻张……劝化主比丘僧父／□主比丘僧智……（图 4-274）

编号：QN 七二二

尺寸：残高 64、宽 59、厚 14.5 厘米

时代：北齐皇建二年（561 年）

造像简介：残碑，砂石质。造像纪铭碑上下残缺断裂，能够粘接合对。碑阳有“北齐皇建二年”纪铭。碑侧面上部残存坐佛造像，碑另一侧有铭记。现状为残缺，字迹风化漫漶。

铭文：

碑阳：

大齐皇建二年岁次……巳七月甲戌……邑子并造像一区并……为皇帝陛下为百官七……身父母眷属一时……生命和成佛……邑子张向祖……（图 4-275）

碑侧：大像主段联敬／妻李华光／供养佛时（图 4-276）

编号：QN 七二三

尺寸：残高 49、宽 45、厚 16 厘米

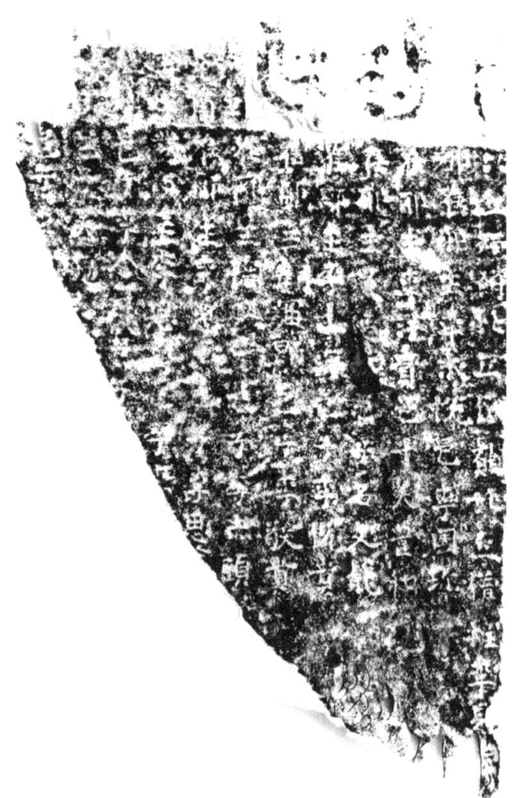

图 4-273　QN 七二一碑阳

图 4-274　QN 七二一碑阴

图 4-275　QN 七二二碑阳

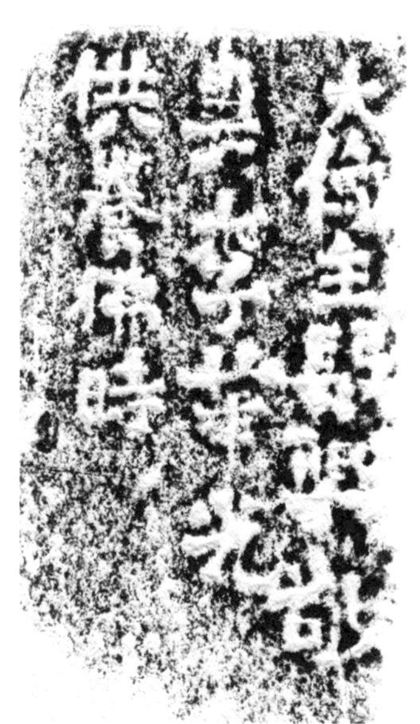

图 4-276　QN 七二二碑侧

时代：北齐

造像简介：造像碑残块，砂石质。残块为造像碑右下角。碑正背面残留佛龛造像各有五六个，佛龛大小不一，排列无序。佛龛内有坐佛一尊、二佛并坐等不同造像。佛龛边刻记造像主人名、许愿文字。碑侧面有长方形圆拱龛，龛内造站立菩萨像一尊。菩萨高宝冠，圆方脸，披帔巾，双手合十，下着长裙，站立莲台。造像随施主要求雕造，大小排列不一，制作粗糙，简单世俗，成为一种敬佛形式。现状为多处残缺，风化漫漶，细部不辨。（图 4-277）

编号：QN 七二四

尺寸：残高 22、宽 33、厚 13.5 厘米

时代：东魏

造像简介：造像碑残块，砂石质。正面上部有造像残痕，碑背面有排列整齐的千佛龛造像。长方形佛龛，每龛内一尊坐佛。佛造像高肉髻，圆脸，细眉大眼，着通肩大衣，施禅定印，结跏趺坐，衣裾遮覆莲台。下部为铭记。现状为残损风化严重。

铭文：……像主黄雅……王康仁廿七……造浮图……（图 4-278）

编号：QN 七二五（见 QN 七一七）

编号：QN 七二六

尺寸：残高 76、宽 61、厚 11 厘米

时代：北齐

造像简介：残造像碑，砂石质。残碑为造像碑下半部。碑正背面残留佛龛造像，佛龛大小不一，排列无序。佛龛内有坐佛一尊、二佛并坐等不同造像，佛龛边刻记造像主人名、许愿文字。造像随施主要求雕造，大小排列不一，制作粗糙，简单世俗，成为一种敬佛形式。现状为残缺风化，剥蚀严重，漫漶不得细辨。

编号：QN 七二七

尺寸：残高 21、宽 52 厘米

时代：北齐

造像简介：造像石，砂石质。造像石残存上半截，四面造像。三面为圆拱佛龛，龛楣饰桃尖宝盖，外饰千佛龛式小佛龛，多风化漫漶。一面为帷幕形龛，百褶形帷饰，幔帐分挑两边。现状为残损缺失。

编号：QN 七二八

尺寸：残高 33、宽 17、厚 13 厘米

时代：北齐

图 4-277　QN 七二三拓片

图 4-278　QN 七二四拓片

造像简介：千佛造像碑，砂石质。碑正面有排列整齐的千佛龛造像。长方形佛龛，每龛内一尊坐佛。佛造像圆脸，细眉大眼，着通肩大衣，施禅定印，结跏趺坐，衣裾遮覆莲台。佛龛造像多有残损漫漶。碑背、侧面饰千佛龛，龛中佛造像圆脸，大眉大眼，内着僧祇支，外披双领下垂大衣，施禅定印，结跏趺坐于莲台，衣裾遮覆莲台呈花芽形状。现状为残缺风化严重。

编号：QN 七二九

尺寸：残高 24、宽 35、厚 8 厘米

时代：东魏

造像简介：造像碑，砂石质。残块为造像碑右上角。造像碑圆额，正背两面造像。正面中部残存佛龛，龛内造像为一佛二菩萨。右边有两个长方形圆拱龛，龛内各有坐佛一尊。佛造像长方脸形，通肩大衣施禅定印，结跏趺坐。佛龛边刻施主人名，下部残存佛龛数个。碑背面中部有大佛龛，残存佛头部。大佛龛周边小佛龛数个，龛内坐佛各一尊，制作草率，佛龛边刻有施主人名“张善发”“王仁”等等。现状为残缺风化严重。（图 4-279）

编号：QN 七三〇

尺寸：残高 38、宽 65、厚 10 厘米

时代：北齐

造像简介：千佛碑残块，砂石质。残块为造像碑中部，能与 QN 七三一拼接。正背两面造像。佛龛排列大致齐整，长方形圆拱佛龛，龛内各有坐佛一尊。佛造像长方脸形，通肩大衣，施禅定印，结跏趺坐。佛龛边刻施主人名，如赵子林、宋蒲乐、张明等等。现状为残损风化严重，面目细部不辨。（图 4-280、282）

图 4-279　QN 七二九铭文

编号：QN 七三一

尺寸：残高 38、宽 65、厚 10 厘米

时代：北齐

造像简介：千佛碑残块，与 QN 七三〇合并为一。现状为残缺风化。（图 4-281、283）

编号：QN 七三二

尺寸：残高 37、宽 27、厚 19 厘米

时代：北魏

造像简介：残造像石，砂石质。造像石以并列小佛龛为主，左上边饰飞天雕像。佛龛圆拱形，每龛内坐佛一尊。佛圆脸，大耳，着通肩大衣，施禅定印，结跏趺坐，衣裾遮覆于腿。现状为残损风化严重，细部不辨。

编号：QN 七三三

尺寸：残高 34、宽 42、厚 7.5 厘米

时代：东魏

造像简介：千佛碑残块，砂石质。佛龛排列整齐，长方形佛龛，每龛内一尊坐佛。佛造像圆脸，细眉大眼，着通肩大衣，施禅定印，结跏趺坐，衣裾遮覆莲台。整体造像刻造细致。现状为残损，有风化剥蚀。

编号：QN 七三四

尺寸：残高 39.5、宽 46、厚 11 厘米

时代：东魏

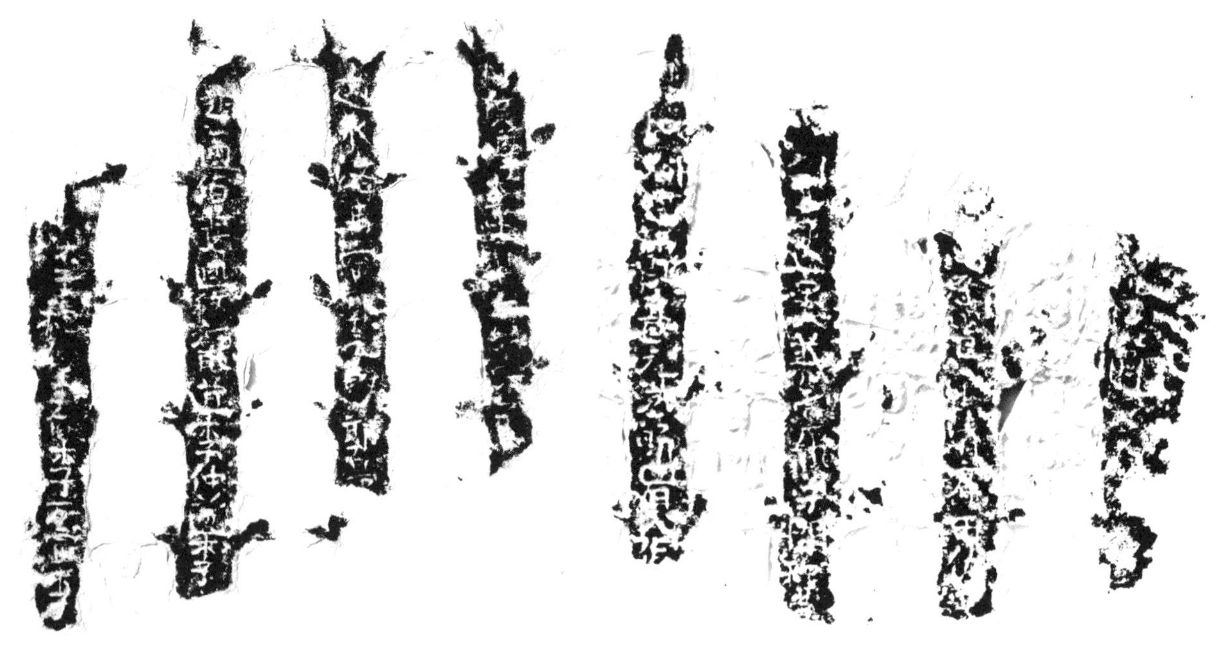

图 4-280　QN 七三〇碑阳　　　　图 4-281　QN 七三一碑阳

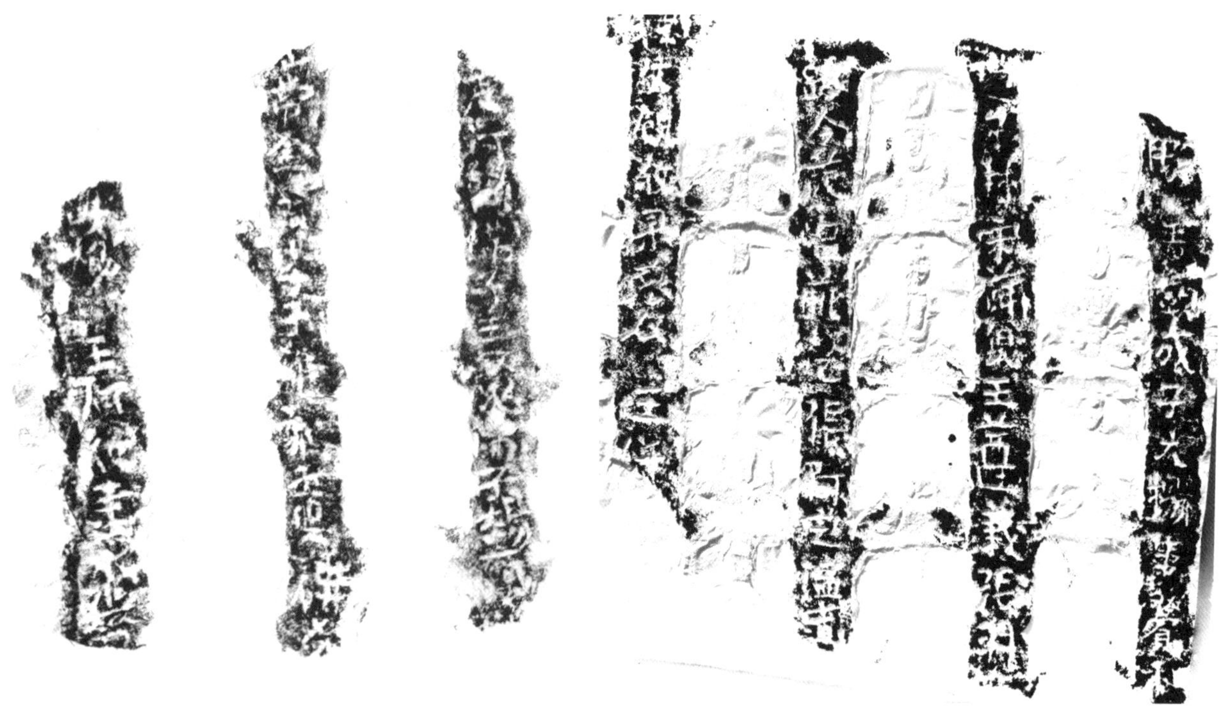

图 4-282　QN 七三〇碑阴　　　　图 4-283　QN 七三一碑阴

造像简介：造像碑残块，砂石质。造像碑残块以两个佛龛为中心，周边残损小佛龛数个。两佛龛形式相同，左边稍小。圆拱佛龛，龛楣饰宝盖，楣尾上卷。龛内佛造像，高肉髻，圆方脸，大耳垂轮，细长眉，眼帘微合，直鼻梁，嘴角微上翘，喜眉笑眼。佛削肩，身躯修长，着方领通肩大衣，“U”形衣纹，施禅定印，结跏趺坐。衣裾下垂遮覆莲台，衣褶简单，下摆外扬。现状为残存局部。

左边佛龛左边铭记：李显仁。右边铭记：□为上父母造。右边佛龛右边铭记：……大佛。下部小佛龛左边铭记：善廻忧为父母（造）。

编号：QN 七三五

尺寸：高 73、宽 50、厚 13 厘米

时代：东魏

造像简介：造像纪铭碑，砂石质。圆额，上中部造小佛龛，龛内造坐佛一尊。佛龛以下为纪铭碑文。由于风化剥蚀，造像碑表面漫漶，字迹剥蚀，残存可识字迹有“元年岁次”。现状为残损剥蚀，表面漫漶严重。

编号：QN 七三六

尺寸：残高 50、宽 72、厚 8 厘米

时代：东魏

造像简介：千佛碑，砂石质。残碑为千佛碑下半部，上缺下残。长方形小佛龛排列整齐，每一佛龛内各造一尊坐佛。佛造像高肉髻，圆脸，着通肩大衣，施禅定印，结跏趺坐。衣裾遮覆莲台，衣裾呈金鱼眼样式。佛龛下部和龛边刻有造像主人名，如张颖晕、高元阁等。现状为上下残缺严重，风化剥蚀漫漶严重。（图 4-284）

编号：QN 七三七

尺寸：残高 33、宽 25 厘米

时代：北齐

造像简介：造像碑残块，砂石质。造像碑圆首碑额，残块为右上部。 造像佛龛大小不一，龛边铭记造像主人名。正面中部一大佛龛残损不辨，上部三个长方形圆拱佛龛。左边佛龛造坐佛一尊。佛圆脸，通肩大衣，施禅定印，结跏趺坐。龛边有铭。背面造像风化漫漶严重。整个造像草率、粗糙。现状为残缺风化严重。

铭文：傅贵德一区 / 佛弟（子）李伯和（图 4-285）

编号：QN 七三八

尺寸：残高 17、宽 22、厚 8.5 厘米

时代：北魏

造像简介：造像碑残块，砂石质。正背两面造像。佛龛大小不一，造像残损，风化剥蚀，制作粗糙。

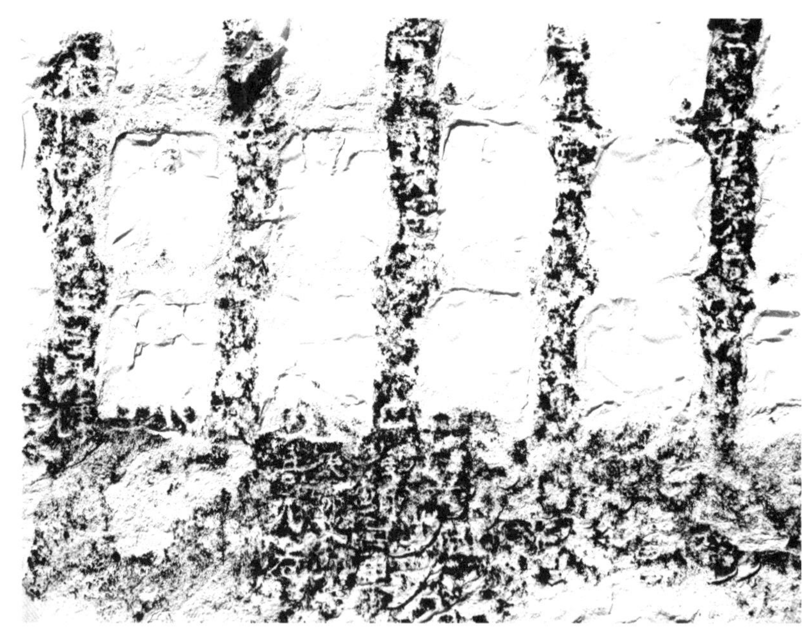

图 4-284　QN 七三六拓片

图 4-285　QN 七三七铭文

编号：QN 七三九

尺寸：残高 19、宽 21、厚 10 厘米

时代：北齐

造像简介：千佛碑残碑，砂石质。残碑为千佛碑左下部。正背两面造像。佛龛排列整齐，每龛内一尊坐佛。佛圆脸，通肩大衣，禅定印，结跏趺坐，衣裾若豆瓣。制作简单粗糙。佛龛边铭记造像主人名（图 4-286）。现状为残缺风化，字迹不清。

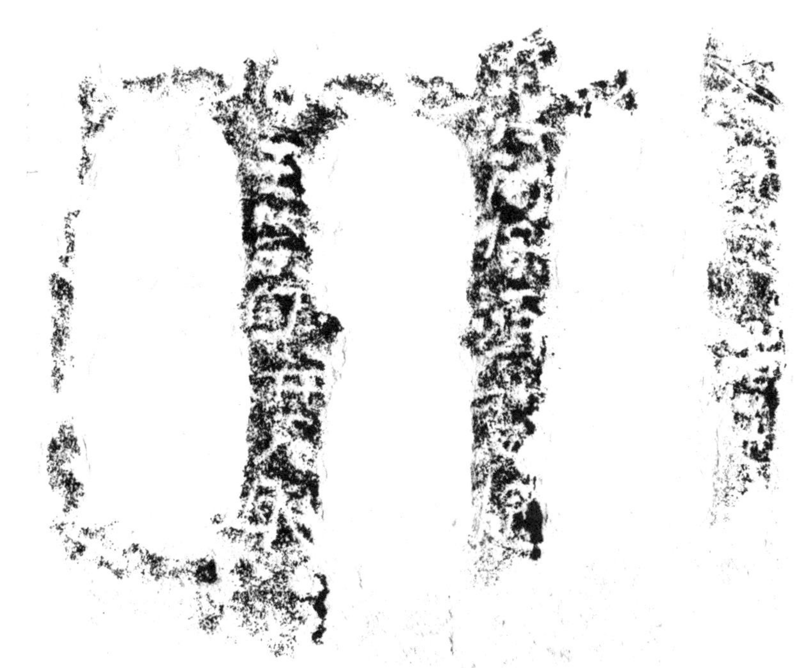

图 4-286 QN 七三九拓片

编号：QN 七四〇

尺寸：残高 24、宽 18、厚 8 厘米

时代：北齐

造像简介：造像碑，砂石质。造像碑正背两面造像。正面两个佛龛并排，平拱佛龛，每龛内坐佛一尊。佛高肉髻，圆脸，细眉大眼，小嘴，大耳，着通肩大衣，“U”形衣纹，施禅定印，结跏趺坐，衣裾形式若金鱼眼。龛上下有铭记。背面佛龛排列整齐，有一坐佛和二佛并坐。龛边有铭记，多为造像主人名。制作粗糙。现状为残块。

铭文：张龙□佛弟子，张禺佛弟子，佛弟子张……

编号：QN 七四一

尺寸：残高 27、宽 24、厚 8 厘米

时代：东魏

造像简介：造像碑，砂石质。残块为造像碑左上部。造像碑圆首，碑额正背两面造像。正面残存并排两个佛龛。圆拱佛龛，左边龛内坐佛一尊，高肉髻，圆脸，大耳，着通肩大衣，“U”形衣纹，施禅定印，结跏趺坐；右边佛龛内立佛一尊，双手合十，站立莲台。佛龛边有铭记，字迹漫漶，面目细部风化剥蚀。碑背面残存四个小佛龛，龛内各有坐佛一尊。佛圆脸，身材修长，着通肩大衣，施禅定印，结跏趺坐，细部风化漫漶。现状为风化剥蚀严重。

编号：QN 七四二

尺寸：残高 103、宽 64、厚 10 厘米

时代：北魏永熙三年（534 年）

造像简介：武二龙舍田地入寺纪铭造像碑，砂石质。造像碑圆首碑额，中上部佛龛一个。龛内坐佛一尊，高髻，长方脸形，身材修长，施禅定印，结跏趺坐，衣裾下垂遮覆莲台，下摆微扬，风化残损。龛两边饰小佛龛，龛内各一坐佛。龛外有图案装饰，漫漶剥蚀细部不辨。佛龛下部为礼佛造像。长方形减地画面，两人对立，中间有小佛龛，圆拱形佛龛，龛内坐佛一尊。左侧造像人物高髻圆脸，内着圆领衫，外披合领大衣，褒衣博带，腰间结腰带，左手抬起手示博山炉，右手贴身提香囊，衣裾垂拂脚面，露脚尖，长裾左边有铭“郑益王”。佛龛右侧造像人物头戴纱冠，长脸，鹰鼻凤眼，大耳大嘴，内着圆领衫，外着交领大衣，腰间结腰带，褒衣博带，左手执一物品，右手抬于博山炉边，大袖长袍垂拂脚面，露出脚尖（笏头履），站立在台座上。两人像上部有铭记：弟子武众奴、信士张双。礼佛画面右侧有“大魏永熙三年”铭记。

画面左边有两幅减地画面，上幅为两位供养人形象，面佛侧立，头部缺失，着长衣，系腰带，双手握于腹前，身形呈“S”状。左侧铭记“弟子武伯龙”，右侧铭记“武伯洛”。下幅为四位供养人形象，右边一位大人，面佛侧立，头系发巾，长脸大耳，着大袖长衣，脚尖微露出，系腰带，双手握于腹前，身形微弯呈“S”形。右侧有铭记“佛弟子武朋显、武小香”。身后紧随三个童子，头梳双抓髻，着长衣，系腰带，拱手相随。每人头上有铭记，依次为：武□、武□温、武□欢。

中部画面下造并列小佛龛两个，龛内各一坐佛，圆脸面，通肩大衣，禅定印，结跏趺坐。龛左侧铭记“高景鹰”，右侧铭记“张鸣生”。在左边画面下造两个佛龛。上边为长方形圆拱龛，龛内造供养人，头上梳芽髻，圆脸，长眉大眼，大嘴，嘴角微向上，双手合十，长裙遮拂脚面。龛右边铭记“慕容比极”。下边的佛龛稍大，长方形圆拱佛龛，龛内坐佛一尊，圆脸面，通肩大衣，施禅定印，结跏趺坐。下部残缺。左边铭记“刘廻奴、王定昌”，右边铭记“都督鞠廻洛”。（图 4-287，彩版七六）

碑阴为千佛龛式小佛龛。长方形佛龛，龛楣饰俏丽桃尖宝盖，每龛内一尊坐佛。佛造像高髻，圆脸，着通肩大衣，施禅定印，结跏趺坐，衣裾遮覆莲台，衣裾呈金鱼眼形状。整体造像刻造较工整。佛龛大小不一，在佛龛边铭刻造像主人名，如于春兰、菩萨主田延仁、比丘法礼……（图 4-288）

这是极重要的纪铭造像碑，明确的纪年对研究南涅水寺庙的规模、香火客的人员组成有重要的价值。现状为残缺风化较严重。

铭文：大魏永熙三年八月朔五日，并州太原沾县人／寺主武二龙，为皇帝陛下、群僚百官、／中宫内外、沛□父母、七世眷属，香火邑兼一切／众生感斯。施苇谷以上麻地十五亩，巩家以下麻田，／……田武迴妃、武韩妃弟贸五谷麻田／并白田／一百五十亩入寺。

其余造像旁有人名铭记，如武众奴、武伯龙、武伯洛……

（注：太原沾县，汉置，故城在今昔阳县西南三十里。以县西之沾水取名，属上党郡。东汉为乐平郡治。晋于此置乐平郡，又别置乐平县。北魏太平真君九年〔448 年〕乐平县并入沾县，属太原郡。后魏省。）

图 4-287　QN 七四二碑阳

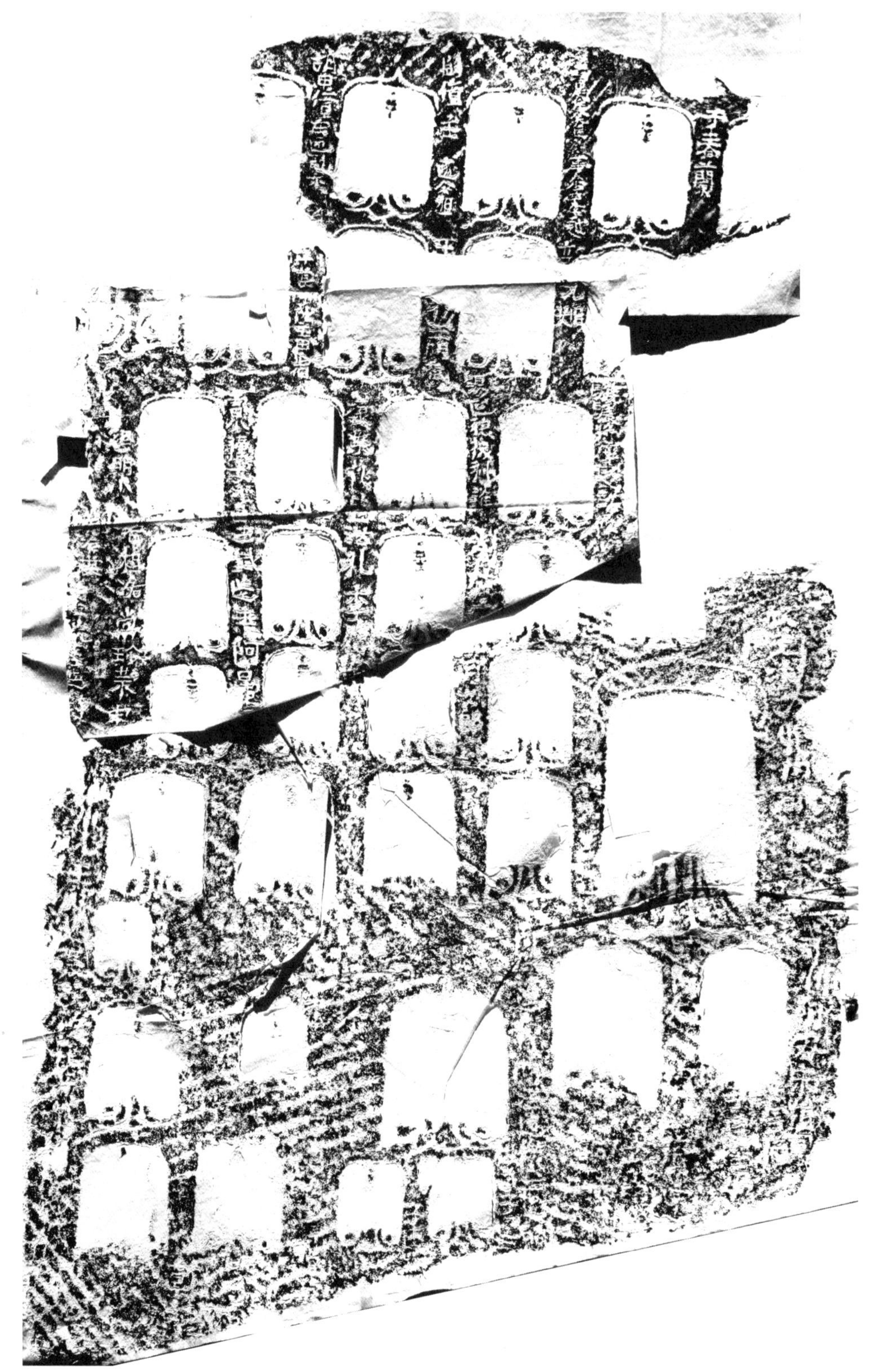

图 4-288 QN 七四二碑阴

编号：QN 七四三

尺寸：残高 34、宽 38、厚 9.5 厘米

时代：北魏

造像简介：造像，砂石质。造像为一佛二菩萨组合造像，头部以上残缺。主尊佛坐像，头缺失，身形健壮，腰身直挺，上身内着僧祇支，腰间系带结，外披双领下垂大衣，右衣角揽于左臂，左手施与愿印，右手举于胸前残损不辨，结跏趺坐，衣裾遮覆莲台，双层折叠。莲台下有力士托举，两侧护法狮子侧首相向，残损严重。两侧菩萨头部残损，帔帛带，揽于两臂下垂。左侧菩萨双手合十，右侧菩萨左手执莲蕾贴于胸前，右手下垂提香囊，下着长裙，赤足立于莲台上。造像身材修长，衣纹采用阴线刻划，刀法采用平直刀法。造像主像两边有铭记。现状为残缺剥蚀严重。

铭文：造像主像右边“李保成”，右边“皇陵”。（图 4-289）

造像右侧铭记“⋯⋯五月壬申朔⋯⋯／⋯⋯皇帝陛下下七世父母⋯⋯”，左侧铭记“齐琪世光”。（图 4-290）

编号：QN 七四四

尺寸：残高 34、宽 38、厚 12 厘米

时代：北魏—东魏

造像简介：残造像石，砂石质。残造像石为四面体造像石残角，下部残缺。长方形佛龛，龛楣饰莲花瓣纹。龛内佛像一尊，饰火焰纹舟样背光，面残损，削肩，身着通肩大衣。右侧两佛龛残损。左侧面饰菩萨立像。菩萨头部饰头光，风化漫漶细部不辨，披帔巾，帛巾下垂弯折于膝间，揽于两臂下垂，左手执莲蕾贴于胸前，右手下垂提香囊，下着长裙，赤足立于莲台上。造像身形修长。现状为残缺风化漫漶严重。

图 4-289　QN 七四三主像两边铭文（左、右）

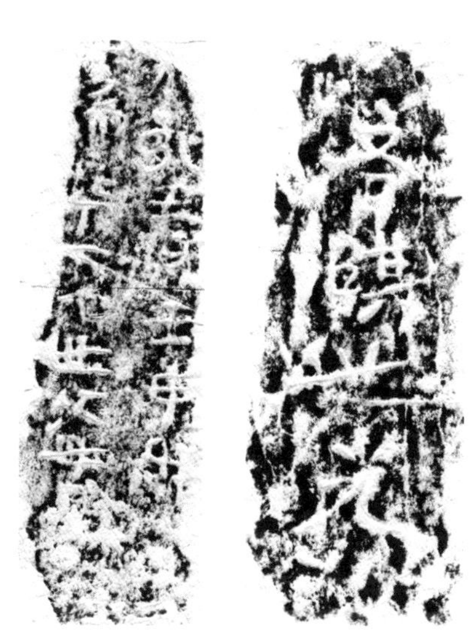

图 4-290　QN 七四三两侧铭文

编号：QN 七四五
尺寸：残高 42、宽 17、厚 10 厘米
时代：东魏
造像简介：残碑额，砂石质。残碑额是蟠龙螭首碑额的侧边。上下残缺，碑额二龙缠绕，残存龙首部分。

编号：QN 七四六
尺寸：残高 14、宽 7.5 厘米
时代：北魏
造像简介：残石柱，砂石质。造像局部残件，石柱八角形，下大上小，柱下有圆鼓形柱础。

编号：QN 七四七
尺寸：残高 11、宽 19、厚 20 厘米
时代：北魏
造像简介：菩萨头冠，细砂石质。造像为菩萨头上莲花化佛宝冠。宝冠正面造圆拱佛龛，龛楣饰宝盖，楣尾上卷，下饰流苏如柱。龛内佛像面相丰满，低眉颔首，嘴角微上翘。披双领下垂大衣，施禅定印，结跏趺坐于莲台。制作较精细，采用镂空技法雕造出莲花蔓草图样。现状为菩萨冠基本完整，上边沿稍有残损。

编号：QN 七四八
尺寸：残高 29、直径 15 厘米
时代：北魏
造像简介：圆柱体残塔刹，砂石质。残损塔刹为刹顶圆柱体相轮部，塔刹圆柱体下大上小，阴线刻饰箍圈，间隔均匀的弦纹数道，顶尖缺损，顶部留有作插接用的圆孔，下部僧帽部分残缺。

编号：QN 七四九
尺寸：残高 20、宽 24、厚 11 厘米
时代：北魏
造像简介：造像残块，砂石质。造像残存正背两面造像，正面坐佛右边菩萨侍立，背面坐佛一尊。两座佛头部缺失，身体健壮，着圆领通肩大衣，施禅定印，结跏趺坐。菩萨像头部缺失，身材修长，削肩，双手合十，下着长裙，赤足立莲台。造像制作简单粗糙。现状为残损风化严重。

编号：QN 七五〇
尺寸：残高 30、宽 23、厚 8 厘米

时代：北齐

造像简介：残造像，细砂石质。残造像为造像一角。造像仿木构建筑开间，边饰八角柱，下大上小，柱头转角斗拱，阑额上补间铺作曲脚人字拱，残存一脚。造像主尊为菩萨像，头戴高冠，圆脸，细眉眼帘低垂，直鼻小嘴。上身内着圆领花瓣饰衫，外披双领下垂大衣，下身残缺。左侧弟子残存头部。左上有飞天，身形弯曲，帛带飘飞。造像刻板世俗。现状为残缺。

编号：QN 七五一

尺寸：高 74、宽 46、厚 15 厘米

时代：北齐天保六年（555 年）

造像简介：陈奴郎造像碑，粗质黄白砂石。碑圆首，单面雕造蟠龙螭首，碑阴阳两面刊刻碑文。现状为碑阳多有风化，字迹残缺；背面风化严重，已无法辨识。

铭文可辨识者为“唯大齐天保六年岁次乙亥四月／辛亥朔十五日……发心愿／造石像一区五级……上为……皇帝陛下……又／愿七世父母所生父母又愿己身／遍地众生俱时如愿……前岭南府下录事……假河北／太守陈奴郎妻李胡女……”等字样。

碑侧可识三字“陈敬显”。（图 4-291~4-293）

编号：QN 七五二

尺寸：残高 34、宽 25、厚 10 厘米

时代：东魏

造像简介：造像碑残块，砂石质。残块为造像碑中部，上缺下残。方形小佛龛排列不齐，每一佛龛内各造一尊坐佛。佛造像高肉髻，圆脸，着通肩大衣，施禅定印，结跏趺坐，衣裾遮覆莲台，衣裾呈金鱼眼样式。佛龛边刻有造像主人名。造像简单粗糙。现状为风化残损严重，细部不辨。

铭文：……王子鸾为……（图 4-294）

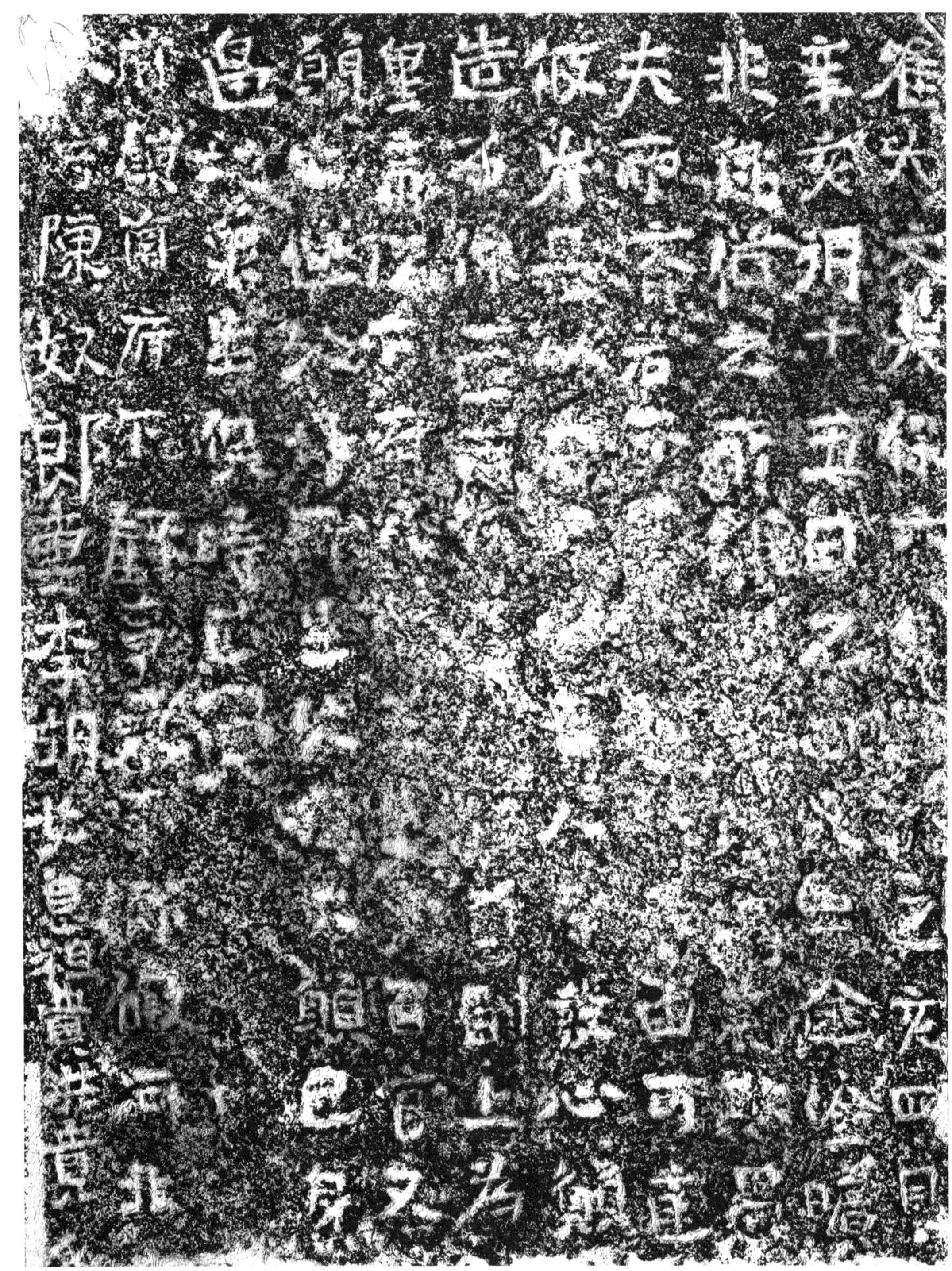

图 4-291 QN 七五一碑阳

图 4-292　QN 七五一碑阴（左）

图 4-293　QN 七五一碑侧（右）

图 4-294　QN 七五二拓片

四　石刻造像残块

编号：QN 七五三

尺寸：残高 22、长 21、宽 19 厘米

时代：东魏

造像简介：石塔顶，砂石质。塔顶仿悬山屋顶，饰屋脊、瓦，屋顶加塔刹，方形束腰须弥座，毗卢帽覆钵俏丽，上部残缺。整体造像刻造细致。现状为基本完整，局部残损。

编号：QN 七五四

尺寸：残高 14、长 22、宽 17 厘米

造像简介：石塔顶残块，砂石质。残块为石造像塔上层塔顶局部。仿悬山顶建筑屋檐，饰瓦垄，檐角。现状为残损严重。

编号：QN 七五五

尺寸：残高 20、宽 22、厚 21 厘米

时代：北魏

造像简介：残造像，细砂石质。造像石残块为圆拱形佛龛，龛内佛像一尊，残存佛上半身。佛磨光高肉髻，低头颔首，瓜子脸，大耳垂轮，细眉，眼微睁，鼻直口方，嘴角微上翘，露喜悦状。上着低圆领通肩大衣，“U”形衣纹。下部缺失。

编号：QN 七五六

尺寸：残高 44、宽 18、厚 10 厘米

时代：北齐

造像简介：残像，细砂石质。残像下部，身紧裹衣裾状。

编号：QN 七五七

尺寸：残高 22、长 34、宽 20 厘米

时代：不明

造像简介：残塔顶，砂石质。塔顶仿木构建筑屋顶，饰屋脊、瓦垄。侧边可见梁架的人字叉手，加水平横木固定。现状为残缺风化严重。

编号：QN 七五八

尺寸：残高 20、长 25、宽 23 厘米

时代：北齐

造像简介：柱础，砂石质。方座圆柱伏莲瓣纹饰。方座占通高的五分之二。现状为柱础基本完整风化剥蚀较严重。

编号：QN 七五九

尺寸：残高 24、长 65、宽 54 厘米

造像简介：残塔顶，砂石质。已残损，塔顶正方形，仿木构建筑盝顶形式，边残损，屋面无瓦垄，四角挑檐起翘，檐下饰椽形。可在两塔层间分隔做层檐。

编号：QN 七六〇

尺寸：残高 18、长 62、宽 62 厘米

造像简介：残塔顶，砂石质。造像塔顶，方形仿建筑盝顶屋檐，瓦垄形式。

编号：QN 七六一

尺寸：残高 20、长 54、宽 44 厘米

造像简介：残塔顶，砂石质。造像塔顶，方形仿建筑盝顶屋檐，瓦垄形式。残损严重。

编号：QN 七六二

尺寸：残高 13、长 38、宽 60 厘米

造像简介：残塔檐，砂石质。塔檐为正方形，仿木构建筑盝顶屋檐形，屋面刻造出飞檐、挑角、瓦垄。下部刻出檐头。可以做塔顶，亦可做中部隔层，增添层次。残缺不全仅存半块。现状为残缺风化严重。

编号：QN 七六三

尺寸：上宽 29~43、下宽 33~43、通高 58 厘米

时代：北魏—东魏

造像简介：造像石，砂石质。造像佛龛为长方形平弧拱佛龛，龛楣饰桃尖宝盖。雕造佛像 4 尊、菩萨像 6 尊、千佛龛式小龛 12 个、供养童子 2 身、飞天 2 身。造像题材为一佛二菩萨，一佛二菩萨二飞天，一佛二菩萨二供养童子，交脚菩萨。千佛龛式小佛龛。造像脸形瘦长，构图舒朗。雕工技艺高超。现状为残损剥蚀，风化漫漶较严重。

1：造像为交脚菩萨，表面残缺，剥蚀。仅大形可辨。

2：造像为一佛二菩萨为主，千佛龛、供养童子相辅。长方形平弧拱佛龛，龛楣饰桃尖宝盖、火焰纹，楣尾饰朱雀回首。龛内主尊佛造像，头部残损，身着圆领通肩大衣，“U”形衣纹，施禅

图 4-295　QN 七六三—2

定印，结跏趺坐，衣裾下垂遮覆莲台。佛龛两侧长方形龛，各造菩萨站立像一尊。菩萨头戴高宝冠，披帔巾，帛带下垂膝际弯折向上揽于两臂飘拂身前，双手合十，下身着长裙，赤足站立莲台。莲台下饰整束莲花。菩萨龛上部有供养童子跪献莲枝，千佛龛排列。每龛坐佛一尊，高肉髻，方脸，着通肩大衣，施禅定印，结跏趺坐，衣裾遮覆莲台。造像风化剥蚀细部不辨。（图 4-295）

3：造像一佛二菩萨。长方形平弧拱佛龛，龛楣饰桃尖宝盖，宝盖卷草纹装饰，楣尾卷曲。龛楣上部伸出两只莲花。佛龛内坐佛一尊，头部残损，上身内着圆领僧衣，腰系结带，外披双领下垂大衣，衣角搅于左臂，左手施与愿印，右臂于胸前，手残损不辨。半跏趺坐，衣裾下垂遮覆莲台。两侧为长方形龛，龛内各一尊菩萨立像。菩萨戴花蔓冠，长方脸，着圆领衫，戴项圈，披帔巾，帛带下垂膝际弯折向上揽于两臂飘拂身前，左手提香囊，右手执莲蕾贴胸前，下身着长裙，赤足站立莲台。菩萨上部左侧小佛龛，龛内坐佛一尊。右侧残缺。

4：造像一佛二菩萨。长方形平弧拱佛龛，龛楣饰桃尖宝盖，宝盖莲花瓣纹装饰，楣尾卷曲。龛楣上部两飞天，花冠，戴项圈，着长裙，帔帛飞扬，飘舞于龛前。佛龛内坐佛一尊，头部残损，上身内着圆领僧衣，腰系结带，外披双领下垂大衣，衣角揽于左臂，左手施与愿印，右臂于胸前，手残损不辨，善跏趺坐于长榻，衣裾下垂遮覆至脚面。两侧为长方形龛，龛顶饰莲花。龛内各一尊菩萨立像。菩萨戴花蔓冠，长方脸，着圆领衫，戴项圈，披帔巾，帛带下垂膝际弯折向上揽于两臂飘拂身前。左手提香囊，右手执莲蕾贴胸前，下身着长裙，赤足站立莲台。下部一排五个小佛龛，每龛内坐佛一尊。造像大多漫漶。

编号：QN 七六四

尺寸：上宽 15~27、下宽 14~22、通高 30 厘米

时代：北魏

造像简介：塔刹座，砂石质。塔刹座上部覆钵中有孔，下部为束腰须弥座，四面开龛造像。圆拱龛内佛头顶高肉髻，圆方脸，着圆领下垂的宽博式袈裟，施禅定印，结跏趺坐，衣裾下垂遮覆莲台。现状为塔座已残，仅存两面较为完整。

编号：QN 七六五

尺寸：残高 22、宽 22、厚 34 厘米

时代：东魏

造像简介：残造像，砂石质。佛龛内佛造像，饰火焰纹舟样背光、圆头光，佛头髻部位残损，瓜子脸形，大耳，细眉，眼帘低垂，鼻直，嘴角微翘，露喜悦。现状为仅余造像石残角。

编号：QN 七六六

尺寸：残高 25、宽 42、厚 13 厘米

时代：北齐

造像简介：残造像碑，砂石质。正背两面造像。圆拱佛龛，每龛内坐佛一尊，圆脸，通肩大衣，禅定印，结跏趺坐。龛边铭刻造像主人名。小佛龛排列不整齐，制作粗糙简单。现状为残缺风化严重。（图 4-296）

编号：QN 七六七

图 4-296 QN 七六六拓片

尺寸：残高 35、宽 23、长 24 厘米

时代：不明

造像简介：残佛足，砂石质。现状为局部略残。

编号：QN 七六八

尺寸：残高 36、宽 17、厚 14 厘米

时代：北魏

造像简介：造像石，砂石质。现状为残造像一角。

编号：QN 七六九

尺寸：高 21 厘米；台座高 21、宽 29.5、长 30.5 厘米

时代：武平六年（575 年）

造像简介：佛像座，细砂石质。造像底座，上圆下方，上部伏莲瓣，中心有臼坑，便于固定树立佛像。下部正面刻圆首碑铭面，高 16、宽 12 厘米。阴刻楷书四行二十四字纪铭：“武平六年七月十五日，比丘僧建敬造观音像一区，普为一切”。两侧各一供养僧双手合十跪拜于前。造像线条简洁，形象生动。现状为完好。（图 4-297）

编号：QN 七七〇

尺寸：上宽 15、下宽 21、通高 25 厘米

图 4-297 QN 七六九拓片

时代：北魏

造像简介：造像塔，粗质黄砂石。塔上顶面残损，四面开龛造像，雕造佛像 4 尊。佛龛已破损无形。佛像风化剥蚀，面目全非，可辨识佛造像均为坐像，形式基本一致。佛身着圆领通肩大衣，衣纹规则清晰，施禅定印，结跏趺坐，衣裾下垂，衣褶繁复，下摆微外扬。现状为残损严重。

编号：QN 七七一

尺寸：残高 28、宽 17、厚 10 厘米

时代：东魏

造像简介：残佛像，砂石质。造像为佛残像，身材短粗，头部缺失。内着僧祇支，腰间结腰带，外披双领下垂大衣，衣角揽于手臂，衣裾遮覆脚面。阴线刻饰，线条简约。表现出衣着厚重，紧裹全身的立佛形象。现状为头残缺，身形基本完好。

编号：QN 七七二

尺寸：残高 12、宽 20、厚 15 厘米

时代：东魏

造像简介：有纪铭残佛座，砂石质。立佛造像座。上部残留佛像赤足，伏莲台座，中心留插

孔以利插立固定佛像。正面造圆首碑形，刻石纪铭：“…… 父母因缘眷属□众身共登……”制作粗糙。现状为风化剥蚀，细部不辨。

编号：QN 七七三
尺寸：残高 39.5、宽 20、厚 20 厘米
时代：不明
造像简介：残塔刹，砂石质。造像塔塔刹，下层正方束腰须弥座，中层僧帽覆钵形，上层花边金盘，螺纹高圆柱体宝瓶；顶饰莲花瓣。现状为局部略残，风化剥蚀较严重。

编号：QN 七七四
尺寸：高 25、宽 22 厘米
造像简介：残塔刹，砂石质。造像塔塔刹，下层正方束腰须弥座，中层僧帽覆钵形，上层宝瓶残缺。

编号：QN 七七五
尺寸：残高 16.5、直径 16.5 厘米
造像简介：残塔刹，砂石质。塔刹上层相轮部位三道圆箍，顶部残损。

编号：QN 七七六
尺寸：残高 22、直径 21 厘米
造像简介：残塔刹，砂石质。塔刹上层相轮部位有三道圆箍，顶部残损。

编号：QN 七七七
尺寸：残高 30、宽 15、厚 12 厘米
时代：东魏
造像简介：胡甲军铭造像碑，细砂石质。造像碑残块，正、背、侧三面开佛龛造像，长方形佛龛，龛内坐像一尊。高肉髻，方脸，着通肩大衣，施禅定印，结跏趺坐。造像大多漫漶。佛龛边刻铭记，为研究北魏时期涅县关隘设置军事力量的重要资料。
正面铭记：像主深梁关……；背面铭记：佛弟子胡甲军杨……；侧面铭记：像主慕容景明、菩萨……（图 4-298）

编号：QN 七七八
尺寸：残高 30、直径 17 厘米
造像简介：塔刹，砂石质。塔刹顶部相轮部位圆柱体三道刻划纹代表，下部刻划莲瓣形图案。现状为上下残缺风化。

图 4-298 QN 七七七拓片（左：正面；中：背面；右：侧面）

编号：QN 七七九

尺寸：残高 48、宽 41 厘米

时代：东魏

造像简介：造像纪铭碑，砂石质。造像纪铭碑，圆首碑额，右半部碑额二龙缠绕。中间有小佛龛，残损不辨，龙形矫健洒脱，龙首威武，龙爪强劲，龙尾蛇形。碑文部分风化剥蚀残损。

铭文：……教化主□／大像主□／唯那主李□／像主李午／像主李□／浮图主李□／浮图主□（图 4-299）

编号：QN 七八〇

尺寸：残高 19、宽 12、厚 12.5 厘米

时代：东魏

造像简介：造像纪铭碑，砂石质。正面残留有铭记，背侧残留有佛龛。

铭文：大魏武定……年岁次乙丑……（图 4-300）

编号：QN 补一

尺寸：宽 26、通高 35 厘米

图 4-299　QN 七七九拓片

时代：北魏

造像简介：造像石，粗质黄砂石。上下面平整，四面开龛造像，开凿长方形龛 4 个。雕造佛像 4 尊、菩萨像 8 尊。造像题材为组合造像，一佛二菩萨。长方形龛，龛楣饰宝盖，顶饰化佛。龛外饰高浮雕华盖，山峦重叠。现状为风化剥蚀，面目全非，残损严重。

1：龛内一尊主佛，饰舟样背光，头脸残损，着通肩大衣，施禅定印，结跏趺坐于莲台。造像风化漫漶，多已无可辨识。

2：龛内交脚菩萨背后饰通身舟形背光，脸形清秀，体形修长，宝缯束发，带上翘平折。坐方形莲座上，衣裾遮搭方座基部。两侧造二胁侍菩萨像，头戴宝冠，有头光，束发秀颈，体态修长，菩萨上身披飘带着长裙，一手持香囊，一手贴体上持法物。

3：龛内一尊主佛，饰舟样背光，高肉髻，圆方脸，左手施与愿印，右手施无畏印，结跏趺坐于莲台。两侧二菩萨侍立。造像风化漫漶，多已无可辨识。

4：风化剥蚀漫漶不辨。

图 4-300　QN 七八〇拓片

编号：QN 补二

尺寸：残高 15、宽 8.5、厚 9 厘米

时代：东魏

造像简介：菩萨头像，砂石质。菩萨头上戴荷花冠，缯带结束，有残损，圆扁平脸，大耳，

眉眼略聚中，眼帘低阖，宽鼻翼，嘴略凸起，嘴角内敛，下颌残损。现状为残缺风化严重。

编号：QN 补三

尺寸：高 10.5、宽 9、厚 9 厘米

时代：东魏

造像简介：菩萨头像，砂石质。背饰头光小部残存，戴花蔓冠，宝缯结带飘折，圆方脸，大耳垂轮，秀颈，细眉弯弯，眼微合，直鼻梁，小嘴微抿。现状为风化剥蚀较严重。

编号：QN 补四

尺寸：残高 39、宽 30、厚 12 厘米

时代：北齐

造像简介：残碑额，砂石，质地疏松。蟠龙螭首圆形碑额。额中开圆拱尖楣小佛龛。

编号：QN 补五

尺寸：残高 30、宽 23、厚 13 厘米

时代：隋—唐

造像简介：残造像，砂石质。菩萨坐像，背饰叶齿形背光，头部缺失，宽肩束腰，戴璎珞项圈，披帔帛，臂戴臂钏，下着长裙，腰间系带作结，半跏趺坐于莲台。风化剥蚀严重。

五　1971 年调回山西省博物馆石刻

编号：QN 暂一

尺寸：上宽 32~33.3、下宽 32.6~35.5、通高 30.5 厘米

时代：北魏

造像简介：造像石，砂石质。四面开圆拱龛 4 个，造佛像四尊，现状为局部略有残损。圆拱龛，似穹庐，龛楣饰宝盖。2、4 两侧饰飞天手执瑞草。龛内主尊佛饰头光，头顶高肉髻，饰波纹，低眉颔首，面相清秀，表情祥和，长眼微睁，鼻直口小，尖圆下颌，大耳垂轮，削肩，内着僧衹支，外披圆领通肩大衣，施禅定印，结跏趺坐于高方台座，衣裾自然下垂遮覆莲台基部，衣纹饰简洁的曲线。

编号：QN 暂二

尺寸：上宽 27~30、下宽 17.2~32.4、通高 32 厘米

时代：北魏

造像简介：造像石，砂石质。石体上下面平整，局部残损，四面开龛造像。四周雕饰方形边框线，开龛 4 个，刻佛像 5 尊，供养人像 2 身。现状为风化残损较严重。

1：龛右侧饰菩提树，枝叶遮覆龛楣。龛内造树下思维的场面，太子着菩萨装，头戴高冠，头略倾斜，右手支颐，作思维状，长圆脸形，面露喜悦，肩披帔帛，搭带下垂，垂绕膝部揽于臂肘，手臂赤裸，溜肩，含胸细腰，下着长裙，半结跏趺坐于台座。龛外刻造供养人执带梗莲花，上饰金翅鸟等图案。

2：龛内造像释迦多宝二佛并坐说法。

3：圆拱龛，龛楣饰桃尖宝盖，楣尾上卷饰忍冬卷草。龛外两侧刻造二供养人头上双抓髻，面目虔诚，着宽博长衫，手执枝梗莲花面佛而立。龛楣外两上角，雕造出果实流苏。龛内造像题材为阿育王施土缘故事。主尊佛，侧身伸出右手臂作接收状，三童子相叠向上捧物敬献于佛。局部风化残损。

4：屋帷龛，龛楣饰盝形屋顶，上刻饰屋脊、脊刹、鸱吻、钩束帷幔等图案。龛楣外两上角雕造果实流苏。龛内主尊佛，着菩萨装，戴高荷冠，长圆脸形，大耳垂轮，眼目下视，嘴角内收，削肩挺胸，姿态端庄，体魄健壮，内着僧衹支，肩披帔帛，帛带下垂，施与愿无畏印，交脚坐于高台座上。两侧二弟子侍立，护法狮子蹲守。造像残损细部不辨。

编号：QN 暂三

尺寸：上宽 36~37、下宽 41~42、通高 46 厘米

时代：东魏

造像简介：造像石，砂石质。石体已残，四面开龛造像。开凿平弧拱龛 4 个，造主尊佛像 4 尊，胁侍菩萨、弟子像 8 身。平弧拱龛，龛楣饰桃尖宝盖，楣尾上卷。主龛两侧刻小长方形辅龛与主龛相通，形成凸字形龛。1、3、4 为一佛二菩萨，2 为一佛二弟子。主尊佛造像头上高肉髻，施禅定印或与愿无畏印，结跏趺坐于高台座，衣裾遮覆莲台。两侧龛内雕造胁侍菩萨戴荷冠，披帔帛，着长裙，赤足侍立莲台上。或弟子侍立莲台。画面多已模糊风化不清。现状为残损风化，局部断裂。

编号：QN 暂四

尺寸：上宽 34、下宽 33~34、通高 34 厘米

时代：北魏

造像简介：造像石，砂石质。四方石体四面开龛造像，龛周边刻方形边框线，共开凿圆拱龛 4 个，龛楣饰桃尖宝盖、火焰纹、莲花，楣尾上卷饰忍冬卷草，龛外侧饰圆莲花，龛两侧饰嘉禾、束莲。造主尊佛像 3 尊，主尊菩萨像 1 尊，胁侍菩萨像 4 身，弟子像 4 身。现状为局部残损，风化漫漶不清。

1、3：饰龛柱莲台。龛内造像一佛二菩萨。主尊佛头上磨光低圆肉髻，方圆脸形，面相丰满，身形健壮，细眉长眼，眼缝微开，鼻直口小，嘴角内收呈八字形，下颔宽圆，两腮部圆鼓，表情和悦。内着僧衣，外披双领下垂大衣，施与愿无畏印，结跏趺坐于莲台上，衣裾遮覆台座下部。两侧胁侍菩萨饰头光，戴荷冠，面相丰满，披帔帛，下着长裙，双手合十侍立枝梗莲台。

2：楣尾上卷饰朱雀回首，龛柱莲台。龛内造像一佛二弟子。主尊佛头上磨光肉髻，方圆脸形，形态与以上相同，着圆领通肩大衣，“U”形衣纹，施禅定印，结跏趺坐于高台座上，衣裾自然下垂遮覆至莲座中部。两侧二弟子光头，眉目俊秀，身材修长，穿通身大衣，双手合十侍立莲台，下饰护法狮子。

4：龛楣饰莲花忍冬卷草，楣尾上卷。龛两侧饰嘉禾。龛内造像一菩萨二弟子。主尊菩萨戴宝冠，宝缯束发，缯带飘折，方圆脸形，弧眉长眼，目光下视，面目残损，秀颈圆肩，身形健壮，肩披帔帛，帛带腹际交叉穿璧垂绕揽于臂肘下垂，下着长裙，施与愿无畏印，赤足站立莲台。两侧弟子光头，面相丰满，披通体袈裟，袖手侍立束腰莲台。

编号：QN 暂五

尺寸：上宽 30~32、下宽 30~31、通高 34 厘米

时代：北魏

造像简介：造像石，细砂石质。方石体上下顶平整，四面开龛造像，周边刻方形边框线，共开凿圆拱龛 2 个，帷幔龛 2 个。两上角浅浮雕圆莲瓣图案。刻造主尊佛像 3 尊，主尊菩萨像 3 尊，供养人 1 人。现状为局部残损。

1：帷幔龛，龛楣饰屋檐，帷幔钩束。龛内右侧造菩萨站立于大象背莲台上，象鼻长伸。中间饰牌位铭“比丘解脱供养佛”，左侧造供养人侧身跪拜于榻座之上。（图4-301）

图 4-301　QN 暂五—1

2：帷幔龛，龛楣饰屋檐，帷幔钩束。龛内造像似为维摩诘与文殊菩萨说法。左侧菩萨左手揽衣裾，右手伸出示意；右侧造像右手执蒲扇示意，均倚坐于长榻之上。

3：圆拱龛，龛楣饰桃尖宝盖、火焰纹，楣尾上卷，龛楣外饰莲花。龛内造像二佛并坐说法。主尊佛饰圆形莲瓣项光，头顶上高圆肉髻，方圆脸形，弧眉，目光下视，鼻直口小，圆下颔，短项溜肩，身形健壮，内着僧衣，外披双领下垂大衣。释迦佛施与愿无畏印，多宝佛左手抚右脚踝，右手伸于释迦佛前示意，二佛均结跏趺坐于高台座上。衣裾自然下垂遮覆至莲座中部。

4：圆拱龛，龛楣饰桃尖宝盖、火焰纹，楣尾上卷，龛楣外饰莲花，左右各一结庐修行者。龛内造像主尊佛一尊，形态同3主尊佛造像，着圆领通肩大衣，“U”形衣纹。施禅定印，结跏趺坐于高台座。

编号：QN 暂六

尺寸：上宽27~28、下宽27~28、通高29厘米

时代：北周—唐

造像简介：造像石，细砂石质。方石体上下两面平，局部残缺风化，四周开龛造像，共开凿平弧拱龛4个，刻造主尊佛像4尊，弟子像8身，供养菩萨2身。平弧拱龛，龛楣饰桃尖宝盖、火焰纹，楣尾上卷饰忍冬卷草。两上角雕果实流苏，圆莲瓣图案，龛柱两侧饰莲禾。周边刻方形边框线。现状为局部残损。

1、2、3：龛内造像一佛二弟子。主尊佛头上磨光圆肉髻，方圆脸形，面相丰满，细眉长眼，眼缝微开，鼻直口小，嘴角内收呈八字形，表情和悦，身形健壮。着圆领通肩大衣，衣纹作“U”形纹饰，施禅定印，结跏趺坐于莲台上，衣裾遮覆台座下部。1、2胸上部残损，双手复叠。两侧二弟子光头，眉目俊秀，身材修长，穿通身大衣侍立。

4：平弧拱龛，楣尾上卷饰荷叶。龛内造像一佛二弟子。佛头上磨光肉髻，方圆脸形，弧眉，鼻直口小，圆下颌，短项圆肩，胸腹挺直。内着袒右僧衣，外披双领下垂大衣，施与愿无畏印，结跏趺坐于高台座上，衣裾自然下垂遮覆莲台。两侧弟子光头，面相丰满，披通体袈裟，袖手侍立。龛外侧饰供养人，高螺髻，披长衫，双手合十侍立两侧。龛下部饰荷叶博山炉，护法狮子侧身蹲守佛座前。

编号：QN 暂七

尺寸：上宽 21~22.5、下宽 22~22.5、通高 22 厘米

时代：北周

造像简介：造像石，粗砂石质。上下风化剥蚀极不规则。四面开龛造像，刻饰边框线。现状为局部残损，风化漫漶不可辨识。

1、3：双层并列四个小佛龛，平弧拱龛，龛内造坐佛一尊。

2：四边刻饰边框线，左右上角饰果实流苏。内造像一佛二弟子。主尊坐佛一尊，饰高大舟样背光，圆形头光，着圆领通身大衣，施禅定印，结跏趺坐于低台座上。两侧弟子紧裹袈裟侍立。

4：造像题材组合为一佛二菩萨。平弧拱龛，龛楣饰宝盖，楣尾上卷饰忍冬卷草。主尊佛造像头顶上磨光低圆肉髻，方圆脸形，宽额，面相丰满，表情安详。细弧眉，长眼微睁，高鼻小嘴，大耳垂轮，肥颐短项，圆肩，身形健壮，腰身稍长。内着袒右僧衣，外披袒右大衣，施与愿无畏印，结跏趺坐于长方形莲台上，衣裾自然下垂遮覆至座中部，作简洁的曲线纹。龛外侧造胁侍菩萨，头戴荷冠，方圆脸形，内着僧衣，披帔帛，双手合十侍立两侧。

编号：QNS·872

尺寸：上宽 29.3~30、下宽 33~33.8、通高 51 厘米

时代：北魏

造像简介：造像石，砂石质。石体四面开龛造像。四边饰边框线。开凿圆拱主龛 4 个，长方形辅龛 8 个。雕造佛像 4 尊，胁侍菩萨像 4 身，弟子、金刚力士像各 2 身，以及浮雕飞天、供养人等图案。现状为局部略有残损。

1：圆拱龛，龛楣饰桃尖宝盖，楣尾上卷饰神兽格里芬回首。龛外上角饰果实流苏。龛内主尊佛头上磨光肉髻，长圆脸形，下颌尖圆，细弧眉，长眼微睁，高鼻小嘴，嘴角内收。内着袒右僧祇支，胸前系带作结，外披双领下垂大衣，施与愿无畏印，善跏趺坐于高台座上。主龛外侧长方形辅龛内弟子光头，内身僧衣，外披双领下垂大衣，袖手赤足侍立莲台。

2：圆拱龛，龛楣饰桃尖宝盖，楣尾上卷饰忍冬卷草。龛外上角饰莲花。龛内主尊佛头上磨光肉髻，长圆脸形，下颌尖圆，细弧眉，长眼微睁，高鼻小嘴，嘴角内收。披圆领通肩大衣，施禅定印，结跏趺坐于低台座上，衣裾遮覆莲台敷搭于台座底部，下摆尖折角微外扬。下饰莲台忍冬卷草。主龛外侧两长方形辅龛内胁侍菩萨头戴高荷冠，身披帔帛，帛带飘绕揽于臂肘，下着长裙，双手合十赤足侍立。

3：圆拱龛，龛楣饰桃尖宝盖，楣尾上卷饰忍冬卷草。龛外上角饰飞天飘舞。龛内主尊佛造像形态与 1 主尊造像相同，施与愿无畏印，结跏趺坐于低台座上，衣裾遮覆莲台敷搭于台座底部，下摆尖折角微外扬。主龛外侧长方形辅龛内饰金刚力士，束发，面目狰狞，身帔帛带，下着短裙，双手握拳赤足侍立莲台。龛下饰护法狮子守卧于佛座前。

4：圆拱龛，龛楣饰桃尖宝盖，楣尾上卷饰龙回首。龛外四角饰供养人跪拜于莲台。龛内主尊佛造像形态与 1 主尊造像相同，施禅定印，结跏趺坐于低台座上，衣裾遮覆莲台敷搭于台座底部，

下摆尖折角微外扬。主龛外侧长方形辅龛内胁侍菩萨头戴荷冠，身披帔帛，下着长裙，双手合十赤足侍立莲台。

编号：QN 送吉

尺寸：上宽 34.4~36.5、下宽 36~38.8、通高 57.7 厘米

时代：北魏

造像简介：造像石，砂石质。长方石，四面开龛造像，开凿 4 龛，造像题材为一佛二菩萨。长方形龛，龛楣饰宝盖、化佛、飞天、楣尾上卷饰龙回首衔瑞草。主龛两侧小龛造二胁侍菩萨，菩萨莲台下分别造力士、护法狮子。1、2、4：主尊佛造像饰舟样身光，磨光高圆肉髻，长方脸形，低眉颔首，大耳垂轮。内着僧衣，外披双领下垂大衣，施禅定印或与愿无畏印，结跏趺坐于高方台座，衣裾遮覆莲台底部，衣纹密褶，下摆稍外扬。3：主尊造像为思维菩萨，着菩萨装，戴高冠，披帔帛，帛带下垂腹部交叉穿璧，下绕腿间揽搭臂肘，作半跏趺坐于高莲台，左手抚右脚踝部，右手支颐，作思维觉悟状。现状为断裂，风化漫漶残损严重。（图 4-302~4-305）

编号：QNS·9

尺寸：高 21、宽 15、厚 13 厘米

时代：唐

造像简介：头像，砂石质。已多处风化残损，佛高髻，雕造阴刻螺旋形纹饰，方圆脸形，面相丰满，两腮圆鼓，长眼微睁，鼻直口小，嘴角内收，下颌有肉纹。

编号：QNS·10

尺寸：高 26、宽 16、厚 15 厘米

时代：唐

造像简介：头像，砂石质。已多处风化残损，佛高髻，雕造阴刻螺旋形纹饰，方圆脸形，面相丰满，大耳垂轮，两腮圆鼓，眼帘微阖，目光下视，鼻直口小，嘴角内收，下颌有肉纹。

编号：QNS·11

尺寸：高 22、宽 16、厚 16 厘米

时代：北周

造像简介：佛头造像，砂石质。佛头上螺旋辫发髻，宝缯束发，上部发髻缺损，面相宽圆丰满，大耳垂轮，表情安详，细眉，长眼微睁，眼角上翘，直鼻梁高鼻头，薄唇，大耳垂轮，颏下丰满有肉纹一道。

编号：QNS·12

尺寸：高 32、宽 20、厚 17 厘米

图 4-302　QN 送吉—1

图 4-303　QN 送吉—2

图 4-304　QN 送吉—3

图 4-305　QN 送吉—4

时代：北齐

造像简介：力士头部造像，砂石质。造像为金刚力士头像。头戴高冠，宝缯束发，缯带飘拂，圆方脸，大耳垂轮，弯眉，眼圆睁，鼻直口方，嘴角微翘。现状为头部基本完整。

编号：QNS·13

尺寸：高 28、宽 18、厚 17 厘米

时代：北齐

造像简介：头像，砂石质。有项光已残。造像头上低圆肉髻，方圆脸形，面相丰满，宽额，细眉，长眼微睁，目光下视，高鼻阔口，薄唇，嘴角内收，人中凹较深，圆下颌。造型生动，刻造技法精湛。现状为头像局部残损。

编号：QNS·14

尺寸：高 34、宽 15、厚 17 厘米

时代：北齐

造像简介：菩萨头像，砂石质。头戴花蔓冠，宝缯束发，发际中有山形缺口，大耳垂轮，细弧眉，长眼微睁，高鼻梁，小鼻头，小嘴薄唇，面相丰圆，表情和悦，秀颈圆润。雕造光洁细腻，冠式较高，造型奇特。（彩版七二，3）

编号：QNS·15

尺寸：高 24、宽 23、厚 16 厘米

时代：北齐

造像简介：弟子头像，饰圆形项光，方圆脸形，大耳垂轮，高眉骨，眼圆睁暴突，饱经风霜，满脸皱纹，鼻直口阔，嘴角内收，脖颈青筋暴起。造型生动。残损风化严重。

编号：QNS·16

尺寸：高 35、宽 34、厚 23 厘米

时代：北齐

造像简介：佛头像，砂石质。头像后刻饰圆形素面头光，有残损。头顶磨光圆肉髻，面相丰满，大耳垂轮，细眉长眼，眼帘低垂，目光下视，直鼻梁，宽鼻翼，高隼头，阔口薄唇，嘴角上翘内收，下颌丰圆。表情安详。（彩版七二，4）

编号：QNS·17

尺寸：残高 21、宽 34、厚 18 厘米

时代：不明

造像简介：残佛足，砂石质。下刻造凸榫。

编号：QNS·18
尺寸：残高 23、宽 33、厚 17 厘米
时代：不明
造像简介：残佛足，砂石质。下刻造凸榫。

编号：QNS·19
尺寸：高 28、宽 36、厚 24 厘米
时代：北齐
造像简介：佛头造像，砂石质。造像饰圆形项光，残损。佛方圆脸形，头上低平磨光圆肉髻，大耳垂轮，细眉长目，眼睛微阖，目光下视，小高鼻，阔口薄唇，嘴角内收，下颌方圆，面露微笑，慈祥和悦，秀颈圆润。面容残留敷色，刀法清晰明快。（彩版七三，1）

编号：QNS·20
尺寸：高 35、宽 17、厚 17 厘米
时代：唐
造像简介：菩萨头像，细砂石质。菩萨头顶上高髻，宝缯束发，方圆脸形，面相丰满，大耳垂轮，细弯眉，眼帘下垂，长眼微睁，目光下视，宁静含蓄，鼻头端正，小口，嘴角微抿，下颌丰圆，颈项圆润，形态端庄。（彩版七三，2）

编号：QNS·21
尺寸：残高 88、宽 40、厚 20 厘米
时代：唐
造像简介：立佛造像，砂石质。头部缺失，小腿部以下残，佛半身像。双肩宽厚齐亭，胸部肌肉隆起，体形健壮，两臂丰腴，颈部二道肉纹，内着袒右僧衣，腰间系带作结，外披质地轻薄的袒右式大衣，衣着贴体，左手垂于衣侧，充分体现出人体的美。整体造像雕造细腻，衣纹采用双线，凸雕精湛，表现突出，为南涅水石刻造像精品。（彩版七四，1）

编号：QNS·22
尺寸：高 114、宽 46、厚 20 厘米
时代：唐
造像简介：立佛造像砂石。头部缺失，双肩宽厚齐亭，胸部肌肉突出隆起，身形健壮，颈部三道肉纹，内着僧衣，胸际系带作结，外披质地轻薄的袒右式大衣。衣着贴体作出水式雕造，充分体现人体的美。整体造像雕造细腻，衣纹采用双线，凸雕精湛，表现突出。为南涅水石刻造像精品。（彩版七五）

编号：QNS·23

尺寸：高92、宽34、厚27厘米

时代：唐

造像简介：菩萨造像，砂石质。头部缺失，双肩宽厚齐亭，胸部肌肉突出隆起，身形健壮，颈部饰肉纹，内着袒右僧衣，外披质地轻薄的袒右式大衣，敷搭右臂，右手挽提衣裾。衣着贴体作出水式雕造， 充分体现人体的美。整体造像雕造细腻，衣纹采用双线，凸雕精湛，表现突出。为南涅水石刻造像精品。

编号：QNS·24

尺寸：高92、宽39、厚17厘米

时代：唐

造像简介：菩萨造像，砂石质。头部缺失，双肩宽厚齐亭，胸部肌肉突出隆起，身形健壮，颈部饰肉纹，戴花饰项圈，袒上身，披帔帛，帛带垂绕，下着长裙，腰间系带作结。衣着贴体作出水式雕造， 充分体现人体的美。整体造像雕造细腻，衣纹采用双线，凸雕精湛，表现突出。为南涅水石刻造像精品。（彩版七四，2）

六 1991年征集石刻

编号：QN91一
尺寸：高45、宽15、厚11厘米
时代：宋—金
造像简介：佛弟子像，细砂石质。残损，弟子方脸形，光头，大耳垂轮，长眉，长眼微睁，宽鼻翼，阔口，嘴角向下，苦涩表情生动形象，内着僧衣，外披袒右大衣敷搭右肩，下着长裙，脚穿僧鞋，双手折握侍立圆莲台。现状为多处残缺风化。

编号：QN91二
尺寸：残高41、宽15、厚11厘米
时代：宋—金
造像简介：头像，细砂石质。雕造光洁细致，供养菩萨头上高束发髻，头微左侧，鸭蛋脸形，大耳垂轮，弯眉长眼，目光凝重，鼻直口方，秀颈溜肩，披帔肩，带璎珞项圈，璎珞垂于胸腹部交叉穿璧垂绕，帛带飘垂腿部绕揽于两臂肘，双手捧花盘，下着长裙，赤足侍立莲台。现状为基本完整。

编号：QN91三
尺寸：残高40、宽16、厚10厘米
时代：宋—金
造像简介：佛弟子像，细砂石质。内着僧衣，外披袒右大衣揽搭左臂，下着长裙，脚穿僧鞋，双手握合侍立圆莲台。现状为多处残缺风化。

编号：QN91四
尺寸：高66、宽22、厚15厘米
时代：宋—金
造像简介：韦陀单体造像，细砂石质。韦陀造像，武士盔甲，戴头盔，盔顶饰缨，长方脸形，面相威武，高鼻阔口，虎目圆睁，肥颐短项，身着铠甲，系帔肩，护胸袢甲帔绦，身形健壮，双手抚按降魔杵，双足踏恶魔。现状为残缺。

编号：QN91 五
尺寸：残高 41、宽 20、厚 15 厘米
时代：宋—金
造像简介：菩萨造像，细砂石质。造像头上低莲花宝冠，宝缯束发，长方脸形，大耳垂轮，细弧眉，长眼微睁，高鼻梁，宽鼻翼，小嘴厚唇，下颌丰圆，肥颐短项，戴璎珞项圈，璎珞垂于腹部交叉，右手居于胸前，结跏趺坐于莲台。造型世俗粗糙。

编号：QN91 六
尺寸：残高 28、宽 12、厚 8.5 厘米
时代：宋—金
造像简介：残菩萨身，细砂石质。上身残损，残存胸部以下部分，帛带飘垂腿部绕揽于两臂肘，双手捧花盘，下着长裙，赤足侍立莲台。

编号：QN91 七
尺寸：残高 29、长 35 厘米；象高 19 厘米
时代：宋—金
造像简介：普贤菩萨法相残造像，细砂石质。普贤菩萨残造像，大象坐骑，普贤菩萨上半身残缺，半跏趺坐于象背莲台，足踏莲花。左侧象奴长圆脸，表情凝重，穿长衫裤，左手拉，右手牵，执缰绳驾驭大象。现状为残损严重。

编号：QN91 八
尺寸：残高 42、宽 14、厚 11 厘米
时代：宋—金
造像简介：游僧像，细砂石质。长方脸形，光头，大耳垂轮，细眉，长眼微阖，目光下视，鼻正口方，薄唇紧抿，下颌方圆。内着僧衣，外穿窄袖长衫，斜披粮袋，腰间系布腰带，腰带后有随身包袱，腰带上系随身物件阳燧、火石袋、鹿角、夹剪刀，裤腿结带，左手腕戴钏，双手合十侍立。现状为造像基本完整。

编号：QN91 九
尺寸：残高 14、宽 10、厚 10 厘米
时代：宋—金
造像简介：头像，细砂石质。佛头像，头顶上高圆髻，束发，饰水波纹，长圆脸形，大耳垂轮，窄额，弯眉，长眼微睁，高鼻梁，宽鼻翼，阔口厚唇，下颌宽圆，面相丰满。现状为残损。

编号：QN91一〇

尺寸：残高37、宽23、厚24厘米

时代：宋一金

造像简介：造像残足，砂石质。造像下部残存部分，着长衫，穿僧鞋。下为基座。

南涅水石刻登记表*

一　四面造像石

编号		造像石尺寸			主尊造像	时代	典型特征	存置/备注
石号	面号	上宽	下宽	高	高			
一1 2 3 4	1 2 3 4	51 51 48 50	53 54 51 51	63 62 62 64	30 27 31 30	北魏	延昌风格，圆高肉髻，长方脸，大耳垂轮，削肩，裙裾外扬	四展室四幢一层
二1 2 3 4	5 6 7 8	42 44 43 43	46 46 47 46	54 53 53 53.5	37 34 35 34	东魏	秀骨清相转型，扁平脸	四展室十二幢四层
三1 2 3 4	9 10 11 12	40 38 38 38	43 43 42 44	46 49 49 49	29 30 26 26	东魏	高圆肉髻，秀骨清相	二展室三幢二层
四1 2 3 4	13 14 15 16	36 36 37 38	36 38 39 38	48 49 50 49	28 29 30 27	北魏	宽肉髻，方脸形，大耳，衣裾外扬	二展室五幢四层
五1 2 3 4	17 18 19 20	31 34 31 32	35 36 35 36	40 40 39 39	24 23 30 28	北魏晚期	龛外供养人，扁平脸，窄衣长裙，线刻树简约，造型生动	二展室二幢一层
六1 2 3 4	21 22 23 24	25 20 23 29	25 30 23 33	45 44.7 47 47	22.5 28 22.5 31	北魏 熙平二年 五月 廿八日	标准型造像，517年盝顶状石，长方龛，喜眉笑眼，头像突出	四展室一幢七层
七1 2 3 4	25 26 27 28	39 38 39 38	40 41 40 39	50 49 49 49	25 22 24 27	东魏	长方扁平脸，秀颈，圆肉髻，长方龛楣饰龙虎朱雀，菩提树	六展室二幢三层

*说明：登记表里石号中的“QN”均略去；尺寸单位均为厘米。

续表

编号		造像石尺寸			主尊造像	时代	典型特征	存置 / 备注
石号	面号	上宽	下宽	高	高			
八 1	29	37	39	45	32	东魏	龛饰建筑三角人字拱补间。造像瘦长，高圆肉髻，瘦长脸形	二展室四幢二层
2	30	39	41	45	31			
3	31	36	40	46	34			
4	32	38	38	46	29			
九 1	33	31	34	40	27	北魏—东魏	长方脸，高肉髻，秀颈	四展室三幢五层
2	34	32	33	39	27			
3	35	31	35	40	27			
4	36	34	35	40	27			
一〇 1	37	32	33	36	22.5	北魏晚期	世俗粗糙，长方脸，高肉髻	四展室一幢四层
2	38	31	33	35	21			
3	39	33	33	35	17			
4	40	30	33	35	24			
一一 1	41	31	31	32	21	北魏	佛头均戴菩萨冠 类似巩县石窟 3 窟南壁壁脚造像	二展室十二幢七层
2	42	31	31	32	21			
3	43	30	31	33	21			
4	44	31	31	30	24			
一二 1	45	28	30	24	9	东魏	骑象回宫，莲花童子，胡人侍奉等浮雕造像	四展室十三幢七层
2	46	29	29	24	19			
3	47	29	30	24	20			
4	48	30	30	24	21			
一三 1	49	31	27	49	19.5	北魏永熙二年	标准型造像，533 年屋檐顶，通肩毡衣	六展室一幢七层
2	50	20	22	54	20			
3	51	33	26	48	27			
4	52	25	22	54	20			
一四 1	53	54	57	64	25	东魏		四展室七幢一层
2	54	52	55	62	35			
3	55	55	58	64	24			
4	56	54	53	63	36			
一五 1	57	54	50	57	24	东魏	低眉颔首，宝缯宽带，菩提树疾风劲吹，刻画细致	四展室十六幢二层 调博物院
2	58	45	49	57	35			
3	59	46	49	57	32.5			
4	60	46	50	58	27			
一六 1	61	38	42	53	24.5	北魏	秀骨清相，高圆肉髻	四展室十幢三层
2	62	41	45	53	23.5			
3	63	39	43	52	24			
4	64	42	47	52	24			
一七 1	65	37	37	41	29	北魏	龛外饰飞天	四展室三幢五层
2	66	37	37	40	30			
3	67	37	34	41	30			
4	68	37	35	41	29			
一八 1	69	32	35	40	24.5	北魏	高浮雕龛饰，宝缯折角高螺髻。参考北魏延昌风格	二展室十三幢五层
2	70	29	30	40	24			
3	71	30	30	40	25			
4	72	31	31	41	25			

续表

编号		造像石尺寸			主尊造像	时代	典型特征	存置/备注
石号	面号	上宽	下宽	高	高			
一九 1 2 3 4	73 74 75 76	28 28 29 28	30 30 30 30	38 38 37 38	21.5 26 18.5 20	北魏 —东魏	冠饰如帽	六展室十二幢五层
二〇 1 2 3 4	77 78 79 80	41 38 39 39	42 37 40 41	49 48 48 48	33 27 32 34	东魏	高肉髻，扁平脸	四展室十四幢四层
二一 1 2 3 4	81 82 83 84	36 37 36 36	39 37 38 38	46 45 44 44	29 29 32 32.5	北魏	束莲座	二展室三幢三层
二二 1 2 3 4	85 86 87 88	31 34 32 35	35 38 36 36	47 48 49 48	27 26 26 23	北魏	孝昌风格 肥莲造型	六展室二幢四层
二三 1 2 3 4	89 90 91 92	30 32 32 31	31 32 32 32	34 34 34 34	34 25 22 20	北齐晚期		六展室四幢二层
二四 1 2 3 4	93 94 95 96	29 28 28 29	31 34 29 32	37 36 37 37	23 20 23 21	东魏	飞天如蜂 腹部突出	六展室十一幢五层 调博物院
二五 1 2 3 4	97 98 99 100	29 29 29 29	29 29 27 29	37 37 37 37	22 20 20 20	北魏	世俗	四展室一幢六层
二六 1 2 3 4	101 102 103 104	27 27 28 27	29 29 30 29	33 34 34 34	18 13.5 15 17	东魏		二展室四幢五层
二七 1 2 3 4	105 106 107 108	52 52 53 54	53 53 55 54	66 67 70 68	28 29 30 45	北魏	孝昌风格 人字拱加柱，饰龙首 参考龙门古阳洞南壁西部列龛	四展室三幢一层
二八 1 2 3 4	109 110 111 112	48 48 50 47	52 50 52 50	59 59 58 59	27 27 28 28	北魏	秀骨清相 飞天立跪姿	四展室七幢二层
二九 1 2 3 4	113 114 115 116	40 37 41 38	44 40 44 41	42 42 43 43	26 26 26 26	东魏	喜眉笑眼	二展室十二幢三层

续表

编号		造像石尺寸			主尊造像	时代	典型特征	存置 / 备注
石号	面号	上宽	下宽	高	高			
三〇 1 2 3 4	117 118 119 120	36 34 35 35	39 39 39 38	40 40 41 40	29 29.5 29 29	东魏	低眉颔首，秀颈。坐榻	二展室十二幢四层
三一 1 2 3 4	121 122 123 124	30 31 31 32	34 34 34 34	33 34 33 33	23 24 21 22	北魏	骑象舆三人，通肩大衣似甬壳，裙裾如金鱼眼	六展室十一幢四层调博物院
三二 1 2 3 4	125 126 127 128	24 25 25 26	27 29 28 27	31 30 30 30	17 16 17 14	北魏	参考 QN 七四二永熙三年造像碑	六展室二十幢六层
三三 1 2 3 4	129 130 131 132	20 20 20 20	22 22 23 22	23 23.5 25 24	20 20 19 19	北魏	熙平风格 雕空石窟形，中心柱造像，小圆肉髻，方圆脸	四展室十三幢八层
三四 1 2 3 4	133 134 135 136	44 43 42 44	47 49 48 50	49 49 50 49	28 25 25 32	东魏	日中三足乌，月中蟾蜍	二展室十二幢二层
三五 1 2 3 4	137 138 139 140	37 35 38 37	40 37 39 39	49 48 48 49	28 28 22 29	北魏	孝昌风格 驭虎形，牛车马匹礼佛图	二展室五幢二层
三六 1 2 3 4	141 142 143 144	33 34 33 34	34 36 35 36	42 42 42 41	25 26 24 22	东魏	近天保风格，腹部突起，跪姿飞天	六展室二幢五层
三七 1 2 3 4	145 146 147 148	32 32 30 32	32 32 32 32	37 37 37 37	21.5 21 21 21	北魏	世俗，长脸	四展室一幢二层
三八 1 2 3 4	149 150 151 152	30 31 30 30	33 32 32 31	36 35 35 35	22 20 22 22	东魏	低眉颔首，小圆肉髻，圆脸形	二展室四幢四层
三九 1 2 3 4	153 154 155 156	27 28 28 29	30 29 29 31	37 38 37 37	23 25 27 19	北魏 —东魏	甬式装	六展室二幢六层
四〇 1 2 3 4	157 158 159 160	29 29 29 29	29 30 30 29	32 33 32 32	23 18 24 17	北齐		二展室七幢五层

续表

编号		造像石尺寸			主尊造像	时代	典型特征	存置／备注
石号	面号	上宽	下宽	高	高			
四一 1	161	49	53	59	24	东魏		四展室十五幢一层
2	162	50	54	59	34			
3	163	48	52	59	33			
4	164	49	56	59	33.5			
四二 1	165	43	45	53	28	东魏	飞龙造型，参考巩县石窟第二窟东壁东魏小龛	二展室三幢一层
2	166	44	46	54	31			
3	167	42	44	54	27			
4	168	42	45	54	23			
四三 1	169	36	41	46	31	北魏	延昌风格	四展室四幢四层
2	170	36	40	46	33			
3	171	35	40	46	31			
4	172	35	40	46	33			
四四 1	173	32	35	37	25	东魏	通肩毡衣，下摆放大	六展室十三幢二层
2	174	30	33	37	25			
3	175	31	34	37	24			
4	176	31	34	37	25			
四五 1	177	26	29	38	25	北魏	永熙风格 厚重古朴	六展室三幢五层
2	178	27	27	38	26			
3	179	26	28	38	26			
4	180	27	29	37	24			
四六 1	181	23	26	30	17	东魏	肥颐短项，腹鼓突	六展室十一幢七层
2	182	26	28	29	20			
3	183	23	24	30	17			
4	184	24	26	30	18			
四七 1	185	20	22	26	18.5	北齐	天保风格 仍保留有永熙风格	一展室一幢七层
2	186	20	21	27	18.5			
3	187	20	21	26	19			
4	188	20	22	26	19			
四八 1	189	32	37	43	13.5	东魏	武定风格 十六王子像	六展室九幢一层
2	190	38	40	40	15			
3	191	30	39	42	15			
4	192	38	40	42	14			
四九 1	193	32	34	36	13	东魏	侧铭“十六王子佛”	六展室九幢二层
2	194	30	33	35	12.5			
3	195	32	33	36	13			
4	196	32	34	36	12			
五〇 1	197	30	33	35	12	东魏	十六王子像	六展室九幢三层
2	198	29	32	35	12			
3	199	30	32	35	12			
4	200	29	33	35	12			
五一 1	201	29	28	29	11	北齐晚期一隋	十六王子像 低平肉髻	六展室九幢四层
2	202	28	26	28	10			
3	203	31	30	29	11			
4	204	28	28	29	11			

续表

编号		造像石尺寸			主尊造像	时代	典型特征	存置 / 备注
石号	面号	上宽	下宽	高	高			
五二 1 2 3 4	205 206 207 208	28 28 29 27	29 28 29 29	31 31 31 31	12 13 14 12	北魏	十六王子像 衣裾如三片芽	六展室九幢五层
五三 1 2 3 4	209 210 211 212	27 28 27 27	26 29 27 28	30 30 30 30	11 12 11 13	北魏	十六王子像	六展室九幢六层
五四 1 2 3 4	213 214 215 216	25 24 26 26	27 26 27 27	27 27 27 27	9 10.5 10 10	东魏	十六王子像 衣裾如三片甲	六展室五幢六层
五五 1 2 3 4	217 218 219 220	24 24 23 24	24 25 24 25	27 27 26 27	10 10.5 10.5 11	东魏	十六王子像 衣裾如三片甲	六展室五幢七层
五六 1 2 3 4	221 222 223 224	23 22 23 22	24 22 24 22	19 19 19 20	12 12 11	东魏	2 线刻深山、树林、虎啸	六展室十一幢八层
五七 1 2 3 4	225 226 227 228	49 50 49 48	55 54 54 55	59 59 60 58	24 29 31 24	东魏	树下思维，疾风吹，魔施威。交脚菩萨下为象座	四展室五幢三层
五八 1 2 3 4	229 230 231 232	48 47 47 42	50 49 50 44	47 49 48 48	28.5 28 28 28	北魏		四展室十三幢一层
五九 1 2 3 4	233 234 235 236	41 40 41 39	43 41 42 40	57 56 57 58	35 35 35 37	东魏		六展室二幢二层
六〇 1 2 3 4	237 238 239 240	37 36 37 36	40 40 40 38	46 46 47 45	33 27 32 31	北魏 —东魏		四展室二幢三层
六一 1 2 3 4	241 242 243 244	33 32 34 33	36 33 35 34	44 44 44 44	23 26 24 29	北魏	神龟风格 粗犷、繁复	六展室十二幢三层
六二 1 2 3 4	245 246 247 248	26 27 29 26	30 28 28 29	40 40 40 39	21.5 30 29 29	北魏	衣裾垂遮莲台	二展室四幢六层

续表

编号		造像石尺寸			主尊造像	时代	典型特征	存置/备注
石号	面号	上宽	下宽	高	高			
六三 1 2 3 4	249 250 251 252	37 39 37 37	38 40 39 40	38 38 37 38	22 19.5 22 25	北齐晚期一隋		二展室十幢二层
六四 1 2 3 4	253 254 255 256	35 34 35 28.2	38 38 38 36.5	36 36 36 35.5	20.5 21 15 20	北周晚期一隋		二展室六幢一层
六五 1 2 3 4	257 258 259 260	29 31 30 31	34 34 34 34	32 32 32 32	17 20 20 19.5	北齐晚期		二展室七幢四层
六六 1 2 3 4	261 262 263 264	30 31 31 31	31 31 30 31	30 31 31 31	21 20 21 22	北齐		六展室四幢四层 调博物院
六七 1 2 3 4	265 266 267 268	28 28 29 29	29 28 29 29	27 26 26 27	12 19 18 17	北齐	佛立象身，象鼻卷人头，胡人供奉	六展室四幢五层 调外展存博物院
六八 1 2 3 4	269 270 271 272	26 26 26 26	28 29 29 29	28 29 28 29	23 12 15.5 15.5	北齐		六展室四幢六层 调博物院
六九 1 2 3 4	273 274 275 276	26 26 27 27	26 26 27 27	26 26 26 26	20 20 10 20	北齐		二展室十幢八层
七〇 1 2 3 4	277 278 279 280	25 26 26 27	27 27 26 28	25 26 24 25	16 14 14 16	北齐		六展室三幢五层
七一 1 2 3 4	281 282 283 284	20 22 21 22	23 24 23 24	28 28 28 27	15 14 14 14	东魏		六展室十幢六层
七二 1 2 3 4	285 286 287 288	50 54 54 53	56 57 58 58	56 58 58 53	34 32.5 29 33	东魏	飞天高髻飘逸	二展室九幢一层
七三 1 2 3 4	289 290 291 292	46 44 46 46	49 47 49 48	46 47 47 48	23 24 23 30	东魏		二展室八幢一层

续表

编号		造像石尺寸			主尊造像	时代	典型特征	存置 / 备注
石号	面号	上宽	下宽	高	高			
七四 1 2 3 4	293 294 295 296	41 41 42 42	41 42 42 43	42 42 42 42	26.5 24 26 27	北齐		二展室十幢一层
七五 1 2 3 4	297 298 299 300	37 37 38 37	37 40 39 40	37 36 37 37	20 20 21 21	东魏		二展室八幢四层
七六 1 2 3 4	301 302 303 304	35 33 33 33	37 36 36 36	35 35 35 35	19 18 18 19	东魏		二展室八幢五层
七七 1 2 3 4	305 306 307 308	30 29 30 29	32 31 31 31	32 32 32 32	20 22 22 20	北魏		四展室十一幢七层 调博物院
七八 1 2 3 4	309 310 311 312	23 23 24 23	26 26 26 25	36 36 36 36	25 19 18 18	北魏		二展室十一幢七层
七九 1 2 3 4	313 314 315 316	40 38 40 38	40 38 39 38	51 52 52 52	36 36 30 30	北齐	精美 思维菩萨造型秀丽	四展室十五幢四层 调博物院
八〇 1 2 3 4	317 318 319 320	35 34 33 32	37 34 36 37	44 43 43 42	26 25 26 22	东魏		六展室十二幢二层
八一 1 2 3 4	321 322 323 324	31 30 30 29	33 34 33 32	39 40 40 38	26 24 25 24	东魏	童子飘落莲台	六展室十二幢四层
八二 1 2 3 4	325 326 327 328	26 27 28 26	27 28 28 29	33 33 32 31	19 19 15 21	东魏	4 龛侧双抓髻供养人， 宽袍大袖	二展室八幢七层
八三 1 2 3 4	329 330 331 332	25 26 26 26	27 26 27 26	26 26 27 26	19 13 14 14	北齐		二展室十一幢六层
八四 1 2 3 4	333 334 335 336	26 26 25 25	26 25 25 25	27 27 27 27	14.5 14 15 14	北魏	斗拱古朴如汉代 维摩文殊论道凭几而坐	二展室七幢九层

续表

编号		造像石尺寸			主尊造像	时代	典型特征	存置/备注
石号	面号	上宽	下宽	高	高			
八五 1	337	25	25	34	24.5	北魏		四展室一幢八层
2	338	25	25	33	25			
3	339	25	25	33	24			
4	340	25	25	33	24			
八六 1	341	24	24	24	7.5	北齐	双龛并列，粗糙	六展室四幢八层
2	342	24	24	24	7.5			
3	343	23	24	24	8			
4	344	24	23	23	85			
八七 1	345	46	47	47	22.5	北齐一隋	低平肉髻，飞天跪立飘飞	二展室九幢二层
2	346	46	47	47	28			
3	347	46	47	47	22			
4	348	47	47	46	21			
八八 1	349	44	46	43	29.5	东魏	思维菩萨，白马吻别	二展室八幢二层
2	350	43	47	43	27			
3	351	44	46	45	27			
4	352	43	45	43	26			
八九 1	353	40	42	42	21	东魏		二展室九幢四层
2	354	39	41	43	29			
3	355	40	40	42	22			
4	356	40	42	43	27			
九〇 1	357	36	38	38	18	北魏	思维菩萨，龛侧供养人执荷，上立金翅鸟	四展室十三幢四层
2	358	36	38	38	23.5			
3	359	36	38	38	21			
4	360	35	38	38	22			
九一 1	361	32	34	40	26	北魏	供养菩萨披斗篷	四展室十一幢六层调博物院
2	362	33	35	39	25			
3	363	31	34	40	27.5			
4	364	33	35	41	23			
九二 1	365	31	31	33	22.5	北齐		二展室十一幢三层
2	366	31	33	33	24			
3	367	31	33	32	22			
4	368	31	34	33	24.5			
九三 1	369	27	29	37	20	东魏	粗犷，供养菩萨腹部突起。飞天双髻，身形粗壮，跪姿飘飞	六展室十一幢六层调博物院
2	370	28	29	36	22			
3	371	28	30	36	24			
4	372	27	30	36	23			
九四 1	373	39	41	43	24	东魏	飞天轻盈飘逸	二展室八幢三层
2	374	39	41	42.5	27			
3	375	39	42	43	26			
4	376	39	41	43	26			
九五 1	377	36	37.4	39.5	19	北齐晚期	曲脚人字拱补间	六展室四幢二层
2	378	36	38	39	21			
3	379	38	38	40	22			
4	380	38	38	40	21			

续表

编号		造像石尺寸			主尊造像	时代	典型特征	存置/备注
石号	面号	上宽	下宽	高	高			
九六 1 2 3 4	381 382 383 384	36 36 37 38	36 36 37 38	35 36 36 36	24 24 25 25	北齐		二展室十一幢二层
九七 1 2 3 4	385 386 387 388	33 34 34 33	34 34 34 34	33 33 33 33	16.5 18 18 18	北魏	三人骑象	二展室七幢三层
九八 1 2 3 4	389 390 391 392	28 30 29 30	30 30 30 32	36 36 36 36	24 22 22 25	北齐 天保四年 四月廿三日	标准型造像，553 年通肩大衣如薄毡，身形高大，长方脸	六展室一幢五层
九九 1 2 3 4	393 394 395 396	30 31 31 29	30 31 31 30	30 30 30 29	17 20 18 13	北齐		二展室十幢五层
一〇〇 1 2 3 4	397 398 399 400	28 28 27 29	30 30 30 30	31 32 32 31	23 22.5 21 21.5	北齐		二展室十幢七层
一〇一 1 2 3 4	401 402 403 404	23 23 24 24	24 23 24 24	24 24 23 24	17.5 17 19 15.5	北魏		二展室六幢八层 调博物院
一〇二 1 2 3 4	405 406 407 408	51 50 50 49	53 53 49 52	50 51 51 51	30.8 29 23 27	北齐		六展室十幢一层 调博物院
一〇三 1 2 3 4	409 410 411 412	46 47 47 47	46 47 47 47	47 47 47 47	22 22.5 26 22.5	北齐	五铺作高台座，龛边饰梵志故事	六展室十幢二层 调博物院
一〇四 1 2 3 4	413 414 415 416	43 44 44 43	43 44 44 44	44 44 44 44	27.5 24.5 24.5 28	北齐		六展室十幢三层 调博物院
一〇五 1 2 3 4	417 418 419 420	39 39 39 39	39 40 39 40	39 39 39 39	22 24 22 22	北齐		六展室十幢四层 调博物院
一〇六 1 2 3 4	421 422 423 424	36 35 36 36	36 36 36 35	34 35 35 35	21 24.5 20.5 19	北齐		六展室十幢五层 调博物院

续表

编号		造像石尺寸			主尊造像	时代	典型特征	存置/备注
石号	面号	上宽	下宽	高	高			
一〇七 1 2 3 4	425 426 427 428	28 32 33 30	32 31 33 32	32 32 33 33	21.5 21 22.5 22	北齐 —北周	低平宽肉髻 维摩诘文殊论道，凭几而坐倚屏风	六展室十幢六层 调博物院
一〇八 1 2 3 4	429 430 431 432	28 29 28 28	28 30 28 28	29 28 28 28	13.5 19.5 11 15.5	北魏	双树龛 涅槃变、祭棺变	六展室十幢七层 调博物院
一〇九 1 2 3 4	433 434 435 436	40 40 40 40	44 43 43 43	45 43.5 44 45	26 18 23 26	北齐	花冠宝缯，五飞天凌空，花团相间。弟子龛下饰象	六展室四幢一层
一一〇 1 2 3 4	437 438 439 440	38 37 37 36	38 37 38 37	47 46 45 47	225 21.5 23 22	北齐		二展室十幢三层
一一一 1 2 3 4	441 442 443 444	32 30 32 32	34 34 34 34	36 37 36 36	23 15.5 19 18	北齐		二展室六幢二层
一一二 1 2 3 4	445 446 447 448	31 30 31 31	31 30 31 32	30 31 30 31	18 17.5 19 18.5	北齐	供养人高螺髻冠饰	二展室六幢四层
一一三 1 2 3 4	449 450 451 452	28 28 28 28	30 30 30 30	32 31 31 32	19 24 22 22	北齐		二展室七幢六层 调博物院
一一四 1 2 3 4	453 454 455 456	25 26 25 25	26 26 25 25	25 26 25 25	18 17.5 18 17	北齐		二展室七幢七层 调博物院
一一五 1 2 3 4	457 458 459 460	25 23 26 23	26 23 26 24	29 28 28 28	15 14 16 15	北魏		二展室七幢八层
一一六 1 2 3 4	461 462 463 464	26 29 27 26	24 24 25 24	32 29 32 30	20 27 27 19	北魏		四展室四幢七层
一一七 1 2 3 4	465 466 467 468	46 49 46 48	53 54 54 54	55 56 56 55	31 30 32 20	东魏	仿木构建筑	六展室六幢一层

续表

编号		造像石尺寸			主尊造像	时代	典型特征	存置 / 备注
石号	面号	上宽	下宽	高	高			
一一八 1 2 3 4	469 470 471 472	43 40 44 42	51 49 50 51	55 51 51 50	32 31 32 25	东魏	仿木构透空雕 束莲台	六展室六幢二层
一一九 1 2 3 4	473 474 475 476	40 45 40 46	47 49 47 50	51 50 50 50	31 31 27 28	东魏	束腰高台座	六展室六幢三层
一二〇 1 2 3 4	477 478 479 480	39 35 39 39	45 46 44 40	43 44 43 43	25 29 22 26	东魏	束莲台座，宝缯折带	六展室六幢四层
一二一 1 2 3 4	481 482 483 484	32 33 30 26	41 39 39 35	41 41 39 40	27 20 25 27	东魏		六展室六幢五层
一二二 1 2 3 4	485 486 487 488	30.2 28.8 15 32	35 35 33 36	32 32.7 33 33	21 24 22 23	北魏	精品 仿石窟中心柱石龛，长方大脸	四展室五幢六层
一二三 1 2 3 4	489 490 491 492	46 46 45 44	42 46 43 41	44 45 44 45	23 22 20 23	北齐	曲脚人字拱 供养菩萨高尖螺髻	六展室七幢一层
一二四 1 2 3 4	493 494 495 496	43 42.6 41 41	44 44.7 41 40	40 39.5 40 40	16 21 15	北齐	曲脚人字拱	六展室七幢二层
一二五 1 2 3 4	497 498 499 500	41 41 41 40	43 43 44 42	44 45 44 44	27 27 27 29	北魏 —东魏	高大力士，宝缯折带，供养人跪拜	六展室一幢一层 调博物院
一二六 1 2 3 4	501 502 503 504	40 42 41 42	41 42 41 42	39 40 40 39	20 22 21 21	北齐	曲脚人字拱，稍直立	六展室七幢三层
一二七 1 2 3 4	505 506 507 508	40 38 39 33	39 36 32 35	39 39 39 38	15 18 19 20	北齐	曲脚人字拱	六展室七幢四层
一二八 1 2 3 4	509 510 511 512	38 37 38 39	38 32 40 33	39 39 39 40	18 22 18 20.5	北齐	曲脚人字拱	六展室七幢五层

续表

编号		造像石尺寸			主尊造像	时代	典型特征	存置/备注
石号	面号	上宽	下宽	高	高			
一二九 1 2 3 4	513 514 515 516	35 34 35 35	35 34 34 36	35 34 35 36	15 19 20 19	北齐	曲脚人字拱，直短	六展室七幢六层
一三〇 1 2 3 4	517 518 519 520	40 46 46 40	57 60 60 60	59 58 60 60	30 36 30 35	北魏	透雕仿木构，斗拱残损，直脚	六展室八幢一层
一三一 1 2 3 4	521 522 523 524	44 50 49 43	50 50 50 44	44 44 44 45	29 29 29 25	北魏	直脚人字拱 参考QN二五二建义元年造像，云冈六窟东壁下	六展室八幢二层
一三二 1 2 3 4	525 526 527 528	42 44.4 44 44	47 45.2 46 46	36.8 36.4 37 38	26 26 25 20	北魏	直脚人字拱	六展室八幢三层
一三三 1 2 3 4	529 530 531 532	40 46 39 40	48 45 44 44	38 38 38 39	26.5 20 24 20	北魏	直脚人字拱	六展室八幢四层
一三四 1 2 3 4	533 534 535 536	38 39 39 37	41 46 45 46	45 44 45 44	22 26 24 22	东魏	直脚人字拱 高台座，束莲台	六展室八幢五层
一三五 1 2 3 4	537 538 539 540	32 28 28 29	31 36 32 34	36 35 36 36	22 22 21 17	东魏	微曲脚人字拱	六展室八幢六层
一三六 1 2 3 4	541 542 543 544	25 26 25 26	23 25 26 26	31 29 30 30	20 18 18.5 18	北魏—东魏	直脚人字拱，直短	六展室六幢六层
一三七 1 2 3 4	545 546 547 548	59 55 58 57	70 60 70 59	67 68 67 68	36 32 36 36	北魏	双髻供养人，肥莲，正面狮子造型	四展室八幢一层
一三八 1 2 3 4	549 550 551 552	50 50 49 50	53 55 55 55.8	55 55 55 51.7	29 36 37 37	东魏		二展室十二幢一层
一三九 1 2 3 4	553 554 555 556	45 45 45 46	50.6 50 49 49	56.2 55 55 54.4	36 27 27 27	东魏	飞天饰，菩提树下思维菩萨	四展室八幢三层

续表

编号		造像石尺寸			主尊造像	时代	典型特征	存置 / 备注
石号	面号	上宽	下宽	高	高			
一四〇 1 2 3 4	557 558 559 560	38.1 38 38 39	41.8 42 41 43	56 58.6 56 56	36 36 39 39	东魏		二展室四幢一层
一四一 1 2 3 4	561 562 563 564	34 35 35 34	38 38 39 40	38 39 39 39	24 22 22 24	东魏	刻造脸形，削面刀法娴熟，棱角鲜明	六展室一幢二层 调博物院
一四二 1 2 3 4	565 566 567 568	30 30 30 30	30 30 30 30	22 22 23 23	19 20.5 20 20	北齐晚期		九展室七幢六层
一四三 1 2 3 4	569 570 571 572	42 42.5 42 42	47 45.5 47 45	54 54 54 54	27 36 26 27	北魏	飞天，傩面具供养菩萨，双龙衔流苏，金翅鸟	四展室五幢四层
一四四 1 2 3 4	573 574 575 576	39 36 39 35	39 40 40 41	53 53 53 53	29 27 26 25.5	北魏 —东魏		四展室十五幢三层 调博物院
一四五 1 2 3 4	577 578 579 580	35 35 35 35	39 38 38 37	42 41.2 41.6 42	30 29 29 21	北魏	永熙风格 长方形龛，毡衣厚重	六展室三幢三层
一四六 1 2 3 4	581 582 583 584	32 33 29 26	37 34 38 32	49 49 49 48.4	21 29 25 21	北魏	神龟、孝昌风格	二展室三幢五层
一四七 1 2 3 4	585 586 587 588	25 30 30 30	32 31 32 32	49 47 47 48	18.5 15 16 16	东魏	十六王子像	九展室四幢三层
一四八 1 2 3 4	589 590 591 592	27 25 28 28	30 28 28 26	35 34 34 35	21 22 21 22	北魏	供养人高纱冠	二展室十三幢七层
一四九 1 2 3 4	593 594 595 596	52 52 51 50	55 56 55 56	63 63 63 64	31 34 31 35	东魏	力士扭腰呈“S”形，开唐力士之先	二展室十三幢一层
一五〇 1 2 3 4	597 598 599 600	50 47 49 49	51 50 50 51	62 61 60 62	31 31 30.5 31	东魏	龛楣饰鱼、长尾鸡	四展室十二幢二层

续表

编号		造像石尺寸			主尊造像	时代	典型特征	存置/备注
石号	面号	上宽	下宽	高	高			
一五一 1	601	42	47	56	34.5	东魏	力士束带飘折	四展室八幢四层
2	602	43	46	57	37			
3	603	43	47	56	37			
4	604	43	46	57	35			
一五二 1	605	39	40	46	29.5	北魏		四展室十一幢四层 调博物院
2	606	34	39	46	25.5			
3	607	39	40	46	25			
4	608	33	40	45	28			
一五三 1	609	23	34	38	18.5	北齐晚期		二展室十幢四层
2	610	29	34	37	17.5			
3	611	27	32	38	17.5			
4	612	32	33	37	17.5			
一五四 1	613	28	28	28	10	北齐晚期	两龛并列，坐佛方脸宽平肉髻	六展室一幢六层
2	614	29	27	28	10			
3	615	29	28	28	11.5			
4	616	29	27	28	10			
一五五 1	617	36	42	55	28	北魏	神龟风格 高圆肉髻	二展室七幢一层
2	618	39	41	54	23			
3	619	38	44	56	34.5			
4	620	38	42	55	33			
一五六 1	621	36	38	44	26	北魏	飞天高发髻飘逸	四展室十一幢五层 调博物院
2	622	36	37	43	28			
3	623	36	37	43	29			
4	624	35	37	44	28			
一五七 1	625	34	36	37	24	东魏	高圆肉髻，火焰纹背光	二展室十二幢五层
2	626	32	35	38	23			
3	627	34	36	37	22			
4	628	32	36	37	21			
一五八 1	629	32	34	37	24	北齐	面如建义元年风格，秀骨清相貌	二展室六幢三层
2	630	30	34	37	22			
3	631	32	34	38	21			
4	632	29	33	37	20.5			
一五九 1	633	28	32	50	22	北齐		二展室六幢五层
2	634	29	32	49	22			
3	635	28	29	49	18			
4	636	29	41	49	18			
一六〇 1	637	26	29	22	16	北周		九展室七幢七层
2	638	28	30	22	16			
3	639	26	30	21	15			
4	640	27	29	22	15			
一六一 1	641	26	27	29	17.5	北魏 延昌二年	标准型造像，513 年李高造像，矩形空龛，世俗长脸	二展室十一幢五层
2	642	24	25	29	17			
3	643	26	28	29				
4	644	25	25	30	18			

续表

编号		造像石尺寸			主尊造像	时代	典型特征	存置 / 备注
石号	面号	上宽	下宽	高	高			
一六二 1 2 3 4	645 646 647 648	57 56 57 54	60 61 60 60	63 63 63 64	38 27 27 27	东魏		四展室十四幢一层
一六三 1 2 3 4	649 650 651 652	49 48 47 46	53 50 53 50	59.2 60 60 60	32 27.5 29 28	北魏	秀骨清相典型造像，思维菩萨下有六牙白象送莲花童子造型	四展室十幢二层
一六四 1 2 3 4	653 654 655 656	40 39 40 38	45 46 46 46	56 56 55 55	16 34 23 15	北魏 —东魏	4 饰初转法轮 狮子如孝昌风格	四展室十四幢三层
一六五 1 2 3 4	657 658 659 660	30 32 32 31	36 37 37 37	52 52 53 51	25 30 30 27	东魏		二展室三幢四层
一六六 1 2 3 4	661 662 663 664	33 32 32 30	36 35 35 35	44 44 45 44	24.5 35 36 22	东魏		四展室十四幢六层
一六七 1 2 3 4	665 666 667 668	24 24 23 24	26 26 25 26	30 30 30 30	12 12 11.5 12	东魏	武定风格 十六王子像 衣裾如三片甲	六展室九幢八层
一六八 1 2 3 4	669 670 671 672	44 42 41.2 43	45 48 44.8 46	64 64 63.6 64	34.5 33.5 38.5 20	北魏	孝昌风格 人字拱加柱	六展室二幢一层
一六九 1 2 3 4	673 674 675 676	39 30 36 34	43 40 40 40	50 49 50 50	29 39 34 28	北魏	精品 秀骨清相典型造像 供养人戴斜平冠，宽衣大袖	四展室十六幢五层 调博物院
一七〇 1 2 3 4	677 678 679 680	35 34 35 34	38 37 37 36	40 40 39 40	29 28 29	东魏	2 浮雕造像不辨，似为涅槃变故事场面，周边为举哀弟子	二展室十三幢四层
一七一 1 2 3 4	681 682 683 684	32 28 30.6 28	35 33 34.8 33	46 45 46 46	30 29 28 28	北魏	永熙风格 长方形龛，通肩毡衣	二展室三幢六层
一七二 1 2 3 4	685 686 687 688	27 25 26 24	28 27 28 26	28 27 28 27	18 18 18 18	北魏		四展室十五幢七层

续表

编号		造像石尺寸			主尊造像	时代	典型特征	存置 / 备注
石号	面号	上宽	下宽	高	高			
一七三 1 2 3 4	689 690 691 692	47 52 50 54	55 56 55 57	65 65 67 65	30.5 22 31 31	北魏	经典造型，秀骨清相，威武力士	四展室九幢二层
一七四 1 2 3 4	693 694 695 696	46 40 47 42	48 43 47 43	60 60 61 61	27.5 17.5 26 26	北魏	精细典型，繁复细致	四展室九幢三层
一七五 1 2 3 4	697 698 699 700	40 41 42 42	44.6 45 44 45	53 54 54 54	36 25 29 30	北魏	造型夸张，头身 1:7	四展室四幢三层
一七六 1 2 3 4	701 702 703 704	34.7 33 34 35	36 36 35 34	52 52 52 52	39 39 36 39	北魏	千佛龛饰主龛边	四展室六幢六层
一七七 1 2 3 4	705 706 707 708	24 28 26 28	30 30 30 29	33 33 34 34	21 21 21 20	北魏	供养人双抓髻，大袖宽衣	二展室九幢六层
一七八 1 2 3 4	709 710 711 712	24 25 23 23	24 24 23 23	31 31 30 31	23 25 25 25	北魏	熙平风格 喜眉笑眼	二展室五幢七层
一七九 1 2 3 4	713 714 715 716	41 40 42 39	45 44 46 42	56 56 56 57	38 28 27 39.5	北魏	褒衣博带，秀骨清相	四展室九幢四层
一八〇 1 2 3 4	717 718 719 720	36 40 35.4 40	39 40 36.5 40	47 47 46.8 45.5	33 33 28 25	北魏	熙平风格 凸字形龛	二展室五幢二层
一八一 1 2 3 4	721 722 723 724	31 34 32 35	35 40 36 40	47 48.3 47 47	28 30 30 30	北魏 神龟元年	标准型造像，518 年 粗犷，热烈，力士头竖三羽毛	二展室十五幢二层
一八二 1 2 3 4	725 726 727 728	34 33 33 32	35 33 34 33	36 36 36 36	23 24 25.5 24	北魏 —东魏	主尊佛通肩大衣如甬，供养菩萨避开瑕疵部位雕造	六展室一幢四层 调博物院
一八三 1 2 3 4	729 730 731 732	31 32 33 31	31 32 33 31	41 41 41 39	24 24 26 25	北魏	高浮雕龛饰，五铺作，造像小巧秀气，供养菩萨高尖螺髻	二展室十三幢六层

续表

编号		造像石尺寸			主尊造像	时代	典型特征	存置 / 备注
石号	面号	上宽	下宽	高	高			
一八四 1 2 3 4	733 734 735 736	26 25 26 26	26 25 26 26	29 28.7 29 29	22.5 22 21.5 21.5	北魏	镂空尖形窟龛	四展室一幢九层
一八五 1 2 3 4	737 738 739 740	31 34 32 35	35 40 36 40	47 48 47 47	12 16 16 17	东魏	龛侧饰大鸟，拄杖人赤身	二展室二幢八层
一八六 1 2 3 4	741 742 743 744	33.4 33 33 32	34.4 33 34.1 33	35.5 36 34.1 36	30 23.5 33 27	北魏	秀丽精品。树下思维，二佛论道，阿育王施土，帷帐中交脚菩萨说法	四展室十一幢二层
一八七 1 2 3 4	745 746 747 748	38 39 40 40	45 44 45 44	53 53 53 53	31 18 21.5 18.5	东魏	精品 低眉颔首佛造型，维摩诘说法，造型生动	四展室十五幢二层
一八八 1 2 3 4	749 750 751 752	26 25 26 26	26 25 26 26	29 29 29 29	33.5 26 29.5 22	北魏	精品 秀骨清相，飞天飘逸，菩萨披斗篷	四展室十幢四层 调博物院
一八九 1 2 3 4	753 754 755 756	33 33 33 35	35 36 35 37	37 36 36 36	21 21 20 20	东魏	龛侧供养菩萨披斗篷	二展室九幢五层
一九〇 1 2 3 4	757 758 759 760	32 34 32 33	32 34 33 34	34 35 35 36	25 25.5 25.5 26	北魏 —东魏	龛边饰束莲	二展室十四幢三层
一九一 1 2 3 4	761 762 763 764	29 30 30 30	32 33 33 33	40 41 40 41	27 23 27 27	北魏	精品 飞天飘逸与金翅鸟共舞	四展室七幢六层
一九二 1 2 3 4	765 766 767 768	27 25 26 25	29 28 29 28	30 31 31 30	20 18 15 17	北魏	精品。树下思维，二佛论道，阿育王施土，帷帐中交脚菩萨说法	四展室十幢七层 调博物院
一九三 1 2 3 4	769 770 771 772	42 43 41 42	44 45 44 47	57 58 58 58	37 36.5 27 35	北魏	飞天形象世俗化	四展室七幢四层
一九四 1 2 3 4	773 774 775 776	38 36 37 36	39 40 40 39	48 49 48 48	32 33.5 31 29	北魏	树下思维菩萨，龛楣左侧饰武士持盾追鸟	四展室七幢五层

续表

编号		造像石尺寸			主尊造像	时代	典型特征	存置/备注
石号	面号	上宽	下宽	高	高			
一九五 1 2 3 4	777 778 779 780	32 31 31 31	33 35 33 34	47 47 47 48	25 23 24 27	北魏	仿屋顶建筑形式龛饰，三柱脊饰	四展室十幢五层调博物院
一九六 1 2 3 4	781 782 783 784	29 29 29 29	31 30 32 31	35 35 34 34	22 22 19 19	北魏	仿房屋建筑形式，饰花草	四展室十幢六层调博物院
一九七 1 2 3 4	785 786 787 788	26 26 26 25	28 28 28 27	33 33 33 32	11 11.5 12.5 13	东魏	武定风格 十六王子佛像	六展室九幢七层
一九八 1 2 3 4	789 790 791 792	24 24 24 24	24 24 24 24	24 24 24 24	12.5 11.5 12 13	北魏		六展室十二幢七层
一九九 1 2 3 4	793 794 795 796	20 21 21 21	22 23 22 23	31 31 31 31	23 20 22 20	北魏	交脚菩萨冠为肉髻状	二展室九幢七层
二〇〇 1 2 3 4	797 798 799 800	50 54 50 53	54 58 55 59	70 69 69 69	32 30 31 31	北魏	秀骨清相精品	四展室十幢一层
二〇一 1 2 3 4	801 802 803 804	39 47 44 46	47 50 48 52	56 56 56 58	18.5 25 19 18.5	北魏		四展室十四幢二层
二〇二 1 2 3 4	805 806 807 808	36 35 36 37	40 40 39 40	52 51 52 52	35 31 34 24	东魏	阿育王饰背光头光，供养菩萨高尖螺髻，思维菩萨饰头光	四展室二幢二层
二〇三 1 2 3 4	809 810 811 812	33 34 34 34	35 36 33 34	47 48 49 48	37 36.5 33 36	北魏	重头部造型。衣裾外扬，衣褶尖角	四展室二幢四层
二〇四 1 2 3 4	813 814 815 816	30 30 26 31	34 33 28 32	41 40 41 41	29 29 29 29	北魏	特殊龛，佛龛凸出，四角空雕	二展室一幢四层
二〇五 1 2 3 4	817 818 819 820	24 21 25 24	26 20 22 26	30 29 30 30	16 11 19 16	东魏		二展室二幢七层

续表

编号		造像石尺寸			主尊造像	时代	典型特征	存置／备注
石号	面号	上宽	下宽	高	高			
二〇六 1 2 3 4	821 822 823 824	43 41 45 44	45 44 43 43	59 59 60 60	29 29 24 28	北魏	熙平风格 长方大脸，身材修长仿木构如彩门	二展室五幢一层
二〇七 1 2 3 4	825 826 827 828	40 39 40 39	42 41 42 42	54 54 53 54		北魏	精品 飞天残，供养人持瑞草于莲台，屋帷精俏	四展室八幢五层 调博物院
二〇八 1 2 3 4	829 830 831 832	37 36 37 35	39 39 40 40	38 38 39 38	14.5 23.5 7.5 24	北魏	千佛龛装饰为主，两面造像菩萨坐、立各一尊，一面造十六佛龛	四展室十三幢二层
二〇九 1 2 3 4	833 834 835 836	32 30 31 30	34 35 35 36	39 39 39 39	27 27 29 28	北魏	参照延昌二年风格 世俗化	四展室四幢五层
二一〇 1 2 3 4	837 838 839 840	29 29 29 29	29 30 29 30	43 44 43 43	28 39 26 28	北魏 —东魏	佛头上高圆肉髻如馒头佛龛两侧供养菩萨腰身婀娜	二展室五幢六层
二一一 1 2 3 4	841 842 843 844	27 28 27 26	30 31 30 30	42 41 41 41	20 15 20 26	北魏	孝昌风格	二展室二幢五层
二一二 1 2 3 4	845 846 847 848	54 53 53 53	54 53 55 54	73 74 74 73	50 41 53 53	北魏	精品 长方大脸，高肉髻，满壁千佛龛，龛楣乐舞飞天化佛	四展室六幢一层
二一三 1 2 3 4	849 850 851 852	52 52 52 50	52 51 52 50	64 63 63 61	42 43 44 44	北魏	精品 脸形圆方秀气，满壁千佛龛，乐舞飞天化佛	四展室六幢二层
二一四 1 2 3 4	853 854 855 856	46 46 46 47	47 47 47 47	54 56 56 56	39 38 38 39	北魏	精品 飞天，化佛	四展室六幢三层
二一五 1 2 3 4	857 858 859 860	44 42 42 42	44 41 43 43	60 60 60 60	30 34 30 32	北魏	朱雀衔瑞草，化佛	四展室六幢四层 调外展存博物院
二一六 1 2 3 4	861 862 863 864	41 41 41 40	40 40 40 41	50 50 50 49	32 32 32 32.5	北魏	精品 四座主尊佛下均为象座	四展室六幢五层

续表

编号		造像石尺寸			主尊造像	时代	典型特征	存置 / 备注
石号	面号	上宽	下宽	高	高			
二一七 1 2 3 4	865 866 867 868	40 43 42 39	42 44 43 44	54 54 52 53	35 37 35 35	东魏	圆高肉髻，扁平脸	四展室十二幢五层
二一八 1 2 3 4	869 870 871 872	38 37 38 36	41 40 41 40	40 40 40 38	28 22 22 29	北魏	精品 长方大脸，高圆髻。杂耍倒幢伎，方形龛，饰鹿本生故事	四展室五幢五层
二一九 1 2 3 4	873 874 875 876	35 35 35 34	39 40 38 39	46 47 46 46	29 30 29 31	东魏	低眉颔首，扁平脸，立佛两侧莲台坐僧飘帛飞扬	四展室十五幢五层 调博物院
二二〇 1 2 3 4	877 878 879 880	31 31 30 31	35 36 34 34	50 50 50 50	33 32 31 30	北魏	永熙风格 通肩大衣如薄毡，飞天身形若爬云	六展室十一幢二层
二二一 1 2 3 4	881 882 883 884	29 27 30 28	31 29 33 30	37 37 37 37	29 29 29 29	北魏	龛饰朱雀、鹤、长尾鸡衣裾密褶微外扬	四展室三幢七层
二二二 1 2 3 4	885 886 887 888	27 25 27 26	29 28 28 27	22 23 23 22	16 15 14.5 16	北魏	圆穹庐龛，造像参考建义元年风格。衣袖内敛成钳夹式	二展室七幢六层 调博物院
二二三 1 2 3 4	889 890 891 892	23 23 21 23	25 26 21 26	34 32 32 32	20.5 15.5 18.5 16	北魏 —东魏	永熙风格 三块长方形龛，腹微凸起，宽帛带	六展室三幢六层
二二四 1 2 3 4	893 894 895 896	56 57 57 59	60 61 60 63	63 63 63 63	31 30 31 39	北魏	精品 秀骨清相。有飞天、力士、倚坐佛，供养菩萨披斗篷	四展室十一幢一层
二二五 1 2 3 4	897 898 899 900	48 53 48 53	52 55 53 56	62 62 62 62	29 29 28 29.5	东魏	圆拱龛，龛楣饰宝盖、卷草，扁平脸	四展室八幢三层
二二六 1 2 3 4	901 902 903 904	45 44 44 44	47 47 46 47	47 46 47 48	27 31 24 31	北魏	维摩诘坐佛，屋帷龛，龛楣饰飞天，供养人着宽腿裤	四展室十六幢三层 调博物院
二二七 1 2 3 4	905 906 907 908	39 41 41 40	43 42 42 42	43 43 43 43	265 25 30 29	北魏	倚坐佛，飞天	四展室十六幢四层 调博物院

续表

编号		造像石尺寸			主尊造像	时代	典型特征	存置 / 备注
石号	面号	上宽	下宽	高	高			
二二八 1 2 3 4	909 910 911 912	26 27 27 27	35 36 36 35	84 83 83 82	13 21 23 23	北魏 建义元年	标准型造像，528 年清河太守造像，以石窟效果筑窟檐	八展室一柜一幢
二二九 1 2 3 4	913 914 915 916	41 44 44 44	48 49 49 50	53 53 52 54	25 22.5 23 23	北魏	桃形龛，坐佛 参照延昌风格	四展室四幢二层
二三〇 1 2 3 4	917 918 919 920	39 38.6 40 39	42 43.7 40 43	47 46.5 47 47	28 34 34 32	东魏	秀颈，思维菩萨于屋帷内。龛外饰三棒槌形物，龛楣饰长尾鸡	四展室九幢五层
二三一 1 2 3 4	921 922 923 924	37 36 36 36	40 39 40 39	52 52 52 52	23 23 28.5 23	东魏	长方脸，身材修长，交脚菩萨下饰象	四展室十三幢三层
二三二 1 2 3 4	925 926 927 928	32 32 32 32	32 31 32 32	33 33 33 33	23 21 23 23	北魏	造像石顶面设子口，造像世俗化	四展室一幢三层
二三三 1 2 3 4	929 930 931 932	30 32 31 32	31 31 31 32	37 37 37 37	25 25 25 25	北魏	圆拱龛，四坐佛 秀骨清相	四展室十三幢七层
二三四 1 2 3 4	933 934 935 936	28 23 28 27	30 28 31 30	49 47 49 49	23 23 25 20	北魏	神龟风格 龛楣饰仿木构建筑形制高尖顶和宽大间，旁侧饰鹳鸟	九展室三幢五层
二三五 1 2 3 4	937 938 939 940	55 57 55 58	55 58 55 58	66 66 66 66	33 35 33 35	北魏	精品 秀骨清相，龛楣饰飞天、力士、供养人	四展室九幢一层
二三六 1 2 3 4	941 942 943 944	48 51 51 50	55 56 54 56	53 53 53 53	30 27 37 27	北魏	背景千佛龛，龛楣两角饰莲花，菩萨立像下部饰象	四展室十六幢一层 调博物院
二三七 1 2 3 4	945 946 947 948	46 42 46 45	48 47 48 49	51 51 50 51	35 34 29 35	北魏	佛倚坐像，弟子侍立。坐佛侧立力士，龛楣饰飞天	四展室十一幢三层 调博物院
二三八 1 2 3 4	949 950 951 952	39 41 38 39	42 44 40 42	44 44 43.8 43	29 29 31 28	东魏	圆拱龛，桃尖宝盖，四立佛。龛楣饰飞天瑞草	二展室十三幢三层

续表

编号		造像石尺寸			主尊造像	时代	典型特征	存置/备注
石号	面号	上宽	下宽	高	高			
二三九 1 2 3 4	953 954 955 956	34 35 34 35	36 36 36 36	35 35 35 35	24 23 23.5 24.5	北魏	四坐佛，龛楣供养人跪拜状礼佛	四展室十五幢六层 调博物院
二四〇 1 2 3 4	957 958 959 960	32 32 32 31	34 35 33 36	37 37 37 37	26 24.5 25 27	北魏	佛长方脸，饰背光，高肉髻，象座，羊肠大衣，菩萨立枝梗莲台	四展室二幢六层
二四一 1 2 3 4	961 962 963 964	51 50 51 50	54 51 54 53	66 65 65 65	32 33 33 34	东魏	主尊坐佛扁平脸。龛楣日光、月光菩萨。供养菩萨枝梗外入莲	四展室十二幢一层
二四二 1 2 3 4	965 966 967 968	48 45 47 43	50 47 51 48	64 64 63 63	25 39 29 34	东魏	扁平脸面	四展室十二幢三层
二四三 1 2 3 4	969 970 971 972	34 35 35 35	39 40 37 40	43 42 42 42	21 21 21 21	北魏		四展室一幢一层
二四四 1 2 3 4	973 974 975 976	32 32 32 32	36 35 36 36	39 39 39 39	28.5 30 28 30	北魏	长方大脸，束龛楣	六展室一幢三层 调博物院
二四五 1 2 3 4	977 978 979 980	30 30 30 30	32 31 31 31	32 32 32 32	20 17 20 15	北魏	仿屋帷龛，菩萨披斗篷	二展室八幢六层
二四六 1 2 3 4	981 982 983 984	23 30 24 30	27 31 27 32	39 40 40 40	14 18 22 21	东魏		六展室十三幢四层
二四七 1 2 3 4	985 986 987 988	60 61 60 60	70 67 70 70	81 80 81 83	24 39 42 38	北魏	主尊长方大脸，高圆肉髻，高宝冠 双抓髻供养人，宽袖大裙，有杂耍、傩	四展室五幢一层
二四八 1 2 3 4	989 990 991 992	56 57 56 58	62 59 60 58	65 63 63 65	36 30 29 33	北魏	仿木构屋帷建筑，顶面饰挑檐鹳鸟	四展室五幢二层
二四九 1 2 3 4	993 994 995 996	45 43 46 46	51 49 50 50	55 56 56 56	33 21 31.5 26	东魏	树下思维菩萨，白马吻别状，交脚菩萨居屋帷	二展室十三幢二层

续表

编号		造像石尺寸			主尊造像	时代	典型特征	存置/备注
石号	面号	上宽	下宽	高	高			
二五〇 1 2 3 4	997 998 999 1000	33 37 30 36	37 42 36 40	51 51 50 51	28 26 27 27	北魏	神龟风格	四展室三幢四层
二五一 1 2 3 4	1001 1002 1003 1004	31 30 32 29	32 32 33 33	43 44 44 44	25 28 27 25	东魏	永熙风格 飞天双腿弯曲	四展室十三幢六层
二五二 1 2 3 4	1005 1006 1007 1008	27 23 26 24	30 25 32 26	117 117 117 117	上 12.9 下 14 13 13 13	北魏 建义元年	标准型造像，528 年李保成造像，独立造像，形制铭文佳	八展室七柜四幢
二五三 1 2 3 4	1009 1010 1011 1012	25 16 25 19	27 35 27 35	120 120 120 120	17 15 17 24	北魏 永平二年	标准型造像，509 年独立高柱石	八展室七柜一幢
二五四 1 2 3 4	1013 1014 1015 1016	33 32 33 32.5	33.5 33 33.5 33	35 35 35 35	23 23 23 23	北齐	身材修长	六展室十一幢三层
二五五 1 2 3 4	1017 1018 1019 1020	25 24 25 24	27 28 29 29	77 77 76 76	23 29 20 23	北魏	世俗化。独立造像石	八展室三柜三幢
二五六 1 2 3 4	1021 1022 1023 1024	29 30 32 34	37.5 40 37 40	64 64 66 66	16.5 16.5 17 13	北魏 孝昌三年	标准型造像，527 年粗犷型	二展室一幢三层
二五七 1 2 3 4	1025 1026 1027 1028	30 35 32 38	34 34 35 37	37.5 37 38 37	23 27 24 24	北魏 —东魏	供养菩萨偏胯侍立，开唐代“S”形菩萨之先河。维摩诘文殊论道，释迦居中	二展室七幢二层
二五八 1 2 3 4	1029 1030 1031 1032	26 17 27 26	40 37 40 37	44 44 44 44	38 29.5 27 25	北魏		四展室九幢六层
二五九 1 2 3 4	1033 1034 1035 1036	24 28 27 26	33 33.5 31 33	45 45.5 44.5 45	21 25 20 14	北魏	神龟风格	九展室九幢四层

续表

编号		造像石尺寸			主尊造像	时代	典型特征	存置/备注
石号	面号	上宽	下宽	高	高			
二六〇 1 2 3 4	1037 1038 1039 1040	33.5 34 32 33	32.5 31 31 33	35.5 355 36 35	22.5 22 22 22	北魏	圆团脸，菩萨低冠饰，飞天、花团飘逸	二展室十四幢四层
二六一 1 2 3 4	1041 1042 1043 1044	28 33 26 30	30 36 32 36	44 44 44 41	15 15 15 15	东魏	武定风格 十六王子佛像	六展室五幢二层
二六二 1 2 3 4	1045 1046 1047 1048	33.5 30 33 31	34 34 36 33	47.5 47 46 47	15.5 28 27 20	北魏	熙平风格	二展室五幢五层
二六三 1 2 3 4	1049 1050 1051 1052	31 33 30 28	33 33 22 25	34 35 36 35	25 25 20.5 24	北魏	造型夸张，装饰性强。高髻大耳，削肩瘦身。裙裾尖外扬，若芭比	四展室四幢六层
二六四 1 2 3 4	1053 1054 1055 1056	20 20 26 26	30 29 29 31	29 29 28 29	22 22 22 21	北魏	永熙风格 长方大脸	二展室一幢六层
二六五 1 2 3 4	1057 1058 1059 1060	33 33 30 39	39 38 36 36	52 50 50 52	24 21 10 20	北魏	孝昌风格	六展室十二幢一层
二六六 1 2 3 4	1061 1062 1063 1064	24 18 24 21	24 20 26 23	31 32 30 30	20 17 17.5 18.5	北魏晚期—东魏	圆拱龛高圆髻，圆方脸	六展室三幢七层
二六七 1 2 3 4	1065 1066 1067 1068	26 25 24 23	25 26 24 24	27 27 27 27	21 22 21 21	北魏	世俗化 衣裾三块若叶芽	四展室一幢七层
二六八 1 2 3 4	1069 1070 1071 1072	23 27.5 28 24	30 29 27 31	34 35 35 33	20.5 21 22 22	东魏	仿木构建筑形龛，斗拱特色鲜明。扁平脸	二展室十五幢五层
二六九 1 2 3 4	1073 1074 1075 1076	15 23 19 24	20 26 20 25	26 26 27 26	21 18 18 22	北齐	典型宽平肉髻，圆方脸，大耳垂轮	二展室十五幢七层
二七〇 1 2 3 4	1077 1078 1079 1080	22 21 23 20	26 21 28 21	33 32 33 30	26 17 16 13	东魏		二展室四幢七层

续表

编号		造像石尺寸			主尊造像	时代	典型特征	存置 / 备注
石号	面号	上宽	下宽	高	高			
二七一 1 2 3 4	1081 1082 1083 1084	26 28 25 28	32 31 32 33	40 40 41 41	20 19 24 25	北魏	熙平—正光风格 参考五八一 长方大脸	九展室七幢五层
二七二 1 2 3 4	1085 1086 1087 1088	18 19 20 19	18 22 20 19	29 29 28 28	19 19 19 20	北魏	世俗化	二展室十一幢八层
二七三 1 2 3 4	1089 1090 1091 1092	24 25 22 24	27 26 26 26	31 31 31 31	12 12 11.5 11.5	北齐	十六王子佛像，延续北魏永熙风格通肩大衣	九展室四幢七层
二七四 1 2 3 4	1093 1094 1095 1096	28 25 25 31	38 39 39 38	47 46 47 47	23 30 23 24	东魏	扁平脸	九展室九幢三层
二七五 1 2 3 4	1097 1098 1099 1100	29 26 25 22	31 30 33 26	41 40 41.5 40	16 16 16 15.5	北魏	十六王子佛像	六展室五幢三层
二七六 1 2 3 4	1101 1102 1103 1104	35 34 23 26	40 38 30 35	37 37 36 37	24.5 24.5 24.5 24.5	北齐	高肉髻，长身，高台座，供养菩萨高螺髻，人物铺作最多者	二展室十一幢一层
二七七 1 2 3 4	1105 1106 1107 1108	27 25 27 24	29 29 29.5 29	30 30 30 30	10 10 10 10	北魏	十六王子佛像，圆方脸，肥颐短项	九展室四幢六层
二七八 1 2 3 4	1109 1110 1111 1112	28 23 24 27	25 30 20 27	39 39 37 29	23.5 24 22 26	东魏	扁平脸，秀颈	九展室一幢三层
二七九 1 2 3 4	1113 1114 1115 1116	42 32 40 34	40 36 40 30	41 41 41 41	31 32 31 32	北魏	长方大脸，衣裾外扬，褶角尖	二展室十五幢一层
二八〇 1 2 3 4	1117 1118 1119 1120	28 29 29 30	32 33 30 32	36 36 35 36	22.5 26 25 26	北魏	神龟—孝昌风格	二展室十五幢四层
二八一 1 2 3 4	1121 1122 1123 1124	34 34 32 34	34 34 38 34	45 45 46 43	22 22.5 22.5 24.5	东魏	扁平脸，顶杆	四展室十二幢六层

续表

编号		造像石尺寸			主尊造像	时代	典型特征	存置/备注
石号	面号	上宽	下宽	高	高			
二八二 1 2 3 4	1125 1126 1127 1128	28 26 27 28	26 32 28 31	33 34 34 33	24 24 22.5 20	北魏	世俗化	四展室一幢五层
二八三 1 2 3 4	1129 1130 1131 1132	30 16 30 26	33 28 30 27	40 40 40 41	30 29 29 30	北魏—东魏	直脚人字拱，汉代斗拱样式。佛饰背光、头光，双手俯伏合于前	九展室六幢五层
二八四 1 2 3 4	1133 1134 1135 1136	26 23 24 27	29 28 30 29	40 40 39 40	16 15 16 16	东魏	武定风格 高圆肉髻，大衣肩部若披肩	六展室五幢四层
二八五 1 2 3 4	1137 1138 1139 1140	29 29 30 29	32 28 30 33.6	40 40 40 40	23 23 23 23	东魏	低头颔首	六展室十三幢三层
二八六 1 2 3 4	1141 1142 1143 1144	28 27 27 28	30 30 30 29	35.5 35.5 35 35	20 20 26 25	北魏	神龟风格	二展室一幢五层
二八七 1 2 3 4	1145 1146 1147 1148	32 30.3 18 16	33 31 34 32	46 43.5 45 46	35 32 32 35	北魏	着重头面部造型，突出表情刻划	二展室十四幢六层
二八八 1 2 3 4	1149 1150 1151 1152	25 22 24 26	27 27 28 26	27 27 27 27	19 19 20 20	东魏		二展室十五幢六层
二八九 1 2 3 4	1153 1154 1155 1156	25 28 28 29	30 32 32 32	46 46 48 44	29 30 28 29	北魏	熙平风格	二展室二幢四层
二九〇 1 2 3 4	1157 1158 1159 1160	26 25 30 25	29 29 29 26	40 40 40 40	30 27 30 30	北魏	高圆髻，圆方脸，衣裾外扬，尖角状	二展施十四幢七层
二九一 1 2 3 4	1161 1162 1163 1164	23 28 26 23	35 35 34 36	42 42 43 43	15.5 16.5 16 17	北魏	十六王子佛像，衣裾若钳形	九展室四幢一层
二九二 1 2 3 4	1165 1166 1167 1168	26 17 26 26	26 18 20 27	27 28 29 27	17 16 17	北齐	东魏武定、北齐皇建风格 长方脸形秀颈，身材修长，高莲台座	二展室六幢七层

续表

编号		造像石尺寸			主尊造像	时代	典型特征	存置 / 备注
石号	面号	上宽	下宽	高	高			
二九三 1	1169	20	24	26	10	东魏	十六王子佛像	九展室四幢八层
2	1170	23	27	26	10			
3	1171	16	23	26				
4	1172	18	25	27				
二九四 1	1173	20	22	28	16	东魏	永熙风格 4 块长方形龛	六展室十二幢八层
2	1174	19	21	28	12			
3	1175	20	20	26	18			
4	1176	28	21	25	15			
二九五 1	1177	46	48	56	34	东魏		九展室九幢一层
2	1178	46	47	56	33			
3	1179	42	47	55	35			
4	1180	43	47	55	35			
二九六 1	1181	42	42	63	31	东魏	低眉颔首，扁平脸	九展室六幢一层
2	1182	36	52	63	31			
3	1183	33	51	62	29			
4	1184	48	53	63	28			
二九七 1	1185	24	35	42	20	东魏		九展室七幢四层
2	1186	31	35	42	25			
3	1187	30	35	43	25			
4	1188	32	35	43	21			
二九八 1	1189	32	34	34	21	北齐	圆方脸，健壮型	二展室十五幢三层
2	1190	33	35	34	22.5			
3	1191	32	34	34	22.5			
4	1192	33	30	32	18			
二九九 1	1193	33	33	43		北魏	秀骨型。雕造粗糙，形象夸张，裙裾外扬尖角	九展室六幢四层
2	1194	26	31	43	31.5			
3	1195	31	34	43	31			
4	1196	29	32	42	24			
三〇〇 1	1197	30	30	49	22	北魏	熙平风格 高髻高冠	六展室十三幢一层
2	1198	33	35	49	24			
3	1199	30	33	49	25			
4	1200	35	37	49	23			
三〇一 1	1201	35	40	49	29	东魏	扁平脸，佛造像饰背光	九展室八幢二层
2	1202	36	41	48	30			
3	1203	37	45	48	29			
4	1204	40	42	48	29			
三〇二 1	1205	37	45	58	25			九展室七幢一层
2	1206	42	54	58	27			
3	1207	41	42	57	29			
4	1208	40	42	57	35			
三〇三 1	1209	49	53	52	32	北魏	孝昌风格 龛两侧饰莲花童子，仿木构建筑龛	九展室八幢一层
2	1210	50	37	53	26			
3	1211	46	34	51	26			
4	1212	50	51	51	31			

续表

编号		造像石尺寸			主尊造像	时代	典型特征	存置 / 备注
石号	面号	上宽	下宽	高	高			
三〇四 1 2 3 4	1213 1214 1215 1216	36 40 36 41	42 43 40 42	49 49 49 49	27 25 25 27	东魏	仍保留有永熙风格 飞天、建筑龛式简洁，特色鲜明	二展室一幢二层
三〇五 1 2 3 4	1217 1218 1219 1220	31 31 31 30	32 32 32 33	35 35 35 35	20 14 15 18	北魏		九展室八幢四层
三〇六 1 2 3 4	1221 1222 1223 1224	39 35 36 35	37 36 37 37	51 52 52 52	26 17 23 21	北魏	双树龛，龛小人小，饰飞天团花	九展室七幢三层
三〇七 1 2 3 4	1225 1226 1227 1228	28 26 28 26	33 36 28 36	54 54 52 54	20.5 24 23 20.5	北魏	神龟风格 龛外空阔，装饰简洁	九展室一幢一层
三〇八 1 2 3 4	1229 1230 1231 1232	26 36 35 35	37 40 38 41	51 51 51 51	23 24 24 15	北齐	长方脸	九展室三幢二层
三〇九 1 2 3 4	1233 1234 1235 1236	33 33 25 32	38 40 40 39	48 48 49 48	24 34 35 25	北魏 —东魏	3 龛边人手抚两兽 2 思维菩萨造型	九展室八幢三层
三一〇 1 2 3 4	1237 1238 1239 1240	33 39 42 38	40 38 39 35	72 73 73 73	37 35 37 40	北魏 —东魏	直脚人字拱，一斗三升，斗拱古朴	九展室二幢一层
三一一 1 2 3 4	1241 1242 1243 1244	38 35 38 36	38 37 38 39	55 55 55 53	30.5 32 32 31	北魏		二展室二幢二层
三一二 1 2 3 4	1245 1246 1247 1248	37 36 38 36	40 40 41 38	51 51 51 52	30 22 13 22	北魏 —东魏		六展室十一幢一层
三一三 1 2 3 4	1249 1250 1251 1252	39 40 43 43	42 45 47 45	52 52 52 51	20.5 21 22 20	北魏	熙平风格 扁平脸	四展室三幢三层
三一四 1 2 3 4	1253 1254 1255 1256	35 34 32 33	38 38 39 37	56 56 56 56	31 29 29 31	北魏 —东魏		九展室六幢三层

续表

编号		造像石尺寸			主尊造像	时代	典型特征	存置/备注
石号	面号	上宽	下宽	高	高			
三一五 1	1257	31	37	42	14	北魏	十六王子佛造像	六展室五幢一层
2	1258	31	35	40	15			
3	1259	32	32	40	15.5			
4	1260	32	33	40	13			
三一六 1	1261	43	44	45	27	北魏	长方大脸	二展室一幢一层
2	1262	40	45	45	26			
3	1263	40	45	45	26			
4	1264	40	42	45	27			
三一七 1	1265	37	45	50	37	东魏	秀颈长脸，3 主尊佛立于象身	二展室二幢一层
2	1266	36	41	50	27			
3	1267	34	45	50	31			
4	1268	36	44	50	34			
三一八 1	1269	38	38	42	25.5	北魏—东魏	3 涅槃变，4 维摩文殊论道，左残存座椅，右残存钟华盖，释迦居中	九展室七幢二层
2	1270	36	40	43	23			
3	1271	34	40	43	27			
4	1272	40	38	43	25			
三一九 1	1273	23	27	38	17	北魏		九展室八幢六层
2	1274	22	26	38	20			
3	1275	24	26	38	18			
4	1276	22	25	38	18			
三二〇 1	1277	20	23	36	25			九展室八幢七层
2	1278	16	20	36	25			
3	1279	18	26	36	22			
4	1280	14	22	36	25			
三二一 1	1281	30	41	52	32.5	北魏—东魏		九展室九幢二层
2	1282	40	44	53	36			
3	1283	36	45	53	27			
4	1284	30	42	52	17			
三二二 1	1285	26	26	29	17	北齐	高圆肉髻，圆方脸溜肩，“U”形衣纹，衣裾遮覆莲台，自然下垂	二展室二幢六层
2	1286	26	26	29	20			
3	1287	21	26	29	20			
4	1288	26	25	29	20			
三二三 1	1289	22	28	42	20	北魏	神龟风格	九展室二幢六层
2	1290	22	23	42	20			
3	1291	20	27	42	15			
4	1292	22	22	42	24			
三二四 1	1293	25	30	41	19	北魏		九展室二幢五层
2	1294	20	25	40	20			
3	1295	24	29	40	18			
4	1296	21	26	41	20			
三二五 1	1297	28	30	41	28	北齐	天保风格。凸字形龛，佛高大，龛楣线刻鹳鸟啄鱼、蛇，肥莲	九展室八幢五层
2	1298	28	27	41	27			
3	1299	28	31	41	28			
4	1300	28	27	41	28			

续表

编号		造像石尺寸			主尊造像	时代	典型特征	存置 / 备注
石号	面号	上宽	下宽	高	高			
三二六 1 2 3 4	1301 1302 1303 1304	33 28 22 27	35 33 26 28	40 40 39 40	18 24 12 18	北魏	熙平风格	九展室五幢一层
三二七 1 2 3 4	1305 1306 1307 1308	28 26 28 27	30 20 30 30	44 44 44 43	22 22 22 22.5	北魏 —东魏		九展室二幢三层
三二八 1 2 3 4	1309 1310 1311 1312	29 30 30 30	31 31 30 30	31 31 31 32	15 20 18 17	北魏		九展室五幢二层
三二九 1 2 3 4	1313 1314 1315 1316	29 27 28 28	29 29 29 29	30 30 30 30	16 20 21 16	北齐	圆方脸，衣裾自然下垂	二展室十一幢四层
三三〇 1 2 3 4	1317 1318 1319 1320	31 29 28 32	28 31.5 28 32	51 51.5 51 51.5	32 30.5 27 33	北魏	一期 I 段 圆拱形佛龛，古朴，佛造型受云冈二期风格影响	九展室二幢二层
三三一 1 2 3 4	1321 1322 1323 1324	24 29 30 31	30 33 31 35	47 47 47 47	22 24 25 10	东魏	永熙风格 3 块长方形龛 薄毡衣	六展室三幢三层
三三二 1 2 3 4	1325 1326 1327 1328	24 20 22 22	23 20 24 24	31 31 32 31	19 21 22 22	北魏	高圆肉髻，肥颐短项，供养菩萨呈婀娜状	六展室十三幢六层
三三三 1 2 3 4	1329 1330 1331 1332	14 28 26 24	28 28 29 25	29 29 30 30	12 12 13 12	北魏	粗糙世俗	九展室四幢四层
三三四 1 2 3 4	1333 1334 1335 1336	25 25 24 27	32 33 32 33	32 32 32 32	17 18 18 18	东魏	石面收分较大	九展室二幢五层
三三五 1 2 3 4	1337 1338 1339 1340	28 22 24 25	28 24 30 25	53 53 52 53	28 32 23 24	北魏	一期 I 段 圆拱形佛龛，古朴，佛造型受云冈二期风格影响	九展室九幢五层
三三六 1 2 3 4	1341 1342 1343 1344	29 30 23 31	32 34 33 35	60 60 60 60	25 26 28 29	北齐	天保风格 薄毡衣	六展室三幢四层

续表

编号		造像石尺寸			主尊造像	时代	典型特征	存置 / 备注
石号	面号	上宽	下宽	高	高			
三三七 1 2 3 4	1345 1346 1347 1348	32 26 30 25	35 34 35 34	36 37 37 37	14 14 14 14	东魏	肥颐短项	九展室四幢二层
三三八 1 2 3 4	1349 1350 1351 1352	31 29 31 27	34 32 34 30	46 45 45 45	27 25 25 27	北魏	神龟—孝昌风格	四展室十三幢五层
三三九 1 2 3 4	1353 1354 1355 1356	29 32 25 32	30 33 28 34	38 38 38 39	35 33 25.5 18.5	北魏 —东魏	扁平脸、秀颈	四展室三幢六层
三四〇 1 2 3 4	1357 1358 1359 1360	34 32 32 32	36 36 36 36	52 53 53 52	21 20 22 22	北齐		二展室十四幢二层
三四一 1 2 3 4	1361 1362 1363 1364	24 26 22 22	24 25 29 28	31 32 32 32	13 13 14 14	东魏	武定风格 十六王子佛像	九展室四幢五层
三四二 1 2 3 4	1365 1366 1367 1368	30 30 31 31	32 32 38 38	49 47 47 49	19 19 19.5 20	北魏		九展室三幢三层
三四三 1 2 3 4	1369 1370 1371 1372	27 27 27 27	28 27 28 27	30 31 31 31	14 13 14 13	北魏	世俗化 十六王子佛像	六展室五幢五层
三四四 1 2 3 4	1373 1374 1375 1376	28 28 28 28	33 33 33 33	50 50 50 50	32 34 33 33.5	东魏	低眉颔首，秀颈	二展室四幢三层
三四五 1 2 3 4	1377 1378 1379 1380	28 30 30 30	28 30 29 30	36 36 36 36	22 21 23 23	北齐晚期 —北周	宽平肉髻	二展室十幢六层
三四六 1 2 3 4	1381 1382 1383 1384	34 35 33 34	37 37 36 36	41 41 41 41	25 26 24 26	北魏	精品 低眉颔首	四展室十四幢五层
三四七 1 2 3 4	1385 1386 1387 1388	27 27 24 29	28 29 27 30	33 32 31 31	17.5 16 12 12	北魏	身形修长	六展室十三幢五层

续表

编号		造像石尺寸			主尊造像	时代	典型特征	存置 / 备注
石号	面号	上宽	下宽	高	高			
三四八 1 2 3 4	1389 1390 1391 1392	46 48 46 46	48 49 47 44.6	62 64 63 64	23 38 27 27	北魏	秀骨清相	四展室七幢三层
三四九 1 2 3 4	1393 1394 1395 1396	31 30 31 28	32 34 32 35	36 36 36 34	20.5 19.5 19.5 19.5	北齐—隋	宽平肉髻方圆脸，束腰须弥座	二展室十四幢五层
三五〇 1 2 3 4	1397 1398 1399 1400	36 30 35 29	41 33 40 35	45 45 43 44	32 31 33 32	东魏		四展室八幢六层
三五一 1 2 3 4	1401 1402 1403 1404	29 30 29 29	30 32 33 32	28 27 26 27	20 20 15 16	北魏	圆拱龛	九展室三幢四层
三五二 1 2 3 4	1405 1406 1407 1408	40 40 35 40	40 40 43 42	30 30 30 30	25 23 26 25	北魏	建义元年风格	六展室三幢一层
三五三 1 2 3 4	1409 1410 1411 1412	27 28 30 28	28 31 32 31	32 33 33 33	21 20 20 18.5	北齐—北周		二展室十二幢六层
三五四 1 2 3 4	1413 1414 1415 1416	38 39 38 37	40 41 40 40	52 51 51 51	30 30 32 32	北魏	熙平风格 突出头部，喜眉笑眼	四展室二幢一层
三五五 1 2 3 4	1417 1418 1419 1420	33 39 36 35	40 42 44 41	47 48 48 47	27 19 20.5 16	北周—隋	善跏趺坐，高束腰莲台	二展室十四幢一层
三五六 1 2 3 4	1421 1422 1423 1424	36 33 38 31	34 33 38 32	41 41 41 41	 24 24 	北魏	永熙风格 长方形龛，中空可置佛燃灯，若石窟形	八展室一柜 十六幢
三五七 1 2 3 4	1425 1426 1427 1428	45 46 46 44	52 44 43 48	62 63 64 62	19 30 30 29	北魏		四展室三幢二层
三五八 1 2 3 4	1429 1430 1431 1432	12 21 20 15	30 24 28 24	45 46 46 46	32 19 30 30	北魏		九展室

续表

编号		造像石尺寸			主尊造像	时代	典型特征	存置／备注
石号	面号	上宽	下宽	高	高			
三五九 1	1433	42	41	61	8	北魏	千佛龛造型	九展室
2	1434	14	24	59	8			
3	1435	40	45	60	12			
4	1436	21	25	59	10			
三六〇 1	1437	25	33	38	12	东魏	十六王子佛造像	九展室
2	1438	27	34	33	15.5			
3	1439	24	32	32	12			
4	1440	26	34	35	14			
三六一 1	1441	29	21	24	12	北齐	圆拱龛，高圆肉髻，长圆脸，细眉小眼，方领通肩大衣“U”形纹	六展室十三幢七层
2	1442	18	16	25	15			
3	1443	17	19	25	13			
4	1444	14	17	24	15			
三六二 1	1445	11	19	23	30	东魏		九展室九幢七层
2	1446	13	17	23	20			
3	1447	13	20	24	21			
4	1448	13	20	23	20			
三六三 1	1449	11	14	31		东魏	上半为塔刹 下半为像龛	九展室
2	1450	14	19	30				
3	1451	11	14	31	7			
4	1452	14	16	31				
三六四 1	1453	26	29	23	13.5	东魏	上半残缺。佛双领垂肩大衣，衣袖与膝部呈鱼眼状，衣褶密，下摆尖	九展室一幢四层
2	1454	28	29	25	17.5			
3	1455	26	30	26	15.5			
4	1456	26	29	24	20			
三六五 1	1457	20	25	29	23	东魏		九展室九幢六层
2	1458	15	22	29	23			
3	1459	17	22	29	23			
4	1460	18	24	29	21			
三六六 1	1461	20	26	30	21	东魏	直脚人字拱，高莲台。佛造像高肉髻，脸削刻板块鲜明	九展室三幢六层
2	1462	18	25	30	22			
3	1463	18	22	32	20			
4	1464	20	25	34	21			
三六七 1	1465	17	19	29	17	北魏		九展室六幢七层
2	1466	18	20	30	17			
3	1467	16	20	32	17			
4	1468	12	19	30	17.5			
三六八 1	1469	23	31	34	12.5	东魏	十六王子佛造像	九展室一幢二层
2	1470	23	27	35	13.5			
3	1471	22	30	34	12.5			
4	1472	25	28	34	14			
三六九 1	1473	28	28	33	19	东魏	龛下两侧有鹅、雁造型，挂饰，倒幢仗	九展室二幢四层
2	1474	28	30	33	22			
3	1475	29	28	32	25			
4	1476	28	23	33	27			

续表

编号		造像石尺寸			主尊造像	时代	典型特征	存置／备注
石号	面号	上宽	下宽	高	高			
三七〇 1 2 3	1477 1478 1479	33 42 34	35 47 33	55 55 55	33 33 34	北魏—东魏		九展室三幢一层
三七一 1 2 3	1480 1481 1482	17 12 20	10 10 20	33 31 33	22	北魏	神龟风格 龛外饰束莲	九展室
三七二 1 2 3	1483 1484 1485	15 24 14	15 25 14	26 26 25	18 16 20	北齐—北周	圆方脸，两肩窄小，显头大身小	九展室七幢八层
三七三 1 2 3	1486 1487 1488	14 27 11	18 28 14	29 29 29	22 20 22	北魏		九展室
三七四 1 2 3	1489 1490 1491	27 16 17	31 19 22	41 41 40	18.5 20.5 20.5	东魏	腹部从平整发展为突起	九展室
三七五 1 2 3	1492 1493 1494	34 13 13	20 13 12	35 35 35	19 14.5 15	北齐	曲脚人字拱补间	九展室五幢五层
三七六 1 2	1495 1496	20 19	22 21	42 42	29 29	北魏—东魏		九展室
三七七 1 2	1497 1498	36 36	37 37	28 28		不明		九展室
三七八 1 2 3	1499 1500 1501	30 16 12	30 19 18	39 39 39	16 25 23	东魏	扁平脸	九展室
三七九 1 2 3	1502 1503 1504	21 26 40	14 18 43	58 58 58	28 33 32	北魏—东魏	凸字形佛龛，楣饰宝盖，佛饰背光，高肉髻，扁平脸	九展室
三八〇 1 2 3	1505 1506 1507	34 45 30	28 46 13	55 55 54	28 28 23	东魏		二展室九幢三层
三八一 1 2 3 4 5 6 7 8	1508 1509 1510 1511 1512 1513 1514 1515	13 13 13 13 13 13 13 13	15 15 15 15 15 15 15 15	36 36 36 36 36 36 36 36	6.7	北齐—隋	八角柱直径32厘米 仿木构建筑，人字拱补间已成为花样装饰。佛宽低平肉髻，低平似头顶小帽，身材修长	八展室六柜七幢

续表

编号		造像石尺寸			主尊造像	时代	典型特征	存置 / 备注
石号	面号	上宽	下宽	高	高			
三八二 1 2 3 4 5 6 7 8	1516 1517 1518 1519 1520 1521 1522 1523	12 12 12 12 12 12 12 12	13 13 13 13 13 13 13 13	34 34 34 34 34 34 34 20	13 16 14 11 11 14 13	北齐 —隋	八角柱直径 30 厘米 风化漫漶，可判断补间人字拱曲脚形式	九展室五幢三层
三八三 1 2 3	1524 1525 1526	27 10 12	27 10 14	30 30 30	22	北魏	供养菩萨高冠饰	九展室
三八四 1 2	1527 1528	20 19	22 23	49 51	8.6 8.8	北魏	简单，世俗	八展室二柜十幢
三八五 1 2 3	1529 1530 1531	25 36 23	25 36 20	36 36 35	27 27 25	北齐	五铺作。佛长圆脸形，溜肩。枝梗莲台	九展室五幢四层
三八六 1 2 3	1532 1533 1534	36 19 24	39 24 22	44 44 43	24 20 24	北魏	桃尖龛，四脚座雕纹饰 佛高圆肉髻，大耳，溜肩	九展室
三八七 1 2 3	1535 1536 1537	18 24 38	26 22 36	26 25 29	22 18 23	东魏	弟子像宽衣博带	九展室
三八八 1 2 3 4 5 6 7 8	1538 1539 1540 1541 1542 1543 1544 1545	12 12 12 12 12 12 12 12	12 12 12 12 12 12 12 12	24 24 24 24 24 24 24 24	3.8	北齐 —隋	八角柱直径 25 厘米 曲脚人字拱，微上翘。佛造像方圆脸形，宽低平肉髻	八展室六柜八幢
三八九 1 2 3 4 5 6 7 8	1546 1547 1548 1549 1550 1551 1552 1553	10 10 10 10 10 10 10 10	10 10 10 10 10 10 10 10	24 24 24 24 24 24 24 24	6.4	北齐 —北周	八角柱直径 21 厘米 曲脚人字拱补间柱头一斗三升，明柱梭形。佛造像高圆肉髻	八展室六柜九幢

二 单体造像、组合造像

编号	形制	高	宽	座高	宽	长	造像厚	时代	存置 / 备注
三九〇		255	60				24	北魏	五展室十一幢
三九一		194	58				31	北齐	七展室六幢
三九二		157	48				22	北齐	一展室七幢
三九三		162	55				25	北齐	三展室十幢
三九四		173	48				20	北齐	三展室十一幢
三九五		169	52				30	东魏	三展室八幢
三九六		180	41				30	东魏	三展室七幢
三九七		145	73				39.5	北齐—北周	三展室九幢
三九八		210	57				39	北周	三展室六幢
三九九		242	66				35	隋	五展室一幢
四〇〇		254	71				40	北齐	五展室二幢
四〇一		245	64				30	北周	五展室三幢
四〇二		215	54				27	东魏	三展室十二幢
四〇三		188	80				52	唐	五展室八幢
四〇四		183	51				24	北魏	五展室七幢
四〇五		179	44				26	北魏	五展室九幢
四〇六		174	44				24	北魏	五展室十幢
四〇七		169	48				21.5	隋—唐	五展室六幢
四〇八		151	41				20	隋	一展室六幢
四〇九		190	60				31	北齐	七展室十二幢
四一〇		220	56				25	隋	五展室五幢
四一一		155	41				19	北齐—北周	七展室七幢

续表

编号	形制	高	宽	座高	宽	长	造像厚	时代	存置 / 备注
四一二		156	41				27	北齐—北周	七展室八幢
四一三		126	66				37	隋	七展室九幢
四一四		150	43				20	北齐	七展室十幢
四一五		138	34				29.5	东魏	七展室十一幢
四一六		93	58	26	24	57	24	北周一隋	三展室三幢
四一七	人像半身	63	28				18	唐	八展室六柜一幢
四一八	坐像无头手	54	52				21	唐	三展室十六幢
四一九	立像无头	103	41				22	东魏	五展室十二幢
四二〇	立像无头	60	35				18	东魏—北齐	一展室一幢
四二一	坐像全身	73	48	22	23	47	25	北魏	三展室十四幢
四二二	坐像无头	98	50	36	28	45	28	北魏	一展室三幢
四二三	立像无头	77	29				18	东魏	五展室十六幢
四二四	坐像无头	68	39	18	22	39	24.5	东魏—北齐	一展室四幢
四二五	坐像无头	50	40	20	23	40	23	东魏	九展室
四二六	坐像无头	67	34	16	24	45	23	隋 开皇十二年	一展室二幢
四二七	立像全身	70	22				14	东魏	一展室十七幢
四二八	立像全身	66	22					东魏	一展室 1990 年被抢劫
四二九	坐像无头	46	37	12	37	37		唐	圆悬裳座 八展室六柜三幢
四三〇	坐像无头	50	33	15	15	33		北齐	八展室二柜十四幢
四三一	坐像无头	45	26	12	37	40		唐	八展室五柜三幢
四三二	立像全身	103	30				17	北魏	七展室二幢

续表

编号	形制	高	宽	座高	宽	长	造像厚	时代	存置 / 备注
四三三	坐像无头	54	52				28.5	唐	七展室十六幢
四三四	坐像全身	75	38	15	19	38	19	北魏	三展室十五幢
四三五	立像无头	58	30				20	东魏	一展室十四幢
四三六	立像半身 无头	46	31					唐	八展室三柜一幢
四三七	坐像无头	72	45	28	25	50	26	北魏	五展室十五幢
四三八	坐像全身	102	49	33	30	56		北魏	八展室七柜二幢
四三九	立像全身	73	25				14.5	东魏	三展室十七幢
四四〇	坐像 无头无手	68	35	10	28	52	29	东魏	一展室十五幢
四四一	坐像全身	51	42	15	19	42		北魏	八展室二柜一幢
四四二	立像全身	96	29				18	北魏	七展室四幢
四四三	坐像无头	78	54	39	27	47	26	东魏	五展室十四幢
四四四	立像无头	64	23				16	北齐	一展室十六幢
四四五	坐像全身	119	56	30	25	60	25	北魏	七展室三幢
四四六	立像半身	45	25					北魏	八展室五柜八幢 1998 年被盗抢
四四七	坐像全身	53	28	20	14			北魏	八展室三柜五幢 1998 年被盗抢
四四八	坐像全身	103	82	27	33	50		北魏 正光二年	八展室七柜三幢
四四九	立像全身	83	20				13	北齐	三展室一幢
四五〇	坐像全身	57	42	19	15	42		北齐 天统元年	八展室六柜十八幢 1998 年被盗抢
四五一	立像全身	75	43	17	19	43	20	北齐	三展室二幢
四五二	立像全身	93	60	14	31	43	32	北魏	七展室十五幢

续表

编号	形制	高	宽	座高	宽	长	造像厚	时代	存置 / 备注
四五三	坐像全身	75	41	11	23	41	24	北魏	三展室四幢
四五四	立像全身	119	30				17	东魏	三展室十三幢
四五五	坐像无头	34	20	10	28			唐	八展室四柜十三幢
四五六	立像无头	122	44				31	北齐—隋	三展室五幢
四五七	立像无头	114	34				21.5	北齐	一展室五幢
四五八	立像无头	148	45				25	东魏	一展室十三幢
四五九	立像无头	114	40				27	北齐	七展室四幢
四六〇	立像无头	108	40				20	北齐	七展室十七幢
四六一	立像无头	49	22					东魏	八展室一柜十幢
四六二	立像全身	143	36				16	北魏	一展室十二幢
四六三	立像全身	152	43				19	北齐—隋	一展室十一幢
四六四	坐像全身	150	76	58	33	76	36	北齐—隋	一展室九幢
四六五	立像下半身	77	35				16	北齐—隋	五展室十三幢
四六六	立像无头	77	42				23	北齐	七展室十三幢
四六七	立像无头	90	36				18	北齐	七展室十四幢
四六八	立像无头	81	28				18	北齐	九展室
四六九	立像 无头无腿	79	47				23	北齐	五展室四幢
四七〇	立像无头	46	35				14	北齐	九展室
四七一	立像无头	60	36				16	北魏	七展室一幢
四七二	立像无头	47	28				10	东魏	九展室
四七三	立像无头	49	18				13	隋	九展室
四七四	立像无头	53	20				9		九展室

续表

编号	形制	高	宽	座高	宽	长	造像厚	时代	存置 / 备注
四七五	立像全身	160	42				21.5	北魏	一展室十幢
四七六	立像全身	159	43				23.5	北齐	一展室八幢
四七七	坐像无头	38	36	8		28	25	隋—唐	九展室
四七八	坐像无头	54	42	25	24	42		北魏	九展室
四七九	立像 半身无头	46	28				16	隋—唐	九展室
四八〇	立像 半身无头	42	23				9	东魏	九展室
四八一	立像无头	58	30				17	东魏	九展室
四八二	立像无头	40	17				15	北齐—隋	九展室
四八三	立像下半身	25	19				12	东魏	九展室
四八四	立像无头	46	20				13.5	北齐	九展室
四八五	立像下半身	32	16				10	东魏	九展室
四八六	立像下半身	30	17				10	北齐	九展室
四八七	立像下半身	29	23				12.5	北齐	九展室
四八八	立像中身	38	30				10	东魏	九展室
四八九	立像无头	42	19				13.5	隋	九展室
四九〇	立像无头	42	20				14	北魏	八展室三柜四幢
四九一	立像无头	48	21				13	东魏	九展室
四九二	坐像无头	39	34	12	17	33	12	北魏	九展室
四九三	立像无头	43	15				11	北魏	八展室五柜一幢
四九四	立像无头	23	11				9.5	北魏	八展室二柜六幢
四九五	立像无头	44	14				11.5	北齐	九展室
四九六	立像无头	45	16				12	北魏	八展室五柜二十幢

续表

编号	形制	高	宽	座高	宽	长	造像厚	时代	存置 / 备注
四九七	立像上半身无头	33	19				9	北齐—隋	九展室
四九八	立像下半身	31	17				10	北齐	九展室
四九九	立像无头	43	20				14	北齐	八展室五柜十七幢
五〇〇	立像上半身无头	23	16				8	北魏	九展室
五〇一	立像无头	30	15					东魏	八展室
五〇二	立像中身	22	19				12.5	北齐—北周	九展室
五〇三	立像中身	19	13					东魏	九展室
五〇四	立像上半身无头	19	19				8	隋—唐	九展室
五〇五	上半身无头	94	35				6	北齐—隋	九展室 与 QN 六〇一合并
五〇六	坐像无头	22	13	8	8	16		东魏	八展室
五〇七	下半身	30	15				15	东魏	九展室
五〇八	下半身	25	15				12	北齐	九展室
五〇九	下半身	33	16					东魏	九展室
五一〇	立像无头	33	13.5				9	东魏	九展室
五一一	坐像无头	28	17	14	9	17		东魏	八展室六柜二幢
五一二	立像无头	21	24	9	9	24	9	东魏	八展室一柜十一幢
五一三	立像无头	32	23	11	12	23	12	不明	九展室
五一四	坐像无头	30	22	15	13	23		东魏	九展室
五一五	立像上半身无头	28	28				11	北齐—隋	九展室
五一六	立像上半身无头	16	16				5.5	北齐—隋	九展室

续表

编号	形制	高	宽	座高	宽	长	造像厚	时代	存置 / 备注
五一七	立像无头	24	11				6.5	东魏	九展室
五一八	立像下半身	30	15	21	10	19	10	东魏	九展室
五一九	坐像全身	23	21	8	7	13		东魏	九展室
五二〇	立像无头	17	8					隋—唐	九展室
五二一	坐像无头	18	17	9	7	17		北魏	九展室
五二二	立像无头	34	18					隋	八展室三柜十三幢
五二三	坐像无头	19	22	4	10	21	11	北魏	九展室
五二四	坐像无头	23	20	10	10	20	10	北魏	八展室二柜十一幢
五二五	坐像无头	20	20	7	9	20	12	东魏	九展室
五二六	立像无头	28	13				11	东魏	九展室
五二七	坐像无头	11	12	4	11		10	北齐	九展室
五二八	双人坐像无头	27	18	7	6	17		东魏	八展室六柜十六幢
五二九	坐像下半身	13	18	10	6	18	7	东魏	九展室
五三〇	立像上半身	14	18				8	北魏	九展室
五三一	立像下半身	18	13				8	东魏	九展室
五三二	坐像无头	32	17	12	17			唐	八展室六柜五幢
五三三	坐像无头	17	12	9	5	12		东魏	八展室二柜五幢
五三四	立像无头	22	16				11	隋—唐	九展室
五三五	坐像无头	14	12	5	8	11		北魏	八展室一柜十四幢
五三六	立像上半身无头	20	13				8.5	东魏	九展室
五三七	立像下半身	33	16				8.5	东魏	九展室
五三八	立像无头	31	13				12	北齐	八展室

续表

编号	形制	高	宽	座高	宽	长	造像厚	时代	存置 / 备注
五三九	立像无头	24	14				8	东魏	九展室
五四〇	立像无头	39	19				11	北齐—隋	九展室
五四一	坐像下半身	17	18	8	9	18	9	北齐	九展室
五四二	立像无头	29	16.5				10.5	北齐	八展室三柜十八幢
五四三	立像上半身无头	21	18				10	北齐	九展室
五四四	坐像无头	45	18	10	6	12		北齐	八展室
五四五	立像上半身无头	23	18				10	北齐	九展室
五四六	立像上半身无头	31	17				10	东魏	九展室
五四七	立像下半身	25	16				12	东魏	九展室
五四八	坐像下半身	22	23	13	13	23		唐	九展室
五四九	立像无头	37	20					北齐	八展室五柜十六幢
五五〇	左上半身无头	28	13				12	北齐	九展室
五五一	立像下半身	19	13				13	北齐—隋	九展室
五五二	坐像下半身	23	20	13	12	20	12	北魏	九展室
五五三	上半残无头	14	13				7.5	唐	九展室
五五四	立像无头	30	15				9	隋—唐	九展室
五五五	立像无头	18	12.5					东魏	八展室五柜十一幢
五五六	立像中身	10	12.5				7	东魏	九展室
五五七	坐像无头	26	26	6	9	26		北魏	九展室
五五八	坐像无头	27	34	9.5	13	24	14	东魏	九展室
五五九	坐像无头	24	20	9	11	19		东魏	九展室

续表

编号	形制	高	宽	座高	宽	长	造像厚	时代	存置 / 备注
五六〇	坐像无头	39	25				10	东魏	九展室
五六一	坐像无头	29.5	20	12	11	20	11	北魏	九展室
五六二	立像 下半身	38	22					东魏	九展室
五六三	坐像无头	23	23	10	13	24		北魏	九展室
五六四	立像上半身	15	28				9.5	北魏	九展室
五六五	立像 无头无脚	23	13					北魏	九展室
五六六	立像无头	33	22	9	14	22	14	东魏	八展室六柜十二幢
五六七	立像上半身 无头	17.5	16				8	东魏	九展室
五六八	坐像无头	17.2	17.9	7	9.5	17.9		北魏太和	山西博物院
五六九	坐像	46	19	12	10			东魏	八展室四柜一幢
五七〇	坐像无头	43	30	6	14		14.2	北魏	九展室
五七一	立像无头	34	32	12	12	32		隋	八展室四柜十幢
五七二	立像半身	36	25				16	东魏	九展室
五七三	立像半身	35	17				8.5	北齐	九展室
五七四	坐像无头	48	17	24	15	40		北齐	八展室二柜八幢
五七五	坐像	45	33	12	21	32		北魏	八展室二柜十二幢 1998 年被盗抢
五七六	坐像无头	18	23	10	15	18		唐	八展室六柜十幢
五七七	立像	35	27				10	东魏	八展室五柜十八幢
五七八	坐像无头	18	14	10	8	13		东魏	八展室五柜十幢
五七九	坐像无头	33	22	10	23			隋—唐	八展室四柜二幢
五八〇	坐像无头	29	23	15	13	23		东魏	八展室六柜六幢

续表

编号	形制	高	宽	座高	宽	长	造像厚	时代	存置 / 备注
五八一	坐像无头	36	26	13	14	25		北魏 正光六年	九展室
五八二	坐像无头	35	21	14	13	21	13	东魏	九展室
五八三	坐像无头	22	16	10	9	16	9	东魏 兴和年间	八展室五柜十三幢
五八四	坐像无头	19	15	10	7	14		北魏	八展室
五八五	坐像无头	15	17	6	5	17	5	北齐	九展室
五八六	坐像无头	23	14	14	11	14	11	东魏	八展室五柜四幢
五八七	立像无头	29	21					东魏	八展室五柜十九幢
五八八	坐像无头	21	17	11	11	17	11	北齐 天保七年	八展室一柜十二幢
五八九	坐像无头	14	14	7	8	14		北齐 武平六年	九展室
五九〇	立像无头	26	16				9.5	北魏	八展室二柜二幢
五九一	坐像无头	22	20	12	10	20	10	北齐 武平七年	八展室一柜十五幢
五九二	坐像无头	18	17	8	7	17	7	北齐 武平年间	八展室一柜十三幢
五九三	坐像无头	18	19	5	9	19		北齐	八展室二柜七幢
五九四	坐像无头	21	26	14	12	26	12	北齐	九展室
五九五	坐像无头	21	19	10	11	19		东魏 武定三年	八展室五柜七幢
五九六	坐像无头	24	18	9	12	18	12	唐龙朔三年	八展室五柜五幢
五九七	立像下半身	19	8.5				5.5	隋一唐	九展室
五九八	立像下半身	18	8				6.5	隋一唐	九展室
五九九	坐像	41	26				9.5	北齐	九展室

续表

编号	形制	高	宽	座高	宽	长	造像厚	时代	存置 / 备注
六〇〇	坐立双面像	45	21	24	5	21	14	北魏	九展室
六〇一	立像	94	35				6	隋	与五〇五合并
六〇二	立像后背	34.5	22					北齐	九展室
六〇三	立像后背	43	21				12	北齐	九展室
六〇四	立像无头	24	19				11	北齐	九展室
六〇五	坐像无头	27	27	21	9	27		北齐—隋	八展室五柜六幢
六〇六	坐像半头	40	27	14	13	27	13	北周—隋	八展室一柜十七幢
六〇七	坐像无头	37	25.5	12	12	25	12	东魏	九展室
六〇八	坐像无头	18	18				8	北魏	八展室六柜十幢
六〇九	坐像无头	40	23				14	东魏 武定元年	八展室四柜十一幢
六一〇	立像无头	50	33				10	北齐	九展室
六一一	力士头像	16.5	16				11	北魏延昌— 熙平时期	八展室
六一二	佛头像	16	10					北齐	八展室 1990 年被盗抢
六一三	佛头像	25	13				12	北齐	九展室
六一四	佛头像	17.5	18				9.5	北齐	八展室一柜六幢
六一五	佛头像	16	9				13.5	北魏	八展室二柜十六幢
六一六	佛头像	17	9				16.5	唐	八展室五柜二幢
六一七	佛头像	16	18				13	北魏	八展室一柜四幢
六一八	佛头像	27	16				19	北齐	九展室
六一九	菩萨头像	23	16				14	北齐	九展室
六二〇	菩萨头像	14	13.5				10	北魏	九展室

续表

编号	形制	高	宽	座高	宽	长	造像厚	时代	存置 / 备注
六二一	菩萨头像	18	14				12.5	北魏	八展室一柜七幢
六二二	菩萨头像	22	16				12.5	北齐	八展室一柜八幢
六二三	菩萨头像	21	16				13.5	北齐	八展室
六二四	佛头像	25	16				16	隋—唐	九展室
六二五	弟子头像	23	13				18	北齐	八展室六柜十五幢
六二六	弟子头像	20	15				14	北齐	九展室
六二七	弟子头像	16.5	12				12	不明	九展室
六二八	佛像头	18	13				12	唐	九展室
六二九	菩萨头像	25	16				14	北齐	九展室
六三〇	佛头像	15.5	21				16	东魏	九展室
六三一	弟子头像	12	7				11	不明	八展室
六三二	弟子头像	15	11				13	不明	九展室
六三三	弟子头像	16.5	10				10	隋—唐	九展室
六三四	佛头像	14	10				10.5	北魏	九展室
六三五	佛头像	12	9					东魏	九展室
六三六	菩萨头像	17	10				9	北魏	九展室
六三七	弟子头像	27	18				20	东魏	八展室
六三八	佛头像	15.5	10				12	北齐	九展室
六三九	弟子头像	19	10				16	北齐	八展室五柜十四幢
六四〇	佛头像	20	14				16.5	隋—唐	九展室
六四一	菩萨头像	24	13				14	北齐	八展室六柜十七幢
六四二	菩萨头像	17	13.5				14	东魏	八展室四柜十二幢
六四三	菩萨头像	19.5	9				9	北魏	八展室三柜十九幢

续表

编号	形制	高	宽	座高	宽	长	造像厚	时代	存置 / 备注
六四四	菩萨头像	21.5	11				17	北齐	八展室一柜三幢
六四五	佛头像	20.5	13				16	北齐	八展室五柜十二幢
六四六	菩萨头像	27	24				19	北齐	八展室三柜十二幢
六四七	佛头像	21	14				16.5	北魏	八展室二柜十五幢
六四八	佛头像	14	9					隋—唐	八展室三柜九幢 1998 年被盗抢
六四九	佛头像	26	15.5				14	唐	九展室
六五〇	力士头像	20	10				14	东魏	八展室
六五一	弟子头像	27	11.5				17.5	北齐	八展室
六五二	菩萨头像	51	27				28	北齐	九展室
六五三	弟子头像	24	19				22	北齐	八展室二柜四幢
六五四	菩萨头像	15	12					北魏	八展室三柜八幢 1998 年被盗抢
六五五	佛头像	19	15				20	唐	九展室
六五六	菩萨头像	20.5	19.5					东魏	八展室一柜二幢
六五七	弟子头像	15	24					东魏	八展室二柜三幢
六五八	佛头像	36	40				16	东魏	九展室
六五九	菩萨头像	33	26				18	东魏	八展室六柜十四幢
六六〇	菩萨头像	35	26				18	东魏	九展室
六六一	菩萨头像	36	13				20	北魏	九展室
六六二	菩萨头像	32	26				20	北齐	九展室
六六三	弟子头像	30	21				21	北齐	九展室
六六四	菩萨头像	30	16					东魏	八展室
六六五	佛头像	26	15				16	唐	八展室四柜九幢

续表

编号	形制	高	宽	座高	宽	长	造像厚	时代	存置／备注
六六六	佛头像	14	9					北魏	八展室 1990年被盗抢
六六七	弟子头像	27	19				19	北齐	九展室
六六八	佛头像	16	12					北齐—隋	八展室三柜二幢 1998年被盗抢
六六九	佛头像	18	14					隋—唐	八展室四柜六幢 1998年被盗抢
六七〇	弟子头像	18.5	14				14	东魏	八展室一柜五幢
六七一	弟子头像	17	12				12	北齐	八展室三柜七幢
六七二	佛头像	23	12				12.5	北魏 延昌年间	八展室三柜十六幢
六七三	菩萨头像	13	14.5				11	东魏	八展室三柜十五幢
六七四	佛头像	19	13					唐	八展室四柜五幢 1998年被盗抢
六七五	菩萨头像	13	9					东魏	八展室四柜八幢 1998年被盗抢
六七六	菩萨头像	25	13				12.5	北魏	八展室三柜十一幢
六七七	菩萨头像	23	12				15	北齐	八展室六柜四幢
六七八	菩萨头像	17	16				17	北魏	八展室二柜十三幢
六七九	菩萨头像	27	18				15	东魏	八展室三柜十幢
六八〇	佛像头	15	18				3	东魏	九展室
六八一	菩萨头像	16.5	11				15	北齐	八展室三柜六幢
六八二	兽头	9	13				15	不明	八展室四柜三幢
六八三	兽头	12	13				19	不明	八展室四柜四幢

三　碑碣

编号	形制	高	宽	造像厚	时代	存置 / 备注
六八四	碑	98	82	18	隋（有唐题记）	四展室西端
六八五	碑	86	47	13	北齐武平六年	六展室南端
六八六	碑	57	28	9.5	东魏	九展室
六八七	碑	107	80	8	东魏	九展室
六八八	千佛碑	78	59	11	东魏	九展室
六八九	千佛碑	103	106	8	隋—唐	九展室
六九〇		69	31	9.5	东魏武定八年	九展室
六九一		44	55	11	北齐	九展室
六九二		64	29	13	北魏	九展室 侧边“□圣九年”铭
六九三		101	49	17	北魏正光二年	二展室南端
六九四		98	69	14	北齐武平元年	六展室北端
六九五		58	109	9	东魏	八展室五柜二十一幢
六九六		121	83	15	北魏神龟三年	四展室东端
六九七		97	55	10	东魏兴和三年	二展室北端
六九八		53	55	7	北齐天统四年	八展室一柜九幢
六九九		130	71	17	北齐皇建二年	六展室南端二
七〇〇		66	72	10	北齐	八展室四柜七幢
七〇一		105	70	14	北魏	九展室
七〇二		100	73	14	北魏	九展室
七〇三		30	34	11	北魏	九展室
七〇四		43	46	10		东魏 九展室

续表

编号	形制	高	宽	造像厚	时代	存置 / 备注
七〇五		30	36	8.5	东魏	九展室
七〇六		50	49	8	东魏	九展室
七〇七		49	47	10	北魏	九展室
七〇八		37	58	14	北齐	九展室
七〇九		74	44	13	东魏	九展室
七一〇		31	52	12	东魏	九展室
七一一		31	56	14	北齐	九展室
七一二		53	33	14.5	北齐	九展室
七一三		39	65	13	北齐	九展室
七一四		49	39	15	北齐武平六年	九展室
七一五		33	56	12.5	东魏	九展室
七一六		60	74	13	东魏	九展室
七一七		95	72	14.5	东魏	九展室 与七二五合
七一八		51	52	11	北齐	九展室
七一九		55	59	15	北魏	九展室
七二〇		60	47	13.5	北齐	九展室
七二一		67	37	13	东魏	九展室
七二二		64	59	14.5	北齐皇建二年	九展室
七二三		49	45	16	北齐	九展室
七二四		22	33	13.5	东魏	九展室
七二五		95	72	14.5	东魏	九展室 与七一七合并
七二六		76	61	11	北齐	九展室

续表

编号	形制	高	宽	造像厚	时代	存置 / 备注
七二七		29	52		北齐	九展室
七二八		33	17	13	北齐	九展室
七二九		24	35	8	东魏	九展室
七三〇		38	65	10	北齐	九展室 与七三一合并
七三一		38	65	10	北齐	九展室 与七三〇合并
七三二		37	27	19	北魏	九展室
七三三	千佛碑	34	42	7.5	东魏	九展室
七三四		39.5	46	11	东魏	九展室
七三五		73	50	13	东魏	九展室
七三六		50	72	8	东魏	九展室
七三七		33	25		北齐	九展室
七三八		17	22	8.5	北魏	九展室
七三九		19	21	10	北齐	九展室
七四〇		24	18	8	北齐	九展室
七四一		27	24	8	东魏	九展室
七四二		103	64	10	北魏永熙三年	八展室一柜十九幢
七四三		34	38	9.5	北魏	九展室
七四四		34	38	12	北魏—东魏	九展室
七四五		42	17	10	东魏	九展室
七四六		14	7.5		北魏	九展室
七四七		11	19	20	北魏	八展室五柜七幢
七四八		29	15		北魏	八展室三柜十四幢

续表

编号	形制	高	宽	造像厚	时代	存置／备注
七四九		20	24	11	北魏	九展室
七五〇		30	23	8	北齐	九展室
七五一		74	46	15	北齐天保六年	六展室北端二
七五二		34	25	10	东魏	九展室

四 石刻造像残块

编号	形制	高	长	宽	厚	时代	存置 / 备注
七五三	石塔顶	22	21	19		东魏	八展室三柜十七幢
七五四	石塔顶	14	22	17			九展室
七五五	残造像	20		22	21	北魏	九展室
七五六	佛身	44		18	10	北齐	九展室
七五七	残塔顶	22	34	20		不明	九展室
七五八	柱础	20	25	23		北齐	九展室
七五九	塔顶	24	65	54			九展室
七六〇	残塔顶	18	62	62			九展室
七六一	残塔顶	20	54	44			九展室
七六二	残塔顶	13	38	60			八展室一柜十八幢

编号	面号	上宽	下宽	高	主尊高	时代	存置 / 备注
七六三 1 2 3 4	1554 1555 1556 1557	42 33 43 29	43 33 40 40	56 58 56 56	35 33 33 18.5	北魏—东魏	九展室六幢二层
七六四 1 2	1558 1559	27 15	22 14	30 30		北魏	八展室五柜十五幢
七六五	残造像石	22	22	22	34	东魏	九展室
七七〇 1 2 3 4		15 15 15 15	21 21 21 21	25 25 25 25	21 21 21 20	北魏	九展室
补一 1 2 3 4		26 26 26 26	26 26 26 26	35 35 35 35	20 20 20	北魏	九展室

编号	形制	宽	高	座高	厚	时代	存置 / 备注
七六六	残千佛碑	42	25		13	北齐	九展室
七六七	残佛足	23	35	24		不明	九展室
七六八	残造像碑	17	36		14	北魏	九展室
七六九	佛像座	29.5	21	21		北齐武平六年	八展室六柜十三幢
七七一	残躯	17	28		10	东魏	九展室
七七二	带铭座	20	12		15	东魏	九展室
七七三	塔刹顶	20	39.5		20	不明	九展室
七七四	残塔刹	22	25			不明	九展室
七七五	刹顶	直径 16.5	16.5			不明	九展室
七七六	刹顶	直径 21	22			不明	九展室
七七七	残碑	15	30		12	东魏	九展室 胡甲军铭
七七八	简易塔刹	直径 17	30			不明	九展室
七七九	残造像碑	41	48			东魏	九展室
七八〇	造像碑	12	19		12.5	东魏武定年间	九展室 武定造像铭
补二	头像	8.5	15		9	东魏	九展室
补三	头像	9	10.5		9	东魏	九展室
补四	残碑额	30	39		12	北齐	九展室
补五	残造像	23	30		13	隋一唐	九展室

五 1971 年调回山西省博物馆石刻

四面造像石

编号	面号	下宽	上宽	高	主尊高	时代	存置 / 备注
暂一	1 2 3 4	34.8 32.6 35.5 34	32.7 32.3 33.3 32	30.5 30.5 30.5 30.5	26 25.8 26 25	北魏	山西博物院
暂二	1 2 3 4	31 32.4 22 17.2	25.7 27.4 27 30	32 32 32 32	20 20.5 21 17	北魏	山西博物院
暂三	1 2 3 4	42 41 42 42	37 36 37 36	46 46 46 46	24 20 20 21	东魏	山西省民俗馆
暂四	1 2 3 4	34 33 34 33	34 34 34 34	34 33 33 33	23 21.2 21.5 22.5	北魏	山西省民俗馆
暂五	1 2 3 4	31 30 30 30	32 30 31 30	34 33 33 33	14 17.5 20 20	北魏	山西省民俗馆
暂六	1 2 3 4	28 28 28 27	27 28 28 27	29 28 28 29	18.5 18 18 14	北周 —唐	山西省民俗馆
暂七	1 2 3 4	22 22 22.5 22.5	22 22 21 22.5	22 22 22 22	7.5 6.5 7 11	北周	山西省民俗馆
S•872	1 2 3 4	33.4 33.8 33 33.2	29.3 29.8 29.4 30	51 51 51 51	27 26 27 27.5	北魏	山西山西博物院
送吉林博物馆	1 2 3 4	38.3 38.8 36 37.8	34.4 36.5 34.5 36.2	56.1 57.7 56.7 56.7	42 42 40 42	北魏	吉林省博物馆

单体造像

编号	形制	高	宽	厚	时代	存置 / 备注
S·9	佛头	21	15	13	唐	山西省博物馆
S·10	佛头	26	16	15	唐	山西省博物馆
S·11	佛头	22	16	16	北周	山西省博物馆
S·12	力士头	32	20	17	北齐	山西省博物馆
S·13	佛头	28	18	17	北齐	山西省博物馆
S·14	菩萨头	34	15	17	北齐	山西省博物馆
S·15	弟子头	24	23	16	北齐	山西省博物馆
S·16	佛头	35	34	23	北齐	山西省博物馆
S·17	残足	21	34	18	不明	山西省博物馆
S·18	残足	23	33	17	不明	山西省博物馆
S·19	佛头	28	36	24	北齐	山西省博物馆
S·20	菩萨头	35	17	17	唐	山西省博物馆
S·21	残佛像	88	40	20	唐	山西省博物馆
S·22	残菩萨像	114	46	20	唐	山西省博物馆
S·23	残菩萨像	92	34	27	唐	山西省博物馆
S·24	残菩萨像	92	39	17	唐（类祁县石刻）	山西省博物馆

六 1991 年征集石刻

编号	名称	高	宽	厚	时代	存置 / 备注
91 一	迦叶像	45	15	11	宋一金	九展室
91 二	供养菩萨	41	15	11	宋一金	九展室
91 三	弟子像	40	16	10	宋一金	九展室
91 四	韦陀	66	22	15	宋一金	九展室
91 五	菩萨残像	41	20	15	宋一金	九展室
91 六	菩萨残像	28	12	8.5	宋一金	九展室
91 七	残普贤法相	29	35	象座高 19	宋一金	九展室
91 八	游僧	42	14	11	宋一金	九展室
91 九	残佛头	14	10	10	宋一金	九展室
91 一〇	残足	37	23	24	宋一金	九展室

后 记

20 世纪 50 年代后，全国陆续发现四处大的窖藏石刻——河北曲阳、四川成都、山东青州、山西沁县。沁县南涅水石刻为其一，独具特色。当年发掘之人均已作古，整理的同志也几易其手，转眼整理报告已经又一年了，对报告的整理进入到新的阶段。一代人干一代人的事，事非经过不知难。随着考古发掘的不断发现，新资料的不断积累，整理者对于报告的整理也提高了认识。业内的专家学者对于本书给予了极大的帮助，尤其是宿白先生、马世长先生、柴泽俊先生等亲自给予了指导帮助，予以极大的支持和鼓励。而今完成了这批积压资料的整理，了却一代人心愿。综观资料的整理，多有不如意，但确是目前对这批资料最完整的记录。

南涅水石刻的照片是将正式登记造册的石刻统一编号，按顺序全部拍照。成书中，按照全面展示、基本可以看清石刻造像的要求，将普通造像按每页一石四面排列，稍好的每页排两幅画面，重要的每页排一幅画面。对于有特点的局部，增设画面来表现。碑铭均用拓片，部分重要者将局部重点表现。对于 1971 年调出、散于多处的 25 件文物，2008 年重新拍摄、记录数据、补齐资料。至此，完成了南涅水石刻的完整记录。本书以求全面记录石刻现状，长久保存石刻的文化信息，为深入研究这批造像的历史文化特征提供翔实的资料基础。

整理的过程得到山西省考古研究所专项科研经费的资助，出版得到国家文物局重点科研经费赞助，著者在此表示衷心感谢。再次感谢为保护、宣传这批文物付出辛劳的各位朋友志士仁人和为本报告出版付出辛劳的各位同仁。由衷地敬请各位方家不吝赐教。

2012 年 3 月

Nannieshui Stone Carvings

(Abstract)

In the autumn of 1957, a batch of hoarded stone Buddhist carvings were excavated from an old temple site within the earthen platform in the northeast of the Nannieshui village, which is 25 kilometers to the north of Qinxian in Shanxi province. These stone carvings are named Nannieshui Stone Carvings. Since the 1950s, four well-known hoarded stone carvings have been found one after another in Quyang, Hebei, in Chengdu, Sichuan, in Qingzhou, Shandong and in Qinxian, Shanxi in China. The Nannieshui stone carvings in Qinxian are one of them.

The discovery of the Nannieshui stone carvings attracted the attentions of the government and the academia. The stone carvings are listed as the first group of important cultural heritages in Shanxi in 1965. In the past 60 years, the stone carvings have interested scholars in the field of archaeology, history, religion and art all over China and the world, and have been reported and studied to some extent. The conservation and exhibition conditions have been improved, and the study of the stone inscriptions and the work to collect materials has been persistent. However, due to the limited publication of the materials, the study is not deepened. In 2004, Shanxi Institute of Archaeology started a research program on the stone inscriptions and carried comprehensive and systematic study of the stone carving materials. The preliminary achievement is now published.

The amount of the stone carvings is large, ranging over a long period of over 520 years, from the 6th century to the 11th century, including 7 dynasties, the Northern Wei, the Eastern Wei, the Northern Qi, the Northern Zhou, the Sui, the Tang and the Song. The forms and content of the stone carvings are diverse. The current stone carvings include over a thousand patterns, nearly ten thousand statues of various sizes, which includes individual statue, statues in a set, and stacked four-sided square pagoda. The total number of the individual statues and the sets is 810. The exquisite statues and the excellent craftsmanship objectively reflect the prosperity of Buddhism in the area. The Nannieshui area was at the cultural crossroad during the period from the Northern

Dynasties to the Tang. Its unique geographical location and cultural tradition make the Nannieshui stone carvings distinguished and being the most intact stone carvings inheriting the traditions of the early Buddhist stone carvings in the Hexi Corridor, the Yungang Grottoes in Datong, the Longmen Grottoes in Luoyang, and the Xiangtangshan Grottoes in Handan in Hebei. The Nannieshui stone carvings exhibit both the capital and local styles, juxtaposing elegance and innocence. The discovery of the Nannieshui stone carvings provides substantial research materials for the study of the dissemination of Buddhism during the period from the Northern Wei to the Tang and complements the material evidence for the study of the Chinese history of art and sculpture.

All Nannieshui stone carvings have been photographed according to the archival number of the materials. The principle is to fully exhibit the clear view of the stone carvings. The ordinary plates show the four sides of the stone carving on a page. The plates with advanced resolution show a stone carving on two pages, with two sides of the stone carving on each page. The most important stone carvings are shown by each side on a whole page. Some stone carvings are shown in detail with features. The stone inscriptions are published through rubbings, with some important content exhibited in detail. The attempt is to make comprehensive records of the stone carvings, to conserve the cultural message in the stone carvings for a long period, and to provide substantial research materials for the study of the history of the stone statues. The report so far has completed the official record of the Nannieshui stone carvings.

The report also has done a certain amount of research on the dating of the stone carvings, the set of the four-sided pagodas, the inscriptions and the history of the hoard. It provides written record for the development of Buddhism and dating standard for Buddhist statues. Therefore, it is precious for systematic research.

The report including the whole progress of materials collecting and classification was supported by Shanxi Institute of Archaeology. The publication is funded by the National Cultural Heritage Administration. The publication of the report is indebted to the devotion of the professionals. Suggestions are expected from the readers.

南涅水石刻

（中）

山西省考古研究院
沁 县 文 物 馆　　编著

刘永生　郭海林　刘同廉　　主编

文物出版社

北京 · 2022

Nannieshui Stone Carvings

(II)

by

Shanxi Provincial Institute of Archaeology

Qin County Museum

Chief Editors: Liu Yongsheng

Guo Hailin

Liu Tonglian

Cultural Relics Press

Beijing · 2022

中册下册目录

南涅水石刻彩版

南涅水石刻内容总录图版

（以上为中册）

南涅水石刻内容总录图版（续）

（以上为下册）

南涅水石刻彩版

1. 村北景色

2. 石刻出土地

彩版一　南涅水村北景色及石刻出土地

1. 洪教院（金代创建）

2. 南涅水石刻馆

彩版二　洪教院及南涅水石刻馆

1. 石刻馆

2. 庭院

彩版三　南涅水石刻馆

彩版四　南涅水石刻馆内现状

彩版五　整理资料拍摄工作现场

1. 中央美术学院袁运生教授在陈列室现场教学

2. 拓印铭文

彩版六　教学与拓印工作现场

1. 采石场遗存调查

2. 石刻遗存调查

彩版七　2007年山曲村采石场及石刻遗存的调查

彩版八　交脚菩萨造像（QN二—3）

1. QN一二一1

2. QN八九一1

彩版九　造像石

彩版一〇　造像石（QN七三—1）

1. QN七五—3

2. QN一〇九—1

彩版一一　造像石

1. QN一一八—1

2. QN一二二—2

彩版一二　造像石

1. QN一三一—2

2. QN一三二—1

彩版一三　造像石

彩版一四　造像石（QN一三八—3）

彩版一五　造像石（QN一四九—2）

彩版一六　造像石（QN一五〇—1）

1. QN一六三—2　白象送子

3. QN一八〇—2

2. QN一七五—1

4. QN一八一—2

彩版一七　造像石

1. QN一八六—1

2. QN一八六—2

彩版一八　造像石

1. QN一八六—3

2. QN一八六—4

彩版一九　造像石

彩版二〇　造像石（QN一八七—2）

彩版二一　造像石（QN二〇〇—1）

彩版二二　造像石（QN二〇〇—2）

彩版二三　造像石（QN二〇〇—2）

彩版二四　造像石（QN二〇〇—3）

1. QN二〇二—3

2. QN二〇三—1

彩版二五　造像石

1. QN二〇八—1

2. QN二〇八—2

彩版二六　造像石

彩版二七　造像石（QN二〇九—2）

彩版二八　造像石（QN二一二—1）

1. QN二一二—2

2. QN二一二—3

彩版二九　造像石

彩版三〇　造像石（QN二一二—4）

彩版三一　造像石（QN二一七—1）

1. QN二二〇—2

2. QN二二三—1

彩版三二　造像石

彩版三三　造像石（QN二二四—1）

1. QN二二四—3

2. QN二二四—4

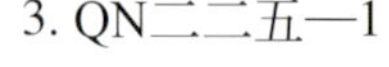

3. QN二二五—1

4. QN二二五—2

彩版三四　造像石

彩版三五　造像石（QN二二五—4）

1. QN二三五—1

2. QN二三五—2

彩版三六　造像石

1. QN二三五—3

2. QN二三五—4

彩版三七　造像石

1. QN二四一—2　龛楣日光、月光菩萨

2. QN二四七—4

3. QN二四七—3

4. QN二四七—4　傩面具

彩版三八　造像石

彩版三九　造像石（QN二四七—3）

1. QN二四九—4

2. QN二八五—1

彩版四〇　造像石

彩版四一　造像石（QN二五三—2 永平二年造像铭）

1. QN三五四—4

2. QN三八一—6

彩版四二　造像石

彩版四三　单体造像（QN三九〇 迦叶）

彩版四四　单体造像（QN三九二）

1. QN三九五

2. QN三九八

彩版四五　单体造像

彩版四六　单体造像（QN三九九）

彩版四七　单体造像（QN三九九）

彩版四八　单体造像（QN四〇〇）

彩版四九　单体造像（QN四〇一）

彩版五〇　单体造像（QN四〇三）

彩版五一　单体造像（QN四〇三）

彩版五二　单体造像（QN四〇四）

彩版五三　单体造像（QN四〇七）

1. QN四一〇

2. QN四一一（局部）

彩版五四　单体造像

彩版五五　单体造像（QN四一一）

彩版五六　单体造像（QN四一四）

1. QN四一七

2. QN四二三

彩版五七　单体造像

彩版五八　单体造像（QN四二七）

1. QN四二九

2. QN四三二

彩版五九　单体造像

1. QN四三五

2. QN四三六

彩版六〇　单体造像

彩版六一　单体造像（QN四三八）

彩版六二　单体造像（QN四三八）

1. QN四四二

2. QN四四四

彩版六三　单体造像

彩版六四　单体造像（QN四四八）

彩版六五　单体造像（QN四四八）

1. QN四四九

2. QN四五九

彩版六六　单体造像

1. QN四六九

2. QN四七三

3. QN四九五

4. QN四九九

彩版六七　单体造像

彩版六八　单体造像（QN五六八）

1. QN六一五

2. QN六四一

3. QN六三九

4. QN六二三

彩版六九　单体造像

1. QN六四三

2. QN六四六

3. QN六五九

4. QN六六四

彩版七〇　单体造像

1. QN六七一

2. QN六七二

3. QN六七六

4. QN六七七

彩版七一　单体造像

1. QN六七八

2. QN六八一

4. QNS·16

3. QNS·14

彩版七二　单体造像

1. QNS·19

2. QNS·20

彩版七三　单体造像

1. QNS·21

2. QNS·24

彩版七四　单体造像

彩版七五　单体造像（QNS·22）

彩版七六　QN七四二（永熙三年武二龙舍田地入寺造像碑）

1. 武乡勋环沟良侯店石窟正面造像

2. 良侯店石窟右侧造像

彩版七七　石窟造像

1. 山曲村采石场

2. 唐代石刻遗存

彩版七八　山曲村采石场

彩版七九　山曲村石雕遗存

1. 庶纪村出土石佛头

2. 北城石窟礼佛图

彩版八〇　石佛头与礼佛图

南涅水石刻内容总录图版

一　四面造像石（QN 一至 QN 二二九）

QN 一

时代：北魏

尺寸：宽48~54、高62~64厘米

1	2
3	4

QN二

时代：东魏

尺寸：宽42~47、高53~54厘米

1	2
3	4

QN 三

时代：东魏

尺寸：宽38~44、高46~49厘米

1	2
3	4

QN 四

时代：北魏

尺寸：宽36~39、高48~50厘米

1 | 2
3 | 4

QN 五

时代：北魏晚期

尺寸：宽31~36、高39~40厘米

1	2
3	4

QN 六

时代：北魏（熙平二年五月廿八日）

尺寸：宽20~33、高44.7~47厘米

1	2
3	4

QN 七

时代：东魏

尺寸：宽38~41、高49~50厘米

1	2
3	4

QN 八

时代：东魏

尺寸：宽36~41、高45~46厘米

1 | 2
3 | 4

QN九

时代：北魏—东魏

尺寸：宽31~35、高39~40厘米

1	2
3	4

QN 一〇

时代：北魏晚期

尺寸：宽30~33、高35~36厘米

1	2
3	4

QN 一一

时代：北魏

尺寸：宽30~31、高30~33厘米

1	2
3	4

QN 一二

时代：东魏

尺寸：宽28~30、高24厘米

1	2
3	4

▷

QN 一三

时代：北魏（永熙二年）

尺寸：宽20~33、高48~54厘米

1	2
3	4

QN 一三 *

QN 一四

时代：东魏

尺寸：宽52~58、高62~64厘米

1	2
3	4

QN 一五

时代：东魏

尺寸：宽45~54、高57~58厘米

1 | 2

3
4

QN 一六

时代：北魏

尺寸：宽38~47、高52~53厘米

1

2

3
4

QN 一七

时代：北魏

尺寸：宽34~37、高40~41厘米

1 | 2

3
4

QN 一八

时代：北魏

尺寸：宽29~35、高40~41厘米

1
2

3
4

QN 一九

时代：北魏—东魏

尺寸：宽28~30、高37~38厘米

1	2
3	4

QN 二〇

时代：东魏

尺寸：宽37~42、高48~49厘米

1	2
3	4

QN 二一

时代：北魏

尺寸：宽36~39、高44~46厘米

1	2
3	4

QN 二二

时代：北魏（孝昌风格）

尺寸：宽31~38、高47~49厘米

1	2
3	4

QN 二三
时代：北齐晚期
尺寸：宽30~32、高34厘米

1	2
3	4

QN 二四

时代：东魏

尺寸：宽28~34、高36~37厘米

1 | 2

3
4

QN 二五

时代：北魏

尺寸：宽27~29、高37厘米

1	2
3	4

QN 二六

时代：东魏

尺寸：宽27~30、高33~34厘米

1	2
3	4

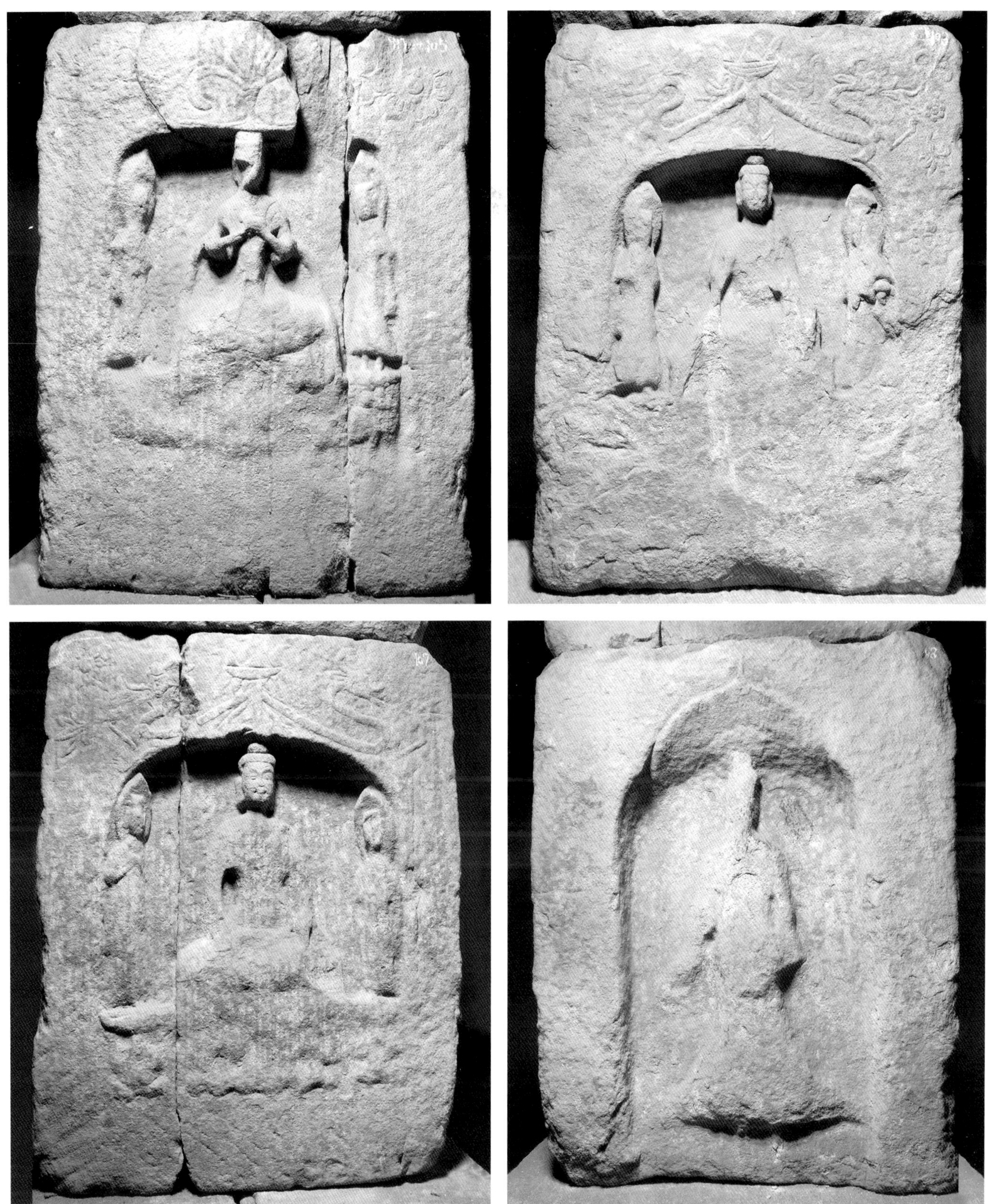

QN 二七

时代：北魏（孝昌风格）

尺寸：宽52~55、高66~70厘米

1	2
3	4

QN 二八

时代：北魏

尺寸：宽47~52、高58~59厘米

1	2
3	4

QN 二八 *

QN 二九

时代：东魏

尺寸：宽37~44、高42~43厘米

1 2
3 4

QN 三〇

时代：东魏

尺寸：宽34~39、高40~41厘米

1	2
3	4

QN 三一

时代：北魏

尺寸：宽30~34、高33~34厘米

1
2

3
4

QN 三二

时代：北魏

尺寸：宽24~29、高30~31厘米

1	2
3	4

QN 三三

时代：北魏

尺寸：宽20~23、高23~25厘米

1	2
3	4

QN 三四

时代：东魏

尺寸：宽42~50、高49~50厘米

1	2
3	4

QN 三四 *

1*
3*

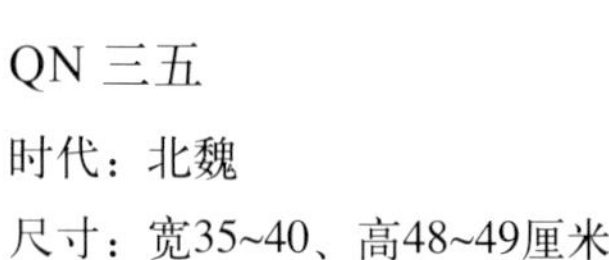

QN 三五

时代：北魏

尺寸：宽35~40、高48~49厘米

1
2

3
4

QN 三六

时代：东魏

尺寸：宽33~36、高41~42厘米

1
2

3
4

QN 三七

时代：北魏

尺寸：宽30~32、高37厘米

1 | 2
3 | 4

QN 三八

时代：东魏

尺寸：宽30~33、高35~36厘米

1	2
3	4

◁

QN 三九

时代：北魏—东魏

尺寸：宽27~31、高37~38厘米

1	2
3	4

QN 四〇

时代：北齐

尺寸：宽29~30、高32~33厘米

1	2
3	4

QN 四一

时代：东魏

尺寸：宽48~56、高59厘米

1	2
3	4

QN 四二

时代：东魏

尺寸：宽42~46、高53~54厘米

1 | 2
3 | 4

QN 四三

时代：北魏

尺寸：宽35~41、高46厘米

1
2

3
4

QN 四四

时代：东魏

尺寸：宽30~35、高37厘米

1 2
3 4

QN 四五

时代：北魏

尺寸：宽26~29、高37~38厘米

1 2
3 4

177
178
179
180

QN 四六

时代：东魏

尺寸：宽23~28、高29~30厘米

1 | 2
3 | 4

QN 四七

时代：北齐（天保风格）

尺寸：宽20~22、高26~27厘米

1 | 2
3 | 4

QN 四八

时代：东魏（武定风格）

尺寸：宽30~40、高40~43厘米

1	2
3	4

QN 四九

时代：东魏

尺寸：宽30~34、高35~36厘米

1	2
3	4

QN 五〇

时代：东魏

尺寸：宽29~33、高35厘米

1	2
3	4

QN 五一

时代：北齐晚期—隋

尺寸：宽26~31、高28~29厘米

1	2
3	4

QN 五二

时代：北魏

尺寸：宽27~29、高31厘米

1	2
3	4

QN 五三

时代：北魏

尺寸：宽26~29、高30厘米

1	2
3	4

QN 五四

时代：东魏

尺寸：宽24~27、高27厘米

1 | 2
3 | 4

QN 五五

时代：东魏

尺寸：宽23~25、高26~27厘米

1	2
3	4

QN 五六

时代：东魏

尺寸：宽22~24、高19~20厘米

1 | 2
3 | 4

QN 五七

时代：东魏

尺寸：宽48~55、高58~60厘米

1	2
3	4

QN 五八

时代：北魏

尺寸：宽42~50、高47~49厘米

1 | 2
3 | 4

QN 五九

时代：东魏

尺寸：宽39~43、高56~58厘米

1 | 2
3 | 4

235
236

QN 六〇

时代：北魏—东魏

尺寸：宽36~40、高45~47厘米

1	2
3	4

QN 六一

时代：北魏

尺寸：宽32~36、高44厘米

1	2
3	4

◁

QN 六二

时代：北魏

尺寸：宽26~30、高39~40厘米

1	2
3	4

QN 六三

时代：北齐晚期—隋

尺寸：宽37~40、高37~38厘米

1	2
3	4

QN 六四

时代：北齐晚期—隋

尺寸：宽28.2~38、高35.5~36厘米

1	2
3	4

QN 六五

时代：北齐晚期

尺寸：宽29~34、高32厘米

1	2
3	4

QN 六六

时代：北齐

尺寸：宽30~31、高30~31厘米

1 | 2
3 | 4

QN 六七

时代：北齐

尺寸：宽28~29、高26~27厘米

1 | 2

3
4

QN 六八

时代：北齐

尺寸：宽26~29、高28~29厘米

1 | 2
3 | 4

QN 六九

时代：北齐

尺寸：宽26~27、高26厘米

1 | 2
3 | 4

QN 七〇

时代：北齐

尺寸：宽25~28、高24~26厘米

1 | 2
3 | 4

QN 七一

时代：东魏

尺寸：宽20~24、高27~28厘米

1	2
3	4

QN 七二

时代：东魏

尺寸：宽50~58、高53~58厘米

1	2
3	4
	3*

QN 七三

时代：东魏

尺寸：宽44~49、高46~48厘米

1	2
3	4

QN 七四

时代：北齐

尺寸：宽41~43、高42厘米

1	2
3	4

QN 七五

时代：东魏

尺寸：宽37~40、高36~37厘米

1	2
3	4

QN 七六

时代：东魏

尺寸：宽33~37、高35厘米

1	2
3	4

QN 七七

时代：北魏

尺寸：宽29~32、高32厘米

1	2
3	4

▷

QN 七八

时代：北魏

尺寸：宽23~26、高36厘米

1	2
3	4

311

312

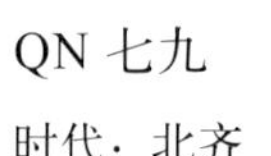

QN 七九

时代：北齐

尺寸：宽38~40、高51~52厘米

1
2

3
4

QN 八〇

时代：东魏

尺寸：宽32~37、高42~44厘米

1	2
3	4

QN 八一

时代：东魏

尺寸：宽29~34、高38~40厘米

1	2
3	4

QN 八二

时代：东魏

尺寸：宽26~29、高31~33厘米

1	2
3	4

QN 八三

时代：北齐

尺寸：宽25~27、高26~27厘米

1	2
3	4

QN 八四

时代：北魏

尺寸：宽25~26、高27厘米

1 | 2
3 | 4

▷

QN 八五

时代：北魏

尺寸：宽25、高33~34厘米

1 | 2
3 | 4

339
340

QN 八六

时代：北齐

尺寸：宽23~24、高23~24厘米

1	2
3	4

▷

QN 八七

时代：北齐—隋

尺寸：宽46~47、高46~47厘米

1	2
3	4
3'	4'

QN 八八

时代：东魏

尺寸：宽43~47、高43~45厘米

1	2
3	4

QN 八九

时代：东魏

尺寸：宽39~42、高42~43厘米

1	2
3	4

QN 九〇

时代：北魏

尺寸：宽35~38、高38厘米

1 | 2
3 | 4

QN 九一

时代：北魏

尺寸：宽31~35、高39~41厘米

1 | 2

3

4

QN 九二

时代：北齐

尺寸：宽31~34、高32~33厘米

1	2
3	4

QN 九三

时代：东魏

尺寸：宽27~30、高36~37厘米

1

2

3
4

QN 九四

时代：东魏

尺寸：宽39~42、高42.5~43厘米

1 | 2
3 | 4

QN 九五

时代：北齐晚期

尺寸：宽36~38、高39~40厘米

1	2
3	4

QN 九六

时代：北齐

尺寸：宽36~38、高35~36厘米

1	2
3	4

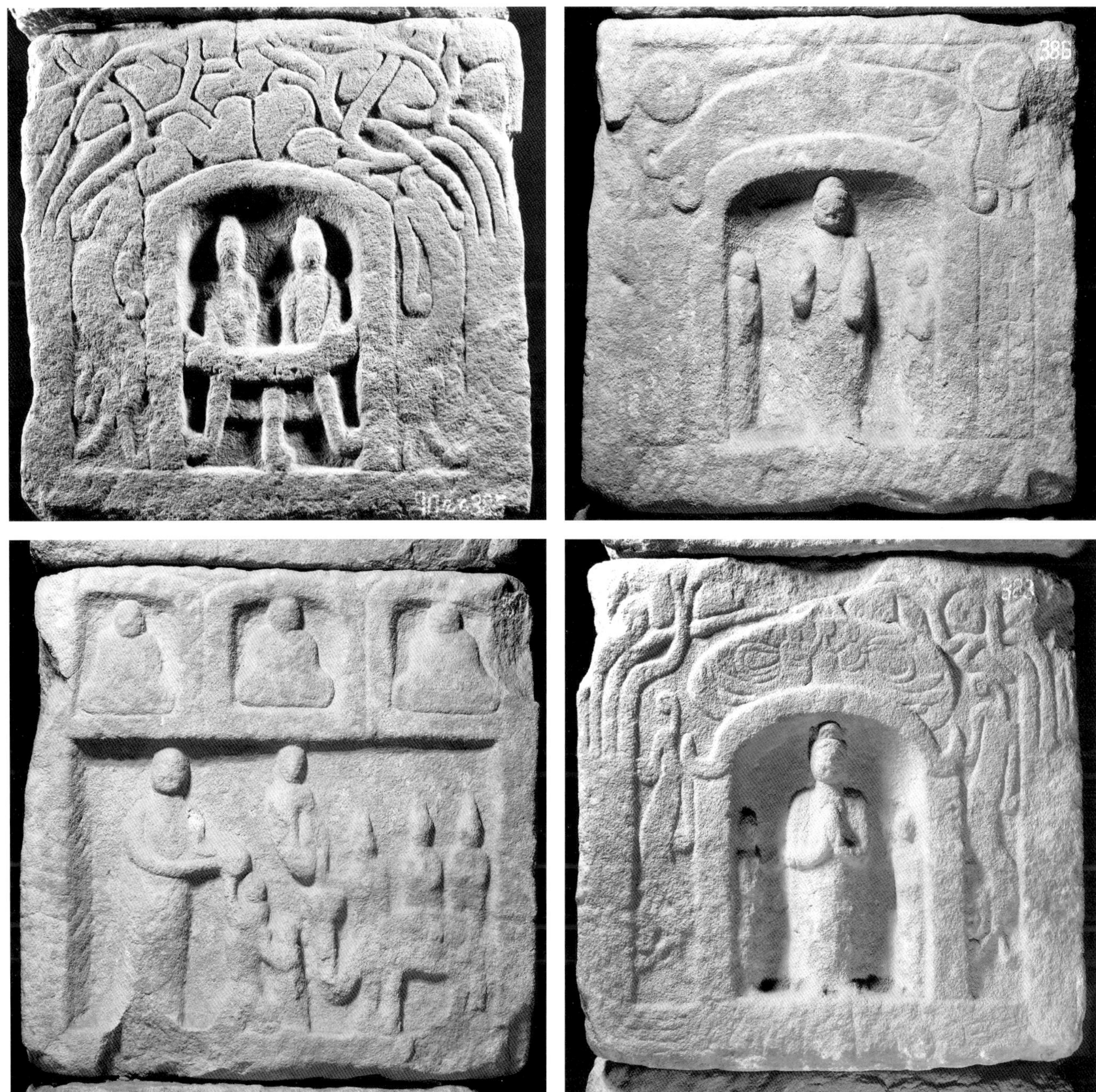

QN九七

时代：北魏

尺寸：宽33~34、高33厘米

1	2
3	4

QN 九八

时代：北齐（天保四年四月廿三日）

尺寸：宽28~32、高36厘米

1	2
3	4

QN九九

时代：北齐

尺寸：宽29~31、高29~30厘米

1 2
3 4

QN 一〇〇

时代：北齐

尺寸：宽27~30、高31~32厘米

1 | 2
3 | 4

QN 一〇一

时代：北魏

尺寸：宽23~24、高23~24厘米

1	2
3	4

QN 一〇二

时代：北齐

尺寸：宽49~53、高50~51厘米

1
2

3
4

QN 一〇三

时代：北齐

尺寸：宽46~47、高47厘米

1
2

3
4

QN 一〇三*

4* | 4*

QN 一〇四

时代：北齐

尺寸：宽43~44、高44厘米

1
2

3
4

QN 一〇五

时代：北齐

尺寸：宽39~40、高39厘米

1 | 2
3 | 4

QN 一〇六

时代：北齐

尺寸：宽35~36、高34~35厘米

1 | 2
3 | 4

QN 一〇七

时代：北齐—北周

尺寸：宽28~33、高32~33厘米

1	2
3	4
	2'

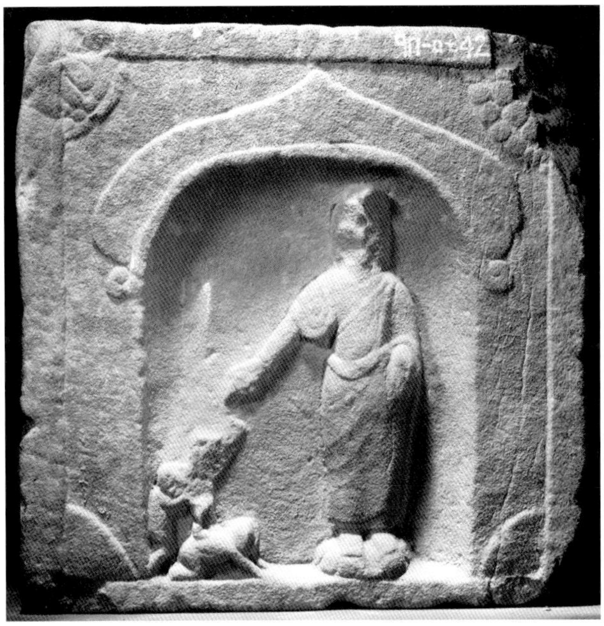

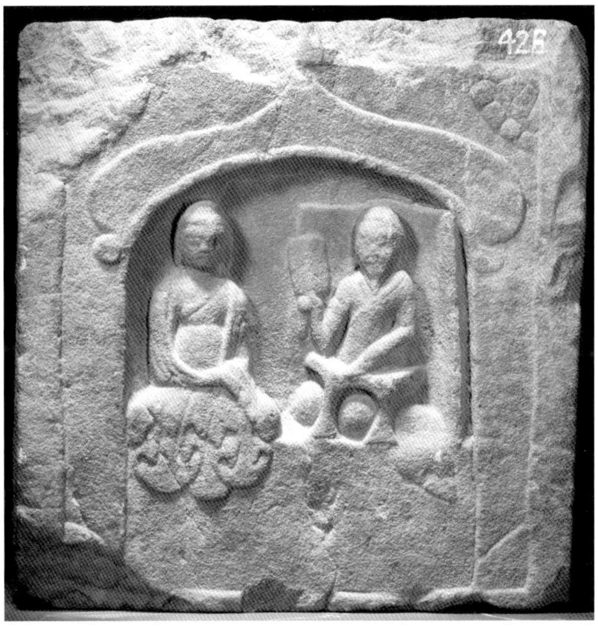

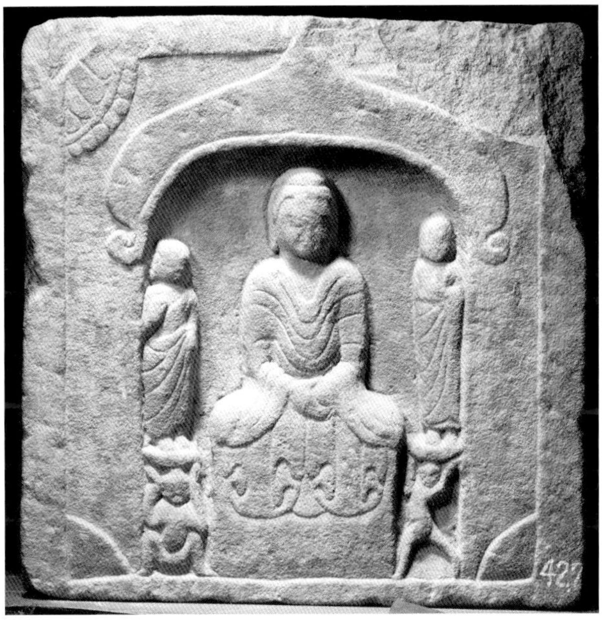

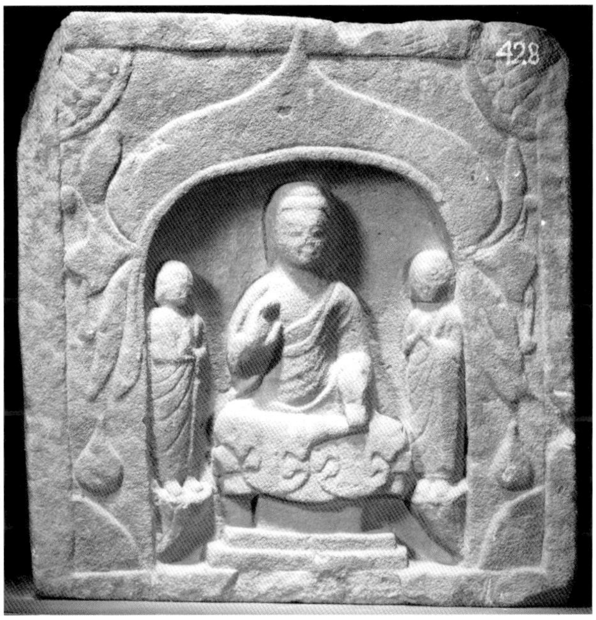

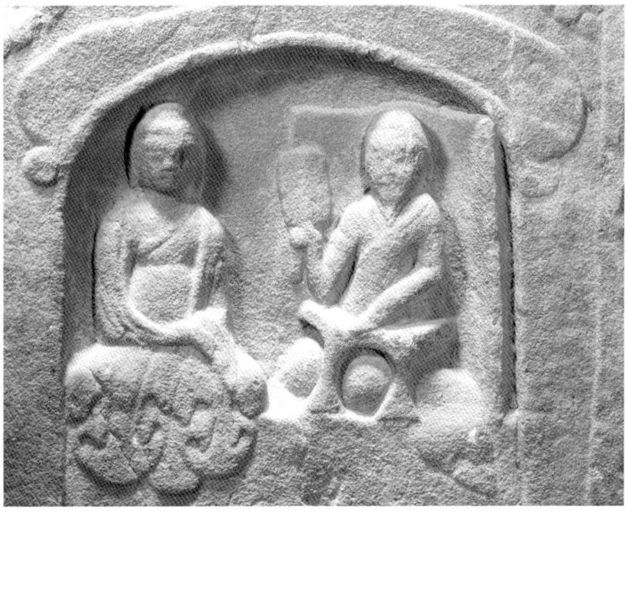

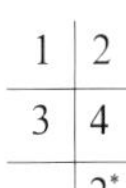

QN 一〇八

时代：北魏

尺寸：宽28~30、高28~29厘米

1 | 2
3 | 4

QN 一〇九

时代：北齐

尺寸：宽40~44、高43.5~45厘米

1 | 2
3 | 4

QN 一〇九 *

QN 一一〇

时代：北齐

尺寸：宽36~38、高45~47厘米

1 | 2
3 | 4

QN 一一一

时代：北齐

尺寸：宽30~34、高36~37厘米

1 2
3 4

QN 一一二

时代：北齐

尺寸：宽30~32、高30~31厘米

1 | 2
3 | 4

QN 一一三

时代：北齐

尺寸：宽28~30、高31~32厘米

1	2
3	4

QN 一一四

时代：北齐

尺寸：宽25~26、高25~26厘米

1	2
3	4

QN 一一五

时代：北魏

尺寸：宽23~26、高28~29厘米

1 | 2
3 | 4

▷

QN 一一六

时代：北魏

尺寸：宽24~29、高29~32厘米

1 | 2
3 | 4

462
463
464

QN 一一七

时代：东魏

尺寸：宽46~54、高55~56厘米

1	2
3	4
	1*

QN 一一八

时代：东魏

尺寸：宽40~51、高50~55厘米

1	2
3	4
	1'

1
2

QN 一一九

时代：东魏

尺寸：宽40~50、高50~51厘米

3
4

QN 一二〇

时代：东魏

尺寸：宽35~46、高43~44厘米

1	2
3	4
	3*

QN 一二一

时代：东魏

尺寸：宽26~41、高39~41厘米

1	2
3	4
	4*

QN 一二二

时代：北魏

尺寸：宽15~36、高32~33厘米

1
2

3
4

QN 一二三

时代：北齐

尺寸：宽41~46、高44~45厘米

1	2
3	4

QN 一二四

时代：北齐

尺寸：宽40~44.7、高39.5~40厘米

1	2
3	4
	2*

QN 一二五

时代：北魏—东魏

尺寸：宽40~44、高44~45厘米

1	2
3	4

QN 一二六

时代：北齐

尺寸：宽40~42、高39~40厘米

1 | 2
3 | 4

QN 一二七

时代：北齐

尺寸：宽32~40、高38~39厘米

1

2

3
4

QN 一二八

时代：北齐

尺寸：宽32~40、高39~40厘米

1	2
3	4

▷

QN 一二九

时代：北齐

尺寸：宽34~36、高34~36厘米

1	2
3	4
	2'

514
515

QN 一三〇

时代：北魏

尺寸：宽40~60、高58~60厘米

1
2

3
4

QN 一三一

时代：北魏

尺寸：宽43~50、高44~45厘米

1	2
3	4

QN 一三二　1/2

时代：北魏

尺寸：宽42~47、高36.4~38厘米

3
4

QN 一三三

时代：北魏

尺寸：宽39~48、高38~39厘米

1	2
3	4
	4*

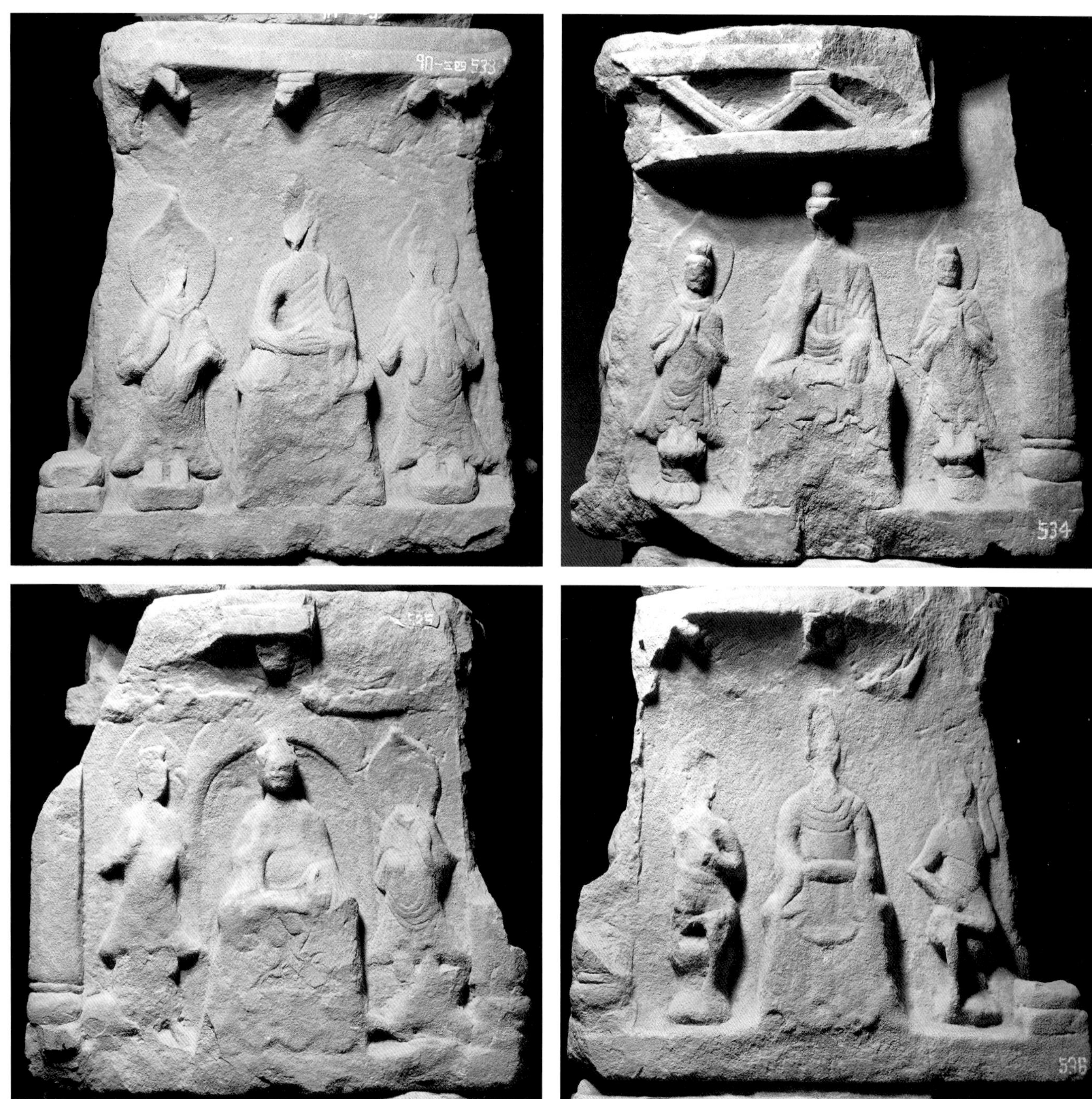

QN 一三四

时代：东魏

尺寸：宽37~46、高44~45厘米

1 | 2
3 | 4

QN 一三五

时代：东魏

尺寸：宽28~36、高35~36厘米

1	2
3	4
	2*

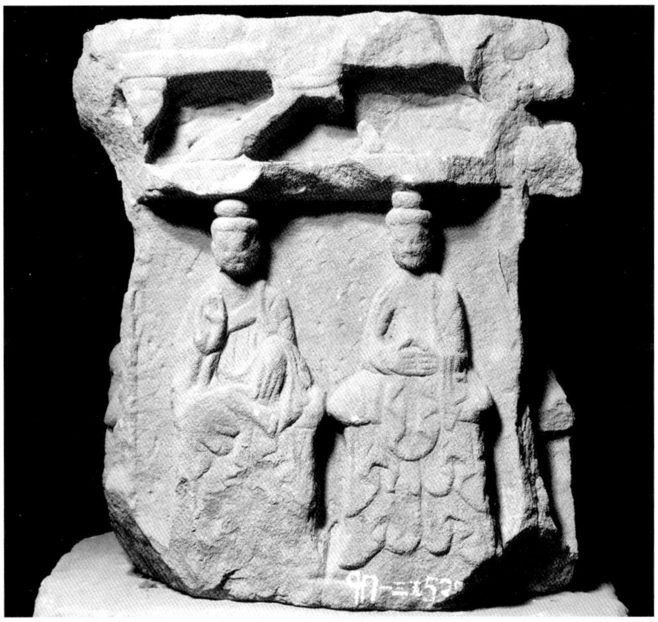

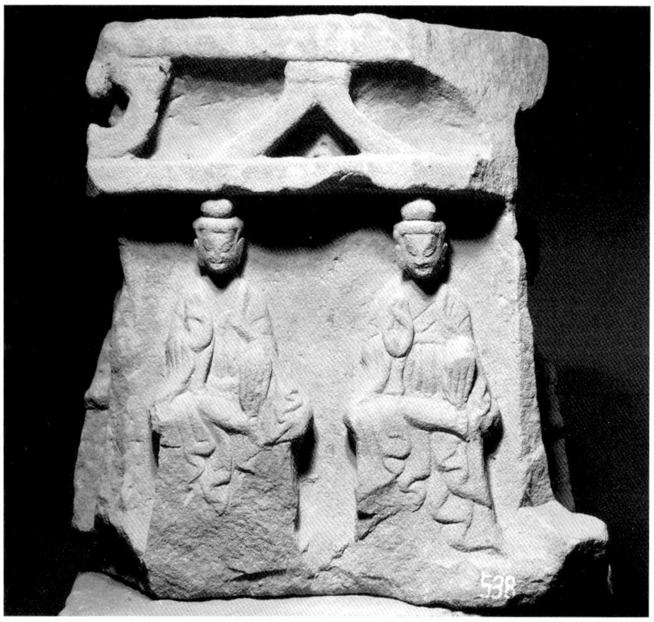

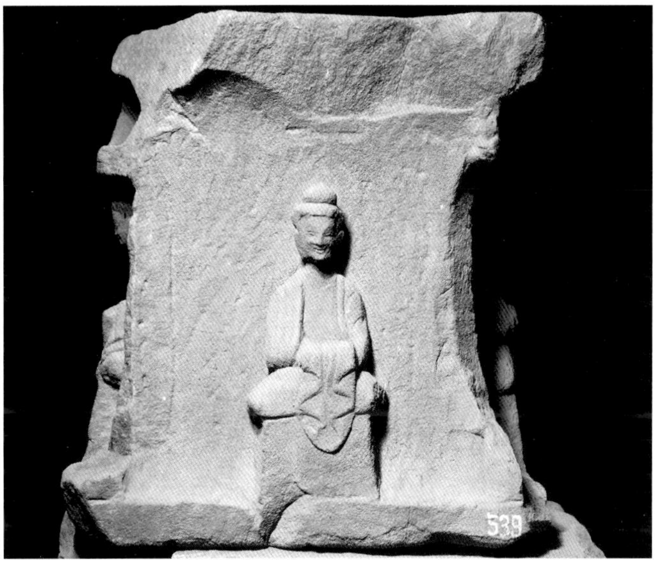

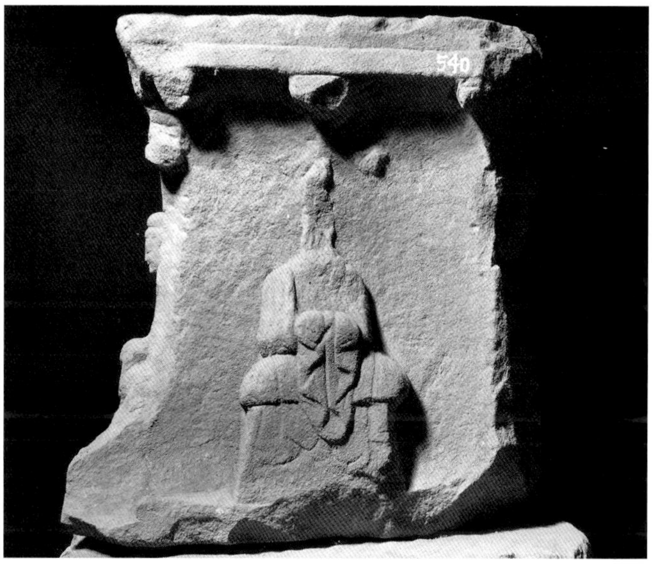

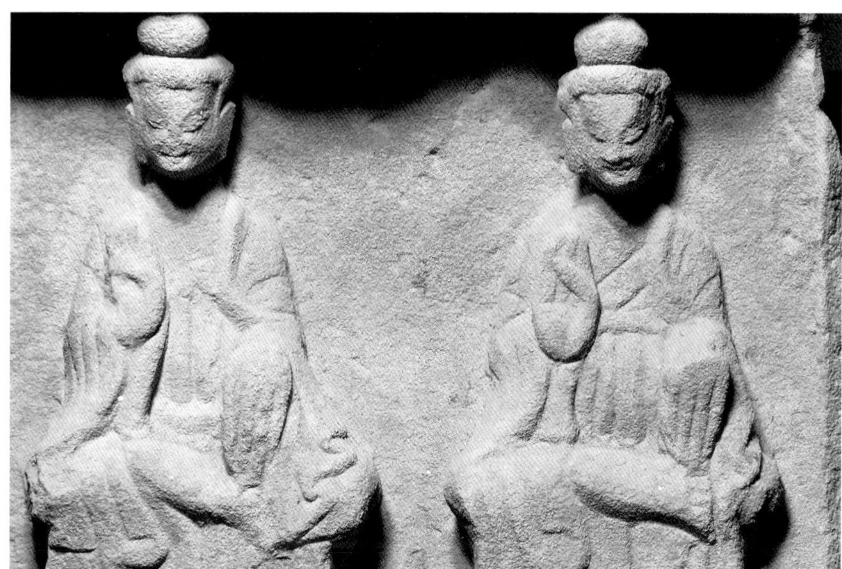

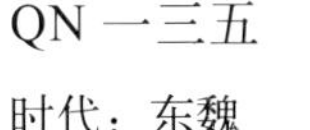

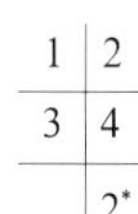

QN 一三六

时代：北魏—东魏

尺寸：宽23~26、高29~31厘米

1	2
3	4

▷

QN 一三七

时代：北魏

尺寸：宽55~70、高67~68厘米

1	2
3	4
2*	3*

QN 一三八

时代：东魏

尺寸：宽49~55.8、高51.7~55厘米

1
2

3
4

QN 一三九

时代：东魏

尺寸：宽45~50.6、高54.4~56.2厘米

1
2

3
4

QN 一四〇

时代：东魏

尺寸：宽38~43、高56~58.6厘米

1
2

3
4

QN 一四一

时代：东魏

尺寸：宽34~40、高38~39厘米

1	2
3	4

QN 一四二

时代：北齐晚期

尺寸：宽30、高22~23厘米

1	2
3	4

QN 一四三

时代：北魏

尺寸：宽42.5~47、高54厘米

1
2

3
4

1 | 2
3 | 4

QN 一四四
时代：北魏—东魏
尺寸：宽35~41、高53厘米

QN 一四五

时代：北魏

尺寸：宽35~39、高41.2~42厘米

1	2
3	4

QN 一四六

时代：北魏

尺寸：宽26~38、高48.4~49厘米

1	2
3	4

QN 一四七

时代：东魏

尺寸：宽25~32、高47~49厘米

1	2
3	4

QN 一四八

时代：北魏

尺寸：宽25~30、高34~35厘米

1	2
3	4

QN 一四九

时代：东魏

尺寸：宽50~56、高63~64厘米

1 | 2
3 | 4

QN 一五〇

时代：东魏

尺寸：宽47~51、高60~62厘米

1	2
3	4

QN 一五一

时代：东魏

尺寸：宽42~47、高56~57厘米

1
2

3
4

QN 一五二

时代：北魏

尺寸：宽33~40、高45~46厘米

1 | 2

3
4

QN 一五三

时代：北齐晚期

尺寸：宽23~34、高37~38厘米

1	2
3	4

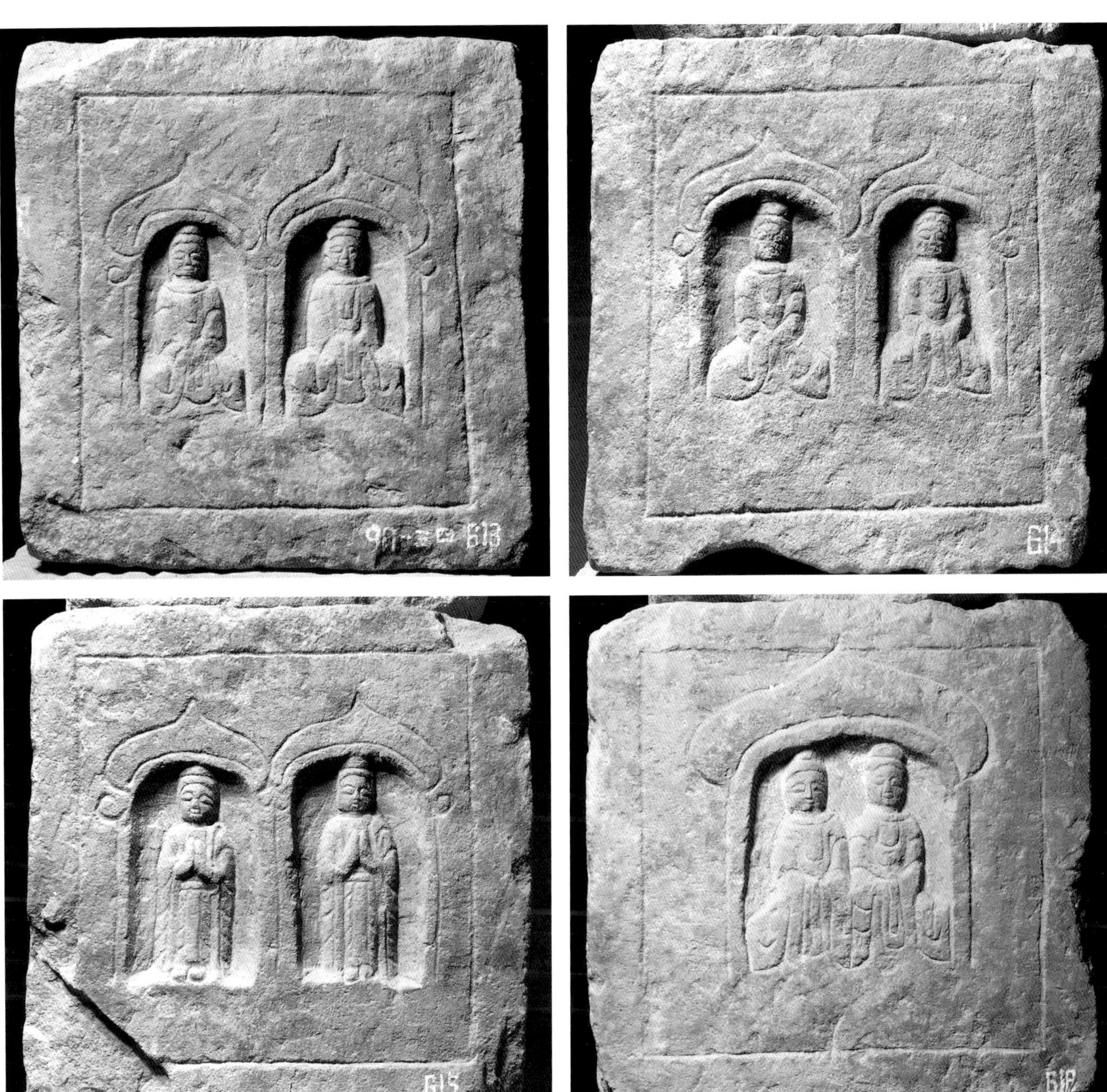

QN 一五四

时代：北齐晚期

尺寸：宽27~29、高28厘米

1 | 2
3 | 4

QN 一五五

时代：北魏（神龟风格）

尺寸：宽36~44、高54~56厘米

1	2
3	4

QN 一五六

时代：北魏

尺寸：宽35~38、高43~44厘米

1
2

3
4

QN 一五七

时代：东魏

尺寸：宽32~36、高37~38厘米

1	2
3	4

QN 一五八

时代：北齐

尺寸：宽29~34、高37~38厘米

1	2
3	4

QN 一五九

时代：北齐

尺寸：宽28~41、高49~50厘米

1	2
3	4

QN 一六〇

时代：北周

尺寸：宽26~30、高21~22厘米

1 | 2
3 | 4

QN 一六一

时代：北魏（延昌二年）

尺寸：宽24~28、高29~30厘米

1
2

3
4

QN 一六二

时代：东魏

尺寸：宽54~61、高63~64厘米

1	2
3	4

1
2

QN 一六三

时代：北魏

尺寸：宽46~53、高59.2~60厘米

3
4

QN 一六四

时代：北魏—东魏

尺寸：宽38~46、高55~56厘米

1 | 2

3
4

QN 一六五

时代：东魏

尺寸：宽30~37、高51~53厘米

1 | 2
3 | 4

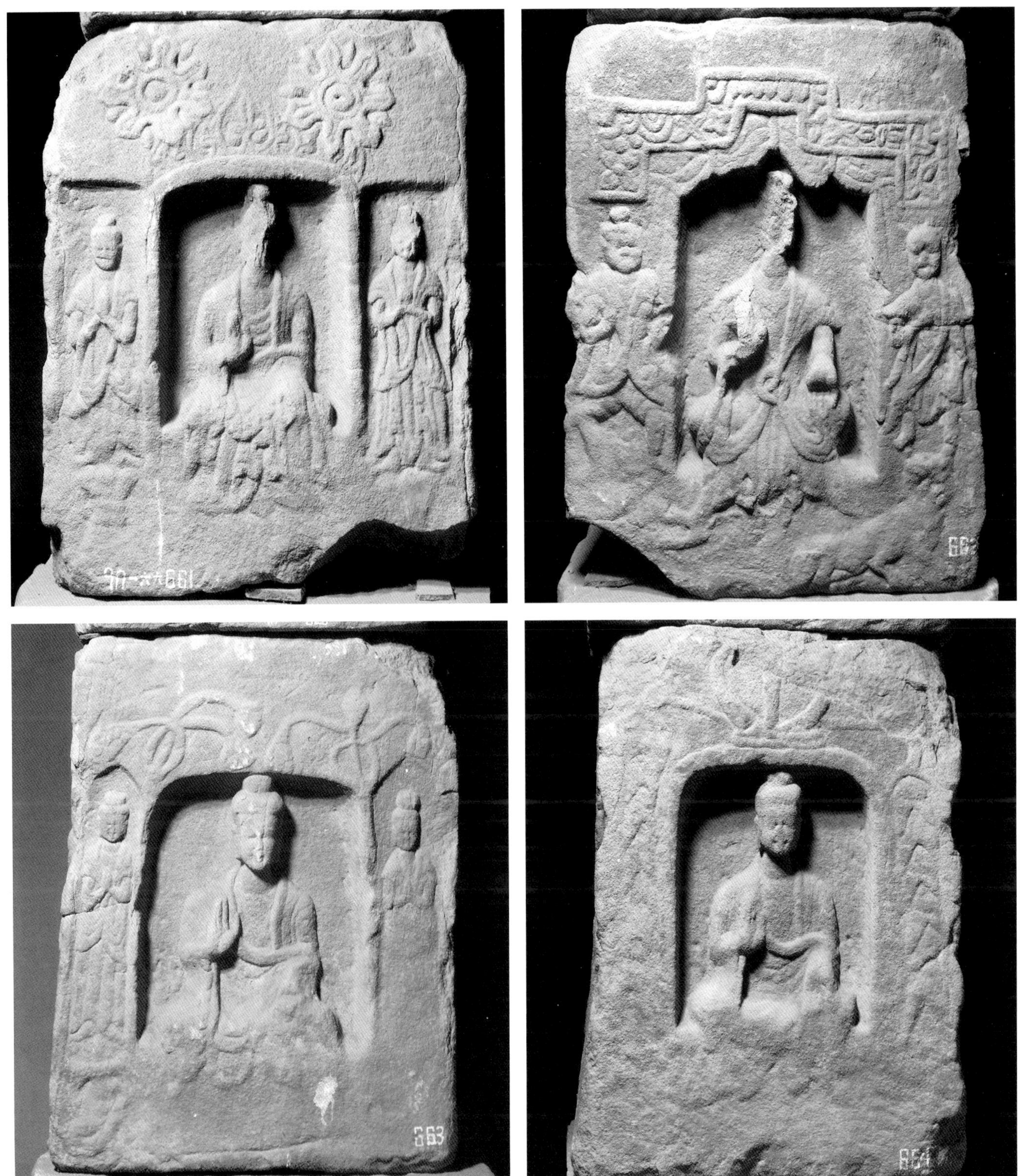

QN 一六六

时代：东魏

尺寸：宽30~36、高44~45厘米

1	2
3	4

QN 一六七

时代：东魏（武定风格）

尺寸：宽23~26、高30厘米

1	2
3	4

QN 一六八

时代：北魏（孝昌风格）

尺寸：宽41.2~48、高63.6~64厘米

1	2
3	4

QN 一六九

时代：北魏

尺寸：宽34~43、高49~50厘米

1
2

3
4

QN 一七〇

时代：东魏

尺寸：宽34~38、高39~40厘米

1	2
3	4

QN 一七一

时代：北魏

尺寸：宽28~35、高45~46厘米

1	2
3	4

QN 一七二

时代：北魏

尺寸：宽24~28、高27~28厘米

1 | 2
3 | 4

▷

QN 一七三

时代：北魏

尺寸：宽47~57、高65~67厘米

1 | 2
3 | 4

QN 一七四

时代：北魏

尺寸：宽40~48、高60~61厘米

1
2

3
4

QN 一七五

时代：北魏

尺寸：宽40~45、高53~54厘米

1
2

3
4

702

703

◁

QN 一七六

时代：北魏

尺寸：宽33~36、高52厘米

1	2
3	4

QN 一七七

时代：北魏

尺寸：宽24~30、高33~34厘米

1	2
3	4

◁

QN 一七八

时代：北魏（熙平风格）

尺寸：宽23~25、高30~31厘米

1 | 2
3 | 4

QN 一七九

时代：北魏

尺寸：宽39~46、高56~57厘米

1 | 2
3 | 4

QN 一八〇

时代：北魏（熙平风格）

尺寸：宽35.4~40、高45.5~47厘米

1 2
3 4

QN 一八一

时代：北魏（神龟元年）

尺寸：宽31~40、高47~48.3厘米

1	2
3	4

QN 一八二

时代：北魏—东魏

尺寸：宽32~35、高36厘米

1
2

3
4

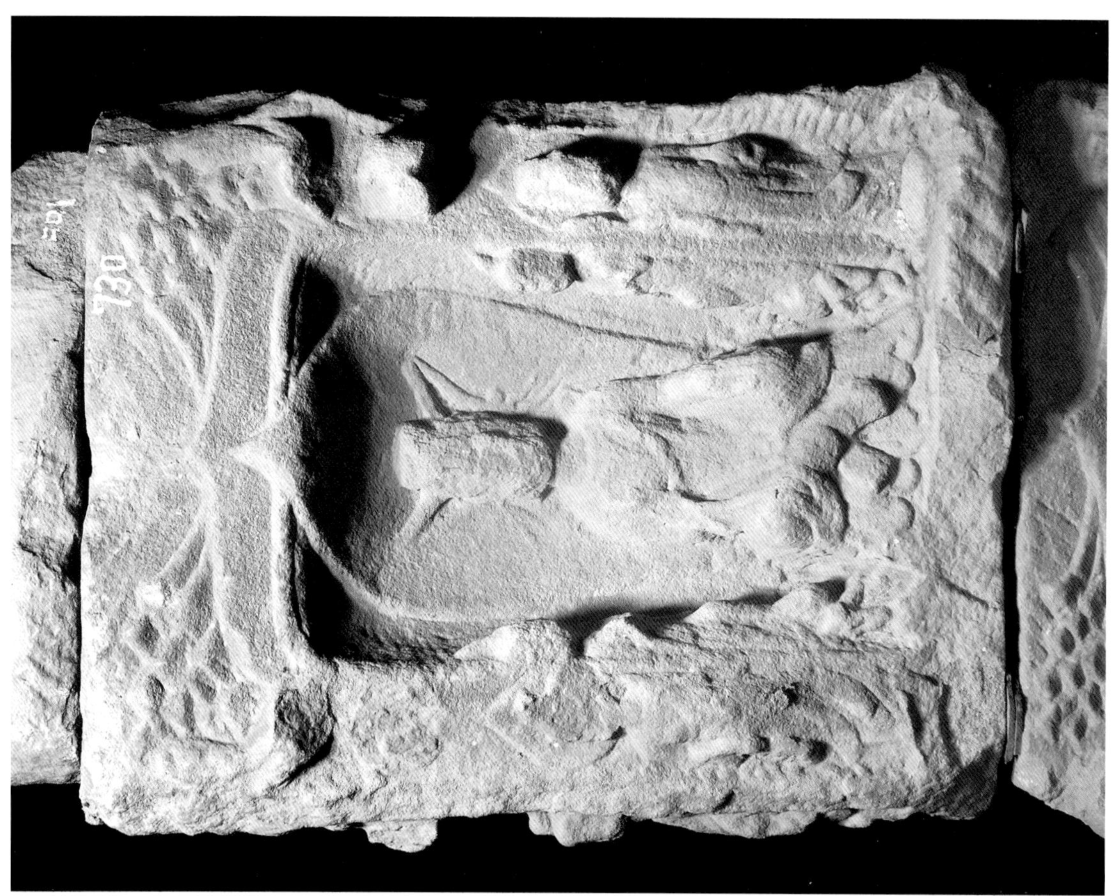

QN 一八三
时代：北魏
尺寸：宽31~33、高39~41厘米

QN 一八四

时代：北魏

尺寸：宽25~26、高28.7~29厘米

1	2
3	4

QN 一八五

时代：东魏

尺寸：宽31~40、高47~48厘米

1	2
3	4

QN 一八六

时代：北魏

尺寸：宽32~34.4、高34.1~36厘米

1
2

3
4

QN 一八七

时代：东魏

尺寸：宽38~45、高53厘米

1
2

3
4

QN一八八
时代：北魏
尺寸：宽25~26、高29厘米

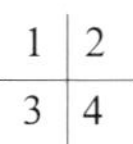

QN 一八九

时代：东魏

尺寸：宽33~37、高36~37厘米

1	2
3	4

QN 一九〇

时代：北魏—东魏

尺寸：宽32~34、高34~36厘米

1	2
3	4

QN 一九一

时代：北魏

尺寸：宽29~33、高40~41厘米

1

2

3
4

QN 一九二

时代：北魏

尺寸：宽25~29、高30~31厘米

1
2

3
4

◁ QN 一九三

时代：北魏

尺寸：宽41~47、高57~58厘米

1	2
3	4

QN 一九四

时代：北魏

尺寸：宽36~40、高48~49厘米

1	2
3	4

QN 一九五

时代：北魏

尺寸：宽31~35、高47~48厘米

1

2

3
4

QN 一九六

时代：北魏

尺寸：宽29~32、高34~35厘米

1
2

3
4

QN 一九七

时代：东魏（武定风格）

尺寸：宽25~28、高32~33厘米

1 2
3 4

QN 一九八

时代：北魏

尺寸：宽24、高24厘米

1	2
3	4

QN 一九九

时代：北魏

尺寸：宽20~23、高31厘米

1 | 2
3 | 4

QN 二〇〇—1

时代：北魏

尺寸：宽50~54、高70厘米

QN 二〇〇—2

时代：北魏

尺寸：宽54~58、高69厘米

QN 二〇〇—3

时代：北魏

尺寸：宽50~55、高69厘米

QN 二〇〇—4

时代：北魏

尺寸：宽53~59、高69厘米

QN 二〇一

时代：北魏

尺寸：宽39~52、高56~58厘米

1	2
3	4

QN 二〇二

时代：东魏

尺寸：宽35~40、高51~52厘米

1 | 2
3 | 4

QN 二〇三
时代：北魏
尺寸：宽33~36、高47~49厘米

QN 二〇四

时代：北魏

尺寸：宽26~34、高40~41厘米

1	2
3	4

QN 二〇五

时代：东魏

尺寸：宽20~26、高29~30厘米

1	2
3	4

QN 二〇六

时代：北魏

尺寸：宽41~45、高59~60厘米

1	2
3	4

1 | 2

QN 二〇七

时代：北魏

尺寸：宽39~42、高53~54厘米

3 | 4

QN 二〇八

时代：北魏

尺寸：宽35~40、高38~39厘米

1	2
3	4

QN 二〇九

时代：北魏

尺寸：宽30~36、高39厘米

1 | 2

3
4

QN 二一〇

时代：北魏—东魏

尺寸：宽29~30、高43~44厘米

1	2
3	4

QN 二一一

时代：北魏

尺寸：宽26~31、高41~42厘米

1	2
3	4

QN 二一二—1

时代：北魏

尺寸：宽54、高73厘米

QN 二一二—2

时代：北魏

尺寸：宽53、高74厘米

QN 二一二—3

时代：北魏

尺寸：宽53~55、高74厘米

QN 二一二—4

时代：北魏

尺寸：宽53~54、高73厘米

QN 二一三

时代：北魏

尺寸：宽50~52、高61~64厘米

1

2

3
4

QN 二一四

时代：北魏

尺寸：宽46~47、高54~56厘米

1
2

3
4

QN 二一五—1

时代：北魏

尺寸：宽44、高60厘米

QN 二一五—2

时代：北魏

尺寸：宽41~42、高60厘米

QN 二一五—3

时代：北魏

尺寸：宽42~43、高60厘米

QN 二一五—4

时代：北魏

尺寸：宽42~43、高60厘米

QN 二一六

时代：北魏

尺寸：宽40~41、高49~50厘米

1
2

3
4

1
2

QN 二一七

时代：东魏

尺寸：宽39~44、高52~54厘米

3
4

QN 二一八

时代：北魏

尺寸：宽36~41、高38~40厘米

1
2

3
4

QN 二一八—1*

▷

QN 二一九

时代：东魏

尺寸：宽34~40、高46~47厘米

1 | 2

3 | 4

874

875

876

QN 二二〇

时代：北魏

尺寸：宽30~36、高50厘米

1
2

3
4

QN 二二一

时代：北魏

尺寸：宽27~33、高37厘米

1 | 2
3 | 4

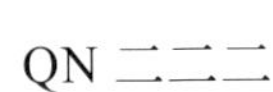

QN 二二二

时代：北魏

尺寸：宽25~29、高22~23厘米

1	2
3	4
	2*

QN 二二三

时代：北魏—东魏

尺寸：宽21~26、高32~34厘米

1
2

3
4

QN 二二四

时代：北魏

尺寸：宽56~63、高63厘米

1
2

3
4

QN 二二五

时代：东魏

尺寸：宽48~56、高62厘米

1	2
3	4

QN 二二六

时代：北魏

尺寸：宽44~47、高46~48厘米

1	2
3	4

QN 二二七

时代：北魏

尺寸：宽39~43、高43厘米

1
2

3
4

QN 二二八

时代：北魏（建义元年）

尺寸：宽26~36、高82~84厘米

1	2
3	4

QN 二二八 *

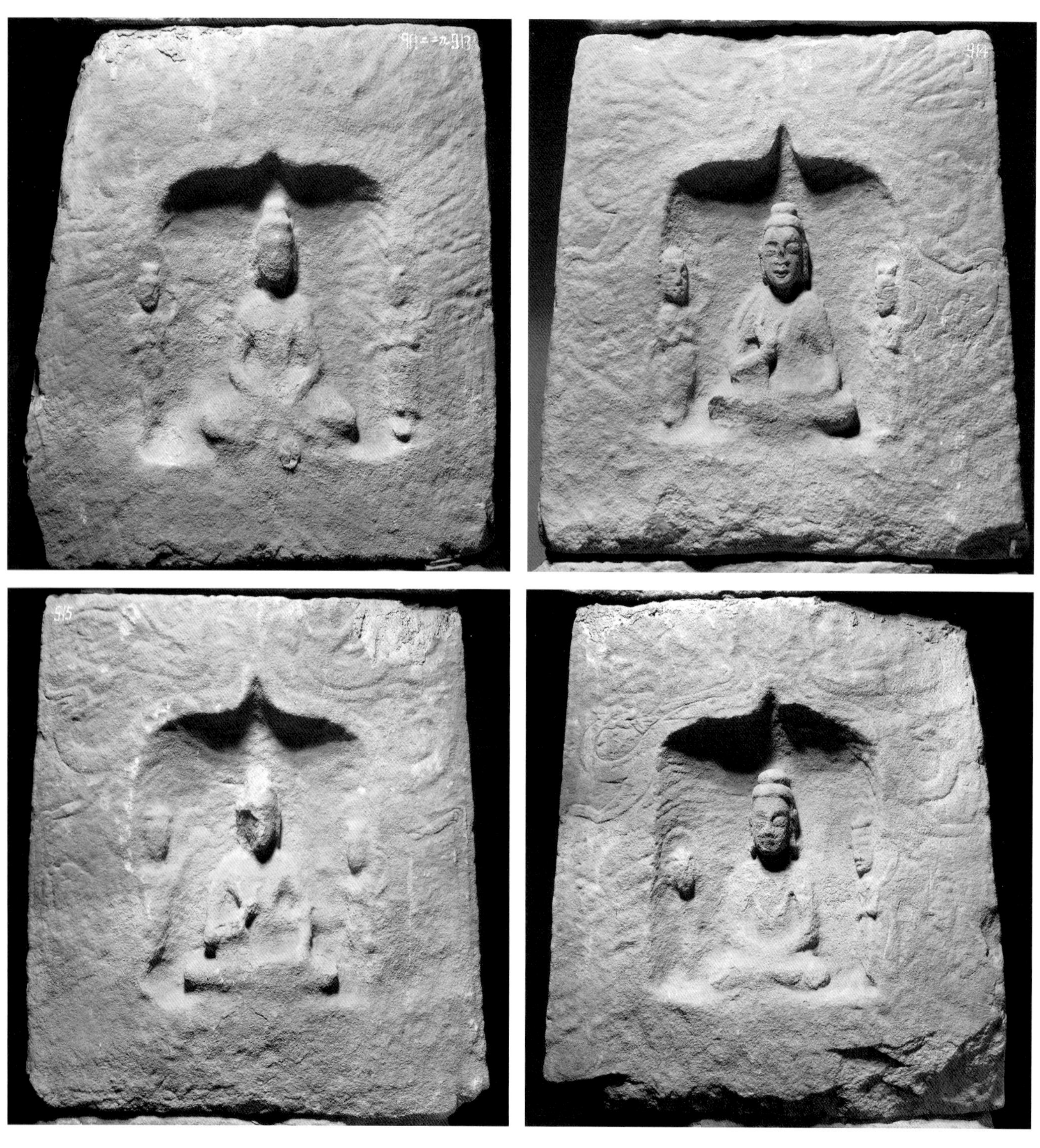

QN 二二九

时代：北魏

尺寸：宽41~50、高52~54厘米

1	2
3	4

南涅水石刻

（下）

山西省考古研究院
沁 县 文 物 馆 编著

刘永生 郭海林 刘同廉 主编

文物出版社

北京 · 2022

Nannieshui Stone Carvings

(III)

by

Shanxi Provincial Institute of Archaeology

Qin County Museum

Chief Editors: Liu Yongsheng

Guo Hailin

Liu Tonglian

Cultural Relics Press

Beijing · 2022

南涅水石刻内容总录图版（续）

一　四面造像石（QN 二三〇至 QN 三八九）

QN 二三〇

时代：东魏

尺寸：宽38.6~43.7、高46.5~47厘米

1	2
3	4

QN 二三一

时代：东魏

尺寸：宽36~40、高52厘米

1	2
3	4

QN 二三二

时代：北魏

尺寸：宽31~32、高33厘米

1	2
3	4

QN 二三三

时代：北魏

尺寸：宽30~32、高37厘米

1 | 2
3 | 4

QN 二三四

时代：北魏（神龟风格）

尺寸：宽23~31、高47~49厘米

1 | 2
3 | 4

QN 二三五

时代：北魏

尺寸：宽55~58、高66厘米

1
2

3
4

1
2

QN 二三六

时代：北魏

尺寸：宽48~56、高53厘米

3
4

QN 二三七

时代：北魏

尺寸：宽42~49、高50~51厘米

1	2
3	4

QN 二三八

时代：东魏

尺寸：宽38~44、高43~44厘米

1	2
3	4

QN 二三九

时代：北魏

尺寸：宽34~36、高35厘米

1
2

3
4

1
2

QN 二四〇

时代：北魏

尺寸：宽31~36、高37厘米

3
4

QN 二四一

时代：东魏

尺寸：宽50~54、高65~66厘米

1	2
3	4

QN 二四二

时代：东魏

尺寸：宽43~51、高63~64厘米

1
2

QN 二四二

3
4

QN 二四三

时代：北魏

尺寸：宽34~40、高42~43厘米

1	2
3	4

QN 二四四

时代：北魏

尺寸：宽32~36、高39厘米

1
2

3
4

QN 二四五

时代：北魏

尺寸：宽30~32、高32厘米

1 | 2
3 | 4

QN 二四六

时代：东魏

尺寸：宽23~32、高39~40厘米

QN 二四七—1

时代：北魏

尺寸：宽60~70、高81厘米

QN 二四七—2

时代：北魏

尺寸：宽61~67、高80厘米

QN 二四七—3

时代：北魏

尺寸：宽60~70、高81厘米

QN 二四七—4

时代：北魏

尺寸：宽60~70、高83厘米

QN 二四八

时代：北魏

尺寸：宽56~62、高63~65厘米

1
2

3
4

QN 二四九

时代：东魏

尺寸：宽43~51、高55~56厘米

1
2

3
4

QN 二五〇—1

时代：北魏（神龟风格）

尺寸：宽33~37、高51厘米

QN 二五〇—2

时代：北魏（神龟风格）

尺寸：宽37~42、高51厘米

QN 二五〇—3

时代：北魏（神龟风格）

尺寸：宽30~36、高50厘米

QN 二五〇—4

时代：北魏（神龟风格）

尺寸：宽36~40、高51厘米

QN 二五一

时代：东魏（永熙风格）

尺寸：宽29~33、高43~44厘米

1
2

3
4

QN 二五二

时代：北魏（建义元年）

尺寸：宽23~32、高117厘米

1 | 2

3 | 4

QN 二五三

时代：北魏（永平二年）

尺寸：宽16~35、高120厘米

1 | 2

QN 二五四

时代：北齐

尺寸：宽32~33.5、高35厘米

1 | 2
3 | 4

QN 二五五

时代：北魏

尺寸：宽24~29、高76~77厘米

1	2
3	4

QN 二五六

时代：北魏（孝昌三年）

尺寸：宽29~40、高64~66厘米

1 | 2
3 | 4

QN 二五七

时代：北魏—东魏

尺寸：宽30~38、高37~38厘米

1

2

3
4

QN 二五八

时代：北魏

尺寸：宽17~40、高44厘米

1 | 2
3 | 4

QN 二五九

时代：北魏（神龟风格）

尺寸：宽24~33.5、高44.5~45.5厘米

1 | 2
3 | 4

QN 二六〇

时代：北魏

尺寸：宽31~34、高35~36厘米

1	2
3	4

QN 二六一

时代：东魏（武定风格）

尺寸：宽26~36、高41~44厘米

1	2
3	4

QN 二六二

时代：北魏（熙平风格）

尺寸：宽30~36、高46~47.5厘米

1	2
3	4

QN 二六三

时代：北魏

尺寸：宽22~33、高34~36厘米

1 | 2
3 | 4

QN 二六四

时代：北魏

尺寸：宽20~31、高28~29厘米

1 | 2
3 | 4

QN 二六五

时代：北魏（孝昌风格）

尺寸：宽30~39、高50~52厘米

1	2
3	4

QN 二六六

时代：北魏晚期—东魏

尺寸：宽18~26、高30~32厘米

1	2
3	4

QN 二六七

时代：北魏

尺寸：宽23~26、高27厘米

1	2
3	4

QN 二六八

时代：东魏

尺寸：宽24~31、高33~35厘米

1	2
3	4

QN 二六九

时代：北齐

尺寸：宽15~26、高26~27厘米

1	2
3	4

QN 二七〇

时代：东魏

尺寸：宽20~28、高30~33厘米

1	2
3	4

QN 二七一

时代：北魏（熙平—正光风格）

尺寸：宽25~33、高40~41厘米

1	2
3	4

QN 二七二

时代：北魏

尺寸：宽18~22、高28~29厘米

1 | 2
3 | 4

QN 二七三

时代：北齐（天保风格）

尺寸：宽22~27、高31厘米

1	2
3	4

QN 二七四

时代：东魏

尺寸：宽25~39、高46~47厘米

1	2
3	4

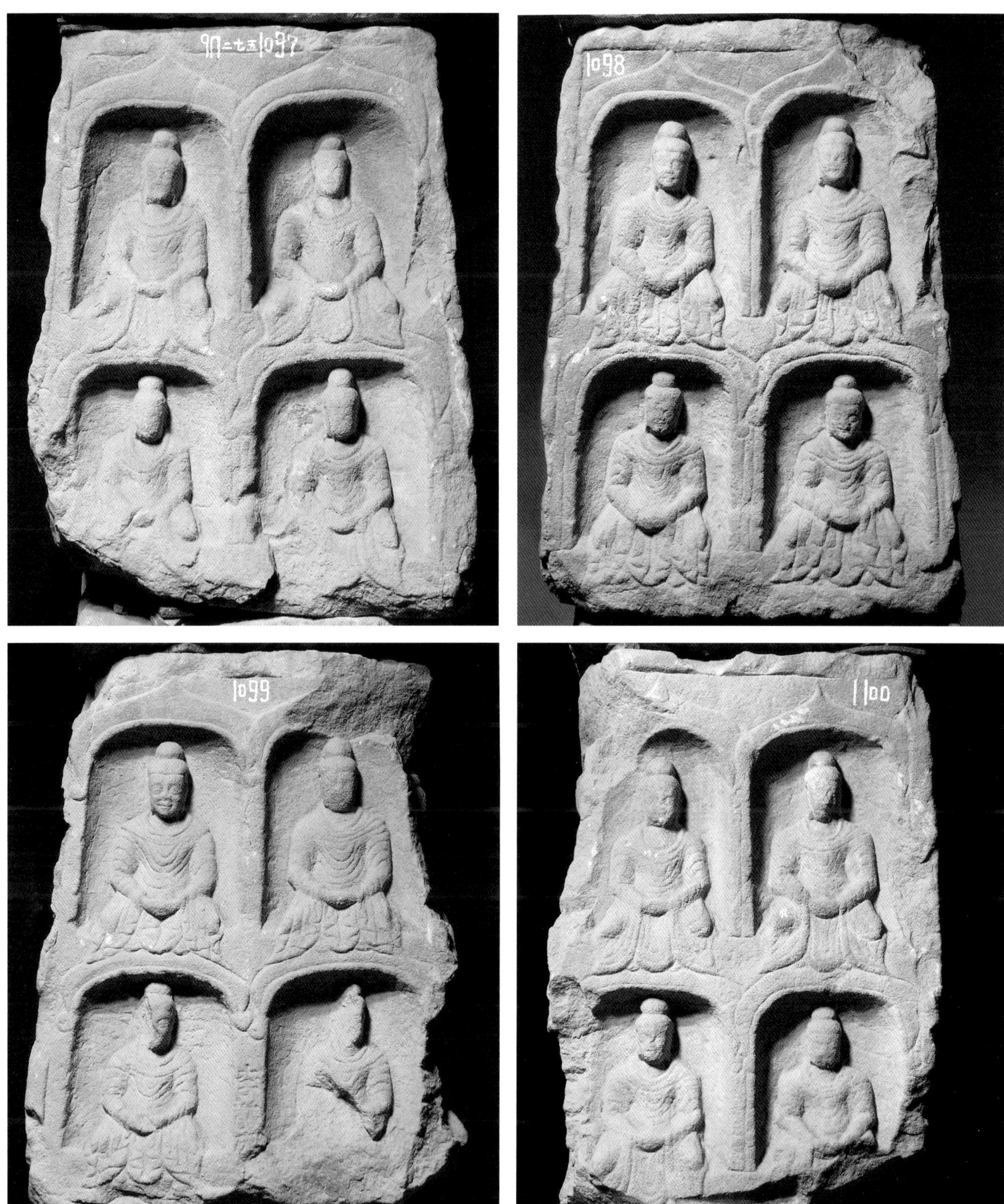

QN 二七五

时代：北魏

尺寸：宽22~33、高40~41.5厘米

1	2
3	4

QN 二七六

时代：北齐

尺寸：宽23~40、高36~37厘米

1
2

3
4

QN 二七七

时代：北魏

尺寸：宽24~29.5、高30厘米

1 | 2
3 | 4

QN 二七八

时代：东魏

尺寸：宽20~30、高29~39厘米

1	2
3	4

QN 二七九

时代：北魏

尺寸：宽32~42、高41厘米

1
2

3

4

QN 二八〇

时代：北魏

尺寸：宽28~33、高35~36厘米

1
2

3
4

QN 二八一

时代：东魏

尺寸：宽32~38、高43~46厘米

1
2

3
4

QN 二八二

时代：北魏

尺寸：宽26~32、高33~34厘米

1	2
3	4

▷

QN 二八三

时代：北魏—东魏

尺寸：宽16~33、高40~41厘米

1	2
3	4

QN 二八四

时代：东魏（武定风格）

尺寸：宽23~30、高39~40厘米

1	2
3	4

QN 二八五

时代：东魏

尺寸：宽28~33.6、高40厘米

1 | 2

3
4

QN 二八六

时代：北魏

尺寸：宽27~30、高35~35.5厘米

1	2
3	4

1145
1148

◁

QN 二八七

时代：北魏

尺寸：宽16~34、高43.5~46厘米

1	2
3	4

QN 二八七—1*

QN 二八八

时代：东魏

尺寸：宽22~28、高27厘米

1	2
3	4

QN 二八九

时代：北魏（熙平风格）

尺寸：宽25~32、高44~48厘米

1	2
3	4

QN 二九〇

时代：北魏

尺寸：宽25~30、高40厘米

1	2
3	4

QN 二九一

时代：北魏

尺寸：宽23~36、高42~43厘米

1 | 2
3 | 4

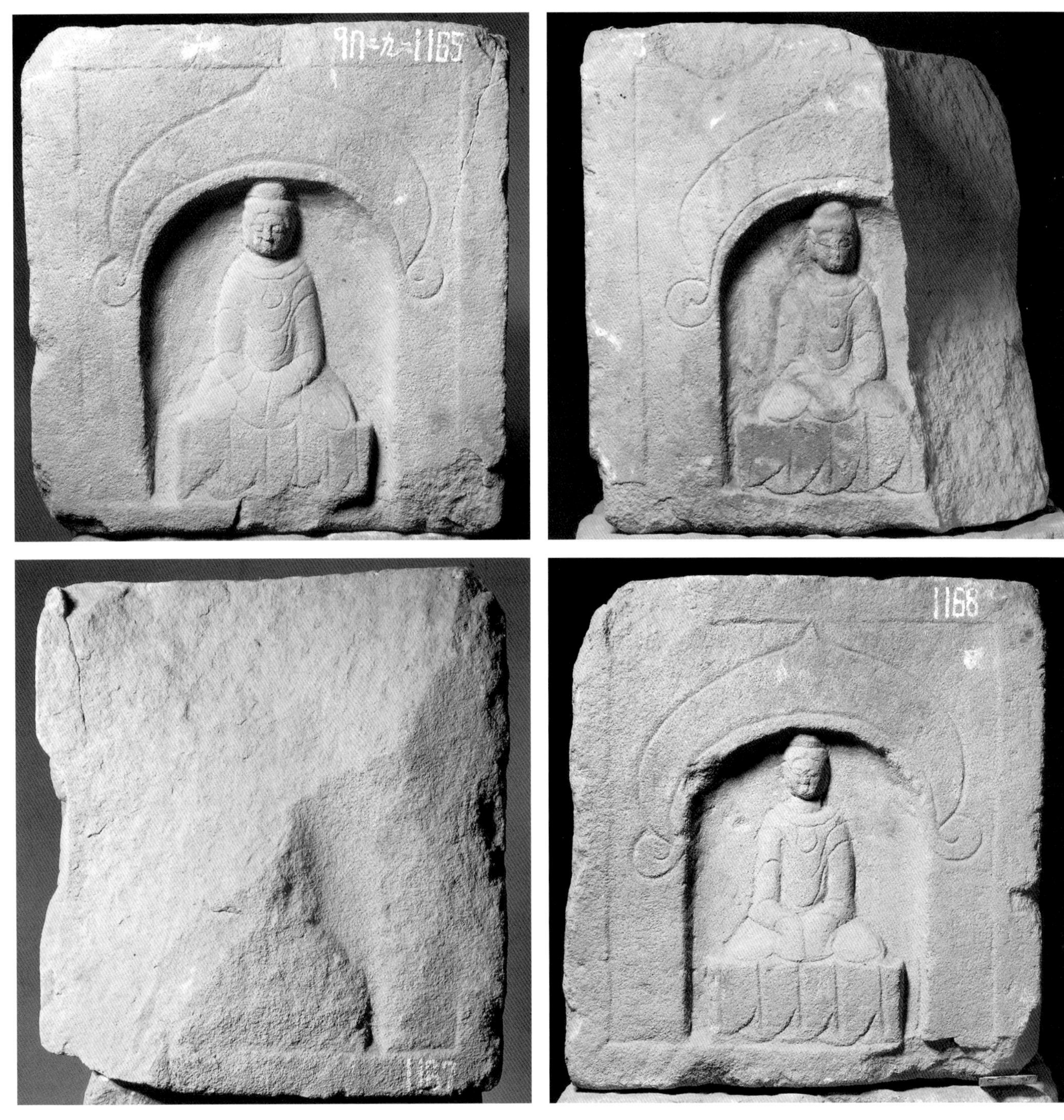

QN二九二

时代：北齐

尺寸：宽17~27、高27~29厘米

1 | 2
3 | 4

QN 二九三

时代：东魏

尺寸：宽16~27、高26~27厘米

1	2
3	4

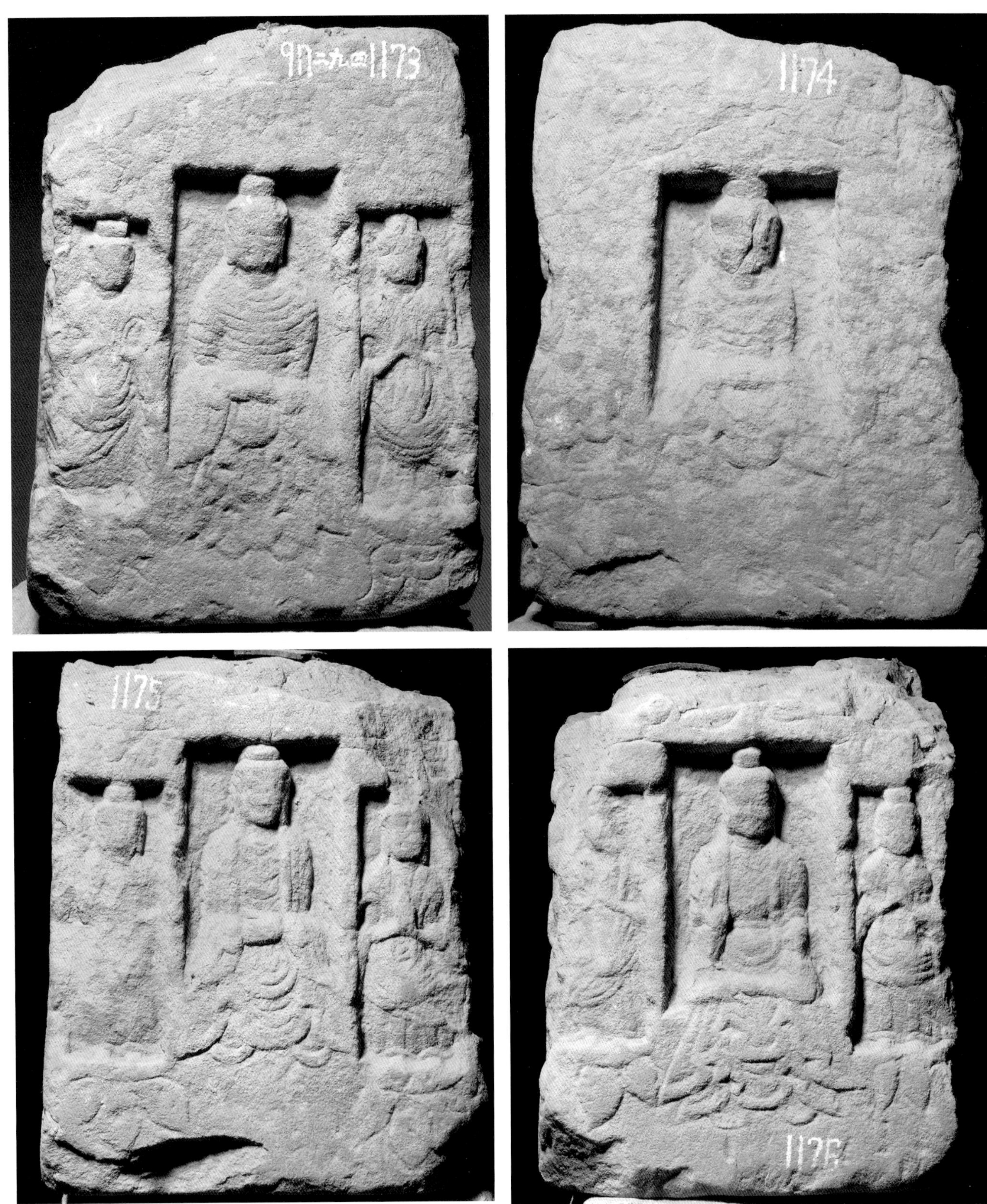

QN 二九四

时代：东魏

尺寸：宽19~28、高25~28厘米

1	2
3	4

QN 二九五

时代：东魏

尺寸：宽42~48、高55~56厘米

1	2
3	4

QN 二九六

时代：东魏

尺寸：宽33~53、高62~63厘米

1 | 2
3 | 4

QN 二九七

时代：东魏

尺寸：宽24~35、高42~43厘米

1	2
3	4

QN 二九八

时代：北齐

尺寸：宽30~35、高32~34厘米

1	2
3	4

QN 二九九

时代：北魏

尺寸：宽26~33、高42~43厘米

1	2
3	4

QN 三〇〇

时代：北魏

尺寸：宽30~37、高49厘米

1	2
3	4

QN 三〇一

时代：东魏

尺寸：宽35~45、高48~49厘米

1	2
3	4

QN 三〇二

时代：不明

尺寸：宽37~54、高57~58厘米

1	2
3	4

QN 三〇三

时代：北魏

尺寸：宽34~53、高51~53厘米

1	2
3	4

QN 三〇四

时代：东魏

尺寸：宽36~43、高49厘米

1 | 2
3 | 4

QN 三〇五

时代：北魏

尺寸：宽30~33、高35厘米

1 | 2
3 | 4

QN 三〇六

时代：北魏

尺寸：宽35~39、高51~52厘米

1	2
3	4

QN 三〇七

时代：北魏

尺寸：宽26~36、高52~54厘米

1 | 2
3 | 4

QN 三〇八

时代：北齐

尺寸：宽26~41、高51厘米

1	2
3	4

QN 三〇九

时代：北魏—东魏

尺寸：宽25~40、高48~49厘米

1	2
3	4

QN 三一〇

时代：北魏—东魏

尺寸：宽33~42、高72~73厘米

1	2
3	4

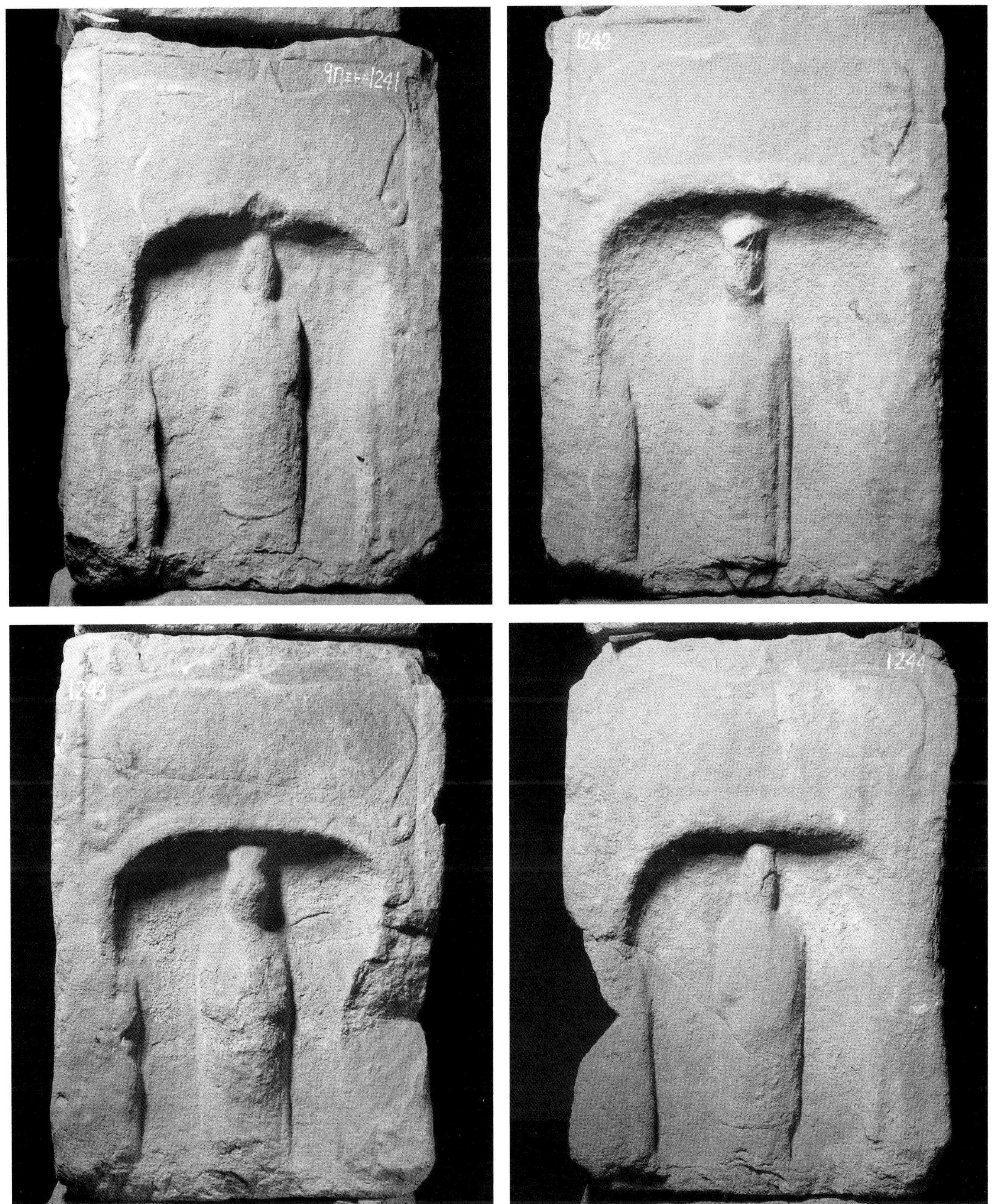

QN 三一一

时代：北魏

尺寸：宽35~39、高53~55厘米

1	2
3	4

QN 三一二

时代：北魏—东魏

尺寸：宽36~41、高51~52厘米

1	2
3	4

QN 三一三

时代：北魏

尺寸：宽39~47、高51~52厘米

1	2
3	4

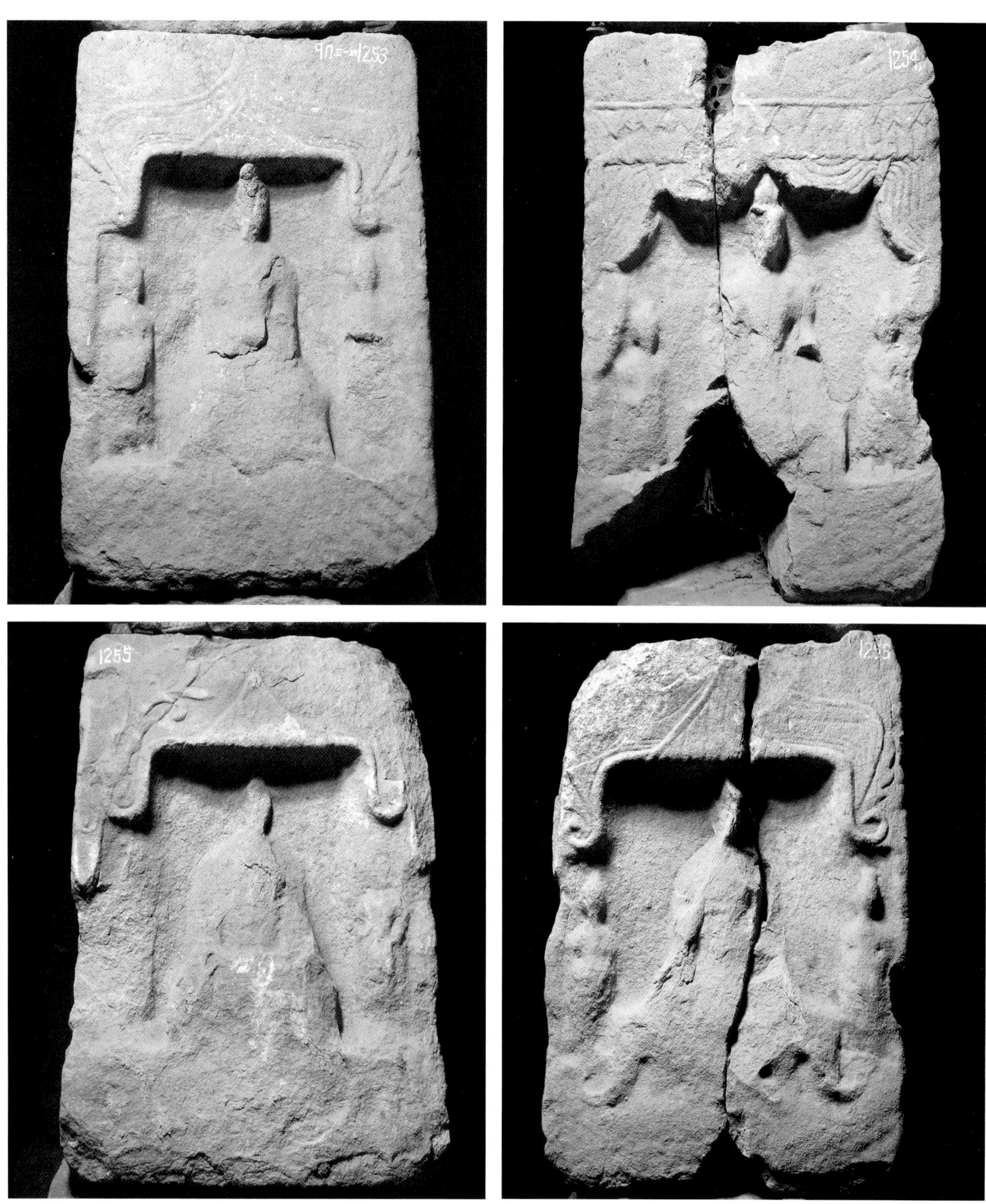

QN 三一四

时代：北魏—东魏

尺寸：宽32~39、高56厘米

1	2
3	4

QN 三一五

时代：北魏

尺寸：宽31~37、高40~42厘米

1 | 2

3 | 4

QN 三一六

时代：北魏

尺寸：宽40~45、高45厘米

1 | 2
3 | 4

QN三一七

时代：东魏

尺寸：宽34~45、高50厘米

1	2
3	4

QN 三一八

时代：北魏—东魏

尺寸：宽34~40、高42~43厘米

1	2
3	4

QN 三一九

时代：北魏

尺寸：宽22~27、高38厘米

1	2
3	4

QN 三二〇

时代：不明

尺寸：宽14~26、高36厘米

1 | 2
3 | 4

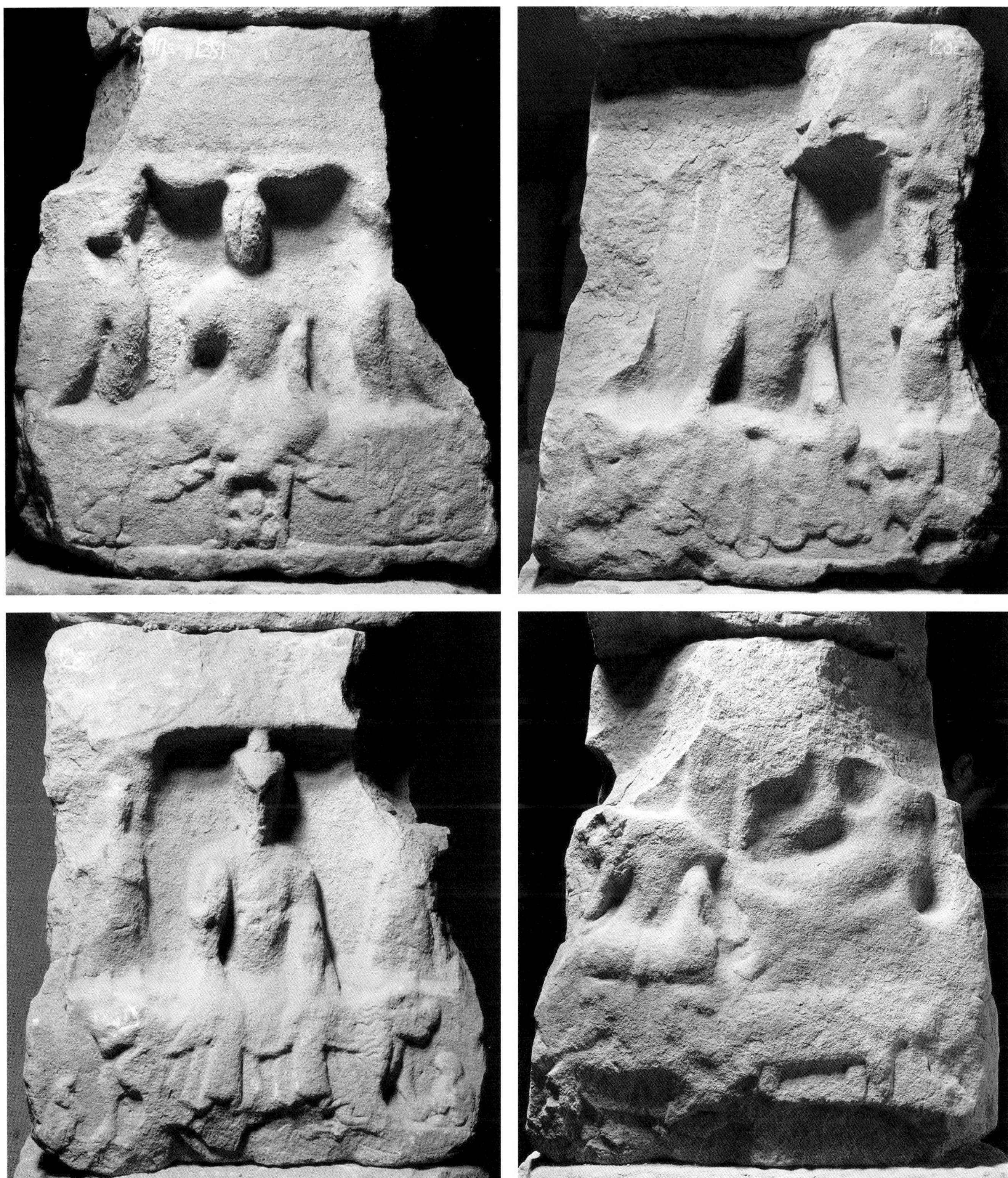

QN 三二一

时代：北魏—东魏

尺寸：宽30~45、高52~53厘米

1	2
3	4

QN 三二二

时代：北齐

尺寸：宽21~26、高29厘米

1	2
3	4

QN 三二三

时代：北魏

尺寸：宽20~28、高42厘米

1	2
3	4

QN 三二四

时代：北魏

尺寸：宽20~30、高40~41厘米

1	2
3	4

QN 三二五

时代：北齐

尺寸：宽27~30、高41厘米

1	2
3	4

QN 三二六

时代：北魏

尺寸：宽22~35、高39~40厘米

1	2
3	4

QN 三二七

时代：北魏—东魏

尺寸：宽20~30、高43~44厘米

1	2
3	4

QN 三二八

时代：北魏

尺寸：宽29~31、高31~32厘米

1	2
3	4

QN三二九

时代：北齐

尺寸：宽27~29、高30厘米

1	2
3	4

QN 三三〇

时代：北魏

尺寸：宽28~32、高51~51.5厘米

1 2
3 4

QN 三三一

时代：东魏

尺寸：宽24~35、高47厘米

1	2
3	4

QN 三三二

时代：北魏

尺寸：宽20~24、高31~32厘米

1	2
3	4

QN 三三三

时代：北魏

尺寸：宽14~29、高29~30厘米

1 | 2
3 | 4

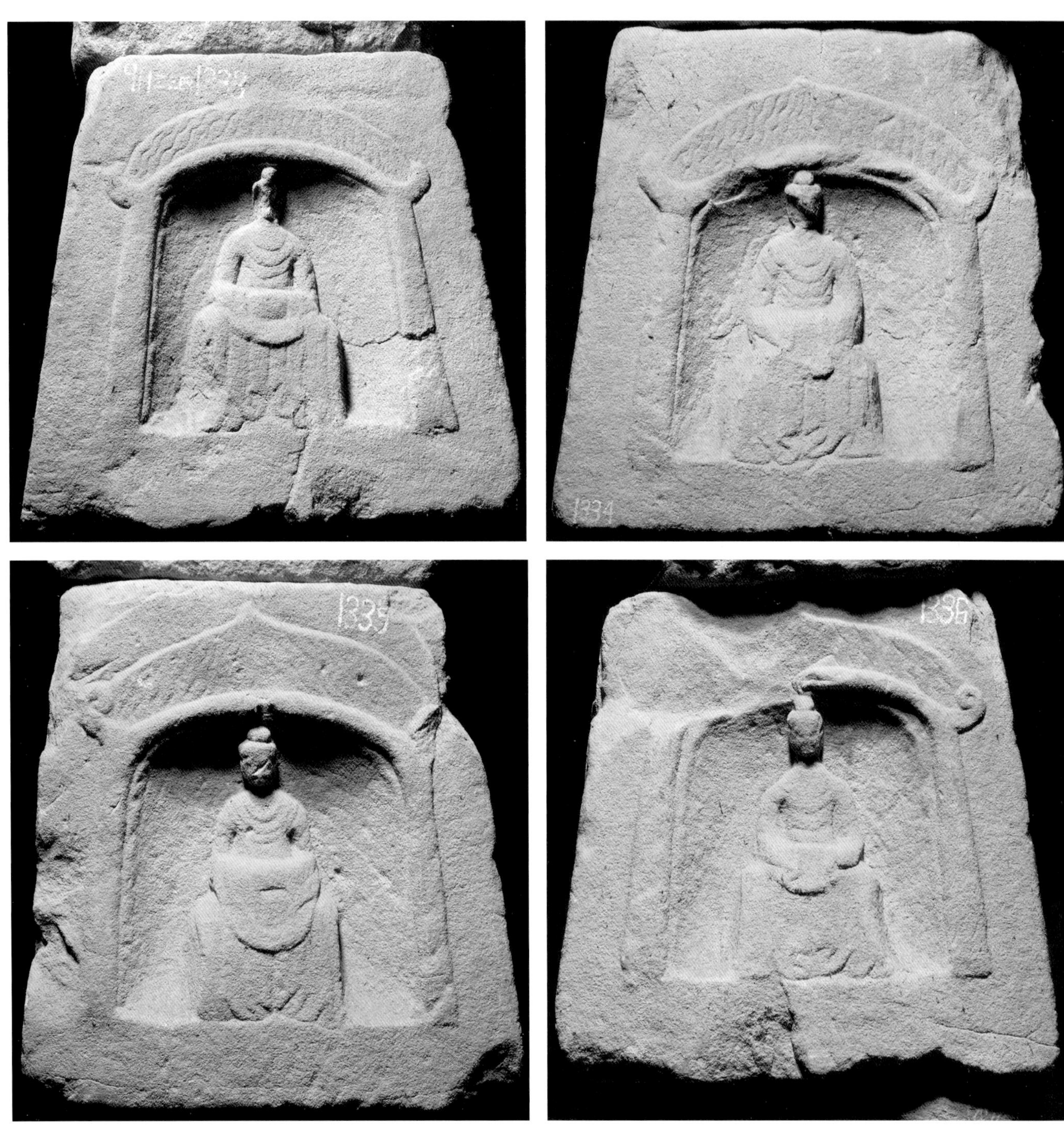

QN 三三四

时代：东魏

尺寸：宽24~33、高32厘米

1 | 2
3 | 4

QN 三三五

时代：北魏

尺寸：宽24~30、高52~53厘米

1	2
3	4

◁

QN 三三六

时代：北齐

尺寸：宽23~35、高60厘米

1	2
3	4

QN 三三七

时代：东魏

尺寸：宽26~35、高36~37厘米

1	2
3	4

QN 三三八

时代：北魏

尺寸：宽27~34、高45~46厘米

1	2
3	4

QN 三三九

时代：北魏—东魏

尺寸：宽25~34、高38~39厘米

1	2
3	4

QN 三四〇

时代：北齐

尺寸：宽32~36、高52~53厘米

1	2
3	4

QN 三四一

时代：东魏

尺寸：宽22~29、高31~32厘米

1	2
3	4

QN 三四二

时代：北魏

尺寸：宽30~38、高47~49厘米

1	2
3	4

QN 三四三

时代：北魏

尺寸：宽27~28、高30~31厘米

1	2
3	4

QN 三四四

时代：东魏

尺寸：宽28~33、高50厘米

1	2
3	4

QN 三四五

时代：北齐晚—北周

尺寸：宽28~30、高36厘米

1	2
3	4

QN 三四六

时代：北魏

尺寸：宽33~37、高41厘米

1
2

3
4

QN 三四七

时代：北魏

尺寸：宽24~30、高31~33厘米

1 | 2
3 | 4

QN 三四八

时代：北魏

尺寸：宽44.6~49、高62~64厘米

1 | 2
3 | 4

QN 三四九

时代：北齐—隋

尺寸：宽28~35、高34~36厘米

1	2
3	4

QN 三五〇

时代：东魏

尺寸：宽29~41、高43~45厘米

1
2

3
4

QN 三五一

时代：北魏

尺寸：宽29~33、高26~28厘米

1	2
3	4

QN 三五二

时代：北魏

尺寸：宽35~43、高30厘米

1
2

3
4

QN 三五三

时代：北齐—北周

尺寸：宽27~32、高32~33厘米

1	2
3	4
2*	

QN 三五四

时代：北魏

尺寸：宽37~41、高51~52厘米

1
2

3
4

QN 三五五

时代：北周—隋

尺寸：宽33~44、高47~48厘米

1	2
3	4

QN 三五六

时代：北魏

尺寸：宽31~38、高41厘米

1	3
2	顶

QN 三五七

时代：北魏

尺寸：宽43~52、高62~64厘米

1	2
3	4

QN 三五八

时代：北魏

尺寸：宽12~30、高45~46厘米

1 | 2
3 | 4

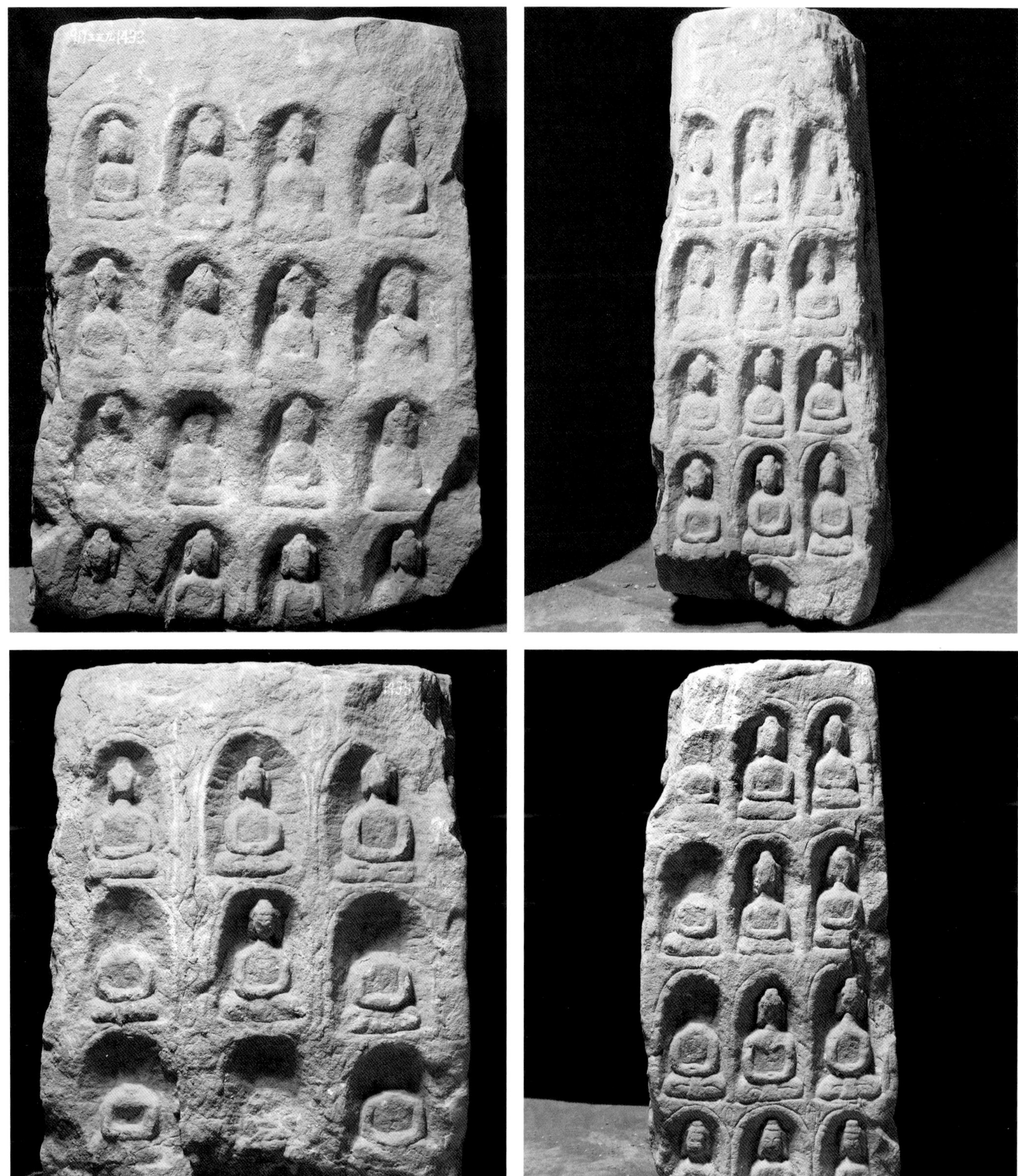

QN 三五九

时代：北魏

尺寸：宽14~45、高59~61厘米

1	2
3	4

QN 三六〇

时代：东魏

尺寸：宽24~34、高32~38厘米

1	2
3	4

QN 三六一

时代：北齐

尺寸：宽14~29、高24~25厘米

1	2
3	4

QN 三六二

时代：东魏

尺寸：宽11~20、高23~24厘米

1	2
3	4

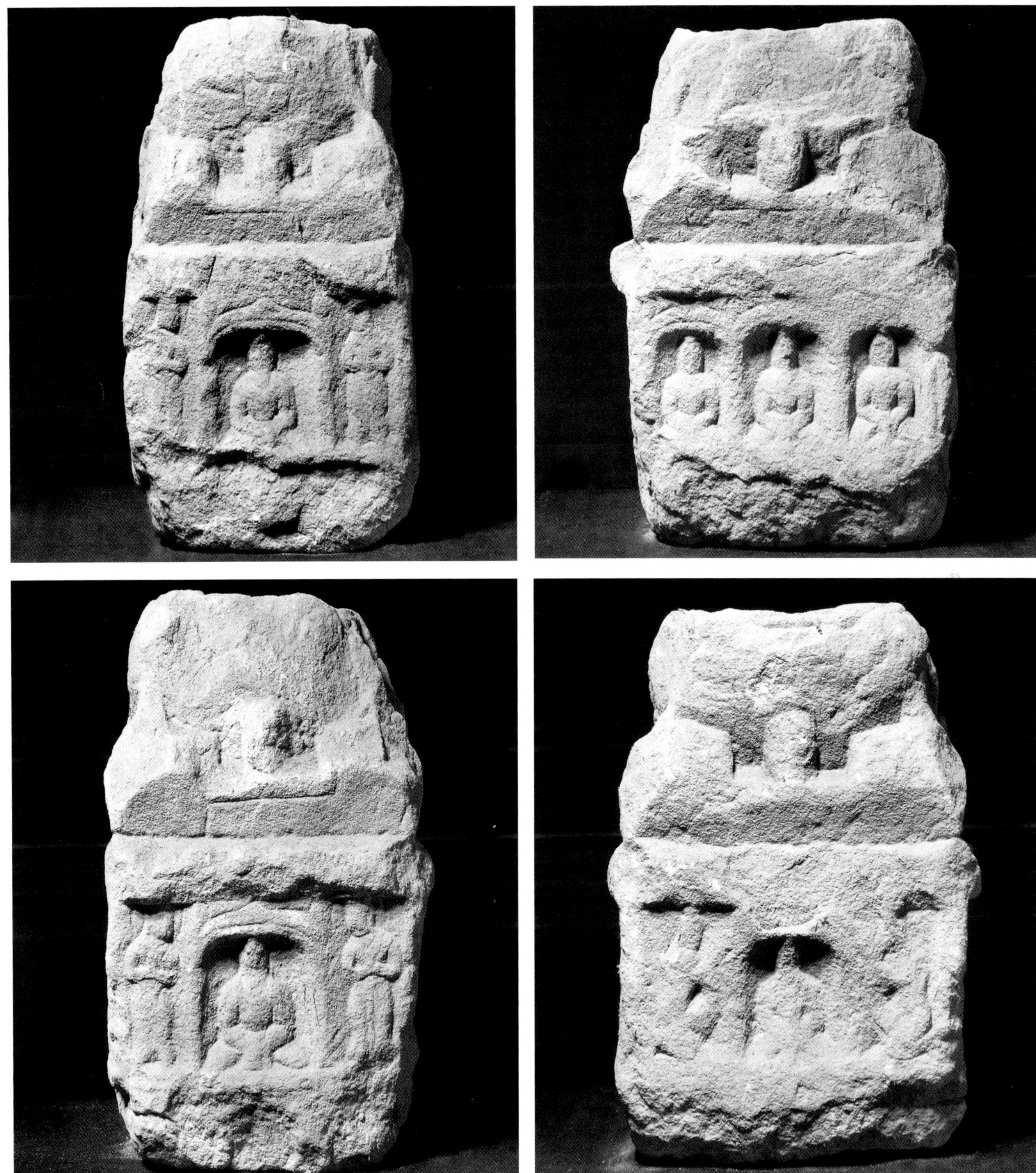

QN 三六三

时代：东魏

尺寸：宽11~19、高30~31厘米

1	2
3	4

QN 三六四

时代：东魏

尺寸：宽26~30、高23~26厘米

1	2
3	4

QN 三六五

时代：东魏

尺寸：宽15~25、高29厘米

1	2
3	4

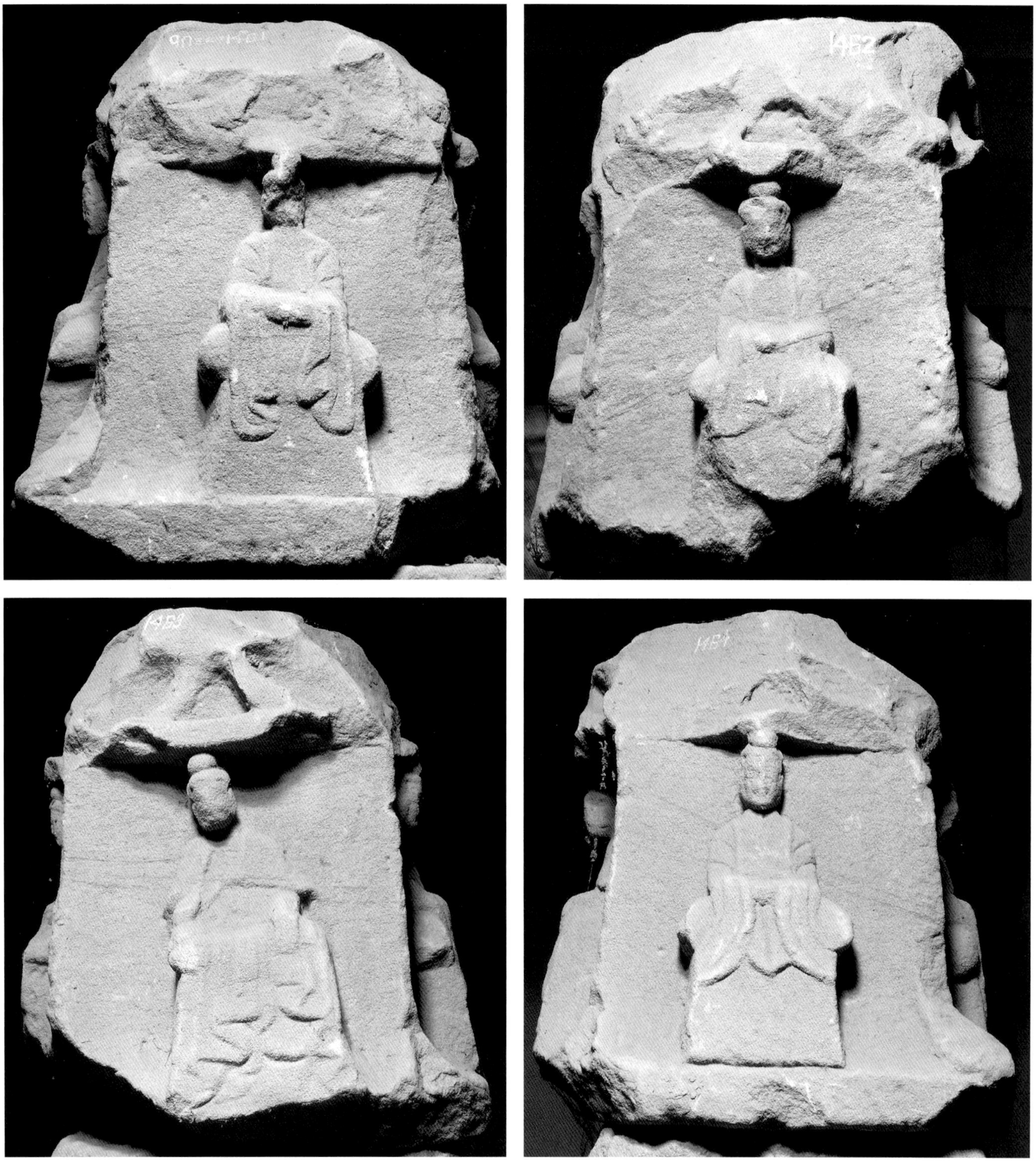

QN 三六六

时代：东魏

尺寸：宽18~26、高30~34厘米

1	2
3	4

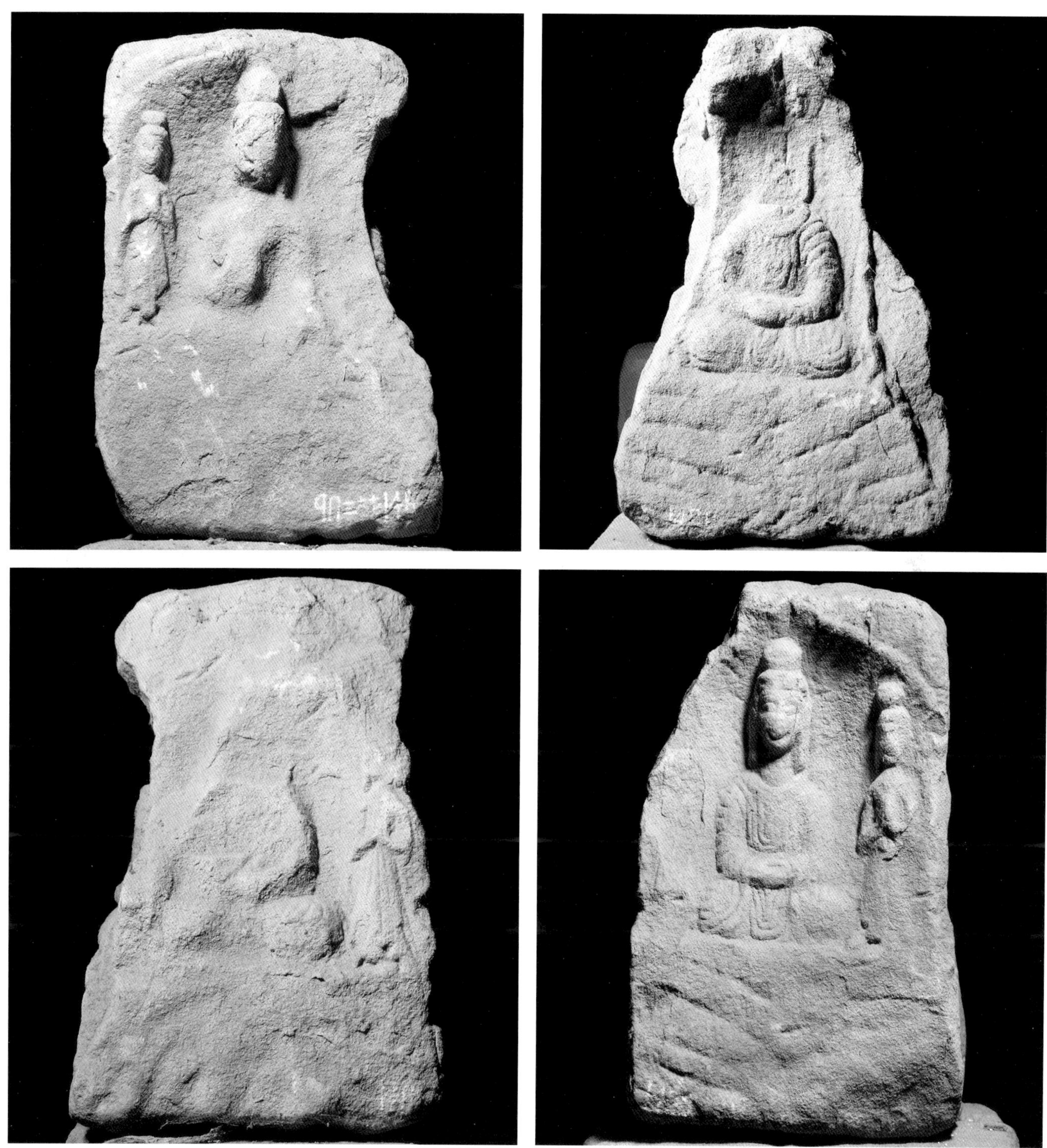

QN 三六七

时代：北魏

尺寸：宽12~20、高29~32厘米

1	2
3	4

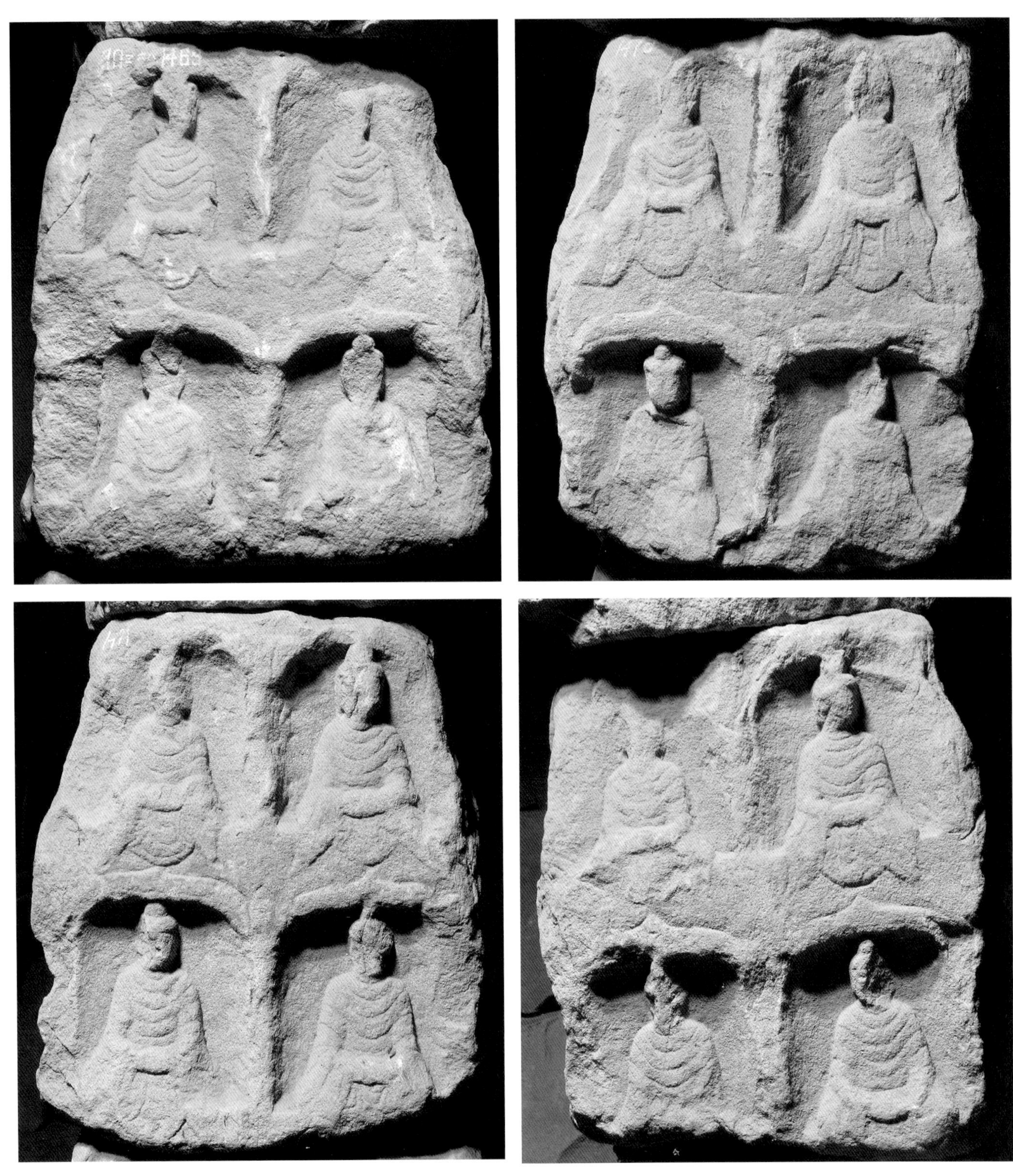

QN 三六八

时代：东魏

尺寸：宽22~31、高34~35厘米

1	2
3	4

QN 三六九

时代：东魏

尺寸：宽23~30、高32~33厘米

1	2
3	4

QN 三七〇

时代：北魏—东魏

尺寸：宽33~47、高55厘米

1 | 2
3

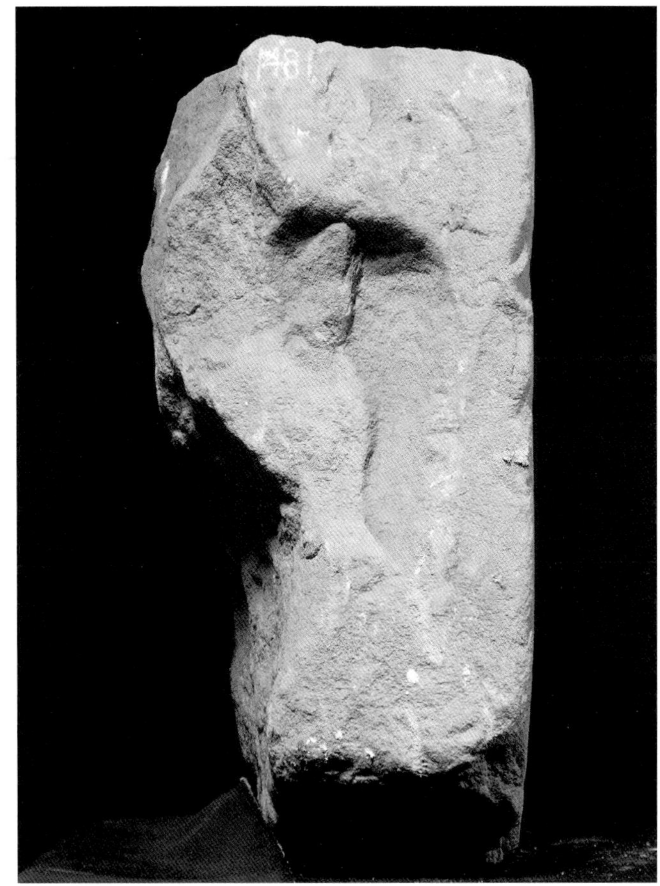

QN 三七一

时代：北魏

尺寸：宽12~20、高31~33厘米

1 | 2
3

QN 三七二

时代：北齐—北周

尺寸：宽14~25、高25~26厘米

1 | 3
2

QN 三七三

时代：北魏

尺寸：宽11~28、高29厘米

1 | 3
2

QN 三七四

时代：东魏

尺寸：宽16~31、高40~41厘米

1
2 | 3

QN 三七五

时代：北齐

尺寸：宽12~34、高35厘米

1
2 | 3

QN 三七六

时代：北魏—东魏

尺寸：宽19~22、高42厘米

1 | 2

QN 三七七

时代：不明

尺寸：宽36~37、高28厘米

1 | 2

QN 三七八

时代：东魏

尺寸：宽12~30、高39厘米

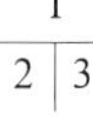

QN 三七九

时代：北魏—东魏

尺寸：宽14~43、高58厘米

1 | 2
3

QN 三八〇

时代：东魏

尺寸：宽13~46、高54~55厘米

1 | 3
2

QN 三八一

1
2

时代：北齐—隋

尺寸：宽13~15、高36厘米（八面体直径32厘米）

3
4

QN三八一

5
6

7
8

QN 三八二

时代：北齐—隋

尺寸：宽12~13、高20~34厘米（八角柱直径30厘米）

1、8	2
3	4
5、6	7

QN 三八三

时代：北魏

尺寸：宽10~27、高30厘米

1
2 | 3

QN 三八四

时代：北魏

尺寸：宽19~23、高49~51厘米

1 | 2

QN 三八五

时代：北齐

尺寸：宽20~36、高35~36厘米

1 | 3
2

QN 三八六

时代：北魏

尺寸：宽19~39、高43~44厘米

QN 三八七

时代：东魏

尺寸：宽18~38、高25~29厘米

1 | 2
3

1
2

QN 三八八

时代：北齐—隋

尺寸：宽12、高24厘米（八角柱直径25厘米）

3
4

QN 三八八

5
6

7

8

QN 三八九

1
2

时代：北齐—隋

尺寸：宽10、高24厘米（八角柱直径21厘米）

3
4

QN 三八九

5
6

7
8

二　单体造像、组合造像

QN 三九〇

时代：北魏

尺寸：高255、宽60厘米

QN 三九一

时代：北齐

尺寸：高194、宽58厘米

QN 三九二

时代：北齐

尺寸：高157、宽48厘米

QN 三九三

时代：北齐

尺寸：高162、宽55厘米

QN 三九四

时代：北齐

尺寸：高173、宽48厘米

QN 三九五

时代：东魏

尺寸：高169、宽52厘米

QN 三九六

时代：东魏

尺寸：高180、宽41厘米

QN 三九七

时代：北齐—北周

尺寸：高145、宽73厘米

QN 三九八

时代：北周

尺寸：高210、宽57厘米

QN 三九九

时代：隋

尺寸：高242、宽66厘米

QN四〇〇

时代：北齐

尺寸：高254、宽71厘米

QN 四〇一

时代：北周

尺寸：高245、宽64厘米

QN 四〇一*

QN 四〇二

时代：东魏

尺寸：高215、宽54厘米

QN 四〇三

时代：唐

尺寸：高188、宽80厘米

QN 四〇四

时代：北魏

尺寸：高183、宽51厘米

QN 四〇五

时代：北魏

尺寸：高179、宽44厘米

QN 四〇六

时代：北魏

尺寸：高174、宽44厘米

QN 四〇七

时代：隋—唐

尺寸：高169、宽48厘米

QN 四〇八

时代：隋

尺寸：高151、宽41厘米

QN 四〇九

时代：北齐

尺寸：高190、宽60厘米

QN 四一〇
时代：隋
尺寸：高220、宽56厘米

QN 四一一

时代：北齐—北周

尺寸：高155、宽41厘米

QN 四一二

时代：北齐—北周

尺寸：高156、宽41厘米

QN 四一三
时代：隋
尺寸：高126、宽66厘米

QN 四一四
时代：北齐
尺寸：高150、宽43厘米

QN 四一五

时代：东魏

尺寸：高138、宽34厘米

QN四一六
时代：北周—隋
尺寸：高93、宽58厘米

QN四一七
时代：唐
尺寸：高63、宽28厘米

QN四一八
时代：唐
尺寸：高54、宽52厘米

QN四一九
时代：东魏
尺寸：高103、宽41厘米

QN 四二〇
时代：东魏—北齐
尺寸：高60、宽35厘米

QN 四二一
时代：北魏
尺寸：高73、宽48厘米

QN 四二二
时代：北魏
尺寸：高98、宽50厘米

QN 四二三
时代：东魏
尺寸：高77、宽29厘米

QN 四二四

时代：东魏—北齐

尺寸：高68、宽39厘米

QN 四二五

时代：东魏

尺寸：高50、宽40厘米

QN 四二六[*]

时代：隋（开皇十二年）

尺寸：高67、宽34厘米

QN 四二七*
时代：东魏
尺寸：高70、宽22厘米

QN 四二八
时代：东魏
尺寸：高66、宽22厘米

QN 四二九
时代：唐
尺寸：高46、宽37厘米

QN 四三〇

时代：北齐

尺寸：高50、宽33厘米

QN 四三一

时代：唐

尺寸：高45、宽26厘米

QN 四三二*

时代：北魏

尺寸：高103、宽30厘米

QN 四三三

时代：唐

尺寸：高54、宽52厘米

QN 四三四 *

时代：北魏

尺寸：高75、宽38厘米

QN 四三五

时代：东魏

尺寸：高58、宽30厘米

QN 四三六 *

时代：唐

尺寸：高46、宽31厘米

QN 四三七

时代：北魏

尺寸：高72、宽45厘米

QN 四三八*

时代：北魏

尺寸：高102、宽49厘米

QN 四三九
时代：东魏
尺寸：高73、宽25厘米

QN 四四〇
时代：东魏
尺寸：高68、宽35厘米

QN 四四一
时代：北魏
尺寸：高51、宽42厘米

QN 四四二
时代：北魏
尺寸：高96、宽29厘米

QN 四四三

时代：东魏

尺寸：高78、宽54厘米

QN 四四四

时代：北齐

尺寸：高64、宽23厘米

QN 四四五
时代：北魏
尺寸：高119、宽56厘米

QN 四四六
时代：北魏
尺寸：高45、宽25厘米

QN 四四七
时代：北魏
尺寸：高53、宽28厘米

QN 四四八*

时代：北魏（正光二年）

尺寸：高103、宽82厘米

QN 四四九

时代：北齐

尺寸：高83、宽20厘米

QN 四五〇

时代：北齐（天统元年）

尺寸：高57、宽42厘米

QN 四五一
时代：北齐
尺寸：高75、宽43厘米

QN 四五二
时代：北魏
尺寸：高93、宽60厘米

QN 四五三
时代：北魏
尺寸：高75、宽41厘米

QN 四五四
时代：东魏
尺寸：高119、宽30厘米

QN 四五五

时代：唐

尺寸：高34、宽20厘米

QN 四五六

时代：北齐—隋

尺寸：高122、宽44厘米

QN 四五七

时代：北齐

尺寸：高114、宽34厘米

QN 四五八

时代：东魏

尺寸：高148、宽45厘米

QN 四五九

时代：北齐

尺寸：高114、宽40厘米

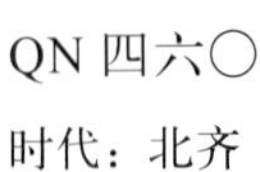

QN 四六〇
时代：北齐
尺寸：高108、宽40厘米

QN 四六一
时代：东魏
尺寸：高49、宽22厘米

QN 四六二

时代：北魏

尺寸：高143、宽36厘米

QN 四六三

时代：北齐—隋

尺寸：高152、宽43厘米

QN 四六四

时代：北齐—隋

尺寸：高150、宽76厘米

QN 四六五

时代：北齐—隋

尺寸：高77、宽35厘米

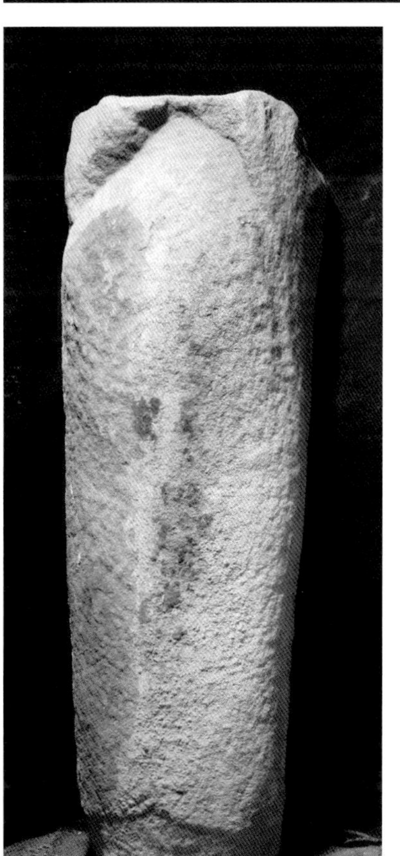

QN 四六六

时代：北齐

尺寸：高77、宽42厘米

QN 四六七

时代：北齐

尺寸：高90、宽36厘米

QN 四六八

时代：北齐

尺寸：高81、宽28厘米

QN 四六九

时代：北齐—隋

尺寸：高79、宽47厘米

QN 四七〇
时代：北齐
尺寸：高46、宽35厘米

QN 四七一
时代：北魏
尺寸：高60、宽36厘米

QN 四七二
时代：东魏
尺寸：高47、宽28厘米

QN 四七三
时代：隋
尺寸：高49、宽18厘米

QN 四七四
时代：不明
尺寸：高53、宽20厘米

QN 四七五
时代：北魏
尺寸：高160、宽42厘米

QN 四七六
时代：北齐
尺寸：高159、宽43厘米

QN 四七七
时代：隋—唐
尺寸：高38、宽36厘米

QN 四七八
时代：北魏
尺寸：高54、宽42厘米

QN 四七九
时代：隋—唐
尺寸：高46、宽28厘米

QN 四八〇
时代：东魏
尺寸：高42、宽23厘米

QN 四八一
时代：东魏
尺寸：高58、宽30厘米

QN 四八二
时代：北齐—隋
尺寸：高40、宽17厘米

QN 四八三
时代：东魏
尺寸：高25、宽19厘米

QN 四八四
时代：北齐
尺寸：高46、宽20厘米

QN 四八五
时代：东魏
尺寸：高32、宽16厘米

QN 四八六
时代：北齐
尺寸：高30、宽17厘米

QN 四八七
时代：北齐
尺寸：高29、宽23厘米

QN 四八八
时代：东魏
尺寸：高38、宽30厘米

QN 四八九
时代：隋
尺寸：高42、宽19厘米

QN 四九〇

时代：北魏

尺寸：高42、宽20厘米

QN 四九一

时代：东魏

尺寸：高48、宽21厘米

QN 四九二

时代：北魏

尺寸：高39、宽34厘米

QN 四九三
时代：北魏
尺寸：高43、宽15厘米

QN 四九四
时代：北魏
尺寸：高23、宽11厘米

QN 四九五
时代：北齐
尺寸：高44、宽14厘米

QN 四九六
时代：北魏
尺寸：高45、宽16厘米

QN 四九七
时代：北齐—隋
尺寸：高33、宽19厘米

QN 四九八
时代：北齐
尺寸：高31、宽17厘米

QN 四九九
时代：北齐
尺寸：高43、宽20厘米

QN 五〇〇
时代：北魏
尺寸：高23、宽16厘米

QN 五〇一
时代：东魏
尺寸：高30、宽15厘米

QN 五〇二
时代：北齐—北周
尺寸：高22、宽19厘米

QN 五〇三
时代：东魏
尺寸：高19、宽13厘米

QN 五〇四
时代：隋—唐
尺寸：高19、宽19厘米

QN 五〇五

时代：北齐—隋

尺寸：高94、宽35厘米

QN 五〇六

时代：东魏

尺寸：高22、宽13厘米

QN 五〇七*

时代：东魏

尺寸：高30、宽15厘米

QN 五〇八
时代：北齐
尺寸：高25、宽15厘米

QN 五〇九*
时代：东魏
尺寸：高33、宽16厘米

QN 五一〇
时代：东魏
尺寸：高33、宽13.5厘米

QN 五一一
时代：东魏
尺寸：高28、宽17厘米

QN 五一二
时代：东魏
尺寸：高21、宽24厘米

QN 五一三
时代：不明
尺寸：高32、宽23厘米

QN 五一四
时代：东魏
尺寸：高30、宽22厘米

QN 五一五
时代：北齐—隋
尺寸：高28、宽28厘米

QN 五一六
时代：北齐—隋
尺寸：高16、宽16厘米

QN 五一七
时代：东魏
尺寸：高24、宽11厘米

QN 五一八
时代：东魏
尺寸：高30、宽15厘米

QN 五一九
时代：东魏
尺寸：高23、宽21厘米

QN 五二〇*
时代：隋—唐
尺寸：高17、宽8厘米

QN 五二一
时代：北魏
尺寸：高18、宽17厘米

QN 五二二
时代：隋
尺寸：高34、宽18厘米

QN 五二三
时代：北魏
尺寸：高19、宽22厘米

QN 五二四
时代：北魏
尺寸：高23、宽20厘米

QN 五二五
时代：东魏
尺寸：高20、宽20厘米

QN 五二六
时代：东魏
尺寸：高28、宽13厘米

QN 五二七
时代：北齐
尺寸：高11、宽12厘米

QN 五二八
时代：东魏
尺寸：高27、宽18厘米

QN 五二九
时代：东魏
尺寸：高13、宽18厘米

QN 五三〇
时代：北魏
尺寸：高14、宽18厘米

QN 五三一
时代：东魏
尺寸：高18、宽13厘米

QN 五三二
时代：唐
尺寸：高32、宽17厘米

QN 五三三
时代：东魏
尺寸：高17、宽12厘米

QN 五三四
时代：隋—唐
尺寸：高22、宽16厘米

QN 五三五
时代：北魏
尺寸：高14、宽12厘米

QN 五三六
时代：东魏
尺寸：高20、宽13厘米

QN 五三七
时代：东魏
尺寸：高33、宽16厘米

QN 五三八
时代：北齐
尺寸：高31、宽13厘米

QN 五三九
时代：东魏
尺寸：高24、宽14厘米

QN 五四〇
时代：北齐—隋
尺寸：高39、宽19厘米

QN 五四一
时代：北齐
尺寸：高17、宽18厘米

QN 五四二
时代：北齐
尺寸：高29、宽16.5厘米

QN 五四三
时代：北齐
尺寸：高21、宽18厘米

QN 五四四
时代：北齐
尺寸：高45、宽18厘米

QN 五四五
时代：北齐
尺寸：高23、宽18厘米

QN 五四六
时代：东魏
尺寸：高31、宽17厘米

QN 五四七
时代：东魏
尺寸：高25、宽16厘米

QN 五四八
时代：唐
尺寸：高22、宽23厘米

QN 五四九
时代：北齐
尺寸：高37、宽20厘米

QN 五五〇
时代：北齐
尺寸：高28、宽13厘米

QN五五一
时代：北齐—隋
尺寸：高19、宽13厘米

QN五五二
时代：北魏
尺寸：高23、宽20厘米

QN五五三
时代：唐
尺寸：高14、宽13厘米

QN五五四
时代：隋—唐
尺寸：高30、宽15厘米

QN 五五五
时代：东魏
尺寸：高18、宽12.5厘米

QN 五五六
时代：东魏
尺寸：高10、宽12.5厘米

QN 五五七
时代：北魏
尺寸：高26、宽26厘米

QN 五五八
时代：东魏
尺寸：高27、宽34厘米

QN 五五九
时代：东魏
尺寸：高24、宽20厘米

QN 五六〇
时代：东魏
尺寸：高39、宽25厘米

QN 五六一
时代：北魏
尺寸：高29.5、宽20厘米

QN 五六二
时代：东魏
尺寸：高38、宽22厘米

QN 五六三

时代：北魏

尺寸：高23、宽23厘米

QN 五六四 *

时代：北魏

尺寸：高15、宽28厘米

QN 五六五
时代：北魏
尺寸：高23、宽13厘米

QN 五六六
时代：东魏
尺寸：高33、宽22厘米

QN 五六七
时代：东魏
尺寸：高17.5、宽16厘米

QN 五六八
时代：北魏太和
尺寸：高17.2、宽17.9厘米

QN 五六九
时代：东魏
尺寸：高46、宽19厘米

QN 五七〇
时代：北魏
尺寸：高43、宽30厘米

QN 五七一
时代：隋
尺寸：高34、宽32厘米

QN 五七二
时代：东魏
尺寸：高36、宽25厘米

QN 五七三
时代：北齐
尺寸：高35、宽17厘米

QN 五七四
时代：北齐
尺寸：高48、宽17厘米

QN 五七五
时代：北魏
尺寸：高45、宽33厘米

QN 五七六*

时代：唐

尺寸：高18、宽23厘米

QN 五七七

时代：东魏

尺寸：高35、宽27厘米

QN 五七八

时代：东魏

尺寸：高18、宽14厘米

QN 五七九

时代：隋一唐

尺寸：高33、宽22厘米

QN 五八〇

时代：东魏

尺寸：高29、宽23厘米

QN 五八一

时代：北魏（正光六年）

尺寸：高36、宽26厘米

QN 五八二

时代：东魏

尺寸：高35、宽21厘米

QN 五八三

时代：东魏（兴和年间）

尺寸：高22、宽16厘米

QN 五八四 *

时代：北魏

尺寸：高19、宽15厘米

QN 五八五

时代：北齐

尺寸：高15、宽17厘米

QN 五八六

时代：东魏

尺寸：高23、宽14厘米

QN 五八七

时代：东魏

尺寸：高29、宽21厘米

QN 五八八

时代：北齐（天保七年）

尺寸：高21、宽17厘米

QN 五八九

时代：北齐（武平元年）

尺寸：高14、宽14厘米

QN 五九〇
时代：北魏
尺寸：高26、宽16厘米

QN 五九一
时代：北齐（武平七年）
尺寸：高22、宽20厘米

QN 五九二
时代：北齐（武平年间）
尺寸：高18、宽17厘米

QN 五九三
时代：北齐
尺寸：高18、宽19厘米

QN 五九四
时代：北齐
尺寸：高21、宽26厘米

QN 五九五
时代：东魏
尺寸：高21、宽19厘米

QN 五九六

时代：唐（龙朔三年）

尺寸：高24、宽18厘米

QN 五九七

时代：隋—唐

尺寸：高19、宽8.5厘米

QN 五九八 *

时代：隋—唐

尺寸：高18、宽8厘米

QN 五九九

时代：北齐

尺寸：高41、宽26厘米

QN 六〇〇 *

时代：北魏

尺寸：高45、宽21厘米

QN 六〇二

时代：北齐

尺寸：高34.5、宽22厘米

QN 六〇三

时代：北齐

尺寸：高43、宽21厘米

QN 六〇四

时代：北齐

尺寸：高24、宽19厘米

QN 六〇五

时代：北齐—隋

尺寸：高27、宽27厘米

QN 六〇六*

时代：北周—隋

尺寸：高40、宽27厘米

QN 六〇七

时代：东魏

尺寸：高37、宽25.5厘米

QN 六〇八

时代：北魏

尺寸：高18、宽18厘米

QN 六〇九 *

时代：东魏（武定元年）

尺寸：高40、宽23厘米

QN 六一〇
时代：北齐
尺寸：高50、宽33厘米

QN 六一一
时代：北魏（延昌—熙平时期）
尺寸：高16.5、宽16厘米

QN 六一二
时代：北齐
尺寸：高16、宽10厘米

QN 六一三
时代：北齐
尺寸：高25、宽13厘米

QN 六一四
时代：北齐
尺寸：高17.5、宽18厘米

QN 六一五
时代：北魏
尺寸：高16、宽9厘米

QN 六一六
时代：唐
尺寸：高17、宽9厘米

QN 六一七
时代：北魏
尺寸：高16、宽18厘米

QN 六一八
时代：北齐
尺寸：高27、宽16厘米

QN 六一九
时代：北齐
尺寸：高23、宽16厘米

QN 六二〇
时代：北魏
尺寸：高14、宽13.5厘米

QN 六二一
时代：北魏
尺寸：高18、宽14厘米

QN 六二二
时代：北齐
尺寸：高22、宽16厘米

QN 六二三
时代：北齐
尺寸：高21、宽16厘米

QN 六二四
时代：隋—唐
尺寸：高25、宽16厘米

QN 六二五
时代：北齐
尺寸：高23、宽13厘米

QN 六二六
时代：北齐
尺寸：高20、宽15厘米

QN 六二七
时代：不明
尺寸：高16.5、宽12厘米

QN 六二八
时代：唐
尺寸：高18、宽13厘米

QN 六二九
时代：北齐
尺寸：高25、宽16厘米

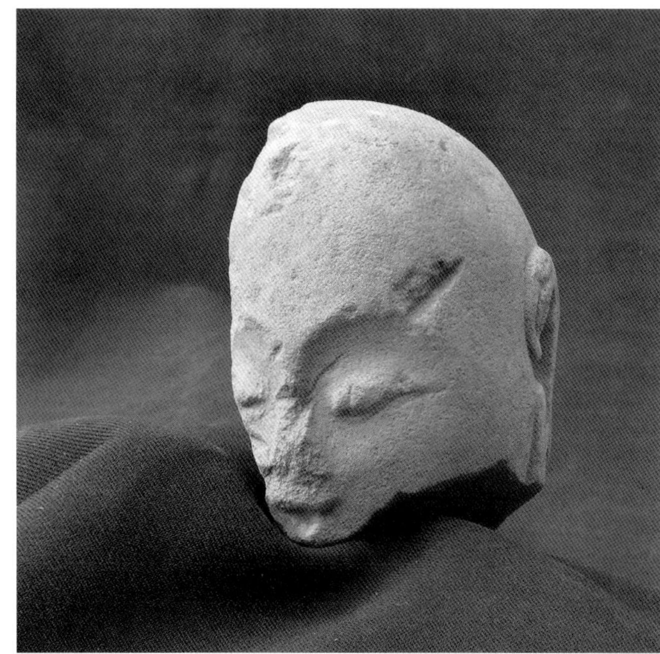

QN 六三〇
时代：东魏
尺寸：高15.5、宽21厘米

QN 六三一
时代：不明
尺寸：高12、宽7厘米

QN 六三二
时代：不明
尺寸：高15、宽11厘米

QN 六三三
时代：隋—唐
尺寸：高16.5、宽10厘米

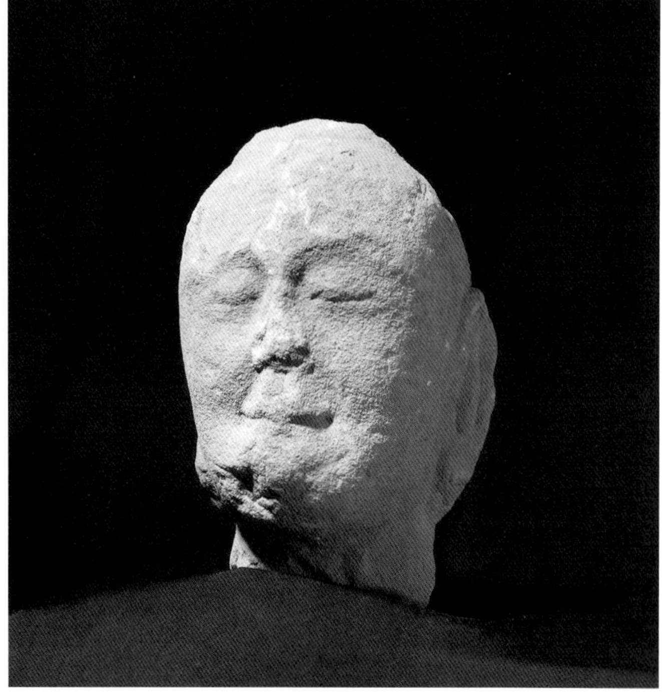

QN 六三四
时代：北魏
尺寸：高14、宽10厘米

QN 六三五
时代：东魏
尺寸：高12、宽9厘米

QN 六三六
时代：北魏
尺寸：高17、宽10厘米

QN 六三七
时代：东魏
尺寸：高27、宽18厘米

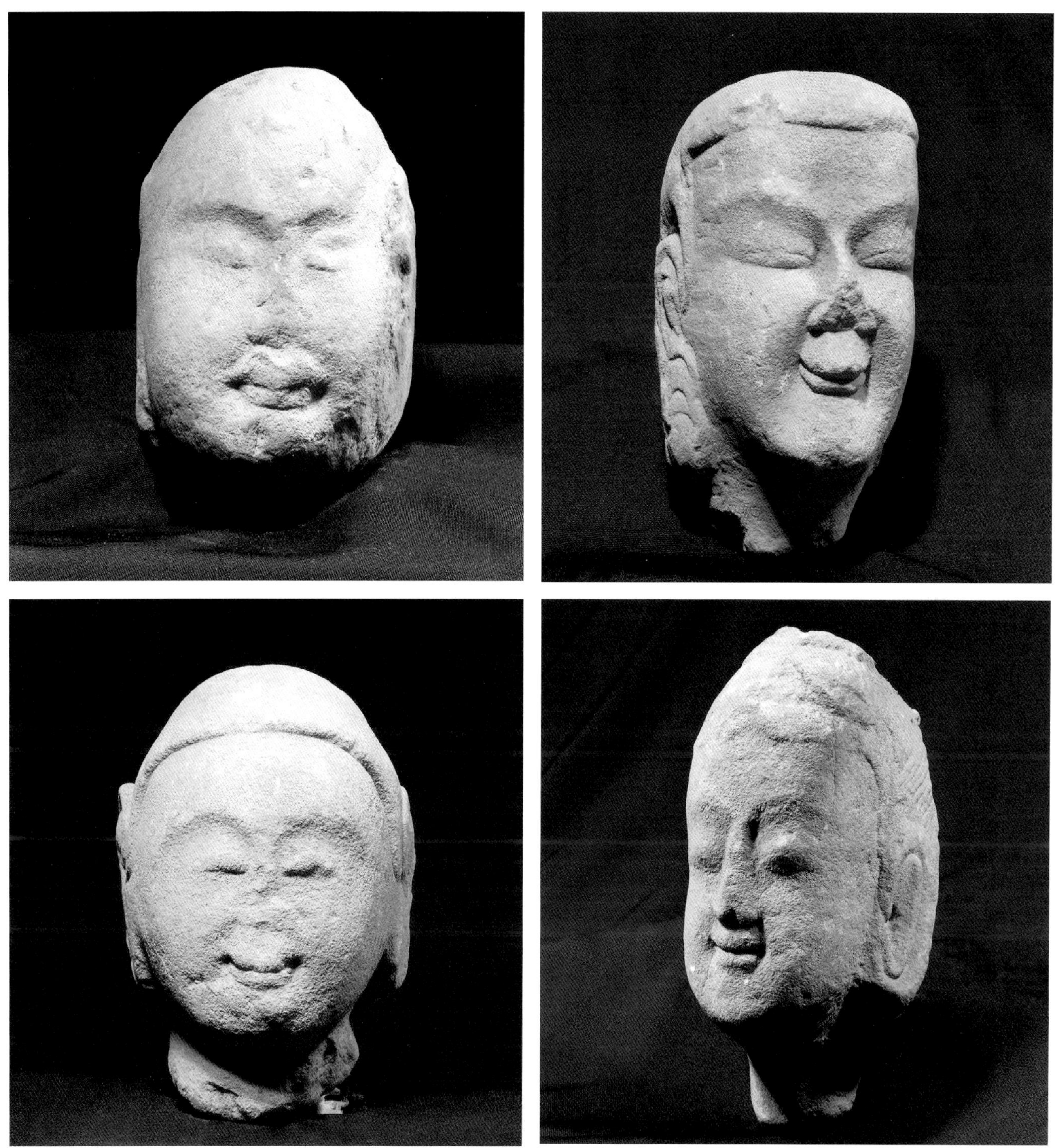

QN 六三八
时代：北齐
尺寸：高15.5、宽10厘米

QN 六三九
时代：北齐
尺寸：高19、宽10厘米

QN 六四〇
时代：隋—唐
尺寸：高20、宽14厘米

QN 六四一
时代：北齐
尺寸：高24、宽13厘米

QN 六四二

时代：东魏

尺寸：高17、宽13.5厘米

QN 六四三

时代：北魏

尺寸：高19.5、宽9厘米

QN 六四四

时代：北齐

尺寸：高21.5、宽11厘米

QN 六四五

时代：北齐

尺寸：高20.5、宽13厘米

QN 六四六

时代：北齐

尺寸：高27、宽24厘米

QN 六四七
时代：北魏
尺寸：高21、宽14厘米

QN 六四八
时代：隋—唐
尺寸：高14、宽9厘米

QN 六四九
时代：唐
尺寸：高26、宽15.5厘米

QN 六五〇
时代：东魏
尺寸：高20、宽10厘米

QN 六五一
时代：北齐
尺寸：高27、宽11.5厘米

QN 六五二
时代：北齐
尺寸：高51、宽27厘米

QN 六五三
时代：北齐
尺寸：高24、宽19厘米

QN 六五四
时代：北魏
尺寸：高15、宽12厘米

QN 六五五
时代：唐
尺寸：高19、宽15厘米

QN 六五六
时代：东魏
尺寸：高20.5、宽19.5厘米

QN 六五七
时代：东魏
尺寸：高15、宽24厘米

QN 六五八
时代：东魏
尺寸：高36、宽40厘米

QN 六五九
时代：东魏
尺寸：高33、宽26厘米

QN 六六〇
时代：东魏
尺寸：高35、宽26厘米

QN 六六一
时代：北魏
尺寸：高36、宽13厘米

QN 六六二
时代：北齐
尺寸：高32、宽26厘米

QN 六六三
时代：北齐
尺寸：高30、宽21厘米

QN 六六四
时代：东魏
尺寸：高30、宽16厘米

QN 六六五
时代：唐
尺寸：高26、宽15厘米

QN 六六六
时代：北魏
尺寸：高14、宽9厘米

QN 六六七
时代：北齐
尺寸：高27、宽19厘米

QN 六六八
时代：北齐—隋
尺寸：高16、宽12厘米

QN 六六九
时代：隋—唐
尺寸：高18、宽14厘米

QN 六七〇
时代：东魏
尺寸：高18.5、宽14厘米

QN 六七一
时代：北齐
尺寸：高17、宽12厘米

QN 六七二
时代：北魏（延昌年间）
尺寸：高23、宽12厘米

QN 六七三
时代：东魏
尺寸：高13、宽14.5厘米

QN 六七四
时代：唐
尺寸：高19、宽13厘米

QN 六七五
时代：东魏
尺寸：高13、宽9厘米

QN 六七六
时代：北魏
尺寸：高25、宽13厘米

QN 六七七
时代：北齐
尺寸：高23、宽12厘米

QN 六七八
时代：北魏
尺寸：高17、宽16厘米

QN 六七九
时代：东魏
尺寸：高27、宽18厘米

QN 六八〇
时代：东魏
尺寸：高15、宽18厘米

QN 六八一
时代：北齐
尺寸：高16.5、宽11厘米

QN 六八二

时代：不明

尺寸：高9、宽13厘米

QN 六八三

时代：不明

尺寸：高12、宽13厘米

三　碑碣

QN 六八四*

时代：隋（有唐题记）

尺寸：高98、宽82厘米

QN 六八四 *

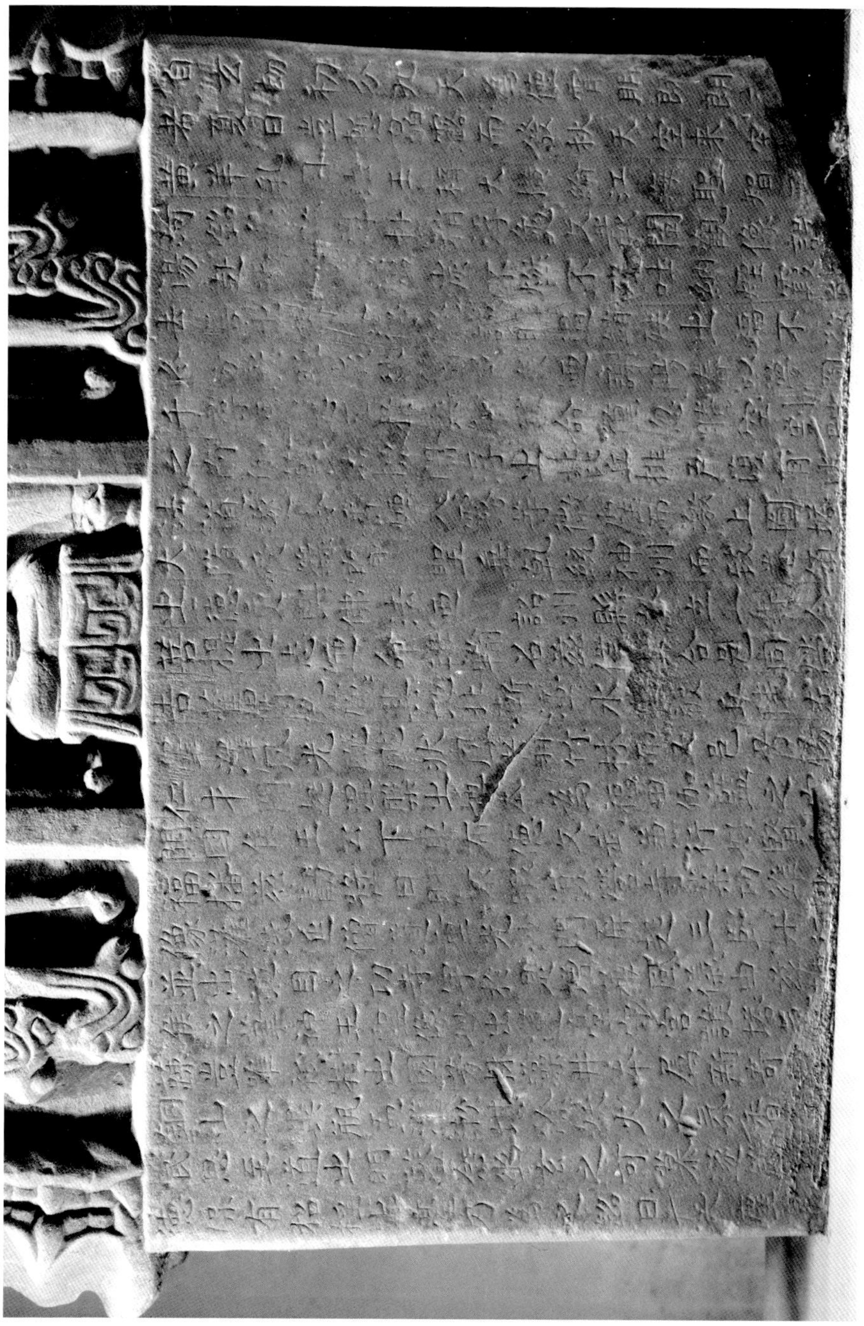

QN 六八四*

QN 六八五

时代：北齐（武平六年）

尺寸：高86、宽47厘米

QN 六八六
时代：东魏
尺寸：高57、宽28厘米

QN六八七
时代：东魏
尺寸：高107、宽80厘米

QN 六八八
时代：东魏
尺寸：高78、宽59厘米

QN 六八九

时代：隋—唐

尺寸：高103、宽106厘米

QN 六九〇

时代：东魏（武定八年）

尺寸：高69、宽31厘米

QN 六九一

时代：北齐

尺寸：高44、宽55厘米

QN 六九二

时代：北魏（侧边铭北宋“〔天〕圣九年四月十七日”）

尺寸：高64、宽29厘米

QN 六九三
时代：北魏（正光二年）
尺寸：高101、宽49厘米

QN 六九四
时代：北齐（武平元年）
尺寸：高98、宽69厘米

QN 六九五

时代：东魏

尺寸：高58、宽109厘米

QN 六九六

时代：北魏（神龟三年）

尺寸：高121、宽83厘米

QN 六九七

时代：东魏（兴和三年）

尺寸：高97、宽55厘米

QN 六九八

时代：北齐（天统四年）

尺寸：高53、宽55厘米

QN 六九九

时代：北齐（皇建二年）

尺寸：高130、宽71厘米

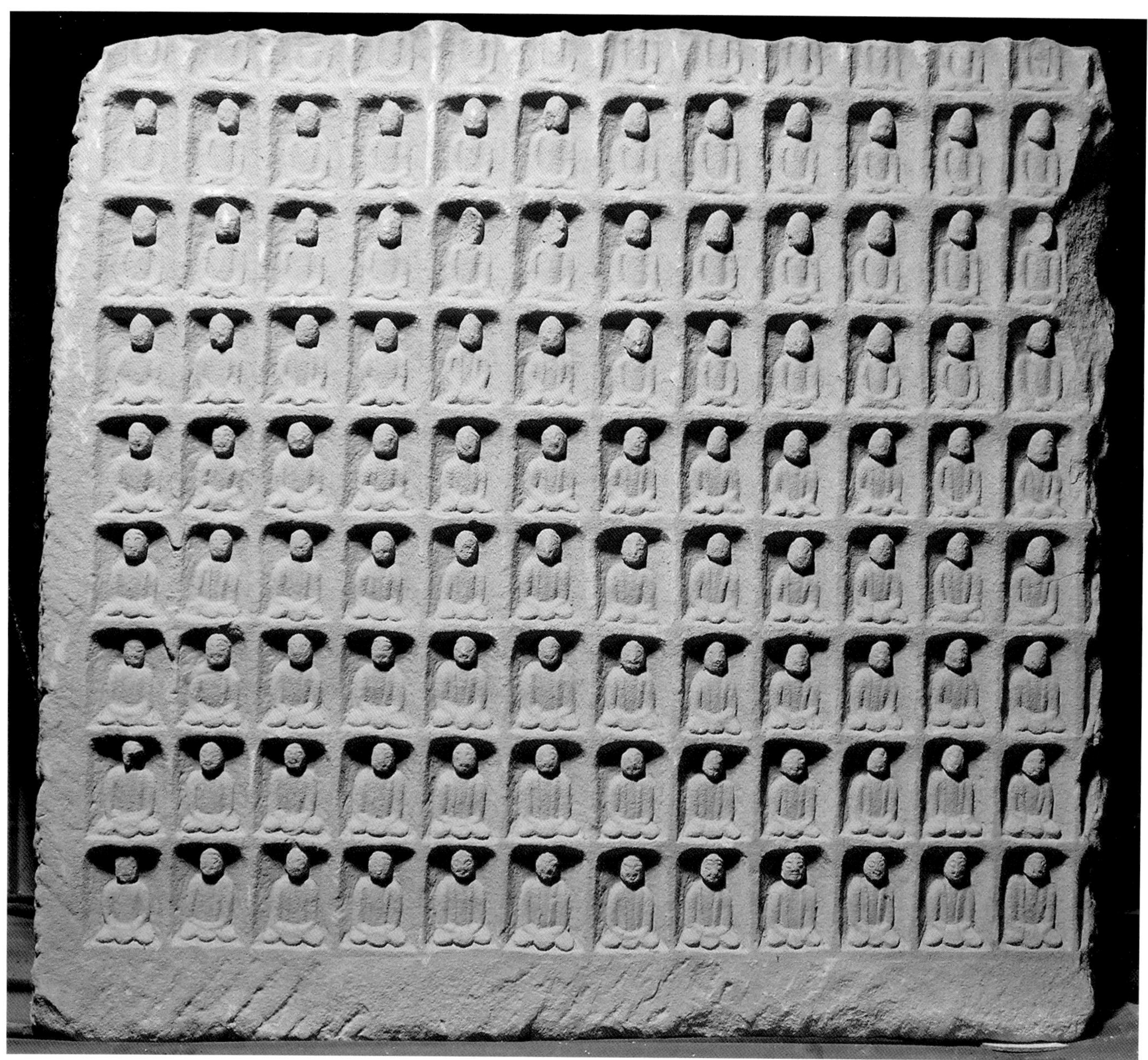

QN 七〇〇

时代：北齐

尺寸：高66、宽72厘米

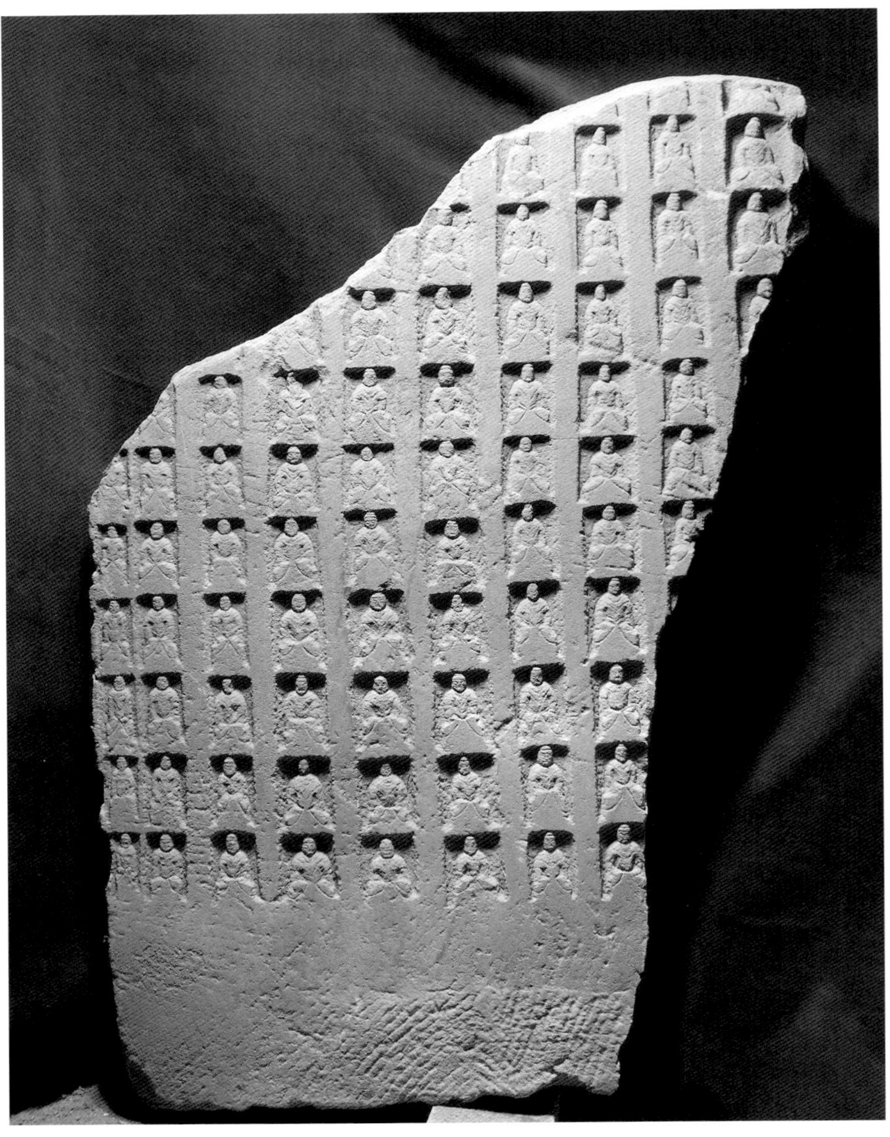

QN 七〇一
时代：北魏
尺寸：高105、宽70厘米

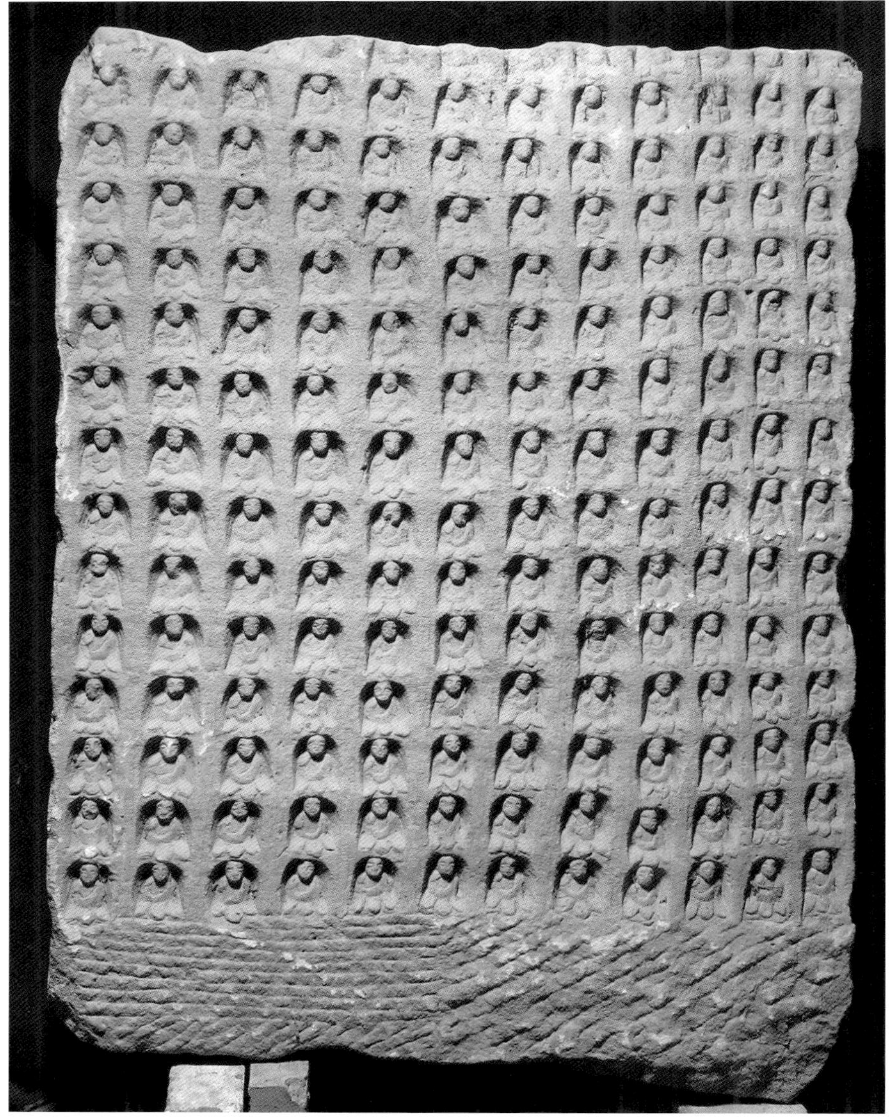

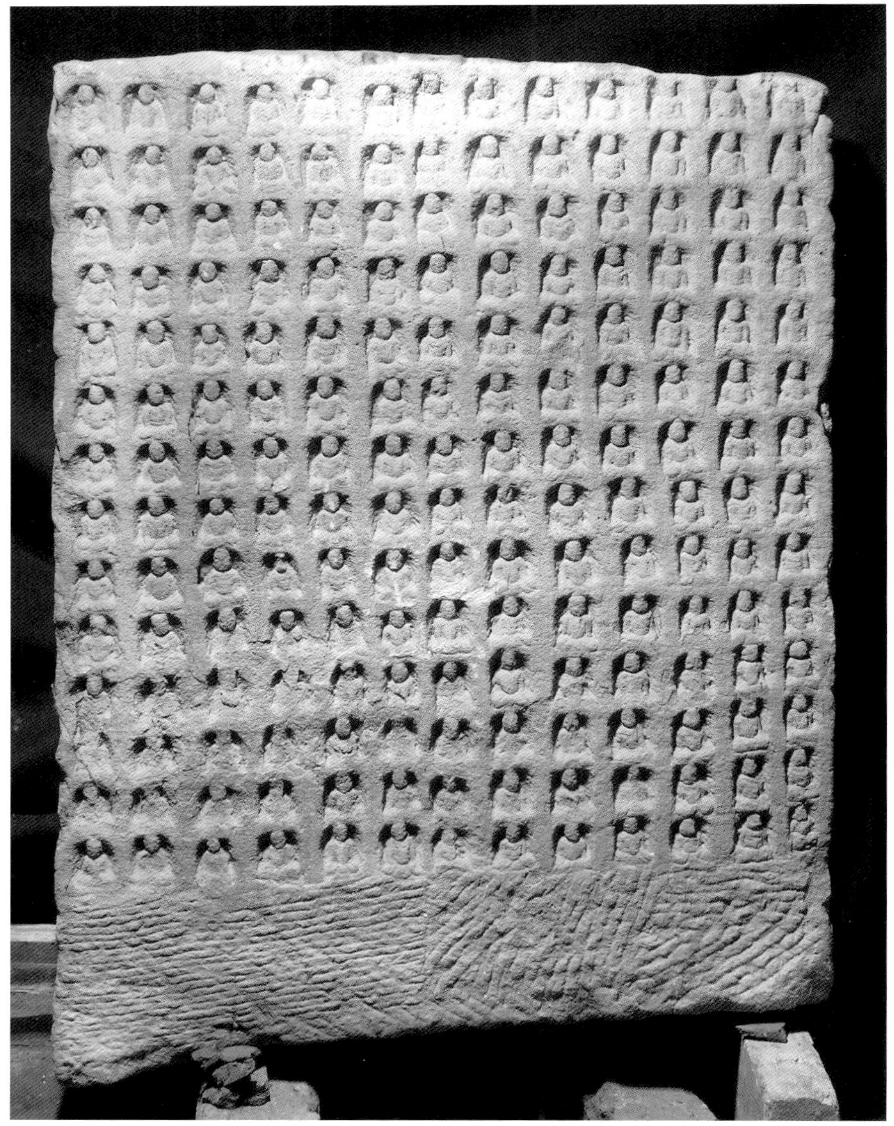

QN 七〇二
时代：北魏
尺寸：高100、宽73厘米

QN 七〇三

时代：北魏

尺寸：高30、宽34厘米

QN 七〇四

时代：东魏

尺寸：高43、宽46厘米

QN 七〇五

时代：东魏

尺寸：高30、宽36厘米

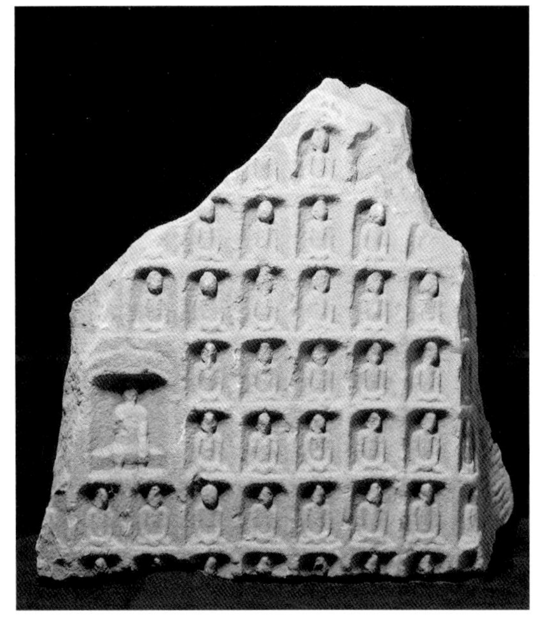

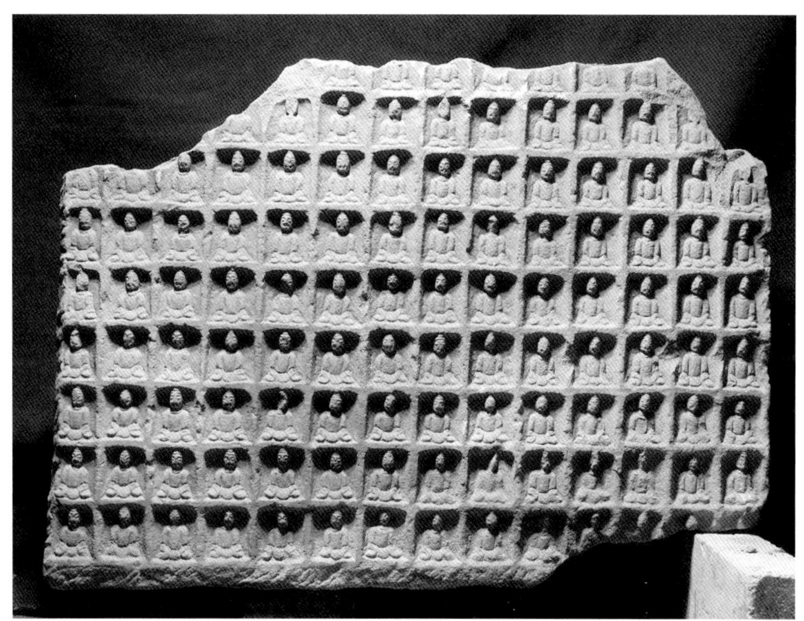

QN 七〇六

时代：东魏

尺寸：高50、宽49厘米

QN 七〇七

时代：北魏

尺寸：高49、宽47厘米

QN 七〇八*

时代：北齐

尺寸：高37、宽58厘米

QN 七〇九*

时代：东魏

尺寸：高74、宽44厘米

QN 七一〇

时代：东魏

尺寸：高31、宽52厘米

QN 七一一

时代：北齐

尺寸：高31、宽56厘米

QN 七一二

时代：北齐

尺寸：高53、宽33厘米

QN 七一三

时代：北齐

尺寸：高39、宽65厘米

QN 七一四

时代：北齐（武平六年）

尺寸：高49、宽39厘米

QN 七一五

时代：东魏

尺寸：高33、宽56厘米

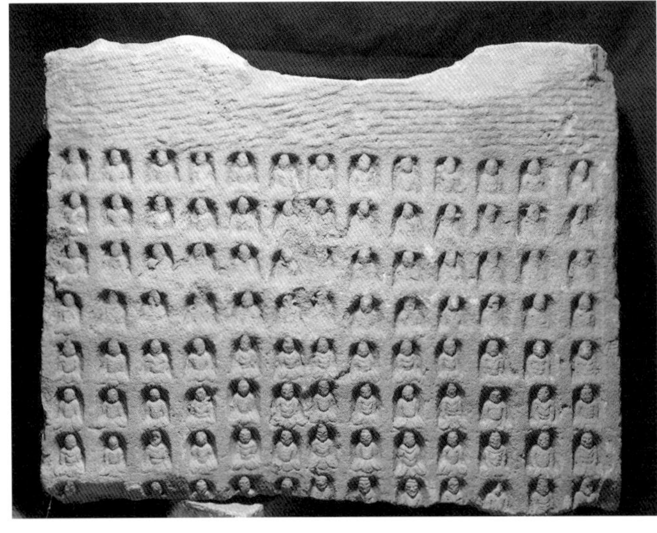

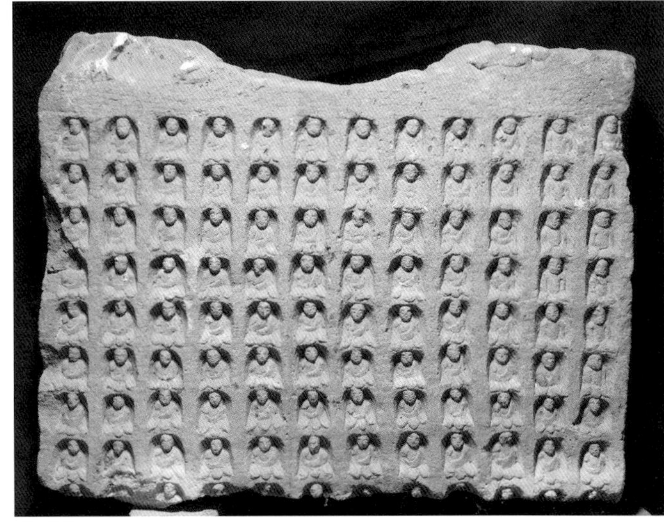

QN 七一六 *

时代：东魏

尺寸：高60、宽74厘米

QN 七一七 *

时代：东魏

尺寸：高51、宽52厘米

QN 七一八

时代：北齐

尺寸：高95、宽72厘米

QN 七一九

时代：北魏

尺寸：高55、宽59厘米

QN 七二〇[*]

时代：北齐

尺寸：高67、宽37厘米

QN 七二一[*]

时代：东魏

尺寸：高60、宽47厘米

QN 七二二
时代：北齐
尺寸：高64、宽59厘米

QN 七二三
时代：北齐
尺寸：高49、宽45厘米

QN 七二四
时代：东魏
尺寸：高22、宽33厘米

QN 七二五

时代：东魏

尺寸：高95、宽72厘米

QN 七二六
时代：北齐
尺寸：高76、宽61厘米

QN 七二七
时代：北齐
尺寸：高29、宽52厘米

QN 七二八

时代：北齐

尺寸：高33、宽17厘米

QN 七二九

时代：东魏

尺寸：高24、宽35厘米

QN 七三〇

时代：北齐

尺寸：高38、宽65厘米

QN 七三二
时代：北魏
尺寸：高37、宽27厘米

QN 七三三
时代：东魏
尺寸：高34、宽42厘米

QN 七三四
时代：东魏
尺寸：高39.5、宽46厘米

QN 七三五
时代：东魏
尺寸：高73、宽50厘米

QN 七三六

时代：东魏

尺寸：高50、宽72厘米

QN 七三七[*]

时代：北齐

尺寸：高33、宽25厘米

QN 七三八

时代：北魏

尺寸：高17、宽22厘米

QN 七三九

时代：北齐

尺寸：高19、宽21厘米

QN 七四〇

时代：北齐

尺寸：高24、宽18厘米

QN 七四一

时代：东魏

尺寸：高27、宽24厘米

QN 七四二

时代：北魏（永熙三年）

尺寸：高103、宽64厘米

QN 七四二 *

QN 七四三
时代：北魏
尺寸：高34、宽38厘米

QN 七四四

时代：北魏—东魏

尺寸：高34、宽38厘米

QN 七四五

时代：东魏

尺寸：高42、宽17厘米

QN 七四六
时代：北魏
尺寸：高14、宽7.5厘米

QN 七四七
时代：北魏
尺寸：高11、宽19厘米

QN 七四八
时代：北魏
尺寸：高29、宽15厘米

QN 七四九

时代：北魏

尺寸：高20、宽24厘米

QN 七五〇 *

时代：北齐

尺寸：高30、宽23厘米

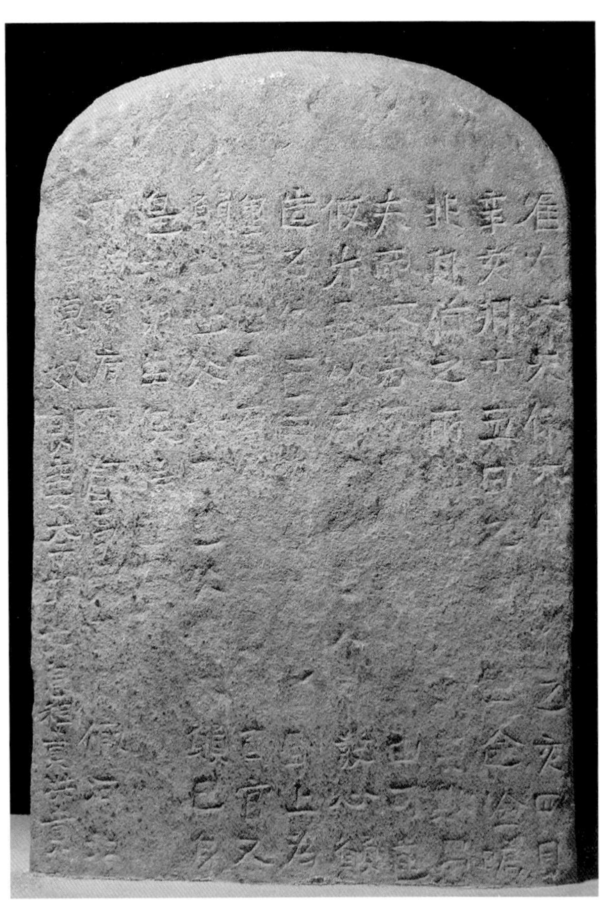

QN 七五一

时代：北齐（天保六年）

尺寸：高74、宽46厘米

四　石刻造像残块

QN 七五二 *
时代：东魏
尺寸：高34、宽25厘米

QN 七五三
时代：东魏
尺寸：高22、宽19厘米

QN 七五四
时代：不明
尺寸：高14、宽17厘米

QN 七五五
时代：北魏
尺寸：高20、宽22厘米

QN 七五六
时代：北齐
尺寸：高44、宽18厘米

QN 七五七 *
时代：不明
尺寸：高22、长34、宽20厘米

QN 七五九 *
时代：不明
尺寸：高24、长65、宽54厘米

QN 七五八
时代：北齐
尺寸：高20、长25、宽23厘米

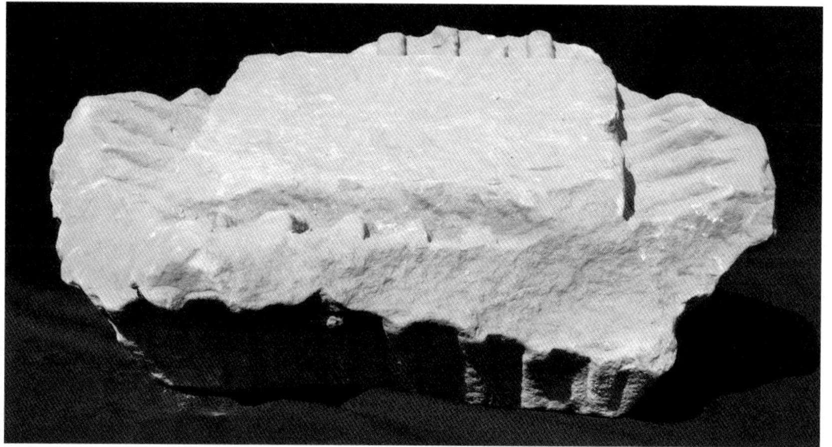

QN 七六〇[*]

时代：不明

尺寸：高18、长62、宽62厘米

QN 七六一

时代：不明

尺寸：高20、长54、宽44厘米

QN 七六二

时代：不明

尺寸：高13、长38、宽60厘米

QN 七六三

时代：北魏—东魏

尺寸：宽29~43、高56~58厘米

QN 七六四

时代：北魏

尺寸：宽14~27、高30厘米

QN 七六五

时代：东魏

尺寸：宽22、高22厘米

QN 七六六

时代：北齐

尺寸：高25、宽42厘米

QN 七六七

时代：不明

尺寸：高35、宽23厘米

QN 七六八

时代：北魏

尺寸：高36、宽17厘米

QN 七六九

时代：北齐（武平六年）

尺寸：高21、宽29.5厘米

QN 七七〇 *

时代：北魏

尺寸：宽15~21、高25厘米

QN 七七一
时代：东魏
尺寸：高28、宽17厘米

QN 七七二
时代：东魏
尺寸：高12、宽20厘米

QN 七七三
时代：不明
尺寸：高39.5、宽20厘米

QN 七七四
时代：不明
尺寸：高25、宽22厘米

QN 七七五

时代：不明

尺寸：高16.5、宽16.5厘米

QN 七七六

时代：不明

尺寸：高22、宽21厘米

QN 七七七 *

时代：东魏

尺寸：高30、宽15厘米

QN 七七八

时代：不明

尺寸：高30、宽17厘米

QN 七七九*

时代：东魏（武定年间）

尺寸：高19、宽12厘米

QN 七八〇*

时代：东魏

尺寸：高48、宽41厘米

QN 补一

时代：北魏

尺寸：宽26、高35厘米

1	2
3	4

QN 补二
时代：东魏
尺寸：高15、宽8.5厘米

QN 补三
时代：东魏
尺寸：高12、宽9厘米

QN 补四
时代：北齐
尺寸：高39、宽30厘米

QN 补五
时代：隋—唐
尺寸：高30、宽23厘米

五　1971年调回山西省博物馆石刻

QN 暂一

时代：北魏

尺寸：宽32~35.5、高30.5厘米

1 | 2
3 | 4

QN 暂二

时代：北魏

尺寸：宽17.2~32.4、高32厘米

1
2

3
4

QN 暂三

时代：东魏

尺寸：宽36~42、高46厘米

1	2
3	4

QN 暂四 1/2

时代：北魏

尺寸：宽33~34、高33~34厘米

3
4

QN 暂五

时代：北魏

尺寸：宽30~32、高33~34厘米

1
2

3
4

QN 暂六

时代：北周—唐

尺寸：宽27~28、高28~29厘米

1	2
3	4

QN 暂七

时代：北周

尺寸：宽21~22.5、高22厘米

1	2
3	4

QNS· 872—1

时代：北魏

尺寸：宽29.3~33.4、高51厘米

QNS · 872—2

时代：北魏

尺寸：宽29.8~33.8、高51厘米

QNS·872—3

时代：北魏

尺寸：宽29.4~33、高51厘米

QNS·872—4

时代：北魏

尺寸：宽30~33.2、高51厘米

QN 送吉

时代：北魏

尺寸：宽34.4~38.8、高56.1~57.7厘米

1	2
3	4

QNS·9
时代：唐
尺寸：高21、宽15厘米

QNS·10
时代：唐
尺寸：高26、宽16厘米

QNS·11
时代：北周
尺寸：高22、宽16厘米

QNS·12
时代：北齐
尺寸：高32、宽20厘米

QNS·13

时代：北齐

尺寸：高28、宽18厘米

QNS·14

时代：北齐

尺寸：高34、宽15厘米

QNS·15

时代：北齐

尺寸：高24、宽23厘米

QNS·16

时代：北齐

尺寸：高35、宽34厘米

QNS·17
时代：不明
尺寸：高21、宽34厘米

QNS·18
时代：不明
尺寸：高23、宽33厘米

QNS·19

时代：北齐

尺寸：高28、宽36厘米

QNS·20 *

时代：唐

尺寸：高35、宽17厘米

QNS·21

时代：唐

尺寸：高88、宽40厘米

QNS·22

时代：唐

尺寸：高114、宽46厘米

QNS·23

时代：唐

尺寸：高92、宽34厘米

QNS·24

时代：唐

尺寸：高92、宽39厘米

六　1991年征集石刻

QN91 一

时代：宋—金

尺寸：高45、宽15厘米

QN91 二

时代：宋—金

尺寸：高41、宽15厘米

QN91 三 *

时代：宋—金

尺寸：高40、宽16厘米

QN91 四

时代：宋—金

尺寸：高66、宽22厘米

QN91 五

时代：宋—金

尺寸：高41、宽20厘米

QN91 六 *

时代：宋—金

尺寸：高28、宽12厘米

QN91 七

时代：宋—金

尺寸：高29、宽35厘米

QN91 八

时代：宋—金

尺寸：高42、宽14厘米

QN91 九

时代：宋—金

尺寸：高14、宽10厘米

QN91 一〇

时代：宋—金

尺寸：高37、宽23厘米